Werner Schäfke

Der Rhein von Mainz bis Köln

Eine Reise durch das Rheintal – Geschichte, Kunst und Landschaft

Umschlagvorderseite: Blick auf Bacharach (Foto: M. Mehlig, Lauf)

Umschlagrückseite: Ruine Fürstenberg gegenüber von Lorch (Foto: T. Schneiders, Lindau)

Umschlagklappe vorn: Die Pfalz bei Kaub mit Burg Gutenfels (Foto: J. Kinkelin, Worms/ T. Schneiders)

Frontispiz: Lahnstein. Kupferstich von Matthäus Merian, 1646

CIP-Kurztitelaufnahme der Deutschen Bibliothek

Schäfke, Werner:
Der Rhein von Mainz bis Köln : e. Reise durch d. Rheintal – Geschichte, Kunst u. Landschaft / Werner Schäfke. – Köln : DuMont, 1982.
(DuMont-Kunst-Reiseführer)
ISBN 3-7701-1142-7

Druck: Rasch, Bramsche
Buchbinderische Verarbeitung: Kleins-Druck, Lengerich

Printed in Germany ISBN 3-7701-1142-7

Kunst-Reiseführer in der Reihe DuMont Dokumente

Zur schnellen Orientierung – die wichtigsten Orte und Sehenswürdigkeiten auf einen Blick:

(Auszug aus dem ausführlichen Ortsregister S. 439–446)

In der Umschlagklappe: Übersichtskarte des Rheins von Köln bis Koblenz

In der hinteren Klappe: Übersichtskarte des Rheins von Koblenz bis Mainz

Löhn fl.

Inhalt

Meiner Schwiegermutter
Frau Wilma Kiesow

Vorwort

Rheinreiseführer sind seit dem 16. Jahrhundert ein gewohnter Anblick auf dem Büchermarkt. Ihre große Blütezeit erleben sie in der Rheinromantik des vergangenen Jahrhunderts. Aber jedes Jahrhundert, jede Generation entdeckt den Rhein neu und findet andere Reize, während manche einst bewunderte Schönheit untergegangen ist. Ich habe versucht, einen Kunstreiseführer für diesen Abschnitt des Rheintals zu schreiben, wie ich ihn gerne schon für meine Fahrten in der Hand gehabt hätte und so nicht fand. Ich hoffe, daß meine Freude und meine Neugier vom Leser geteilt werden und erwarte gern Hinweise und Ergänzungen.

Herzlich danken möchte ich meinen Kollegen und Freunden entlang des Rheins für Auskünfte, Hinweise und die Durchsicht mancher Kapitel, Frau Ingeborg-Maria Mauz, die unermüdlich und hilfsbereit Korrektur gelesen hat, sowie allen Mitarbeitern des DuMont Buchverlages, die in engagierter Weise zum Entstehen des Buches beigetragen haben. Gewidmet sei es meiner Schwiegermutter – ohne ihre Hilfe läge es jetzt nicht vollendet vor.

Vater Rhein mit Mäuseturm. Lithographie Mitte 19. Jh.

Rheinromantik

Erinnerungen und Vorstellungen aus Großelternzeiten treten schnell in Erscheinung, wenn das einst griffige, heute abgegriffene Wort ›Rheinromantik‹ auftaucht. Rhein, Wein, Mägdelein reimte man drauflos und war glücklich. Bereist man heute den Mittelrhein, bleibt das alles ein Märchen aus uralten Zeiten, von dem kaum jemand noch weiß, was es bedeuten soll.

Rheinreisen waren bis ins 19. Jahrhundert kein Vergnügen, und man unternahm sie auch nicht zum Vergnügen. Krieg, Handel und Politik trieben unsere Vorfahren durch das Rheintal, wenn nicht der eine oder andere freiwillig auf Pilgerfahrt darunter war. Selten einmal ein reicher Adeliger, der seine Bildungsrundreise zu den Höfen Europas absolvierte, um höfisches Leben kennenzulernen. Besonders für den englischen Gentleman gehörte das zum guten Ton, er reiste oft über Frankreich nach Italien und kehrte häufig, um nicht den gleichen Weg zurückzulegen, den Rhein hinunter nach England zurück. Zahlreiche Berichte des 17. und 18. Jahrhunderts bezeugen diese Reisetätigkeit. Man genießt die Weine, aber noch nicht die Landschaft, man studiert die wirtschaftlichen Verhältnisse und die politischen Zustände; man bemerkt das eine oder andere Gebäude, aber man begeistert sich nicht. Die Aufklärung des 18. Jahrhunderts geht noch weiter: man konstatiert die wirtschaftlichen Möglichkeiten des Rheinlandes, aber man hütet sich vor ›romantischer‹ Begeisterung.

Erst Ende des 18. Jahrhunderts ändert sich dieses Bild. Die Schatten der Vergangenheit werden nicht mehr mit dem Licht der Aufklärung vertrieben, man beschwört sie. Die Freude an Exotischem, an Vergangenem, an Gespenstern und Gotischem des Mittelalters durchzieht in England als Gegenströmung zur Aufklärung schon das 18. Jahrhundert. Jetzt entdeckt man, daß sich auch entlang der gewohnten Reiseroute das gleiche Behagen an Schauerlichem entfalten kann. Hohe Felsen säumen ja den Weg, und die Stiche zeigen sie jetzt und in den nächsten Jahrzehnten höher, dräuender als sie uns heute erscheinen (s. S. 12). Die Burgruinen werden aus Überresten veralteter Militäranlagen zum Gehäuse von Sagen, Geschichten und Geschichte.

Der Sturm der französischen Revolution, der den Rhein zur Grenze macht, ruft zugleich das Verlorene in Erinnerung. Die Geister der Geschichte beleben die Landschaft, das Wilde und Schroffe der Engen wird als erhebend empfunden. Dunkle Täler wechseln mit sonnenbeglänzten Rebhängen. Friedrich von Schlegel entdeckt so auf romantische Art den

Loreley. Stahlstich von C. Sohn, Mitte 19. Jh.

Hammerstein. Lithographie, Anfang 19. Jh.

Rhein im Jahre 1802 wie zur gleichen Zeit auch Achim von Arnim und Clemens Brentano. Sie machen den Rhein im Kreise der Romantiker bekannt. Gedichte verbreiten seinen Ruhm, Sagen und Legenden werden mit Eifer gesammelt und publiziert. Die berühmteste, die Sage der Loreley, wird von Clemens Brentano erfunden und immer wieder aufgegriffen. Heinrich Heine gibt ihr die dichterische Form, die zur internationalen Verbreitung führte.

Zugleich entdeckt man den deutschen Rhein. In den Befreiungskriegen gegen Napoleons Herrschaft verkündet Ernst Moritz Arndt 1813 mit einer auflagenstarken Flugschrift, daß »der Rhein Teutschlands Strom, aber nicht Teutschlands Gränze« ist. Auf dem Wiener Kongreß wird er in großen Abschnitten preußisch. Und die Preußenprinzen werden Rheinromantiker, kaufen Burgruinen oder erhalten sie als Geschenk. Rheinstein (Abb. 40), Stolzenfels (Farbt. 19) und andere Burgen werden ausgebaut und zu Denkmälern ›teutscher‹ Vergangenheit, die auch mit der Vollendung des Kölner Domes lebendig ausstrahlt.

1816 bereist Lord Byron den Rhein, nachdem nun wieder Frieden herrscht, und sein ›Childe Harold‹ wirbt neue englische Touristenscharen, jedes Jahr sehnsüchtig erwartete Devisenbringer, die nun auch seit der Mitte der zwanziger Jahre mit dem Dampfschiff an den Sehenswürdigkeiten vorübergefahren werden. Der romantischen Entdeckung folgt die touristische Invasion, die bis heute nicht abgeflaut ist.

1840 löst die patriotische Begeisterung Frankreichs mit der Rückführung der Gebeine Napoleons von St. Helena und die engagierte Erneuerung des Anspruchs auf die Rheingrenze den Gegenschlag der deutschen patriotischen Bewegung aus. Nikolaus Becker dichtet sein beispiellos erfolgreiches und folgenreiches »Sie sollen ihn nicht haben, den freien deutschen Rhein, ob sie auch wie gier'ge Raben sich heiser danach schrein.« Vertont und nachgedichtet ist seine bekannteste Folgeerscheinung Max Schneckenburgers ›Wacht am Rhein‹, die mit einem Ruf wie Donnerhall 1870/71 die völkerverbindende Kraft des Rheins übertönt. Das Niederwalddenkmal und das Deutsche Eck sind die bildhauerischen Spätfolgen des Mißklangs (Abb. 34, 76).

Auf diesen Spuren von rührender Weinseligkeit, Landschaftsbegeisterung und lauthalsem deutschem Mannesmut gehen wir heute oft unbedacht und ohne eigene Begeisterung. Unsere Vorfahren hatten recht mit ihrer Begeisterung, nur muß jede Zeit aufs Neue und für sich neu den Rhein, seine Landschaft, seine Geschichte und Kunst entdecken, wobei die Spuren des 19. Jahrhunderts inzwischen einen breiten Raum einnehmen.

Die Landschaft

Das Entstehen des Mittelrheintals in seiner heutigen Form haben unsere Vorfahren in den letzten 500000 Jahren miterlebt. In den letzten zwei, drei Jahrtausenden haben sie dann begonnen, immer wirksamer in die Landschaft und den Lauf des Flusses einzugreifen. Steinbrüche, Eisenbahn und Straßenbau, Anlage von Weinbauterrassen, das Wachstum der Ortschaften, Uferbefestigungen und Bagger- und Sprengarbeiten im Bett des Stromes haben besonders in den letzten hundert Jahren das Gesicht der Landschaft verwandelt, wie es sich die begeisterten Reisenden der frühen Rheinromantik sicher nicht vorstellen konnten.

Um allerdings zu verstehen, was da in den letzten 500000 Jahren geschehen ist, muß man erheblich weiter zurückgreifen. Vor etwa 400 Millionen Jahren, im Devon, waren in weiten Teilen Europas das kristalline Grundgebirge der vorhergehenden Zeiten der Erdgeschichte vom Meer bedeckt. Auf dem absinkenden Meeresboden wuchsen Schichten von Tonschlamm, Sanden und Kiesablagerungen. Daraus bildeten sich in den nächsten Jahrmillionen die unter Druck verfestigten Gesteine, wie man sie heute in den Mittelgebirgen links und rechts des Rheines findet. Die feinen Tonschlammschichten wurden in Schiefer umgewandelt, aus den Sand-Ton-Gemischen wurden Grauwacken, aus den Sanden Sandsteine und noch stärker verfestigt Quarzite, aus den Kiesablagerungen feste Konglomerate. Das langsam verflachende Meer setzte dann Kalkschichten an, die sich langsam aus den tierischen Überresten bildeten. Aber davon ist nur weitab vom Rhein etwas erhalten geblieben.

Denn nun, vor etwa 325 Millionen Jahren (man merkt wie rasch die Zeit vergeht) beginnt eine der großen Gebirgsbildungen der Erdgeschichte. Unter seitlichem Druck werden die abgelagerten Schichten gepreßt und gefaltet, geschoben und schließlich gehoben. Das *Variskische Gebirge* entsteht, das sich einmal mit einer Breite von gut 500 Kilometern von der Bretagne bis fast nach Rußland erstreckte.

Faltung und Hebung, Druck und Schub blieben auch für den inneren Zusammenhang der Schichten nicht ohne Folgen. Tiefe Klüfte und Spalten reißen auf, wachsen und verändern sich. In diesen Öffnungen dringen Tiefenwasser hoch, magmatische Kochdünste, die ihre Schätze an gelösten Mineral- und Metallverbindungen beim Erkalten in den Spalten ablagern. Das kann ebenso einen Quarzgang wie einen Erzgang, einen Schwerspat- oder Calcitgang ergeben, je nach gelösten Stoffen, die die Wasser mitführen. Auch heute noch weist ja jede Mineralwasserflasche auf ihrem Etikett eine andere chemische Analyse vor, und man kann ja auch beim Trinken geschmackliche Unterschiede feststellen.

Nach dieser hektischen Aktivität tritt Ruhe ein. Das hoch aufgewachsene Gebirge wird wieder abgetragen. Das dauert gut seine 250 Millionen Jahre, in denen die abgetragenen Materialien sich nördlich und südlich wieder ablagern. Aber das führt zu sehr aus unserem Bereich heraus, der sich in eine wellige Hochfläche verwandelt hat, die nur noch wenig über Meereshöhe aufragt.

Durch die Stauchungen, Faltungen und Verfestigungen bei der Bildung des Variskischen Gebirges ist dieser Rest nun eine recht starre Angelegenheit. Hier beginnen dann vor etwa 70 Millionen Jahren neue Hebungs- und Senkungsvorgänge. Im Norden entsteht die *Niederrheinische Bucht* mit dem spitzen Ausläufer der *Kölner Bucht* bis nach Bonn ins nun sich hebende *Rheinische Schiefergebirge* hinein. Im Süden bildet sich der Graben der *Oberrheinischen Tiefebene* heraus, der sich absenkend wieder mit Ablagerungen füllt.

Gleichzeitig herrscht in unserem mitteleuropäischen Gebiet ein so warmes, feuchtes, tropisch bis subtropisches Klima, daß eine intensive Verwitterung einsetzen kann. Die Tone, aus denen später und bis heute Keramik im Rheinland produziert wird, entstehen damals ebenso wie die Braunkohlenlager am Nordrand des Rheinischen Schiefergebirges.

In der Richtung des heutigen Mittelrheintales bildet sich eine Mulde heraus, teils durch Absenkung oder nicht mitgehobene Schichten, deren Richtung den Fortsetzungen in der Kölner Bucht und der Oberrheinischen Tiefebene entspricht, teils auch schon durch die ersten Anfänge des späteren Rheins ausgewaschen.

Diese Trogfläche, die heute etwa 300 Meter hoch liegt, ist bei Bingen noch recht eng; rheinabwärts sich ausweitend, erreichte sie im Norden gut 60 km Breite. Die Höhen der alten Rumpffläche liegen 100 bis 200 Meter höher als die Trogfläche. Jetzt erst mit dem Ende des Tertiärs beginnt die Eintiefung des Mittelrheintals. Stufenweise hat sie inzwischen etwa 300 Meter erreicht; um sie hat sich ringsum das Rheinische Schiefergebirge weiter gehoben.

Diese Hebungen hatten schon im Tertiär, vor gut 20 Millionen Jahren, ihre vulkanischen Begleiterscheinungen, von denen hier das *Siebengebirge* (Abb. 115) besonders interessiert, aber auch Erhebungen wie der *Godesberg* auf der anderen Rheinseite gehören dazu. Diese vulkanischen Erscheinungen des Tertiär dringen am Südrand des Rheinischen Schiefergebirges bis in die Höhe von Linz vor. Der vom Rhein oben abgeflachte und später seitlich angeschnittene Basaltschlot der *Erpeler Ley* ist nur das schönste Beispiel daraus.

Im Bereich des *Siebengebirges* haben sich bei den ersten mächtigen Ausbrüchen bis zu 200 Meter hohe Tuffschichten gebildet. Darunter und darin entstanden danach Stau- und Quellkuppen aus weiter aufsteigender Lava. Anschließend langsam erstrarrend, konnten sich im Basalt die eigenartigen kantigen Säulen herausbilden. Sie zeigen senkrecht zur Erstarrungsoberfläche.

Die hohen deckenden Tuffschichten sind meist bis in die Täler hinein längst abgetragen, und im Laufe der Hebung des Rheinischen Schiefergebirges und des Einschneidens des Rheines werden die Kuppen und Schlote angeschnitten und tiefe Täler geformt, die ›Siefen‹, die dem Siebengebirge wohl seinen Namen gegeben haben.

Erheblich jünger, erst vor gut 400000 Jahren beginnend, ist der Vulkanismus rings um das *Laacher Maar.* Hier setzen die Vulkanausbrüche ein, als das *Neuwieder Becken* sich absenkt. Entlang alter Störungslinien dringt Lava empor, bildet Kegel, und an tiefer gelegenen Stellen, wo die gleichen Störungen dem Grundwasser Zutritt gewähren, kommt es zu ungeheuren Dampfexplosionen. Die Maare entstehen, aus denen Tuffe herausgeblasen werden und sich mehrere Meter hoch ringsum und, vom Wind abgetrieben, besonders im Neuwieder Becken anlagern. An manchen Stellen fließen heiße Ströme, aus Tuffen und Wasser gemischt, in die Täler, wie es im *Brohltal* noch zu erkennen ist. Dieser Vulkanismus dauert noch immer an.

Erst wenige Jahrtausende alt ist einer der nördlichsten Zeugen, der *Rodderberg* bei Mehlem. Auch die Lagerstätten der Jäger von Gönnersdorf bei Neuwied wurden vor etwa 11500 Jahren von Bimsablagerungen aus der Laacher Vulkantätigkeit überdeckt. Selbst wenn sich seit etwa 8000 Jahren keine vulkanischen Aktivitäten mehr gezeigt haben, muß das kein Anzeichen für deren Ende sein. Mit Thermal- und Mineralwasserquellen genießen wir noch heute das Angenehme vulkanischer Tätigkeit.

Das Klima hatte sich inzwischen gewandelt. Vor etwa 1 Million Jahren setzten die Eiszeiten ein. Gletscher schoben sich von Skandinavien aus oder von den Alpen her weit nach Mitteleuropa hinein. Diese kälteklirrenden Epochen wurden öfters von Warmzeiten mit Temperaturen, wie sie jetzt herrschen, unterbrochen. Wie beim Vulkanismus wird auch hierbei gern spekuliert, ob und wann die nächste Eiszeit naht.

Das vom Frost zersprengte Steinmaterial, in Tauperioden erdrutschartig in Bewegung gesetzt, versorgte den Rhein mit ungeheuren Schottermassen, mehr als er abtransportieren und bewältigen konnte. So mußte Schotter abgelagert werden, und Wasser suchte sich ein neues Bett. Mit diesem weiten Strombett, das nun in die Trogfläche eingegraben wird, beginnt sich das eigentliche Rheintal zu bilden. Daher spricht man von einem antezedenten Tal, wenn wie hier der Fluß sich ein Tal gräbt und nicht ein vorher gebildetes Tal nachträglich nutzt.

Im Anfang der Warmzeiten erhält der Rhein mehr Wasser als gewohnt, er kann mehr Schotter abtransportieren und beginnt, statt zu wandern, sich einzuschneiden. Gleichzeitig hebt sich das Rheinische Schiefergebirge weiter. Alte Schotterflächen bleiben als Terrassen über dem neuen Flußbett stehen. Der seitliche Bewegungsspielraum des Rheins wird damit immer enger, und der Prozeß von Schotteranlagerungen und erneutem Einschneiden wiederholt sich mit dem Wechsel von Eiszeiten und Warmzeiten (Zwischenzeiten) im Laufe des Quartärs mehrfach.

Man unterscheidet Hauptterrasse, Mittelterrasse und Niederterrasse oberhalb des Hochflutbettes des Rheins. Aber auch innerhalb der Großgliederung lassen sich weitere Unterteilungen mit deutlich erkennbaren Terrassenstufen vornehmen, die entlang des Mittelrheintals noch durch unterschiedliche Hebungen verunklärt werden. Aber schon vom Rhein aus stellt man schnell fest, daß eine fast eintönige Höhe die Hänge begrenzt und darunter immer wieder Geländestufen feststellbar sind.

Von den ausgedehnten Schotterflächen, in der Kälte ohne Pflanzenbewuchs und für unsere Vorfahren ein ärmliches Jagdrevier, trugen die eisigen Winde alles feine Material

Die Pfalz bei Kaub, Mitte 19. Jh. Stahlstich von C. Frommel

hinweg, um es an windgeschützten Stellen, teils in weiter Entfernung, wieder als fruchtbaren Lößboden abzulagern.

Damit ist das Landschaftsbild entstanden, wie wir es heute vorfinden und in das nun der Mensch einzugreifen beginnt. Die Rheinstrecke von Mainz bis Bingen führt aus der weiten, lichten Breite der Oberrheinischen Tiefebene in die dunkle Enge des *Binger Lochs*. Deutlich sind die Höhenunterschiede von fast 550 Metern auf der linken und etwa 450 Metern auf der rechten Rheinseite mit Taunus und Hunsrück als ersten Teilen des Rheinischen Schiefergebirges, in das der Rhein nun eintritt. Die widerstandsfähigen Quarzitbänke, die hier bis weit in unsere Zeit den Verkehr gefährdeten und im Mittelalter noch schäumende Stromschnellen bildeten, sind gesprengt. Aber das immer noch starke Gefälle ist gut zu beobachten. Man spürt, daß der Rhein, einst frei über eine weite Ebene hinwegspielend, sich mit Mühe in das sich hebende Gebirge eingeschnitten hat.

In den folgenden Talweiten von Assmannshausen und Trechtingshausen sind etwas weichere Schieferschichten ausgeräumt worden. Nach der glatten, steilen Enge des Binger Loches folgt dann das besonders auf der linken Seite stark zerschnittene Bacharacher Tal, bevor dann mit dem St. Goarer Engtal härtere Grauwackesandsteine dem Rhein erneut Widerstand leisten. An der *Loreley* verengt sich der sonst 300 bis 425 Meter breite Strom auf 130 Meter (Farbt. 19). Das zeugt wie die gesprengten Riffe von der Mühe des Einschneidens, die auch an ähnlichen Stellen noch zu spüren ist: am *Roßstein,* im *Niederloch* bei Lorchhausen oder im ›wilden Gefähr‹ bei Kaub. Vor den Engstellen mit ihren Felsenriffen hat sich der Rhein oft schon tief, kolkartig eingeschnitten. Vor der Loreley erreicht er 20 Meter Wassertiefe.

Abrupte Richtungswechsel kennzeichnen die Rheinstrecke der *Bopparder Schlingen* zwischen Boppard und Braubach. Der mäandrierende Lauf des Flusses vor der Hebung hat sich in das Gebirge eingeschnitten und bietet nun den Kontrast steiler Prallhänge wie der *Bopparder Hamm* zu den sanften Gleithängen der Ortslagen. Zwischen Lahnstein und Stolzenfels rücken die Höhen wieder enger zusammen, erneut wird ein Quarzitrücken durchbrochen, bevor dann nach Koblenz das Neuwieder Becken erreicht wird.

Nur noch nördlich von Andernach wird mit der Enge der *Andernacher Pforte* noch einmal der schluchtartige Charakter des oberen Mittelrheintales erreicht. Anschließend ermöglichen ausladende Talterrassen, von Ortschaften besetzt, immer wieder weite, reizvolle Durchblicke. Bei Sinzig ist an der ›Goldenen Meile‹ gut zu sehen, wie der Rhein durch den Zufluß der Ahr nach rechts abgedrängt worden ist. Nach der Enge zwischen *Apollinarisberg* bei Remagen und der *Erpeler Ley,* dem abgeflachten und angeschnittenen Basaltschlot, öffnet sich der Blick auf das *Siebengebirge* auf der rechten Seite und mit *Rodderberg* und *Godesberg* auf die letzten Ausläufer des Rheinischen Schiefergebirges am Rhein. Bei Bonn beginnt die Kölner Bucht, der südliche Ausläufer der weiten Flächen des Niederrheins.

Mit dem Ausklingen der letzten Eiszeit dringt der Mensch wieder ins Mittelrheintal vor. Fischfang und wildreiche Auenwälder werden unsere Vorfahren gereizt haben. Die ersten Spuren des Menschen zeigen sich bereits vor 600000 bis 700000 Jahren, aber erst Mitte des 5. Jahrtausends vor Christi Geburt breitet sich mit der Einwanderung der Bandkeramiker Landwirtschaft aus, Menschen beginnen die Landschaft zu ändern. Brandrodung und Holzverbrauch verwandeln die Landschaft ebenso wie die später aufkommende Viehwirtschaft. Handel setzt ein und verbindet Gebiete, die Tausende von Kilometern auseinander liegen. Verkehrswege in anspruchslosestem Sinne entstehen. Bronze und bald danach Eisen werden eingeführt. So finden die Römer eine alte Kulturlandschaft vor, in der der Rhein allerdings ein zügelloses Unwesen treibt.

So muß der Mensch, sobald er sich am Ufer niederläßt, früher oder später in den Lauf des Flusses eingreifen. Ufer werden befestigt, um als Hafenkais zu dienen oder fruchtbares Land zu schützen. Dämme und Deiche werden gebaut, um den Lauf des Rheins zu richten und seinen gefährlichen Hochwassern zu wehren. Vielleicht haben schon die Römer damit begonnen, die gefährlichsten Klippen im Strom zu beseitigen. An der Erweiterung des Binger Lochs arbeitet man im Mittelalter, und im 17. Jahrhundert greift man zum Pulver.

Am Ufer ziehen sich teils noch heute die Leinpfade entlang, von denen aus man mit Pferden und Menschenkraft Schiffe stromauf zog. Auch hier mußte gesichert und erneuert werden. Aber erst im 19. Jahrhundert beginnt man ernsthaft mit diesen Arbeiten. Die Flußufer werden befestigt und mit Buhnen gesichert. An gefährlichen Stellen wird eine sichere Fahrrinne freigesprengt. Dabei nimmt man damals auf Kosten und Rheinromantik noch so weit Rücksicht, daß man nicht alles sprengt. Noch in den letzten Jahren sind diese

Arbeiten am felsigen Untergrund wiederholt worden, um nun eine Fahrrinnentiefe von 1,90 Meter bei einer Breite von 80 Metern zu erreichen.

Noch mehr vielleicht als das Bett des Flusses haben sich seine Ufer und die Landschaft des Tals gewandelt. Mit den Römern kam der Weinbau. Seit dem Mittelalter auf Terrassen die Sonne suchend und über den Rhein weit nach Osten und Norden vordringend, hat er der Landschaft ihr Gesicht gegeben. Aber auch Steinbrüche und Bergbau verändern sie. Mit dem wachsenden Durchgangsverkehr entdeckt man seit dem Ende des 18. Jahrhunderts die Rheinromantik; neuangelegte Straßen und beiderseits seit der Mitte des 19. Jahrhunderts die Eisenbahnlinien beginnen sogleich, den Charme wieder zu zerstören. Das Wachstum der Orte, Flurbereinigung, Hotels und Altenheime in Hochhausformat, Industrie und Autobahnbauten setzen die Wandlungen fort. Schattenseiten des Fortschritts, denen zum Glück am Rhein allerdings noch so manche Stelle entgehen konnte.

Der Wein

Wein und Rhein sind durch den verführerischen, leicht abgegriffenen Endreim ebenso nachdrücklich verbunden wie durch lange Jahrhunderte von Weinbau und Weinhandel. Und noch heute verführt jede Reise am Rhein dazu, die Erzeugnisse in der Landschaft ihres Wachstums zu probieren und zu studieren.

Wilder Wein wächst erheblich länger, nämlich seit dem Tertiär, am Rhein, als Weinanbau betrieben wird. Schon unsere Pfahlbauten bewohnenden Vorfahren aßen ebenso Weintrauben wie später die Legionäre des römischen Neuss. Noch weiter verbreitet ist der Genuß von Wein gewesen, der auf dem Exportwege längst vor den Römern den Rhein überschritten hatte. Den Wegen des Handels über die Alpen den Rhein abwärts und über Gallien entlang der Mosel wird dann in römischer Zeit der Weinanbau gefolgt sein. Archäologisch läßt sich Weinanbau in Miesenheim bei Andernach um 400 am Ende der römischen Herrschaft nachweisen. Damit kann also nicht entschieden werden, ob das Verbot Kaiser Domitians im Jahre 90 nach Christi Geburt, in den Provinzen außerhalb Italiens Wein anzubauen, auch das Mittelrheingebiet schon traf, ob damals hier schon Weinbau betrieben wurde. Wohl aber können wir annehmen, daß der Weinbau hier aufblühte, als Kaiser Probus Ende des 3. Jahrhunderts das Verbot, an das man sich nie streng gehalten hatte, wieder aufhob und den Weinbau förderte. Die Römer waren auch in Italien durchaus fremden Gewächsen zugeneigt, die ihre eigenen Reize haben, auch wenn von einem Weinhändler aus Marseille berichtet wird, daß er deshalb nicht nach Rom reisen wolle, damit er nicht in die Gefahr geriete, seine eigenen Fabrikate trinken zu müssen.

Aus dem Latein der Römer und des Mittelalters ist manches Wort der Weinkultur übernommen, ›vinum‹ wird zu Wein, ›mustum‹ zu Most, ›calcatorium‹ zum Kelter, ›cuparius‹ zu Küfer, und in Königswinter oder Oberwinter begegnen wir dem ›vinitorium‹, dem Weingut. Weinanbau ist bis heute eine arbeitsintensive Angelegenheit. Noch etwa 1950 rechnete man mit etwa 2500 Arbeitsstunden für einen Hektar Weinanbau, der dann in mittelalterlichen oder römischen Zeiten vielleicht 10 oder 20 Hektoliter Wein erbrachte. Heute kann man je nach Rebsorte gut 100 Hektoliter erreichen. Außerdem dauert es mindestens drei Jahre, bis ein frisch angelegter Weinberg ein erstes Mal trägt; er kann dann allerdings zwanzig, dreißig Jahre lang genutzt werden. Ein solcher Anbau ist nicht für Krisenzeiten geeignet. Ein kleiner Trupp Marodeure genügt, um Weingärten abzuholzen und die Arbeit von Jahren zu zerstören.

Die Kennzeichen eines wohl abgelegenen Rhein-Weins ſeynd:

1. Wenn ſelbiger einen angenehmen und ſtarcken Geruch hat.

2. Wenn der Wein im Munde behalten / eine gelinde Zuſam̃enziehung auf der Zunge / und den gantzen Mund durchdringenden Geſchmack nach ſich läſſet.

3. Wenn er ſchön / helle und durchſcheinend iſt / und recht Goldgelb ausſiehet.

4. Wenn er bald durch den Urin abgehet / und wenn er des Abends getruncken worden / des andern Morgens darauff einen gelinden Schweiß verurſachet / auch den Leib öffnet.

5. Wenn er nach vorhergehenden Depauches, keine Kopff-Schmertzen oder Trägheit derer Glieder nach ſich läſſet.

6. Wenn er den Appetit zum Eſſen erwecket / auch nicht nach öfftern Gebrauch / zum Stein oder Podagra diſponiret / und wenigſtens 8. Jahr alt iſt.

Ein ſolcher Rheinwein hat mit recht den Vorzug für andern / und iſt nicht nur allein ein herrlich Præſervativ, ſondern wirckliches Remedium vieler Kranckheiten.

Die fünf Kennzeichen des Rheinweins. ›Von Fürtrefflichkeit, Unterscheid, Nutzen und Wirckungen des Rhein-Weins‹, D. Meißner, ›Thesaurus philopoliticus‹, 1624

Mit dem Ende der römischen Herrschaft wird der Weinbau zurückgegangen sein, der ja auch nur das linke Ufer erreicht hatte. Aber er überlebte und fing mit der Beruhigung der Verhältnisse wieder an sich auszubreiten. Dazu nutzte man zuerst die Flachlagen am Ufer des Rheins, die nach südlichem Vorbild weniger mühsam zu bewirtschaften sind. Im 6. und 7. Jahrhundert beginnen sich die Nachrichten über Weinbau im weiteren Tal, zwischen Koblenz und Bonn, zu häufen. Als begehrte Besitztümer und Geschenke werden Weinberge nun und in den folgenden Jahrhunderten immer wieder in den Urkunden der Kaiser, Könige, Erzbischöfe und Adligen erwähnt.

Erst nachdem die Tallagen genutzt sind, dringt im 10. Jahrhundert der Weinbau auch auf die Hänge vor, wo die Terrassen des Rheintals, naturgefertigt, den Weg zur Terrassenkultur am Hang gezeigt haben. Die erheblich lästigere Arbeit bringt aber auch erheblich reizvollere Erträge. Ein Südhang ist länger und intensiver der Sonne ausgesetzt, er gibt abends und nachts die gespeicherte Wärme wieder ab und ist nicht in dem Maße wie Tallagen den gefährlichen Nachtfrösten ausgesetzt, da die Kaltluft ins Tal absinkt und die warmen Dünste des Flusses aufsteigen und wieder über die Hänge streichen. Dies langsame, aber nachdrückliche Reifen bis tief in den Herst hinein gibt den Produkten ihre Fülle und Vielfältigkeit.

Schnell dringt der Weinanbau weiter nach Osten und Norden vor. Bei dem zeitweise etwas wärmeren Klima als heute reichte er bis an den Niederrhein (Köln war voller Weingärten) oder im Osten bis nach Preußen. Allerdings war manches dieser Produkte wegen seiner rachenputzenden Qualitäten berühmt. Und man bemühte sich, etwas dagegen zu tun. In der Antike war das Würzen und Süßen des Weins Gewohnheit, ebenso das

Holzschnitte zu Petrus de Crescentiis' Schrift über den Landbau ›Opus ruralium commodorum libri XII‹, um 1498

Verdünnen mit Wasser, wie es in südlichen Gefilden für den Tischwein heute noch üblich ist. Aus noch älteren Zeiten kennt man die Auseinandersetzungen des Gesetzgebers mit den Weinverfälschern. Sie werden heute aufgrund des deutschen Weingesetzes oder der EG-Gesetze so eifrig fortgesetzt wie damals. So sind Punsch und Bowlen, Würzweine, Wermutweine und anderes nur noch kleine Beispiele für antiken und mittelalterlichen Umgang mit Wein.

Aber auch sonst wurde Wein auf vielerlei Weise geschönt und verbessert, ohne die Bearbeitung kenntlich zu machen. Berühmt waren die ›gefeuerten‹ Weine. Angedickter, angereicherter Most wurde in gewärmten Räumen, extra dafür errichtet, zum Gären gebracht. Das hochprozentige Erzeugnis erfreute sich besonderer Beliebtheit und verschwindet erst im 19. Jahrhundert.

Weinhandel und Weinproduktion hatten im Mittelalter eine noch größere Bedeutung am Rhein als heute. Um 1600 kann man mit etwa 300 000 Hektar Weinbergen rechnen, heute mit etwa 90 000 Hektar bei einem allerdings auch höheren Ertrag. Aber oft ist in den Weingegenden, wie im bestimmten Weinbaugebiet Mittelrhein, der Eigenverbrauch und der Ausschank im Tourismus so hoch, daß kaum etwas in den Handel außerhalb gelangt. Aber wenn man sich an die Trinkerweisheit erinnert, daß der Wein in seinem Anbaugebiet am besten schmeckt, ist dieser Brauch nicht das Schlechteste.

Die mittelalterlichen Großproduzenten sind oft die geistlichen Besitzer großer Weinberge gewesen. Berühmt – bis heute – ist dafür das Kloster Eberbach (s. S. 311), das nun staatliche Weinbaudomäne ist. Seine reiche Produktion, besonders vom bis heute berühmten Steinberg, wurde über das Lager in Reichartshausen in die eigenen Keller in Köln transportiert.

Sogar ein Teil der Stadtmauer mit einem rheinseitigen Tor, der an ihren Hof grenzt, wird von den Mönchen miterbaut und gepflegt. Anfang des 13. Jahrhunderts erwirken sie vom König Zollfreiheit für ihre Produkte. Zahlreiche geistliche, adelige und nichtadelige Weinbesitzer haben daneben ihren Wein verkauft. Oft wurde die Ernte von den Händlern noch am Stock erworben, bevor gekeltert oder gar ausgegoren war.

Ein Zentrum des Weinhandels war über Jahrhunderte Bacharach (s. S. 94; Farbt. 10). Und so galt in Europa aller Wein, der über diesen Markt lief, als ›Bacharacher‹. Wie später den Engländern, die Hochheim am Main als Weinhandelszentrum kennenlernten, Rheinwein als ›Hock‹ geläufig war, neben der ›Liebfraumilch‹ aus dem Bereich des Wormser Liebfrauenstiftes, den man heute noch in fast jedem englischen Supermarkt findet. Schon im 11. Jahrhundert hat der Weinhandel nach England einen großen Umfang, und die Kölner Kaufleute bemühen sich mit Erfolg, ihn möglichst allein zu kontrollieren.

Erst im 19. Jahrhundert begann man Schritt für Schritt für Flaschenweine genauere Herkunftsbezeichnungen zu entwickeln. Besonders für große Weingüter mit weit verstreutem Besitz wurde die Kennzeichnung notwendig. Bald erkannte man den Werbewert, und seit der Mitte des 19. Jahrhunderts beschäftigt man Grafiker und Künstler mit den Entwürfen, so daß hier ein reizvolles Sammelgebiet entstanden ist.

Bis 1971 gab es in der Bundesrepublik etwa 10000 Weinberglagen. Nicht alle dieser Flurnamen erschienen auch auf Etiketten, aber erst mit dem 5. Weingesetz des Jahres 1971 hat man ihre Zahl auf 2590 Einzellagen beschränkt. Gruppenweise sind sie zu 150 Großlagen zusammengefaßt, hieraus sind wieder 32 Bereiche gebildet, die in 11 ›bestimmten‹ Weinbaugebieten liegen. Das ist für Etikettierung und Produktion von großer Bedeutung. Die

Weinetikett ›Rüdesheimer‹, 1840

Bestimmungen sind streng. Unterschieden werden dabei, in steigender Qualität: *Tafelwein, Qualitätswein* (häufig mit dem Zusatz b.A. für das genannte bestimmte Anbaugebiet), *Qualitätswein mit Prädikat.* Diese Prädikate steigern sich von *Kabinett* über *Spätlese, Auslese, Beerenauslese* zu *Trockenbeerenauslese.* Die Bezeichnung *Eiswein* darf nur zusätzlich zu einem der Prädikate verwandt werden.

Grundlage der Qualitätsbestimmung ist das Mostgewicht, gemessen in Öchsle. Hierbei wird oft noch mit der vom Apotheker Ferdinand Öchsle (1774–1852) in Pforzheim entwickelten Senkwaage ermittelt, um wieviel ein Liter frischer Traubenmost schwerer ist als ein Liter Wasser bei 20°. Tafelweine müssen 44 Öchsle aufweisen, Qualitätsweine beginnen mit 57, Kabinett verlangt mindestens 70, Spätlese 76, Auslese ab 83, Beerenauslese ab 110 und Trockenbeerenauslese mindestens ein Mostgewicht von 150 Öchsle.

Dazu tritt heute oft die immer beliebtere Bezeichnung ›trocken‹. Sie bedeutet, daß pro Liter des Weins nicht mehr als 9 Gramm vergärbarer Restzucker enthalten sind. Das kann und sollte ein ausgereiftes Bukett bedeuten, das nicht von Süße überlagert wird. Leider macht sich aber inzwischen die Unsitte breit, saure Weine als trocken zu bezeichnen. So ist auch hier inzwischen Vorsicht geboten.

Die Vorschriften über die notwendigen Mostgewichte sind von der geernteten Traubenart abhängig. Bei manchen Rebsorten wird erst bei höherem Mostgewicht das jeweilige Prädikat, das ja immer zusammen mit einer amtlichen Prüfungsnummer erscheint, fällig.

Zur Zeit sind etwa fünfzig Rebsorten im Anbau, viele davon allerdings nur auf kleinen Anbauflächen. Auch werden natürlich immer wieder neue Züchtungen versucht. Dreiviertel der Anbaufläche aber, um ein Beispiel zu geben, des bestimmten Weinbaugebietes Mittelrhein tragen Riesling, genauer den Weißen Rießling. Er wird zuerst im frühen 15. Jahrhundert erwähnt. Man nimmt sogar an, daß der Riesling aus der wildwachsenden

Rebe entwickelt worden ist. Dazu treten dann Sylvaner oder die 1882 vom gleichnamigen Professor gezüchtete Müller-Thurgau-Rebsorte, Ruländer, Gewürztraminer, Kerner und manches andere mehr. Rote Rebsorten, wie der Blaue Portugieser oder der Spätburgunder, finden sich nur noch an wenigen Anbaustellen, und da der Tourist meist mit Rheinwein die Vorstellung von Weißwein verbindet, wird der Anbau auch immer weiter zurückgedrängt.

Entscheidend für die Auswahl der angebauten Rebsorten ist natürlich neben den zu erwartenden Hektoliter- und Oechslegewichtserträgen der Boden. Seine recht unterschiedliche Zusammensetzung aus verschiedenen devonischen Schiefergesteinen, deren Schutt – Löß, Lehm, Kiesen, Bims und Tuff – ein guter Wärmespeicher ist, wirkt bei der Rebsortenauswahl mit und beeinflußt den Geschmack des Weins.

Auch für die Lese gelten bestimmte Vorschriften. So müssen Trauben einer Spätlese spät gelesen und vollreif geerntet sein. Auslese bedingt eine Auslese aller kranken und unreifen Beeren. Bei einer Beerenauslese sollen nur edelfaule oder wenigstens überreife Beeren verwandt werden. Bei der Trockenbeerenauslese sollen nur weitgehend eingeschrumpfte edelfaule Beeren verwendet werden, bei denen der Pilz der Edelfäule die Traubenhaut hat rissig werden lassen, so daß durch Verdunstung der zukünftige Most bereits konzentriert ist. Ist der Wein ausschließlich aus Trauben hergestellt, die bei der Kelterung gefroren waren, wird zusätzlich das Prädikat ›Eiswein‹ erteilt. Durch den Frost wird ja ein Teil des Wassers als Eis festgehalten und so wiederum die Konzentration des Mostes erhöht.

Entlang des Rheins hat man ausgiebig Gelegenheiten, Weine zu probieren und seine Kenntnisse auf diesem Gebiet zu erweitern. Weinproben haben sich zwar zu einem Bestandteil der Winzerfolklore entwickelt, hindern aber den Teilnehmer nicht, sich Kenntnisse und Geschmackserinnerungen zu erwerben. Berührt man doch entlang des Mittelrheins sechs der elf bestimmten Weinbaugebiete. Nordwestlich von Mainz befindet man sich noch im Weinbaugebiet ›Rheinhessen‹ und trifft auf den Ingelheimer Spätburgunder. Zusammen mit dem Assmannshäuser und dem Ahrrotwein ist er eines der letzten Rückzugsgebiete des einst am ganzen Mittelrhein vorwiegend angebauten Rotweins. Seit dem 18. Jahrhundert hat ihn der Weißwein, besonders der Riesling, mit zwar geringerem Ertrag, aber reizvollem Geschmack verdrängt. Auf der Rheinseite gegenüber liegt das Weinbaugebiet ›Rheingau‹, immer gerühmt, dann folgt am eigentlichen Mittelrhein das bestimmte Weinbaugebiet ›Mittelrhein‹, in das von Westen die bestimmten Weinbaugebiete ›Nahe‹, ›Mosel-Saar-Ruwer‹ und ›Ahr‹ hineinragen. Es ist also reiche Auswahl gegeben. Weinproben, nach denen man allerdings das Auto auch ausruhen lassen sollte, werden an vielen Stellen und von zahlreichen Organisatoren durchgeführt. Eine Frage im zuständigen Verkehrsamt lohnt sich, und für besonders Probier- und Studierwillige gibt es sogar Weinseminare.

Dabei wird dem Besucher zumeist vorenthalten, daß Weinbau und -produktion eine Industrie geworden ist, die notwendigerweise, wie jede andere Industrie, auf Rationalisierung und Modernisierung angewiesen ist. Statt Stahltanks und vollautomatisierten Abfüllanlagen wird die traditionsreiche Geschichte vorgeführt. Winzerfolklore verschleiert den Sieg der Technik, und die Naturreinheitsideologie läßt vergessen, daß folgende Stoffe erlaubterweise, teils zur Behandlung, Entsäuerung, Haltbarmachung und Enttrübung, benutzt oder zugesetzt werden dürfen: gasförmige oder verdichtete Kohlensäure, Schwefel, gasförmige schweflige Säure, Kaliumdisulfit, Ascorbinsäure, Wels-, Stör- und Hausenblase, Speisegelatine, Eiweiß, Tannin, Bentonit ... Natürlich wird ein großer Teil dieser Stoffe anschließend wieder entfernt, und da das Weingesetz zum Lebensmittelrecht gehört, bleibt auch nichts Schädliches zurück, aber verständlicherweise heißt es in § 15,4 des Weingesetzes: »Die Angabe ›natur‹ darf weder für sich allein noch in einer Zusammensetzung oder in abgeleiteter Form zugelassen werden.«

Eine besondere Stellung im Weinverbrauch nimmt immer noch die Drosselgasse in Rüdesheim ein (Abb. 36, 37), die nach volkstümlichem Witz so heißt, weil hier soviel ›gezwitschert‹ wird. Hier werden die Weine oft mit Tankwagen angeliefert und die Besucherscharen mit Bussen herangefahren. Das ist eine Spätfolge der Wein- und Rheinromantik des 19. Jahrhunderts. Aber abseits dieser und ähnlicher Straßen gibt es immer noch genügend Gelegenheiten, Rhein und Romantik, die Atmosphäre von Geschichte und Landschaft, die Menschen und den Wein neu zu entdecken.

Geschichte am Mittelrhein

Erste Spuren des Menschen mit Steinwerkzeugen der älteren Altsteinzeit, die etwa von 600000 bis 70000 vor Christi Geburt gerechnet wird, bezeugen seine Anwesenheit in Jahrhunderttausenden, als dem Mittelrheintal mit der Hebung des Rheinischen Schiefergebirges und dem Einschneiden des Rheins seine Gestalt gegeben wurde. In der folgenden mittleren Altsteinzeit tritt der Neandertaler auf, den dann mit dem Beginn der jüngeren Altsteinzeit, 35000 Jahre vor Christi Geburt, der Homo sapiens fossilis, unser direkter Vorfahr, ablöst. Immer noch Jäger und Sammler, mit ständig verfeinerten Waffen und Geräten, die aber auch schon Schmuck und Frauenstatuetten besitzen, wie man sie auf dem Linsenberg bei Mainz gefunden hat.

Am Ende dieser Epoche, etwa 11500 vor Christi Geburt, bedeckten die Benutzer des Wohnplatzes zu Gönnersdorf bei Neuwied den Boden rings um ihre Zelte mit mehreren Tonnen von Schieferplatten, in die Bilder eingeritzt sind, eine Sensation bei ihrer Entdekkung vor wenigen Jahren (s. S. 388). Gegenüber, im Andernacher Gebiet, hat man einen jüngeren Wohnplatz aufgedeckt. Hier fand man eine Vogelplastik.

Mit dem Ende der Eiszeit um 8000 vor Christi Geburt läßt man auch die mittlere Steinzeit beginnen, der um 4400 v. Chr. die jüngere Steinzeit folgt. Jetzt lassen sich mit den Bandkeramikern besonders in der Kölner Bucht und im Neuwieder Becken die ersten seßhaften, Landwirtschaft betreibenden Menschen im Mittelrheintal nieder. Den Bandkeramikern folgen die Rössener Kultur und die Michelsberger Kultur. Dann trafen im Rheinland aus dem Norden und Osten kommende Schnurkeramiker mit westeuropäischen Glockenbecherleuten zusammen, eine Mischung entsteht, die man als Rheinische Becherzivilisation bezeichnet.

Mitte des zweiten Jahrtausends v. Chr. dringen bronzezeitliche Einflüsse aus Südwestdeutschland am Mittelrhein vor. Am Ende des Jahrtausends breitet sich von Süden her die Urnenfelderkultur, nach ihren Bestattungssitten so bezeichnet, durch das Mittelrheintal nach Norden aus. Besonders im Neuwieder Becken ist sie nachzuweisen. Mit ihr verschwindet die Streitaxt, nachdem schon das Steinmaterial durch Bronzeguß verdrängt worden war. Auch das Stoß- und Stichschwert der älteren Bronzezeit wird nun durch das schwerere Hiebschwert ersetzt. Langsam setzt sich mit den Anfängen des letzten Jahrtausends v. Chr. die Kenntnis der Eisenverhüttung durch.

Seit der Mitte des Jahrtausends dringen Kelten und keltische Kultur auch in das Mittelrheingebiet ein. In dieser Latènezeit wird unser Gebiet Teil der keltischen Zivilisation, die sich von Südwestdeutschland über Ostfrankreich dann bis nach Spanien, Oberitalien, Griechenland und Kleinasien auszudehnen versucht. Aus den reichen Anregungen des Mittelmeerraumes formen die Kelten eine eigene Kultur, die erst mit Caesars Vordringen römischen Einflüssen weichen muß. Sie entwickeln das überlieferte Befestigungssystem weiter. Die Fliehburg auf dem Petersberg im Siebengebirge entstand in dieser Zeit. Und zahlreiche Namen von Orten und Landschaften sind von ihnen geprägt, Taunus und Rhön, Main und – voller Klang bis heute – der Rhein.

58 v. Chr. beginnt Caesars Eroberung Galliens, während von jenseits des Rheins auch germanische Stämme anfangen nach Westen vorzudringen. Damit deutet sich schon die Grundkonstellation der nächsten Jahrhunderte an. Die Unterwerfung Galliens bis zum Rhein war ein blutiges Geschäft. Auf der linken Rheinseite wurden in unserem Bereich die Eburonen ausgerottet oder in die Sklaverei verkauft. Mit einem Brückenschlag über den Rhein zu den kollaborationswilligen Ubiern im Neuwieder Becken beeindruckte Caesar die über den Rhein nach Westen drängenden Germanen, besonders die nördlich auf der rechten Rheinseite siedelnden Sugambrer. Nach der Niederschlagung des Aufstandes des Vercingetorix kehrt 50 v. Chr. Friede, Stille der Erschöpfung, ein.

Langsam nur beginnt sich in den nächsten Jahrzehnten römische Zivilisation bis zur Rheingrenze auszubreiten. Unter Marcus Vipsanius Agrippa, als Oberbefehlshaber 39 und 38, 20 und 19 v. Chr. in Gallien, werden die Ubier von der rechten Rheinseite als zuverlässige Kollaborateure auf die linke Rheinseite umgesiedelt. Sie übernehmen das frühere Gebiet der Eburonen. Ihr Hauptort, das Oppidum Ubiorum, ist das heutige Köln. Andere Germanenstämme kommen immer wieder auf der Suche nach Siedlungsland oder Beute über den Rhein. Deshalb und um mit einer Linie von der Elbe zur Donau die Grenzen des Reiches zu verkürzen, beginnt man die Eroberung der rechtsrheinischen germanischen Gebiete.

Nach großräumigen Vorbereitungen beginnt die Offensive 12 v. Chr. und erreicht vier Jahre später das gesteckte Ziel der neuen Grenze. Fast zwanzig Jahre herrschte Ruhe, bis eine ganze Reihe von Mißerfolgen in der berühmten Niederlage des Varus und seiner drei Legionen und sechs Kohorten, etwa 18000 Mann, im Teutoburger Wald 9 n. Chr. gipfelt. Trotz der Feldzüge des Germanicus kann danach nur die Rheingrenze erhalten werden. Allerdings bedroht der Bataveraufstand 69/70 in den Wirren nach dem Untergange Neros noch einmal den Frieden des Rheinlandes.

Unter Kaiser Vespasian (69–79) beginnen die militärischen Vorbereitungen auf der rechten Rheinseite. Die Besetzung des innersten Winkels zwischen Rhein und Donaugrenze wird durch den Schritt für Schritt ausgebauten Limes gesichert. Am rechten Rheinufer gegenüber dem Vinxtbach bei Hönningen ansetzend (hier erinnert heute eine Rekonstruktion eines römischen Wachturmes daran) bezieht der Limes dann das Neuwieder Becken und die Wetterau als begehrte, fruchtbare Gebiete mit ein. Truppenlager knapp hinter dem Limes und eine siedlungsfreie Vorzone sichern nun für fast zwei Jahrhunderte den Frieden.

Provinzhauptstädte für die Provinzen Ober- und Niedergermanien werden Mainz und Köln. Am Vinxtbach am Beginn des Limes treffen beide zusammen. Aber auch nach Norden wird das rechte Rheinufer siedlungsfrei gehalten und als Wirtschaftsgebiet militärisch genutzt.

Damit wird der Rhein für acht Jahrhunderte zur Grenze, bis weit ins Mittelalter hinein, denn erst unter Karl dem Großen gelingt mühsam in wiederholten Feldzügen die Ausdehnung des Reiches bis zur Elbe, die die Römer erhofft hatten.

Diese Trennung wirkt bis heute nach. Die zentralen Großstädte Mainz und Köln liegen auf der linken Rheinseite, wo erstmals in römischer Zeit städtische Siedlungen entstehen. Aber auch die Mehrzahl kleinerer Städte liegt auf der linken Rheinseite. Hier liegt bis heute mit der B 9 das Hauptgewicht des Verkehrs.

Die blühenden, wohlhabenden Provinzen, reich an Landwirtschaft, Industrie und Handel, bleiben eine ständige Verlockung für die Germanen der anderen Rheinseite. Über Handel und Dienst im römischen Heer mag mancher unter ihnen die angenehmen Seiten der antiken Zivilisation schätzen gelernt haben. Chatten und Alamannen stoßen in Rahmen eines breit angelegten Beutezuges 233 auch im Taunus und in der Wetterau über den Limes vor. Nach 254 überwinden Alamannen und Franken mehrfach den Limes, die rechtsrheinischen Gebiete gehen verloren.

Die Krise des Römischen Reiches Mitte des dritten Jahrhunderts gipfelt im gallischen Sonderreich. Kaiser Gallienus hatte, um nach Oberitalien eingedrungene Germanen zu bekämpfen, seinen Sohn Saloninus in Köln zurückgelassen. Er fiel dem Usurpator Postumus zum Opfer, dem es für die Zeit von 260–69 gelang, Gallien mit den beiden germanischen Provinzen unseres Bereiches sowie Spanien und Britannien unter seine Herrschaft zu bringen. Er versucht, die Rheingrenze gegen die ständig vordringenden Germanen zu schützen. Und bevor er Gelegenheit hat, seine Herrschaft über das ganze Reich auszudehnen, fällt er 269 selbst vor Mainz einer Usurpation zum Opfer. Er und seine kurzlebigen Nachfolger wählten Köln zu ihrer Residenz. Ein Glanz, der der tiefen Not des Reiches, das von allen Seiten bedroht ist, zu verdanken ist. Postumus' letzter Nachfolger, Tetricus, tritt zwar 274 Kaiser Aurelian noch in einer Schlacht gegenüber, aber nur, um noch, bevor man tätlich wird, sich Aurelian zu ergeben, der ihn in Gnaden aufnimmt. Das Reich ist wieder geeint, aber die germanische Bedrohung besteht fort.

Größere und kleinere Plünderungszüge blieben die Regel, und im nur noch dünn bevölkerten linksrheinischen Gebiet ließen sich mit und ohne obrigkeitliche Genehmigung immer mehr Germanen, oft schon Franken nieder. Die ersten Taten Konstantins, des später ersten christlichen Kaisers, sind Feldzüge über den Rhein hinweg. Zur Erleichterung der Rheinübergänge errichtet er um 310 eine Brücke in Köln, die mit dem Kastell Divitia, dem heutigen Deutz, auf der rechten Rheinseite gesichert wird.

Mitte des 4. Jahrhunderts zerreißen wieder bürgerkriegsähnliche Kämpfe um die Herrschaft das Reich, und seit 352 dringen die Franken wieder in groß angelegten Beutezügen über den Rhein. Erfolgreiche Abwehr gelingt erst Julian, dem Neffen des Kaisers Constantius II. und Enkel Konstantins. Auf dem Marsch nach Köln soll man nur noch Remagen und einen Turm bei Köln unzerstört gesehen haben. Bei Straßburg schlägt Julian 356 ein großes alamannisches Heer und vertreibt fränkische Eindringlinge; den Salfranken gestattete er die Niederlassung auf römischem Gebiet. Festungen und Städte werden wieder aufgebaut. Bonn, Andernach und Bingen gehören dazu, während Boppard wohl schon unter Konstantin befestigt wurde, als auch Koblenz Mauern erhielt.

Ende des 4. Jahrhunderts verstärkt Kaiser Valentinian I. die Befestigungen am Rhein ein letztes Mal. Am letzten Tag des Jahres 406 dringen Vandalen, Alanen und Sueben über die Mainzer Rheinbrücke auf linksrheinisches Gebiet. Hier waren schon 401 große Teile der Grenztruppen nach Italien abgezogen worden, und nun leisteten nur noch Boppard, Koblenz und Andernach erfolgreich Widerstand. Weitere Franken dringen als Siedler auf linksrheinisches Gebiet vor, und Mitte des 5. Jahrhunderts ist Köln und spätestens Ende des Jahrhunderts auch Mainz in fränkischem Besitz. Chlodwig, König der Franken, nimmt 486 mit seinem Sieg über Syagrius, der als ›König der Römer‹ in Soissons residierte, endgültig Gallien in Besitz.

Damit hatte sich zwar die politische Struktur unwiderruflich gewandelt, aber große Teile der romanischen Bevölkerung blieben. Unterdrückt, beraubt, aber zum Fortbestand der Wirtschaft wichtig, lassen sich solche Bevölkerungsteile noch über Jahrhunderte nachweisen. Namen und Spracheinflüsse sind erkennbar. Auch das Christentum überlebt, selbst wenn für Jahrzehnte und länger die Bischofssitze leerstehen.

Mit dem Übertritt Chlodwigs zum katholischen Christentum nach seinem Erfolg in der Schlacht bei Zülpich gegen die Alamannen 496/97 war die Grundlage zur Christianisierung der Franken gelegt, die in den nächsten zwei, drei Jahrhunderten erfolgte. In der Schlacht war Chlodwig dem bedrängten fränkischen Kleinkönig Sigibert der Francia rinensis zur Hilfe gekommen. Er residierte in Köln und beherrschte den linksrheinischen Bereich bis nach Mainz. Die Hilfe blieb nicht ohne Folgen. Den Sohn Sigiberts stiftet Chlodwig zum Vatermord an und beseitigte ihn dann selbst. Die überraschten Kölner Franken wählten Chlodwig daraufhin, etwa 511, auch für ihren Bereich zum König. Unter Chlodwigs Sohn Theuderich I. werden auch rechts des Rheines zu den alten Stammlanden die Gebiete der Thüringer und Hessen unterworfen. Erst mit dem Ende des 6. Jahrhunderts dringen die Sachsen vor und im Laufe des nächsten Jahrhunderts erobern sie die rechtsrheinischen Gebiete. Der Rhein bleibt wieder Grenze. Nach Westen bildet sich bis zur Maas das fränkische Teilreich Austrasien heraus, dessen Adel sich bemüht, die Herrschaft selbst in die Hand zu nehmen. Die zukünftige Grenze des deutschen Reiches deutet sich an.

Mit den noch romanischen Bischöfen Carentinus von Köln und Sidonius von Mainz im 6. Jahrhundert und den Franken Eberigisil und Kunibert im Köln des frühen 7. Jahrhunderts beginnt das kirchliche Leben wieder geregelte Formen anzunehmen. Auch in den Kastellen längs des Rheins hat sich von Bonn über Remagen, Andernach, Koblenz, Boppard und Bingen kirchliches Leben, in frühen Bauten und Grabinschriften nachweisbar, gehalten. Monasteria, meist zukünftige Stifte und Domkapitel werden wie die ersten Klöster Träger der Seelsorge und Mission. Sie werden reich mit Besitztümern meist aus königlichem Gut ausgestattet.

Entlang des Rheins wird man weiterhin Handel getrieben haben, Wein bleibt ein begehrtes Gut, lebensnotwendig für die Liturgie der Kirche. Aber auch Keramik aus dem Maifeld oder später aus dem Vorgebirge zwischen Bonn und Köln, Mühlsteine aus dem Andernacher Hinterland und Textilien werden ausgetauscht. Gerne wüßte man, wo die Glasöfen dieser Jahrhunderte sich befanden, deren Produkte man als Grabbeigaben findet.

Die blutrünstigen Erbstreitigkeiten und Machtkämpfe innerhalb der merowingischen Dynastie enden in der wachsenden Stärke nachrückender Adelshäuser. Von Austrasien aus gelingt den Karolingern der Aufstieg mit Unterstützung der Päpste. Aber erst mit der Eroberung Sachsens Ende des 8. Jahrhunderts unter Karl dem Großen ändert sich entscheidend die politische Lage in unserem Bereich. Mainz und Köln werden aus Grenzstädten zu Metropolen. Das hatte bereits die angelsächsische Mission mit dem Höhepunkt unter Bonifatius angedeutet und angestrebt. Bonifatius wollte zuerst in Köln Erzbischof werden, wurde es dann in Mainz, um Mission über das fränkische Reich hinaus betreiben zu können. Der Rhein wird Zentrum der Binnenschiffahrt, seine Städte Handelsknotenpunkte nach Osten und Fixpunkte politischen und geistigen Geschehens.

Dieses Gewicht verstärkt sich noch durch die Teilungen des Karolingerreiches. Der erste entscheidende Vertrag von Verdun der Söhne Ludwigs des Frommen im Jahre 843 nahm bis südlich St. Goar den Rhein als Grenze zwischen den Teilreichen Kaiser Lothars I. und Ludwigs des Deutschen. Danach griff Ludwigs Reich im weiten Bogen entlang der Nahe um Mainz herum nach Westen aus. ›Propter vini copiam‹ – wegen des Reichtums an Wein, heißt es. Mainz wird so zur kirchlichen Metropole des Ostreichs, Köln bleibt Teil des Mittelreiches und wird erst mit der Teilung von Meersen nach dem Tode Lothars II., des glücklosen Sohns Lothars I., Teil des Ostfränkischen Reiches, das nun das ganze Mittelrheingebiet umfaßt.

Aber dieser Gedanke des lotharingischen Reiches von Friesland bis nach Italien, der sich im austrasischen Franken schon andeutete, bleibt lebendig. Lotharingien, noch im Namen des heutigen Lothringen erhalten, wird im Reich der burgundischen Herzöge wieder lebendig, und noch der Separatismus der Zeit nach dem Ersten Weltkrieg denkt an ähnliche Gebiete.

Unter Karl dem Kahlen wurde 885 das Reich Karls des Großen noch einmal vereint. Aber unter welchen Vorzeichen! Längst hatten sich in den Reichsteilen abgegrenzte Adelsgruppen gebildet, und die ständige Bedrohung durch die Wikinger, deren Raubzüge das Reich verwüsteten, ließen keine ruhige Entwicklung zu. Schon 887 wird Karl der Kahle wieder abgesetzt.

Die Entscheidung fällt erst, als im Westen wie im Osten kein Karolinger regiert. 925 übernimmt Heinrich I. (919–936) aus dem Hause der sächsischen Liudolfinger auf Einladung der lotharingischen Großen auch hier die Herrschaft, die sein westfränkischer Konkurrent Rudolf I. erst 931 anerkennt. Damit ist für die folgenden Jahrhunderte entschieden, daß der Rhein nicht Grenze, sondern Achse des Deutschen Reiches ist. Aber auch für Jahrhunderte ist festgelegt, daß hier die Ausdehnungsbestrebungen sei es der Herzöge von Burgund oder der französischen Könige wieder ansetzen.

Innerhalb des Reiches bleibt Lotharingien ein lebendiger Begriff. Erzbischof Bruno von Köln (953–65) wird von seinem Bruder, Kaiser Otto dem Großen, zugleich zum Kölner Erzbischof wie zum Herzog des Königreichs Lothars ernannt. Bei Aufständen und Streitigkeiten hat er trotz der Doppelstellung Mühe, die Reichspolitik durchzusetzen. Noch am Ende des 10. Jahrhunderts versucht der französische König Lothar 978 ein letztes Mal, Lothringen wieder für das Westreich zu gewinnen. Noch unter Erzbischof Bruno wird Lotharingien in zwei Herzogtümer zerlegt, Ober- und Niederlothringen mit der gewohnten Grenze am Vinxtbach. Aber das Herzogsamt Niederlothringen geht bald unter, und nur Oberlothringen bleibt bis heute als Lothringen faßbar.

Im Rheinland, entlang des Rheins und seiner Umgebung, setzt nun wie im ganzen Deutschen Reich das unaufhaltsame Wachstum der Territorien ein. Längst waren die meisten Ämter der Grafen und Herzöge erblich geworden. Nur die Bischöfe konnten noch bis zum Investiturstreit und manchmal noch danach als treue Diener des Reiches in Anspruch genommen werden. Aber auch sie waren wie ihre Standesgenossen bemüht, Rechte und Güter zu erwerben, Lücken in ihrem Machtbereich zu schließen und ihn zu erweitern. Marktrecht, Zollrecht, Münzrecht und niedere und hohe Gerichtbarkeit waren dabei ebenso wichtig wie Burgen und Grundbesitz.

Eine wichtige Macht- und Einkommensquelle für den Adel war dabei die Vogtei, die weltliche Vertretung eines Klosters, eines Stiftes, eines ganzen Bistums. Dabei versuchte man verständlicherweise, nicht nur die zuständigen Einkünfte zu gewinnen, sondern möglichst den Besitz, den man schützte, gleich zu erwerben.

Die Bischöfe hatten bei jeder Wahl eines Königs eine sichere Hoffnung auf Wahlgeschenke, die der Pfalzgraf bald teilte. Aus dem einstigen Aachener Amt des Pfalzgrafen, königliche Rechte zu wahren, war bald ein mächtiger Adelstitel geworden; zuerst saßen sie im Raum Köln, aber hier mußte man widerwillig dem Kölner Erzbischof weichen. Schon im 11. Jahrhundert finden wie die Pfalzgrafen mit dem Hauptsitz an der Mosel. Dann wechseln Amt und Besitz mehrfach die Hand, bis seit 1214 die Wittelsbacher den reichen, erweiterten Besitz halten und abrunden. Als Reichstruchseß, das vornehmste der Hofämter, und als vierter der rheinischen Kurfürsten, bleiben die so nach Süden gewanderten Pfalzgrafen bei Rhein eine der entscheidenden Kräfte.

Neben ihnen und den Bischöfen von Mainz, Köln und Trier steigen zahlreiche Grafengeschlechter auf, vermehren ihren Besitz durch Heirat oder Schenkung, vermindern ihn durch Erbteilungen, Verkauf und Verpfändung oder gehen ohne Nachkommen unter. So erging es den Grafen von Sayn oder denen von Katzenellenbogen, ähnliches erleben die Grafen von Isenburg, Wied, Berg, Jülich, Luxemburg, Ahr, Hochstaden und andere mehr.

Eine Hauptbeschäftigung aller hoher Herren ist der Burgenbau. Aus dem Tal, direkt an den Straßen oder am Fluß, verlegt man sie seit dem 12. Jahrhundert auf die Höhen, im Mittelrheintal meist auf einen Sporn am Hang. Mit den nur mühsam zu erobernden

1 MAINZ Dom nach Osten ▷

2, 3 MAINZ Dom, Grabplatten der Erzbischöfe Siegfried III. († 1249) und Peter von Aspelt († 1320)

5 MAINZ Kopf mit der Binde, Dom- und Diözesanmuseum ▷

4 MAINZ Fragment des Lettners, Dom- und Diözesanmuseum

6 MAINZ Dativius-Victor-Bogen, Blick zur Christuskirche

7 MAINZ St. Quintin

8 MAINZ Eiserner Turm

9 MAINZ Holzturm

10 MAINZ Kurfürstliches Schloß

11 MAINZ St. Stephan, Kreuzgang

12 MAINZ Augustinerkirche, Portal

13 MAINZ Marktbrunnen

14 MAINZ Gutenbergmuseum, Werkstatt

15 MAINZ ›Römischer Kaiser‹ (Gutenbergmuseum)
16 MAINZ Deutschhaus

17 WIESBADEN-BIEBRICH Schloß

18 WIESBADEN Kurhaus

19 WIESBADEN Hessisches Staatstheater

20 WIESBADEN Marktkirche

21 WIESBADEN St. Bonifatius

24 KIEDRICH Michaelskapelle ▷

22 WIESBADEN Griechische Kapelle

23 ELTVILLE Stockheimer Hof

25 KIEDRICH Doppelmadonna, Michaelskapelle

26 INGELHEIM Burgkirche mit Befestigungsmauer

27 EBERBACH Dormitorium

29, 30 EBERBACH Grabmäler von Eberhard I. von Katzenellenbogen und Johann II. von Katzenellenbogen

◁ 28 EBERBACH Mittelschiff gegen Osten

31 WINKEL ›Graues Haus‹

32 GEISENHEIM Ehem. Stockheimer Hof

33 Schloß JOHANNISBERG

34 Niederwalddenkmal bei Assmannshausen

35 JOHANNISBERG Kirche

36, 37 RÜDESHEIM Fachwerkfassade und Drosselgasse
38 ASSMANNSHAUSEN Hotel Krone

39 Burg REICHENSTEIN

40 Burg RHEINSTEIN

41 Burgruine EHRENFELS

Festungen sichert man das eigene Gebiet, seine Straßen, den Zoll, den man erhebt, und versucht zugleich Einfluß auf angrenzende Gebiete zu gewinnen. Eine Fahrt entlang des Rheins legt reiches Zeugnis davon ab.

Der einst große königliche Besitz am Mittelrhein nimmt im Wechsel der Herrscherhäuser und durch Wahlgeschenke rasch ab. 1241 sind nur noch Ingelheim, Boppard, Oberwesel und Sinzig Reichsgut, aber auch das nicht mehr lange. Die einst königlichen Zölle sind inzwischen ebenfalls meist privatisiert worden. Und in Privatbesitz haben sie sich dazu noch vermehrt. Ende des 12. Jahrhunderts zählt man neunzehn Zollstätten am Mittelrhein, Mitte des 13. Jahrhunderts, zur Zeit des Rheinischen Städtebundes, sind es bereits zweiunddreißig, und die ständige erbarmungswürdige Finanznot der hohen Herren vermehrt sie weiter, mit oder ohne königliche Erlaubnis.

Das mißfällt den Kaufleuten wie den Verbrauchern. In den Städten hatte sich seit dem späten 11. Jahrhundert ein auf Reichtum gegründetes Selbstbewußtsein entwickelt. Die reichen Bürger traten zur Gemeinde zusammen. Wohl 1114 schaffen sich die Kölner als erste in Europa ein Siegel, wie es sonst nur der Adel führt. Mainz zieht bald nach, und vielerorts dazwischen versucht man später ähnliches. Freiheit von Bischof, Graf oder Herzog ist der Wunsch, nur dem König untertan zu sein, ist die Hoffnung. Der Traum ist bereits im frühen 14. Jahrhundert beendet, nur Mainz bleibt bis 1461 noch frei, Köln sogar bis zur französischen Besetzung 1794. Aber Mitte des 13. Jahrhunderts sah es für einen Augenblick fast so aus, als konnten die Städte und Städtchen als politische Kraft neben den Adel treten. Schon 1226 hatte es einen ersten, schnell vom König untersagten Städtebund gegeben. In der Not und Rechtlosigkeit der Wirren nach dem Tode Kaiser Friedrichs II. bildet sich 1254 ein neuer Städtebund, dessen Zentrum rings um Mainz liegt, und der sich bis nach Bern, Regensburg oder Bremen ausdehnt. Das Ziel ist, den immer wieder von Raubrittern und Fehden gestörten Landfrieden zu sichern. Auch adelige Herren treten ihm bei. Aber an inneren Auseinandersetzungen bricht er bald wieder auseinander. Die politische Belastung ist zu hoch, die Organisation und Verständigung zu schwierig, ein Vorspiel für die Hanse. Mit der Regierung Rudolfs von Habsburg Ende des 13. Jahrhunderts, der gründlich mit den Raubrittern, zu denen sich die Besatzungen einiger Rheinburgen entwickelt hatten, aufräumt, setzt sich endgültig die Herrschaft der Territorialherren, der Grafen und Erzbischöfe am Rhein durch. Anfang des 14. Jahrhunderts fallen mit Boppard und Oberwesel die letzten freien Reichsstädte an Trier. Sie widerstreben noch lange, aber erfolglos.

Mit der großen Pestepidemie in der Mitte des 14. Jahrhunderts leidet auch das wirtschaftliche Wachstum. Gut ein Drittel der Bevölkerung stirbt. Judenpogrome begleiten die Epidemie, wie in den Jahrhunderten zuvor die Kreuzzugsbegeisterung davon begleitet wurde oder die Ermordung des nie heilig gesprochenen Werners Ende des 13. Jahrhunderts dazu geführt hatte. Die Baubegeisterung der Pfarren, Klöster und Stifte schwindet. Burgen werden nur noch ausgebaut, kaum noch neu angelegt. Der Osten des Reiches tritt stärker wirtschaftlich und politisch in den Vordergrund. Eine Unzahl von Zollstationen belastet den Schiffsverkehr auf dem Rhein, manche Güter wandern auf die Straßen ab.

Belagerung des Drachenfels', 1583. Kupferstich Ende 16. Jh.

Die Wunden der Zerstörungen werden nicht mehr so schnell geschlossen wie zu Beginn des 13. Jahrhunderts. Damals war der Zerstörungszug Philipps von Hohenstaufen 1198/99 gegen seinen Rivalen im Thronstreit, den Welfen Otto, zum Anlaß einer Welle von immer noch prunkvollen romanischen Bauten geworden. Mit der Konjunkturwende des Mittelalters in der großen Pestepidemie des 14. Jahrhunderts flaut auch die gotische Bautätigkeit am Mittelrhein ab. Der Rhein ist nicht mehr die Hauptachse des Reiches, aber er wird zum beliebten Kriegsschauplatz für internationale Auseinandersetzungen. So scheitert 1475 Karl der Kühne mit seinen Hoffnungen auf ein burgundisches Königreich in der Belagerung von Neuss, das ihm gut ein Jahr Widerstand geleistet hatte. Sein Ziel war die Herrschaft gewesen.

In der bald folgenden Zeit der Reformation, die besonders über das Haus des Landgrafen von Hessen, der Erben des Grafen von Katzenellenbogen, und den pfälzischen Kurfürsten Eingang am Mittelrhein fand, entschied sich die Frage nach protestantischem Übergewicht oder Gleichgewicht der Konfessionen zweimal im Kölner Erzbistum. 1547 mußte nach langen Auseinandersetzungen Erzbischof Hermann von Wied abdanken, und Gebhard Truchseß von Waldburg mußte nach furchtbaren Plünderungszügen der beidseitigen Soldateska 1584 seinem katholischen Rivalen Ernst von Bayern weichen. Das Erzbistum blieb katholisch, und eine Mehrheit von protestantischen Kurfürsten im Kurfürstenkollegium war somit verhindert, über deren Folgen für die weitere Geschichte des Abendlandes man gerne spekulieren möchte.

Schon in diese letzten Kämpfe hatten neben bayerischen Truppen auch spanische und niederländische eingegriffen, da das Geschick des Kölner Erzbistums wieder den Freiheitskampf der Niederlande beeinflußte. Das war nur das Vorspiel für die Geschehnisse des Dreißigjährigen Krieges, wo nun deutsche, spanische, französische und schwedische Truppen durch das Mittelrheintal ziehen, brandschatzen, erpressen, plündern, Festungen besetzen oder zerstören. Die Weinkeller sind dabei das jeweils erste Ziel der Plünderer dieses trinkfreudigen Zeitalters. Kirchen wechseln dabei ebenso leicht den Besitzer wie Burgen oder ausgeplünderte Städte. Nur Köln vermag mit einer gelungenen Schaukelpolitik, grundsätzlich auf katholischer Seite, unerobert durch den Krieg zu kommen.

Nach kurzer Friedenszeit beginnen 1672 die Eroberungszüge König Ludwigs XIV. gegen die Niederlande und der Mittelrhein wurde zuerst Durchmarschgebiet des Kriegsschauplatzes. Erst in den Auseinandersetzungen Ludwigs XIV. mit dem Reich selbst wurden diese Verwüstungen 1689 systematisiert: »Zerstören Sie, demolieren Sie und setzen Sie sich dadurch in den Stand, die unbedingten Herren des Rheins zu sein ...« Städte, Schlösser und Burgen fielen der Taktik der verbrannten Erde zum Opfer. Von Brühl bis Mannheim leisteten Pulver und Brandfackeln ihre Arbeit. Die heranmarschierenden deutschen Armeen setzten das Zerstörungswerk mit der Rückeroberung nur noch fort. Der Friede von Rijswijk 1697 bringt den französischen Rückzug und knappe fünf Jahre Frieden vor dem Spanischen

Eltville. Kupferstich aus: D. Meißner, ›Thesaurus philopoliticus‹, 1624

Erbfolgekrieg. Dann folgen die Truppendurchzüge, Einquartierungen und Gefechte des Polnischen Erbfolgekrieges, des Österreichischen Erbfolgekrieges und des Siebenjährigen Krieges. Erst 1763 beginnen noch einmal drei Jahrzehnte des Friedens.

In den kriegerischen Auseinandersetzungen im Gefolge der Französischen Revolution erreicht Frankreich die lange erstrebte Rheingrenze und im Rheinbund der rechtsrheinischen deutschen Anliegerstaaten ein weit darüber hinausreichendes Einflußgebiet.

Die Aufhebung der Klöster und Stifte auf beiden Seiten des Rheins, die Verwaltungsvereinfachung, die Gleichheit aller vor Finanzamt und Gesetz, Religions- und Gewerbefreiheit bewirken eine größere Änderung, als man für die wenigen Jahre bis zum Ende der französischen Herrschaft im Jahre 1814 auf den ersten Blick annehmen möchte. Als Ergebnis des Wiener Kongresses fällt das ganze Mittelrheingebiet an Preußen, was nicht immer mit Begeisterung von der Bevölkerung begrüßt wurde. Nur im Süden bleibt das Herzogtum Nassau bis 1866 auf der rechten Rheinseite und auf der linken Rheinseite auch danach das Gebiet um Mainz hessischer Besitz.

Heute teilen sich, nachdem auch die rheinische Separatistenbewegung 1923/24 trotz französischer Unterstützung gescheitert war, die Bundesländer Rheinland-Pfalz, Hessen und Nordrhein-Westfalen ins Mittelrheintal. Dabei besitzt Nordrhein-Westfalen nur den krönenden Abschluß nördlich Remagens und das Siebengebirge, Rheinland-Pfalz den herrlichen Rest bis auf das Stadtgebiet von Wiesbaden und den reichen Rheingau-Kreis auf der rechten Rheinseite. Der Rhein selbst ist seit dem 19. Jahrhundert für die Schiffahrt frei, von Rotterdam bis Basel ein Beispiel der Möglichkeiten eines einigen Europas.

Kunst am Mittelrhein

Mainz und Köln, Beginn und Ende unseres Rheinabschnittes, sind auch für die kunstgeographische Entwicklung und Beschreibung dieses Gebietes immer wieder ausstrahlende Zentren und Markierungspunkte. Als dritter Sitz eines Erzbischofs, zeitweiser Sitz römischer Kaiser wie Köln, spielt Trier dazu manches Mal besonders mit seinem Besitz Koblenz eine wirkungsvolle Nebenrolle.

Schon die Zeugnisse römischer Kunst und römischen Kunsthandwerks sind in Mainz und Köln konzentriert. Wenn die Stücke nicht am Ort gefunden sind wie das Kölner Dionysosmosaik oder die Mainzer Jupitersäule (Farbt. 3), dann sind sie aus den Grabungen in den Museen der Orte oder im Bonner Landesmuseum zu sehen. In römischer Zeit erweist sich immer wieder die hohe handwerkliche Qualität in Mosaiken, Wandmalereien, Steinmetzarbeit und Keramik. Über das Maß provinzieller Gebrauchskunst ragt nur wenig hinaus. Einzelne Münzen des Kölner Kaisers Postumus sind von hervorragender Qualität. Das Kölner Glasgewerbe hat mit seinen bunten Schlangenfadengläsern internationalen Erfolg, und man hat sogar überlegt, ob hier das Zentrum der Produktion von Diatretgläsern zu finden sei.

An Architektur ist nur der spätrömische Zentralbau von St. Gereon in Köln (s. S. 261) mit seinen zehn Nischen und seinen (nicht erhaltenen) Mosaiken mit goldenem Hintergrund erwähnenswert. Mit den Trierer Bauten des 4. Jahrhunderts gehört er aber auch gleich zu den interessantesten römischen Bauten seiner Zeit im ganzen Reich.

Fränkische und karolingische Zeit machen sich nur in Spuren bemerkbar. Große Bauten fehlen oder sind später, wie die Ausgrabungen in und unter den Kirchen gezeigt haben, durch größere ersetzt worden. So geschah es in Mainz, Boppard, Koblenz, Bonn oder Köln und an mancher anderen Stelle. Erst mit der ottonischen Zeit, die den Mittelrhein zur Achse des neugebildeten Deutschen Reiches macht, entstehen wieder Bauten wie St. Pantaleon (s. S. 254, Farbt. 32) in Köln. Der Bau verkündet die kaiserlichen Träume des 10. Jahrhunderts ebenso wie die Schätze der Goldschmiede oder der Buchmalerei. Plastik wird wieder in bester Qualität hergestellt, in Bruchstücken in St. Pantaleon erhalten, großartig mit dem Gerokreuz im Kölner Dom zu sehen.

Um 1000 baut Willegis seinen Dom in Mainz (s. S. 61), Mitte des 11. Jahrhunderts entsteht unter Äbtissin Ida die Kirche des Stiftes St. Maria im Kapitol (s. S. 255) in Köln mit ihrem Schatz der Holztüren.

Im 12. und 13. Jahrhundert ist der Raum nördlich Mainz, noch über Bingen hinaus, die Grenze zwischen niederrheinischem Kunstraum mit dem Zentrum Köln und dem oberrheinischen Kunstraum. Die mehrgeschossige Gliederung der Apsiden und die Ringtonne der begehbaren Zwerggalerien statt der nebeneinander gereihten Quertonnen oberrheinischer Art sind die deutlichsten Kennzeichen. Die zahlreichen Emporenkirchen des Mittelrheintals legen Zeugnis ab von ihrem Urbild St. Ursula (s. S. 264) in Köln, und auch an anderen Detail- und Großformen läßt sich das verfolgen. Nie wieder ist unser Bereich so geschlossen in der Formgebung.

Die wachsende Tradition lokaler Werkstätten setzt sich z. B. in der Bildhauerei und bald auch in der Tafelmalerei mit manchen Eigenheiten vom Kölner Vorbild ab. Auch in der Architektur gilt mit dem Vordringen der Gotik der Mainzer Dom nicht mehr allein als Muster. Und im 14. Jahrhundert wird Mainz zum Zentrum eines eigengestalterischen Raumes. So wird kunsthistorisch dieses Gebiet, das sich bis zur Mosel, teils bis zur Ahr mit kölnischen Einflüssen überlappt, als Mittelrhein bezeichnet. Das gilt besonders für Plastik und Architektur, hier ist Kiedrich das herausragende schöne Beispiel (Abb. 24, 25).

Wie schon in Madonnendarstellungen des 14. Jahrhunderts lassen sich noch zweimal hervorragende und eigenständige mittelrheinische Gruppen von Plastiken feststellen. Zu Beginn des 14. Jahrhunderts werden Plastiken in Ton, in festen Formen gefertigt, überarbeitet, gebrannt und farbig gefaßt in hoher Qualität gefertigt. Die Heiligen Barbara (Abb. 42) und Katharina in St. Martin in Bingen oder die Hallgartener Madonna sind nur einige der bezaubernden Beispiele. Erst um 1500 tritt dann wieder mit Hans Backoffens Werkstatt, ihren Grabdenkmälern und Kreuzigungsgruppen, die so oft begegnen, ein neuer Einfluß von hoher Qualität hervor. Eine Fülle, wie sie die folgenden Zeiten nicht wieder zulassen.

So wie mit der Renaissance, mit wachsender Internationalität der Kunst und sinkender Bedeutung des Rheinlandes, die prägende Kraft der Kölner Malerschule zu Ende geht, so werden auch in der Architektur verschiedenste Einflüsse spürbar. Niederländische Architekturen, andere aus Süddeutschland, französisches und spanisches Formengut lassen keinen einheitlichen Eindruck entstehen. Die Fürsten bemühen sich um internationale Anerkennung, die Städte, auch Köln, sinken zur künstlerischen Bedeutungslosigkeit herab. Das gilt auch für Barock, Rokoko und Klassizismus. Selten gelangen einheimische Künstler noch zu solcher Bedeutung wie die Malerfamilie Zick. Schlösser und Gärten spiegeln den Glanz der Höfe von Versailles und Wien.

Erst mit der Romantik des 19. Jahrhunderts wird wieder Burgen und Kirchen in Neubau und Erneuerung ein einheitliches Bild gegeben. Die Düsseldorfer Akademie unter Wilhelm von Schadow und die 1842 begonnene langersehnte Vollendung des Kölner Domes (s. S. 280, Abb. 140) wirken hier bis heute nach.

Mit dem Thema mancher Darstellungen greift die Landschaft immer wieder in die Kunst ein. Ein aufmerksamer Blick wird dazu vieles entdecken. Denn der Wein erscheint in den verschiedensten Variationen: Trauben, Weinreben und Blätter, Winzergeräte bis zur Kelter und die zugehörigen Gefäße. So wird der Heilige Florin, dessen Reliquien in Koblenz verehrt wurden, meist mit einer Weinkanne dargestellt. Und der Weinbergarbeiter Werner

Holzschnitt im Psalterium BMV zu Zinna, um 1493

wird mit Schaufel und Wanne zum Patron der Winzer erhoben. Der häufigste Patron der Winzer ist allerdings Papst Urban I., dessen Fest am 25. Mai zur Zeit der Weinblüte gefeiert wird. Ihm begegnet man immer wieder mit einer Traube in der Hand und seiner Tiara. Nicht nur, daß Urban noch vor seinem Tode Wein gesegnet haben soll, mehr noch, daß in der Zeit seines Festes die Traubenblüte stattfindet, macht ihn zum gefragten Heiligen. Regnet es in dieser Zeit, braucht man nicht mit reichem Fruchtansatz zu rechnen. So hat man oft die Statue des Heiligen an diesem Tag in die Weinberge getragen und gefeiert, wenn das Wetter es zuließ. Regnete es, wurde der Heilige zur Strafe in den Rhein getaucht, und die Feier fiel aus, man rechnete mit einem schlechten Jahr. Aber auch Bischof Urban von Langres wird als Weinheiliger verehrt, und mancher andere Heilige tritt ihnen lokal oder regional zur Seite.

Die Bedeutung des Weins im Alten und Neuen Testament hat ebenso ihre Spuren hinterlassen. Man erinnere sich an die Traube, die die Kundschafter aus dem Gelobten Land zurückbringen. Oder das Gleichnis Christi von den Arbeitern im Weinberg und sein Spruch »Ich bin der Weinstock, ihr seit die Reben« (Joh. 15,5). Die Verwendung von Wein im Letzen Abendmahl und in der Feier der Messe hebt das Traubensymbol noch weit über diese Beispiele hinaus. Christus in der Kelter ist die Form der Darstellung, die dieses Bild des Opfers deutlich zu machen versucht. Schlichter erscheint es in der Gestalt der Traubenmadonnen, die uns oft begegnen. Auch so gehen Kunst und Landschaft innigste Beziehungen ein.

Links des Rheins

Mainz

Das Goldene Mainz liegt, von den Römern wie Köln mit sicherem Blick für strategisch und verkehrsgünstige Lagen gegründet, gegenüber der Mainmündung auf 50° nördlicher Breite. Er ist auf der Ludwigstraße in der Nähe des Gutenbergdenkmals als Messingschiene in der Pflasterung verzeichnet.

Das römische Mogontiacum griff zwar auf einen keltischen Namen, den des Gottes Mogon, den die Römer mit Apoll gleichsetzten, zurück, aber nicht auf eine keltische Siedlung. Gut einen Kilometer vom Rhein entfernt, hochwassersicher fast 50 m über dem Spiegel des Flusses, wurde hier wohl zwischen 13 und 10 vor Christi Geburt ein Zweilegionenlager angelegt. An das castrum erinnert noch heute die Bezeichnung Kaestrich, des Stadtviertels am Rande der heutigen Altstadt. Hier hatte der vielgeliebte Drusus seinen südlichsten Stützpunkt in den Feldzügen gegen Cherusker und Friesen ebenso wie gegen die Germanen auf der anderen Seite des Rheins. Die zivilen Siedlungen entwickelten sich unterhalb des Lagers an der Verbindung zur Rheinbrücke, die im 1. Jahrhundert die Schiffsbrücke ersetzte. Sie stand nur wenig südlich der heutigen Straßenbrücke nach Mainz-Kastel, der Theodor-Heuss-Brücke.

Mainz-Kastel, heute Stadtteil der hessischen Landeshauptstadt Wiesbaden, trägt in seinem Namen noch die Erinnerung an das römische Kastell, das die Brücke schützte, während Mainz, die Landeshauptstadt von Rheinland-Pfalz, ohne seinen Brückenkopf auf dem anderen Ufer auskommen muß. Eine der Seltsamkeiten der deutschen Nachkriegsentwicklung.

Aber zurück zu den Römern. Nur wenig erinnert außerhalb der Museen noch an die vier Jahrhunderte ihrer Herrschaft in der Hauptstadt der Provinz Obergermanien. In der Südbastion der barocken Zitadelle hat der *Eichelstein* die Jahrhunderte überdauert (s. S. 75). Es ist nur noch der solide Kern eines Grabmals, den wir bewundern. Ursprünglich etwa 25 m hoch, hat man ihn früh seiner Steinverkleidung beraubt und im Mittelalter als Wachturm verwandt. Damit wurde auch das Innere freigelegt, Steine, die hier bereits zum zweiten Mal verbaut wurden. Das spricht dagegen, im Eichelstein ein Denkmal für den 9 v. Chr. verstorbenen Drusus zu sehen. Es ist das Grabmal eines Unbekannten frühestens des 2. Jahrhunderts. Ungeklärt bleibt auch der Name: Ist er nun von der mittelalterlichen Gestalt abgeleitet oder von einem Adler, aquila, an der Spitze des Denkmals oder vom mittellateinischen agulia für Obelisk?

Ein immer noch erstaunliches Bild bieten die *Römersteine*, gut über die Untere Zahlbacher Straße zu erreichen. Hier auf der Südwestseite des Lagers schützte das Zaybachtal zwar vor einem schnellen Angriff, hinderte aber auch die Wasserversorgung des Lagers und seiner Vorstadt. Mit einem Aquädukt, dessen höchste Pfeiler 25 m erreichten, überwanden die römischen Ingenieure das Tal. Nur der Kern der Pfeiler blieb mit rohem Mauerwerk, ähnlich dem des Eichelsteines, erhalten. Immerhin erreicht der höchste heute noch 10 m.

Vor dem Deutschhaus, in dem nun der Landtag tagt, hat man einen Abguß einer *Jupitersäule* aus der Zeit Kaiser Neros aufgestellt (Farbt. 3). Das Original, Anfang des

Mainz mit St. Stephan, Dom und Liebfrauenkirche (links) und der Martinsburg (rechts). Kupferstich von Matthäus Merian, 1646

Jahrhunderts an der Sömmeringstraße gefunden, steht im *Mittelrheinischen Landesmuseum* an der Großen Bleiche. Schon ohne die fehlende überlebensgroße bronzevergoldete Jupiterstatue an der Spitze ist sie über neun Meter hoch. Von der Statue hat man nur kleine Reste gefunden, die den Metallräubern entgingen. Sie wurde, so berichtet die Inschrift, von den Bewohnern der Lagervorstadt Jupiter für das Heil Neros gestiftet. Das scheint um 65 n. Chr. gewesen zu sein. Reich mit Darstellungen von Göttern und Genien geschmückt ist sie Vorbild für ähnliche Weihgeschenke in den beiden germanischen Provinzen geworden.

Eine weitere Kopie, der *Dativius-Victor-Bogen,* steht am Ernst-Ludwig-Platz, neben dem Römisch-Germanischen Zentralmuseum und rahmt einen gelungenen Blick auf Eduard Kreyssigs Christuskirche (Abb. 6). Wieder findet sich das Original im Mittelrheinischen Landesmuseum. Um die Jahrhundertwende wurden die Bruchstücke in der Nähe des Gautores gefunden. Der Priester des Kaiserkultes in Mainz, Dativius Victor, hatte (so berichtet die Inschrift) den Mainzern den Bogen und eine Säulenhalle versprochen. Das Versprechen erfüllen seine Söhne, wie es sich gehört, zu Ehren des Kaiserhauses und wieder Jupiter geweiht. So zeigt der Bogen Jupiter und Juno, weitere Götter und Opferszenen und am Rande ein prachtvolles Ornament aus Trauben und Weinlaub. Im 3. Jahrhundert errichtet, hat man sich mit der Inschrift nicht viel Mühe gegeben. Zuerst reich an Abkürzungen, hat man dann in der letzten Zeile Mühe, den Raum zu füllen.

Vielleicht zeigt sich auch daran schon, daß sich die Römer auf dem Rückzug befinden. Mitte des 3. Jahrhunderts geben sie den Limes auf der anderen Seite des Rheines auf, der Rhein wird zur Grenze. Mainz erhält eine Stadtmauer. Die ersten Christen lassen sich im unruhigen 4. Jahrhundert nachweisen. Aus dem späten 4. Jahrhundert stammen auch die Teile von neun Schiffen, darunter erstmals militärischen Flußruderschiffen, die 1981 mit einer spätrömischen Bootswerft am Rheinufer entdeckt wurden. Mainz wird erobert und zurückgewonnen, bis dann 406 endgültig die römische Herrschaft zu Ende geht. Dabei erlitt der Priester Alban, über dessen Grab später ein Kloster entstand, das Martyrium.

Solche Erinnerungen leben fort wie der Name der Stadt, auch wenn bald von einer Stadt kaum mehr die Rede sein kann. Die Franken dringen vor. Ihre Höfe liegen rings um die Stadt, die zu einer kleinen Ufersiedlung zusammenschrumpft. Das Christentum wird bewahrt, aber von der Mitte des 5. bis zur Mitte des 6. Jahrhunderts scheint es keinen Mainzer Bischof gegeben zu haben. Zwischen St. Quintin und der Rheinstraße liegt dieser älteste Kern der Stadt. Erst im 19. Jahrhundert hat man das Ufer um gut 200 m verbreitert.

Südlich daran schließt sich der Dombezirk an. Hier war über einem heidnischen Tempelbezirk der Sitz des Bischofs entstanden. Grabungen im Jahre 1950 haben gezeigt, daß die spätrömische Bischofskirche am Ort der heute evangelischen Pfarrkirche *St. Johannis* stand. Die Mauern des Mittelschiffs stammen noch aus der Zeit Erzbischof Hattos um 900.

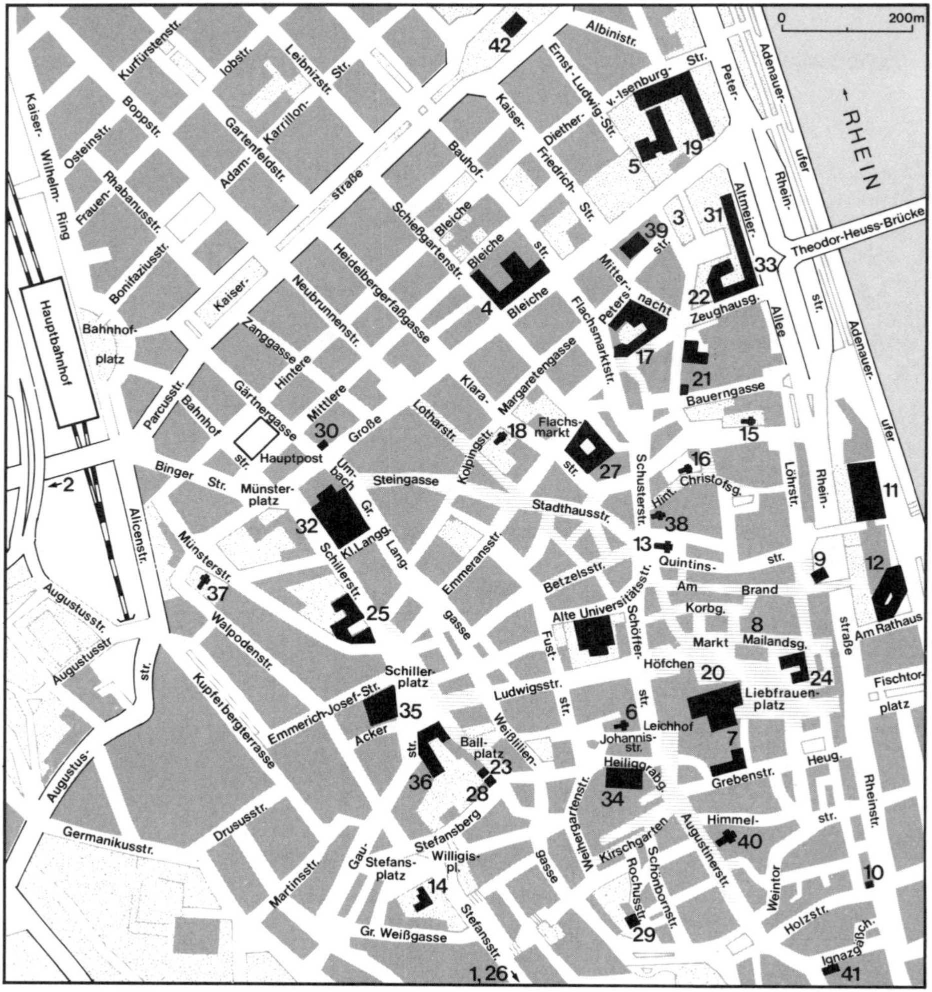

Mainz 1 Eichelstein (Ehemalige Zitadelle) 2 Römersteine 3 Jupitersäule 4 Mittelrheinisches Landesmuseum 5 Dativius-Victor-Bogen 6 St. Johannis 7 Dom (Dom- u. Diözesan-Museum) 8 Heilig-Geist-Spital 9 Eiserner Turm 10 Holzturm 11 Rheingoldhalle 12 Rathaus 13 St. Quintin 14 St. Stephan 15 Karmeliterkirche 16 St. Christoph 17 Reichklaritenkirche (Naturhistorisches Museum) 18 Armklaritenkirche 19 Kurfürstliches Schloß (Römisch-Germanisches Zentralmuseum) 20 Marktbrunnen 21 Dienheimer Hof 22 Altes Zeughaus 23 Älterer Dalberger Hof (Königsteiner Hof) 24 ›Zum Römischen Kaiser‹ (Gutenbergmuseum) 25 Schönborner Hof 26 Kommandantenbau der Zitadelle 27 Jüngerer Dalberger Hof 28 Fechenbacher Hof 29 Rochusspital 30 Stadioner Hof 31 Deutschhaus 32 Erthaler Hof 33 Neues Zeughaus 34 Bischöfliches Ordinariat 35 Bassenheimer Hof 36 Osteiner Hof 37 Altmünsterkirche 38 Josephskapelle 39 St. Peter 40 Augustinerkirche 41 St. Ignaz 42 Christuskirche

Im Westen, wo man Anfang des 14. Jahrhunderts mit einem gotischen Neubau begonnen hat, ist noch die spätkarolingische Vierung erhalten. Die zugehörigen Querhäuser fehlen. Ein kurzes Schiff, dem wieder die zugehörigen Seitenschiffe fehlen, schließt sich an. Querrechteckig folgt der Altarraum, dem wieder die Apsis fehlt, die einmal auch im Westen vorhanden war. Manches hatte man schon bei einer Restaurierung 1906 entdeckt, 1942 brannte der Bau aus und wurde nach dem Kriege erneuert. Immer noch liegt der Boden mehr als zwei Meter höher als zu Hattos Zeit. Man kann ihn jedoch nicht tiefer legen, da kaum Fundamente vorhanden sind. Die hölzerne moderne Spitztonne der Decke ist ein kleiner Ersatz für das sonst verlorene Raumgefühl. Hier war noch 1002 König Heinrich II. von Erzbischof Willegis gekrönt worden. Aber nachdem der neue Dom endlich vollendet war, wandelte Erzbischof Bardo den alten Dom 1036 in eine Stiftskirche St. Johann um. Das alte ehrwürdige Martinspatrozinium trug nun der östlich davor entstandene Dom, den Willegis begonnen hatte.

975 hatte Willegis den Sitz des Hl. Bonifatius bestiegen, der Mitte des 8. Jahrhunderts versucht hatte, die fränkische Kirche zu erneuern und die Mission voranzutreiben. Ein barockes Denkmal vor der Gotthard-Kapelle erinnert an den Apostel der Deutschen. Willegis hatte am Hofe Ottos des Großen die Wiedergeburt des Kaisertums erlebt, zuletzt als Leiter der Kanzlei des Herrschers. Unter Otto II. erhielt er dann das Mainzer Erzbistum. Vom Papst ließ er sich sogleich bestätigen, daß dem Mainzer Erzbischof allein das Recht zustünde, den deutschen König zu krönen. Zweimal übte er diese politisch entscheidende Rolle selbst aus: bei der Krönung des unmündigen Otto III. und bei der Krönung seines Nachfolgers Heinrich II. im Jahre 1002.

Dieser Rolle war Hattos Kirche nicht mehr angemessen. Bald nach Willegis' Amtsantritt, 977 oder 978, beginnt ein großzügiger Neubau östlich der alten Bischofskirche, der heutigen evangelischen Johanneskirche. Wie in Fulda gerade vollendet, wie in Rom mit Alt-St. Peter als entscheidendes Vorbild, baute Willegis gleich zwei Kirchen: sowohl den *Dom,* wo heute nur noch im Osten Teile der Treppentürme und des Mauerwerks aus seiner Zeit stammen, als auch, östlich zum Rhein hin vorgelagert, die Kirche Maria ad Gradus. Im Kaiserkrönungsritus in Rom spielte eine Kirche gleichen Namens östlich Alt-St. Peter eine wichtige Rolle. Hier wie dort verband beide ein Atrium. Ähnlich imitiert man Mitte des 11. Jahrhunderts in Köln das römische und Mainzer Vorbild. So wundert es nicht, daß Mainz auch spätestens im 12. Jahrhundert von der Aurea Roma den Ehrentitel eines ›Goldenen Mainz‹ übernahm.

Willegis mußte gleichzeitig Vollendung und Vernichtung seines Baus erleben. Am Abend vor der Weihe brannte der Bau im Jahre 1009 ab. Sofort werden die Aufräumungsarbeiten in Gang gesetzt, aber erst Willegis' Nachfolger Bardo erlebt 1036 die erneute Vollendung.

Trotz aller späteren Veränderungen ist Willegis' Gedanke noch zu erkennen. Zwar hatte sein Bau keine Ostapsis, sondern ein östliches Atrium mit Maria ad Gradus als Abschluß, aber das Grundmaß der Mauern ist noch das seine. So auch bis heute die Betonung des Westchores: Hier steht der Hauptaltar, hier stehen der Bischofsthron und das Chorgestühl des Domkapitels. Selbst das westliche Querhaus erinnert noch an die römischen Vorbilder.

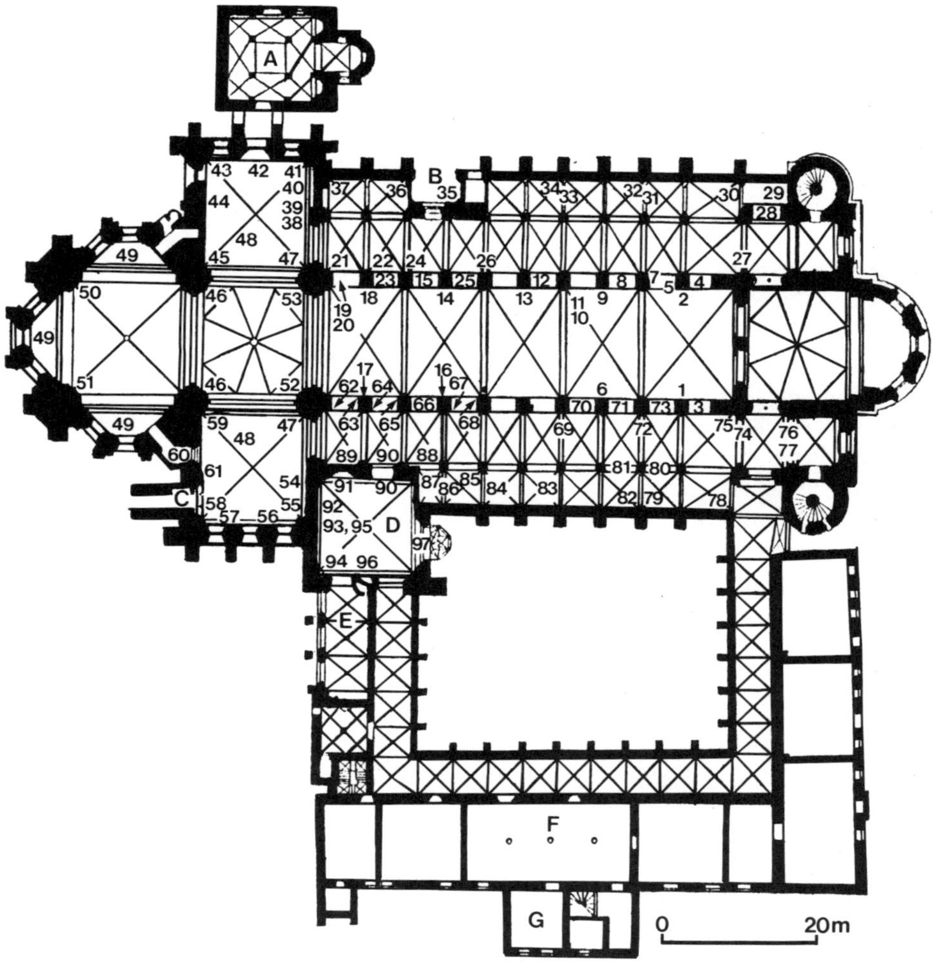

Mainz, Dom, Grundriß

1 *Grabplatte Erzbischof Siegfried III. von Eppstein († 1249) mit seinen Königen Wilhelm von Holland und Heinrich Raspe von Thüringen (Abb. 2)*

2 *Grabplatte Erzbischof Peter von Aspelt († 1320) mit seinen Königen Ludwig dem Bayer, Johann von Böhmen und Heinrich VII. (Abb. 3)*

3 *Grabplatte Erzbischof Mathias von Bucheck († 1328)*

4 *Denkmal zweier Domherren von Bochholtz († 1568 und 1582)*

5 *Denkmal Dompropst († 1700) und Großmeister († 1732) von Stadion*

6 *Grabmal Erzbischof Adolf I. von Nassau († 1390)*

7 *Grabmal Erzbischof Konrad III. von Daun († 1434), vielleicht von Madern Gerthener, der schon 1430 starb*

8 *Denkmal für den Hl. Bonifatius († 754) aus der Johanniskirche, 1357 errichtet*

9 *Denkmal Erzbischof Johann II. von Nassau (†1419)*
10 *Denkmal Domkantor von Frankenstein (†1774)*
11 *Denkmal Bischof Johann Jakob Humann (†1834)*
12 *Denkmal Domherr Wolfgang von Heusenstamm (†1594)*
13 *Denkmal Erzbischof Diether von Isenburg (†1482)*
14 *Denkmal Administrator Adalbert von Sachsen (†1484). Adalbert, dessen Denkmal dem Adalbertmeister zu seinem Notnamen verhalf, starb 20jährig, zu jung, um schon die Bischofsweihe zu erhalten*
15 *Grabplatte Erzbischof Lothar Franz von Metternich (†1675)*
16 *Denkmal Erzbischof Berthold von Henneberg (†1504)*
17 *Denkmal Erzbischof Jakob von Liebenstein (†1508)*
18 *Denkmal Erzbischof Uriel von Gemmingen (†1514), eines der Meisterwerke Hans Backoffens*
19 *Grabmal Erzbischof Adam von Bicken (†1604)*
20 *Grabplatte Erzbischof Albrecht von Brandenburg (†1545)*
21 *Denkmal Erzbischof Albrecht von Brandenburg von Dietrich Schro. Die heute benachbarte Grabplatte lag ursprünglich im Westchor*
22 *Denkmal Erzbischof Sebastian von Heusenstamm (†1555)*
23 *Grabplatte Dompropst J. W. Wolf Metternich zur Gracht (†1694)*
24 *Denkmal Erzbischof Brendel von Homburg (†1582)*
25 *Grabplatte Erzbischof Wolfgang von Dalberg (†1601)*
26 *Denkmal Erzbischof Wolfgang von Dalberg (†1601)*
27 *Denkmal Reichsgraf Karl Adam von Lamberg (†1689). Der 34jährige Oberst, bei der Belagerung von Mainz, das von Frankreich besetzt war, tödlich verwundet, versucht, sich aus dem Sarge zu erheben*
28 *Grabplatte Domscholaster Jodocus von Riedt (†1629)*
29 *Altar des Domscholasters Jodocus von Riedt, errichtet 1622*
30 *Kreuzaltar in der Barbarakapelle, gestiftet um 1657 von Propst Johann von Heppenheim*
31 *Bassenheimer Altar in der St. Magnuskapelle, gestiftet 1610*
32 *Grablegung aus der Liebfrauenkirche, Adalbertmeister um 1495*
33 *Flügelaltar, Skulpturen um 1515, zwei Bischöfe und die ›Schöne Maria‹ im Altargehäuse von 1875 (Farbt. 2)*
34 *Grabmal Bischof Wilhelm von Ketteler (†1877)*
35 *Marktportal*
36 *Marienaltar um 1660, Rubensnachfolge*
37 *Denkmal Familie Brendel von Homburg, 1563*
38 *Taufbecken. 1328 vom Meister Johannes in Zinn gegossen, Fuß und Kupferdeckel modern. Dargestellt die Zwölf Apostel, St. Martin, Maria und Johannes. Ein Prunkstück des Zinngusses*
39 *Denkmal Domherr Wennemar von Bodelschwingh (†1605)*
40 *Nassauer Altar, nach 1601. Errichtet für die beiden Letzten aus nassauischem Geschlecht, daher das umgestürzte Wappen in der Bekrönung*
41 *Denkmal Bischof Paul Leopold Haffner (†1899)*
42 *Portal zur Gotthardkapelle, um 1240*
43 *Grabmal Domdekan Bernhard von Breidenbach (†1497) vom Adalbertmeister. Sein 1486 mit Holzschnitten Erhart Reuwichs erschienener Reisebericht von seiner Pilgerfahrt nach Jerusalem gehört zu den schönsten Frühdrucken*
44 *Denkmal Familie v. d. Gablentz, 1592*
45 *Denkmal Domherr Theoderich von Knebel (†1457)*
46 *Treppentürmchen des Westlettners um 1240, seit 1683 einbezogen in die*
47 *Chorbühnen von 1683*
48 *Zugang zur neuen Bischofsgruft, eingebaut 1925–28*
49 *Chorgestühl, 1767 von Franz Anton Herrmann*
50 *Denkmal Erzbischof Johann Philipp von Schönborn (†1673) von 1745*

51 *Denkmal Erzbischof Lothar Franz von Schönborn (†1729) von 1745*
52 *Aaron, gestiftet 1725 von Domkapitular Ferdinand von Galen*
53 *Melchisedech, gestiftet 1725 von Domkapitular Ferdinand von Galen*
54 *Denkmal Dompropst Heinrich Ferdinand von der Leyen (†1714), bereits 1706 errichtet*
55 *Denkmal Erzbischof Philipp Carl von Eltz-Kempenich (†1743), um 1740 von Burkard Zamels*
56 *Denkmal Erzbischof Johann Friedrich Carl von Ostein (†1763)*
57 *Denkmal Dompropst Carl Emmerich von Breidbach-Bürresheim (†1743)*
58 *Paradiespforte, nach 1200, Tympanon mit Christus als Richter, Maria, Johannes, Bonifatius und Martin*
59 *Denkmal Konrad II. von Weinsperg (†1396)*
60 *Denkmal Propst Georg von Schönenburg (†1595)*
61 *Sakristeiportal, 13. Jh.*
62 *Grabplatte Erzbischof Berthold von Henneberg (†1504)*
63 *Grabplatte Erzbischof Georg Friedrich von Greiffenclau (†1629)*
64 *Denkmal Domdekan Georg Adam von Fechenbach (†1773)*
65 *Grabplatte Erzbischof Damian Hartard von der Leyen (†1678)*
66 *Grabplatte Erzbischof Carl Heinrich von Metternich (†1679)*
67 *Wappen Albrechts von Brandenburg von 1537*
68 *Grabplatte Erzbischof Anselm Kasimir von Wambold (†1647)*
69 *Denkmal Erzbischof Damian Hartad von der Leyen (†1678)*
70 *Denkmal Bischof Josef Colmar (†1818)*
71 *Grabplatte Bischof Vitus Burg (†1833)*
72 *Denkmal Erzbischof Anselm Franz von Ingelheim (†1695)*
73 *Denkmal Domherr Johann Philipp von Kesselstadt (†1828)*
74 *Denkmal Landgraf Georg Christian von Hessen (†1677)*
75 *Krypta-Eingang um 1100, 1872/76 erneuert, mit Reliquienschrein von R. Weiland, Mainz, 1960 mit den Mainzer Heiligen*
76 *und 77 Romanischer Fries, um 1100*
78 *Altar in der Allerheiligenkapelle von 1609*
79 *Denkmal Domkapitular Carl Wilhelm von Gymnich (†1739)*
80 *Christus und Thomas, Backoffen-Nachfolge, 1521, gestiftet vom Domscholaster von Zobel*
81 *St. Dionysius, um 1410*
82 *Johannesaltar, um 1620*
83 *Laurentiusaltar, 1676*
84 *Denkmal Dompropst Hugo Wolfgang von Kesselstatt (†1738)*
85 *Michaelaltar, 1662*
86 *Denkmal Domkapitular Johann Philipp von Greiffenclau zu Vollrads (†1773)*
87 *Denkmal Johann Heinrich von Walbrun (†1573) und Propst Joh. von Lindenfels (†1571)*
88 *Grabstein der Fastrada (†794), Gemahlin Karls des Großen, Kopie, kam 1577 in den Dom*
89 *Denkmal Domherr Rupert Rau von Holzhausen (†1588)*
90 *Memorienportal von Madern Gerthener, 1420*
91 *Romanisches Memorienportal, nach 1200*
92 *Denkmal Domkantor Georg Göler von Ravensburg (†1558)*
93 *Denkmal Domherr Konrad von Liebenstein (†1536)*
94 *Denkmal Kurf. Rat Martin von Heusenstamm (†1550)*
95 *Bischofssitz aus wiederverwendeten römischen Inschriftsteinen*
96 *Totenleuchte, um 1400*
97 *Ägidie-Chörlein, um 1486*

A *Gotthardkapelle*
B *Marktportal*
C *Leichhofportal*
D *Memorie*
E *Nikolauskapelle*
F *Ehemaliger Kapitelsaal*
G *Kapitelstube*

Aber auch das Vorbild Aachens, das Vorbild Kaiser Karls des Großen spielt eine wichtige Rolle. Am Bau selbst ist sie weniger gut noch abzulesen als an den Flügeln der Bronzetür des Marktportals. Auf den rahmenden Leisten der Türfelder berichtet eine stolze Inschrift: »Nachdem der große Kaiser Karl gestorben war, hat Erzbischof Willegis zuerst wieder aus Metall Türflügel machen lassen. Berenger, der Meister dieses Werkes, bittet angelegentlich, o Leser, daß du für ihn zu Gott betest.« Die Löwenköpfe stammen aus dem 12. Jahrhundert.

Noch heute kann man die Türen Karls des Großen am Aachener Dom bewundern. Nach Jahrhunderten, die die Türflügel des Mainzer Doms in der Liebfrauenkirche, in Maria ad Gradus, verbrachten, sind sie Anfang des 19. Jahrhunderts, als die Liebfrauenkirche zerstört wurde, hierher zurückgekehrt. Die Maße des um 1200 entstandenen Marktportales waren genau passend und die alten Türangeln richtig. Auf den oberen Feldern liest man Privilegien, die Erzbischof Adalbert 1118 den Mainzern gewährte, die sicher eine so öffentliche Bekanntmachung wie am Marktportal gerne sahen. So bleibt unklar, wo die Tür zuerst gestanden hat, ob sie von Anfang an für den Dom bestimmt war oder zuerst für Maria ad Gradus, die spätere Liebfrauenkirche.

Der von Erzbischof Bardo vollendete Bau war nach Sturmschäden und nach einem Brand im Jahre 1081 bereits wieder erneuerungsbedürftig. Kaiser Heinrich IV., der zur gleichen Zeit Bauherr des Speyrer Domes ist, läßt auch hier mit den Bauarbeiten beginnen. So sind am Ostchor Apsis, Zwerggalerie und der reiche Bauschmuck teils aus den Händen der gleichen oberitalienischen, lombardischen Bauleute hervorgegangen, die auch am Ostchor des Speyrer Domes gearbeitet haben. Auch die Grundideen ähneln sich deutlich. Lombardische Fachleute haben damals an zahlreichen Bauten mitgewirkt. Dort war die römische Kunst der Steinbearbeitung lebendig geblieben. Die Antike bot auch das Vorbild für die Kapitelle des Südportals, die das reiche korinthische Kapitell als Muster nehmen und mit Figuren noch anreichern. Die kastenartig gerahmten Portale erinnern an die Altarnischen innen im Speyrer Chorraum.

Nach dem Tode des Kaisers führte nach kurzer Bauunterbrechung der neue Erzbischof Adalbert die Arbeiten mit einheimischen Kräften weiter. Er verzichtet auf eine Krypta, vollendet das Langhaus (Abb. 1) und errichtet die Gotthard-Kapelle als bischöfliche Hauskapelle. Der doppelstöckige Bau, reizvoll durch eine Zwerggalerie gegliedert, außen an die Nordseite des westlichen Querhauses angebaut, ist 1137 gerade vollendet, als Erzbischof Adalbert stirbt. Hier findet er sein Grab. Neun Gewölbe, unten von Pfeilern getragen, oben von Säulen mit Würfelkapitellen wiederholt, ergeben eine fürstliche Erinnerung an die Aachener Pfalzkapelle. Über dem Altar hängt der Udenheimer Kruzifixus. Der romanische Kruzifixus mit seinen Spuren romanischer und gotischer Farbfassung kam wohl mit der Säkularisation aus einer der Mainzer Kirchen nach Udenheim und von dort zurück nach Mainz in den Dom. Das reich gearbeitete Portal, das vom Innern des Domes in die Kapelle führt, gehörte ursprünglich zum Bau des Heilig-Geist-Spitals. Um 1240 entstanden, hat man es Mitte des 19. Jahrhunderts hier eingesetzt.

Das *Heilig-Geist-Spital* in der Mailandsgasse der Altstadt, das älteste erhaltene Bürgerspital Deutschlands, war 1236 vor die rheinseitige Stadtmauer verlegt worden. Heute kümmert man sich dort im spätgotisch erweiterten und im 19. Jahrhundert restaurierten Bau um das leibliche Wohl.

Nach Adalberts Tod ruhten die Bauarbeiten. Erst unter Erzbischof Konrad, einem Wittelsbacher, beginnt man nun Querschiff und Westchor des Willegis-Bardo-Domes abzureißen. Der Thronstreit zwischen Staufern und Welfen führt dann zu einer Unterbrechung der Arbeit. Erst 1239 kann Siegfried III. von Eppstein, der Königsmacher, die Vollendung des Westbaus und die Einwölbung des Langhauses feiern. Diese prunkvollste Schöpfung der späten Romanik spricht vom Geist des Bischofs, der gegen Kaiser Friedrich II. Heinrich Raspe von Thüringen und Wilhelm von Holland als Gegenkönige aufstellte. Sein Grabstein, nach seinem Tode 1249 entstanden, verkündet sein hohes Selbstbewußtsein.

An das Querhaus auf dem alten Grundriß schließt sich der Trikonchos des Chores an. Wie ein Kleeblatt im Grundriß schwingen die drei Apsiden aus. Reich gegliedert steigen die Wände darüber auf. Hohe, schmal geschnittene Fenster erhellen den Raum. Die Vierung erhält zusätzliches Licht aus der Laterne des achteckigen Vierungsturmes. Auch außen ist der untere Teil großzügig gegliedert. Ein Geschoß erhebt sich mit glatten Flächen, großen Fenstern und den wuchtigen Mauerbändern der Eckstreben. Mit der abschließenden Zwerggalerie werden die Formen vielfältig. Giebel mit Radfenstern, an Worms erinnernd, grenzen das Chorquadrat ab. In rotem Sandstein erinnert ein barocker St. Martin an den Patron des Domes. Über den romanischen Geschossen des Vierungsturmes steigt seit dem Ende des 15. Jahrhunderts ein gotisches auf. Der hohe hölzerne Helm brannte 1767 ab, und nach langen Debatten konnte Franz Ignaz Michael Neumann, der Sohn des großen Balthasar, seinen Entwurf der Wiederherstellung in Stein ausführen. Kongenial, das Barocke der späten Romanik aufgreifend, im Spiel mit gotischen Formen und Umrissen, entstand eine der Meisterleistungen deutscher Architektur (Farbt. 1). Wie trocken wirkt dagegen die Erneuerung der Türme des Ostchores.

Auch dort hatte man schon im 14. Jahrhundert gotisch erhöht. Georg Moller ersetzte dies 1828 durch eine Eisenkuppel, das modische Material. Diese wieder verschwand 1871–79, als nach den Entwürfen des Amsterdamer Architekten Petrus Cuypers eine Krypta eingebaut wurde und die Türme ihre heutige zu steile und steife Form erhielten.

Man hatte in gotischer Zeit bereits früh begonnen, die romanischen Seitenschiffe durch Kapellen zu erweitern. Auf der Nordseite entstanden die Kapellen in den Jahren zwischen 1279 und 1291, die zweijochige Marienkapelle zwischen Marktportal und Querhaus allerdings erst um 1495. Auf der Südseite baute man zwischen 1300 und 1319 die Kapellen. Man spürt bei einem Rundgang, wie die Fenstermaßwerke zunehmend reicher werden. Der Aachener Glasmaler Anton Wendling hat 1960/61 die Fenster mit den Wappen der Mainzer Bischöfe und Erzbischöfe geschaffen.

Viele der Bischöfe haben seit Willegis, der noch in St. Johann sein Grab fand, hier ihre letzte Ruhestätte erhalten. So bietet der Mainzer Dom eine einzigartige Reihe von Grabdenkmälern, von den ersten Anfängen der Gotik bis zum Ausklang des Historismus (Abb. 2, 3). Bis zum Jahre 1396 reichte der Raum des Domes, um Grabtumben aufzustellen.

So findet man hier den Verstorbenen liegend, meist mit einem Kissen unter dem Haupt, dargestellt. Dann begann man, die Toten in reichgeschmückten Arkaden stehend zu porträtieren. Die Gebeine wurden in der Nähe der Platte unter einer zweiten Platte untergebracht. Deshalb sind heute manchmal zwei Platten für dieselbe Person vorhanden. Hier hat die späte Gotik mit den Arbeiten des Adalbertmeisters vor 1500 und den Arbeiten Hans Backoffens (um 1470–1519) danach Höhepunkte mittelrheinischer Mainzer Plastik geliefert.

Zuvor hatte schon um 1425 der Frankfurter Dombaumeister Madern Gerthener das prunkvolle Memorienportal als Zugang zum Kreuzgang auf der Südseite des Schiffes eingefügt. Das war durch den Neubau des Kreuzganges Anfang des 15. Jahrhunderts notwendig geworden. Der alte Zugang zur Memorie, dem Gedächtnisraum, ehemals wohl Kapitelsaal, später Grabstätte für Mitglieder des Domkapitels, wurde zugesetzt. In der Memorie ist das Tympanon der Zeit um 1200 mit der Darstellung des Hl. Martin noch zu sehen. Das neue Portal wurde in der Achse des Kreuzgangs angelegt, auf der Langhausseite ein je mit acht Figürchen geschmücktes Spitzbogengewände, auf der Memorienseite wird eine selbständige Architektur der Türöffnung vorgesetzt. Zwei Pfeiler tragen je zwei Skulpturen, und der Halbkreis des krönenden Wimpergs ist mit einem Spitzengewebe blühenden Maßwerks gefüllt, das frei herabhängt. Sonst blieb die romanische Memorie erhalten, nur die kleine Altarnische hat man Ende des 15. Jahrhunderts noch erneuert.

Abgesehen von den Arbeiten an den Türmen hat man erst im Barock wieder mit großen Umgestaltungen des Domes begonnen. 1682 brach man den Westlettner, der 1243 geweiht worden war, ab. Reste dieser Meisterleistung der deutschen Plastik Mitte des 13. Jahrhunderts von der Hand des Naumburger Meisters und seiner Werkstatt sind im *Dom- und Diözesanmuseum* am Kreuzgang zu sehen. Dazu gehören Christus als Richter mit Maria und Johannes, die beiden Gruppen der Seligen und der Verdammten (Abb. 4) und der Kopf mit der Binde (Abb. 5). Diese herausragende Plastik gehörte zu einer Skulptur, die kreuzförmig im Gewölbe des Lettnerdurchganges an den Rippen ausgespannt war. Vielleicht ein Bild dafür, wie sich der Kosmos im Mikrokosmos der menschlichen Gestalt spiegelt, nach einer geläufigen mittelalterlichen Vorstellung. Verführerisch, aber falsch war die Vorstellung, hier ein Porträt eines staufischen Herrschers zu entdecken.

Der Lettner mußte dem freien Blick auf die barocke Ausstattung des Chores weichen. Davon gibt, wie die Vollendung der Türme durch Franz Ignaz Michael Neumann außen, das Chorgestühl des Mainzer Hofschreiners Franz Anton Hermann, 1767 vollendet, noch einen Eindruck. Als Kontrapunkt nimmt die barocke Bewegung des dunklen Holzes die plastische Durchgestaltung der romanischen Architektur auf.

Bald danach, während der von Goethe beobachteten und beschriebenen Belagerung im Jahre 1793, wurde der Dom in Brand geschossen. Aber schon 1797 kommt Mainz mit dem Frieden von Campo Formio wieder in französischen Besitz. Der französische Präfekt fordert den Abriß, und nur der Weigerung Bischof Colmars ist es zu danken, daß der Dom gerettet werden konnte. Erst 1803 kann der Gottesdienst wieder aufgenommen werden. Fenster und Altäre gingen unter, die Reparaturen folgen Generation für Generation.

Neben die Erneuerungsarbeiten an der Architektur tritt der neue Schmuck des Baus mit den Szenen aus dem Leben Jesu, die Philipp Veit entwirft und zusammen mit Settegast und Lasinsky 1859–64 ausführt. Eine der wenigen großen Serien nazarenischer Wandmalerei, die erhalten blieb.

Das Absinken des Grundwassers, im Gefolge der Rheinregulierung, bringt die gründenden Pfahlroste zum Faulen. 1925–28 werden großangelegte Sicherungsmaßnahmen durchgeführt, und erneut nach dem letzten Krieg müssen Brand- und Bombenschäden beseitigt werden. Trotz allem bleibt einer der reichsten Bauten, die Deutschland vorweisen kann, erhalten (Farbt. 1).

Mit der Bedeutung des Bischofssitzes und seinem Rang im Deutschen Reich war auch die Stadt gewachsen. Die Privilegien an den Willegistüren erhielten die Mainzer als Dank für die Befreiung ihres Erzbischofs Adalbert aus den Händen Kaiser Heinrichs V. im Jahre 1115.

Eine Generation vorher sah die Lage anders aus. 1077 revoltierten die Mainzer gegen Bischof Siegfried I. und traten für König Heinrich IV. im Investiturstreit ein. Das Selbstbewußtsein der Bürger wuchs. Man beginnt um 1150 ein Stadtsiegel zu führen, und bei erneuten Streitigkeiten mit einem Mainzer Erzbischof, Arnold von Selenhofen, kommt es 1160 sogar zu dessen Ermordung. Die Strafe der Reichsacht folgt. Die Stadtmauern werden zerstört. Auch wenn Kaiser Friedrich Barbarossa 1184 zu Pfingsten auf der Maaraue am Kasteler Ufer gegenüber der Stadt das hochberühmte und gerühmte Fest feiert, die Schwertleite, die Ritterwürde seiner beiden Söhne Friedrich von Schwaben und Heinrich VI., seinem Nachfolger, so wird doch erst um 1200 mit der Erneuerung der Stadtmauer begonnen.

Aus dieser Zeit stammt noch der *Eiserne Turm* mit dem breiten, kräftig gegliederten Torbogen und den Löwen (Abb. 8). Die farbige Fassung galt für solche Bauten auch im Mittelalter. Torbogen und Obergeschosse sind bereits aus dem 14. Jahrhundert. Der *Holzturm,* ein wenig weiter südlich, fast am Ende der mittelalterlichen Stadt, ist erst zu dieser Zeit, um 1400, entstanden (Abb. 9).

Auf dem im 19. Jahrhundert verbreiterten Rheinufer vor den Türmen haben inzwischen die *Rheingoldhalle* und das neue *Rathaus* des dänischen Architekten Arne Jacobsen, das 1973 vollendet wurde, Platz gefunden. Ein mittelalterliches Rathaus wird erstmals 1277 erwähnt.

Schritt für Schritt hatten die Erzbischöfe, besonders Siegfried III. von Eppstein, der Stadt neue Freiheitsrechte verliehen. Nominell blieb er auch Herr der Stadt, die sich aber seit dem frühen 14. Jahrhundert freie Reichsstadt nennt. Lange sollten sich die Mainzer ihrer Freiheit nicht erfreuen. Streitigkeiten zwischen Patriziern und Zünften, Reibereien mit der privilegierten Geistlichkeit und eine unglückliche Außenpolitik nach dem Ende des glanzvollen Rheinischen Städtebundes des Jahres 1254 ließen die Stadt verarmen. Die Bevölkerungszahl sank weit unter die etwa 25 000 Einwohner, die im hohen Mittelalter erreicht waren.

Johannes Gutenberg hatte wegen der Streitigkeiten zwischen Zünften und Patriziern schon für Jahre Mainz verlassen und sich zeitweise in Straßburg aufgehalten, bevor er um

Mainz, Reliefs am Gutenberg-Denkmal

1448 nach Mainz zurückkehrte. Von hier aus breitet sich dann seine Erfindung des Buchdrucks bald in alle Welt aus. Zwischen 1452 und 1455 druckte er mit seiner Werkstatt etwa zweihundert Bibeln, von denen eine vollständige und eine halbe im *Gutenbergmuseum* (›Zum Römischen Kaiser‹) zu sehen sind (Abb. 14). Er erreichte das Ziel, so schön, wenn nicht sogar schöner zu drucken, als zu seiner Zeit geschrieben wurde. Dabei revolutionierte er die Welt durch die Erfindung der beweglichen und schnell reproduzierbaren Letter, durch Winkelhaken und Setzkasten, Satzschiff und Handgießinstrument. Immer wieder gleich konnte der Guß einer Letter wiederholt werden, blitzschnell vervielfältigt der Text. Erst wieder Radio und Fernsehen bedeuten eine ähnliche Revolution der Kultur.

Den erhofften Reichtum sollte Johannes Gutenberg, der aus der Patrizierfamilie Gensfleisch stammte und vom Hofe zum Gutenberg kam, mit seiner Erfindung allerdings nicht gewinnen. Als sich der Erfolg abzeichnete, kassierte sein Geschäftspartner und Geldgeber Werkstatt und halbfertige Produkte und übernahm den Betrieb in eigener Regie. Bald danach, in der Stiftsfehde um den erzbischöflichen Thron zwischen Diether II. von Isenburg und Adolf II. von Nassau, erobert Erzbischof Adolf in nächtlichem Überfall Mainz.

Plünderung und die Flucht zahlreicher Bürger wurden das Vorspiel der Verwandlung der Stadt in eine gehorsame Residenz. Langsam konnten aber so die wirtschaftlichen Verhältnisse konsolidiert werden. Johannes Gutenberg wurde 1465, drei Jahre vor seinem Tode, zum Hofmann ernannt, und so war seine Versorgung gesichert. Die Überwältigung der Stadt hatte manchen, der bei Gutenberg und bei Fust und seinem Schwiegersohn Schöffer das Drucken gelernt hatte, aus der Stadt vertrieben. Rasch verbreitete sich auf diese Weise die Kenntnis der schwarzen Kunst.

In den Jahren des Wachstums und der Blüte der freien Reichsstadt Mainz war manches an Kirchen und Klöstern herangewachsen. Vieles davon, wie das bedeutende Kloster St. Alban, ist früh zerstört worden, manches ist noch im letzten Krieg und durch den Wiederaufbau der Stadt danach vernichtet worden. Aber Kirchen wie die Karmeliterkirche, St. Quintin und

St. Stephan erinnern an den Glanz des Mittelalters. Der eleganteste mittelalterliche Bau, die Liebfrauenkirche der späten Gotik, ist allerdings schon der Säkularisation zum Opfer gefallen (s. S. 79). Nur die vor dem Ostchor des Domes nachgezogenen Grundmauern erinnern noch an den einstigen Bau.

St. Quintin ist wohl die älteste der Mainzer Pfarrkirchen (Abb. 7). Bereits 744 erstmals erwähnt, am Rande der frühmittelalterlichen Altstadt gelegen, wird der jetzige Bau um 1288 begonnen. In Anlehnung an das beliebte Vorbild der Marburger Elisabeth-Kirche wird eine dreischiffige Hallenkirche mit einschiffigem Chor errichtet. Der Turm erhebt sich über dem Westjoch des südlichen Seitenschiffes, das deshalb auch schmaler ist als das nördliche. Dem Turm fehlt noch die im Krieg zerstörte Barockhaube, die das 1489 vollendete Obergeschoß krönte. Im Brand des Krieges ging auch, bis auf den Unterbau, der Baldachin über dem Hochaltar unter. Die lebensgroßen Stuckfiguren zwischen den erhaltenen Säulen stammen von Burkhard Zamels: der Hl. Quintin, der Hl. Blasius und zwei Engel. Die schön furnierten Seitenaltäre stammen aus der Liebfrauenkirche in Oberwesel, die spätmittelalterliche Pieta (um 1470) stammt aus der Pfarrkirche St. Christoph. Aus St. Emmeran, wie St. Christoph nur noch Ruine, kommen die reichgeschnitzte Kanzel und das hinreißende Altarbild des Wieners Franz Anton Maulpertsch. Diese in Farbe und Licht außergewöhnliche Himmelfahrt Mariens war ursprünglich 1758 für die jetzt evangelische Altmünsterkirche angefertigt worden. So ist hier ein wenig vom erhaltengebliebenen Glanz der Mainzer Kirchen zusammengetragen.

Dem Chor gegenüber liegt der strenge Bau des Domus Universitatis, der *Alten Universität*, einer erzbischöflichen Gründung von 1477. Ein mächtiger, viergeschossiger, etwas schmuckloser Renaissancebau, errichtet 1615–1618.

St. Stephan zwischen 975 und 992 als Stift von Erzbischof Willegis gegründet, heute Pfarrkirche, liegt auf der Terrassenhöhe am Südwestrand der Altstadt nahe der Zitadelle. Der außen fast schmucklose Bau birgt einige Überraschungen. Die heutige Kirche ist ähnlich St. Quintin Ende des 13. Jahrhunderts in der Nachfolge der Marburger Elisabethkirche als Hallenkirche entstanden: dreischiffig mit Westturm, östlichem Querhaus und einschiffigem Chor. Die im letzten Krieg zerstörten Gewölbe hat man, hoffentlich nur vorläufig, durch eine Flachdecke ersetzt. Mitte des 14. Jahrhunderts war der mit dem Chor begonnene Bau weitgehend vollendet, der Turm allerdings erst 1495 und der Kreuzgang erst 1499. Er ist ein Kleinod von spätgotischer Zierlichkeit im Wechsel der Gewölbegestaltung mit teils hängenden Schlußsteinen (Abb. 11). Auch er war im Krieg zerstört worden.

Hier findet man Ruhe nach dem erstaunlichen Erlebnis der Chagallfenster des Chores. Diese einzigen Fenster Marc Chagalls auf deutschem Boden sind der Initiative des Pfarrers Klaus Mayer und den großzügigen Stiftungen des Landes Rheinland-Pfalz, der Stadt Mainz und privater Geldgeber zu verdanken. Nach den Entwürfen Chagalls entstanden die Fenster im Atelier Jacques Simon in Reims. Die für den Ausdruck entscheidende Schwarzlotmalerei wurde vom Künstler selbst ausgeführt. 1978 konnten das Achsfenster, 1979 die beiden benachbarten Fenster und 1981 die drei letzten Fenster des Chores eingesetzt werden.

Der erste, überwältigende Eindruck wird vom klaren Licht des wechselnd intensiv blauen Glases geprägt. Die Bewegung des Leuchtens findet ihren Halt in den klaren, rot und weiß abgesetzten Linien der frühen gotischen Architektur. Schritt für Schritt entdeckt man dann die Geschichte Gottes mit den Menschen, die der erzählfreudige Marc Chagall hier ausbreitet. So berichtet das Achsfenster vom Gott der Väter, der der Gott der Juden und der Christen ist. Von unten aufsteigend wird zuerst die Begegnung Abrahams mit den drei Engeln, dann seine Fürsprache vor Gott für die Gerechten in Sodom und Gomorra und sein Opfer Isaaks dargestellt. Darüber öffnet sich Jakobs Traum für den Blick auf Moses mit den Gesetzestafeln (Farbt. 4). Im abschließenden Dreipaß erscheinen ein Engel mit dem siebenarmigen Leuchter und eine menschliche Gestalt, als Zeichen für Frieden und Gottes Segen den Schofar blasend.

Die beiden Nachbarfenster müssen zusammen gelesen werden, wieder von unten nach oben. Rechts beginnt Chagalls Erzählung mit der Schöpfung, überspannt von einem strahlenden Regenbogen, links ergänzt durch die Schilderung des Paradieses. Rechts wieder Noah als Retter der Menschen und links Deborah als Retterin des jüdischen Volkes, dann folgen Elija, der Prophet, und wieder links die Brautwerbung Isaaks. Rechts tritt dann König David als Sänger der Psalmen auf, der links seiner geliebten Batseba ein Lied schenkt. Rechts dann die Kreuzigung Christi, der links dem Wunsch Saras nach einem Kinde entspricht, in Erfüllung der Verheißung an Abraham: Durch deine Nachkommen sollen alle Völker der Erde gesegnet werden. Die Tafeln des Gesetzes und der Sabbatleuchter in den beiden Dreipässen nehmen zum Schluß die Grundmotive der Botschaft Gottes und der menschlichen Verehrung Gottes wieder auf. Diese Anleitung zur Meditation wird durch die drei weiteren Fenster dann noch einmal erweitert und vertieft.

St. Stephan hat noch weitere Schätze zu bieten. So direkt in der Achse des Chores den Sakramentsschrein, um 1500 entstanden, wie auch die begleitenden Steinskulpturen der Heiligen Stephan und Maria Magdalena. Das kunstvolle vergoldete Gitter mit Trauben und Ähren als Hinweis auf Leib und Blut Christi ist erst im 18. Jahrhundert eingefügt worden. Die vier riesigen Messingleuchter, 1509 in Mainz gegossen, konnten mit Stangen verbunden werden und dann Teppiche zum Schmuck und Abschluß des Chorraumes tragen. Ein kleiner Flügelaltar mit einer Kreuzigungsdarstellung, mittelrheinisch um 1400, ein ruhig leuchtendes Bild, hat seine bewegteren Flügel erst Anfang des 16. Jahrhunderts erhalten. Ein thronender Gottvater ist der Rest eines im Kriege verbrannten Altars. Er ist, wie die Anna selbdritt in der Kapelle am Turm, um 1500 entstanden. Unter dem Turm öffnet sich eine Nische für ein Heiliges Grab aus der Zeit um 1450. Trotz aller Zerstörungen und Verwüstungen der vergangenen Jahrhunderte enthält die Kirche also noch eine reiche Schatzkammer, eine Traditon, die die Fenster Chagalls würdig fortsetzen.

Die *Karmeliterkirche* ist seit 1924, nach mehr als einem Jahrhundert der Unterbrechung durch die Säkularisation 1802, wieder Klosterkirche des Karmeliterordens. Er hatte den Bau in der Mitte des 14. Jahrhunderts errichtet. Die Kirche liegt direkt an der Stadtmauer, mit der der Architekt im Chor eine bewundernswürdige Verbindung eingegangen ist. Erst unter den drei Fenstern der Apsis werden die Mauern durch Zwickel zum 5/8-Schluß geführt. Aus ihm springt dann lichterfüllt ein dreiseitiger Altarerker vor. An den einschiffigen Chor schließt das dreischiffige, unregelmäßig geschnittene Schiff an. Die Gewölbemalereien des Chores, reiche Ornamentik mit dem Antlitz Christi, Engeln und Propheten dazwischen, ist ursprünglich zwar um 1410 entstanden, aber 1924 völlig erneuert worden.

Aus der übrigen Ausstattung ragen der alte Flügelaltar des Hochaltars mit einer Marienkrönung zwischen zwei Heiligen des Karmeliterordens und den Zwölf Aposteln auf den Flügeln und am Beginn des Chores eine stehende Muttergottes mit Kreuzszepter heraus. Die Madonna ist eine mittelrheinische Arbeit um 1400 vom gleichen Typ wie die Muttergottes aus der Korbgasse im Mittelrheinischen Landesmuseum. Die Geschichte des Flügelaltares ist aufschlußreich für den Wechsel der Moden: Um 1400 als Gemälde gefertigt, hat man 1517 das gemalte Thema in geschnitzten Relieffiguren wiederholt. Spuren der Gemälde sind hinter den Figuren noch zu erkennen, die dem gesteigerten Realismus der Plastik weichen mußten.

Andere mittelalterliche Bauten, wie die um 1290 erbaute Kirche *St. Christoph* mit ihrem älteren spätromanischen Turm, wurden im Kriege zerstört. Heute ist die Ruine gesichert und bleibt wie St. Alban in Köln Mahnmal. Nur gesichert ist auch die Ruine von St. Emmeran.

Die um 1300 erbaute *Reichklarenkirche,* die Klosterkirche der Klarissen, wird heute als *Naturhistorisches Museum* genutzt. Das Kloster wurde schon 1781 aufgehoben, um sein Vermögen der Universität zukommen zu lassen. 1904 hat man die Kirche durch Einziehen von Geschoßdecken fürs Museum brauchbar gemacht.

Die *Armklarenkirche* dagegen, ehemals Klosterkirche der Antoniter, dient jetzt als Kapelle des Kolpinghauses. Die Gewölbe des um 1330 erbauten Chores zeigen die Mahnung des Jüngsten Gerichtes: Christus als Richter thronend zwischen den Fürbittenden Maria und Johannes dem Täufer, ringsum thronend Apostel und stehende Heilige. Aus der Erbauungszeit stammend, sind die Malereien erst nach dem Krieg 1948 bei der Restaurierung freigelegt worden. Das gleichzeitig entstandene Schiff ist später mehrfach verändert worden.

Mit dem Bau der Karmeliterkirche lief für Jahrhunderte die große Bautätigkeit in Mainz aus. Die Bevölkerung der 1461 eroberten Stadt schrumpfte im 15. Jahrhundert auf knapp 7000 Einwohner, und erst langsam entwickelte sich die blühende Residenzstadt des 17. und 18. Jahrhunderts.

Nach dem Tode Adolfs II. von Nassau im Jahre 1475 wählte das Domkapitel auf Empfehlung des Verstorbenen dessen alten Gegner Diether II. von Isenburg nun zum zweiten Mal zum Erzbischof. Er sicherte als erstes mit dem Bau der *Martinsburg* 1478–81 die bischöfliche Herrschaft über die Stadt. Im Nordosten der Stadt gelegen, war sie zugleich Zwingburg und Residenz. 1807 wurde sie abgebrochen. Im rheinseitigen Schloßgraben sind noch Grundmauern zu sehen. Auch die südlich anschließende Kanzlei und die Schloßkirche St. Gangolph (s. S. 77) des 16. Jahrhunderts verschwanden zur gleichen Zeit.

Der älteste Teil des erhaltenen *Schlosses* sind die acht südlichen Achsen des Rheinflügels, die von Erzbischof Georg von Greiffenclau 1627 begonnen wurden (Abb. 10). Bei der

Flucht seines Nachfolgers Anselm Kasimir von Wambold 1631 vor den Schweden war der Bau noch nicht vollendet. Erst unter Kurfürst Damian Hartard von der Leyen konnte man Ende des 17. Jahrhunderts Richtfest feiern; gleichzeitig wird der Bau hofseitig um weitere acht Achsen verlängert und erhält seine marmornen Portale. Wenig später beginnt man mit dem Nordflügel, der nur bis zur Sockelhöhe gediehen war, als diesmal 1688 die Franzosen Mainz besetzen. Erst Mitte des 18. Jahrhunderts unter Kurfürst Johann Friedrich Carl von Ostein wird der Nordflügel vollendet. Noch unter dem letzten Kurfürsten Friedrich Carl Joseph von Erthal wird 1775/76 in den Nordflügel der große Akademiesaal mit einem Deckengemälde von Januarius Zick eingebaut, das im letzten Krieg unterging. Nach der Vertreibung der Kurfürsten diente der im Sinne der Renaissance durchgeführte Bau (die lange Bauzeit macht sich kaum in einer Wandlung der Formen bemerkbar) als Kaserne, Militärlazarett und Warenlager. Weite Teile nutzt heute das *Römisch-Germanische Zentralmuseum.* An Stelle eines dritten Flügels, der den Hof schließen sollte, hat man eine 1807 erstmals errichtete Zollhalle, einen eingeschossigen Arkadenbau, als Ausstellungsraum wiederhergestellt.

Während des langsamen, nicht sehr glücklichen Wachstums des Schlosses verwandelt sich die Stadt in eine barocke Residenz. Der wohlgeformte rote Sandstein der Adelshöfe prägt trotz aller Zerstörungen noch heute das Stadtbild. Die großzügige Planung des nördlichen Stadtbereichs der drei Bleichen Mitte des 17. Jahrhunderts unter Kurfürst Johann Philipp von Schönborn, der auch die auf dem Jakobsberg vor der Stadt errichtete Zitadelle erneuern ließ, gliedert noch heute den Stadtkern. In seine Zeit fällt auch 1664 der Durchbruch der heutigen Schillerstraße. Die Ludwigstraße dagegen sollte eine Rue Napoléon werden, die so den Schillerplatz mit Johann Baptist Scholls Schillerdenkmal von 1862 und den von den Mainzern innig geliebten Fastnachtsbrunnen des Bildhauers Blasius Spreng von 1967 mit dem Marktplatz am Dom verbindet.

Hier auf dem Marktplatz hatte nach der Errichtung der herrschaftssichernden Martinsburg auch die großzügig schmückende und schenkende Tradition der Kurfürsten begonnen. Der farbig leuchtende *Marktbrunnen* ist 1526 von Kurfürst Albrecht von Brandenburg gestiftet worden (Abb. 13). Renaissancefürstentum spricht aus Ornamentik und Inschrift: »Nachwelt empfange dieses Denkmal, das Albrecht der Fürst selbst seinen Bürgern errichtet, die er von Herzen liebt als eifriger Schützer der Ehrbarkeit und immer zu lieben bestrebt, damit sie Liebe mit Liebe vergelten. 1526.« Der andere, längere Teil der Inschrift feiert den Sieg Kaiser Karls V. in der Schlacht bei Pavia über Franz I. von Frankreich und das blutige Ende des Bauernkrieges, der auch den Mittelrhein in Schrecken versetzt hatte. Nun bemüht man sich plötzlich um die Liebe der Untertanen. 1890 ist der mehrfach restaurierte Brunnen dem Verkehr zuliebe an seine heutige Stelle versetzt worden. Die Heiligen Bonifatius, Ulrich und Martin stammen aus der Backoffen-Werkstatt, die Putten an den Ecken sind 1767 hinzugefügt, und die bekrönende Madonna ist 1835 erneuert worden.

Mit den ersten Erfolgen der Gegenreformation und dem Entstehen eines barocken höfischen Lebens, das den Adel zwang, mehr und mehr Zeit am Hofe des Kurfürsten und nicht entfernt auf den eigenen Gütern zu verbringen, beginnt im 17. Jh. das Wachstum der Adelshöfe in den noch engen Straßen der Stadt. Einer der ersten war der *Dienheimer Hof* in der Mitternachtsgasse an der Ecke zur Bauerngasse mit seinem von kräftigen Voluten gefaßten Giebel. Ein vieleckig geschnittener Treppenturm verbindet die Geschosse.

Mehr der militärischen Notwendigkeiten ist der Bau des *Alten Zeughauses* 1601–1604 in der Deutschhausgasse 2 zu verdanken. Den Namen ›Zum Sautanz‹ trug es schon vor dem Bezug durch den Südwestfunk. Die Dreiflügelanlage mit Rollwerkgiebel und geschoßverbindendem Treppenturm ist nach den Zerstörungen des Krieges wiederaufgebaut worden. Das Portal in Renaissanceformen entstand erst 1910.

Kurfürst Johann Schweickhard von Kronberg, der das von seinem Vorgänger begonnene Alte Zeughaus vollendete, begann gleichzeitig als Familiensitz den *Kronberger Hof* (1604–26) zu bauen, der wie die Kurie des Domkustos von Schönborn und der Greifenclauer, der Boineburger und der Ingelheimer Hof nach dem letzten Krieg abgerissen wurde. Es ist also heute nur noch ein Teil des alten Adelsglanzes zu sehen, der nun meist von Behörden oder Banken repräsentativ genutzt wird. Zu Recht, denn die Machtstellung des alten Adels haben sie auch übernommen.

Der *Ältere Dalberger* oder *Königsteiner Hof* ist von den Freiherren von Dalberg 1609–14 erbaut worden. Im 18. Jahrhundert hat man noch ein Geschoß hinzugefügt. Der im Hof erkennbare Treppenturm hat erst Mitte des 18. Jahrhunderts durch den Einbau einer Treppe Konkurrenz bekommen. Im Hof steht auch noch der letzte der Mainzer Wohntürme, zwischen 1462 und 1466 von den Herren von Königstein-Eppstein errichtet. Ursprünglich freistehend, fast wie eine Festung zu nutzen, erinnert er an italienische Vorbilder, wie wir sie z. B. in Regensburg noch sehen können. Ein Besuch am Ballplatz 1 lohnt sich.

Daß auch Bürger reich werden und üppig bauen konnten, zeigte der in den Diensten des Erzbischofs stehende Großkaufmann und kurfürstliche Rentmeister Eduard Rokoch mit seinem von 1653–64 errichteten Haus *›Zum römischen Kaiser‹* (Abb. 15). Heute ist der wirkungsvolle Bau in bester Lage Teil des *Gutenberg-Museums.*

Das Vorbild des ›Römischen Kaisers‹ wirkt im *Schönborner Hof,* Schillerstraße 11, nach, den Clemens Hinck 1668–70 für Philipp Erwein von Schönborn errichtete, den Bruder des Mainzer Kurfürsten Johann Philipp von Schönborn. Der Auftritt des bau- und machtfreudigen Geschlechts, das das nächste Jahrhundert mitbestimmen sollte, beginnt. Die wichtige Gartenanlage ist seit 1865 durch das Proviantmagazin verbaut.

Damit ist auch schon an die nahe, aber höher gelegene Zitadelle erinnert, wo 1696 der *Kommandantenbau* wie ein Adelspalais errichtet wurde.

Auch wenn nur die Fassade den Brand des Jahres 1793 überstand und heute das Polizeipräsidium hier residiert, ist die Fassade des *Jüngeren Dalberger Hofes* in der Klarastraße 4 eine der schönsten, die Mainz bieten kann. Nach den Entwürfen von Kaspar Herwartel entstand der Bau 1715–18.

Schlichter und einfacher ist der wenig später (1720) errichtete *Fechenbacher Hof* am Ballplatz 3. Im Jahr darauf folgte der Bau des von Kurfürst Lothar Franz von Schönborn gestifteten *Rochusspitals* in der Rochusstraße, das heute als Altersheim dient.

Mainz, Eichelstein. Kupferstich von Matthäus Merian, 1646

An der Großen Bleiche, der ersten Achse des barocken Stadtausbaus entstand 1728–33, heute mit der Nr. 15, der *Stadioner Hof*, den Graf Stadion 1737 von seinem Erbauer erwarb. Mit dem 1726 von Lothar Franz von Schönborn geschenkten Neubrunnen, dessen mit Hieroglyphen gezierter Obelisk ursprünglich einen Kurhut trug, der Kirche St. Peter, mit Marstall und Eltzer Höfen, mit Schloß und nahegelegenem Deutschhaus entwickelte sich die Große Bleiche, wo einst Wäsche gebleicht wurde, zur barocken Achse der Stadt.

Das *Deutschhaus* (Abb. 16), die ehemalige Deutschordenskommende, heute Sitz des Landtages von Rheinland-Pfalz, war von Napoleon als seine Mainzer Residenz vorgesehen. Die Vorsehung war dagegen. Der Bau entstand 1730–37 nach den Entwürfen des Mainzer Baudirektors Anselm Franz Freiherr von Ritter zu Grünstein, der wohl auch den Stadioner Hof entworfen hatte und uns noch mehrfach begegnen wird.

Da man im Barock Architektur als ›Kavaliersdelikt‹ betrachtete, ließ Philipp Christoph von Erthal den *Erthaler Hof*, Schillerstraße 44, nach seinen eigenen Entwürfen errichten. Sogar die Kunsthistoriker sind meist mit dem Ergebnis zufrieden. Sein Nachkomme Friedrich Karl Joseph war dann der letzte Kurfürst auf dem Mainzer Thron.

1738–40 entstand Rheinstraße 109 das *Neue Zeughaus*, heute als Nachbar des Deutschhauses Staatskanzlei. 1741 entsteht in der Mitternachtsgasse 1 der *Bentzelsche Hof* und 1742 die *Johanniterkommende*. Die Pläne für den heutigen Sitz des *Bischöflichen Ordinariats* hatte der uns schon bekannte Freiherr von Ritter zu Grünstein überarbeitet. Man spürt das Vorbild des Deutschhauses. Von ihm stammen auch die Pläne für den *Bassenheimer Hof*, Schillerplatz 3, auf den die Achse der Ludwigstraße ausgerichtet ist. Der Bau entstand 1750–55 für die Gräfin zu Bassenheim, die Schwester des Kurfürsten Johann Friedrich Karl von Ostein.

Den Plan für den *Osteiner Hof* schräg gegenüber, Schillerplatz 1, entwarf dagegen Johann Valentin Thomann, der uns in Mainz beim Bau der barocken Kirchen noch begegnen wird. Aber auch hier, beim Sitz des Bruders des Kurfürsten, als Blickpunkt der Schillerstraße, griff während der Bauzeit 1747–52 Anselm Franz Freiherr von Ritter zu Grünstein in die Pläne ein. Das Ergebnis ist der gelungenste der Mainzer Adelshöfe, heute von der Bundeswehr genutzt.

Der mit der Gegenreformation in Mainz wieder aufblühende Kirchenbau erlebte mit der Schloß- und Stiftskirche *St. Gangolph* 1570–81 gleich einen Höhepunkt. Nur das reiche

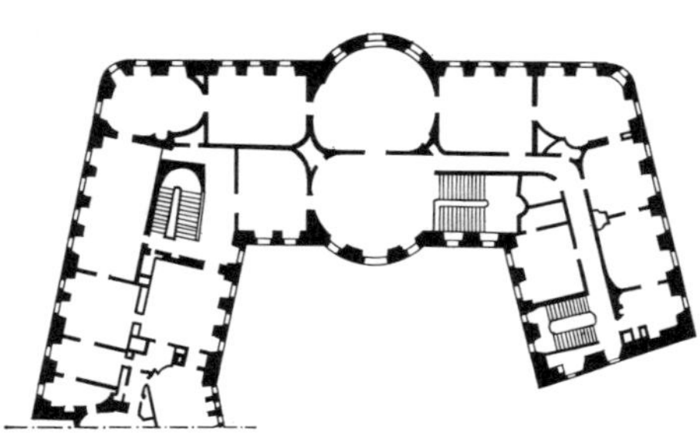

Mainz, Osteiner Hof, Grundriß

Chorgestühl ist erhalten, wenig beachtet steht es in der Nikolauskapelle des Domkreuzganges. Noch in den Anfängen des Dreißigjährigen Krieges errichteten die Kapuziner und Franziskaner neue Klosterkirchen. Nur die betreffenden Straßennamen erinnern noch daran. Auch die *Altmünsterkirche*, für das Zisterzienserinnenkloster vom Kapuzinerpater Matthias von Saarburg entworfen, 1656–62 erbaut, ist mehrfach umgebaut worden. 1781 zugunsten der Universität aufgehoben, 1802 dann den Protestanten übergeben, ist nach den Zerstörungen des letzten Krieges wenig vom alten Bau geblieben.

Die *Josephskapelle*, 1715–24, an der Ecke Kleine Quintinstraße und Hintere Christophstraße, war Teil des Jesuitennoviziats und wurde ebenfalls im Kriege zerstört. Innen verändert, wirkt heute nur noch das Äußere in die belebte Schusterstraße hinein.

Schon bei der Beschießung der Stadt 1793 wurde die 1742–46 erbaute *Jesuitenkirche* zerstört. Der von Balthasar Neumann entworfene Bau wurde in vielem den folgenden Mainzer Kirchenbauten zum Vorbild. Die Bauarbeiten leitete Johann Valentin Thomann, Mainzer Ingenieurobrist.

Die militärische Berufung scheint ihm noch Zeit für hervorragende Architekturentwürfe gelassen zu haben. Erst der achte Entwurf wurde ihm für die Erneuerung der Kirche *St. Peter* genehmigt. Die Stiftsherren des außerhalb der Stadt liegenden St. Peter waren durch barocke Befestigungsarbeiten, denen ihre Kirche zum Opfer fiel, gezwungen, das romanische baufällige Udenmünster zu übernehmen. 1746/47 trug man den alten Bau ab und begann 1748 mit den Fundamentarbeiten. Nach acht Jahren war St. Peter vollendet, noch heute einer der bemerkenswertesten Anblicke, die Mainz zu bieten hat (Farbt. 3). Schon bei Beginn der Planung hatte Johann Valentin Thomann den Hofschreiner Franz Anton Herrmann, aus dessen Werkstatt auch das Chorgestühl des Domes stammt, hinzugezogen. So konnten Bau und Ausstattung aufeinander abgestimmt werden. Der letzte Krieg hat manches davon zerstört. Aber Stukkaturen, Altäre, das zierliche Ziborium des Hauptaltars und die Kanzel sind noch Beispiel genug. Der Grundriß und die Struktur des Baus erinnern an die gotischen Mainzer Hallenkirchen, die hier mit barockem Raumgefühl und neuer Helligkeit, mit Vergoldung und Rokokostuckierung verwandelt wurden.

Die zwanzig Jahre später als St. Peter begonnene *Augustinerkirche* in der Augustinerstraße südlich des Domes vertritt einen ganz anderen Kirchentyp des Barock als St. Peter. St. Peter ist mit über 60 m hoher Doppelturmfassade auf Fernsicht konzipiert. Die Klosterkirche der Augustinereremiten ist dagegen in die Fassadenflucht der Häuserreihe eingeordnet, überrascht durch plötzlich aufstrahlenden Glanz und bewegte Skulpturen den Passanten. Über dem Portal schwebt Maria, verehrt von Augustinus und seiner Mutter, der Hl. Monika (Abb. 12). Über dem Fenster schwebt in den Wolken die Trinität. Man vermutet, daß die Skulpturen von Nikolaus Binterim stammen, der auch die Skulpturen der benachbarten Klosterpforte schuf. Der Architekt des Baus ist unbekannt. Der weitgespannte vierjochige Saalbau geht mit sanftem Schwung der Wand in den Chorraum über. Darüber öffnet sich der Himmel des Gewölbes, um mit Johann Baptist Enderles Deckenfresken vom Wirken und den Wirkungen des Hl. Augustinus zu berichten, das letzte in Mainz erhaltene Deckengemälde. Raum und Wand sind nicht mehr so kräftig gegliedert wie in St. Peter. Vielleicht macht sich darin schon der Einfluß des Klassizismus bemerkbar, der in St. Ignaz sogar noch stärker ausgeprägt ist.

Gut 30 m hoch erhebt sich die Fassade über dem dreieckigen Platz, dessen Häuser, noch zweigeschossig, den richtigen bescheidenen Maßstab setzen. Der Neubau der Pfarrkirche *St. Ignaz* war im armen Stadtteil Selenhofen in diesem Aufwand nur mit fremder Hilfe möglich. Eine große testamentarische Stiftung des Domvikars Johann Kaspar Händlein gab den Grundstock, und da Kurfürst Johann Friedrich Karl von Ostein »keine Bauernkirche in seiner Residenz haben« wollte, kamen auch von allerhöchster Stelle weitere Gelder. Die ersten bescheidenen Entwürfe wurden abgelehnt. Der Kurfürst beharrte auf den Plänen des Mainzer Stukkateurs Johann Peter Jäger. Ende 1760 begannen die Abbrucharbeiten am romanischen Vorgängerbau. 1763 wurde der Grundstein gelegt, und da über Jägers Bauführung immer wieder Klagen laut wurden, ersetzte man ihn 1770 durch unseren Bekannten, den Ingenieurobristen Johann Valentin Thomann. Ihm traute man zu, das Problem der Einwölbung zu lösen. Der kreuzförmige Saalbau Jägers mit Kuppel über der Vierung ist mit Pilastern und Säulen straff gegliedert, die Dekoration klassizistisch gebändigt. Die Deckengemälde sind keine Erweiterung des Raumes mehr, nur noch bereitgestellte Illustrationen, nach den alten Motiven 1902 völlig neu gestaltet. Noch klarer ist der klassizistische Rückgriff bei der Fassade. Drei Geschosse werden durch kräftige Gesimse und Architrav getrennt und säuberlich nach den klassischen Ordnungen in Pilastern und Säulen, dorisch, ionisch und korinthisch, dekoriert.

Nördlich der Kirche steht auf dem ehemaligen Friedhof die große und großartige *Kreuzigungsgruppe*, die Hans Backoffen für sich und seine Frau als Grabstätte begonnen hat. Vor seinem Tode 1519 scheint er nur den Gekreuzigten und Maria Magdalena vollendet zu haben. Die übrigen Skulpturen stammen wohl von seinen Schülern. Vergleichbar aus der Werkstatt des vielbeschäftigten Meisters ist der Kruzifixus vom Grabmal des Erzbischofs Uriel von Gemmingen im Mainzer Dom.

Die letzte große Bauaufgabe in Mainz vor der Französischen Revolution ist der bereits besprochene Wiederaufbau der Türme des Westchores des Domes. Der Brand von 1767 hatte aber auch die Häuser in seiner Umgebung in Mitleidenschaft gezogen. Die Häuser an der Nordseite des Langschiffes, Markt 18–26, als zusammenhängende Gruppe von Johann Valentin Thomann entworfen, spielen noch mit Rokokodekor.

Am Leichhof südwestlich des Domes errichtete Franz Ignaz Michael Neumann 1778/79 eine Gruppe dreigeschossiger Bauten, die ebenso wie seine Domtürme Steindächer tragen. Man spürt die Furcht vor einem neuen Brand. Trotz einiger Veränderungen an anderen Stellen gibt so die Domumgebung, für heutige Verhältnisse bescheiden gehalten, immer noch den ursprünglichen Maßstab zum alles überragenden Bau des Domes.

Nach den Zerstörungen im Gefolge der französischen Revolution durch Säkularisation und Beschießung der Stadt folgte für Mainz fast ein Jahrhundert als Festungsstadt an der Westgrenze. Mainz kommt an das Großherzogtum Hessen, wird aber Bundesfestung mit abwechselnd österreichischer und preußischer Besatzung. Erst nach 1877 vermag sich die

Mainz, Liebfrauenkirche, ehemals vor dem Ostchor des Domes. Kupferstich um 1800

Stadt über den zu engen Festungsgürtel hinaus auszubreiten. Die Kaiserstraße zwischen Bahnhof und Rhein entsteht.

Als Blickpunkt und evangelischer Gegendom am Rhein wird 1898–1903 nach dem Entwurf des Stadtbaumeisters Kreyssig die *Christuskirche* errichtet (Abb. 6). Er greift dabei mit Zuversicht in den Formenschatz der italienischen Renaissance und zu den Architekturgedanken byzantinischer Zeit. Der Traum der Zeitgenossen vom willensstarken Renaissancefürsten und allmächtigen Kaiser sollte zumindest in der Architektur Wirklichkeit werden. Die kriegszerstörten Gewölbe sind bisher leider nur durch Holzkonstruktionen ersetzt worden.

Diese Zerstörungen des letzten Krieges sind inzwischen überwunden; die Lücken, durch zusätzliche und vorsätzliche Abrisse vergrößert, sind nun geschlossen, meist erst in den letzten Jahren mit Phantasie und Freude an städtischem Leben. Immer aber noch verbinden sich Gegenwart und Vergangenheit auf glückliche Art und Weise. Die neue Rheinfassade mit Rheingoldhalle und Rathaus ist ein gelungener Kontrast zum barocken Regierungsviertel. Die Altstadt wird als Geschäftszentrum tagsüber geschäftig genutzt, eine Vielzahl von Brunnen und Denkmälern und eine ausgedehnte Fußgängerzone laden zum Wandeln ein.

Vieles bliebe auch noch zu erwähnen, sei es die 1946 neugegründete Universität, das Haus des Deutschen Weines neben dem Stadttheater, gegenüber das Gutenbergdenkmal, die Mainzer Fasenacht voller Lebensfreude und biedermeierlicher Würde – das immer noch Goldene Mainz sei Ihrer Entdeckerfreude empfohlen.

Ingelheim

Von der Autobahn oder auf der B 9 führt der Weg nach Ingelheim bereits durch die Weinberge, auf denen die Trauben für den Ingelheimer Spätburgunder wachsen, eines der hartnäckigen Rückzuggebiete des einst viel weiter verbreiteten Rotweinanbaus. Die Spätburgundertraube wächst auf den Kalkböden der Hänge, auf den höher liegenden Lößflächen wachsen das ebenso berühmte Obst der Stadt und der Spargel.

Die günstige Verkehrslage wird für Karl den Großen Anlaß gewesen sein, in Ingelheim einen alten fränkischen Königshof zur *Pfalz* auszubauen. Ihre spärlichen Reste finden sich noch in Nieder-Ingelheim, dem heutigen *Ingelheim-Mitte;* etwas höher liegt das alte Ober-Ingelheim, heute *Ingelheim-Süd,* und am Rhein selbst liegt das ehemalige Frei-Weinheim, heute *Ingelheim-Nord,* wo der Alt-Rhein mit der Insel Fulderaue und ihrem Windrad, die Autobahn und die chemische Industrie die Landschaft prägen.

Zumindest das jährlich Ende September/Anfang Oktober stattfindende Rotweinfest sollte Anlaß sein, sich einmal im Gelände der ehemaligen Pfalz umzusehen. Einen besseren Überblick gibt zwar das Modell im kleinen *Heimatmuseum,* aber die letzten Ausgrabungen haben es als nicht sehr zuverlässig erwiesen. Trotzdem lohnt sich ein Besuch des Museums, schon um die bei den Grabungen geborgenen Fragmente und Bauteile zu sehen. Einiges davon befindet sich auch im Mittelrheinischen Landesmuseum in Mainz. Das Museum liegt hinter dem neuromanischen *Rathaus* von 1862 am Marktplatz von Ingelheim mit seinem von Georg Arnold, der zuvor als Ingenieur am Bau der napoleonischen Straße Mainz – Bingen beteiligt war, 1811 errichteten *Marktbrunnen.*

Aufrecht und sichtbar stehen noch weite Teile der rund gezogenen staufischen Mauer, spätgotisch erneuert und überformt, und der *Reichssaal,* die Aula palatina. Man sieht Teile der östlichen Längswand und der Apsis, die man sich zu einem einschiffigen Saal wie in Aachen oder bei dem römischen Vorbild in Trier ergänzen muß. Auch die bei den ersten Grabungen zu Beginn unseres Jahrhunderts entdeckte überwölbte Badeanlage nördlich des Chores der Saalkirche, der ehemaligen Pfalzkapelle, wird noch aus karolingischer Zeit stammen. Karge Spuren einer großen Vergangenheit.

Schon in römischer Zeit war die Gegend von Ingelheim besiedelt, Spuren einer großen Villa sind zum Vorschein gekommen. In fränkischer Zeit war Ingelheim ein Königshof wie viele andere. Pippin schenkte 742/43 die spätere Remigiuskirche dem neugegründeten Bistum Würzburg, aber erst Karl der Große errichtete hier 807 ein so bezeichnetes ›palatium‹. 774 verzeichnet man einen ersten Besuch Karls. 787/88 wählte er Ingelheim das einzige Mal als Winteraufenthalt und hielt eine Heeresversammlung ab, auf der der widerspenstige Bayernherzog Tassilo verurteilt wurde und anschließend im Kloster verschwand. Der Ausbau zur Pfalz, den die Notiz von 807 andeutet, scheint aber erst unter Karls Sohn Ludwig dem Frommen abgeschlossen zu sein, er nutzt Ingelheim als bevorzugten Sommeraufenthalt. Hier wird 826 die Taufe des Dänenkönigs Harald gefeiert, die man im nahen Mainz in St. Alban vollzogen hatte.

Erst mit Kaiser Otto dem Großen setzt dann eine neue Glanzzeit der Pfalz ein. Sicher spielt dabei die Erinnerung an den großen Vorgänger Karl schon eine Rolle. Neben häufigen Aufenthalten Ottos zur Osterzeit findet hier 948 eine entscheidende Reichssynode statt, als Sitzungsort ist dabei wohl an St. Remigius zu denken. Den düsteren Abschluß bildet die Abdankung Heinrichs IV. auf dem Ingelheimer Fürstentag 1105, nachdem ihn sein Sohn Heinrich V. zuvor gefangengesetzt hatte.

Schon Heinrich V. hat mit den Befestigungsanlagen für die Pfalz begonnen, Ende des gleichen Jahrhunderts setzt Kaiser Friedrich Barbarossa die Arbeiten fort und gibt gleichzeitig den Bauten neuen Glanz, die ihm, der Karl den Großen heiligsprechen ließ, zur Gedenkstätte für Karl wurden. Zugleich entstand auch für die Vögte des königlichen Besitzes, des sogenannten Ingelheimer Grundes, die Ritter von Bolanden, eine Zollfeste. Sie wurde 1254 vom Rheinischen Städtebund so erfolgreich gebrochen, daß man bis heute nicht sicher ist, wo sie lag, im Pfalzbereich oder in Ober-Ingelheim im Bereich der Burgkirche. Nur der Name des südwestlichen Eckturmes, der Bolander, erinnert noch daran.

Damit beginnt auch die Pfalz unterzugehen, und ihr Bereich wird dörflich besiedelt. In der Kapelle St. Peter, der ehemaligen Königskapelle, richtet man 1346 einen Altar für die Anwohner ein. Karl IV., ebenso ein begeisterter Verehrer seines Vorgängers, richtet ein Augustinerchorherrenstift ›Karlsmünster‹ in der ehemaligen kaiserlichen Aula ein, das aber in protestantischer Zeit 1576 aufgelöst wird. Zuvor war Ingelheim gerade aus einer Verpfändung an den Mainzer Erzbischof gelöst worden; die nächste Verpfändung 1375 an Kurpfalz erweist sich als endgültig. Kaiserlich bleiben das Reichsgericht, der Oberhof, ein Appellationsgericht, mit Rittern und Bauern besetzt, dessen älteste Urteile aus dem 14. Jahrhundert erhalten sind und zu den interessantesten Rechtsaltertümern gehören.

Schon in den Auseinandersetzungen des Erzbischofs Diether II. von Isenburg mit Kurfürst Friedrich von der Pfalz 1460 hatten sich die Befestigungen der Pfalz bewährt. Ein zweites Mal widerstanden sie 1504 Landgraf Wilhelm II. von Hessen.

1689 dagegen, im Pfälzischen Erbfolgekrieg, hinterließen die Truppen König Ludwigs XIV. von Frankreich kaum noch mehr als einen Trümmerhaufen, aus dessen Spuren man nun mühsam versucht, die Vergangenheit der Anlage zu rekonstruieren.

Nachkarolingisch, in ottonischer Zeit 997 erstmals erwähnt, ist die ehemalige *Pfalzkapelle St. Peter,* die heutige evangelische *Saalkirche.* Nur noch das Mauerwerk des Querhauses und eines Teils der nördlichen Wand des Schiffs stammt aus dieser Zeit. Um 1160 zur Zeit Kaiser Friedrich Barbarossas hat man zumindest die Gliederung der Apsis mit Lisenen, Rundbogenfries über Kopfkonsolen und einem kräftigen Gesims mit Röllchenfries darüber erneuert. Auch im Innern hat man zu dieser Zeit die Kämpfer der Arkaden der Vierung schmuckreich ersetzt. Sie liegen auch höher als die ottonischen im Westen des Langhauses.

Erst im Innern entdeckt man, daß die Chorflankentürme recht sonderbar angelegt sind. Statt bis zum Boden zu reichen, sind sie über dem Chorbogen mit Konsolen abgefangen und nur vom Dachboden aus benutzbar.

Die heutige Gestalt des flachgedeckten Saalbaus mit ausgeschiedener Vierung, die einschneidend durch die Pfeiler und Bögen abgetrennt wird, mit ausladendem Querhaus und übergangslos angesetzter Apsis ist erst 1963/64 wieder entstanden. Seit 1576 bis 1707 war die Kirche profaniert, für die reformierte Gemeinde wurde sie mit einem kurzen Stück des Langhauses wiederhergestellt. Damals wurde wohl auch das spätgotische Relief mit der beschädigten Gestalt Karls des Großen hierher übertragen. Für das Stift Karlsmünster angefertigt, erscheint der Herrscher mit Heiligenschein, der ihm heute nur noch im Bereich des Bistums Aachen zusteht. Karl der Große wurde zu Barbarossas Zeiten vom falschen, dem Gegenpapst heiliggesprochen. 1794 wurde die Kirche von den französischen Truppen beschlagnahmt und wieder profaniert. Aus dem Nachlaß der Säkularisation erwarb man dann Kanzel und Orgelumbauung des Mainzer Weißfrauenklosters und die Wangen des ebenso zu Beginn des 18. Jahrhunderts entstandenen Kirchengestühls. 1861 wurde nach dem Entwurf des Kreisbaumeisters Köhler der neuromanische Glockenturm auf der Südseite, zwischen Schiff und Querhaus, erbaut, und erst 1963/64 erhielt der Bau mit Wiederaufbau des Langhauses in ursprünglicher Länge und der Wiederherstellung des alten Bodenniveaus seine heutige Gestalt.

Die katholische *Pfarrkirche St. Remigius,* die Kirche des fränkischen Königshofes, war als Schenkung 742/43 in den Besitz des Bistums Würzburg übergegangen. Statt des auf noch ältere Zeiten zurückweisenden Heiligen aus Reims war im späten Mittelalter zeitweise der Heilige Kilian Patron der Kirche. Von der romanischen Kirche ist nur noch der hohe fünfgeschossige Turm der Zeit um 1230 erhalten geblieben. Das heutige Schiff und seine Ausstattung entstanden Mitte des 18. Jahrhunderts. Damals hat man in das Turmportal den Türsturz mit apokalyptischem Lamm unter der reichen Kleeblattbogenblende eingesetzt.

Der zumindest ebenso alte Nachbarort, der heutige Stadtteil *Ingelheim-Süd,* das alte *Ober-Ingelheim,* besitzt mit der heute evangelischen *Burgkirche* und dem sie umgebenden *Wehrkirchhof,* der wieder Teil der gut erhaltenen Ortsbefestigung ist, eine Anlage von hohem Reiz (Abb. 26). Karl der Große übertrug die sicher ältere Kirche 774 an das Kloster Hersfeld. Der dort verehrte Wigbert wurde daraufhin auch Patron der Kirche. Der stattliche Kirchturm des 12. Jahrhunderts, der spätgotisch seinen zinnenbekränzten Wehrgang mit Wächterhäuschen und Helm erhielt, wird ein Zeichen dafür sein, daß man nahe der kaiserlichen Pfalz gut leben konnte. Auch im Pfandbesitz unter kurpfälzischer Herrschaft lebte man im Ingelheimer Reich oder Ingelheimer Grund nach eigener Verfassung, mit eigener Verwaltung und Rechnungsführung; der Pfandherr trat nur in die Rechte des Königs ein. So gab es weder Leibeigenschaft noch Kriegs- oder Frondienste. Vom Reichtum der ansässigen Adelsfamilien, besonders derer von Ingelheim, und der Bürger zeugen für das späte Mittelalter Kirche und Befestigung.

1404 war der jetzige Chor mit seinem tief heruntergezogenen Dach von Johann von Diebach vollendet worden. Er stützt sich auf der Nordseite auf eine wohl ältere Seitenkapelle, die dem Heiligen Nikolaus gewidmet ist. Ohne Querhaus, den älteren Turm, der ursprünglich frei stand, einbeziehend, schließt dann der erste Teil des basilikal mit höherem Mittelschiff gedachten Langhauses an. In den älteren östlichen drei Jochen sind noch Fenster im Obergaden zu erkennen, die aber nur auf den Dachboden führen. 1449 beginnt dann Peter Arnolt von Bingen mit den beiden letzten westlichen Jochen, die mit feinem Netzgewölbe höher angesetzt sind. Eine Empore mit Maßwerkbrüstung durchzieht die drei westlichen Joche der drei Schiffe. Die spätgotische ornamentale Ausmalung ist 1960 nach den aufgedeckten Resten erneuert worden.

Zahlreiche Grabsteine des 15. bis 17. Jahrhunderts erinnern an den ansässigen Adel; darunter zwei der klassischen ›Eisenfresser‹ des späten 15. Jahrhunderts. Die Wappen der Grabsteine sind zur Zeit der französischen Besetzung Ende des 18. Jahrhunderts zerstört worden. Nur der Grabstein der Lyse Wolf von Sponheim, die mit Hans von Ingelheim verheiratet war, wurde erst 1958 aufgedeckt; er zeigt noch das prunkvolle Allianzwappen Sponheim und Ingelheim.

An die prächtigen Adelshöfe im Ort erinnert nur noch der *Geismarsche Hof* unweit der Westfassade der Kirche, die von zwei zierlichen Treppentürmen gegliedert wird und durch ihr großes Westfenster das Innere des Baus erhellt.

1565 wurde in Ingelheim die Reformation eingeführt. Nachdem durch die Herrschaftsübernahme der katholischen Linie Pfalz-Neuburg den Katholiken wieder freie Religionsausübung gewährt wurde, entstand 1721–26 die katholische *Pfarrkirche St. Michael,* ein schlichter Saalbau mit dreiseitig geschlossenem Chor. Hier steht der 1747 vom Mainzer Schreinermeister Josef Wirss errichtete Hochaltar. Hierher gelangte auch der wohl aus der Burgkirche stammende Pestkruzifixus, ein entfernter Verwandter seiner Gegenstücke in Andernach oder in Köln aus demselben 14. Jahrhundert.

Gau-Algesheim

Ein kleiner Abstecher auf der B 41 führt nach Gau-Algesheim, das seine nach der Erhebung zur Stadt 1355 errichtete Stadtmauer nicht vor der Zerstörung durch die Franzosen schützen konnte. Nur ein Turm, der Graulturm, rund mit steinernem Kegeldach wie in Ober-Ingelheim, ist davon noch erhalten.

Anreiz aber für den Abstecher bietet die katholische *Pfarrkirche St. Cosmas und Damian.* Der Freiburger Dombaumeister Meckel errichtete 1887–89 die dreischiffige neugotische Halle mit ihrer reichen neugotischen Ausstattung. Er nutzte dabei den spätgotischen Turm eines Vorgängerbaus als Westturm und dessen Chor als Seitenkapelle, unter dem sich eine Durchfahrt öffnet.

Bingen

In der verkehrsgünstigen Lage an der Mündung der Nahe in den Rhein, der hier ins Rheinische Schiefergebirge eintritt, fanden die Römer bereits eine Siedlung vor. Ob es tatsächlich Drusus war, der hier ein Kastell Bingium am Anfang des 1. Jahrhunderts einrichtete und eine erste hölzerne Brücke über die Nahe schlagen ließ, ist fraglich. Mit der Anlage des Limes schritt die Entwicklung der römischen Siedlung ohne große militärische Beeinflussung fort. Das interessanteste Zeugnis römischer Zeit ist sicher das reiche Chirurgenbesteck des frühen 2. Jahrhunderts, das in einem der römischen Gräberfelder Bingens entdeckt wurde. Es ist im als Heimatmuseum eingerichteten Bergfried der Burg Klopp neben manchen anderen Schätzen zu sehen.

Bei Grabungen unter der katholischen Pfarrkirche St. Martin hat man Hinweise auf einen Merkurtempel gefunden. Mit der Aufgabe des Limes wird Bingen befestigt, von den Franken 355 zerstört, von Julian danach wieder aufgebaut. Zu Beginn des 5. Jahrhunderts geht es dann doch in fränkischen Besitz über und wird königliches Eigentum. Der Grabstein des Priesters Aetherius, an der Nordwand von St. Martin eingemauert, ist noch Zeichen der christlichen romanischen Restbevölkerung des 5. Jahrhunderts. Der Grabstein der Bertichildis in der Pfarrkirche des Stadtteils Kempten zeugt für das Durchsetzen der fränkischen Namen. An der Stelle des Mainzer Hofes wurde der Grabstein des Diederich gefunden, der älteste in altdeutscher Sprache. Er befindet sich im Mittelrheinischen Landesmuseum in Mainz.

Es sind nur spärliche Zeugnisse der Entwicklung über lange Jahrhunderte, die uns hier erreichen. Die Pfarrkirche St. Martin wird 793 ein erstes Mal erwähnt, geht aber sicher, wie schon der Grabstein des Aetherius erweist, auf ältere Zeiten zurück. 983 kam Bingen als Wahlgeschenk in den Besitz des Mainzer Erzbischofs. Kaiser Otto II. dankte damit Erzbischof Willegis für seine Unterstützung bei der Wahl seines Sohnes Otto III., der später noch den Kammerforst, den Binger Wald im Hunsrück, hinzufügte.

Noch Willegis wird die Kirche in das Stift verwandelt haben, das bis ins 17. Jahrhundert Bestand hatte. Auf dem gegenüberliegenden Ufer der Nahe erwarb 1146 Hildegard von Bingen mit Unterstützung adliger Stifter ein Gelände mit der Gedächtniskapelle des Heiligen Rupert, der hier mit seiner Mutter Berta seine letzte Ruhe gefunden hatte. Die Heilige Hildegard verlegte die Frauenklause des Klosters Disibodenberg an der mittleren Nahe hierher, und bereits 1152 konnte Erzbischof Heinrich von Mainz die Klosterkirche weihen. Schon 1165 konnte Hildegard das Kloster Eibingen auf der gegenüberliegenden Rheinseite oberhalb von Rüdesheim erwerben, wo seit 1904 wieder die Erinnerung an die Heilige gepflegt wird, deren hohe Bildung ein Spiegel ihrer Zeit war und die ihren Zeitgenossen mit ihrer Sehergabe, ihren Schriften und Predigtreisen den Spiegel vorhielt. Das Kloster Rupertsberg wurde 1632 im Dreißigjährigen Krieg von den Schweden zerstört, und die letzten Spuren vernichtete Mitte des 19. Jahrhunderts der Eisenbahnbau.

Bingen wurde zu Hildegards Zeit 1165 in den Streitigkeiten zwischen Erzbischof und Kaiser zerstört. Im 13. Jahrhundert wird es Mitglied des Rheinischen Städtebundes, aber schon im Laufe des Jahrhunderts baut der Erzbischof seine Macht weiter aus. Burg Klopp, die nun 1282 erstmals diesen Namen trägt, wird zugleich auch Zwingburg der Stadt. Neben den Erzbischof tritt Schritt für Schritt das Domkapitel. 1424 besitzt es die Hälfte von Stadt und Burg, 1438 erwerben die Domherren auch die andere Hälfte. Nun regiert meist ein hochadliger Domherr als Amtmann die Stadt.

Bingen, das schon im 13. Jahrhundert nach Selbständigkeit gestrebt hatte, war dabei nicht glücklich. Brände setzten ihm zusätzlich zu. 1403 wütete eine Feuersbrunst zwei Tage. Sie vernichtete auch die Stiftskirche, die danach wieder aufgebaut wurde. Fast dreihundert Häuser zerstörte ein Brand 1490, ein dritter folgt 1540. Aber inzwischen hatten sich die Bürger mit ihrer erfolglosen Teilnahme am Bauernaufstand 1525 selbst zugrunde gerichtet. Alle Privilegien wurden ihnen entzogen, die Waffen wurden kassiert und das Domkapitel ohne Einschränkung Herr der Stadt. 1688 besetzen französische Truppen Bingen, das den Dreißigjährigen Krieg relativ gut überstanden hatte, und nun folgt beim Abzug ein weiterer Stadtbrand. Die danach notdürftig reparierte Burg Klopp wird von der Mainzer Besatzung 1711 gesprengt. Sie war mehr Last als Hilfe geworden. Nach diesem Schicksal wundert es nicht, daß Bingen kaum mittelalterliche Bauwerke aufzuweisen hat.

Abseits des Trubels der Touristenschiffahrt bietet die Kirche *St. Martin* mit ihren reich gestaffelten und gegliederten Baumassen einen malerischen Anblick (Abb. 43). Die mehr als gründliche Restaurierung des Freiburger Dombaumeisters Max Meckel, der 1891 auch den Auftrag für den Neubau der Rochuskapelle erhält, hat dieses Bild eigenwillig bereichert. Die beiden aus dem südlichen Seitenschiff heraustretenden Kapellen sind ebenso sein Werk wie die Kapelle auf der Nordseite, am sogenannten Barbara-Bau. Auch die Maßwerkbrüstung des Südturms – der Nordturm wurde nie vollendet – ist sein Entwurf. Im Innern hat Meckel die tief ins Schiff gezogenen Chorwände durchbrochen und auch so den Raumeindruck strenger Flächigkeit noch verändert.

Dieses eine Schiff war der bescheidene Anfang nach dem Stadtbrand von 1403. Der Chor konnte 1416 geweiht werden, und bald erweiterte man mit Seitenschiffen nach Süden und Norden. 1502–05 wurde das nördliche durch den niedrigen, zweischiffigen, fast rechteckig gehaltenen Barock-Bau ersetzt, reich im Wechsel der spätgotischen Gewölbeformen. Er sollte als Pfarrkirche dienen.

Ein einziger älterer Bauteil hatte den Brand überstanden, die Krypta. Sie hat einen seitlichen Zugang. Man erkennt einen kleinen dreischiffigen Raum, über vier Säulen mit feingezeichneten Würfelkapitellen gewölbt. Von dort führte ein Gang zu einer tonnengewölbten Reliquienkammer. Die stolze Krypta, in der ersten Hälfte des 11. Jahrhunderts entstanden, besitzt ihre größeren Gegenstücke in Speyer, St. Goar oder in Köln mit St. Maria im Kapitol.

Die beiden schönsten Stücke der Ausstattung sind die Tonskulpturen der Heiligen Barbara (Abb. 42) mit ihrem Turm und der Heiligen Katharina mit Rad und Schwert. In neugotischen Gehäusen, von bescheidenen Skulpturen begleitet, zeigen sie die volle Eleganz und Lieblichkeit des frühen 15. Jahrhunderts wie zur gleichen Zeit die Schönen Madonnen. In preiswertem Material für die gerade abgebrannte Kirche beschafft, gehören die beiden

Schönheiten zu einer größeren Gruppe mittelrheinischer Arbeiten, von denen sich eine Madonna aus Eberbach im Louvre befindet oder die Hallgartener Madonna ganz in der Nähe auf der anderen Rheinseite zu finden ist.

Im Barbara-Bau, am zweiten Pfeiler von Osten, steht das einzige Kunstwerk der Kirche, das den Brand von 1403 überstanden hat, eine sanft geschwungene thronende Madonna, die hier im Mittelrheingebiet um 1320 entstanden ist. Sie deutet den Liebreiz der beiden knapp ein Jahrhundert jüngeren Heiligen bereits an.

In der kleinen Kapelle an der Nordseite des Barbara-Baus steht eine Beweinung Christi, ebenfalls im frühen 15. Jahrhundert entstanden. Vom Ende desselben Jahrhunderts stammt die Skulptur des Papstes Urban am mittleren Pfeiler der Südseite des Hauptschiffs, des Heiligen und Patrons der Winzer, die den Sockel als Zunftlade nutzen. Mit dem Triptychon des Delfter Malers Antonis von Montfort, genannt Blocklandt, kehren wir zum Altarbild des Barabara-Baus zurück. Es ist 1579 entstanden und zeigt Szenen aus dem Marienleben, gelangte allerdings erst 1872 nach Bingen.

Die barocke Ausstattungsfreude hat in der Kanzel und dem Hochaltar zwei gute Arbeiten hinterlassen. Die Kanzel, signiert ›P.M. 1681‹, begleitet den Treppenaufgang mit den Figuren von Glaube, Hoffnung und Liebe, schützt den Korb mit den Gestalten der Kirchenväter Ambrosius, Augustinus, Hieronymus und Gregor dem Großen und krönt den Schalldeckel mit der Verheißung des auferstandenen Christus. Zwölf Meter hoch ragt der spätbarocke Ziborienaltar des Mainzer Hofbildhauers Peter Heinrich Hencke auf, 1768 errichtet. Das zentrale Bild des Heiligen Martin, des Kirchenpatrons, ist im letzten Kriege zerstört worden. An seine Stelle ist die neugotische Kreuzigung getreten. Manches andere noch an Schätzen, vom Spätmittelalter bis in unsere Zeit, lohnt einen geruhsamen Gang durch den Bau, der in seiner spätgotischen Gestalt Zeugnis von zwei Jahrtausenden Geschichte in Bingen ablegt.

Der Weg durch die alten Straßen des Ortes führt an manchen alten Häusern und Häuserreihen vorüber, keines allerdings älter als 1689, dem Jahr des letzten großen Brandes, den die französischen Truppen legten.

Im Hafengelände, nördlich des Bahnhofs, entdeckt man den schiefergedeckten *Kran* des späten 16. Jahrhunderts, der noch von Bingens Bedeutung als Weinhandelsplatz zeugt.

An der Nahe stößt man auf die *Drususbrücke*, die älteste in Deutschland erhaltene Brücke des Mittelalters. Nach den Sprengungen 1945 hat man sie 1951/52 drei Meter breiter wieder aufgebaut. Ihre Errichtung schreibt man Erzbischof Willegis von Mainz zu († 1011). Im ersten Pfeiler der Binger Seite ist eine kleine Kapelle eingebaut, die allerdings nur über den Keller des anschließenden Hauses zugänglich ist.

Stefan George (1868–1933) ist im naheaufwärts gelegenen *Büdesheim* geboren, das Bingen mit eingemeindet hat. Im *Stefan-George-Gymnasium* ist eine kleine Gedenkstätte eingerichtet. Etwas versteckt liegt die im Kriege schwer geschädigte *katholische Kapuzinerkirche*, Ende des 17. Jahrhunderts errichtet und verändert wieder aufgebaut. Ein kleines Schmuckstück früher Neuromanik ist die zierliche *evangelische Pfarrkirche*, die 1858–60 entstand.

Damals begann auch der Wiederaufbau der *Burg Klopp*, die sich seit 1711 kaum noch über den Erdboden erhob. Die unteren Teile des Bergfrieds, wo jetzt das steinerne Schild des ›Wirtshauses zum Schiffchen‹ von 1689 eingemauert ist, mögen romanisch sein, und vom 52 Meter tiefen Brunnen wird behauptet, daß ihn schon die Römer angelegt hätten. Mit der französischen Besetzung gelangte das Gelände in Privatbesitz, 1855 wurden die Brücke über den Graben und das Torhaus errichtet. Eberhard Soherr ließ sich 1875–79 neugotisch einen Wohnbau, den heute die Stadtverwaltung nutzt, und den Bergfried errichten, in dem das *Heimatmuseum* untergebracht ist.

Wenn man schon einmal die Höhe erreicht hat, sollte man auch den Gang zur *Rochuskapelle* wagen. In den Pestzeiten des Jahres 1666 hatte der Rat der Stadt Bingen die Errichtung einer Kapelle für den Heiligen Rochus, den es bei Pest anzurufen galt, beschlossen. Diese Kapelle in hinreißend schöner Lage wurde 1793 während der französischen Besetzung des Rheinlandes zerstört. Als 1813 bei Rückkehr der Soldaten eine Typhusepidemie ausbrach, erneuerte man die Kapelle. Am 15. August des nächsten Jahres geweiht, konnte man am folgenden Tag das große Rochusfest feiern, das Goethe vielzitiert beschrieben hat. Er stiftete damals ein Gemälde von Louise Seidler, das den Heiligen Rochus während seiner Pilgerfahrt zeigt. Man behauptet gern, der Rochus auf diesem Bild sei ein Porträt des jungen Goethe. Wenn das zutreffen sollte, sah sich der große Dichter in seiner Jugend noch nicht sehr ähnlich.

Den Bau von 1813 traf 1889 der Blitz, und nach den Plänen des Freiburger Dombaumeisters Max Meckel, dessen pittoresken Phantasien wir schon an St. Martin begegnet sind, entwarf den heutigen neugotischen Bau (Farbt. 7). Einer weiten Lichtung zur Sammlung der

Bingen, Rochuskapelle

Bingen, Die Mäuseturmsage. Kupferstich, 17. Jh.

Pilgerscharen wenden sich Außenkanzel und der von einem eleganten Baldachin geschützte Außenaltar zu. Den Altaraufbau krönt eine Kopie der Kreuzigung (1519) Hans Backoffens von St. Ignaz in Mainz.

Unterhalb des Eingangs zur Kapelle selbst liegt die in den Hang hineingebaute *Maria-Schnee-Kapelle.* 1895 war der sehenswerte Bau vollendet, und man trug im Geschmack der Zeit die notwendige Ausstattung zusammen, die teils durchgreifend ergänzt und neugefaßt worden ist. Aus dem frühen 16. Jahrhundert stammt der geschnitzte Flügelaltar aus Bruchhausen bei Linz. Die Marienfigur ist nachträglich eingefügt. Zwei Altarflügel mit den Darstellungen von Mariens Tod und der Messe des Heiligen Gregor gehören in den Umkreis des Derick Baegert und sind Ende des 15. Jahrhunderts entstanden. Neben weiteren kleineren Arbeiten der gleichen Spätzeit des Mittelalters, die ja auch die Architektur Meckels in Erinnerung rufen will, gehört die Holzplastik des Heiligen Rochus wohl noch zur geretteten Ausstattung des 18. Jahrhunderts.

Der Weg führt dann noch ein Stück weiter zum Kempter Eck mit der ›Goetheruhe‹, wo man den von ihm geliebten Blick auf den Rheingau genießen kann.

Vom Rheinufer Bingens aus oder vom Weg zur Rochuskapelle fällt der Blick immer wieder auf den *Mäuseturm,* der seit der Rheinromantik ein Wahrzeichen der Stadt geworden ist, obwohl er als Wachtturm zur gegenüberliegenden Burg Ehrenfels gehörte. Hier wurde der Rheinzoll für den Mainzer Erzbischof erhoben, seine wohl ergiebigste Einnahmequelle. Die Sage will wissen, daß hier der Mainzer Erzbischof Hatto auf schreckliche Weise den Tod fand. Der Bischof habe durch Getreidehortung die Hungersnot des Volkes noch gesteigert. Daraufhin hätten ihn die Mäuse, Plage und Schrecken jedes Getreidebesitzers, böse zugesetzt und ihn selbst nach der Flucht auf diesen Turm inmitten des Rhein erreicht und aufgefressen. Daher der Name ›Mäuseturm‹, dessen Ursprünge jedoch im Maut = Zoll liegen.

Der Bau des heutigen Turmes wurde Anfang des 14. Jahrhunderts begonnen. Ältere Vorgänger sind ungewiß. Die Ruine wurde 1856–58 wiederhergestellt, um als Signalturm für die Schiffahrt zu dienen. Beim Entwurf der zierlichen neu(spät)gotischen Formen hat auch König Friedrich Wilhelm IV. als Amateurarchitekt seine Finger im Spiele gehabt. Seit 1972 trägt der Turm mit ockergelbem Putz und sandsteinroten Werksteingliedern auch wieder mittelalterliche Farben.

Burg Rheinstein

Nach wenigen Kilometern auf der B 9 entlang den Abhängen des Binger Stadtwaldes entdeckt man die Burg Rheinstein am steil abfallenden Hang über der Straße (Abb. 40). Errichtet wurde sie entweder um 1260 von Philipp von Hohenfels als Vorburg für die weiter rheinabwärts oberhalb der St. Clemenskirche von Trechtingshausen gelegenen Burg Reichenstein oder der Mainzer Erzbischof Peter von Aspelt (1306–20; Abb. 3), der dreifache Königsmacher, hat sie als Trutzburg zu Beginn des 14. Jahrhunderts gegen Burg Reichenstein erbaut. 1323 wird sie als Mainzer Besitz erstmals erwähnt. Bis zu ihrer Erneuerung im 19. Jahrhundert hieß sie Vautsburg oder Voitsburg.

Anfang des 19. Jahrhunderts hatten die Burggüter längst Käufer gefunden, nur die traurige Ruine selbst blieb im Besitz der Familie von Eyß. Sie verkaufte sie 1822 für vier Laubtaler an den Regierungsrat von Coll, der sie mit erstaunlichem Gewinn für 100 Reichstaler an Friedrich Ludwig, Prinz von Preußen und Vetter des zukünftigen Friedrich Wilhelm IV., verkaufte. Im Wiederaufbau 1825–29 vollzog sich erstmals nach der ungeliebten Erwerbung des Rheinlandes auf dem Wiener Kongreß 1815 durch Preußen die geistige romantische Inbesitznahme des Rheinlandes. Diesem ersten Wiederaufbau sollten bald weitere Träume königlicher Hoheiten folgen, von denen manche Wirklichkeit wurden.

Die ersten großzügigen Pläne des Architekten Johann Claudius von Lassaulx, zu teuer, um ausgeführt zu werden, wurden von Karl Friedrich Schinkel modifiziert. Seit 1825 beginnt man unter Lassaulx' Leitung mit dem Bau. 1827 wird Lassaulx nach Streitigkeiten von seinem Schüler Wilhelm Kuhn abgelöst. Beim Wiederaufbau wird die ursprüngliche gotische Wohnanlage mit ihrer schildmauerartigen Abrundung und Verstärkung an der

Bergseite, mit tiefem Halsgraben davor, zum viergeschossigen Wohnbau erhöht. Der Zinnenkranz verbirgt das Dach. Zwei zierliche Türmchen markieren die Rheinfront. Innen überraschen kühn geschwungene Eisengußtreppen, Terrassen, Brunnen und die Ausmalung der Räume durch den Düsseldorfer Dekorationsmaler Ludwig Pose. Auf unterschiedliche Grundfarben setzt er perspektivisch gesehene Maßwerkornamente. Die Ausstattung ist trotz der raubzugartigen Verkaufsaktion 1971/72 immer noch reich und wird dem Besucher mit Liebe vom neuen Besitzer vorgeführt.

Etwas unterhalb liegt die 1844 durch den Wiesbadener Baurat Philipp Hoffmann zugefügte neugotische *Grabkapelle* für den Prinzen und seine Familie. Einige hundert Meter oberhalb der Burg steht das heute als Gaststätte genutzte *Schweizerhaus.* 1842–44 wurde es als zusätzliches Gästehaus am ›Turnierplatz‹ errichtet.

Burg Reichenstein

Oberhalb der alten St. Clemenskirche, auf einem Sporn zwischen dem felsigen Morgenbachtal und dem Rhein, liegt Burg Reichenstein (Abb. 39).

Die Anfänge der Burg gehen auf die Äbte des Klosters Kornelimünster bei Aachen zurück, denen bereits Ludwig der Fromme hier reichen Besitz rings um Niederheimbach geschenkt hatte. Er mußte geschützt werden. Als Vögte sitzen hier seit 1213 die Herren von Bolanden, und nach ihrem Aussterben seit 1241 Philipp von Hohenfels, ein gutes Vorbild für alle Raubritter. 1253 zerstört daraufhin der Rheinische Städtebund die Burg – Philipp baut sie wieder auf. Und der Abt von Kornelimünster verkauft 1270 seinen schwierigen Besitz an den Mainzer Erzbischof. 1282 macht König Rudolf von Habsburg mit der erneuten Zerstörung der Burg der schrecklichen und kaiserlosen Zeit auch hier ein Ende, und der Reichstag von Erfurt 1290 untersagt den Wiederaufbau der Burg. Pfalzgraf Ludwig der Strenge setzt sich nun in ihren Besitz, aber vergeblich. 1344 wird sie seinem Rivalen Mainz zugesprochen.

Militärisch nicht mehr von großem Wert, verfällt sie bereits im 16. Jahrhundert und wird sicherheitshalber 1689 von den Franzosen gesprengt. 1834 beginnt ihre Wiederbelebung. General Franz Wilhelm von Barfuß baut sich das Tor als Wohngebäude aus und benennt die Burg wegen der zahlreichen Falken in Falkenburg um. 1899 erwirbt sie Baron Nikolaus Kirsch-Puricelli, der nun den großzügigen Ausbau durch den Architekten Strebel aus Regensburg in Gang setzt. Die Vorburg dient heute als Hotel. An der Nordseite der Anlage erhebt sich bis zu sechzehn Meter Höhe die bis zu acht Meter starke Schildmauer aus der Zeit um 1300 mit ihren erneuerten Ecktürmchen. Hinter der Schildmauer lag ursprünglich die Hauptburg mit einem Binnenhof. In dessen Südostecke stand ein rechteckiger Wohnturm. Die Bauarbeiten der Jahrhundertwende haben sich darüber hinweggesetzt. Gut erkennbar ist auch noch die doppelte Ringmauer, an der Rheinfront mit zwei im Kern noch spätmittelalterlichen Rundtürmen.

Die Ausstattung entspricht der Stimmung des späten Historismus der Jahrhundertwende. Vergnügt wird ein Elchkopf vorgeführt, ein Geschenk des Großfürsten Nikolai Nikolajewitsch, eines Onkels des letzten Zaren. Reich ist die Sammlung von Ofenplatten mit den Holzformen der nahen Rheinböller Hütte im Soonwald. Zu Waffen und Rüstungen, Gemälden, Möbeln und Wandteppichen in den Wohnräumen treten in der neugotischen Kapelle der Südseite des Baus ein Altar der Mitte des 16. Jahrhunderts und eine ausdrucksvolle Pieta des frühen 15. Jahrhunderts.

Trechtingshausen

Noch bevor der eigentliche Ort Trechtingshausen, ein reizvolles Winzerdorf, beginnt, liegt jenseits des Bahndamms inmitten des Friedhofs, heute nur noch als Friedhofskirche genutzt, die ehemalige *Pfarrkirche St. Clemens* (Abb. 44). Im zweiten Viertel des 13. Jahrhunderts ist der malerische Bau als einer der spätesten und als der südlichste der ›niederrheinischen‹ Romanik entstanden. Aus dem Rechteck des Grundrisses ragt nur die übergangslos angesetzte Apsis mit ihren gotisch veränderten Fenstern heraus. Nur sie und das Querhaus mit der Vierung sind eingewölbt. Die Vierung folgt dem Vorbild von Sinzig mit acht Rippen, die durch einen Ringwulst verbunden werden und der Kuppel als Schmuck unterlegt sind. Der Vierungsturm darüber ist in den unter dem Dach erkennbaren Ansätzen steckengeblieben. Schiff und Seitenschiff sind flach geschlossen, und die Hochschiffwand ist bis auf Kämpfer an der Pfeilern und Dreipaßfenster ungegliedert, ein fast raffinierter Kontrast zu Querhaus und Chor, den aber einst Wandmalereien verbargen. Statt des Vierungsturmes wächst aus dem nördlichen Seitenschiff im Westen ein ins Achteck überführter Turm mit später angefügter Haube heraus. So wird die basilikale Querschnittsfassade, die wieder an Sinzig erinnert, belebt. Im Innern liegt wohl wegen der Hochwassergefahr der Fußboden höher als ursprünglich. Das Chorgestühl stammt mit seinen Schnitzereien aus dem frühen 16. Jahrhundert, und das Gestühl ist neugotisch.

Das Äußere der Pfeilerbasilika wirkt ›romantischer‹ als geplant, denn der grobe Bruchstein war ursprünglich verputzt und die feine Gliederung mit Lisenen und Rundbogenfriesen sicher farbig abgesetzt.

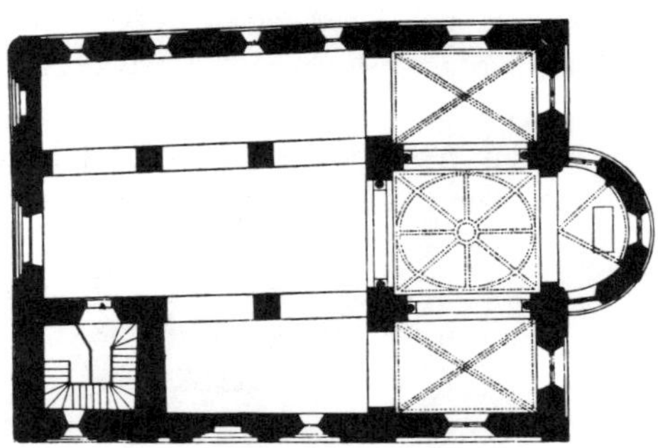

Trechtingshausen, St. Clemens, Grundriß

Der Ort *Trechtingshausen* ist vermutlich auch wegen der Hochwassergefahr weiter rheinabwärts gewandert. Hier hat man auch 1823–25 die neue *Pfarrkirche St. Clemens* errichtet und die schönen spätgotischen Skulpturen des Heiligen Clemens, des Patrons der Schiffer, und des Heiligen Martin übertragen.

Burg Sooneck

Burg Sooneck am steilen Hang des Soonwaldes zum Rhein ist die zweite der Burgen, mit denen die Äbte von Kornelimünster bei Aachen ihren Besitz um Niederheimbach, das große Stiftungsgeschenk Ludwigs des Frommen zu Beginn des 9. Jahrhunderts, zu schützen versuchten. Auch hier, wie auf Burg Reichenstein, sind seit 1213 die Ritter von Bolanden ihre Vögte, seit 1241 Philipp von Hohenfels. So wird auch Burg Sooneck als Raubritterstützpunkt 1253 vom Rheinischen Städtebund gebrochen. König Rudolf von Habsburg muß 1282 erneut die Burg belagern, der amtierende Vogt des Raubnestes, ein Ritter von Waldeck, wird geköpft. Wieder versucht der Kurfürst von der Pfalz sich in den Besitz der Burg zu setzen, um seinen Besitz von Bacharach nach Süden auszudehnen, aber wie bei Reichenstein wird auch Sooneck 1344 dem Mainzer Erzbischof zugesprochen. Er gibt sie als Lehen wieder aus, und spätestens als Kaiser Karl IV. 1349 das Bauverbot des Jahres 1290 aufhebt, beginnt der Wiederaufbau. Auch jetzt sitzen hier die Ritter von Waldeck, die dann von den Breidbach-Bürresheim beerbt werden. Sie legen im 17. Jahrhundert sogar noch weitere Befestigungen an, aber trotzdem ist wohl auch Sooneck 1688 oder 1689 den französischen Truppen zum Opfer gefallen. Schon 1774 werden die Ruine und die zugehörigen Grundstücke vom Mainzer Domkapitel verkauft.

1834 verkauft die Gemeinde Niederheimbach die Ruine an die Söhne König Friedrich Wilhelms III. von Preußen. Mit dem zukünftigen König Friedrich Wilhelm IV. an der Spitze

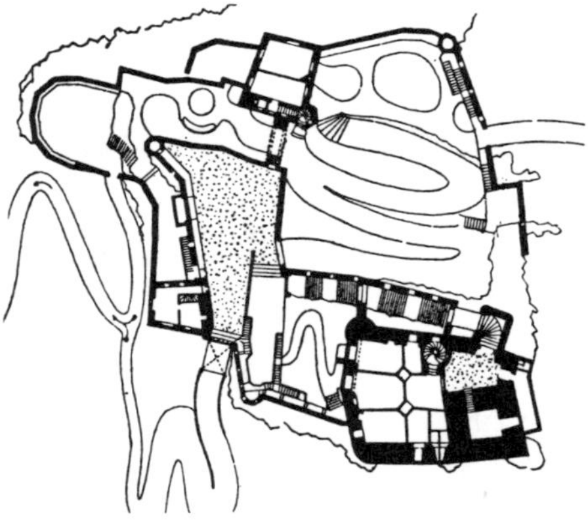

Burg Sooneck, Grundriß

wollen sie sich hier den Traum eines Stützpunktes für die Jagd im wildreichen Soonwald erfüllen. Erst 1842 setzen sich die Bauarbeiten zögernd in Gang und werden dann 1848 ein erstes Mal von der Revolution unterbrochen. Nachdem sie 1852 wieder in Angriff genommen worden waren, führt die schwere Erkrankung des Königs 1856 erneut zum Stillstand. Aber der Regent und Miteigentümer Prinz Wilhelm, der zukünftige Kaiser Wilhelm I., läßt seit 1860 die Arbeiten fortführen, die wohl 1862 mit der Inneneinrichtung abgeschlossen wurden. Zweimal, 1863 und 1875, hat Wilhelm die Burg besucht. Miteigentümer Prinz Karl hielt sich öfters hier auf, aber der ritterliche Jagdtraum hatte sich nicht erfüllt – die Historie erwies sich als stärker als der historisierende Traum. Seit der Fürstenabfindung nach 1918 ist die Burg Staatsbesitz und weitgehend der Öffentlichkeit zugänglich.

Die Außenmauern des Bergfriedes und des umgebauten Burghauses, auch weite Teile der Wehrmauern hatten die Jahrhunderte zum Teil bis in die Zinnen hinein gut überstanden. Zwar wurden Fenster zur Vereinheitlichung des Eindrucks verlegt und längst nicht alle Gebäude wiedererrichtet, die einst eine so dicht besiedelte Burg füllten, aber es wurden auch keine einschneidenden Änderungen vorgenommen. Allerdings täuschen die Weite der als Terrassen genutzten Flächen, der als Aussichtspunkt hinzugefügte Söller und der bunte Blumenbestand heute einen Villencharakter vor, der nicht dem ungemütlichen mittelalterlichen Zweckbau entspricht.

Gemäß der romantischen Denkmalpflege des 19. Jahrhunderts blieb der Wiederaufbau wie die geliebte Ruine unverputzt und ohne farbige Fassung, eine Ergänzung von Menschenhand zu den wilden Felsen des Rheintales, die wir heute als mehr lieblich empfinden.

Die Ausstattung des späten 19. Jahrhunderts ist während des letzten Krieges geraubt worden. Man hat sie durch passendes Mobiliar, Gemälde und teils Ausstattungsstücken von Schloß Stolzenfels ersetzt. Das schönste Stück ist ein niederländisches Tafelgemälde ›Christus als Salvator mundi‹ in der Art Memlings.

Niederheimbach und Burg Heimburg (Hoheneck)

Der Winzerort Niederheimbach, wo der Märchenhain vielleicht nicht nur Kinderherzen erfreut, dokumentiert in seiner *Pfarrkirche St. Mariae Himmelfahrt* einen kleinen Querschnitt durch die Architekturgeschichte. Den heute dominierenden neugotischen Bauteil hat man zwecks Erweiterung 1913–15 quer zur alten Orientierung der Kirche errichtet. Dabei sind im Osten der romanische Chorturm des frühen 13. Jahrhunderts, der später aufgestockt worden ist, als Eingangshalle eine gotische Seitenkapelle des 14. Jahrhunderts und, heute als Kapelle genutzt, die ehemalige Sakristei des frühen 16. Jahrhunderts erhalten worden. Im Westen wird das Ensemble durch den barocken Chor des 18. Jahrhunderts ergänzt. Eine Skulptur des Heiligen Nikolaus erinnert an den ehemaligen Patron der Kirche, eine Madonna des 14. Jahrhunderts, ein Altar des frühen 16. Jahrhunderts und spätere Skulpturen und Gemälde runden das Bild ab.

Über dem Ort erhebt sich, 1290 begonnen, 1305 vollendet, die *Heimburg*, oft auch *Burg Hoheneck* genannt. Sie hatte der Mainzer Erzbischof errichtet, als hier mit der Besetzung von Burg Reichenstein und Burg Sooneck der Pfälzer Kurfürst versuchte, die Herrschaft zu gewinnen. Nach dem Mainzer Sieg von 1344 wird sie fast überflüssig. Den Sitz eines Mainzer Amtmannes befestigt im späten 15. Jahrhundert noch einmal Erzbischof Diether von Isenburg, aber danach verfällt sie zusehends. 1689 sprengen auch hier die Franzosen. Mehrfach wechselt dann seit der Französischen Revolution die Ruine den Besitzer, bis Ende des 19. Jahrhunderts für Hugo Stinnes die rheinseitigen Teile ausgebaut werden. Erkennbar ist noch die fast quadratische Anlage mit zwei nicht gleich hohen Rundtürmen, die die geschwungene Schildmauer begrenzen. Da der Besitzer die Burg mit seiner Familie bewohnt, ist sie nicht zu besichtigen.

Burg Fürstenberg

Schon nach gut einem Kilometer stößt man oberhalb des kleinen Örtchens Rheindiebach auf die nächste Burg. Am Hang errichtet, liegt sie heute reizend inmitten von Weinbergen, deren Produkt schon Ludwig Uhland pries. Erzbischof Engelbert von Berg errichtete sie 1219, um die Kölner Besitzungen um Bacharach und den Zoll zu schützen. Aber schon Erzbischof Konrad von Hochstaden vergab sie als Lehen an die Wittelsbacher Kurfürsten von der Pfalz, die sie 1410 endgültig erwerben konnten. Im Dreißigjährigen Krieg 1620, schon von den Spaniern, 1632 von den Schweden erobert, sprengten sie die Franzosen endgültig im Pfälzischen Erbfolgekrieg am Ende des Jahrhunderts. Hier sind keine Wiederaufbaupläne ausgeführt worden. So ist der Verputz, den der runde Bergfried des 13. Jahrhunderts zeigt, ein Hinweis auf die ursprüngliche Farbigkeit solcher Bauten. Erkennbar sind auch noch Teile der Wehrmauer und der hohen Schildmauer mit ihrem runden Flankenturm (Umschlagrückseite). Die Ruine in den Weinbergen gehört, wie es sich gehört, der Bacharacher Weinhändlerfamilie Wasum.

Bacharach und Burg Stahleck

Bacharach – ein Name von solchem Klang, daß ihn das legendenfreudige Mittelalter von ›Bacchi ara‹ – Altar des Bacchus, des Gottes des Weines, ableitete und einen im 19. Jahrhundert gesprengten Felsen im Rhein als seinen Altar ansah. Eine Interpretation, die lange zu Recht bestand, wenn man an den Ruhm denkt, den Bacharacher Wein über Jahrhunderte genoß. Hier wurden die kleinen Schiffe, die allein in der Lage waren, das gefährliche Binger Loch zu passieren, ausgeladen und ihre Weinfässer als ›Bacharacher‹ nun in größere Schiffe für den Transport nach Norden umgeladen; eine Herkunftsbezeichnung, die allerdings trotz allen Klangs nach dem derzeitigen Weingesetz nicht mehr zulässig wäre.

Entgegen weingöttlicher Legende geht Bacharach nicht auf römische Ursprünge zurück. Eine Kunibertskapelle an der Stelle, wo Ende des 13. Jahrhunderts die Wernerkapelle entsteht, mag daran erinnert haben, daß das königlich merowingische Gebiet zur Zeit des Kölner Bischofs und späteren Heiligen Kunibert im 7. Jahrhundert in Kölner Besitz überging. So tief im Süden vermögen die Kölner Bischöfe jedoch ihre Herrschaft nicht aufrechtzuerhalten. Die oberhalb des Ortes gelegene Burg Stahleck und die Macht über den Ort gehen im 13. Jahrhundert nach einer Reihe kurzfristiger Herrschaftswechsel an die rheinischen Pfalzgrafen, die Wittelsbacher über. Sie haben hier zusammen mit dem Unteramt Kaub ihre einträglichste Zoll- und Finanzquelle. Die dicht beieinander liegenden Burgen Fürstenberg, Stahlberg, Stahleck und der Pfalzgrafenstein bei Kaub mit der Burg Gutenfels auf der anderen Rheinseite sichern die Nordgrenze ihres Herrschaftsbereiches.

Im 12. Jahrhundert sah es noch so aus, als würde die Geschichte ganz anders ausgehen. Die Vögte der Kölner Erzbischöfe, von denen 1135 Goswin von Stahleck genannt wird, hatten den Einfluß ihrer Herren zurückgedrängt. Sein Sohn, Graf Hermann, mit einer Schwester des Stauferkönigs Konrad III. verheiratet, wurde 1142 zum Pfalzgrafen erhoben. Nachdem er ohne Nachkommen verstorben war, wurde ein Stiefbruder Kaiser Barbarossas, Konrad von Staufen, Pfalzgraf. Seine Erbtochter Agnes machte Schlagzeilen, als sie 1194 heimlich auf Stahleck den Sohn Heinrichs des Löwen heiratete, ein Versuch, Welfen und Staufer zu versöhnen. Damit geriet die Pfalz bei Rhein, die Barbarossa mit Besitz angereichert hatte, in welfische Hände. Nicht lange; Heinrichs Sohn Heinrich stirbt früh und ohne Nachkommen 1214, und nun erhält Otto von Wittelsbach das begehrte Lehen, das in seiner Familie bis zum Ende des Reiches fast sechshundert Jahre verbleiben sollte. 1243 erhielt sie mit dem Lehen der Burgen Stahlberg und Fürstenberg die vollständige Herrschaft über das Viertäler-Gebiet, das als Pfarr- und Gerichtsbezirk neben Bacharach noch die Orte Steeg, Oberdiebach und Manubach umfaßte. Bacharach wurde blühende Residenz und erhielt die Stadtrechte. Hier wurde 1314 in festlicher Fürstenversammlung die Wahl Ludwigs des Bayern zum deutschen König beschlossen. 1349 feierte man die Hochzeit Kaiser Karls IV. mit Anna, der Tochter des Pfalzgrafen Rudolf.

1344 beginnt man mit dem Bau der Stadtmauer, die von der Burg Stahleck ausgehend die Stadt umfängt. Schnell, um 1400, vollendet, ziert sie noch heute die Rheinfront mit den drei erhaltenen Toren, dem *Krahntor* im Süden, dem *Markttor* in der Mitte und dem *Münztor* im Norden (Farbt. 10). Südlich des Krahntores, dessen Name noch an die Geschäftigkeit des Umschlagplatzes erinnert, entstand Mitte des 15. Jahrhunderts die kurpfälzische Zollstätte, auf deren Mauern 1685 ein Kapuzinerkloster mit der Kirche St. Nikolaus zugleich als Pfarrkirche entsteht. Aber damit haben wir vorgegriffen. Mitte des 16. Jahrhunderts, 1545, führte Pfalzgraf Friedrich II. die Reformation ein. 1558 verkaufte dann das Kölner Stift St. Andreas seine Pfarr-Rechte, die es seit dem späten 11. Jahrhundert besaß, und das Recht auf den der Kirche zustehenden Zehnt dem Landesherrn.

Im Dreißigjährigen Krieg hat dann Bacharach wie zahlreiche andere Orte am Mittelrhein auch mehrfach, insgesamt achtmal, die Besatzungen gewechselt und Plünderungen überstanden. Danach erst, 1689, legten die Franzosen die Burgen in Trümmer, aus denen sich nur die Burg Stahleck wieder erhoben hat, und sprengten vier Türme der Stadtmauer. Zwei weitere wurden Anfang des 19. Jahrhunderts dem Verkehr geopfert. Die meisten der alten Fachwerkhäuser fielen noch damals Bränden zum Opfer. Eines der schönsten der erhaltenen Fachwerkhäuser ist das ›Alte Haus‹ mit der Jahreszahl 1568; später noch verändert, zeigt es Rokokotüren unter seinen Ecktürmchen und vier Giebeln (Farbt. 8). Doch gerade die Zerstörungen, die Trümmer und die Ruine der Wernerkapelle lösten zur gleichen Zeit die romantische Begeisterung aus.

Im Zentrum des Ortes, an der Straße von Steeg nach Bacharach hinein, auf der das Holz des Hunsrücks den Markt und den Transportweg des Flusses erreichte, steht die seit der Mitte des 16. Jahrhunderts evangelische *Pfarrkirche St. Peter* (Umschlagvorderseite). Mit hohem Turm, der erst 1478 sein zinnengekröntes Obergeschoß ähnlich St. Martin in Oberwesel erhielt, gedrängtem hohem Schiff und niedrigem Querhaus, das nicht über die Seitenschiffe hinausragt, und übergangslos angesetztem Chor mit runden Chorflankentürmchen bietet der Bau eine bewegte, kubisch gestaffelte Außenansicht. Die im Nordwesten und inmitten der Südseite vorgeschobenen Treppenhäuser der Emporenzugänge verstärken noch die abwechslungsreiche Ansicht, die im hohen achtseitigen Helm der Spätgotik ausläuft.

Der Bau, an Stelle eines nicht mehr erkennbaren Vorgängers, verdankt manche Eigenwilligkeit seiner gedrängten Formen dem Bauplatz, eng in der Mitte der Stadt in steiler Hanglage. Im Innern wird die Situation durch sechs Stufen wiedergegeben, die auf das Niveau von Querhaus und Chor führen. Ähnlich wie in der Mutterkirche St. Andreas in Köln ragt das Schiff innen hoch über Chor und Vierungsgewölbe hinaus. Das macht auch deutlich, daß diese ersten Bauteile als einheitlicher Chorraum gedacht sind, wie im zeitlich knapp vorausgehenden St. Kunibert in Köln zu einem Raum zusammengefaßt. Verunklärt wird diese Absicht durch den spätgotischen Einbau einer Empore im südlichen Querhaus. Damals hat man auch die Fenster des Chores vergrößert und mit Maßwerk versehen.

Das Schiff erreicht mit einer Höhe von 17 Metern auf einer Länge von 11 Metern eine geradezu gotische Steilheit, die der viergeschossige Wandaufbau noch betont (Abb. 47).

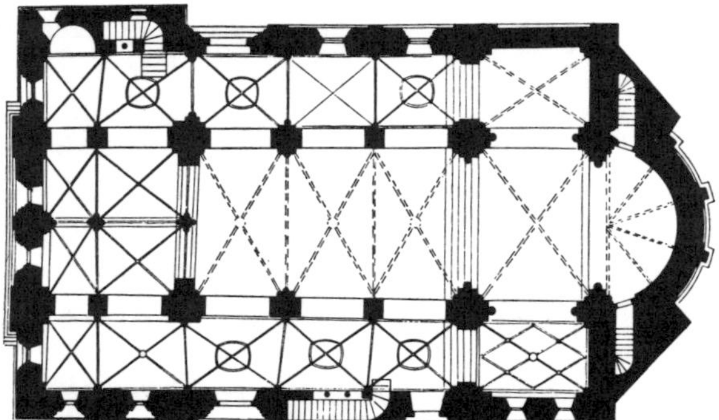

Bacharach, St. Peter, Grundriß

42 BINGEN Hl. Barbara, St. Martin

43 BINGEN St. Martin

44 St. Clemens bei Trechtingshausen

45 LORCH Hilchenhaus

46 BACHARACH-STEEG St. Anna

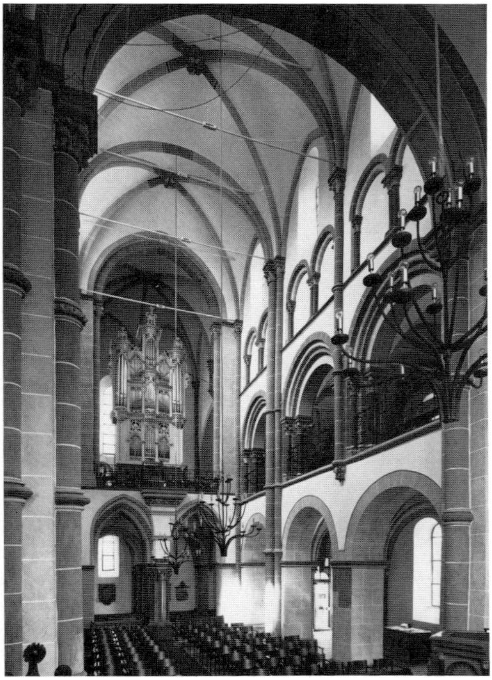

47 BACHARACH St. Peter

48 BACHARACH Wernerkapelle

49 KAUB Blücherdenkmal

50 PFALZ Innenhof

51 Die PFALZ bei Kaub ▷

52 OBERWESEL Schönburg

55 OBERWESEL Liebfrauenkirche ▷

53 OBERWESEL Ochsenturm

54 OBERWESEL Liebfrauenkirche, Grabmal Ottenstein

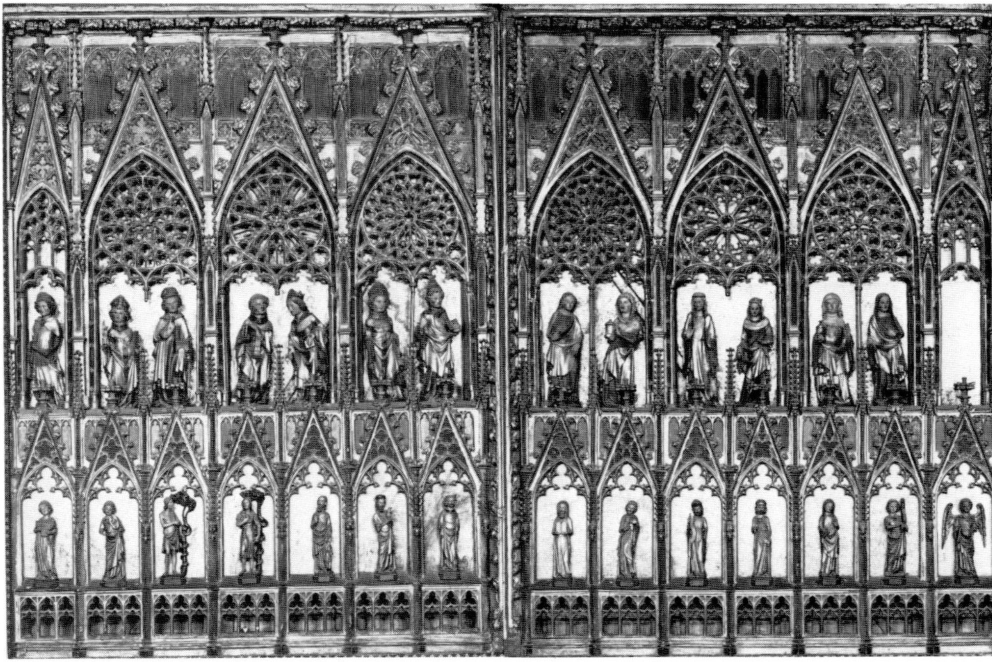

56 OBERWESEL Liebfrauenkirche, Hochaltar, linker und rechter Flügel

57 WELLMICH Pfarrkirche, Jüngstes Gericht (Ausschnitt)

58 Burg RHEINFELS mit Blick auf St. Goarshausen

61 Burg STERRENBERG über Bornhofen

59 ST. GOAR Stiftskirche, Seitenschiff

60 HIRZENACH St. Bartholomäus

63 BOPPARD St. Severus

64 BOPPARD Ritter-Schwalbach-Haus

62 BOPPARD St. Severus

65 BOPPARD Karmeliterkirche, Grabmal des Ritters Siegfried von Schwalbach, 1497

66 BRAUBACH

68 MARKSBURG Burgküche

69 Königsstuhl bei Rhens

70 NIEDERLAHNSTEIN St. Johannes

71 OBERLAHNSTEIN Rathaus

67 Die MARKSBURG oberhalb von Braubach

72 KOBLENZ Liebfrauenkirche mit Blick zur Mosel

74 KOBLENZ Liebfrauenkirche, Mittelschiff zum Chor ▷

73 KOBLENZ Altes Kaufhaus und Schöffenhaus

75 KOBLENZ Blick von Ehrenbreitstein auf das Deutsche Eck

76 KOBLENZ Deutsches Eck, Kaiser-Wilhelm-Denkmal (Vorkriegsaufnahme)

77 KOBLENZ Kastorbrunnen

Über den Arkaden zu den Seitenschiffen öffnen sich die nun mehrfach gestuften Bögen der Emporen mit eingestellten Säulen, auf ein Gesims gestellt und auch nach oben durch ein Gesims, die Viergeschossigkeit betonend, abgegrenzt. Flach, mit je zwei Arkaden über Säulchen, ist darüber ein Blendtriforium an die Wand geheftet. Je ein Fenster des Obergadens schließt die Reihe. Die querrechteckigen Gewölbe scheinen erst spät, Mitte des 13. Jahrhunderts, nach einigem Zögern geschlossen worden zu sein. War man sich unsicher, ob man nicht zwei der Arkaden zu einem quadratischen, sechsteiligen Gewölbe zusammenfassen sollte? Die drei kräftigen Dienste am westlichen Joch scheinen diese Lösung zu suchen, während nach Osten nur ein bescheidener Dienst, über männlicher und weiblicher Figur als Konsole angesetzt, die Joche scheidet.

Die vier Geschosse der Hochschiffwand sind neben ihrem Vorbild Limburg an der Lahn einzigartig, ein in der Anverwandlung nur noch erahnbarer Rückgriff auf französische Vorbilder.

In den Seitenschiffen, die schon durch die kräftig profilierten Gurtbögen auf Halbsäulen mit geradezu saftigen Kapitellen reich gegliedert sind, wird der spätgotische Überschwang durch hängende Schlußsteine noch betont. Zusätzlich sind sie mit einer Ringrippe umlaufend hervorgehoben – ein reizvolles Bild.

Von der Ausstattung ist wenig erhalten geblieben. Bei der Restaurierung sind das über fünf Meter hohe Grabdenkmal des Bacharacher Amtmanns und Zollschreibers Meinrad von Schönberg († 1596) im Querhaus und das Grabdenkmal des Forstmeisters Johann Friedrich von Wolfskehl († 1609) im südlichen Seitenschiff, beide mit Ahnenwappen reich geschmückt, aus dem Chor versetzt worden. Damals hat man auch den riesigen Christophorus des nördlichen Querhauses ergänzt und erstmals das mittelalterliche System der Wandmalerei erneuert. 1970 ist die farbige Fassung des Baus noch einmal, aufgrund der Untersuchung der mittelalterlichen Spuren etwas reduziert, erneuert worden. In diesem noch frischen Glanz der Farben bleibt St. Peter eines der südlichsten und letzten Zeugnisse der niederrheinisch-kölnischen Romanik.

Hundert Stufen darüber leuchten die roten Sandsteine der Reste der gotischen *Wernerkapelle* (Abb. 48; vgl. auch Umschlagvorderseite). Ende des 13. Jahrhunderts, wohl noch nach dem Pogrom begonnen, das der den Juden zugeschriebenen Ermordung eines Knaben Werner gefolgt war, sollte die Kapelle für seine Gebeine zur Wallfahrtskapelle werden. Man spürt den Schrecken über den Vorwurf des Ritualmordes noch in Heinrich Heines ›Rabbi von Bacharach‹, der nach Heines Erzählung zweihundert Jahre später wieder vor dem gleichen Vorwurf fliehen muß.

Das zierliche Juwel der rheinischen Gotik läßt trotz des immensen Größenunterschiedes den Einfluß des zu seiner Zeit vollendeten Kölner Domchores spüren. Schon der ins Gotische umgesetzte Kleeblattgrundriß des Trikonchos mutet kölnisch an, hier zu einem seiner Ursprünge, der Grabes- und Märtyrerkirche, zurückkehrend. An die quadratische Vierung waren südlich und nördlich fünfseitige Apsiden angebaut, im Osten, durch ein schmales Chorjoch abgesetzt, ebenfalls eine fünfseitige Apside. Nur im Westen trugen zwei kleine Gewölbe eine über die erhaltene Treppe zugängliche Empore am geraden Abschluß.

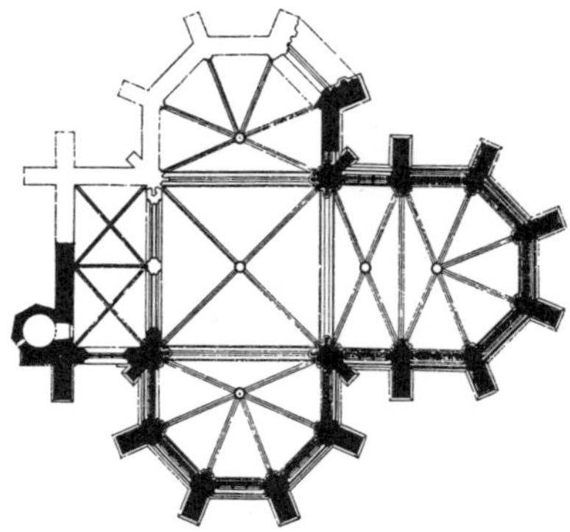

Bacharach, Wernerkapelle, Rekonstruktion und Grundriß

Der prächtige mit Skulpturen geschmückte Eingang auf der Nordseite ist nur noch im Ansatz zu erkennen.

Sonst besteht damals wie heute der Schmuck des Baus im klassischen drei- und vierbahnigen Maßwerk der Fenster, die ohne weitere Geschoßgliederung die Wände ersetzen. Die um den ganzen Bau gezogene Fenstersohlbank schließt nach unten, wie das Dachgesims nach oben abschließt. Die Strebepfeiler werden über kleine krabbenbesetzte Giebel in Fialen überführt, maßwerküberzogen gesteigert bei den Strebepfeilern der Ostapsis. Hier wird die Verwandtschaft zu den Strebepfeilern der Südseite des Kölner Doms deutlich. Horizontalen Widerpart bieten die elegant skulptierten Wasserspeier.

Die für Werner errichtete Kapelle hat eine lange und schwierige Baugeschichte. Nach dem ersten so verheißungsvollen Anlauf wird der Ostarm 1337 geweiht. Aber erst Dr. Winand Ort von Steeg, der vor seiner Professorenlaufbahn als Frühhumanist von 1421–38 Pfarrer in Bacharach war, sorgte 1426 für die Vollendung der Kapelle und strengte den Heiligsprechungsprozeß für den eifrig von Wallfahrern besuchten Werner an. Zu einer Heiligsprechung ist es jedoch nie gekommen, und seit 1963 erscheint das Fest auch nicht mehr im Trierer Festkalender. Die Gebeine Werners ›retteten‹ 1620 im Dreißigjährigen Krieg die Spanier aus dem protestantischen Bacharach, und bei der Sprengung der Burg Stahleck 1689 durch die Franzosen zerstörten herabfallende Steine Dach und Gewölbe der Wernerkapelle, so daß die gerade 1685 neu eingerichtete katholische Gemeinde nun auf den Neubau der Kapuzinerkirche angewiesen war.

Der Bauverfall schritt fort: 1759 muße man den Nordarm abtragen, das Portal verschwand, und 1787 entfernte man die Reste von Gewölben und der Dächer. Das heutige Aussehen war erreicht und begann bald die ersten Rheinreisenden der Romantik zu begeistern. Um dem drohenden Verfall entgegenzutreten, hat sich 1981 ein ›Bauverein Wernerkapelle‹ gebildet – auch Ruinen müssen gepflegt werden.

Die katholische *Pfarrkirche St. Nikolaus,* über den Grundmauern des Zollhofes errichtet, ist ein Beispiel für den bescheidenen Neuanfang der Katholiken. Die Gemeinde nutzte die Kirche bis zur Aufhebung des angeschlossenen Kapuzinerklosters 1802 gemeinsam mit den Mönchen. Ein schlichter tonnengewölbter Saalbau, mit einem kleinen Dachreiter bezeichnet, enthält noch die bescheidene Ausstattung des 18. Jahrhunderts und ein spätgotisches Relief der Kreuzigung. Es war ursprünglich am Eingang der kurpfälzischen Kellerei, dem heutigen Rathaus, angebracht.

Die stolz über allem sich erhebende *Burg Stahleck* wird heute als Jugendherberge genutzt (Farbt. 10, links). Nach der Sprengung der Burg durch die Franzosen 1689 hatte man im 19. Jahrhundert bereits begonnen, die Ruinen einzuebnen. 1909 kamen die Reste in den Besitz des Rheinischen Vereins für Denkmalpflege und Landschaftsschutz, der 1925–27 über den alten Grundmauern die Jugendherberge errichten ließ. 1965–67 konnte dann auch der runde Bergfried mit seinem Kegeldach wieder erneuert werden.

Über fast regelmäßig rechteckigem Grundriß der Wehrmauern mit Palas stadtseitig im Osten zum Rhein und einer hohen Schildmauer bergseitig im Westen ist das Bild der stolzen staufischen Burg wiedererstanden. Die Schildmauer, ähnlich der auf der Schönburg bei Oberwesel (Abb. 52), mit der Rarität des vorgelagerten wassergefüllten Grabens wird in dieser Form erst im Anfang des 14. Jahrhunderts entstanden sein. Mit einem herrlichen Blick auf das Rheintal beherrscht die Burg noch heute als Mittelpunkt und Höhepunkt der Stadtbefestigung das Bild der Stadt.

Unterhalb im Steeger Tal liegt das *Steeger Tor* mit der Straße nach *Steeg,* das einen Abstecher vom Rheinufer lohnt. Die reiche Zahl von Fachwerkhäusern, die auch Bacharach

Bacharach-Steeg, St. Anna, Grundriß

noch bietet, wird hier noch durch manchen pittoresken Blick ergänzt. Wie ein weißer Kristall liegt dazwischen die heute evangelische *Pfarrkirche St. Anna* (Abb. 46). Nur am Chor treten zweifach gestuft Strebepfeiler nach außen, sonst sind sie als gliedernde Wände in den Innenraum gezogen. Der Innenraum wird von mächtigen, gekanteten Pfeilern in zwei Schiffe geteilt. Die beiden östlichen Pfeiler tragen zugleich den Turm mit seinem fünffachen Helm. In den im frühen 14. Jahrhundert begonnenen Bau, der schon manche Charakteristika der Oberweseler Kirchen vorwegnimmt, ist spätgotisch im 16. Jahrhundert noch eine Empore über Netzgewölben eingebaut worden. Bei der letzten Restaurierung hat man hier und im Rest der Kirche Teile der alten Wandmalereien freigelegt und die wohl ursprünglich farbige Fassung der Rippen, Gurtbögen und Fenstergewände wiederhergestellt. Die kantig im Osten gegeneinander gesetzten Wandflächen wiederholen sich unerwarteterweise im Westen. Die Südwand ist im Westen angeschrägt, und die Nordwand verspringt mit dem eingebauten Treppenturm. Schließlich steht selbst die Westwand schräg zur Achse des Baus, eine Vielfalt, die die Dächer wieder aufgreifen.

Hoch über Steeg, heute Ortsteil von Bacharach, liegt die Ruine der *Burg Stahlberg*, die einst den Zugang vom Hunsrück nach Bacharach sicherte. Auch diese Ruine ist Besitz des Rheinischen Vereins für Denkmalpflege und Landschaftsschutz, der hier die notwendigen Sicherungsarbeiten durchführen läßt. Markant tritt der runde Bergfried hervor, in unterschiedlicher Erhaltung von der Wehrmauer umgeben. Talseitig stehen noch hochaufragend Reste der Wohngebäude, und an der Bergseite sind vor dem Bergfried noch die Spuren der Schildmauer zu erkennen. Erzbischof Engelbert von Berg hatte die Burg noch 1219 erbaut, in der Hoffnung, hier im Süden wieder Fuß fassen zu können; 1243 mußte Erzbischof Konrad von Hochstaden sie bereits zusammen mit Fürstenberg dem Wittelsbacher Pfalzgrafen überlassen.

Oberwesel und die Schönburg

Die als Umgehungsstraße durchgeführte B 9 und der hochaufgeschüttete Eisenbahndamm schneiden die Stadt Oberwesel vom Rheinufer ab (Farbt. 15). Was heute mit Trauer gesehen wird, war einst ersehnt: 1857, kurz bevor die Bahnlinie eingerichtet wurde, sandte der Gastwirt H. Fey, Eigentümer des Hotels ›Rheinischer Hof‹, eine Eingabe an das zuständige Berliner Ministerium mit der Bitte, die Bahn auf einem möglichst hohen Damm dicht auf der Rheinseite an seinem Hotel vorbeizuführen, »damit er seinen Gästen mehrmals am Tage das Schauspiel der vorüberrollenden Züge bieten könne«. Wenige Jahre zuvor, 1828–30 hatte man die neue Hauptverkehrsstraße rüde und rücksichtslos gerade durch den Ort gezogen und dafür zahlreiche Häuser abreißen lassen. Allerdings blieben so die alten Tore erhalten, die für die neue Straße nicht breit genug gewesen wären. Neubauten und Brände haben dann die Fachwerkhäuser, bis auf wenige am Markt, verschwinden lassen. So ist vieles, was die Rheinromantik des frühen 19. Jahrhunderts begeisterte, untergegangen, aber reiche Spuren der Vergangenheit entschädigen noch dafür.

Die im Laufe des 13. bis 15. Jahrhunderts gewachsene Stadtbefestigung mit sechzehn von einst einundzwanzig Türmen und fast vollständigem Mauerzug ist ein erstes Beispiel dafür, eine der besterhaltenen des Rheinlandes überhaupt. Die ersten Anfänge des Ortes lassen sich auch ohne besondere archäologische Funde bis in die römische Zeit des Rheinlandes verfolgen. Auf zwei Meilensteinen und auf der ›Tabula Peutingeriana‹, einer Kopie einer römischen Straßenkarte des 3. Jahrhunderts, erscheint die Militärstation Vosavia. Wie gewohnt, wird dann aus römischem Staatsbesitz fränkisches Königsgut, das, ohne viele Spuren zu hinterlassen, im 7. Jahrhundert als Vosovia oder Bosalvia und im 9. Jahrhundert als Vasalia erscheint. Erst im 17. Jahrhundert wird aus Wesel, um sich vom gleichnamigen niederrheinischen Ort zu unterscheiden, Oberwesel. Im 10. Jahrhundert geht Wesila in den Besitz des Erzbistums Magdeburg über, im 12. ist der Mainzer Erzbischof Herr des Ortes, bis 1166 Kaiser Friedrich Barbarossa sich den Ort ertauscht. Von Friedrich II. wird er nochmals an Magdeburg verpfändet. Seit 1232 wieder reichsunmittelbar, führt Oberwesel bald ein eigenes Stadtsiegel, tritt 1254 dem Rheinischen Städtebund bei, und städtische Selbstverwaltung bildet sich. Ein Traum von kurzer Dauer. 1309 überträgt Kaiser Heinrich VII. seinem Bruder, Erzbischof Balduin von Trier, die Herrschaft, wie auch gleichzeitig in Boppard. Noch am Ende des 14. Jahrhunderts sträubt man sich dagegen. 1389–91 kommt es zum ›Weseler Krieg‹ mit einer Belagerung von mehr als einem Jahr, unter erstmaliger Verwendung von Geschützen im Rheinland. Erzbischof Werner von Falkenstein bleibt Sieger. Die Befestigungen werden danach noch um die Niederburg mit dem nördlichen *Ochsenturm* erweitert (Abb. 53, Farbt. 15, links), dem hochragenden älteren Gegenstück zum Runden Turm in Andernach (Abb. 94).

Erst 1448 wird die südliche Vorstadt Kirchhausen mit dem Liebfrauenstift in die Befestigungen einbezogen. Auch als kurtrierische Landstadt bleibt Oberwesel ein wohlhabender Ort, eifrig im Weinanbau, rührig als Sitz von Schiffern und Fischern.

Im Dreißigjährigen Krieg lösen sich kaiserliche, spanische, schwedische, bayerische und französische Truppen mit Durchmärschen, Einquartierungen, Brandschatzungen und Plünderungen ab. Die Franzosen kehren 1688/89 im Pfälzischen Krieg wieder und stecken die Stadt beim Abzug in Brand. Die Reste werden Ende des Jahrhunderts und nochmals zu Beginn des 18. Jahrhunderts verwüstet. Von der Rheinromantik entdeckt, folgen dann im 19. Jahrhundert und bis heute die Verwüstungen im Namen des Fortschritts. Geblieben ist eines der schönsten Ortsbilder am Mittelrhein, dessen große Kunstschätze im 14. und 15. Jahrhundert entstanden.

Festliches Ereignis wird die Blüte Oberwesels im späten Mittelalter mit der kühnen und kühlen Klarheit der Architektur der *Liebfrauenkirche*. Weithin leuchtet der klargeschnittene Bruchsteinbau durch seinen rot gefaßten Verputz, Sandstein imitierend (Farbt. 15, 17). Die straffen Flächen des Baus werden durch das Verlegen der Strebepfeiler nach innen möglich. Der Rhythmus der Wand wird nur noch durch die gleichmäßige Reihung der schlanken, dreibahnigen Maßwerkfenster gegeben. In der Breite des Hauptschiffs der querschifflosen dreischiffigen Basilika ist im Westen der Turm im Quadrat hochgezogen, mit zierlichen achteckigen Flankierungstürmchen ins Achteck überführt und über dieser

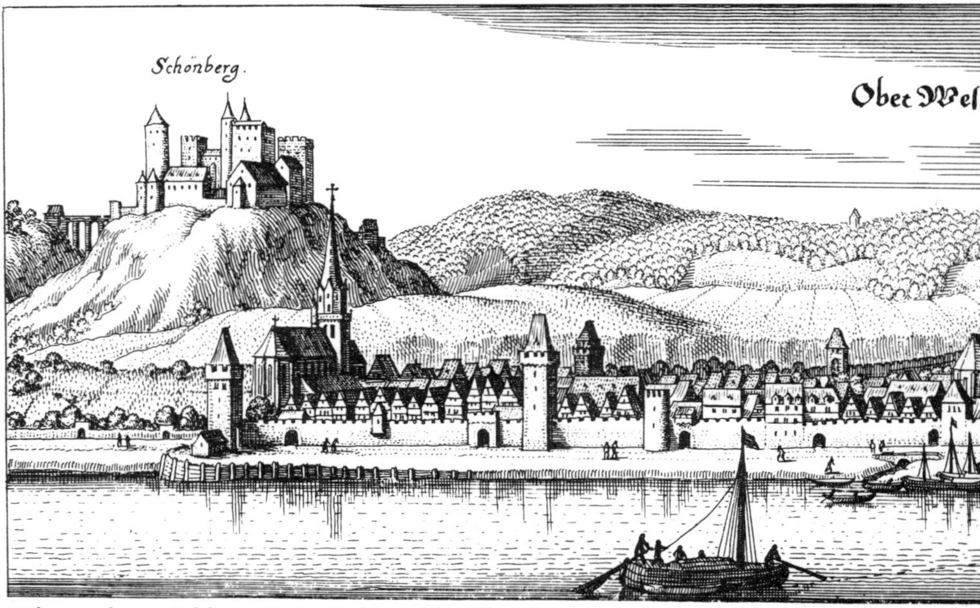

Oberwesel mit Liebfrauenkirche (links) und St. Martin und Ochsenturm (rechts). Kupferstich von Matthäus Merian, 1646

Krone der Giebel mit einem steilen Helm vollendet. Die niedrig angesetzten Seitenschiffe treten außen kaum in Erscheinung. Man spürt, daß der Bau, 1308 begonnen, 1331 Chor und Altar geweiht, schon kurz nach 1351 vollendet war. Selten ist die Bezeichnung ›aus einem Guß‹ so passend.

Im Innern ist der Chorraum der Stiftsherren aus dem Schiff herausgeschrankt und mit dem Lettner abgeschlossen (Abb. 55). Dafür ist wieder der Turm nur an der Schwere der Pfeiler und als Orgelbühne kenntlich gemacht. Die nach innen verlegten Strebepfeiler betonen die Steilheit des Raums, dessen farbige Fassung einst noch reicher mit Wandmalereien ergänzt war. Die erhaltenen sind meist im ersten Drittel des 16. Jahrhunderts entstanden. Manche Orte erscheinen mit ihren bedeutendsten Heiligen im Bild: der Heilige Kastor mit seiner Kirche und Koblenz im Hintergrund, der Heilige Goar mit seiner Kirche und dem Bild des nur wenige Kilometer entfernten Ortes, die Heilige Ursula mit einem Blick auf Köln und der Heilige Martin mit der Darstellung seiner Kirche in Oberwesel selbst.

Zentrum der immer noch reichen Ausstattung der ehemaligen Stiftskirche ist der Chor (Abb. 55). Das zartgliedrige Maßwerk des Lettners bildet mehr Schleier als Abschluß. Die Bühne mit Maßwerkbalustrade wird vom Kreuz gekrönt. Die Vorderseite öffnet sich mit maßwerkgefüllten Bögen über schlanken Säulen auf hohen achteckigen Basen. Zwei sanfte

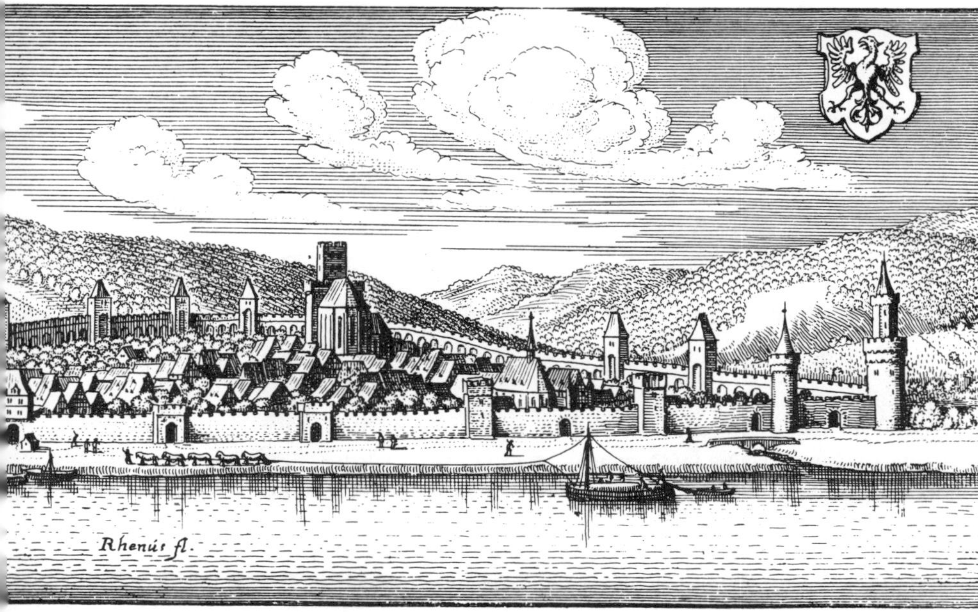

Engel mit Evangelistensymbolen treten neben den Eingang zum Chor, Nischen für weitere Skulpturen stehen leer. Die Rückseite des Lettners schließt den Chorraum mit glaslosem Fenstermaßwerk und gelungen geschnitzter Tür. Das Chorgestühl ist seit der Restaurierung der Kirche Ende des 19. Jahrhunderts zum Teil auch in den Seitenchören untergebracht, eine merkwürdige Lösung.

Reich geschnitzt mit eleganten Figuren ist das Chorgestühl nur Vorspiel für die Kostbarkeit des Hochaltars. Er wird wohl bei der Weihe des Chores 1331 vollendet gewesen sein und ist damit einer der ältesten erhaltenen Flügel- und Schreinaltäre, vergleichbar dem Altar im Kloster Marienstatt oder dem Klarenaltar im Kölner Dom. Außen sind nur noch Spuren von zwei Reihen Apostel und Heiligen, in Arkaden gestellt, zu erkennen (Abb. 56). Innen wird plastisch, in reichem, geschnitztem Maßwerk, oben mit straßburgisch variierten Maßwerkrosen gefüllt, das Heilsgeschehen vorgeführt. Vom Sündenfall über Moses mit den Gesetzestafeln, über Verkündigung und Anbetung, Kreuzigung und Grablegung findet das Geschehen seinen Höhepunkt in der Krönung Mariens in der oberen Etage, begleitet von Aposteln, Heiligen und musizierenden Engeln. Daß der geöffnete Schreinaltar in seiner Architekturwiedergabe als sinnenmächtige Darstellung des Himmlischen Jerusalem verstanden wurde, belegen die heute leeren Öffnungen der untersten Reihe. Hier waren Reliquien untergebracht, Heilige, deren Wohnung nun das Himmlische Jerusalem war.

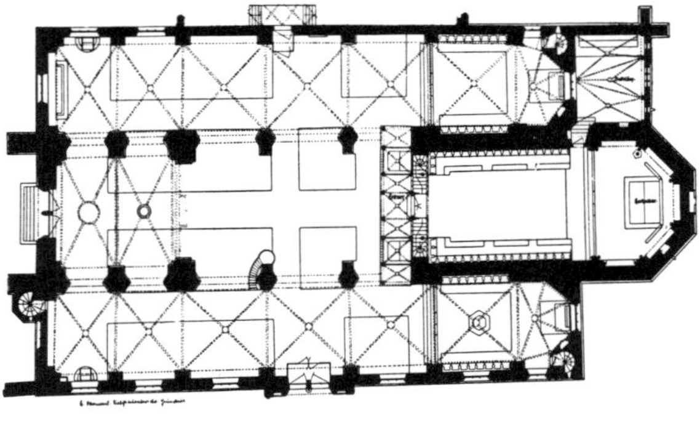

Oberwesel, Liebfrauenkirche, Grundriß

Im Chor befinden sich zudem ein turmförmiges Sakramentshaus der Mitte des 14. Jahrhunderts, die Figuren einer Grablegung Christi aus der gleichen Zeit, die später Sockel und Baldachin erhielten, und ein Relief der Muttergottes, wohl eines Schülers Hans Backoffens, 1524 von Valentin Schonagel gestiftet.

Ein gutes Beispiel für die Stiftungsfreudigkeit und damit den meist untergegangenen Reichtum der Kirchen ist die des Kanoniker Peter Lutern gewesen († 1515). Nicht nur, daß er vielleicht schon vor seinem Tode sein Grabdenkmal bei Hans Backoffen in Mainz in Auftrag gab, das an der Westwand des südlichen Seitenschiffes aufgestellt ist. Zugleich stiftete er auch 1503 das Altarbild im südlichen Chor, Christus mit den Aposteln bei Maria und Martha zu Gast, wobei im Hintergrund die lokale Szenerie der Schönburg, des Ochsenturms und des Turms der Liebfrauenkirche erscheint. Vom Nikolausaltar stammt das zweite von Peter Lutern gestiftete Altarbild, heute im nördlichen Chor, 1506 gefertigt, das den Heiligen als Patron der Schiffahrt feiert. Ein drittes Mal erscheint Peter Lutern als Stifter auf einem Altarbild, das die fünfzehn Zeichen, die dem Jüngsten Gericht vorangehen, schildert.

Neben weiteren Altären der Zeit um 1500 und Skulpturen des 15. Jahrhunderts fallen am Westende des nördlichen Seitenschiffes der Ende des 19. Jahrhunderts entfernte Barockaufbau des Hochaltars auf und die reiche Reihe der Grabdenkmäler, aus der Familie der Herren von Schönburg gleich fünf im nördlichen Chor und als eines der jüngsten das Grabdenkmal für Ludwig von Ottenstein und seine Frau Elisabeth von Schwarzenburg. Wohl um 1520, dem Todesjahr der Frau, geschaffen, stammt es aus dem Umkreis Hans Backoffens, vielleicht von einem seiner Schüler. Auffällig menschlich wirkt der Herr von Ottenstein trotz seiner standesgemäßen Rüstung. Ebenso zurückhaltend, aber lebendig überschneidet seine Frau den Rahmen des Denkmals (Abb. 54).

Außen sollte der letzte Blick den beiden Madonnenskulpturen aus dem 14. Jahrhundert, der Bauzeit, gelten. Am Südportal, um 1370, in kräftiger Schwingung des Körpers, erscheint die Muttergottes als Vorstufe zu den Schönen Madonnen der Jahrhundertwende und am Chor aus der Zeit um 1330 als Schmuck der stolzen Architektur in einer Baldachinnische.

Quer durch den Ort hindurch führt der Weg an den Nordwestrand der Stadt hoch zu *St. Martin.* Ehemals wohl Kapelle des königlichen Hofes, darauf weist das typisch fränkische Patrozinium hin, dann Pfarrkirche, seit 1303 Stiftskirche. Im Dreißigjährigen Krieg ging das Stift wieder unter, aber zu dieser Zeit entstanden der Bau der Kirche und der größte Teil der Ausstattung. Nur wenig innerhalb der Stadtbefestigung stehend wird der im 14. Jahrhundert wohl noch begonnene Westturm im 15. Jahrhundert als Wehrturm ausgebaut. Zinnenkranz und Ecktürmchen umschließen den Wehrgang, der den achteckigen Aufsatz umzieht. Vielleicht war darauf einmal ein Helm wie bei Liebfrauen geplant, man fühlt sich an Bergfriede wie den der Marksburg erinnert.

Auch für das Schiff von St. Martin hatte bei Baubeginn Anfang des 14. Jahrhunderts Liebfrauen als Vorbild gedient. Zwar sind hier die Strebepfeiler nicht nach innen gezogen, aber wie dort war ursprünglich an eine dreischiffige querschifflose Basilika gedacht. Nur das nördliche Seitenschiff ist noch im 16. Jahrhundert errichtet worden. Auf der Südseite erkennt man die Vorbereitungen, aber die Arkaden blieben geschlossen, die Gewölbe wurden nicht gezogen.

Auch hier ist die Ausstattung noch reich. Die dekorative Ausmalung der Gewölbe wird durch Darstellungen an den Wänden und Pfeilern ergänzt. Neben Altarbildern des 15. und 16. Jahrhunderts, der Kanzel von 1617 und dem Chorgestühl des frühen 14. Jahrhunderts ist

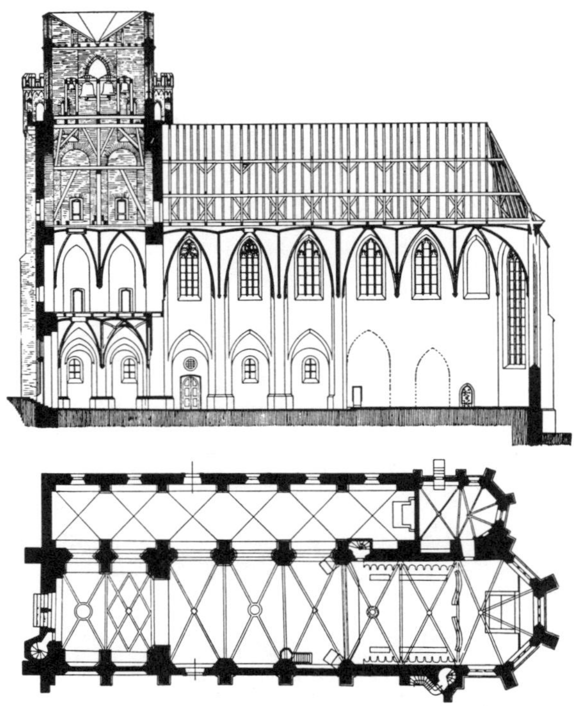

Oberwesel, St. Martin, Schnitt und Grundriß

das nicht nur an Größe hervorragende Prunkstück des Raums der barocke Hochaltar von 1682, der sich viergeschossig über dem gotischen Altartisch erhebt. Von Petrus und Paulus gerahmt wird zuunterst als Altarbild die Antwerpener Kreuzigung von Peter Paul Rubens kopiert, darüber der Heilige Martin als Patron der Kirche, die Marienkrönung und das Schweißtuch der Heiligen Veronika. Fast unauffällig wirkt daneben das sechseckige gotische Sakramentshaus mit seiner gemalten Darstellung des Opfers Christi vom Ende des 15. Jahrhunderts. – Außen bis auf den Westturm weiß verputzt, ist die ›Weiße Kirche‹ der roten Liebfrauenkirche eine bescheidene Schwester.

An der Rheinseite des Ortes, auf die Stadtmauer gestützt, steht noch, mit zwei Bögen die Straße überbrückend, der Chor einer Kirche, die *Wernerkapelle* (Farbt. 23). 1287 fand man in einem Weinberg bei Bacharach die Leiche eines Knaben, der in Oberwesel bei einem Juden in Dienst stand. Schnell erhob sich der Verdacht des Ritualmordes, Pogrome folgten, und an der Stelle, wo der Knabe Werner sein Martyrium erlitten haben sollte, wurde in Oberwesel eine Kirche errichtet, während sich die Bacharacher die zugkräftigeren Gebeine hatten sichern können. Der wohl um 1300 begonnene Bau ist nach den Zerstörungen von 1689 nicht wiederhergestellt worden. Nur der Chor wurde mit barocker Haube und barockem Altar als Kapelle eingerichtet. Zu einer Heiligsprechung ist es nie gekommen, 1963 hat auch die Diözese Trier das Fest aus ihrem Kalender gestrichen, und in übertriebener Bilderstürmerei hat man 1969 ein Relief des frühen 18. Jahrhunderts, das außen am Chor die Legende schilderte, verschwinden lassen. Geschehenes läßt sich so nicht ungeschehen machen; in eine Mahnung verwandelt wäre das erhaltene Relief sicher wirksamer gewesen.

Oberhalb des Ortes leuchtet in erneuertem Putz und wehrhaftem Mauerwerk die *Schönburg* (Farbt. 15). Ob der 951 erwähnte Reichsministeriale Otto von Schönburg hier ansässig war, ist ungewiß. Sicheren historischen Boden betreten wir erst im 12. Jahrhundert, als die Schönburg dem Erzbistum Magdeburg gehörte. Die Familie derer von Schönburg war fruchtbar, nicht nur die Grabsteine in der Liebfrauenkirche legen Zeugnis davon ab. Die

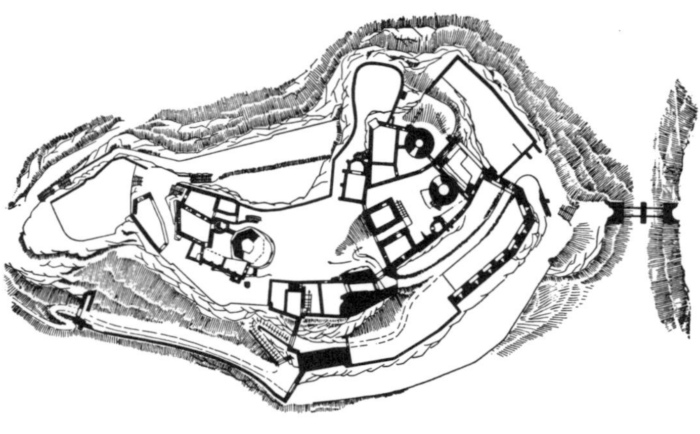

Oberwesel, Schönburg, Grundriß

Burg selbst mit ihren drei Bergfrieden und drei Wohnbereichen ist so aufgeteilt worden, um verschiedene Familienzweige unterzubringen, die gemeinsam die Verteidigung besorgten und zusammen die Burgkapelle benutzten.

Heute nähert man sich von Süden der Burg, ursprünglich lag der Zugang im Norden des schmalen Bergsporns. Der Bergseite zugewandt, durch einen künstlichen Graben abgesichert, erhebt sich im Süden der eindrucksvollste Bauteil, der ›Hohe Mantel‹, massivstes Mauerwerk, als polygonal gebrochene Schildmauer mit Wehrgängen, Schießscharten und Zinnenkranz versehen (Abb. 52). Er entstand wahrscheinlich zur Zeit von Erzbischof Balduin in der ersten Hälfte des 14. Jahrhunderts, nachdem sich die Burg langsam von den nördlichen Anfängen her nach Süden ausgedehnt hatte.

Schon im frühen 16. Jahrhundert war die Burg in schlechtem Zustand, und die französischen Verwüstungen des Jahres 1689 hinterließen eine Ruine. 1719 erlosch das Geschlecht der Schönburger, ihr Besitz fiel an Kurtrier zurück und wanderte dann durch zahlreiche Hände, bis 1885 der Amerikaner T.I. Oakley Rhinelander die Burg kaufte. Er ließ die meisten der Gebäude Schritt für Schritt in den nächsten Jahrzehnten wiederaufbauen, bis nach seinem Tode 1947 die Stadt Oberwesel 1951 die Burg erwerben konnte. Ein Teil ist als Jugendburg, Kolpinghaus auf Schönburg, eingerichtet worden, andere Teile werden als Burghotel und Gaststätte genutzt.

Unterhalb der Stadt lag im Rhein, bis vor wenigen Jahren die Fahrrinne verbreitert und gesichert wurde, eine weitere sagenhafte Erinnerung an die Familien der Schönburger: die ›Sieben Jungfrauen‹. Sieben Felsklippen, die, bei niedrigem Wasserstand sichtbar, den Schiffen ebenso zur Gefahr wurden wie einst sieben hübsche Schönburgerinnen den Männern. Immer wieder hatten sie alle Freier abgewiesen, fast mehr belagert als umworben flohen sie eines Morgens über den Rhein. Dabei sollen sich die hartherzigen jungen Damen in die besagten sieben Klippen verwandelt haben. Sicher hat niemand bei den Arbeiten am Strombett daran gedacht, daß sie nur erlöst werden könnten, wenn das Gestein für eine Kapelle verwendet werden würde. So fallen selbst Legenden den Anforderungen des Verkehrs zum Opfer.

St. Goar

Der Ort trägt heute den Namen des Mannes, der ihm zu Bedeutung verhalf. Als sich der Einsiedler Goar Mitte des 6. Jahrhunderts hier niederließ, wird schon seit römischer und vorrömischer Zeit eine kleine Siedlung von Fischern und Schiffern bestanden haben. Bis ins 18. Jahrhundert rühmte man St. Goar als einen der besten Fangplätze für Salm, einst Volksnahrungsmittel, heute eine teure Delikatesse und inzwischen nicht mehr im Rhein zu finden. Die Schiffer werden, wie bis ins 19. Jahrhundert, manchen Lotsendienst auf der gefährlichen Strecke nahe der Loreley geleistet haben.

St. Goar mit Burg Rheinfels. Kupferstich von Matthäus Merian, 1646

Der Heilige, so lautet der teils legendäre Bericht Wandalberts von Prüm im 9. Jahrhundert, stammte aus Aquitanien, aus dem noch zivilisierten Südwesten des fränkischen Reiches. Hier an der Ostgrenze des Reiches, nahe der Barbarei, baute er mit Erlaubnis des Trierer Bischofs ein Kirchlein, missionierte und kümmerte sich um Reisende und Kranke. Mit der einem Heiligen eigenen Autorität mischte er sich in Streitigkeiten um den Trierer Bischofsthron ein, überführte den Bischof Rusticus mit der Aussage eines drei Tage alten Findelkindes seines unmoralischen Lebenswandels. 575 oder 611 stirbt er. Sein Grab wird kurz danach schon verehrt, Wunder geschehen, und eine kleine Klerikergemeinschaft führt die Tradition Goars fort, kümmert sich um die Pilger.

Um 765 besuchte Asver, Abt des von Pippin gerade gegründeten Klosters Prüm, das Grab des Heiligen. Von seinen Kollegen im geistlichen Stande fühlte er sich dabei schlecht bewirtet und beklagte sich bei seinem königlichen Gönner. Zur Strafe erhielt er das bisher königliche Eigentum zum Geschenk mit dem Auftrag, für die Verbesserung des Gottesdienstes und der Ausbildung der Geistlichen zu sorgen. Unter Karl dem Großen wurde dann die Abtei Eigentümer des sicher schon damals einträglichen Wallfahrtsortes.

Abt Asver ließ eine neue Kirche bauen, wohl die erste an der Stelle der heute evangelischen *Stiftskirche St. Goar.* Ende des 11. Jahrhunderts wird der Bau erneuert und vergrößert, aus dieser Zeit stammen noch Teile des Mauerwerks von Chor und Chorflankentürmen und die Krypta. Mit vier Marmorsäulen, vielleicht römischen Spolien, zwei Granitsäulen und heller Weiträumigkeit ist sie ein reduziertes Gegenstück zu den Krypten von St. Maria im Kapitol in Köln und des Speyrer Domes, den Vorbildern. Wie das Schiff aussah, wissen wir nicht. Mitte des 13. Jahrhunderts, in der staufischen Blüte der Spätromanik, wird durchgreifend umgebaut. Auf altem Grundriß erhalten die Chorflankentürme ein spätromanisches

Gewand, bei ungleicher Höhe. Über der Krypta wird der Chor neugestaltet mit 5/10-Apsis, gotisch polygonal gebrochen, mit Lisenen an den Kanten des Mauerwerks und verbindenden Spitzbogenblenden. Das Gewölbe wird mit Birnstabrippen geführt, nach außen öffnen sich Lanzettfenster, das mittlere mit (nachträglichem?) Maßwerk. Bündel aus Diensten mit Schaftringen gliedern die Wand.

Zu dieser Zeit waren bereits die Grafen von Katzenellenbogen Herren des Ortes. In Vertretung des Abtes hatten bis zum Ende des 12. Jahrhunderts die Arnsteiner Grafen als Vögte im Dienst der Abtei Gericht gehalten, Herrschaft ausgeübt. Um 1190 folgen ihnen die Grafen von Katzenellenbogen, die sich schon 1219 im Besitz des Rheinzolles und einer Burg nachweisen lassen. Diese Burg lag auf der Niederterrasse, ihre Reste sind beim Bau der Eisenbahnlinie vernichtet worden. 1245 wird die Burg modisch auf die Höhe verlegt. Rheinfels beginnt zu wachsen. Dazu später mehr.

Für die Geschichte der Stiftskirche ist entscheidend, daß sich die Grafen von Katzenellenbogen immer mehr als die eigentlichen Eigentümer des Ortes und des Stiftes fühlen und geben. 1423 muß die Abtei Prüm sogar das Vorschlagsrecht für neu zu besetzende Kanonikate und Vikariate des Stiftes an die Grafen abtreten, zu deren Hauptresidenz Burg Rheinfels geworden ist. So sind sie es, die den Neubau des Schiffes 1444 beginnen lassen, der 1469 wohl vollendet ist. Es entsteht eine weitgespannte lichtdurchflutete Halle mit Emporen. Ein feingliedriges Netzgewölbe bezieht die Bögen der Arkaden gleich mit ein, ebenso flüssig sind die achteckigen Pfeiler vom Boden über die Emporen bis zum Gewölbe durchgezogen. Prunkvolle Schlußsteine mit figürlichen und ornamentalen Darstellungen runden das Bild ab. Abschließend wird 1469 mit dem Bau des Westturmes angefangen.

Gleichzeitig beginnt man mit der Ausmalung des Inneren. 1905 werden die Malereien freigelegt und schon damals zurückhaltend ergänzt. Mit ihnen besitzt die Stiftskirche die reichste und vollständigste spätgotische Farbfassung im Rheinland. Die Gliederung der

St. Goar, Stiftskirche und Krypta, Grundrisse

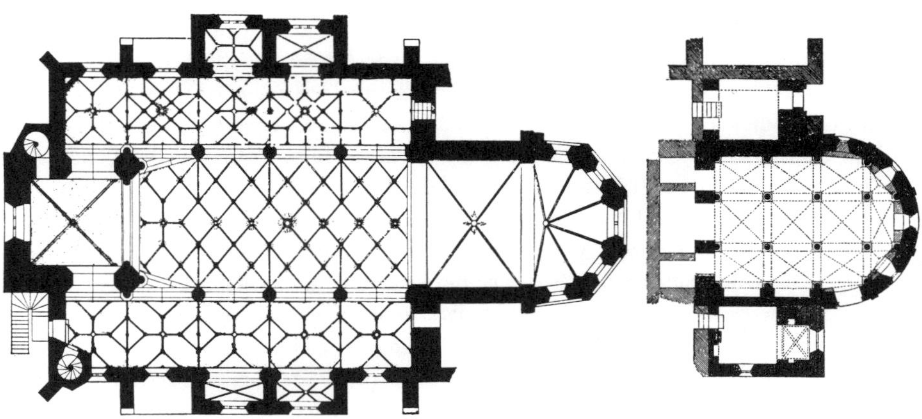

Architektur mit Diensten, Arkaden und Rippen ist in tiefem Rot mit weißen Fugen abgesetzt. Die Schlußsteine werden mit Blau und Gold ergänzt. Von dort strahlt zierliche Dekoration in die Gewölbekappen aus. Die für den Beschauer näher liegenden Wände der Seitenschiffe (Abb. 59) und Emporen tragen figürliche Dekoration, zahlreiche Heilige, meist in Einzelfiguren, dazu treten die Stifter, von denen über dem Südportal Ritter Johann von Waldeck, bis 1489 nachweisbar, und seine Frau Katharina Beusser von Ingelheim zu identifizieren sind. Der Titelheilige der Kirche, mit Tonsur und Kirchenmodell, tritt mehrfach auf. Es fehlt ein Jüngstes Gericht an der Ostwand über dem Triumphbogen zum Chor. Aus eine älteren Ausmalung blieb im Erdgeschoß des Südturmes die Darstellung des Evangelisten Johannes erhalten. Ende des 13. Jahrhunderts hat man ihn hier mit langem Mantel und einem Bottich, in dem er in kochendem Wasser das Martyrium erlitt, schwungvoll vorgestellt.

1479 stirbt der letzte der Grafen von Katzenellenbogen, und es folgt Landgraf Heinrich IV. von Hessen-Kassel, der die Erbtochter geheiratet hatte. Unter Landgraf Philipp dem Großmütigen wird 1527 gegen den Protest der Abtei Prüm die Reformation eingeführt und das Stift aufgehoben. So verschwindet nun auch der größte Teil der spätgotischen Ausstattung. Drei Fenster mit Heiligen sind in einer der zwei nördlichen Seitenkapellen erhalten. Aber der glanzvollste Überrest ist die steinerne Kanzel, die über achteckigem Grundriß auf sechs Seiten Christus und die Evangelisten und St. Goar zeigt. Die gut gearbeiteten Skulpturen sind in Kielbogennischen vor durchbrochenen Maßwerkhintergrund gesetzt, ein Meisterwerk spätgotischer Bildhauerkunst am Mittelrhein, um 1460 entstanden. Sonst sind nur noch zwei mittelalterliche Grabdenkmäler erhalten geblieben. Am Westende des südlichen Seitenschiffs steht die Platte der Grabtumba der Gräfin Adelheid von Katzenellenbogen († 1329). Die elegante Gräfin erscheint in langwallender höfischer Kleidung, Schleier und verführerischem Hüftschwung. An der Wand des südlichen Seitenschiffes steht dazu noch der Grabstein eines Abtes des 14. Jahrhunderts.

Unter den neuen evangelischen Herren entstand die Grabkapelle in der östlichen der beiden Kapellen auf der Nordseite. 1583 starb Landgraf Philipp II. von Hessen-Rheinfels, der auf Rheinfels residierte. Sein Bruder und Nachfolger, Wilhelm von Hessen-Kassel, gab das prunkvolle Ensemble 1592 bei Wilhelm Vernukken, der auch die Rathauslaube in Köln entwarf, in Auftrag. In der reich stuckierten Umgebung der Kapelle stehen sich auf engem Raum Philipp und seine Gemahlin, die erst 1609 nach einer zweiten Ehe starb, als betende Figuren gegenüber. Das passende Gitter als Abschluß ist eine Stiftung des Landgrafen Alexander von Hessen zur Restaurierung um die Jahrhundertwende.

Von der Einführung der Reformation 1527 bis zur Konversion des Landgrafen Ernst im Jahre 1652 war die öffentliche Abhaltung eines katholischen Gottesdienstes in St. Goar untersagt. Die sich neubildende Gemeinde feierte zuerst in der Krypta der Stiftskirche. Dann durfte sie außerhalb der Stadtmauer eine Kirche bauen und eine Schule einrichten. 1660 geweiht, erwies sich die Kirche im 19. Jahrhundert als zu klein. 1889–91 errichtete man an der gleichen Stelle nach den Plänen der Kölner Architekten Wiethase und Endler einen neugotischen Bau. Ein hoher schlanker Chor, Schiff und Querschiff werden nur von einem

Dachreiter überragt. Ein alter Torturm der Stadtmauer wurde schon im Barock als Glockenturm genutzt. Seit 1923 ist er in den Bau einbezogen.

Für den neuen Bau gelang es aus Neustadt an der Hardt einen Flügelaltar zu erwerben, der zu den Spitzenstücken der spätgotischen Malerei am Mittelrhein zählt. Die Rahmung und die Verkündigung auf den Außenflügeln sind damals entstanden. Das Hauptbild zeigt eine dicht gedrängte Kreuzigung, die beiden Flügel die Schlüsselübergabe an Petrus und die Heiligen Sigismund und Katharina. Um 1480 entstanden, stammt es aus dem Umkreis des Hausbuchmeisters, des besten Malers dieser Zeit am Mittelrhein.

Der Patron der Kirche ist, wie kaum anders zu erwarten, der Heilige Goar. Ein Schlußstein der Stiftskirche, an einer Ecke des Turms neben dem Portal eingemauert, zeigt ihn ein erstes Mal. Über dem Seitenaltar des rechten Querhauses tritt er im Mauerwerk das zweite Mal auf. Hier hat die Gemeinde die Deckplatte der Tumba des Heiligengrabes aus der Krypta der Stiftskirche erhalten, eine Kostbarkeit mittelrheinischer Bildhauerarbeit der ersten Hälfte des 14. Jahrhunderts. Auf dem besiegten Teufel stehend, in sanft geschwungener Haltung, begleiten ihn Engel. Zwei davon tragen den Baldachin des himmlischen Jerusalem. Ein köstliches Rosengesteck rahmt den Heiligen mit seinem Kirchenmodell. Viel vom Charme der Skulptur ertrinkt im Öl der neugotischen Farbfassung. Einiges an Ausstattung ist auch noch aus dem barocken Bau übernommen, Altargemälde, Skulpturen und Teile der Kommunionbank.

Mit der Einführung der Reformation hatte St. Goar die Hauptquelle seiner Wirtschaft, die Wallfahrt zum Grabe des Heiligen, verloren. Sicher bot auch die riesige Befestigungsanlage von Burg Rheinfels wirtschaftliche Anreize, aber die Blüte des Ortes war geknickt. Vom barocken Reichtum zeugen noch einige Fachwerkhäuser, vom Rokoko einige elegant geschnitzte Holztüren. Von der Befestigung des Ortes existieren noch der bergseitige Mauerzug und der Hexenturm am Bahnhof und wenig weiter der Kanzleiturm. Am Westende der Nordmauer öffnet das erhaltene Schleiertor den Zugang zur Burg Rheinfels.

Burg Rheinfels

Burg Rheinfels ist immer noch die wohl mächtigste Befestigungsanlage am Mittelrhein (Abb. 58). Dabei haben die Zerstörungen nur etwa ein Drittel des Bestandes übriggelassen, den das 18. Jahrhundert noch kannte. Vorwerke, Kasematten, Schanzen und Kasernenbauten des 16. bis 18. Jahrhunderts lagen etwa 30 m höher auf dem Wackenberg südlich der Ruine in Richtung Biebernheim. Schon einmal im Siebenjährigen Krieg fiel die Burg den Franzosen kampflos in die Hände, auch 1792 zogen diese widerstandslos hier ein. Die bis dahin erfolgreiche Rolle der Burg als Wacht am Rhein war beendet. 1796 werden die Außenwerke gesprengt, nur die Geländeformen zeugen heute noch davon. 1797 werden auch der hohe Bergfried und das Schloß gesprengt. 1812 wird es versteigert und seit 1818 als Steinbruch für die Wiederaufbauarbeiten an der Festung Ehrenbreitstein genutzt. 1843 erwirbt den Rest Prinz Wilhelm von Preußen, der spätere Kaiser Wilhelm I.

Burg Rheinfels, Zustand Anfang 17. Jh. (nach Dilich)

Seit 1925 ist die Ruine im Besitz der Stadt St. Goar. Umfangreiche Restaurierungen und Ausbaumaßnahmen sind durchgeführt worden. Der St. Goarer Hansenorden, die 1934 wiederaufgelebte mittelalterliche Gesellschaft der Kaufleute, der jeder beitreten mußte, der hier Handel treiben wollte, kümmert sich mit um die Pflege des Baus. Hotel und Gastwirtschaft mit herrlichem Ausblick verlocken zu längerem Aufenthalt nach dem von einem Führer geleiteten Rundgang.

Es war Graf Diether III. von Katzenellenbogen, dem die dann viel später beim Bau der Eisenbahnanlagen endgültig verschwundene Talburg nicht mehr genügte. 1245 begann er mit dem Bau von Rheinfels als Höhenburg in Spornlage, und schon 1255/56 hielt sie einer Belagerung des Rheinischen Städtebundes stand. Graf Diether war selbst Mitglied, ein Beispiel dafür, daß die zu große Ausweitung des Bundes nicht mehr alle Beteiligten einbinden konnte. Er hatte den Rheinzoll, den er erheben durfte, willkürlich erhöht. Sechsundzwanzig Städte rüsteten ein Heer von etwa 8000 Mann Fußvolk und 1000 Rittern. Fünfzig Schiffe unterstützten den Kampf, der sich mit zahlreichen Sturmversuchen ein Jahr und vierzehn Wochen hinzog. Unverrichteter Dinge mußten die Verbündeten abziehen. Die Burg hatte ihre Bewährungsprobe bestanden und den Ruf der Unbezwingbarkeit gewonnen. Ihm sollte sie noch manches Mal gerecht werden müssen.

Aus dieser ersten Bauzeit stammen der viereckige Grundriß der Kernburg und der Bergfried, von dem nur Fundamente erhalten blieben. Nach Süden trennte ein breiter Halsgraben die Burg von der angrenzenden Höhe. Im 14. Jahrhundert, unter Graf Wilhelm II.

von Katzenellenbogen (1332–1385), folgte eine erste Ausbauphase. Der Bergfried wird zum ›Butterfaßturm‹ aufgestockt. Auf der Nachzeichnung der farbigen Bauaufnahme Wilhelm Schäfers genannt Dilich aus dem Jahre 1608 ist der konisch ansteigende Bergfried mit Rundbogenfries, Gesims, Wachstube und zinnenbewehrter Plattform darüber gut zu erkennen. Darauf ist dann ein schmalerer Rundturm mit ähnlichem Aufbau gesetzt; zusammen bilden sie die charakteristische Form des Butterfaßturmes. Ein Bild, das noch nach Jahrhunderten beeindruckt.

Auch neue Wohngebäude entstehen, darunter rheinseitig der dreigeschossige Frauenbau. Als zweite große Wehranlage entsteht die große Schildmauer jenseits des bisherigen Halsgrabens als bergseitiger Schutz mit zwei Endtürmen, dem rheinseitigen Uhrenturm als Torturm und dem bergseitigen Büchsenmeisterturm. Ein ähnliches Konzept erscheint auch beim Bau anderer katzenellenbogenscher Burgen, z. B. Reichenberg bei St. Goarshausen auf der gegenüberliegenden Rheinseite (s. S. 362).

Die neuen Besitzer seit dem Aussterben der Grafen 1479 sehen sich bald zu großen Bauarbeiten veranlaßt. Landgraf Philipp II. von Hessen hatte 1497 bei der Belagerung Boppards Gelegenheit, sich von der Wirksamkeit moderner Geschütze zu überzeugen. Rheinseitig und nach Süden, Richtung Biebernheim werden Kasematten und Vorwerke angelegt. Der große Halsgraben wird mit kühnem Gewölbe in einen großen noch existierenden Keller verwandelt, der Burghof damit vergrößert.

Unter Philipp von Hessen-Rheinfels (1567–83), dem bei der Teilung unter vier Brüder die Niedergrafschaft der Katzenellenbogen zufiel, wird Rheinfels zur Residenz ausgebaut. Die scharfe Zunge des Volksmundes behauptet, der Vater Philipp der Großmütige hätte die Entscheidung mit dem Zusatz »Du trinkst doch so gern« begründet. Dilichs Zeichnung hält die hohen, farbigen Fachwerkbauten fest, die zu seiner Zeit auf der Kernburg und dem Frauenbau entstehen, besonders der Darmstädter Bau, der innere rheinseitige Teil der Kernburg, zeichnete sich hier aus. Anfang des 17. Jahrhunderts werden als kriegstechnische Neuerung die Minengänge vor der südwestlichen Bergseite angelegt. Zum Teil sind sie noch

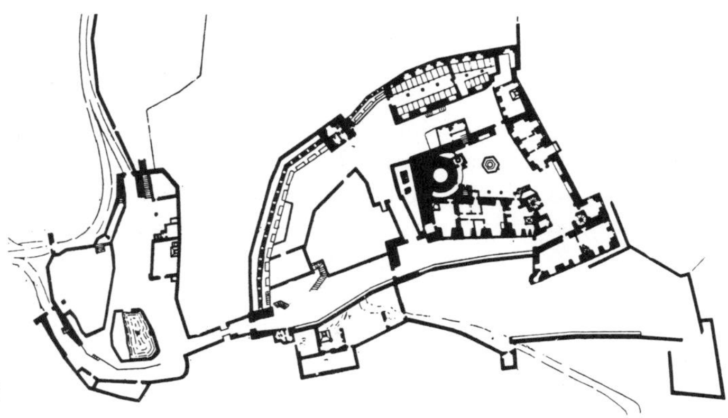

Burg Rheinfels, Grundriß

heute zugänglich. Mit ihrer Hilfe konnte man nichtsahnende Feinde in die Luft gehen lassen. Der Darmstädter Bau wird jetzt massiv in Stein erneuert und das Untergeschoß des Frauenbaus mit Gewölbe ausgestattet. Das Gewölbe der sogenannten Kapelle ist 1965 rekonstruiert worden.

Im 17. Jahrhundert wechselte Rheinfels zweimal mit Gewalt den hessischen Herrn. Die beiden Linien Hessen-Kassel und Hessen-Darmstadt lagen seit 1604 in Erbstreitigkeiten. 1621 versuchten die Darmstädter einen Handstreich, aber der Kommandant war wachsam. Das Urteil des Reichshofgerichtes entschied dann 1623 gegen Hessen-Kassel. Landgraf Moritz wollte aber nicht weichen. So führte der Kölner Erzbischof, mit der Vollstreckung des Urteils beauftragt, Truppen heran. Nach vier blutigen Wochen der Belagerung und Zerstörung ging Moritz das Pulver aus. Seine Truppen erhielten freien Abzug, und der neue Besitzer zog ein. 1647 hielt Hessen-Kassel den Zeitpunkt für einen neuen Besitzerwechsel für gekommen. Diesmal muß die unvorbereitete Besatzung nach zwei Wochen aufgeben.

In der zweiten Hälfte des 17. Jahrhunderts werden neben den Wiederaufbauarbeiten große zusätzliche Befestigungen angelegt wie das Fort Scharfeneck und das Werk ›Noli me tangere‹ – berühre mich nicht. Sie sollten sich bald bewähren müssen. Seit 1683 hatte Rheinfels mehrfach französischen Überrumpelungsversuchen standhalten müssen. 1692 sollte endlich der Widerstand am Mittelrhein gebrochen werden. Mitte Dezember trafen die französischen Truppen unter General Tallard ein. Die St. Goarer Schützenkompagnie hatte sich auf dem Turm der Stiftskirche verschanzt. Drechslermeister Johann Kretsch legte seine Hakenbüchse auf einen Trupp kundschaftender Franzosen an und suchte sich einen prächtigen Federbusch als Ziel. Sein Schuß traf General Tallard in die Schulter. Der tollkühne Haudegen mußte den Oberbefehl abgeben. Dann begann ein schwerer Artilleriebeschuß. Ein erster Sturmversuch am 22. Dezember scheitert, ebenso der zweite am 27. Dezember. Inzwischen nahen die Hilfstruppen, und am 2. Januar ziehen die Franzosen ab. 1734 konnte noch einmal ein französischer Handstreich vereitelt werden, aber dann beginnt der Untergang dieser immer noch großartigen Festungsanlage.

Hirzenach

Gut drei Kilometer nach St. Goar erreicht man auf der B 9 Hirzenach, heute Teil der Stadt Boppard. Ende des 11. Jahrhunderts hatte hier die aufstrebende Abtei Siegburg ein Priorat einrichten können, eine wirtschaftlich und organisatorisch von der Abtei abhängige Außenstelle. Der Anfang war vielversprechend; reiche Geschenke und Stiftungen der Bevölkerung kamen zusammen. Aber als nicht selbständiges Priorat wurde Hirzenach mehr zu einem Gutshof der Abtei Siegburg, mit wenigen Mönchen besetzt, als zu einem geistigem Zentrum am Mittelrhein.

Aus den blühenden Anfängen, als die Bettelorden noch keine scharfen Konkurrenten in Seelsorge und Ausstrahlungskraft waren, aus der Zeit um 1100 stammen Schiff und Querhaus der katholischen Pfarrkirche *St. Bartholomäus* (Abb. 60). Fünf Arkaden über rechteckigen Pfeilern trennen Schiff und Seitenschiffe. Bei der Restaurierung 1968/69 hat man hier gotische Veränderungen ebenso rückgängig gemacht wie bei den rundbogigen Fenstern des Obergadens. Gleichzeitig hat man eine neue hölzerne Flachdecke eingezogen und den Fußboden auf das bei den Ausgrabungen festgestellte ursprüngliche Niveau abgesenkt. Nach den vorgefundenen Resten hat man den Boden auch wieder mit Schieferplatten belegt. Die unteren beiden Geschosse des Westturmes, kreuzgratgewölbt, öffnen sich mit weiten Rundbogen zum Schiff. Außen sind die beiden alten Geschosse nur durch breite Lisenen gegliedert. Erst mit der Höhe der Fenster des zweiten Geschosses beginnt der spätromanische Teil des Turmes, um 1220/30. Spitzbogenblenden fassen die Lisenengliederung der unteren Geschosse zusammen, drittes und viertes Geschoß schmücken sich mit Lisenen und Rundbogenfries. Die Schallarkaden sind im Barock erweitert worden, der Helm ist noch spätgotisch steil.

Der anmutigste Teil des Baues ist der frühgotische Chor. Um 1250 arbeitet hier ein Meister, der wohl in Trier und Marburg an Liebfrauenkirche und Elisabethkirche mitgearbeitet hat, der in Frankreich geschult ist und den die Reimser Formen besonders beeindruckt haben. Die romanische Choranlage ist dabei nur wenig erweitert worden. Die unteren Mauerteile des geraden Chorjochs sind sogar noch romanisch. Die Apsis ist als 5/8-Schluß ausgeführt. Flache Strebepfeiler schließen außen am Ansatz der Spitzbögen der Fenster mit einem Pultdach und laufen als Lisene in das abschließende Gesims aus. Im Inneren ist der Sockel mit einer Blendarkadenreihe aufgelöst. Die Fenster darüber greifen das schlichte Reimser Maßwerkvorbild mit Zweiteilung und Kreis im Abschluß auf. Mittelpfosten und Leibung der Fenster sind innen und außen von Rundstäben begleitet. Jeder Rippe des Gewölbes ist ein Dienst mit Basis und eigenem Kapitell zugewiesen, dabei erscheinen Knospenkapitelle und Blattornamente. Im geraden Chorjoch werden die Dienste zu Bündeln zusammengefaßt. Aus der gleichen Zeit stammt auch das Portal mit Vorhalle an der Südseite des Schiffs. Damit hört die Umbaubegeisterung auf. Erst am Ende des Mittelalters werden die Netzgewölbe der Spätgotik in der quadratischen ausgeschiedenen Vierung und in den um kaum eine halbe Mauerbreite vorspringenden Querhäusern eingezogen.

Einige Grabdenkmäler des späten 14. bis 18. Jahrhunderts erinnern an adlige, hier verstorbene Pröpste, aus deren Zeit eine Muttergottes und ein Johannes Nepomuk (Ende 17. Jh.) und die Kanzel (Anfang 18. Jh.) stammen. Nachdem sie 1802 säkularisiert war, hat die als Propsteikirche einst den Patronen Maria und Johannes dem Evangelisten geweihte Kirche nun den Pfarrpatron St. Bartholomäus übernommen.

Südöstlich der Kirche ist noch in einem Wohnhaus der Grundstock der alten Pfarrkirche sichtbar, die schon seit dem 17. Jahrhundert nicht mehr genutzt wurde. Mit etwas Mühe erkennt man noch Schiff und Chor. Das ehemalige Priorat, der barocke Sitz des Priors unterhalb der Kirche mit Mansarddach und rheinseitigem Dreiecksgiebel, wird jetzt als Pfarrhaus genutzt.

Bad Salzig

Kurz hinter Hirzenach führt die B 9 als Umgehungsstraße direkt am Rheinufer an Bad Salzig vorbei. Der 1925 zum Bad erhobene Ort gehört wie Hirzenach seit 1976 zur Stadt Boppard. Seit der zweiten Hälfte des 18. Jahrhunderts werden in der fruchtbaren Talebene Kirschen gezogen. Zur Zeit der Kirschblüte ein Anblick, den man am Mittelrhein nicht erwartet.

Schon die erste Erwähnung des Ortes, sicher ein Jahrtausend zu spät, im Jahre 922 spricht von ›Salzach‹, von fließendem salzigem Wasser. Erst 1901 und 1903 hat jedoch Theodor von Baginski, genannt Hoffmann, Hauptmann a. D. der Feldzüge von 1866 und 1870/71, zwei kräftig produzierende Quellen anbohren lassen und damit den Badebetrieb eingeleitet, der noch heute den Ort prägt.

Hoch über dem Ort, inmitten des Kirchhofs, erhebt sich die katholische Kirche *St. Aegidius.* Seit dem 15. Jahrhundert hat sich der Ort als selbständige Pfarre von Boppard gelöst. Aus dieser Zeit stammen noch die ältesten Bauteile der heutigen Kirche. Der Gelsenkirchener Architekt von Fisenne hat 1899–1901 beim Bau der neugotischen Kirche den Chor der Kapelle des späten 15. Jahrhunderts im Westen seines Baus miteinbezogen. Heute wird er als Kriegergedächtniskapelle genutzt, auch der dreigeschossige Turm gehört dazu. Wie oft bei Erweiterungsbauten im 19. und 20. Jahrhundert wurde der neue Teil rechtwinklig an den alten angesetzt. Die Hallenkirche mit restaurierter farbiger Fassung birgt an höchster Stelle im neugotischen Flügelaltar noch eine Skulptur des Hl. Aegidius (Ende 14. Jh.), eine bescheidene Arbeit. Die Orgel mit ihrem barocken Prospekt hat eine längere Wanderschaft hinter sich: Von einem Würzburger Orgelbauer für das Bopparder Kloster Marienberg gebaut, wanderte sie in die Karmeliterkirche dort und anschließend nach St. Aegidius. Außen noch ein Kruzifixus (Mitte 15. Jh.) und ein etwas jüngerer Ölberg. Hinter der Kirche schließt sich der Kurpark an.

Boppard

Nach genau 3 km führt die B 9 durch Boppard, mitten durch das spätrömische Kastell. Lange Zeit hatte der Limes jenseits des Rheines Schutz geboten, bis die Einfälle der Franken und Alamannen im 3. und 4. Jahrhundert mehr Sicherung erforderlich machten. Julian, dem späteren Julian Apostata, dem Abtrünnigen, gelang es, die Alamannen zu besiegen. Anschließend befestigte er die Rheingrenze neu. Zwischen 357 und 359 entstand dabei auch das mit Türmen bewehrte Mauergeviert von 308 × 154 m des Bopparder Kastells, das eine Mauerhöhe von über neun Meter erreicht haben muß. So hoch sind noch heute große Teile der römischen Grauwackemauern erhalten, ohne daß ein Abschluß erkennbar wäre. Im Kastell lag eine Einheit ›balistarii‹, die mit Wurfgeschützen ausgerüstet war. Als die Wandalen, Sueben und Alanen in der Neujahrsnacht 406/7 bei Mainz den Rhein überschritten, wurde die Einheit zum Heer gerufen und kehrte nicht mehr zurück. Mauern und Türme blieben unbemannt zurück, auch die großzügigen Thermen lagen verlassen.

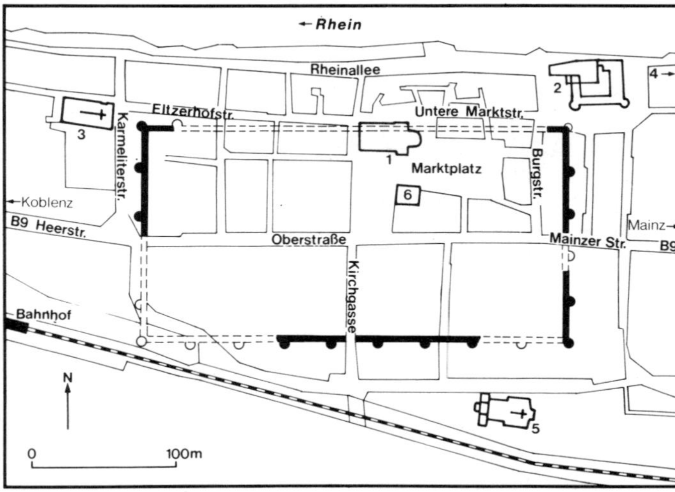

Boppard, Lage des römischen Kastells im heutigen Straßenverlauf

1 St. Severus
2 Alte Burg
3 Karmeliterkirche
4 Ritter-Schwalbach-Haus
5 Evangelische Kirche
6 Rathaus

Wahrscheinlich hat sich spätestens jetzt ein Teil der schon lange hier ansässigen Zivilbevölkerung im Schutz der Mauern niedergelassen. Noch lange trägt ein Teil der Bopparder Einwohner romanische Namen. Noch heute wirkt das römische Straßenkreuz nach. Bisher hatte das Zentrum der Zivilbesiedlung ein wenig weiter nördlich auf dem Schotterkegel des Mühlbachtales gelegen. Es trug bereits im 1. Jahrhundert den keltisch geprägten Namen Boudobriga, den auch das Kastell als Bodobrica übernimmt. Unter der fränkischen Herrschaft wird nun ganz ordnungsgemäß das, was bisher Staatsbesitz war, königliches Eigentum. Das ›Bopparder Reich‹ entsteht. Der Sitz der königlichen Verwaltung liegt allerdings nicht innerhalb der Mauern des Kastells, sondern nördlich davon, wo sich an der Stelle der römischen Zivilsiedlung wohl ein fränkischer Hof gebildet hatte. Dieses Königshaus besteht bis ins späte Mittelalter, während sich die Stadt Boppard – schon im 8. Jahrhundert wird von civitas gesprochen – zwischen die Mauern des ehemaligen Kastells zurückzieht. Früh, bereits in der zweiten Hälfte des 5. Jahrhunderts, verwandelte man die Thermenanlage in eine christliche Kirche. So ergab es die Grabung der Jahre 1963 bis 1966 in der Kirche *St. Severus* und auf dem angrenzenden Marktplatz.

Die frühchristliche Kirche hatte Dreiviertel der Länge des heutigen Baus, war allerdings nur einschiffig mit vier Nebenräumen an der südlichen Längsseite. In den Bodenbelag von St. Severus sind die beiden wichtigsten Funde eingetragen, das siebenstrahlige Taufbecken und der schlüssellochförmige Ambo. Das Taufbecken war durch eine vermutlich hölzerne Wand von der Gemeindekirche abgetrennt. Über dem Taufbecken, das unter dem Boden für den Besucher normalerweise nicht zugänglich ist, muß man sich einen wohl hölzernen Baldachin vorstellen. Der Ambo mit 2 m Durchmesser im Endkreis und einer Länge von 6 m wird für die Lesung des Evangeliums oder/und die Austeilung der Eucharistie genutzt

Boppard, St. Severus, Grabstein des Diakons Besontio und der Justiciola

worden sein. Manches Mal mag der Diakon Besontio, dessen Grabstein an der Westwand in der Kirche zu sehen ist, hier gestanden haben. Die Inschrift des Steines, der Tauben, Kreuze und das Christogramm zeigt, lautet übersetzt: »Hier ruhen in Frieden der selige / Diakon Besontio und seine Nichte / das selige Mädchen Justiciola / das Mädchen Justiciola starb acht / und der Diakon Besontio sieben Tage vor den Kalenden des April.« Das sind der 25. und 26. März eines Jahres um 500.

Erst in karolingischer Zeit, im 8. Jahrhundert, hat man den Bau wie auch wieder im 10. Jahrhundert erneuert. Zu dieser Zeit war die Kirche noch den Heiligen Petrus und Johannes geweiht und versorgte mit einem Kollegium von Geistlichen einen Pfarrbezirk von Niederspay bis Hirzenach und Kestert, im Hunsrück bis Kisselbach an der Mainzer Bistumsgrenze. Aus dem Kollegium wird im 12. Jahrhundert ein Stift mit einem Propst an der Spitze. Ende des 12. Jahrhunderts fühlt man das Bedürfnis nach einem Neubau, das sich ja auch anderenorts in der rheinischen Spätromanik regt, Zeugnis der wirtschaftlichen und politischen Blüte der Stauferzeit. Man beginnt mit den Türmen, die den Raum zwischen Langhaus und Chor einschnüren – ein ungewöhnlich großes und irritierend beengendes Beispiel von Chorflankentürmen. Gotisch spitz erneuert sind die hohen Helme, die an die Stelle niedrigerer Rautendächer getreten sind (Abb. 62). An der Ostseite des Südturms öffnet sich neben dem Ansatz des Chores ein Rundbogenportal zur Turmhalle, die heute als Taufkapelle genutzt wird. Auffallend sind die beiden Rundstäbe des Bogens, die am Ansatz miteinander verknotet sind. Ähnliches findet man sonst nur am Oberrhein. An der Südseite des Turmes hat unter einem Schutzdach eine Kreuzigungsgruppe von 1516 Platz gefunden. Hier war bis 1804 eine Johanniskapelle angebaut, die die Erinnerung an einen der ehemaligen Pfarrpatrone bewahrte.

Denn seit 1225 wird der Hl. Severus als alleiniger Pfarrpatron genannt. Damals war wohl das Langhaus vollendet und geweiht worden. Vielleicht sind Gebeine des heiligen Bischofs von Ravenna Ende des 12. Jahrhunderts nach Boppard gelangt, und ihre neuentflammte

Verehrung bewirkte dann mit dem Neubau den Wechsel der Patrone. 836 waren die Gebeine nach Mainz überführt worden, und wenig später gelangten sie nach Erfurt, wo die Severikirche den gleichen Patron ehrt. Das dreischiffige Langhaus steht mit dem nördlichen Seitenschiff wie der nördliche Turm über der römischen Stadtmauer. Sie war hier nutzlos geworden, da sich der Ort längst zum Rhein hin ausgedehnt hatte. Mit Emporen und einem etwas schiefwinkligen gebundenen System, das je zwei Joche des Seitenschiffes einem Joch des Hauptschiffes zuordnet, wobei eigentlich beide quadratisch sein sollten, verbindet das Langhaus einzigartige Gewölbe im Mittelschiff (Abb. 63). Die Seitenschiffe zeigen schlichte Kreuzgratgewölbe, im Mittelschiff erscheint über einer unterschiedlich angedeuteten Triforiumsetage, von einem durchgezogenen Gesims unterhalb der Obergadenfenster ausgehend, ein ›Spinnengewölbe‹. Je sechzehn untergelegte Rippen verleihen den eigentlich flachen Gewölbeschalen der Spitztonne das Aussehen von Kuppeln, die von den Fächerfenstern des Obergadens erleuchtet werden. Auch das Joch zwischen den Türmen besitzt ein gleiches Gewölbe. Das Chorjoch ist nur achtteilig. Vielleicht sitzt hier das Urbild der Spinnengewölbe, denn die Einwölbung des Schiffes scheint auf eine Planänderung zurückzugehen oder nachträglich ausgeführt zu sein. Möglicherweise verdoppelte man in spätromanischem Überschwang die Rippenzahl, als man zu den Mittelschiffsgewölben nachträglich eine neue Form suchte.

Der Chor war wohl 1234 vollendet. Das Stadtsiegel von 1236 zeigt ihn bereits stolz im Bild. Hier ist der gotische Einfluß schon recht weit vorgedrungen. Spitzbogige Nischen umschließen innen die kleinen Fenster des Choruntergeschosses. Darüber wird mit

Boppard. Kupferstich von Matthäus Merian, 1646

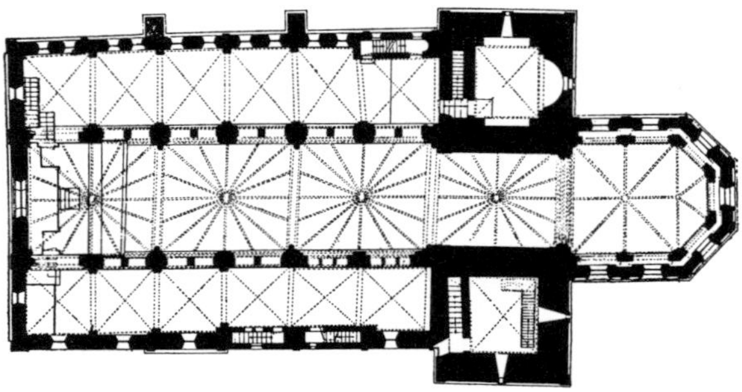

Boppard, St. Severus, Grundriß

schlanken Säulen die Zweischaligkeit der Wand betont, spitzbogig wieder die verbindenden Arkaden, langgestreckt die schmalen Fenster.

Der Chor ist dreiseitig polygonal geschlossen, außen über hohem abgetrepptem Sockel dreigeschossig gegliedert. Lisenen und Rundbogenfries umfassen die nur durch kleine Fenster geöffnete Mauerfläche. Das obere Geschoß wird von einer Arkadengalerie überfangen, deren zierliche Säulen mit Schaftringen abwechselnd Rund- und Spitzbogen tragen. Je eine Dreiergruppe der Säulen betont die Mauerkanten. Spielerisch sind die Bögen dazu mit Kugeln besetzt. Darüber die Zwerggalerie und dann, heute fehlend, die Giebel des Faltdaches. In vielem spürt man das Vorbild von Sinzig.

Die farbige Gestaltung greift innen und außen auf die bei der letzten Restaurierung 1963–67 freigelegten Reste zurück. Pfeiler und Dienste, ursprünglich auch die heute glattweißen Wände, tragen Fugenmalerei, die Bögen der Arkaden werden von Ornamentfriesen begleitet, ebenso die Gurtbögen und Rippen. Auf der Nordseite des Schiffes ist 1890 im östlichen Joch über der Empore die Severuslegende nach Pausen neu gemalt worden. Sie berichtet vom ravennatischen Bischof des 4. Jahrhunderts, daß sich bei anstehender Bischofswahl eine weiße Taube an drei Tagen hintereinander auf dem Haupt des verheirateten Webers Severus niederließ. Er wurde geweiht, Frau und Tochter gingen ins Kloster. Sie waren bereits begraben, als auch er seinen Tod kommen spürte. Er ließ sich das Grab öffnen, bat Frau und Tochter, ihm Platz zu machen, und legte sich zu ihnen.

Im südlichen Seitenschiff erscheint im zweiten Joch von Westen Christus als Richter des Jüngsten Gerichts und etwas weiter dann Heiligenlegenden.

Zwei Ausstattungsstücke stammen aus der glanzvollen Erbauungszeit. Eine anmutige frühgotische Madonna und der Kruzifixus, der heute über dem Hauptaltar hängt. Um 1225–30 entstanden, ist er ein Meisterstück der staufischen Plastik. Der gestreckte Körper ist voll Ruhe, schmerzlos, das Haupt wie im Schlaf geneigt. Der König der Welt steht am Kreuz. Die letzte Restaurierung hat die alte farbige Fassung auch des Kreuzes mit den Evangelistensymbolen wieder freigelegt. Mit dem Ende der staufischen Zeit, die Boppard mit diesem Schmuck versorgte, vergehen auch bald der Glanz und die Selbständigkeit der Stadt.

Das Stadtsiegel von 1236, heute im Britischen Museum in London, trägt die stolze Umschrift: Boppardia liberum et speciale oppidum Romani Imperii. Titel und Rechte einer freien Reichsstadt sind Boppard nie ausdrücklich verliehen worden. Da die Stadt von alters her direkt dem König untertan war, ihm Steuern und Gerichtsgefälle zustanden, wird sie Schritt für Schritt mit der wachsenden Bedeutung des Ortes auch ihre Selbstverwaltung entwickelt haben. Oft genug haben deutsche Könige im Königshaus mit seiner Remigiuskapelle im Mühlbachtal Aufenthalt genommen, um mit ihrem Hofstaat die Erträge ihrer Güter am Ort zu verzehren. Diese Konzentration königlichen Besitzes und königlicher Herrschaft gab Boppard und seiner Umgebung den Namen ›Bopparder Reich‹.

Freie Reichsstädte waren immer den angrenzenden Territorialherren ein Dorn im Fleische ihrer Herrschaft, ein Dorn, auf den sie meist begehrliche Blicke warfen. Ein gelungener Erwerb brachte Machterweiterung, fleißige und ertragreiche Bürger und die Stadtmauern im Kriegsfalle einen sicheren Stützpunkt. Noch 1252 schließt Boppard ein Schutzbündnis mit Köln, 1253 mit Koblenz, und 1254 wird es Mitglied des vielversprechenden, aber erfolglosen Rheinischen Städtebundes. Mehrfach treffen sich die rheinischen Kurfürsten hier, als 1273 ein neuer König gewählt werden soll. Rudolf von Habsburg, Adolf von Nassau und Albrecht von Österreich haben wiederholt das Königshaus bewohnt.

Erst unter Heinrich VII. von Luxemburg sollte sich das ändern. Für die Bemühungen und Auslagen seines Bruders Balduin, des Trierer Erzbischofs, zur Vorbereitung des Romzuges des Königs spricht er ihm 1312 als Ersatz die Summe von 4000 Mark Silber, etwa zwei Tonnen Silber zu. König Heinrich VII., wie alle deutschen Könige immer knapp an Bargeld, verpfändet seinem Bruder, der ihm 1308 auch auf den Thron geholfen hatte, dafür die Reichsstädte Boppard und Oberwesel. Die Bewohner werden verpflichtet, dem Erzbischof und seinen Nachfolgern den Treueid zu leisten. König Heinrich stirbt auf dem Romzug, und der von Balduin unterstützte neue König Ludwig der Bayer erhöht die Pfandsumme auf 22 000 Mark Silber, gut zehn Tonnen, und überträgt ihm auch die Zoll- und Münzrechte und das Gericht im Bereich der Bopparder Pfarre. Die nun nicht mehr freie Stadt Boppard weigert sich, die gewandelten Verhältnisse anzuerkennen. Bürger und ansässige Reichsministeriale sperren sich. Lange Jahre verhandelt Balduin friedlich. Erst 1327 erscheint er mit einem Heer vor der Stadt und nimmt sie nach kurzer Belagerung im Sturm.

Zur Sicherung seiner Herrschaft errichtet er am Rhein, vor der Nordostecke der römischen Mauer, die Balduinsburg. Auch die Stadtbefestigung wird ausgebaut. Die östlichen und westlichen Vorstädte werden einbezogen.

Die von Balduin errichtete *Alte Burg* hat durch einen Brand 1499 und durch barocke Erneuerung manche Umgestaltung erfahren. Auch haben die einst vier flankierenden Türme ihre bekrönenden Kuppeln verloren, und statt eines zwölf Meter breiten, sechs Meter tiefen Grabens umgibt nun freie Fläche die Burg. Nur der Bergfried auf der Nordseite geht auf die erste Bauzeit zurück. Das Gebäude mit einem Quadrat von gut zehn Metern als Grundfläche, drei Meter starken Mauern und sechs Geschossen prägt noch heute das Stadtbild. Der Eingang im dritten Geschoß ist heute über eine Treppe im Hof erreichbar, früher gab es nur eine hölzerne Brücke vom Westflügel aus als Zugang. Der wäre im Falle eines Falles leicht abzureißen gewesen. Die Wendeltreppe war zusätzlich innen durch Holzstufen an drei Stellen gesichert, die man ebenso hätte zerstören können. Von der obersten Plattform aus öffnen sich an den Seiten Maschikulis, Wurfschächte, durch die man Angreifer am Fuß des Turmes in Bedrängnis bringen konnte. Von der Wehrplattform führt ein kleiner Einstieg in ein Hängeverlies, das in das darunterliegende fünfte Geschoß, den Hauptwohnraum, hineinreicht. Eine merkwürdige Art der Nachbarschaftspflege. Die Nordostecke dieses fünften Geschosses war als Kapelle eingerichtet. Über einem kleinen Fenster erscheint Christus als Richter des Jüngsten Gerichts mit den Symbolen der vier Evangelisten, daneben treten, in eine Baldachinarchitektur gestellt, auf blauem Grund sechs weibliche Heilige auf: Dorothea, Agatha, Margareta, Barbara, Agnes und Katharina. Die Räume des Bergfrieds und teils auch die Räume der Burg werden als Heimatmuseum, Holz- und Waldmuseum und als Weinmuseum genutzt.

Rechts vom Fenster tritt ein Bischof mit Falkensteiner Wappen als Stifter auf. Zwei kommen in Frage: Kuno (1362–88) und Werner, sein Neffe (1388–1418). Man nimmt an, daß die Fresken bereits unter Kuno entstanden.

Am anderen Ende der Stadt, an der Nordwestecke der römischen Mauer hatten sich bereits 1265 die Karmeliter niedergelassen. Nach Köln war dies die zweite Niederlassung des ›Ordo beatae Mariae virginis de monte Carmeli‹ im Rheinland. Die *Klostergebäude* um den eingebauten quadratischen Kreuzgang sind 1728–30 in schlichtem Barock erneuert worden. Die Jahreszahl 1730 findet sich mit dem Dreigestirn des Ordenswappen und der Maria vom Berge Karmel über dem Säulenportal des Ostflügels. An der Nordostecke des Baus erscheint der Prophet Elias, in dem die Karmeliter ihren Urvater sahen. Die Klosteranlage wird heute als Verwaltungszentrum genutzt. Der Innenhof ist eine Oase der Stille.

Die turmlose *Karmeliterkirche* ist das reiche gotische Gegengewicht zu St. Severus. Erst im Jahre 1319 war unter Prior Petrus de Tulpeto mit dem Bau des Chores begonnen worden, nach zehn Jahren war er vollendet, dann schloß man nach einer Bauunterbrechung das einschiffige Langhaus an. Es war zuerst flach gedeckt. Als man 1439–44 das Schiff hallenartig nach Norden mit einem Seitenschiff erweiterte, wölbte man auch das Hauptschiff ein. Die Kreuzrippengewölbe sind auf Konsolen gesetzt, zwei davon sind als Köpfe gestaltet, weinlaubbekränzt, vielleicht der Baumeister mit Frau.

Obwohl 1818 die hervorragenden Glasfenster der Kirche verkauft wurden und sich heute in New York, Glasgow, Darmstadt und im Kölner Schnütgen-Museum befinden, blieb ein erstaunlicher Reichtum der Ausstattung erhalten. Im Chor verschließt der Hochaltaraufsatz mit gedrehten Säulen und zwei Gemälden aus dem Jahre 1699 das Achsfenster des Chores. Oben wird die Krönung Mariens geschildert, unten erhält Simon Stock, General des Karmeliterordens im 13. Jahrhundert, sein Skapulier von Maria. Links und rechts des Hauptaltares sind zwei der bedeutenden Grabdenkmäler eingelassen. Rechts das Renaissancegrabmal für Graf Johann von Eltz († 1547) und seine Gemahlin Maria von Breitbach († 1544), die zu beiden Seiten einer Darstellung der Taufe Jesu knien. Auf der linken Seite, neben der spätgotischen Sakramentsnische das Epitaph für Margarete von Eltz († 1509), das der Sohn der Verstorbenen in Eichstätt bei Loy Hering in Auftrag gegeben hat. Dieser nahm den gerade 1511 erschienenen Holzschnitt Albrecht Dürers zur Vorlage für sein Relief der Hl. Dreifaltigkeit in Solnhofener Kalkstein. Wieder auf der rechten Seite ist der Priesterdreisitz in die Wand eingefügt. Ein Prunkstück spätgotischer Schnitzarbeit um 1470/80, das in den Baldachinen die Wappen der stiftenden Adligen zeigt.

Schon die Erweiterung der Kirche hatte ja für die erfolgreiche Predigttätigkeit der Karmeliter gezeugt; die Stiftungsfreudigkeit des ortsansässigen Adels und sein Wunsch, hier begraben zu werden, spricht ebenfalls dafür. So steht neben dem Dreisitz auch das älteste der Grabdenkmäler für Ritter Konrad Kolbe († 1393). An beiden Wänden dann das Chorgestühl, reichgeschnitzt, um 1460 nach der Vollendung des Baus entstanden. Über dem Chorgestühl und auch an anderen Stellen in der Kirche sind wappengeschmückte Totenschilde aufgehängt, die auch ohne Errichtung eines Grabdenkmals den Toten in Erinnerung brachten. Einer der seltenen Orte, an dem diese ›Zeugnisse der Feudalherrschaft‹ erhalten blieben. Über der Grenze zwischen Chor und Bereich der Gemeinde hängt eine doppelseitige barocke Madonna im Rosenkranz. Zur Chorseite wird die verklärte Muttergottes gezeigt, zur Seite des Volkes erscheint Maria fürbittend, verständlicherweise.

Rechts dann der Eingang zum Kloster, daneben das Grabdenkmal für Arnold von Scharfenstein, den Kölner Adligen, der 1613 während eines Aufenthaltes auf seinen Bopparder Gütern ermordet wurde, mit einem Alabasterrelief der Marienkrönung. Anschließend die Steinkanzel aus der Erbauungszeit der Kirche, vom Kloster her zugänglich, um gut hörbar im Volk stehend predigen zu können. Die Kanzelfelder wurden im 17. Jahrhundert mit Heiligendarstellungen bemalt. Auf der Wand darüber zwei Reihen mit je sieben Szenen aus der Legende des Hl. Alexius, 1407 von den Söhnen Friedrichs von Schöneck gestiftet.

Rechts neben der Kanzel steht das Grabdenkmal des Ritters Siegfried von Schwalbach, der beim letzten, vergeblichen Versuch der Bopparder Bürger und Adligen, wieder frei und Reichsstadt zu werden, 1497 den Tod fand. Wenn auch ohne Pferd, ist hier die kindliche Vorstellung vom Ritter voll erfüllt, die in dieser Zeit des Schießpulvers überholt wirkt. Breitbeinig, mit Bihänder und Streitkolben und den Wappen seiner Vorfahren dargestellt, läßt er jedes romantische Herz höher schlagen (Abb. 65).

An der Westwand der Kirche ist unterhalb des großen vierbahnigen Westfensters eine Empore eingezogen, deren feingliedrige Steinmetzarbeit um 1460/70 entstanden ist. An der Wand über den Arkaden sind noch die Sockel und Baldachine für vier Skulpturen einer Verkündigungsgruppe zu sehen. Seit 1970 zwei davon geraubt wurden, werden sie an anderer Stelle aufbewahrt, nachdem sie wiedergefunden worden sind. In einer modern mit Mosaik geschmückten Nische steht eine Pieta der Zeit um 1420/30, eines der zahlreichen Beispiele der Marienverehrung der Karmeliter in ihrer Kirche.

Am zweiten Pfeiler zum nördlichen Seitenschiff hat schon 1483 Ritter Wilhelm von Schwalbach mit seiner im gleichen Jahr verstorbenen Ehefrau Anna von der Leyen ein Grabdenkmal erhalten. An der Westseite des nächsten Pfeilers ein Kreuzigungsaltar, um 1500 geschnitzt, von hervorragender Qualität. Auf der Ostseite des Pfeilers ist der Armentarius-Stein eingemauert. 1859 bei Bauarbeiten gefunden, berichtet er vom unschuldigen Diener Gottes Armentarius, der im Alter von vier Jahren verstorben und von seinen Eltern Berancio und Eucharia um 400 diesen Grabstein erhielt.

Der Altar des Seitenschiffs, um 1650 entstanden, mit einem Abendmahlsbild von 1739, ist der ehemalige Hauptaltar der Kirche St. Severus. Die Wandmalereien, Christus vor Pilatus und zwei Heilige des Karmeliterordens, sind kräftig restauriert worden. Die Ausschmükkung reicht mit der Traubenmadonna bis nach außen. In einer Nische an der heutigen Sakristei steht eine Madonna, ähnlich der Madonna am Chor der Liebfrauenkirche in Oberwesel, um 1330 unter oberrheinischem Einfluß entstanden. Traditionsgemäß erhält sie in der Hoffnung auf reiche Ernte die erste reife Traube jedes Jahres als Geschenk. Sie nimmt die Gabe mit fast pariserischer Anmut entgegen.

Ein Rundgang durch die Stadt läßt noch manche andere Kostbarkeit entdecken. So sind trotz der Brände des 19. Jahrhunderts noch manche der alten Fachwerkhäuser erhalten geblieben. Auch drei der Adelshäuser stehen noch, in denen die Adelsfamilien lebten, die sich mit den Bopparder Bürgern die Stadtherrschaft teilten, als Boppard noch freie Reichsstadt war. Das schönste ist am Ostende der Rheinallee das *Ritter-Schwalbach-Haus,* von der Stadtmauer nachträglich umschlossen und spätgotisch erneuert: romantisch mit Ecktürmchen und Treppenturm ausgestattet, ist nach Osten ein Kapellenchörlein herausgebaut (Abb. 64).

Direkt daneben trifft man auf den Rest des *Sandtores,* eine spitzbogige Doppelpforte mit vorgelagertem Zwinger. Der Torturm darüber wurde 1851 abgebrochen. Wenig später, 1879, hat man eine neugotische Steinkanzel angebaut. Sie war 1847 ans Ende der als Eisbrecher in den Rhein gebauten Mauer angesetzt worden, um einen touristisch wertvollen Rheinblick zu ermöglichen.

Auch die Rheinpromenade selbst, gut 3 Kilometer lang, ist erst eine Schöpfung des 19. Jahrhunderts. Tatkräftig füllte man Leinpfad und Ufer auf, um den Gästen der Stadt Auslauf zu geben.

Noch weiter nach Osten stößt man auf das ehemalige Franziskanerinnenkloster St. Martin, heute Erziehungsanstalt, mit stark umgestalteten Klostergebäuden und einer Barockkirche.

Oberhalb des Ortes liegt das ehemalige Benediktinerinnenkloster Marienberg. Hier ist die Kirche 1794 zerstört worden, nur die barocken Klostergebäude blieben, heute von den Ursulinen als Kloster und Schule genutzt und weithin auf der Höhe sichtbar, erhalten.

Ein großer Teil des Charmes der Stadt ist heute von den Bauten des 19. Jahrhunderts bestimmt. Villen, die sich Pensionäre und Rentner hier errichteten, Hotels und auch das Rathaus gehören dazu. Das interessanteste Beispiel ist die *Evangelische Kirche.* Seit Beginn des 19. Jahrhunderts hatte sich die Notwendigkeit eines Kirchenbaus gezeigt, aber die Zusage König Friedrich Wilhelms III. erfüllte mit einer Stiftung von 10000 Talern erst der Sohn, Friedrich Wilhelm IV. Er überarbeitete den Entwurf im Stile einer altchristlichen Basilika und fügte eine Säulenvorhalle hinzu. 1850 konnte man den Grundstein legen, 1852 nahm der König an der feierlichen Einweihung teil. Bald war der Bau zu klein. Pietätvoll erweiterte man neuromanisch nach Osten, fügte einen hohen Turm hinzu. Diesen Bau im

Zustand des Jahres 1887 zerstörte der letzte Krieg, das Innere wurde modern erneuert. 1970 drehte man dann noch den südlichen Teil der Säulenvorhalle nach Westen, um den Verkehrslärm auszuschließen.

Ein wichtiger Grund, Boppard zu besuchen, liegt außerhalb der Stadt, rheinabwärts. In scharfen Bogen wechselt der Rhein unterhalb des Hirschkopfes, den man mit einer Sesselbahn erreichen kann, um den ›Vierseenblick‹ auf den Rhein zu genießen, die Laufrichtung. Steil angeschnitten als Prallhang liegt hier das größte zusammenhängende Weinbaugebiet des Mittelrheins, die ›Bopparder Hamm‹, in günstiger Südlage. Besten Ruf genießen aus den Ergebnissen des Rieslinganbaus der ›Mandelstein‹, die ›Fässerley‹ und die ›Feuerley‹. Vielleicht ist sogar noch eine Flasche des vorzüglichen 76er Jahrgangs aufzutreiben.

Spay

Am Ende des bekannten Weinbaugebiets ›Bopparder Hamm‹ erreicht die B 9 mit dem Haus Peterspay den Ort *Spay*. Vom eigentlichen Ort *Peterspay* hat der Dreißigjährige Krieg fast alle Spuren beseitigt. Erhalten blieb die katholische Kapelle *St. Peter und Paul.* Um 1300 entstand das flachgedeckte Schiff und der kleine über Rippen gewölbte Chor. Aus der gleichen Zeit ist die Ausmalung erhalten geblieben, ein buntes Bild dessen, was im Vordergrund des frommen Interesses stand. Auf der Nord- und Südwand mit Seelenwägung und Christus als Richter die entscheidenden Teile des Jüngsten Gerichtes. Darunter Heilige, wie Martin oder Christophorus und Passionsszenen auf der anderen Seite. An der Stirnwand zum Chor eine Anbetung der Heiligen Drei Könige und der Hl. Martin nun zu Pferd. Im Chor erscheinen die Apostel, auf Sockel gestellt, unter ihnen sogar noch Reste des mittelalterlichen Tonfliesenbodens.

Im anschließenden *Oberspay,* immer noch rechts der B 9, findet sich ein unerwarteter Reichtum an Fachwerkhäusern. Hier prägen sie sogar noch die Rheinfront. In *Niederspay,* dem nördlichen Rest des Ortes, formt die Kirche *St. Lambert* die Silhouette. Der 1898–1900 entstandene Ziegelbau erinnert an das Aachener Münster. Den Entwurf lieferten die Kölner Architekten Carl Rüdell und Richard Odenthal. Ein allerdings nur sechseckiger Zentralraum bestimmt innere und äußere Erscheinung, das Formenvokabular ist aus der hohen Romanik übernommen. Es ist sicher die originellste Leistung des vielproduzierenden Architektenteams. Das schlicht gehaltene Innere wird ergänzt durch einige Fresken und Fenster aus der Erbauungszeit. Ein Prunkstück ist der Dreiflügelaltar des späten 15. Jahrhunderts vom Kölner Meister der Hl. Sippe. Der Rahmen ist um 1900 entstanden, als man wohl auch die Heiligen Petrus und Johannes den Täufer links und rechts der Kreuzigung in der Mitte kräftig restaurierte. Auf der Rückseite werden acht Szenen aus der Leidensgeschichte berichtet. Unter den Skulpturen des späten Mittelalters bis ins Barock ist wohl die Heilige Barbara, am Mittelrhein um 1470 entstanden, die schönste.

Brey

Keinen Kilometer nach dem Verlassen von Niederspay gelangt man in den kleinen Ort Brey auf der linken Seite der B 9. Mitten im Ort, der ebenfalls Fachwerkhäuser bietet, steht eine kleine katholische *Kapelle*. An das moderne, 1954 entstandene Schiff schließt sich der erhaltene Chor des 14. Jahrhunderts an. Ein kleiner Dachreiter krönt den Bau. Aus dem 14. Jahrhundert stammt auch die zierliche Sakramentsnische im Innern. Ein Rokokoaufsatz und Fenster des frühen 15. Jahrhunderts mit Heiligendarstellungen in Schwarzlotmalerei ergänzen die Ausstattung.

Rhens

Kurz hinter Brey führt die B 9 mitten durch Rhens direkt am Rathaus der ehemaligen kurkölnischen Stadt vorbei. Zwar liegt Rhens im Bistum Trier, war aber für die Kölner Bischöfe schon wegen des Weinanbaus ein äußerst interessanter Besitz. Mancher Grundbesitz ging an die Stifte und Klöster. Beschenkt wurden St. Kunibert, St. Ursula und St. Severin in Köln und die Zisterzienserabtei Altenberg, um nur einige der frohen Weingutsbesitzer zu nennen.

Aber seit dem Ende des 12. Jahrhunderts wird nicht mehr so großzügig verschenkt. Die Kölner Bischöfe sehen hier eine weitere Möglichkeit, ihre Stellung am Mittelrhein auszubauen. Die verpfändete Vogtei, das Gerichtsrecht, wird zurückgekauft, und schon bei den Vorbereitungen für die Wahl Rudolfs von Habsburg 1273 erweist sich die ideale politische Lage des kleinen Ortes. Die Erzbischöfe von Mainz und Köln und der Pfalzgraf trafen sich hier, um Streitigkeiten beizulegen und Vorabsprachen zu tätigen. Kaum ein anderer Ort lag so günstig für die vier Kurfürsten des Westens, die Erzbischöfe von Mainz, Köln und Trier und den Pfalzgrafen. So ist Niederlahnstein oder Kapellen-Stolzenfels bereits trierisches Gebiet, Oberlahnstein kurmainzer Besitz und Braubach mit der Marksburg kurpfälzisch. Verkehrsgunst und Weinanbau waren ebenso beachtete Vorteile für Kongresse.

Weitere Vorbesprechungen für Königswahlen fanden hier 1308 für Heinrich VII. von Luxemburg und 1314 für Ludwig den Bayern statt. Aber das waren nur Vorspiele zur jeweils eigentlichen Wahl in Frankfurt. Ein einschneidender politischer Akt ist erst 1338 der Kurverein von Rhens; dessen herausragendes Ergebnis war die Feststellung, daß der gewählte deutsche König keine päpstliche Bestätigung nötig habe. Besonders der französische Versuch, über die in Avignon residierenden Päpste Einfluß zu nehmen, sogar einen französischen Kandidaten auf den Thron zu heben, sollte so verhindert werden. Gleichzeitig stellten sich die Kurfürsten damit hinter Ludwig den Bayern, der seit Jahren Auseinandersetzungen mit dem Papsttum hatte. Aber langsam entzogen sie ihm die Unterstützung, und da Frankfurt Ludwig treu blieb, wurde Karl IV. 1346 als Gegenkönig in Rhens gewählt.

Die Bestrebungen gingen nun dahin, Rhens endgültig als Wahlort an die Stelle Frankfurts zu setzen. Ohne Erfolg. Wenzel, der Sohn Karls IV., wird 1376 in Frankfurt gewählt. Rhens und damit der Trierer Erzbischof erhält zum Trost das Versprechen, daß am Versammlungsort der Kurfürsten ein steinernes Gestühl errichtet werden soll. Wenzel hat das 1398 bestätigt, und damals begann man mit dem Bau des *Königsstuhles* (Abb. 69). Er sollte bereits zwei Jahre später, 1400, für die Wahl von Wenzels Gegenkönig Ruprecht von der Pfalz genutzt werden. Nach dem Tode Ruprechts 1410 gelingt es nicht mehr, Frankfurt den Rang des Wahlortes streitig zu machen. Man setzt das politisch belanglose Versprechen an die Stelle der Erhebung zum Wahlort, sich nach der Wahl auf dem Weg zur Krönung in Aachen in Rhens auf den Königsstuhl erheben zu lassen. Das mag bei Sigismund 1414 geschehen sein, sicher aber bei Friedrich III. 1442 und zuletzt bei Maximilian I. im Jahre 1486.

Im Laufe der Jahrhunderte mehrfach restauriert, wurde er 1804/05 bei Straßenbauarbeiten unter französischer Herrschaft abgebrochen. Das Steinmaterial wurde verkauft. Auch hier zeigt sich das historische Bewußtsein der französischen Besatzung. Die Erinnerung ließ sich aber nicht vernichten. In romantischer Begeisterung bildete man 1840 ein Komitee für den Wiederaufbau, den Johann Claudius von Lassaulx leitete. Bei Veränderung von Einzelheiten ging er nach den alten Plänen und Ansichten vor. Das Bauvorhaben wurde aus Spenden und aus reichen Gaben der Kasse des preußischen Königs finanziert, und 1842 wurde die Vollendung gefeiert. Schon damals konnte man den Wiederaufbau nicht an der alten Stelle vornehmen, man wäre vorschriftswidrig nah an die Chaussee am Rhein geraten. Die ursprüngliche Stelle lag nördlich des Ortes Rhens am Rhein, wo zuvor in einem ›Baumgarten‹ mit Nußbäumen die Treffen wohl auf hölzernem Gestühl stattgefunden hatten.

1929 versetzte man den Königsstuhl an seine heutige Stelle auf die Höhe Schawall oberhalb des Ortes. Am nördlichen Ortsende linksabgehend führt die Straße nach Waldesch am Königsstuhl vorbei. Nur noch die Basis und das Kapitell des zentralen Pfeilers stammen vom ersten Bau. Die durch Arkaden verbundenen Pfeiler tragen eine achteckige Plattform, die über eine Treppe und Torbogen zugänglich ist. Ein Denkmal nicht verwirklichter Träume von deutscher Einigkeit. An der alten Stelle des Königsstuhles, am Rhenser Brunnen, einer seit dem 16. Jahrhundert gerühmten und exportierten Mineralwasserquelle, erinnert eine Gedenktafel an das Vergangene.

In den Jahren, als man den Königsstuhl errichtete, entstand auch die Stadtmauer, die rechteckig die Stadt einfaßte. Beachtliche Reste sind erhalten geblieben. Am Südende der Rheinfassade ragt der Scharfenturm heraus, dessen Gewölbe auch als Gefängnis dienten. Hier hat manche ›Hexe‹ gelitten, die dann am Königsstuhl als Gerichtsstätte ihr Urteil hören sollte. Von den einst fünf Tortürmen der Stadt sind das Josefstor im Norden der Rheinfassade und das Rheintor in seiner Mitte erhalten. Auf der Westseite der Stadtmauer steht nur noch der innere Torbogen des Viehtores. Stadtrechte, die Rhens heute nicht mehr besitzt, erhielt der Ort in den Jahren des Mauerbaues. Genaueres ist nicht bekannt.

Reizvollstes Zeugnis der städtischen Vergangenheit ist das *Rathaus,* dessen Durchgang 1935 wieder geöffnet wurde (Farbt. 16). Auch das vorspringende Obergeschoß stammt noch aus dem 16. Jahrhundert. Giebel und Zwerchhaus entstanden erst 1709. Den gewachsenen Verwaltungsbedürfnissen trägt ein neues Rathaus im Hintergrund aus dem Jahre 1972 Rechnung.

Trotz der Zerstörungen des Zweiten Weltkrieges sind noch eine Reihe wohlgepflegter Fachwerkhäuser des 16.–18. Jahrhunderts auf einer kleinen Wanderung durch den Ort zu bewundern (Farbt. 13, 14). An der Rheinfront gehören dazu das ›Deutsche Haus‹ von 1566 im Winkel zwischen Stadtmauer und Rheintor und daran südlich anschließend die ›Wackelburg‹ von 1573.

Eine Ruhepause kann man sich dann im Hotel Königsstuhl gönnen. Unter wechselndem Namen wird hier seit Jahrhunderten Gastfreundschaft betrieben. Der Bau des 18. Jahrhunderts wurde von Joseph Kügelgen erbaut, Bruder zweier Maler und Onkel eines dritten Malers, Wilhelm von Kügelgen. Souvenirs und Gemälde erinnern im Gasthof an den Mann, dessen Jugend- und Lebenserinnerungen eines alten Mannes († 1867) bis in unser Jahrhundert hinein immer wieder aufgelegt worden sind. Er hat manche Stunde seines Lebens hier verbracht.

Als stolze Städter glaubten die Rhenser wohl beim Bau ihrer Mauer sich an das Sprichwort, man solle die Kirche im Dorfe lassen, nicht halten zu müssen. Die *Pfarrkirche St. Dionysius* liegt südlich vor der Stadt auf einem Hügel. Der Turm im Westen zeugt von bescheidener Spätromanik des frühen 13. Jahrhunderts in Bruchsteinmauerwerk mit ungefügen Kleeblattblenden und Rhombendach. Wohl zu Anfang des 16. Jahrhunderts, in den Wirren der Reformation, sind spätgotisch Langhaus und Chor entstanden. Der Chor ist mit 5/8-Schluß und Netzgewölbe versehen, das Langhaus mit einer neuen Holzkassettendecke geschlossen. Die zweiflügelige Holzempore erinnert an die Zeit, als Rhens ein Pfand in Besitz der Landgrafen von Hessen war, die die Reformation einführten. Die Barockausstattung aus der Mitte des 18. Jahrhunderts zeugt von der Rückkehr unter katholische Herrschaft seit 1629. Mühsal, Leid und manches harte Schicksal waren damit verbunden.

Eine Marienkapelle von 1643 unterhalb der Kirche als Anfang eines Stationsweges ruft die Bemühungen der Gegenreformation in Erinnerung.

Anfang unseres Jahrhunderts entschloß man sich, wegen Baufälligkeit und aus Raummangel westlich der Stadt eine neue Pfarrkirche zu errichten. Der Mainzer Architekt Ludwig Becker erhielt den Auftrag für den neugotischen Bau von *St. Theresia*, 1906 wurde dieser begonnen und 1908 vollendet. Manchen Schluck ›Rhenser Sonnenlay‹ oder ›Rhenser König Wenzel‹ mag auch der Architekt dabei genossen haben.

Burg Stolzenfels

Der Stadtteil *Kapellen-Stolzenfels* gehört bereits zur Stadt Koblenz. Sie schenkte 1823 die Ruine der Burg dem Kronprinzen und zukünftigen König Friedrich Wilhelm IV. von Preußen und verhalf damit einem der schönsten Baudenkmäler des frühen 19. Jahrhunderts zur Entstehung. Bevor man zu Fuß den Aufstieg wagt, kann man noch einen Blick auf die katholische *Pfarrkirche St. Menas* werfen. Der Saalbau in noch barocker Tradition, in modischen Rundbogenstil gekleidet, entstand 1826–28 nach den Plänen des Koblenzer

Burg Stolzenfels, um 1840, W. Becker. Aquatinta

Architekten Johann Claudius von Lassaulx, der auch am Bau der Burg darüber beteiligt wird.

Burg Stolzenfels entstand als erste Trierer Befestigung am linken Rheinufer unter Erzbischof Arnold II. von Isenburg (1242–59). Unter Balduin von Luxemburg, dem großen Trierer Bischof der ersten Hälfte des 14. Jahrhunderts, wird die Festung ausgebaut, durch zwei verschwundene Mauerzüge mit der Befestigung des kleinen Ortes Kapellen verbunden und zur Trierer Zollstätte gemacht. Erst als 1412 der Trierer Rheinzoll nach Engers verlegt wird, verliert die Burg wieder an Bedeutung. 1689 wird sie von den Franzosen zerstört und kommt unter der französischen Besetzung des Rheinlandes nach der Revolution in städtischen Besitz.

Erste Pläne von Johann Claudius von Lassaulx und von Karl Friedrich Schinkel im Jahr der Schenkung 1823 kamen nicht zur Ausführung. Nur ein Weg zur Burg wurde 1824 hergerichtet. Erst 1835 entschließt sich der Kronprinz zum Ausbau der Burg und genehmigt 1836 Schinkels Entwurf. Noch folgt der Baumeister dabei der Forderung des Prinzen, »die Überreste so viel als möglich zu schonen und auf alten Grundmauern ein, den Bedürfnissen der jetzigen Zeitverhältnisse entsprechendes, vollständiges Ganzes wiederherzustellen«.

Erst in einem zweiten Planungs- und Bauabschnitt nach 1839, an dem Schinkel nicht mehr beteiligt war (er starb 1841), wird dem zuerst aufgebauten Osttrakt der Rheinseite, mit Wohnturm und Palas, der Westtrakt mit seinen kleineren Räumen gegenübergestellt. Alles überragt der fünfseitige Bergfried, vom Wehrgang umgeben. Die Burg ist durch drei Höfe gegliedert.

Nach dem alleenartigen Aufstieg, an der unverputzten Klause mit den Bedienstetenwohnungen vorbei, betritt man zuerst über die Brücke den äußeren Burghof, der als Terrasse einen weiten Ausblick gestattet. Durch das Burgtor gelangt man in die Enge des inneren Burghofes, von dort über zwei Treppenläufe unter zierlichen Säulen und Gewölben in den Pergolagarten (Farbt. 19) mit dem Adjutantenturm als Abschluß – eine kontrastreiche Staffelung der Räume, die südlich, fast spanisch anmutet. Sie macht deutlich, daß Stolzenfels, ohne Heizungsmöglichkeit errichtet, als Sommerresidenz, ergänzend zur Residenz im Koblenzer Schloß, gedacht war.

Im Innern bietet sich ein selten so vollständig erhaltener Reichtum der Ausstattung. Beim Mobiliar angefangen, wächst sie mit zusammengetragenen älteren Stücken und neuen historisierenden, mit Stoffen, Wandgestaltung, Glasfenstern, Gemälden und Waffen zum Klang einer Epoche zusammen. Hier spürt man die vergebliche Hoffnung der Zeit vor der Revolution, bruchlos die Vergangenheit in die moderne Welt überführen zu können. Die flachen Zinkdächer statt der hohen Dachflächen hinter den Zinnen verborgen, das moderne und modische Gußeisen an vielen Stellen sind noch Teil einer geschlossenen Atmosphäre.

Die große Terrasse der Rheinseite trägt auf einer Säule Christian Rauchs vergoldeten Adler, stolzes Zeichen preußischer Herrschaft. Die Wand des Saalbaus dahinter zeigt ein Wandgemälde Johann Adolf Lasinskys: König Ruprecht von der Pfalz wird mit seiner Gemahlin, einer Hohenzollern, in Koblenz begrüßt. Das Rheinland wird zur Heimat der Familie erhoben.

Darunter öffnen sich im Saalbau des Palas drei Eingänge in die Sommerhalle, im heraldischen Blau-Weiß der Wittelsbacherin Elisabeth, der Gemahlin des Kronprinzen, gehalten. Auch die Ehe mit der Katholikin war noch ein weiterer Versuch, die Gegensätze, die die Geschichte geboren hatte, wieder zu versöhnen.

Über dem Saalbau liegt der große Rittersaal, der mit seinen zarten Säulen und dem dünn gezeichneten Gewölbe das Vorbild des Remters der Marienburg ahnen läßt, des großen Restaurierungsvorhabens der Zeit. Im Wohnturm daneben schließt sich der kleine Rittersaal an, als Salon des Kronprinzen geplant, mit Wandgemälden des Berliners Hermann Stilke, die ritterlichen Tugenden mittelalterlicher Könige und Helden preisend.

Von der Terrasse aus ist in einem Durchgang die Kapelle zugänglich. Sie ist erst 1845 nach den Plänen Karl Schnitzlers auf den Mauern einer mittelalterlichen Vorgängerin entstanden. Steinsichtig gehalten, wie auch die anderen späteren Bauteile, ist sie die Krönung der Anlage. Man spürt die Anregung der gerade vollendeten Apollinariskirche in Remagen, die der Kölner Dombaumeister Ernst Friedrich Zwirner geplant hatte. Wie dort sind auch hier weite Wandflächen für Wandmalereien freigehalten. Von dort kam auch Ernst Deger, nazarenisch geschult, der vom Sündenfall über Vertreibung aus dem Paradies, Opfer Isaaks, Verkündigung, Geburt Christi, Himmelfahrt, Pfingstwunder und Jüngstes Gericht den Lauf der christlichen Weltgeschichte einfängt. Ergänzung und Kontrapunkt ist der technische Prunk der gußeisernen Treppe.

Als 1842 der größte Teil der Bauarbeiten abgeschlossen war, am 4. September des Jahres war der Grundstein für die Vollendung des Kölner Domes gelegt worden war, hielt der König am 13. September mit Fackelzug und mit seiner Begleitung in historischen Kostümen Einzug auf Stolzenfels, Denkmal unerfüllter Hoffnungen.

Koblenz

Nahe der Mündung der Mosel in den Rhein wurde zur Zeit, als Tiberius nach 9 n. Chr. Oberbefehlshaber am Rhein war oder zur Zeit seiner Herrschaft als Kaiser (14–37 n. Chr.) ein Kastell zur Sicherung des Moselübergangs der Straße Mainz – Köln angelegt. Spätestens in der ersten Hälfte des zweiten Jahrhunderts wurde eine hölzerne Moselbrücke, etwas unterhalb der Balduinsbrücke, gebaut. Die Lage an der Mündung vereinfachte den Römern auch die Namensfindung: Confluentes – die Zusammenfließenden (Flüsse).

Reste des tiberianischen Holz-Erde-Kastells hat man am Münzplatz angetroffen und darüber auch die Fundamente eines Neubaus in Stein, wohl aus der Zeit Kaiser Vespasians (69–79). Durch die Einrichtung des jenseits des Rheins gelegenen Limes unter Kaiser Domitian (81–96) wurde Koblenz zum Etappenort. Die folgenden anderthalb Jahrhunderte verliefen für Koblenz friedlich. Wahrscheinlich hat man damals, etwa im Verlauf der Rheinstraße, eine Holzbrücke über den Rhein angelegt, um die Verbindung zum Limes zu sichern. Mitte des dritten Jahrhunderts zwingen die immer wieder vordringenden Franken die Römer zur Aufgabe des Limes. Überfallartig dringen die Franken bis nach Koblenz vor, plündern und zerstören den unbefestigten Ort.

Erst danach wird zur Zeit Kaiser Konstantins um 300 die Siedlung mit einem festen Mauerring umgeben. So nutzt wohl der östliche Turm der Alten Burg römischen Unterbau, der Chor von St. Florin steht über den Grundmauern eines römischen Turmes, und die beiden nächsten Türme der römischen Mauer sind ins Pfarrhaus von Liebfrauen einbezogen. Der nördliche der beiden ragt noch bis über den Dachboden auf. Der nicht sehr regelmäßigen Linie der engen Befestigung folgen, über dem Graben angelegt, die Straßen Altengraben, Plan, Entenpfuhl und Kornpfortgasse.

Im 5. Jahrhundert wurde mit dem Abzug der römischen Truppen und der römischen Verwaltung auch Koblenz Teil des Frankenreiches. Der schon erwähnte Pfarrhof von Liebfrauen war der fränkische Königshof, in dem 585 der gerade fünfzehnjährige König Childebert II. die Gesandten seines Onkels König Guntram von Neustrien empfing. So berichtet Gregor von Tours, der selbst zur Gesandtschaft gehört hat. Große Bedeutung scheint der Königshof nicht gehabt zu haben. Die wichtigen Beratungen der späten Karolingerzeit finden nicht hier, sondern im 836 geweihten Stift St. Kastor vor den römischen Mauern statt. Dort treffen sich im Oktober 842 die Bevollmächtigten Lothars I.,

Koblenz mit Ehrenbreitstein (Hermanstein), St. Kastor, St. Florin, Liebfrauenkirche und Erzbischöflicher Burg. Kupferstich von Matthäus Merian, 1646 ▷

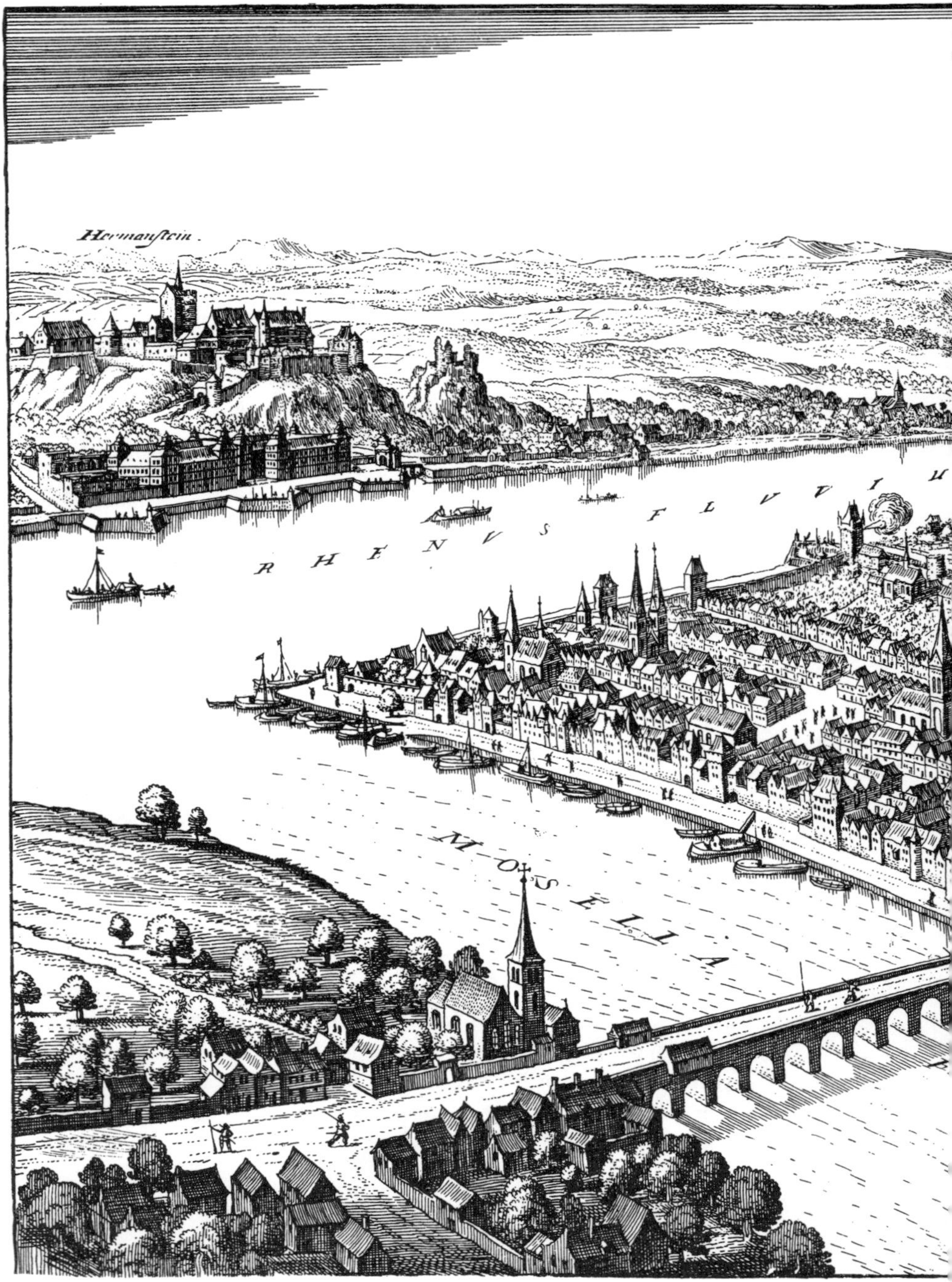

Hermanstein.
RHENUS FLUVIU
MOSELLA

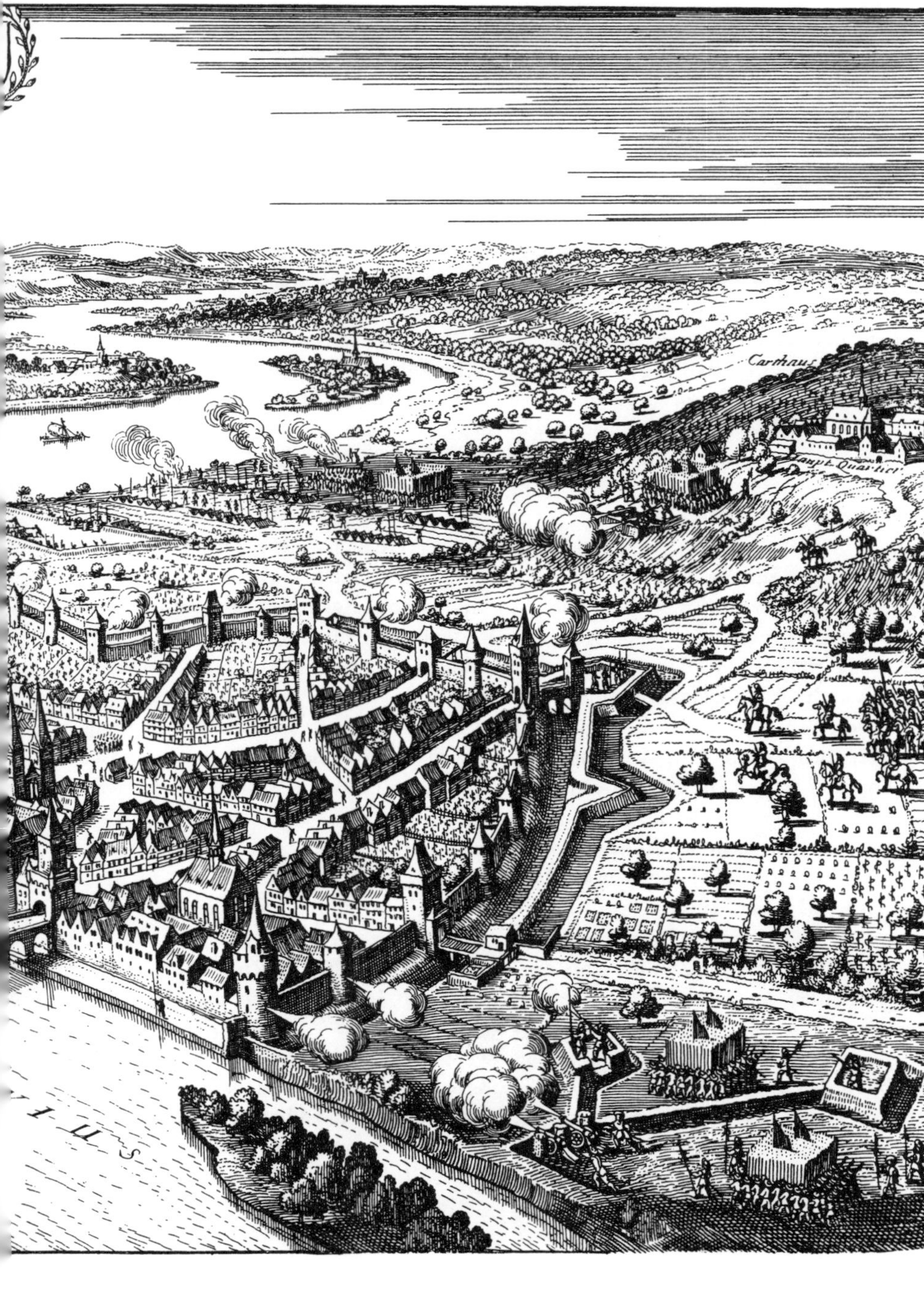
Carthaus
Haupt Quartier

Ludwigs des Deutschen und Karls des Kahlen, um die Reichsteilung zu besprechen, die im folgenden Jahr zu Verdun vertraglich festgelegt wurde. Auch spätere Verhandlungen zwischen Karolingerkönigen fanden in Koblenz oder in der Nähe statt. Für die Wahl des Ortes spielte die günstige Lage zwischen westfränkischem und ostfränkischem Reich im lotharingischen Teil die entscheidende Rolle. Die noch intakte römische Mauer schützt Koblenz, Fluchtort für die ganze Umgebung, 881 vor der Plünderung durch die Normannen.

925 wird Koblenz endgültig Teil des Deutschen Reiches und bald darauf verschenkt. Heinrich II., der Heilige gab den Königshof mit Zoll und Münzrecht und allem sonst Dazugehörigen 1018 an Erzbischof Poppo von Trier. Poppo war zuvor Dompropst in Heinrichs Gründung Bamberg gewesen, nun ein vertrauenswürdiger Gehilfe in seiner Auseinandersetzung mit den Konradinern am Rhein. Erzbischof Poppo gelingt es schon 1020, in den Besitz der Burg des Konradiners Ehrenbert auf der anderen Rheinseite, des späteren Ehrenbreitsteins, zu kommen. Damit ist der Grundstock für die Erwerbungen der Trierer Erzbischöfe am Mittelrhein und bis in den Westerwald gelegt. Stadt und Festung werden häufiges Quartier und seit dem Ende des Mittelalters ständige Residenz des Trierer Erzbischofs.

Schnell blüht die Stadt auf. Im 12. und 13. Jahrhundert erhalten die Kirchen im wesentlichen ihre heutige Form, und die Stadtmauer wird erweitert. Um den wachsenden Übermut der Bürger zu dämpfen, wird die Alte Burg vom Erzbischof ausgebaut. Der Deutsche Orden, die Franziskaner und Dominikaner lassen sich früh im 13. Jahrhundert hier nieder. Anfang des 14. Jahrhunderts wird unter Erzbischof Balduin die Moselbrücke errichtet. Koblenz hat sich als wichtigster Ort im Mittelrheintal erwiesen.

So vorteilhaft das in friedlichen Zeiten war, so nachteilig wurde diese Bedeutung in kriegerischen Zeiten. Eine der blutigsten Schlachten der Auseinandersetzung zwischen Philipp von Schwaben, dem Hohenstaufen, und Otto IV., dem Welfen, spielte sich am 8. September 1198 im fast ausgetrockneten Flußbett der Mosel ab. Die Stadt wurde dabei verwüstet. Noch mehrfach sollte das geschehen. Im Dreißigjährigen Krieg wurde Koblenz 1632 von den Schweden und 1636 wieder von den Kaiserlichen erobert. Danach stand nur noch die Hälfte der Häuser. Das aber war immer noch mehr, als die Beschießung der Stadt durch die Franzosen im Pfälzischen Krieg 1688 übrigließ. Von 300 Häusern waren 223 niedergebrannt und 21 zerstört. Aber die Festungswerke hielten. Nach acht Tagen ziehen die Franzosen wieder ab, nicht ohne unterwegs noch Stolzenfels und Burg Lahneck zu zerstören.

Die großen barocken Befestigungsanlagen der Stadt opfert der letzte Trierer Kurfürst und Erzbischof, Clemens Wenzeslaus von Sachsen (1768–1802), seinen Neubauplänen: ein großzügig geplantes Schloß am Rhein und anschließend an die mittelalterliche Stadt seine klassizistische Planungsstadt, die Clemensstadt. Aber bevor seine Pläne vollendet sind, haben die Franzosen 1794 wieder Koblenz besetzt. Klöster und Stifte werden aufgehoben, manches wird zerstört.

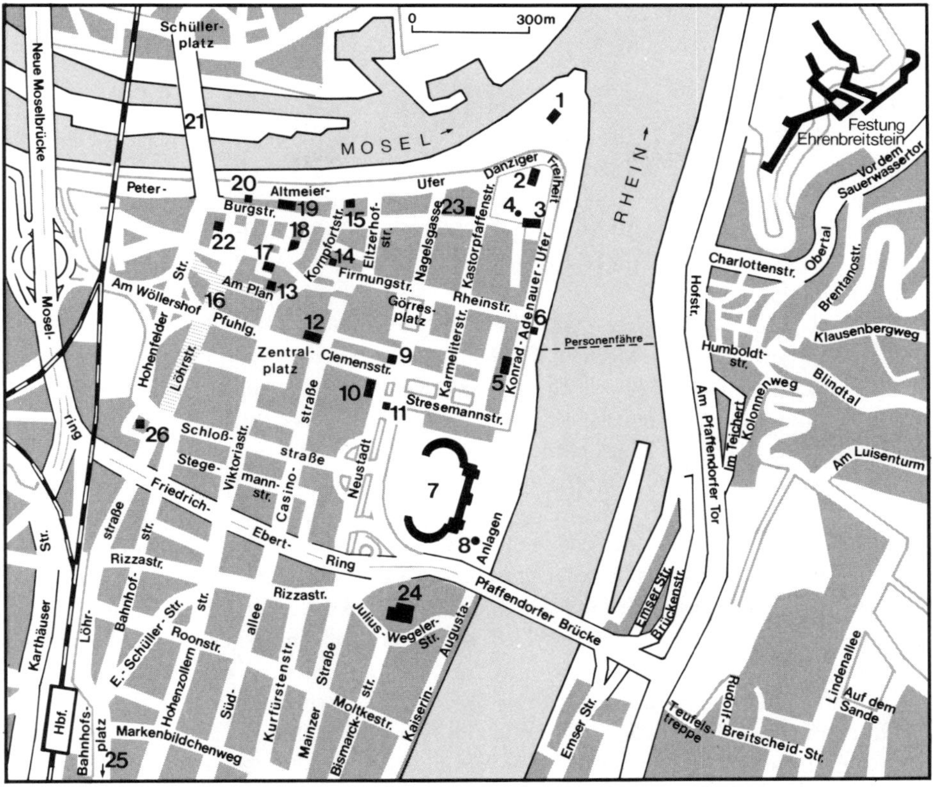

Koblenz 1 Deutsches Eck 2 Deutschherren-Haus 3 St. Kastor 4 Kastorbrunnen 5 Regierungsgebäude 6 Rheinkran 7 Kurfürstliches Schloß 8 Görres-Denkmal 9 Lassaulx-Haus 10 Stadttheater 11 Clemens-Brunnen 12 Rathaus und Jesuitenkirche 13 Eltz-Rübenacher Hof (›Dreikönigenhaus‹) 14 Krämerzunfthaus 15 Deutscher Kaiser 16 Vier Türme 17 Liebfrauenkirche und Michaelskapelle 18 St. Florin 19 Bürresheimer Hof, Kaufhaus, Schöffenhaus (Mittelrheinmuseum) 20 Alte Burg 21 Balduinsbrücke 22 Metternichscher Hof 23 Von der Leyensche Hof 24 Rhein-Mosel-Halle 25 St. Josef 26 Herz-Jesu-Kirche

Nach 1815 folgt dann ein friedliches Jahrhundert unter preußischer Verwaltung, unter der der Ehrenbreitstein zu einer der größten Festungen Europas ausgebaut wird. Rhein- und Moselufer werden verbreitert und in Anlagen verwandelt. Das grandiose Regierungsgebäude und das pompöse Denkmal für Kaiser Wilhelm I. am Deutschen Eck entstehen (Abb. 76). Ein halbes Jahrhundert später gilt Koblenz am Ende des Zweiten Weltkrieges als zu 83 % zerstört. Der großzügige Wiederaufbau tut ein übriges. Noch in den sechziger Jahren reißt man einen intakten Zug der mittelalterlichen Stadtmauer ab, um einen der kältesten Plätze des Rheinlandes, den Zentralplatz, zu schaffen. – Stürzen wir uns in diese merkwürdige Mischung aus großstädtischer Hektik und rheinischem Charme, aus Geschäftsstraßen, Verwaltungsbauten und Winkeln, in denen die Zeit langsamer verstreicht.

Der erste dieser Plätze, die man meist ansteuert, ist das *Deutsche Eck* (Abb. 75). Hier, an der Ecke der Stadtmauer, an der Mündung der Mosel in den Rhein, hatte 1216 der Deutsche Orden Grund und Boden aus dem Besitz des Stiftes St. Kastor vom Erzbischof als Geschenk erhalten. So kam das Deutsche Eck zu seinem Namen, der uns heute – in vielfältig gebrochener Weise – national anrührt. Die weiten Uferanlagen, die heute die Bauten von der Mündung trennen, sind erst im 19. Jahrhundert entstanden, als man die Flüsse regulierte und die Ufer anschüttete.

Die Koblenzer Niederlassung war direkt dem Hochmeister unterstellt und verwaltete zahlreiche Besitzungen von Mecheln bis Mainz. Dementsprechend großzügig waren einmal die Anlagen. Von der 1306 geweihten Hallenkirche ist schon im frühen 19. Jahrhundert nur noch die Südwand mit ihren Konsolen erhalten geblieben. Von der Dreiflügelanlage des Hofes hat man nach den Zerstörungen 1944 nur den Rheinflügel, den Sitz des Komturs (*Deutschherren-Haus*) wiederhergestellt (s. Abb. 75, links). An den Giebelwänden erinnern die schwarzen Kreuze an den Deutschen Orden; ein spätgotischer Bau, barock umgestaltet, strahlend erneuert. In den Mauern der Ruinen ist ein Blumenhof entstanden, reizvoll zu jeder Jahreszeit, den man als Durchgang zu St. Kastor nutzen kann.

Zuvor aber noch einen Blick auf den Sockel des Denkmales für Kaiser Wilhelm I. Die Landzunge zwischen Rhein und Mosel hat man dafür noch einmal vergrößert. Anlage und Sockelarchitektur entwarf Bruno Schmitz, von dem auch das Völkerschlachtdenkmal in Leipzig stammt, das Denkmal selbst ist von Emil Hundrieser; es fiel im 2. Weltkrieg einem Volltreffer zum Opfer. Ein Modell ist noch im Mittelrhein-Museum zu bewundern. Beide Künstler haben auch gemeinsam das Kyffhäuserdenkmal gestaltet. Schon die Steinsockel mit ihren Löwenmasken, die die Schiffsanlegestellen markieren sollten, lassen den fiebrigen Glanz wilhelminischer Größe spüren. Seit 1953 ist die Anlage Mahnmal der Deutschen Einheit.

Wenige Schritte rheinaufwärts lockt *St. Kastor* (Farbt. 20). Hier hatte Erzbischof Hetti von Trier um 817 mit dem Bau einer Kirche begonnen, in die 836 zur Weihe im Beisein Ludwigs des Frommen Reliquien des Heiligen Kastor aus Karden an der Mosel übertragen wurden. Es muß ein prächtiger Bau gewesen sein. In der Lebensbeschreibung Ludwigs des Frommen wird ausdrücklich von lapidibus quadratis, von sorgfältig behauenen Steinen gesprochen. Von dieser Sorgfalt zeugen noch die zehn Pilasterkapitelle des zweiten Geschosses des Westbaus (Abb. 78). Flach gehalten und in klarer Linienführung zeigen sie vier verschiedene Anordnungen von Stegen, Ranken, Rosetten und Blattschmuck. Sie sind im 11. Jahrhundert bei Errichtung oder Erneuerung des Westbaus an dieser Stelle verblieben. Die kleinen Rundbogenfriese dazwischen sind nachträglich eingefügt und die oberen Geschosse der beiden Türme erst Ende des 12. oder Anfang des 13. Jahrhunderts. Der Eingangsbau zwischen den beiden Türmen ist Mitte des 19. Jahrhunderts bei einer durchgreifenden Restaurierung völlig erneuert worden. Das Portal stammt vom Werkmei-

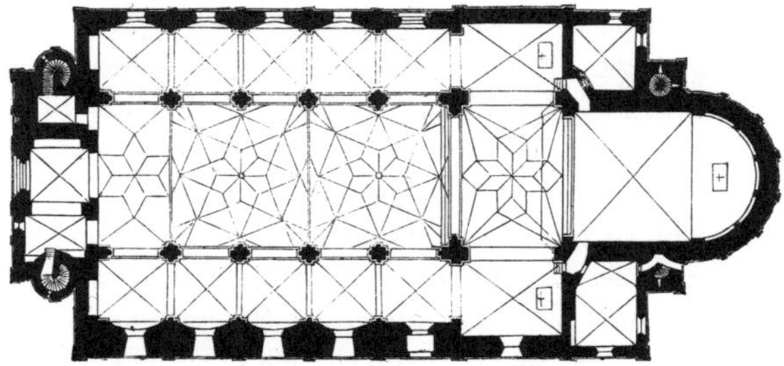

Koblenz, St. Kastor, Grundriß

ster am Kölner Dom Franz Schmitz, 1859 erstellt, und das Tympanon entstand sieben Jahre später in der Werkstatt des Bildhauers Joseph Fuchs, der ebensooft für den Kölner Dom arbeitete. Das galt offensichtlich als gute Empfehlung.

Nach den ersten Arbeiten am Westbau beginnt man erst ein Jahrhundert später unter Propst Buvo (1147–58) mit dem eigentlichen Neubau. Man beginnt mit dem Chor, der so sehr früh und teils noch etwas gedrückt wirkend Kleeblattbögen, Zwerggalerie und Rautendächer der Chorflankentürme zeigt. Die Kleeblattbögen schmücken das untere Geschoß der Apsis. In der Reihe der Fenster darüber wird das Achsfenster von zwei Löwen behütet. An das Chorjoch schließen sich die Chorflankentürme und zwei Sakristeiräume an, in der Breite der Seitenschiffe durchgezogen. Das ältere Querhaus blieb erhalten, als man dann mit dem Bau des dreischiffigen Langhauses begann, das 1208 geweiht werden konnte. Ursprünglich war es flachgedeckt, erst 1496–99 hat man pittoreske, tief angesetzte Sterngewölbe eingezogen. Vorher muß das Schiff höher und steiler gewirkt haben, sparsam durch die Zwillingsarkaden als Scheinemporen gegliedert. Die Fenster des Obergadens wurden bis zur gotischen Einwölbung von Lisenen und Rundbögen umzogen. Die Rundbögen sind über dem spätgotischen Gewölbe erhalten, die restlichen Lisenen hat man abgearbeitet und mit Sockeln für vier Prophetenfiguren, wieder von Peter Fuchs 1858, versehen.

Schon 1848 hatte man in den Anfängen der Restaurierung die barocken Altäre beseitigt und durch neue nach den Entwürfen des Koblenzer Architekten Johann Claudius von Lassaulx ersetzt. Nur der Bronzekruzifixus über dem Hauptaltar, 1685 von Georg Schweigger in Nürnberg geschaffen, ist bereits seit 1722 in St. Kastor. Gleichzeitig hatte der aus Koblenz gebürtige Nazarener Joseph Anton Settegast mit einer neuen Ausmalung der Kirche begonnen. Auch an der Ausmalung des Mainzer Domes hat er ja mitgewirkt. Bei den Vorbereitungen für seine Arbeiten entdeckte man in der Kalotte der Apsis ein Fresko des späten 13. Jahrhunderts: Christus als Richter des Jüngsten Gerichts. Settegast ließ sich dadurch nicht abhalten, und so bedeckt seine Darstellung der Hl. Dreifaltigkeit heute noch das Fresko.

Trotz der an Verwüstungen reichen Geschichte der Stadt hat St. Kastor noch manche Schätze bewahrt. Prunkstücke allerersten Ranges sind dabei die beiden Wandgräber, in Nischen eingetragen und von reicher Architektur gerahmt, der Trierer Erzbischöfe Kuno von Falkenstein († 1388) und seines Neffen Werner von Königstein († 1418). Auf der Nordseite wird Kuno von Falkenstein, mit 225 cm mehr als lebensgroß, von drei kleinen Trauernden begleitet. Eine Reihe, die sich ursprünglich rings um seinen Sarkophag fortsetzte. Die Rückwand der Nische füllt eine Kreuzigungsdarstellung mit Kuno als Stifter. Die farbige Fassung des Grabdenkmals ist neu.

Das gilt auch für das Grabmal seines Neffen Werner von Königstein, das ebenso wie das seines Onkels zu den hervorragenden mittelrheinischen Plastiken seiner Zeit gehört. Über seinem Kopf halten zwei Engel sein Wappen, und den Hintergrund der Nische bildet ein kaum noch erkennbares Schweißtuch der Hl. Veronika. Bei einem Vergleich der beiden Köpfe meint man die Entwicklung von idealisierter Darstellung zum Porträt spüren zu können.

Unter den zahlreichen, bis ins 18. Jahrhundert reichenden Grabdenkmälern fällt noch eines auf: Hinter den Bänken des südlichen Seitenschiffes steht ein stolzes adliges Ehepaar, gerahmt von zwei Arkadenbögen, darüber die Wappenschilde und ein geflügelter Turnierhelm mit Schwanenkopf. Der Schwanenritter ist, breit aufgeplustert, der Koblenzer Amtmann Friedrich von Sachsenhausen mit seiner demütig betenden Ehefrau Sophie Schenk von Liebenstein. So verewigte der Spitzenbeamte des Trierer Erzbischofs in Koblenz seine Ritterideale im standesgemäßen Sonntagsanzug.

Die Kanzel mit ihrem reichen, farbig gefaßten Schmuck, 1625 datiert, ist vielleicht eine Arbeit des damals in Koblenz tätigen Bildhauers Peter Kern. Die mit Akanthusblättern geschmückte Balustersäule trägt den Kanzelkorb, dessen vier Seiten die vier Evangelisten bei der Arbeit zeigen, begleitet von vier Kirchenvätern und Christus als Guter Hirte. Aus der gleichen Zeit stammt noch das Gitter der Treppe, eine saubere Schmiedearbeit.

In der Mitte des nördlichen Seitenschiffes dann der Schrein der seligen Rizza in seinem neugotischen Gehäuse, Mitte des 19. Jahrhunderts. Rizza, die eine Tochter Ludwigs des Frommen gewesen sein soll, hatte dem Stift ihren Hof in Kobern geschenkt und war, wundertätig, 1265 auf Wunsch der Stadt Koblenz vom Papst selig gesprochen worden. Sie begegnet noch einmal auf den Gemälden des späten 15. Jahrhunderts, die einst die Chorschranken zierten und jetzt an der Südwand des Querhauses angebracht sind. Ein Spruchband mit den Worten des Glaubensbekenntnisses verbindet die Apostel, Christus, Maria, Kastor und Rizza. Ein Gnadenbild des 15. Jahrhunderts, eine sanfte Maria mit Kind, befindet sich seit 1849 als Geschenk in der Kirche.

Bevor man die Kirche verläßt, sollte man noch den Marmorskulpturen des späten 18. Jahrhunderts neben dem Westeingang einen Blick schenken. Angeblich sollen sie aus dem Koblenzer Schloß stammen.

Der weite Platz vor St. Kastor war ursprünglich enger begrenzt und mit einem Torbau abgeschlossen. Heute fällt der Blick vor der Kirche zuerst auf einen *Brunnen*, mehr als Denkmal gedacht, den der französische Präfekt Jules Doazan 1812 zur Erinnerung an den Rußlandfeldzug Napoleons errichtete. Die Inschrift darunter verzeichnet eine nachträgliche Genehmigung durch den russischen Stadtkommandanten am 1. Januar 1814. Eines der sehr seltenen Beispiele dafür, daß Sieger auch Humor haben können (Abb. 77).

Weiter rheinaufwärts liegt zwischen St. Kastor und dem Schloß das meist zu wenig beachtete neuromanische *Regierungsgebäude.* Nach einem Brand im Jahre 1901 gab es zwar erst Auseinandersetzungen zwischen den in Koblenz beamteten Architekten und Berlin, der Kaiser selbst griff ein, aber das Ergebnis ist ein beeindruckendes Gegengewicht zum Denkmal am Deutschen Eck. Der Bau ist durch zwei Innenhöfe gegliedert. Schon außen erstaunen die kostspieligen Steinmetzarbeiten der Portale, wo sich an manchen Stellen der Jugendstil in die Neuromanik des Wilhelminismus einschleicht. Die Symmetrie des Baus wird durch die ungleich hohen Ecktürme und durch manche Vor- und Zwischenbauten gemildert. Ein ›großer Bahnhof‹ für die Regierung. Aber schließlich hatte man ein Gegengewicht zum glanzvollen Schloß des letzten Kurfürsten zu schaffen, das als Residenz in der Residenzstadt Koblenz im preußischen Königreich diente. Die Kaiserin-Augusta-Anlagen südlich der Ehrenbreitsteiner Brücke erinnern noch an ihre Vorliebe für Koblenz. Unter Beratung von Fürst Pückler-Muskau und Peter Lenné entstanden sie um 1860.

Gleichzeitig kommt man auf dem Weg zum Schloß auch noch am alten *Rheinkran* vorbei, der wohl 1611 nach einem Entwurf des Jülicher Festungsarchitekten Johann Pasqualini entstanden ist, ein jüngerer Verwandter des Andernacher Krans.

Rheinseitig vor dem *Schloß* (Abb. 79) befinden sich Anlagen, in denen Josef Görres, der große Sohn der Stadt, sein Denkmal erhielt. Er hat mit dem von ihm herausgegebenen ›Rheinischen Merkur‹, den Napoleon als die fünfte Großmacht bezeichnete, den Einfluß der Publizistik erstmals vorgeführt. Kurfürst Clemens Wenzeslaus von Sachsen hat die Vollendung des Schlosses nur kurze Zeit genießen können. 1768 war er Erzbischof von Trier geworden und hatte die Residenz in Ehrenbreitstein bezogen. 1777 konnte mit dem Bau des Schlosses begonnen werden, und 1786 war es bezugsfertig. Seit 1789 sammeln sich in Koblenz die Emigranten. Die Stadt wird zur Hauptstadt des auswärtigen Frankreich. Hatte doch Clemens Wenzeslaus durch seine Schwester beste Beziehungen zum französischen Hofe und Ludwig XVI.; Ludwig XVIII. und Karl X. waren seine Neffen. 1792 muß er ein erstes Mal vor dem Anmarsch französischer Truppen fliehen, 1794 mußte er Koblenz endgültig verlassen. Bis zu seinem Tode 1812 sollte er es nicht wiedersehen.

Der Schloßbau ging nicht ohne Schwierigkeiten vonstatten. Der französische Architekt Michel d'Ixnard hatte die ersten Entwürfe geliefert, an denen ständig geändert werden mußte. Auch fand dann die Pariser Akademie, der man die Pläne zur Prüfung – etwas spät – vorlegte, grobe Kunstfehler. Der neue Mann war Antoine François Peyre d. J., der seinen Entwurf auf das schon Begonnene stützen mußte. Dabei wurde er, wie bis heute üblich, von einer vielköpfigen gewichtigen Kommission beraten. Man machte Abstriche an d'Ixnards Plan, deren Verwirklichung bereits übermannshoch gediehen war. Das dritte Geschoß des Hauptbaus wurde nun niedriger, die geplante zentrale Kuppel wurde zu einem bescheidenen Aufbau. Trotzdem reichten die bewilligten Mittel nicht. Am Ende waren bald 1 Million Gulden verbraucht, das Dreifache der zuerst veranschlagten Summe. Schon 1799, inzwischen war Koblenz französisch besetzt, wurde die kostbare Inneneinrichtung wieder versteigert. Und die letzten Kostbarkeiten im Inneren, die Stuckierungen und die Deckenfresken Januarius Zicks, vernichtete der letzte Krieg. An den heute als Behördensitz genutzten Hauptbau mit seinen Fronten mit ionischen Säulen schließen sich nur im Grundriß wiederaufgebaute halbkreisförmig ausschwingende niedrige Seitenflügel an. Trotz aller Wunden, die die vergangenen zwei Jahrhunderte geschlagen haben, eine gelungene Leistung des frühen Klassizismus im Rheinland.

Westlich des Schlosses öffnet sich das große Schloßrondell, und links und rechts der Schloßstraße erstreckt sich das Gebiet der *Clemensstadt,* der gleichzeitig mit dem Schloßbau begonnenen Stadterweiterung. Nach vorgegebenem Straßenplan, die Fassaden genehmigungspflichtig, wurde hier das Wachstum der Stadt gefördert. Sogar ›nützliche‹ Protestanten durften zuziehen. Nach den schweren Zerstörungen des Krieges ist vieles verändert, bescheidener wieder entstanden, aber die großzügige Konzeption blieb. Die Hauptrolle spielte die Nord-Südverbindung zur Altstadt. Dort mußten die Befestigungen niedergelegt, die Gräben aufgefüllt werden. An der Clemensstraße 2, Ecke Poststraße entstand dabei 1786 das *Haus des Hofrats Ernst von Lassaulx,* Vater des Architekten Johann Claudius, jetzt im Besitz der Dresdner Bank, ein edler Bau noch heute.

Am anschließenden Deinhard-Platz, dem Kenner deutschen Sektes braucht der Name nicht weiter erläutert zu werden, liegt das ›Komödienhaus‹, das heutige *Stadttheater.* 1787 war es nach den Entwürfen von Johann Andreas Gärtner und des kurfürstlichen Baudirektors Peter Josef Krahé entstanden. Die zurückhaltende klassizistische Fassade mit ihren toskanischen Pilastern trägt die Inschrift: ›Musus, moribus et publicae laetitiae‹, den Musen, den Sitten und der öffentlichen Freude.

Gegenüber wurde 1970 der *Clemensbrunnen* neu aufgestellt. Der fortschrittliche Fürst Clemens Wenzeslaus hatte sein Schloß von jenseits der Mosel durch gußeiserne Röhren mit frischem Wasser versorgen lassen. Seine Untertanen blieben erst einmal auf Ziehbrunnen angewiesen. Erst 1791 entschloß er sich, auf dem Clemensplatz diesen Obelisken zu errichten und an seine Leitung anzuschließen. Er ist mit der bescheidenen Inschrift: Clemens Wenzeslaus elector vicinis suis 1791, Clemens Wenzeslaus seinen Nachbarn, versehen. Allergnädigste Bescheidenheit und revolutionäre Töne können doch sehr nah beieinanderliegen.

Vorüber am Laussaulxschen Haus haben wir nach wenigen Schritten wieder die Altstadt erreicht. In Richtung des ältesten Stadtkerns treffen wir auf die *Jesuitenkirche,* von der nur noch die Fassade aus dem frühen 17. Jahrhundert stammt. Die Gebäude des Jesuitenkollegiums werden heute als *Rathaus* genutzt.

Entlang der Firmungstraße treffen wir auf den Straßenring über den Gräben vor der römischen Stadtmauer, hier auf Entenpfuhl und Kornpfortstraße. In Richtung der Mosel liegen hier auf der Kornpfortstraße der *Eltz-Rübenacher Hof,* nach einem Relief ›Dreikönigenhaus‹ benannt, 1701wohl vom kurtrierischen Hofbaumeister Johann Christoph Sebastiani errichtet. Gegenüber das etwas jüngere *Krämerzunfthaus* von 1708–10 mit den Skulpturen des Hl. Michael, Maria, Tobias mit dem Engel und der Justitia.

Noch weiter moselwärts steht eines der Häuser, das die französische Belagerung von 1688 überstanden hat, der *›Deutsche Kaiser‹* des Koblenzer Schöffen und erzbischöflichen

Münzmeisters Konrad von Langenfeld, der 1520 starb. Turmartig schmal, aber langgestreckt mit einem schönen Maßwerkfries als Abschluß des hohen Hauses.

Umgeht man den Altstadtkern in entgegengesetzter Richtung, steht man auf der Straßenkreuzung Altengraben / Am Plan / Löhrstraße / Marktstraße zwischen den *›Vier Türmen‹*. Die vier Eckhäuser mit kräftigen Erkern waren 1608 erbaut worden und mußten 1689–92 nach Sebastianis Plänen erneuert werden. Ursprünglich waren sie alle vier dreigeschossig, aber Mitte des 19. Jahrhunderts wurden sie teils aufgestockt, und eines mußte nach dem Krieg völlig erneuert werden.

Über die Marktstraße geht es nun ins Innere des ältesten Stadtkerns. Links liegt der Münzplatz, wo nur noch das Wohnhaus des Münzmeisters von 1763 als Sitz der Polizei erhalten ist. Die im 19. Jahrhundert abgebrochenen Gebäude der Münze füllten den Rest des Platzes.

Nach rechts erreichen wir die *Liebfrauenkirche* (Abb. 72). Die Grabungen der Nachkriegszeit haben ergeben, daß schon in fränkischer Zeit, im 5./6. Jahrhundert, hier in einem römischen Großbau, vielleicht einem Lagerhaus, eine Kirche eingerichtet wurde. Die Spuren weisen auf ein Altarfundament, einen Ambo wie in Boppard und Chorschranken hin. In karolingischer Zeit wurde die Kirche bescheiden als Saalbau, kleiner, mit quadratischem Chor, erneuert. Danach entstand noch ein dreischiffiger Bau mit massivem Mauerwerk etwa im Bereich des heutigen Schiffes und Vorchors.

1182 wird Liebfrauen als Pfarrkirche erstmals erwähnt. Etwa in dieser Zeit, denn auch aus dieser Phase liegen keine Baunachrichten vor, hat man mit dem Neubau des Schiffes begonnen, wieder dreischiffig mit Emporen, eine querschifflose Pfeilerbasilika. Vor 1210 wird der zweitürmige Westbau vor das Schiff gesetzt, mit Eingangshalle und einer Emporenkapelle darüber, zum Schiff geöffnet. Die Türme sind jetzt viergeschossig. Dann fügt man den Chor an, prunkvoll und steiler gegliedert als das Schiff, den heutigen Vorchor, zu dem man sich eine abschließende Apsis vorstellen muß. Die Grundmauern sind ergraben. Jetzt wird eingewölbt, höher als zuerst geplant. Auch die Emporen werden nun gewölbt. Die Dienste für das Gewölbe sind offensichtlich erst nachträglich über den Emporen ins Gesims eingefügt. Das Gewölbe des Vorchores zeigt noch, wie die spätromanischen Gewölbe vorzustellen sind. Abschließend werden die Türme um ein Geschoß erhöht.

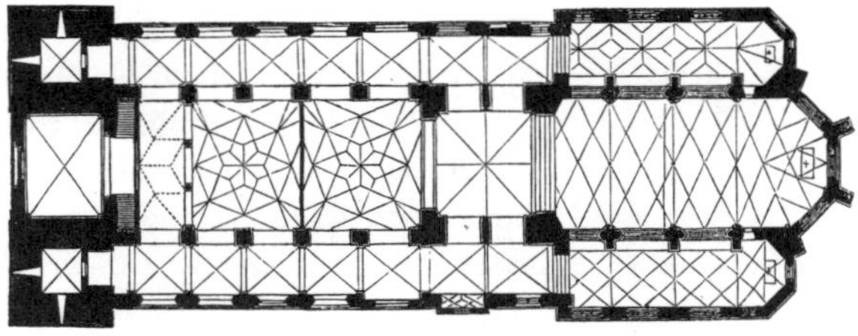

Koblenz, Liebfrauenkirche, Grundriß

Anfang des 15. Jahrhunderts beginnt eine neue Bauphase. 1404–30 wird statt der romanischen Apsis ein langgestreckter Chor mit Seitenchören angefügt. Architekt des eleganten Chores mit seinen reichen Strebepfeilern war Johann von Spay, der 1420 gestorben ist, wie seine bronzene Grabplatte am vorletzten Pfeiler der Südseite mitteilt. Etwa um 1470 erhält dann das Schiff sein ›modernes‹ Sterngewölbe (Abb. 74). Dazu wird der Raum zwischen den Türmen erhöht und das angedeutete runde Fenster dort durch das große Westfenster ersetzt. Auch zahlreiche andere Fenster werden gotisch vergrößert. Eine verblüffende Lösung zeigen die Arkaden des zweiten Geschosses des Vorchores. Hier hat man die zierlichen Zwillingsarkaden mit ihren zarten Säulen mit einem weiten Bogen unterfangen und geöffnet.

Nach der Beschießung von 1688 waren die Turmhelme zerstört. Das gab die Gelegenheit, erneut ein Geschoß, das sechste jetzt, aufzustocken und das Ganze mit barocken Helmen zu krönen. 1776 hat man die niedrige Sakristei angefügt, und Vinzenz Statz, am Kölner Dombau geschulter Architekt, hat 1852 durchgreifend restauriert. Seit Sommer 1981 ist das neue Sakramentshaus der Kölner Bildhauer Elmar Hillebrand und Theo Heiermann aufgestellt; modern im Detail, gotisch steil im Umriß.

Im 18. Jahrhundert bereicherte man dann noch die Fassade. 1702 öffnet man unterhalb des Westfensters eine Nische, reich gerahmt, für eine Marienskulptur (Farbt. 21), und 1765 wird das Westportal vergrößert und erhält zwei Jahre später seine reichgeschnitzte Rokokotür. Auf der Südseite von Liebfrauen lag der Friedhof der Pfarre. Hier steht jetzt nur noch die *Michaelskapelle* von 1660 über der römischen Stadtmauer. Die Michaelsfigur kam erst 1752 hinzu. Ein Raum von überraschender Ruhe mitten im Getriebe der Altstadt.

Nordöstlich Liebfrauen, zur Mosel hinunter, liegt das Pfarrhaus von Liebfrauen, der ehemalige Königshof mit seinen wiederbenutzten römischen Türmen, und über die Straße hinweg St. Florin.

Die ehemalige Stiftskirche *St. Florin* ist seit 1818 evangelische Pfarrkirche. Der Chor und die östlichen Mauern des Querhauses stehen über einem Turm und dem Mauerzug der römischen Stadtbefestigung. Grabungen haben knapp unter dem heutigen Boden des Chores einen wohl fränkischen Estrich gefunden, der über den römischen Häusern des 2. und 3. Jahrhunderts liegt. Das Stift mag sich also aus der Kapelle des benachbarten Königshofes entwickelt haben. Die Kirche war zuerst nur Maria geweiht, Mitte des 10. Jahrhunderts wechselt man den Patron, als Reliquien des Heiligen Florin aus der Schweiz nach Koblenz übertragen werden.

Der heutige Bau ist entscheidend durch die frühe romanische Pfeilerbasilika bestimmt, die um 1100 unter Stiftspropst Bruno, später Erzbischof von Trier, entstand. Die schöne Zweitürmefassade ist glatt und steil gehalten. Das Innere war flach gedeckt, der langgestreckte Vorchor mit den wieder gut erkennbaren je zwei Dreierarkaden in den Wänden abgeteilt. Dann erst schließt sich in der Flucht der Seitenschiffe das östliche Querhaus an. Die Vierung wird durch einen später veränderten Triumphbogen abgetrennt. Auf der Nordseite des Querhauses ist noch erkennbar, daß hier einst ein Zugang zu den Stiftsgebäuden bestand, ein Gang verlief in der Wand. In dieser noch gut sichtbaren Gestalt hatte der

Bau lange Bestand. Erst Mitte des 14. Jahrhunderts wird die Chorapsis gotisch verwandelt, und 1582–1614 werden die gotischen Gewölbe eingefügt. Diese Arbeit Meister Dietrichs muß nach der Beschießung durch die Franzosen 1688 erneuert werden. Meister Dietrich hatte auch bereits die Fenster gotisiert, wohl auch das große Westfenster zwischen den Türmen. Die Dreiecksgiebel der Türme gehören ins 13. Jahrhundert. Einst für Rautendächer gedacht, tragen sie seit 1899 gotisierende Spitzhelme.

Drei Nischen auf der südlichen Außenseite des Vorchors besitzen noch ihre teils recht gut erhaltene Ausmalung, die als Rückwände für Altäre, als Altarbild gedacht war. In der ersten Nische, im unteren Drittel ziemlich zerstört, wird in roten und braunen Tönen das Martyrium der Heiligen Agatha geschildert. Flott gezeichnet sieht man, wie sie dem Herrscher vorgeführt und gegeißelt wird, und schließlich die Vorbereitungen des Henkers, ihr die Brüste zu zerfleischen und abzuschneiden. Die Weihung des Agatha-Altars ist für den 22. März 1300 überliefert, aus dieser Zeit stammen auch die Fresken. Die zweite Nische zeigt das Martyrium der Heiligen Margareta, 1364 von Giselbert von Engers gestiftet. Auch hier ähnliche Szenen. In den Kerker geworfen, erscheint ihr zusätzlich noch der Drache des Bösen, den sie aber durch das Zeichen des Kreuzes bezwingt. Ende des 15. Jahrhunderts wird die letzte Nische gefüllt. Hier weist Christus als Schmerzensmann seine Wunden, umgeben von den Werkzeugen seiner Passion, den Arma Christi. Mit ihren teils noch leuchtenden Farben, kaum restauriert, gehören die Fresken zu den lebendigsten Zeugnissen mittelalterlicher Wandmalerei am Mittelrhein.

Nördlich anschließend an die Kirche steht noch, als einziger Rest der zu Beginn des 19. Jahrhunderts zerstörten Stiftsgebäude, über drei Jochen des Kreuzganges das Kapitelhaus. Ein feiner, romanischer Bau der Zeit um 1200. Auch der weite Platz vor St. Florin ist erst im 19. Jahrhundert durch den Abriß einer ganzen Häuserzeile entstanden, optisch ein Gewinn.

So ist der Blick freigegeben auf das *Mittelrhein-Museum,* das in den Bauten des *Bürresheimer Hofes,* des *Kauf- und Tanzhauses* und des *Schöffenhauses* untergebracht ist (Abb. 73). Bis ins 19. Jahrhundert verlief die Mosel jenseits eines Fußweges direkt vor den Häusern. Das Mittelrhein-Museum besitzt, wie schon der seit 1950 geführte Name erraten läßt, eine große Sammlung mittelrheinischer Kunst. Es geht auf die Sammlung des Pfarrers in Koblenz-Neudorf, Joseph Gregor Lang zurück, der den ersten Rheinführer schrieb, Ende des 18. Jahrhunderts erschienen.

In der Mitte der Baugruppe steht das 1419–25 errichtete Kauf- und Tanzhaus, das später als Rathaus genutzt wurde. Der spätgotische Grundcharakter ist noch erkennbar, aber stark vom Umbau 1724 überformt. Das augenrollende Ritterbild soll an Johann von Kobern erinnern, der 1536 als Raubritter enthauptet wurde. Zusätzlich zu seinen rollenden Augen streckt er auch noch alle halbe Stunde den Touristen die Zunge heraus. Früher wären sie nicht so billig an ihm vorüber gekommen. Rechts schließt sich das ehemalige Schöffenhaus an, das Erzbischof Richard von Greiffenclau 1528–30 für seine Koblenzer Schöffen erbauen ließ. Auch hier ist vieles nach dem Krieg erneuert worden. Zierlichster Schmuck des schmalbrüstigen, immer noch spätgotischen Baus ist der moselseitige Erker. Der Bürresheimer Hof, links an das Kaufhaus anschließend, ist erst 1659/60 begonnen worden. Anfang des 18. Jahrhundert fügte man den kleinen, zweiflügeligen Bau westlich an und Mitte des Jahrhunderts den Saalbau moselseitig.

Ein Gang nun an der Moselfront entlang führt an der Stelle der römischen Moselbrücke vorbei zur *Alten Burg* und zur *Balduinsbrücke.* In der Nordwestecke der römischen Stadtmauer hatten sich die Herren von der Arken einen Burgsitz eingerichtet, als Heinrich von Vinstingen, Erzbischof von Trier, neben seinem Eifer beim Ausbau der Mitte des Jahrhunderts begonnenen Stadtmauer für die Sicherheit der Bürger das Gefühl bekam, auch etwas für die Sicherheit seiner Herrschaft über die Stadt tun zu müssen. Er erwirbt den Sitz der Herren von der Arken. Aus dieser Zeit stammt noch der auf die römische Stadtmauer gesetzte Teil des Baues zwischen den beiden Türmen auf der Moselseite. Der Rundbogenfries deutet den oberen Mauerabschluß über dem zweiten Geschoß an. Der Ostturm ist im Unterteil vielleicht sogar noch römisch. Ihm setzt Erzbischof Otto von Ziegenhain (1418–30) das achteckige Obergeschoß auf. Mit Rippen eingewölbt diente es als Kapelle. Er erbaute auch den zuerst freistehenden Westturm, der mit der Befestigung des Brückenzuganges verbunden war. Auf der Stadtseite gehört die östliche Seite mit deutlichem Renaissancecharakter in die Zeit des Erzbischofs und Kurfürsten Johann von der Leyen. Die Westhälfte des ganzen Baues ist die Erweiterung, die Johann Hugo von Orsbeck (1676–1711) durchführen läßt. Damit wird der Westturm in die Alte Burg eingebunden.

Die Alte Burg wirkt heute als Sitz von Archiv und landeskundlicher Abteilung der Stadtbibliothek bescheiden und gelehrt. Einst mit breitem Graben umgeben, von dem ein kleiner Rest in der Nordostecke zu sehen ist, und von einer kräftigen Ringmauer eingefaßt, war das Ganze schon beeindruckender. Man konnte die Stadt ebenso kontrollieren wie den Verkehr über die Moselbrücke.

Es scheint, daß man schon Mitte des 13. Jahrhunderts versucht hatte, eine Moselbrücke zu beginnen. Bei Abbrucharbeiten 1970 kam auf der Lützeler Seite ein noch älterer Pfeilerkern zum Vorschein. Aber erst Erzbischof Balduin (1307–54) setzt an die Stelle dieser bescheidenen Planung von Steilpfeilern und Holzbrücke dreizehn Pfeiler und vierzehn Bögen von unterschiedlicher Spannbreite auf eine Gesamtlänge von 345 m. Am Ende in die Befestigungen von Koblenz und Lützel-Koblenz mündend, als Abschluß jeweils eine Zugbrücke, war die Verkehrserleichterung zugleich Sicherung und Geldquelle. Ein erheblicher Brückenzoll mußte entrichtet werden. Balduin erlebt die Vollendung der Brücke nicht mehr, erst nach 1363 war sie schließlich fertiggestellt.

Auf dem Weg durch die Stadt läßt sich noch manches mehr entdecken, Plätze, Winkel, sehenswerte alte und neue Häuser, der *Metternichsche Hof* am Münzplatz 8, Ende des 17. Jahrhunderts errichtet, in dem 1773 der spätere österreichische Kanzler geboren wurde, oder der *von der Leyensche Hof* des 16. und 18. Jahrhunderts am Kastorplatz, den der Neubau der Landesstraßenverwaltung zu rahmen versucht, oder um mit 1962 fast in die Gegenwart zu gehen die *Rhein-Mosel-Halle* jenseits der Brückenrampe.

Noch weiter nach Süden liegt die gelungene neugotische Kirche *St. Josef* des Architekten Josef Kleesattel. Er hat hier 1894–98 mit hoher Einturmfassade im Westen und einem

1 MAINZ Dom von Nordwesten

2 MAINZ Dom, Flügelaltar, ›Schöne Maria‹ und zwei Bischöfe, um 1515

3 MAINZ Jupitersäule und St. Peter

4 MAINZ St. Stephan, ›Moses‹, Chorfenster von Marc Chagall

5 MITTELHEIM St. Ägidius

6 Blick vom Niederwalddenkmal auf Rüdesheim und den Rheingau

7 BINGEN Rochuskapelle

8 BACHARACH ›Altes Haus‹

9 OESTRICH Pfarrkirche St. Martinus

10 BACHARACH mit Burg Stahleck ▷

12 Burg KATZ
◁ 11 Burg GUTENFELS und die PFALZ bei Kaub
13, 14 Fachwerkdetails in Rhens

15 OBERWESEL mit Ochsenturm, Liebfrauenkirche und Schönburg

16 RHENS Rathaus

17 OBERWESEL Liebfrauenkirche

18 Die LORELEY mit
St. Goarshausen

19 Burg STOLZENFELS Pergolagarten

20 KOBLENZ St. Kastor

21 KOBLENZ Liebfrauenkirche, Madonna

22 LINZ St. Martin, Chor

23 Christian Eduard Boettcher (1818–1889), Oberwesel mit der Schönburg, 1884 (Rheinisches Landesmuseum, Bonn)

24 Caspar Scheuren (1810–1887), Der Drachenfels (Wallraf-Richartz-Museum, Köln)

25 Franz Richard Unterberger (1838–1902), Der Rhein bei Remagen mit Apollinariskirche (Rheinisches Landesmuseum, Bonn)

26 Christian Eduard Boettcher, Sommernacht am Rhein, 1862 (Kölnisches Stadtmuseum, Köln)

27 SCHWARZRHEINDORF St. Klemens, Wandmalerei, 12. Jh.

28 BONN Kreuzbergkapelle, Heilige Stiege

29 BONN Beethovendenkmal

31 BONN Münster von Osten ▷

30 BONN Schloß Clemensruhe in Poppelsdorf

32 KÖLN St. Pantaleon, Westwerk

33 KÖLN Dom, Südfassade nach dem Entwurf von E. F. Zwirner, 1842–1855 ▷

34 KÖLN Rheinpromenade mit Dom und Groß St. Martin

35 Clarkson Stanfield (1793–1867), Das Kölner Rheinufer mit unvollendetem Dom, um 1826 (Rheinisches Landesmuseum, Bonn)

36 KÖLN Dom, Dreikönigenschrein

Rückgriff auf gotische Elemente der Mitte des 13. Jahrhunderts ein Glanzstück der Neutogik geliefert.

Wenig später errichtet der Mainzer Dombaumeister Ludwig Becker 1900–03 an der Nord-Süd-Linie der Eisenbahn, nahe der alten Stadtmauer, die *Herz-Jesu-Kirche.* Frisch restauriert bietet sie eine kunstvolle Steigerung der Räume zur Vierung, die nach Art der Westkuppel des Mainzer Domes ins Achteck überführt wird (Abb. 80). Der Chor dagegen ist als Anleihe aus Heisterbach zu erkennen. So läßt sich noch manche Ähnlichkeit zu Bauten der rheinischen Romanik zusammentragen. Überraschender ist aber die offene Weite des Raumes. Sie wird von der großzügigen und klaren Gliederung der Wände und Gewölbe betont.

Koblenz-*Ehrenbreitstein* s. S. 377, ›Rechts des Rheins‹.

Weissenthurm

Von Koblenz aus erreicht man Weissenthurm entweder über die autobahngleich ausgebaute B 9, die hier durch das linksrheinische Neuwieder Becken führt, oder auf dem Weg über die Balduinsbrücke gelangt man auf die Rheinuferstrecke über *Koblenz-Lützel,* auf dessen Friedhof das Denkmal für den französischen General Marceau steht, der hier 1796 starb, vorüber an St. Sebastian, Kaltenengers und Urmitz nach Weissenthurm. Die von Industrieanlagen durchsetzte Landschaft wird von den Kühltürmen des Kernkraftwerks Mülheim-Kärlich beherrscht. Die hier anstehenden hohen Schichten der Tuffe und Bimse aus den Vulkanausbrüchen der Eifel werden seit langem als Baumaterial abgebaut, seit der Mitte des 19. Jahrhundert blüht im weiten Umkreis die überall sichtbare Schwemmsteinindustrie.

In der kleinen Stadt Weissenthurm ist der *Weiße Turm,* der dem Ort seinen Namen gab, noch erhalten und frisch restauriert. Seit dem späten 13. Jahrhundert wird hier die Grenze des Trierer Gebietes gesichert und markiert. Eine Brücke führte über den Grenzgraben, ein Zollhaus lag auf der anderen Straßenseite. Er ist wieder, wie ursprünglich, verputzt und weiß gestrichen. Das moderne Dach des Turmes liegt über dem Bereich der Zinnen und des Wehrgangs, der vor dem alten Dachansatz verlief. In dieser Form entstand der Turm wohl zu Beginn des 15. Jahrhunderts, als Erzbischof Werner von Falkenstein (1388–1418) von hier aus bis nach Mayen eine Landwehr errichtete.

In Weissenthurm steht auch das Denkmal für den französischen General Hoche, der 1797 starb, nicht lange nachdem er von dieser Stelle aus die französischen Truppen über den Rhein geführt hatte. Nach dem Entwurf des Koblenzer Architekten Peter Josef Krahé wurden Basis, sarkophagförmiger Sockel und Obelisk errichtet (Abb. 86). Die Bronzereliefs mit Schlachtendarstellungen von Louis Simon Boizot sind Kopien der Originale in Versailles. 1928 brachte man sie an, und noch bis 1939 standen hier französische Soldaten Wache, seit man 1919 die sterblichen Überreste des Generals an dieser Stelle beigesetzt hatte.

Andernach

Andernach wird heute in weitem Bogen von der autobahnähnlich ausgebauten B 9 umfahren, die, nach Norden am Krahnenberg auf Stelzen gesetzt, hier die Weite des Neuwieder Beckens hinter sich läßt. Aber schon vorher, nach der Kreuzung der B 9 mit der B 256, sollte man in die Stadt fahren und sich hinter der Eisenbahnlinie einen Parkplatz suchen.

Auf diesem Weg über die St. Thomaser-Hohl, dann auf die Breite Straße abbiegend, stößt man im Hof des Gymnasiums bereits auf die erste architektonische Kostbarkeit der Stadt, die kleine *Friedhofskapelle St. Michael* des ehemaligen Klosters St. Thomas Becket. Da sie im Inneren verändert, auch meist geschlossen ist, liegt der Reiz für den Besucher in der vollendeten Gestaltung des Äußeren (Abb. 89). Die schlanke Hausform wird durch die Gliederung mit Kleeblattarkaden im Untergeschoß, Blendbögen auf Säulen im Obergeschoß und durch prächtige Gesimse in ein kleines Juwel romanischer Architektur verwandelt. Um 1200 scheint hier dieselbe Werkstatt, die auch an der Liebfrauenkirche arbeitete, für das Kloster St. Marien der Augustinerinnen diese Friedhofskapelle errichtet zu haben. Erst im 15. Jahrhundert wählte man St. Thomas Becket zum neuen Patron des Klosters.

Über den Grundmauern des erst im letzten Krieg zerstörten Äbtissinnengebäudes wurde 1952/54 die *Pfarrkirche St. Albert* nach Plänen des Kölner Architekten Rudolf Schwarz errichtet. Den schlichten Bau mit hohen Fensterflächen schmücken gußeiserne Türen von Ewald Mataré.

Das Kloster lag außerhalb der Mauern des mittelalterlichen Andernach, durch dessen Zentrum sich die Hochstraße zieht. Hier lag im Norden des mittelalterlichen Kerns das römische Antunnacum auf einem kleinen Höhenrücken, hochwasserfrei, zwischen Rheinufer und einem verlandeten Rheinarm. Aus dieser ›Höhenlage‹ bezieht – wie in Köln die Hohe Straße – die Hochstraße ihren Namen.

Die römischen Ursprünge liegen in den Anfängen des ersten nachchristlichen Jahrhunderts. Zur Sicherung der Rheingrenze wurde hier wohl unter Tiberius ein Holz-Erdekastell für Hilfstruppen angelegt. Das wurde überflüssig, als jenseits des Rheines der Limes errichtet wurde. Inzwischen hatte sich aber längst eine zivile Siedlung herangebildet. Verkehrsmäßig günstig gelegen – hier zweigte von der Rheinstraße eine Straße ins Maifeld und weiter nach Trier ab – im fruchtbaren Neuwieder Becken mit reichem Fischfang im Rhein, bot die Siedlung gute Lebensbedingungen. Der Handel mit Mühlsteinen, mit Tuffstein und Traß und seit dem 4. Jahrhundert mit Mayener Keramik ergänzt die guten Voraussetzungen.

Mit den Plünderungszügen der Germanen Mitte des 3. Jahrhunderts wird die Situation für die Bewohner aber schwieriger. Der Ort erhält deshalb eine erste Befestigung. Mit der Aufgabe des Limes werden dann wieder Truppen stationiert, und im 4. Jahrhundert muß nach dem großen Frankeneinfall die Mauer unter Julian Apostata erneuert werden. Das unregelmäßige Trapez der Mauer hatte eine Länge von 910 Metern mit vierzehn Türmen und vier Toren im Verlauf der Hochstraße und der Kirchstraße. (Die westliche Hälfte der mittelalterlichen Befestigung nutzt noch große Teile des römischen Mauerwerks.)

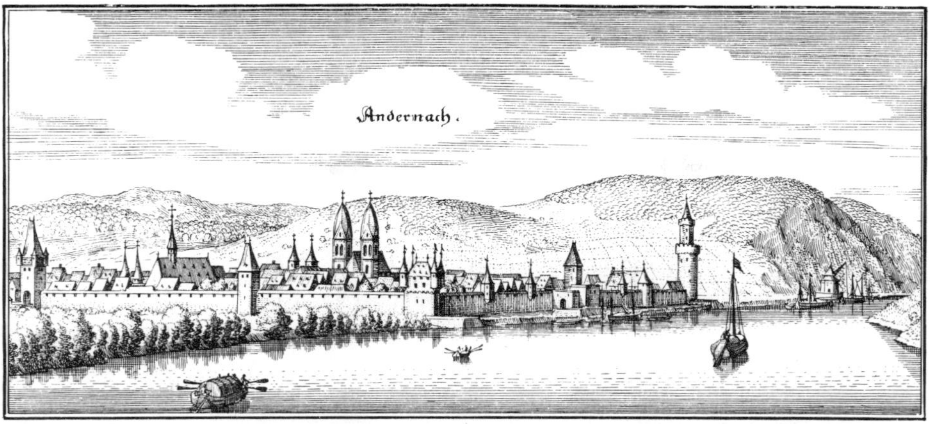

Andernach mit Liebfrauenkirche und Rundem Turm. Kupferstich von Matthäus Merian, 1646

Im 5. Jahrhundert wird Andernach fränkisch. Römischer Staatsbesitz wird Eigentum der fränkischen Könige: eine Pfalz, die sie oft besuchen, und reiche Besitztümer, die erst nach und nach in geistliche und weltliche Hände geraten.

Das ganze Mittelalter hindurch, z.T. bis 1794, wird noch ›Am Hof‹ Gericht gehalten. Hier in der Nordostecke der römischen Stadt, stand die *Pfalz,* wohl ein wiederverwendeter römischer Bau. Venantius Fortunatus, der im Jahre 588 König Childebert auf einer Schiffsreise von Metz bis Andernach begleitet, berichtet, daß man von den Fenstern der Pfalz aus den Salmfischern bei der Arbeit habe zusehen können. Aber spätestens im 8. Jahrhundert befinden sich Pfalz und Pfalzkapelle im Besitz der Abtei Malmédy, die hier eine Propstei einrichtet. Mit den wohl noch beachtlichen Resten der römischen Mauer bleibt Andernach umkämpfter Besitz und wichtiger Rheinübergang.

Die Lage am Rande des als Schlachtfeld geeigneten Neuwieder Beckens führt zu manchen Kämpfen. 876 schlägt Ludwig der Jüngere hier das Heer Karls des Kahlen. Nach den Zerstörungen durch die Normannen 882 scheitert hier 939 der Aufstand der Herzöge Eberhard von Franken und Giselbert von Lothringen. Sie unterstützen gegen Otto den Großen seinen jüngeren Bruder Heinrich. In der Schlacht bei Andernach, wohl beim Versuch, hier den Rhein zu überschreiten, fällt Eberhard im Kampf, und Giselbert ertrinkt im Rhein. Die Herrschaft des zukünftigen Kaisers ist gesichert.

Die gleiche ›Gunst‹ der Lage, die Andernach immer wieder zum Anziehungspunkt feindlicher Heere werden läßt, bringt der Siedlung ein rasches Wachstum. Lange lassen sich noch romanische Namen in der Bevölkerung nachweisen, der Handel mit Mühlsteinen, Keramik und Tuffsteinen, bis nach Dänemark und England, bleibt Tradition. Verständlich, daß ein solcher Ort, dazu mit Markt, Rheinzoll und Münze versehen, das Interesse der Erzbischöfe von Köln und Trier findet. Der Trierer Erzbischof ist Patron der Pfarre, aber dem Kölner Erzbischof Rainald von Dassel, Kanzler und getreuer Helfer Friedrich Barbarossas, gelingt es am 1. August 1167, als Dank für seine Hilfe in den italienischen Kämpfen den königlichen Hof und alle königlichen Rechte an Markt, Gericht, Zoll und Münze in Andernach zu erhalten. Die vielversprechende Siedlung wird kölnischer Besitz.

In den Kämpfen zwischen Philipp von Schwaben und Otto IV. wird Andernach 1198 zwar wieder einmal zerstört, aber das vermag den Wachstum des Ortes nicht zu hindern. Schon längst hatte es östlich der römischen Mauer eine Vorstadt gegeben. Mitte des 13. Jahrhunderts wird die Stadtmauer vollendet, die nun bis zur erzbischöflichen Burg reicht. Die Burg steht wohl an der Stelle des ehemals königlichen Hofes. Von dort zieht sich die Mauer zum Rhein, zum Bollwerk des 17. Jahrhunderts, an der schon mittelalterlichen Zollstätte.

Da die Andernacher Bürger, ähnlich ihren Leidensgenossen von Mainz bis Köln, durchaus nicht immer treue Untertanen ihrer Landesherren waren, ist die *erzbischöfliche Wasserburg* in der Südostecke der Stadtmauer nicht nur die südlichste Festung des Kölner Erzbistums, sondern, mit weitem Graben abgetrennt, Zwingburg für die Stadt. Nicht immer erfolgreich, denn schon 1287 bei einer Verfolgung der Andernacher Juden, die hier Schutz suchen, nimmt sie Schaden. Ähnliches wiederholt sich 1357 und 1364. Aber 1367 wird die Burg unter Erzbischof Engelbert von der Mark auf Kosten der Bürger wieder aufgebaut. So stammt wohl nur noch der unregelmäßige Grundriß aus dem 12./13. Jahrhundert.

Der hohe Hauptturm, neben dem spätgotisch erneuerten Koblenzer Tor der Stadtmauer, gehört mit seinem quadratischen Unterteil zur ersten Bauphase um 1370, um 1500 entstand das spätgotische Obergeschoß mit seinem zierlichen Dreipaßfries und den Erkern. Das Dach wurde Anfang des 19. Jahrhunderts aufgesetzt. An den Hauptturm schließt sich die zweigeschossige Wand des Palas an. Mehr blieb davon nicht, nachdem die abziehenden

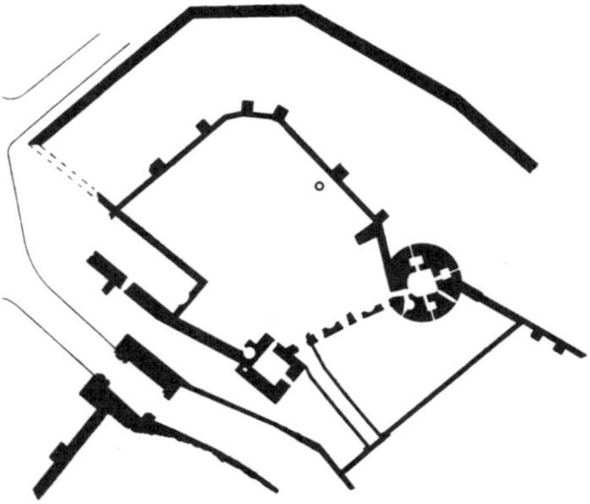

Andernach, Erzbischöfliche Burg, Grundriß und Schnitt

Franzosen 1689 zu sprengen versuchten und Brand legten. Am anderen Ende der Palaswand steht der Pulverturm. Trotz der Proteste der Bürger ließ Erzbischof Hermann von Wied seit 1519 diesen massiven Geschützturm errichten. Mit Kanonen bestückt ließ er sich gegen äußere und innere Feinde gleich gut verwenden. Wenn heute solch ein Bau friedlich in der Sonne schimmert, muß man sich manchmal erst mühsam in Erinnerung rufen, daß er im Mittelalter wenig gemütlich gemeint war.

In der Mitte der rheinseitigen Stadtmauer ist, wenn auch stark verwandelt, das um 1200 errichtete *Rheintor*, früher als Kornpforte bezeichnet, erhalten geblieben. Davor liegen die weiten, gut gepflegten Rheinanlagen. Bis zum Ende des 19. Jahrhunderts lag das Ufer hier fast zwei Meter tiefer. Durch die Aufschüttung war es hochwassersicherer geworden, der Torbogen der Rheinpforte lag nun aber zu tief. Fast hätte man sie abgerissen. Statt dessen erneuerte man die Rheinfassade im Zustand des 17. Jahrhunderts mit höherer Durchfahrt. Das innere romanische Tor brach man zur nötigen Höhe aus. So blieb die wohl älteste Doppeltoranlage des Rheinlandes erhalten. Der innere Zwinger konnte auch noch vom inneren Tor aus gesichert werden. Eine dreiteilige Bogenstellung öffnet sich zusätzlich für Pechschächte. Die Bogenstellung wird von den ›Bäckerjungen‹ getragen, zwei schon sehr verwitterten spätromanischen Skulpturen.

Der Sage nach wollten die Linzer eines frühen Morgens, schon lange im Streit mit den Andernachern, die als Langschläfer bekannten Andernacher überfallen. Nur zufällig bemerkten zwei Bäckerjungen den Aufmarsch. Da für den Sturm schon alles vorbereitet war, wäre ein Alarm zu spät gekommen. In ihrer Not warfen die Bäckerjungen auf der Mauer aufgestellte Bienenkörbe unter die Feinde, woraufhin die Linzer fluchtartig das Weite suchten.

Das Prunkstück unter den erhaltenen Türmen der Stadtmauer ist der *Runde Turm* (Abb. 94). Aus städtischen Mitteln 1440 begonnen, wurde er erst 1453 vom städtischen Werkmeister Philipp Preudemann vollendet. 1689 versuchten die Franzosen erfolglos, die fast vier Meter starken Mauern zu sprengen. Rund sind beim Runden Turm nur die unteren 33 Meter. Mit Dreipaßfries, Gesims und Zinnenkranz ist dann ein Wehrgang abgesetzt. Die restlichen 22 Meter der Gesamthöhe von 55 Metern sind achteckig angelegt, zweigeschossig, mit Dreiecksgiebeln und einem steinernen Helm. Er stünde mit seiner spätgotischen Grazie dem Stadtbild noch besser, wenn sich nicht fast daneben der ungestalte Block des Silos einer Malzmühle erheben würde.

Nach diesem Gang entlang der Mauer stehen wir mit wenigen Schritten vor der katholischen Pfarrkirche Mariae Himmelfahrt, die die Kunsthistoriker als *Liebfrauenkirche* kennen und die die Andernacher, zu Recht stolz, gern als Mariendom bezeichnen. Die Zerstörung der Stadt 1198 ließ vom Vorgängerbau nur den nordöstlichen Chorflankenturm stehen. Sicher hat es noch ältere, vielleicht sogar römische Vorgängerbauten gegeben, aber sie sind noch nicht ergraben worden. In der ersten Bauphase um 1200 wurde der Nordostturm, leicht schräg zur Achse der Planung, als Chorflankenturm genutzt. Damals entstanden die Apsis mit ihren drei Etagen, das quadratische Chorjoch, niedriger als das Mittelschiff von einem

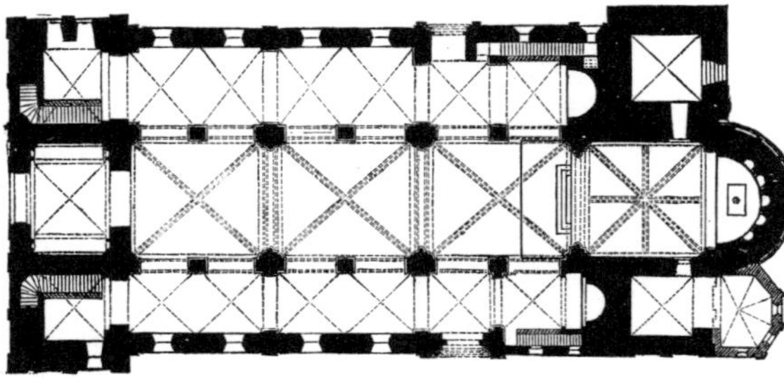

Andernach, Liebfrauenkirche, Grundriß

kräftig gebusten achtteiligen Gewölbe überfangen, und die ersten drei Geschosse des Südostturmes. Hier ist schon außen die Planänderung gut zu erkennen: Der Giebel des Daches über dem Chorjoch ist mit einem Sprung des Gesimses von fast drei Metern höher gesetzt. Das gleiche erkennen wir innen an der hohen Stirnwand, die den Unterschied der Gewölbehöhen zwischen Schiff und Chor ausgleicht. Zusätzlich liegt der Boden des Schiffes einige Stufen tiefer als der Chorraum. Erst in einer dritten Bauphase um 1220 werden zum Abschluß die beiden Westtürme auf ihre heutige Höhe gebracht und nun auch der Südostturm vollendet.

Der wenig solide Untergrund des Rheinufergeländes führt schnell zu statischen Schäden. Bereits Mitte des 13. Jahrhunderts und zu Beginn des 14. Jahrhunderts müssen die Gewölbe des Mittelschiffs und der Mittelteil der Westfront erneuert werden. Diese gotischen Veränderungen der Westfassade hat man Ende des 19. Jahrhunderts wieder rückgängig gemacht. 1740/41 hat man die Seitenschiffwände erneuern müssen. Dabei sind sie einfacher wieder aufgebaut worden, als die Reste im Osten an ursprünglichem Bestand zeigen. So ist die Fassade, querhausartig vor das Schiff gesetzt, eine der bedeutendsten Leistungen der Romanik am Mittelrhein. Die mehr als kräftigen Gesimse, die die Fassade in drei Etagen zerlegen, betonen die Horizontale. Gleichzeitig bestimmen sie den Rhythmus der immer stärkeren Unterteilung der Mauerfläche. Unten nur durch Lisenen und Rundbögen gegliedert, treten in der nächsten Etage schon gestaffelte Dreierbögen hinzu. Im folgenden Geschoß mit dem erneuerten Rundfenster können zweifach Säulen und Bogenwülste eingestellt werden, und ein Rundbogenfries leitet zusätzlich zu Gesims, Giebel und Türmen über. Hier steigert sich die plastische Durchformung weiter, wird dann in den glatten Rhomben der Helme aufgefangen (Abb. 93).

Außen hat man wie innen zahlreiche Spuren einer farbigen Fassung festgestellt. Innen hat man sie bereits bei der Restaurierung 1881–96 zur Grundlage der Farbfassung genommen. Drei längsrechteckige Gewölbe überspannen die dreiteilige Wand des Schiffes (Abb. 92). Arkaden öffnen sich zu den kreuzgratgewölbten Seitenschiffen, reicher gegliedert sind die Arkaden der Emporen. Darüber dann, in die glatte Wand geschnitten, die jeweils zwei Fenster des Obergadens. Noch später als die erneuerten Gewölbe sind die hölzernen Schlußsteine, sie zeigen das Wappen des Erzbischofs von Trier, Hermann von Hessen (1473–1508), das Andernacher Stadtwappen und das des Reiches.

Die besonders prächtige Pfarrkirche war wohl auch von Anfang an dafür bestimmt, den Ruhm des Trierer Erzbischofs zu verkünden, des Patrons der Pfarre. Nach später Überlieferung soll er 1194 von Kaiser Heinrich VI. das Patronatsrecht erhalten haben, das Recht, den Pfarrer zu benennen. Da die Herrschaft über die Stadt in die Hände seines Kölner Konkurrenten gelangt war, dokumentierte er seine Präsenz nun mit dem Bau einer Pfarrkirche, die sich neben den Stifts- und Klosterkirchen am Mittelrhein behaupten konnte.

Allerdings zeigt der Bau keinerlei Einflüsse trierischer Architektur, er ist im Ganzen wie in den Details Teil der kölnisch-niederrheinischen Romanik. Das läßt fast vermuten, daß die Hauptträger der Baukosten die Bürger der selbstbewußten Stadt Andernach waren, deren Pfarrkirche Liebfrauen war.

Mit dem plastischen Bauschmuck hatte man den Samsonmeister und seine Werkstatt beauftragt, den besten Bildhauer dieser Zeit im Rheinland. Zahlreiche Kapitelle innen und außen und die beiden Portale auf der Nord- und Südseite gehen darauf zurück. Das Westportal ist ja gotisch verändert, neuromanisch erneuert und zeigt nur noch wenig mittelalterlichen Bestand. Wie ein Triumphtor vor die Wand gesetzt, wird in die Fläche des Südportals zweifach gestuft das Gewände mit eingestellten Säulen eingetieft. Über dem Türsturz in flachem Dreieck mit Resten einer gemalten Kreuzigung (um 1300) tragen im Tympanon zwei Engel das Medaillon mit dem Lamm der Offenbarung. Aus der Erbauungszeit stammt sonst nur noch die Wandmalerei einer Kreuzigung in der Kapelle der Südempore. Aus der ersten Hälfte des 14. Jahrhunderts, nach der Erneuerung der Gewölbe entstand die Kreuzigung im Mittelschiff und wohl wenig später als die hölzernen Schlußsteine die Gestalten Mariens und des Heiligen Christophorus an der Westwand.

Mit dem Bau der Kirche hat man auch den Taufstein erneuert, ein schönes Beispiel dieses im Rheinland häufigen Typs. Wie ein Pokal ist die Taufschale auf eine Säulenbasis gesetzt. Die Kapitelle von sechs kleinen Säulen, die das sechsseitige Becken stützen, gehen in einen begleitenden Blattfries ein.

Blickpunkt in der Achse des Chores, in der mittleren der sieben Nischen des Untergeschosses, ist das sogenannte Ungarnkreuz. Verwandt einem Gegenstück des frühen 14. Jahrhunderts in St. Maria im Kapitol in Köln. An eine Astgabel, an das grüne Holz des Lebensbaumes, ist der ausgemergelte Körper Christi genagelt: Bild der sich ins Leiden Christi vertiefenden gotischen Frömmigkeit. Aus dem 16. Jahrhundert stammen ein Heiliges Grab, ähnlich denen in Honnef, Linz, Remagen oder Sinzig, ein Tuffsteinrelief des Marientodes und das Grabdenkmal des Andernacher Bürgermeisters Ritter Daniel Schilling von Lahnstein († 1541). Die Alabasterreliefs (1620–22) der Koblenzer Bildhauer Peter Kern und Meister Hans vom ehemaligen Hochaltar sind in neoromanischen Rahmen im nördlichen Seitenschiff untergekommen. Die Kanzel des späten 17. Jahrhunderts und die zerteilte Kommunionbank des 18. Jahrhunderts stammen aus dem nicht weit entfernten Maria Laach. Der Orgelprospekt von Ludwig König, Köln 1752, von zwei Engeln gekrönt, stammt aus der ehemaligen Minoritenkirche. Die zugehörige Madonna steht auf den Stufen des Chores.

Die gotische ehemalige *Minoritenkirche St. Nikolaus,* seit 1854 evangelische Christuskirche, liegt am anderen Ende der Stadt mit der Nordseite an der Hochstraße. Hier kann die feingliedrige Architektur in die Hauptstraße des Ortes hineinwirken. Durch den beengten Raum ist auch der Grundriß bestimmt. Das Hauptschiff hat nur westlich des langgestreckten Chores auf der Südseite ein Seitenschiff, hallenkirchenartig in gleicher Höhe, erhalten. Hier bestimmen die polygonal gegliederten hohen Pfeiler den Raumeindruck (Abb. 91).

Um 1240 haben sich die Minoriten in Andernach niedergelassen, vor 1246 begann man mit dem Bau der Klosteranlagen, mit dem Bau der heutigen Kirche Mitte des 14. Jahrhunderts im Osten. Im Westen, besonders mit dem Westportal, sind Bauteile der Zeit um 1300 erhalten, vielleicht Spuren der ersten Franziskanerkirche an dieser Stelle, die nach einem Jahrhundert des Wirkens ersetzt wurde. Denn trotz des bei Bettelorden üblichen Verzichtes auf Türme – nur ein graziler Dachreiter krönt den Bau – ist es eine stolze Architektur, die den Bürgern der Stadt vorgezeigt wird. Der Chor ist zweigeschossig gegliedert, fast ganz in Fensterflächen aufgelöst. Die Dienste der Rippen, durch leichte Kehlung in Linien zerlegt, enden oberhalb des Chorgestühls.

Die Gewölbeschlußsteine der beiden östlichen Joche des Langhauses tragen die Wappen des Trierer Erzbischofs Kuno von Falkenstein, der hier 1368–70 als Verweser des Kölner Erzbistums zuständig war, und das Wappen des Grafen Adolf von Virneburg, wohl von 1379. Im dritten und vierten Joch erscheint das Wappen des Kölner Erzbischofs Friedrich von Saarwerden (1380–1414). In den Schlußsteinen der westlichen Joche erscheint dann wie auch am Westgiebel das Wappen seines Nachfolgers Dietrich von Moers (1414–63). Damit ist auch die zeitliche Einordnung gegeben.

Rings um die wappentragenden Schlußsteine sind, umgeben von Ornamenten des 18. Jahrhunderts, weitere Wappen von Andernacher Bürgerfamilien, Wohltätern des Klosters, zu sehen.

Als 1615 nur noch vier Minoriten das Kloster bewohnten, setzte der Kölner Erzbischof Franziskanerobservanten ein. Sie mußten mit der Aufhebung des Klosters 1802 weichen. Nachdem die Kirche zeitweise als Pferdestall mißbraucht worden war, übergab sie 1854 König Friedrich Wilhelm IV. der neugegründeten evangelischen Gemeinde. Erst 1902 wurde der größte Teil der Klostergebäude abgebrochen, die Reste werden wie die Kirche von der evangelischen Gemeinde genutzt.

Einen Abstecher lohnt, wenige Schritte zum Stadtzentrum zurück, die Kirche des ehemaligen Annuntiatenklosters, die jetzt als *Kapelle St. Nikolaus und Elisabeth* (Hospitalkirche) dem Krankenhaus dient. Eine freundliche Bitte an den Pförtner verschafft Zugang zu den reichen Decken- und Wandmalereien des 18. Jahrhunderts. Gerade nach den Verlusten des letzten Krieges gehören sie zu den besten und besterhaltenen, die am Mittelrhein zu finden sind (Abb. 90). Seit dem 17. Jahrhundert in Andernach ansässig, errichteten die Annuntiaten die Kirche als einschiffigen Bau 1736–39 mit einem Heiligen Josef über dem Westportal und einem eleganten barocken Dachreiter über dem Giebel.

Etwas östlich der Minoritenkirche, an der anderen Straßenseite, steht der *Von der Leyensche Hof,* seit 1936 Stadtmuseum (Abb. 95). Den Adelshof ließen um 1580–90 Georg von der Leyen und seine Gemahlin Katharina von Eltz zu Pyrmont erbauen. Ihre Wappen erscheinen am rundbogigen Portal unter dem von ionischen Säulen getragenen Erkervorbau. In ein breites Gesimsband sind die Kopfkonsolen für den Erker eingesetzt, geschlossen umzieht es den Bau und wird unter dem Mansarddach wiederholt. Mit seinen ausgewogenen Verhältnissen und zentral konzentriertem Schmuck ist der Von der Leyensche Hof ein schönes Beispiel französisch beeinflußter Renaissancebaukunst.

Zum Besuch des Rathauses und des Judenbades kehren wir ins Stadtzentrum zurück. Im Bereich der 1349 während einer Judenverfolgung zerstörten Synagoge entstand Schritt für Schritt der heutige *Rathauskomplex*. Der älteste erhaltene Teil ist das sogenannte Salzmagazin; 1538–43 errichtet, diente es als Brauhaus und Schule. Ein Relief an einem Portal zur Eisengasse zeigt die Jahreszahl 1564 und zwei bärtige Männer mit dem Wappen der Stadt. Eine offene Galerie verbindet das Salzmagazin mit dem 1561 begonnenen Neubau des Rathauses. Die Halle des Untergeschosses zur Hochstraße war ursprünglich offen. Südlich davon liegt der ehemalige Rats- und Gerichtssaal. Die heutige Fassade an der Hochstraße wurde nach den Zerstörungen von 1689 Ende des 18. Jahrhunderts gesetzt, und an der Kramgasse entstand die Fassade erst 1902 nach Brand und Abriß eines angebauten Hauses.

Das *Judenbad* ist vom Neubau des Ratssaales aus zugänglich. Wohl Anfang des 14. Jahrhunderts, nach Ausweis der spärlichen gotischen Bauzier, zweigeschossig angelegt, diente es der rituellen Reinigung der jüdischen Gemeinde. Hierzu war ›lebendiges‹ Wasser erforderlich, und so folgt der Wasserspiegel des Grundwassers hier dem Wasserstand des Rheins. Nur wenige ähnliche Judenbäder, Mikwes, sind in Worms, Speyer und Köln erhalten geblieben.

Zum Abschluß unseres Besuches kehren wir in die Rheinanlagen zurück. Hier erinnert am Westende der Stadt der *Rheinkran* des 16. Jahrhunderts noch einmal an den blühenden Handel Andernachs (Abb. 97). Bis 1911 war der 1554–61 nach Plänen des Kölner Werkmeisters Clais Meußgin errichtete Kran noch im Betrieb. Der drehbare Kran wird durch zwei Laufräder im Inneren betrieben, wie wir sie von Hamsterkäfigen kennen, nur daß hier Menschen Kraft und Gewicht einsetzten (Abb. 96). Den steinernen Rundbau schmückt ein später Maßwerkfries. Darüber hinaus ragen vier Wasserspeier, zwei Löwen und zwei Drachen erkennt man. Das rheinseitige Portal zeigt bereits Renaissanceformen, ein Engel hält das Wappen der Stadt. Das spätgotische Portal auf der gegenüberliegenden Seite ist 1894 erneuert worden. Auch die Pilaster über dem Maßwerkfries mit ihren Porträtmedaillons sind überarbeitet. Das schiefergedeckte Kegeldach hinter der Brüstung dreht sich bei der Arbeit des Kranes mit.

Das Silogebäude der Malzfabrik im Hintergrund und die Stelzen der B 9 am Krahnenberg sind im Vergleich zum Kran gute Beispiele für die Veränderung der Maßverhältnisse, die die industrielle Revolution mit sich gebracht hat. Das gleiche bezeugt auch das Wachstum der Stadt weit über ihre mittelalterlichen Mauern hinaus. Trotzdem hat sich Andernach manchen Reiz der Vergangenheit retten können, ein Gang durch das Zentrum beweist das immer wieder.

Namedy

Nach dem Verlassen von Andernach kann es leicht geschehen, daß die verführerische B 9 dazu verleitet, den Ortsteil Namedy links liegen zu lassen. Es wäre schade darum.

Der einzige Geysir des Rheinlandes tut allerdings nur noch selten seine geophysikalische Pflicht. Auf der kleinen vorgelagerten Insel Krummenwerth, längst fest mit dem Ufer verbunden, wurde zu Beginn unseres Jahrhunderts in 343 Meter Tiefe eine Mineralwasserquelle erbohrt, die meist viermal am Tag ihr Wasser bis zu 40 Meter hoch hervorstieß; heute fängt man das Wasser vorher ab und gibt es in den Handel.

Die heutige *Pfarrkirche St. Bartholomäus* war bis ins 16. Jahrhundert Kirche eines Zisterzienserinnenklosters (Abb. 99). 1255 erstmals erwähnt, ist in diesen Jahren der Mitte des 13. Jahrhunderts auch die Kirche errichtet worden. Ein schlichter, frühgotischer Bau, der zuerst einschiffig gedacht und flach gedeckt war. Der kleine Chor ohne jeglichen Schmuck macht seine zisterziensische Herkunft noch mit eleganter Strenge deutlich. Erst 1521 wurden unter Äbtissin Hildegard Husmann die Schiffmauern erhöht und drei zarte Pfeiler eingefügt, um die Gewölbe der nun spätgotisch feingliedrigen zweischiffigen Halle zu tragen.

Die restaurierte Farbigkeit und der Liebreiz der frühen Fenster des Chores werden durch den ernsten, kubischen Anbau der modernen Erweiterung gehoben. Das westlich vorgesetzte Massiv geht auf einen Entwurf des Trierer Architekten Otto Vogel zurück. Eine Pieta des späten 15. Jahrhunderts und eine reiche Kanzel aus dem Jahre 1612, die aus der Kölner Kirche St. Pantaleon stammen soll, schmücken die kontrastreich gestuften Räume, die noch nach mittelalterlicher Gewohnheit der Friedhof umgibt.

Fast gegenüber liegt das *Schloß Namedy,* jetzt im Besitz der Fürsten von Hohenzollern-Sigmaringen. Der fast hufeisenförmig angelegte Bau ist im wesentlichen durch die Erweiterungen des späten 19. und frühen 20. Jahrhunderts gestaltet. Im 13. Jahrhundert wurde er zuerst als Wasserburg des Andernacher Patriziergeschlechtes Huysmann angelegt, die heute den Nordwestteil der Anlage bildet. Von häufigen Veränderungen zeugt der Renaissance-Erker mit seiner Wappenfigur und dem Datum 1554. Im 18. Jahrhundert sind die Fenster neu angelegt worden, Ende des 19. Jahrhunderts wurde ein Geschoß aufgestockt und erweitert. Von der nicht zu besichtigenden Einrichtung mit Gemälden, Waffen und Möbeln wird besonders ein Renaissancekamin aus dem Palazzo Pepoli in Florenz hervorgehoben.

Brohl und ein Abstecher nach Maria Laach

Von Brohl aus führt die B 412 durch das sehenswerte Brohltal zum gut zehn Kilometer entfernt liegenden Kloster Maria Laach am Laacher See. *Brohl* wird geprägt von der wirtschaftlichen Verwertung des Tönnissteiner und Brohler Sprudels, den nützlichen Zeugen vulkanischer Tätigkeit. Beherrschend liegt etwas oberhalb des Ortes die *Augustaburg,* die ehemalige *Burg Brohleck.* Der Trierer Besitz war im 14. Jahrhundert als Lehen an die Pfälzer Kurfürsten und im 15. Jahrhundert an die Burggrafen von Rheineck bei Bad Breisig gegeben. Ende des 19. Jahrhunderts wurde sie durchgreifend umgebaut, und seitdem trägt sie den Namen Augustaburg.

In den Anfängen der Vulkantätigkeit im Laacher Kessel ist ein mächtiger Traßstrom, mit Wasser gemischter Staub und Bims, durch das Tönnissteiner Tal und das Brohltal in mehreren Schüben bis zum Rhein vorgedrungen. Seit römischer Zeit abgebaut, besonders für die Herstellung eines wasserfesten Mörtels, vom Brohlbach angeschnitten, ist eine von Felsen geprägte Landschaft entstanden, der so leicht nichts Vergleichbares entgegengesetzt werden kann.

Nach den ersten Kilometern führt die Straße an der *Schweppenburg* vorbei. Sie wurde 1365 erstmals erwähnt, seit dieser Zeit sitzt hier das Geschlecht der Reichsfreiherren von Geyr. Der erhaltene Bauteil der Burg ist 1630–38 errichtet worden, drei Geschosse eines Schloßbaus auf hohem Sockel mit ansehnlichen barocken Giebeln.

Über das kleine *Bad Tönnisstein,* wo sich um die schon den Römern bekannten Mineralwasserquellen seit dem 16. Jahrhundert ein Bad entwickelte, das auch die letzten Kölner Kurfürsten gerne nutzten, geht es an Wassenach vorüber zum Laacher See.

Hier liegt, ursprünglich unmittelbar am Ufer, die zu Recht so berühmte *Abteikirche Maria Laach,* 1093 begonnen und um 1220 vollendet (Abb. 98). Um drohenden Hochwassern des Sees im Krater zuvorzukommen, hat schon Abt Fulbert in der Mitte des 12. Jahrhunderts einen langen Abflußstollen anlegen lassen. Gleichzeitig wurde dabei fruchtbares Ufergelände gewonnen, weshalb Mitte des 19. Jahrhunderts die Aktion noch einmal wiederholt wurde.

Maria Laach, Ansicht

Trotz der langen Bauzeit bietet der Bau der Kirche mit ihren sechs Türmen einen einheitlichen Anblick. Pfalzgraf Heinrich III., ein Luxemburger, gründete das Kloster 1093. Bis zu seinem Tode 1095 hatte der Bau, der fast überall gleichmäßig hochgezogen wurde, etwa eine Höhe von 3,50 Metern erreicht. Eine Linie von Verwitterungsspuren belegt die nun eintretende lange Baupause. Erst 1112 bestätigt Heinrichs Stiefsohn und Nachfolger Siegfried die Schenkung. Er geht sogar noch weiter: die pfalzgräfliche Burg am See wird abgebrochen, und ihre Güter werden dem Kloster zugewandt. So kann 1156 Erzbischof Hillinus von Trier die Kirche weihen, auch wenn die Bauarbeiten noch nicht abgeschlossen sind, die man um 1130 wieder in Angriff genommen hatte. In der ersten Planung und in den Anfängen der Ausführung sind in der doppelchörigen Anlage mit Westbau und Chor und Querhaus im Osten bis in den Wandaufbau im Langhaus die Vorbilder von Speyer und Mainz zu spüren. Erst seit der Mitte des 12. Jahrhunderts drängen sich mit der Gliederung der Ostapsis ›niederrheinische‹ Einflüsse in den Vordergrund, auch wenn dort für eine Zwerggalerie kein Platz gefunden wird. Strittig bleibt, ob von Anfang an eine Einwölbung des ganzen Baus geplant war. Man hat Spuren einer zumindest provisorischen Flachdecke gefunden.

Nach der Weihe von 1156 wurde das Obergeschoß des Westbaus und das letzte Geschoß der östlichen Chorflankentürme erbaut. Dem folgte um 1200 die Vollendung des Westbaus mit dem plastischen Reichtum der letzten Geschosse und eine kleine, aber notwendige Aufhöhung des östlichen Vierungsturmes, die man leider 1937 entfernt hat. Als letzter Bauabschnitt entsteht um 1220 das vorgelagerte sogenannte Paradies, das kreuzgangähnlich Raum für Prozessionen bot. Zu dieser Zeit entstand auch der Ende des 17. Jahrhunderts abgebrochene Lettner, aus dem die Skulptur des Samson im Klostermuseum stammt, der dem Samsonmeister den Namen gab. Manches andere an Bildhauerarbeiten stammt von seiner Hand. So notiert ein garstiges Teufelchen an der linken Seite des Westeingangs des Paradieses die Sünden der Eintretenden, an seine Gegenstücke im Bonner Münster erinnernd.

Nach der Aufhebung des Klosters 1802 ist es ausgeplündert worden. Manche Teile der barocken Ausstattung finden sich in der näheren und weiteren Umgebung. Aber bereits seit

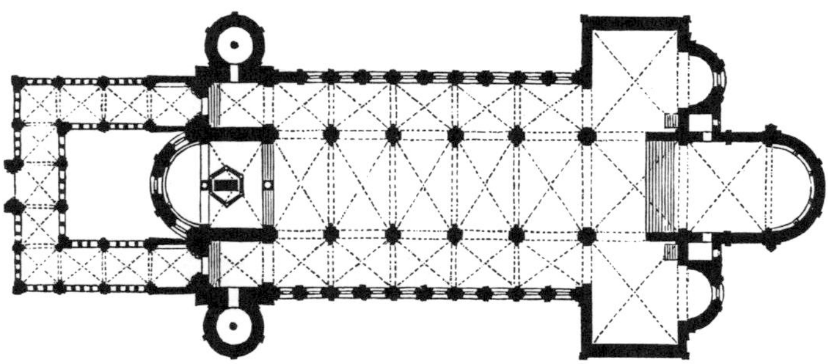

Maria Laach, Grundriß

Maria Laach, Grabmal des Pfalzgrafen Heinrich II.

1815 bemüht sich der preußische Staat um die Erhaltung des Baus. Seit 1892 leben wieder Benediktiner hier. In der Kirche selbst ist also nur wenig an Ausstattung erhalten geblieben. Das Altarziborium im Ostchor gehört zum Fantasievollsten, das die späte Romanik hervorgebracht hat, auch wenn seit der Wiederaufstellung hier eine kleine Arkadengalerie aus dem Aufbau entfernt worden ist. Die Reste der Mosaikausstattung gehören zur Beuroner Schule der Jahrhundertwende, in der am Ende des Historismus in klösterlichem Rahmen noch einmal versucht wurde, christliche Kunst zu erneuern. Im Westbau liegt das Stiftergrab der Zeit um 1270, reich bemalt und mit der Holzplastik des Stifters Pfalzgraf Heinrich III. mit dem Modell der Kirche in der Hand. Ein würdiger Ort für den Mann, der den Anstoß gab für eines der schönsten romanischen Bauwerke Deutschlands.

Bad Breisig und Burg Rheineck

Noch bevor man Bad Breisig selbst erreicht, öffnet sich linker Hand mit der Straße nach Gönnersdorf das Vinxtbachtal. Hier verlief die Grenze zwischen den römischen Provinzen Ober- und Niedergermanien, an der auf der gegenüberliegenden Rheinseite dann die Grenzbefestigung des Limes ansetzte. Im Mittelalter wird der Bach zur Grenze der Erzbistümer Trier und Köln.

Oberhalb des Vinxtbachtales liegt *Burg Rheineck,* ursprünglich eine Gründung der Pfalzgrafen, die aber Mitte des 12. Jahrhunderts in den Besitz der Kölner Erzbischöfe gelangt. Sie bauen sie zur kurkölnischen Befestigung aus, die von Burggrafen verwaltet wird.

Burg Rheineck. Mitte 19. Jh., Stahlstich von C. Lange

1689 von den Franzosen niedergebrannt, verwüsten 1692 kurkölnische Truppen die Reste, damit kein Feind sich hier festsetzt. 1718 baut man kleiner wieder auf, was 1785 erneut den Flammen zum Opfer fällt. Die Ruine kauft 1832 der Bonner Jurist und Professor Moritz August von Bethmann-Hollweg aus reicher Frankfurter Bankiersfamilie. Er läßt die Burg in den reichen Formen der rheinischen Spätromanik, wie man sie in der Torkapelle, aber auch in anderen Bauten vorfand, von Johann Claudius von Lassaulx bis 1834 wieder aufbauen. Die Torkapelle wird erneuert. Ob sie auch ursprünglich zweigeschossig angelegt war, ist umstritten. Edward von Steinle schmückt sie 1837–40 mit Fresken der acht Seligpreisungen der Bergpredigt und Darstellungen Christi mit verschiedenen Heiligen.

Der Bergfried stammt im wesentlichen noch aus staufischer Zeit. Auch die Wohnbauten greifen auf die mittelalterlichen Grundrisse zurück. Nach dem Gemälde von Carl Begas ›Heinrich IV. in Canossa‹ wird ein Raum als Canossazimmer bezeichnet. Für das 19. Jahrhundert war Canossa die Schreckensstunde der Selbsterniedrigung des deutschen Kaisertums. Aber das ist nur ein kleiner Hinweis auf die reiche Ausstattung der Burg, die schon Friedrich Wilhelm IV. bei einem Besuch in Begeisterung versetzte.

Bad Breisig ist geprägt vom Kurbetrieb, der seine Grundlage in den kohlensäurereichen Thermalquellen gegen Gicht und Magenleiden findet. An der Hauptdurchgangsstraße fällt die katholische *Pfarrkirche St. Mariae Himmelfahrt* mit ihren gotisierenden Formen des frühen 18. Jahrhunderts auf. Der Saalbau mit Strebepfeilern und Kreuzrippengewölbe wird im Westen vom hohen Turm mit Schweifdach und Laterne abgeschlossen. Auch die zeitgenössische Ausstattung ist gut erhalten.

Nicht weit entfernt liegt das *Templerhaus,* ein ursprünglich wohl verputzter Bruchsteinbau, den zur Bauzeit 1657 allerdings nicht der 1312 aufgehobene Templer-Orden errichtete, sondern dessen Nachfolger am Ort, die Johanniter. Angenehm und autofrei ist die Rheinpromenade mit dem alten Zollhaus und dem Zollhof (Abb. 102).

Einen Abstecher nach *Oberbreisig* lohnt die katholische *Pfarrkirche St. Viktor* (Abb. 101). So klein der Bau der vom Stift St. Florin in Koblenz abhängigen Pfarrkirche ist, so abwechslungsreich ist nach spätromanischem Geschmack seine Gestaltung. Den zwei Jochen des Schiffes entsprechen auf der Nordseite nach gebundenem System vier Seitenschiffjoche mit einer niedrigen Empore darüber. Auf der Südseite öffnen sich als Kontrapunkt zwei Querapsiden über die ganze Höhe. Der schon gotisierende Chor ist mit einem achtteilig geschlossenen Zwischenjoch dann fünfseitig geschlossen.

Innen erscheint eine mit Arkaden geöffnete Sockelzone unter den Fenstern, Dienste, Gesims und Rippen bestimmen das gitterförmige Raster. Außen kennzeichnen Lisenen und Rundbogenfries die Abkehr vom Etagenchor. Der schräg zur Achse angesetzte Westturm ist über querrechteckigem Grundriß hochgezogen, so fängt er die Breite des Mittelschiffes auf. Die reiche Farbigkeit ist 1863 wiederhergestellt worden. Schon 1904 hat man die Wandmalereien des frühen 14. Jahrhunderts freigelegt: in der Apsis die gewohnte Mahnung des Jüngsten Gerichtes, dazu die populären Heiligen Christophorus, Petrus, Barbara, Dorothea und Katharina, den Erzengel Michael und seinen ritterlichen Widerpart, den Heiligen Georg, Verkündigung, Christus und die Marienkrönung.

Sinzig

Weithin leuchtend beherrscht noch heute die Pfarrkirche St. Peter in Sinzig die Mündung der Ahr in den Rhein. Fruchtbare Landschaft, die Goldene Meile, teils vom neuzeitlichen Wildwuchs des Ortes bedeckt, umgibt eine Erhöhung, von der aus Rheintal und Ahrübergang zu kontrollieren waren. Schon in vorgeschichtlicher Zeit besiedelt, nutzten auch die Römer, wohl mit einem Auxiliarlager, die günstige Situation. Eine Ziegelei der 5. Legion produzierte ufernah, und für den Luxusbedarf arbeitete hier, wohl nur kurze Zeit Mitte des 2. Jahrhunderts, eine Terra-sigillata-Töpferei, die mit seidig glänzenden rötlichen Tonwaren das ›Meißner‹ der rheinischen Römerzeit lieferte. Das ist die nördlichste Werkstatt, die sich bisher sicher nachweisen läßt. Erst das 8. Jahrhundert bringt dann wieder Licht in das Dunkel der Geschichte. 762 urkundet König Pipin, Vater Karls des Großen, im ›palatium

Sentiacum‹. Danach reißt die Kette hochherrschaftlicher Besuche, aber auch der Streitigkeiten um den wichtigen Ort an der Straße von Frankfurt nach Aachen kaum noch ab.

Kaiser Lothar I., Enkel Karls des Großen, schenkt 855 die dem Apostel Petrus geweihte Kapelle und einiges an Gütern dem Aachener Marienstift. Der südlich der Kirche gelegene Zehnthof mit seinem Hauptgebäude von 1740 und den Erweiterungen des späten 19. Jahrhunderts blieb bis zur Säkularisierung 1803, also fast ein Jahrtausend lang, im Besitz des Aachener Stifts, der Münsterkirche.

Spätestens in den Auseinandersetzungen zwischen dem Staufer Philipp von Schwaben, dem Sohn Friedrich Barbarossas, der oft in Sinzig Aufenthalt genommen hatte, und dem Welfen Otto IV., dem Sohn Heinrichs des Löwen, wurden die Kapelle und wohl auch die daneben gelegene Pfalz zerstört.

Zur Zeit Kaiser Friedrichs II. war Sinzig unter Ritter Gerhard von Sinzig noch einmal staufisches Machtzentrum, auch wenn sich das militärische Gewicht auf die von Philipp von Schwaben angelegte Burg Landskron ahraufwärts nach Westen verlagert hatte. Die Stadt bleibt wichtig und interessant für die wachsenden Territorien der Landesfürsten. Zuerst, in der zweiten Hälfte des 13. Jahrhunderts, sind es der Graf von Jülich und der Kölner Erzbischof, die die Stadt besitzen möchten. Mehrfach wechselt die Stadt ihren Herrn. Nicht immer ging es dabei friedlich zu. Kein Wunder, daß man sich 1297 von König Adolf von Nassau die Erlaubnis zum Mauerbau erbittet, die sein Nachfolger bestätigt. Die Finanzierung wird durch eine Art Mehrwertsteuer auf bestimmte Güter, wie Wein und Getreide, gesichert. Einige Reste der Mauer sind trotz der Abrißunternehmung des Jahres 1883 noch zu sehen.

Außerhalb der Stadtmauer, nordwestlich der Kirche, errichtet seit 1337 Markgraf Wilhelm von Jülich eine Wasserburg, die unter seinen Nachfolgern verändert und 1689 von den Franzosen zerstört wird. Im 19. Jahrhundert gewinnen die Reste wieder an Reiz. Der Kölner Kaufmann Bunge erwarb das Grundstück an der Strecke der Rheinischen Eisenbahngesellschaft, an der er mit hohem Einsatz beteiligt war, und ließ sich vom Kölner Architekten Vinzenz Statz 1854–58 eine burgartige, gutbürgerliche Villa errichten. Beim viergeschossigen Turm konnten sogar die Grundmauern eines der vier Türme der alten Anlage genutzt werden. Bunges in Sinzig ansässiger Schwager, der Maler Karl Andreae, stattete den Bau mit Wandgemälden aus. Heute wird das neugotische Kleinod als *Stadthaus* und *Heimatmuseum* genutzt. Der bedeutende Gartenarchitekt Joseph Lenné hatte schon um 1840 den bezaubernden Park entworfen.

Die Kinder Gustav Bunges schenkten ihren Eltern zur silbernen Hochzeit 1875 ein Standbild Barbarossas aus der Werkstatt des Essener Bildhauers Bertram Peters. 1951 ging es als Geschenk der Familie in städtischen Besitz über und erinnert nun südlich und unterhalb der Kirche St. Peter an die häufigen Aufenthalte des Kaisers in Sinzig, das sich gerne als Barbarossa-Stadt bezeichnen läßt (Abb. 108).

St. Peter ist eines der Prunkstücke staufischer Romanik im Rheinland. Mit der erneuten Restaurierung des Baus im Jahre 1964 ist auch außen der Bau wieder so farbig gefaßt worden, wie er einmal im 13. Jahrhundert aus dem Grün des Rheintals herausgeleuchtet haben mag

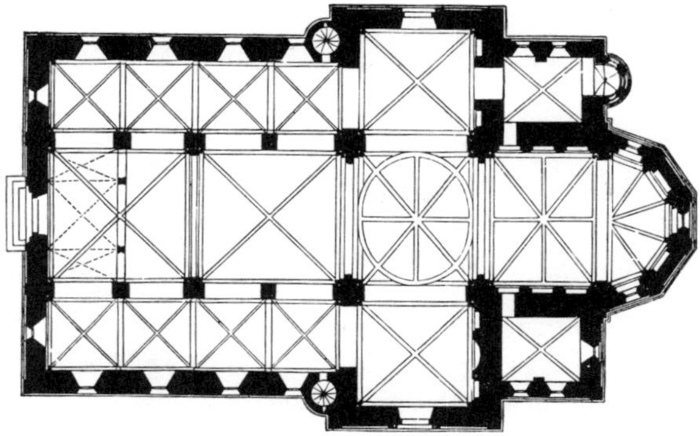

Sinzig, St. Peter, Grundriß

(Abb. 109). Die genauen Baudaten kennt man nicht. Ein Altarsepulcrum, die Altarreliquien bewahrend, das man 1964 bei den Restaurierungsarbeiten fand, trug ein Siegel mit der Umschrift ›Henricus‹. Vielleicht hat also Heinrich von Molenark, 1225–38 Erzbischof von Köln, die Kirche geweiht. Das entspräche der einmütig vermuteten Bauzeit um 1220/30, die sich aus dem Vergleich mit anderen rheinischen romanischen Bauten ergibt. Manches von den Formen des Langhauses des Bonner Münsters, der Liebfrauenkirche in Andernach ist aufgenommen. Die Lösung des Chores von St. Peter findet ihre Fortsetzung in Münstermaifeld und im Chor von St. Severus in Boppard. Die Fassadenbehandlung der Querhausabschlüsse wieder wird am Limburger Dom aufgegriffen. Ein Bau, der stolz und als Vorbild gedacht war und wirkte.

Dabei ist die Fassade im Westen bescheiden gehalten. Mit nach oben Geschoß für Geschoß reicher werdender Gliederung gibt sie nur den Querschnitt durch das Schiff wieder. Die seit 1964 wieder farbig von der weißen Wand abgesetzten Lisenen, Rundbögen und Gesimse wiederholen die Gliederung des Schiffes in Seitenschiffe und höheres Hauptschiff, die Fenster belegen schon die Emporen, die sich über den niedrigen Seitenschiffen öffnen. Eine fünffache Arkadengalerie bindet die drei gestaffelten Fenster ein. Auch darüber wechseln Höhe und Gliederung der Dekorationen wieder, das Auge wird zu lebendiger Bewegung gezwungen. Das Ganze ist vom breiten Klötzchenfries des Dachgesimses zusammengefaßt. Nur ein kleiner, jüngerer Dachreiter betont darüber den westlichen Abschluß des Baus, der sonst in der staufischen Romanik oft so herausgestellt wird. Hier hat man mehr Wert auf die Wirkung zum Rhein hin gelegt. Der achteckige Vierungsturm, der St. Andreas und andere Verwandte in Köln in Erinnerung ruft, trug mit seinen spitzen Giebeln ursprünglich ein zierliches Faltdach statt des steilen Helmes. Der Chor besitzt ein solches mit seinem bewegten Reichtum, begleitet von den beiden kristallin geschnittenen Chorflankentürmen. Welchen Reichtum bietet so die Ostansicht schon im Vorüberfahren.

Der Chor zeigt den üblichen Aufbau mit nicht runder, sondern fünfeckig polygonal gebrochener Wand. Über dem Sockel grenzen Lisenen und ein Rundbogenfries die

Wandfelder ab. Darüber wird mit Säulen und Rundstäben in den Arkaden das nächste Geschoß über einem kräftigen Gesims plastischer durchgearbeitet. Ein Plattenfries darüber wird nur angedeutet. Eine Schattenzone folgt dann mit den drei- und vierfachen Bogenstellungen der Zwerggalerie unter den kronenhaft gereihten Giebeln.

Im Innern trägt eine die Emporen verbindende Vorhalle heute den lastenden Schatten der Orgel. Damit wird auch verschleiert, daß das Schiff aus zwei Jochen im gebundenen System besteht. Den beiden quadratischen Jochen des Schiffes entsprechen dabei wieder je zwei quadratische Joche der Seitenschiffe. Über den schlichten Bögen der Arkaden zu den Seitenschiffen öffnen sich mit gestaffelter Arkadengruppe die Emporen mit ihren raffinierten V-förmigen zum Schiff geweiteten Gewölben. Hoch in der Wand darüber, über dem Ansatz der Seitenschiffdächer, die feingeschwungenen Fächerfenster.

Kühn ist die Wandlösung in den Querhäusern und im Chor. Steile, nischenartige Arkaden tragen einen umlaufenden Gang. Er betont die Zweischaligkeit der Wand. Die Innenwand ist jeweils durch drei Arkaden gefaßt. Der mittlere der Bögen, gestelzt, umfaßt dabei ein Fenster hoch unter dem Ansatz des Gewölbes. Im Polygon des Chores wird diese Lösung durch schwarze Rundpfeiler noch betont. Jede Bewegung der Gewölbe darüber wird durch untergelegte Rundstäbe betont, die in hängenden Schlußsteinen zusammenlaufen. Das achtfach geteilte Vierungsgewölbe gibt dem Raum einen gewichtigen Mittelpunkt.

So aufregend reich uns auch heute die farbige Fassung des Innenraums erscheint, einst war sie noch reicher. Fresken über den Arkadenbögen und über den Emporen wurden bei der Restaurierung im 19. Jahrhundert zwar wieder entdeckt, aber abgeschlagen, um die Reinheit des Stils wirken zu lassen. Einen Eindruck bietet aber noch die Taufkapelle an der Südseite des Chores: ein kleiner rechteckiger Raum, während das Gegenstück auf der Nordseite, die Königskapelle, sogar eine kleine Apsis besitzt.

Als Sockelzone zeigt die Taufkapelle einen gemalten Teppich, darüber erscheint im Kleinen ein Programm, wie man es sich auch für die ganze Kirche vorstellen kann: die Heilsgeschichte wird vorgeführt. Sie beginnt in der oberen Reihe der Nordwand mit der Verkündigung, dann folgen Heimsuchung, Geburt und Verkündigung an die Hirten. An der Westwand setzen der Kindermord von Bethlehem und die Flucht nach Ägypten die Erzählung fort. In der unteren Reihe der Nordwand erscheinen dann Darbringung im Tempel, Taufe Christi im Jordan und das letzte Abendmahl. An der Ostwand die Fortsetzung mit Kreuztragung, Kreuzigung und dem Besuch der Frauen am Grabe, an der Südwand der Auferstandene mit Maria Magdalena, der Abstieg Christi in die Hölle und die Himmelfahrt. Die Heilsgeschichte schließt auf der Westwand mit der Rückkehr Christi im Jüngsten Gericht. Auch auf dem Gewölbe erscheint Christus noch einmal auf einem Regenbogen thronend als Richter, dazu eine Darstellung Christi als Guter Hirt, der Hl. Petrus als Patron der Kirche und ein Heiliger, der nicht zu identifizieren ist.

Die dunkelleuchtenden Fresken sind in der zweiten Hälfte des 13. Jahrhunderts entstanden. Der Maler scheint ältere und modernere Vorlagen benutzt zu haben, um die Heilsgeschichte vollständig erzählen zu können. Manches Mal sind die Figuren kaum bewegt, dann von schlanker Eleganz oder die Gewänder schon von der inneren Unruhe des

Zackenstils des späten 13. Jahrhunderts erfaßt. Hier wie in der ganzen Kirche fehlen die farbigen Glasfenster, um den Prunk des hohen Mittelalters zu vervollständigen.

Aus dieser ersten Ausstattung besitzt St. Peter noch den Hauptaltar, der bei der Restaurierung 1964 in Stücke zerschlagen unter dem Boden des Altarraumes gefunden wurde. Auch ihm fehlt die farbige Fassung, aber mit schwarzen Ecksäulen und Plattenfries als Wänden gibt er der Architektur eine akzentuierte Antwort.

In der Apsis hinter dem Altar ist über dem modernen Tabernakel das eindrucksvolle Triptychon, das dreiteilige Altarbild aus dem Jahre 1480, aufgestellt. Dieses Datum der Vollendung berichtet eine Inschrift auf dem Rahmen des linken Flügels, die auch die Stifter Johan Foelen und seine Frau Fye nennt. In der Mitte das zentrale Thema der Kreuzigung mit Johannes und Maria und den Aposteln Petrus und Andreas. Weiter erkennt man Longinus mit der Lanze, Stephaton mit dem Schwamm am Stab und den heidnischen Hauptmann, der nun die Gottheit Christi erkennt. Die Seitenflügel zeigen die Himmelfahrt Christi und den Tod Mariens. Der Maler läßt sich nicht leicht einer der gewohnten Schulen zuweisen. Kölnische Anklänge sind ebenso wie niederrheinische und mittelrheinische zu erkennen. Aber die Detailtreue und Kraft der Farben vermag eine Schwäche nicht zu übertönen, beziehungslos und oft hölzern sind die Gestalten zum Bild zusammengesetzt. Kein gemeinsames Erleben bewegt sie.

Mehr als ein Jahrhundert älter, aus der Zeit um 1340, ist eine sitzende Madonna mit Kind neben der Taufkapelle. Ähnlich begegnen sie uns am Mittelrhein immer wieder. Noch einmal etwa zwanzig Jahre älter, um 1320 entstanden, ist der Schmerzensmann auf seiner modernen Kelter neben der Kommunionbank.

Außen, im Innenhof der Sakristei auf der Nordseite der Kirche, befindet sich noch ein Heiliges Grab aus der Zeit um 1480, als auch das Altarbild entstand. Auch hier werden die Stifter genannt, Kirstgen Engels und seine Frau Bele. Eines der vielen Beispiele am Rhein dafür, daß man seit der Zeit um 1400 beginnt, sich meditierend tief in diesen dunkelsten Augenblick der ersten Gemeinde zu versenken.

Spätestens wenn man die Kirche verläßt, meist aber schon vorher stößt man auf eine volkstümliche Kuriosität: den Heiligen Vogt oder den Toten Leichnam. Mit diesen Namen bezeichnet man einen mumifizierten Leichnam, der unter einer Glasplatte neben dem Hauptportal gehütet wird. Wahrscheinlich hat man ihn im 17. Jahrhundert bei Arbeiten im Friedhof in einer der Grüfte so wohlerhalten gefunden. Auch anderenorts, sei es Palermo, Wien oder Bremen, gibt es ähnliche Mumifizierungserscheinungen.

Man hat in Sinzig mit dem legendären Leichnam manchen Schabernack getrieben. In der Mitte des 18. Jahrhunderts hat man die Mumie im Fastnachtszug mitgeführt oder auch einmal einer geizigen Frau zum Schrecken vor die Tür gestellt. Bald danach sorgt die Fürstäbtissin Kunigunde von Essen für schickliche Bekleidung und Aufbewahrung in einem Glassarg. Schnell setzte eine volkstümliche Verehrung ein, und die Empörung war groß, als 1797 die Franzosen die Mumie nach Paris entführten. Erst Ende 1815 kehrte sie nach Sinzig zurück, und immer noch erfreut sich die mehr naturkundliche als religiöse Sehenswürdigkeit der gewohnten Aufmerksamkeit für Ungewöhnliches.

Eine weitere Burg, *Schloß Ahrental,* gut zwei Kilometer südlich Sinzig, wird erstmals 1331 als Kölner Lehen erwähnt. Teils sind hier sogar noch die alten Wassergräben zu erkennen. Von Umbauplänen des kurpfälzischen Hofbaumeisters Johann Adam Breunig im frühen 18. Jahrhundert wurde nur der Dreiflügelbau des Wirtschaftstraktes ausgeführt. 1880 wurde für den damaligen Grafen Spee ein neues Wohngebäude errichtet. Der Bau selbst zeigt die im Rheinland seltene Neorenaissance, die Schloßkapelle dagegen Neuromanik, ein Entwurf der Architekten Bernhard Tüshaus und Leo von Abbema.

Remagen

Von Sinzig aus führt die B 9 weiter entlang der fruchtbaren Goldenen Meile an der Ahrmündung. In der Mitte des Gebietes liegt der kleine Ort *Kripp,* bereits Stadtteil von Remagen, mit seiner 1909 erbauten katholischen Pfarrkirche St. Johann Nepomuk und einem Fähranschluß zur anderen Rheinseite.

Remagen liegt bereits wieder in der Enge des Rheintals, von den Römern als ›Rigomagus‹ befestigt. Trotz allen Kölner Kloster- und Stiftsbesitzes im Ort gelang es den Kölner Erzbischöfen nicht, hier die Herrschaft zu erwerben. Nach langen Streitigkeiten und Verpfändungen wird der alte Reichsbesitz Teil des Herzogtums Jülich.

Die *Kirche St. Peter und Paul* liegt, hinter Straße und Bahnlinie verborgen, wohl in der Nordwestecke des römischen Kastells, dessen ›Via principalis‹ der Kirchstraße entsprochen haben mag. Die aus dem Mittelalter überkommene Kirche ist 1900–02 nach den Plänen des Düsseldorfer Architekten Caspar Clemens Pickel nach Norden erweitert worden. So liegen das heutige Hauptschiff und der Chor des neuromanischen Baus nach Norden gerichtet. Der Turm des 17. Jahrhunderts im Westen blieb stehen, das Mittelschiff wurde mit erneuertem Netzgewölbe in eine Vorhalle verwandelt, die Seitenschiffe wurden abgerissen, und der spätromanische Chor blieb unverändert. Der Chor ist außen durch Bauinschrift 1246 datiert. Man spürt das Vorbild des Linzer Chores auf der gegenüberliegenden Rheinseite und die Verwandtschaft mit dem Chor der Kirche St. Viktor in Oberbreisig. Aus der alten Ausstattung, die in den Neubau übernommen wurde, ragt das hohe spätgotische Sakramentshaus mit einem Relief des Abendmahls heraus. In der Vorhalle erinnert ein spätgotisches Heiliges Grab an vergleichbare Darstellungen in Sinzig oder Andernach. Aus der gleichen Zeit, Anfang 16. Jahrhundert, stammt die Pieta, das andere geläufige Thema der Andacht vor dem Tode Christi.

In der ehemaligen Kapelle des Klosters Knechtsteden des späten 15. Jahrhunderts sind im Rahmen eines Heimatmuseums römische Funde aus Remagen untergebracht.

Gegenüber der Kirche hat das romanische *Pfarrhoftor* seit 1902 Aufstellung gefunden (Abb. 107). Die rundbogige Toreinfahrt und die rechteckige Pforte sind mit Reliefs geschmückt, deren Deutung bis heute umstritten ist. Es entstand um 1200; nicht alle Bildthemen sind exakt zu bestimmen. Über der Pforte erscheint Alexanders des Großen Himmelfahrt, eine Sage, die das Mittelalter oft beschäftigt hat. Ob die anderen Reliefs der

Pforte die übrigen Stände der Gesellschaft zeigen und vor Hochmut und Übermut warnen sollen, erscheint fraglich. Ebenso ist die Deutung der Bildzeichen des Torbogens als Warnung vor den acht Hauptlastern nicht allgemein akzeptiert. Manchmal ist es ganz beruhigend zu sehen, daß uns längst nicht alles verständlich ist, was unseren mittelalterlichen Vorfahren geläufig gewesen sein muß.

Am Rheinufer stößt man auf die dunklen Brückentürme der *Remagener Brücke*, die, 1916–18 auf Veranlassung des Generals Ludendorff errichtet, als eine der schönsten Rheinbrücken in Stahl galt. Ihre strategische Bedeutung erwies sich im letzten Krieg, als die Sprengung am 7. März 1945 mißlang und sie so in amerikanische Hände fiel. Erst zehn Tage später stürzte sie in sich zusammen und wurde nicht wieder aufgebaut. Einer der Brückentürme ist inzwischen als Gedenkstätte und Museum eingerichtet, finanziert mit dem Verkauf von Brückensteinchen als Souvenirs.

Oberhalb des Ortes selbst erhebt sich mit der *Wallfahrtskirche St. Apollinaris* der reizvollste Bau der frühen Neugotik am Rhein (s. auch Farbt. 25). Hier wurde eine wohl schon ältere Kapelle St. Martin 1110 Propstei der Benediktinerabtei Siegburg, die seit dem 14. Jahrhundert vielbesuchte Wallfahrtstätte war. Damals wurden die Gebeine des Heiligen Apollinaris hierher übertragen, und der neue Heilige trat an die Stelle des Heiligen Martin. Schnell bemächtigte sich die Legende des noch unbekannten Heiligen. Rainald von Dassel soll die Reliquien 1164 bei seiner triumphalen Rückkehr zusammen mit den Heiligen Drei Königen mitgebracht haben. Bei Remagen habe sich das Schiff erst weiterbewegen lassen, als die Reliquien des Heiligen an Land gebracht worden waren. Seit dem 16. Jahrhundert weiß man nun auch, die Legende ergänzend, daß es sich um den ersten Bischof von Ravenna handelt, einen Schüler des Heiligen Petrus. Schon 1383 gelang es dem Herzog von Jülich, die Reliquien bis auf den Kopf, den man auf Burg Landskron in Sicherheit gebracht hatte, zu rauben und nach Düsseldorf zu bringen. So bewahrt die Kirche nach langer Wanderschaft der Reliquie heute nur noch das Haupt des Heiligen.

Nach der Säkularisation kam der Berg 1807 in den Besitz der Brüder Melchior und Sulpiz Boisserée, der großen Kunstsammler, die ihren Besitz 1836 mit Gewinn an den Freiherrn Franz Egon von Fürstenberg-Stammheim verkauften. Befreundet mit dem Leiter der Düsseldorfer Akademie, Wilhelm von Schadow, plante dieser zuerst eine neue Ausmalung der alten Kirche. Noch rechtzeitig stellte man die Baufälligkeit des alten Gebäudes fest, und Freiherr Franz Egon von Fürstenberg-Stammheim entschied sich nun für einen Neubau, dessen Pläne der Kölner Dombaumeister Ernst Friedrich Zwirner entwarf. Dabei mußte für die gewünschte Ausmalung reichlich Wandfläche zur Verfügung gestellt werden. Noch bevor mit den Bauarbeiten an der Kirche begonnen wurde, reisten die Maler Ernst Deger, der später die Arbeiten leitete, Andreas Müller, Karl Müller und Franz Ittenbach zusammen mit Wilhelm von Schadow nach Italien. Hier konnte man die geliebten Vorbilder der italienischen Fresken des 15. Jahrhunderts studieren und in Gesprächen mit Friedrich Overbeck und Sulpiz Boisserée in Rom Details des Programms diskutieren.

Von 1839–43 wurde der Bau errichtet, den Ernst Friedrich Zwirner, klassizistisch in der strengen Gliederung der Flächen und Raumkuben, von Schinkel beeinflußt, entworfen

Remagen, Apollinariskirche, um 1850. Stahlstich von F. Folz

hatte. Das Vorbild des Kölner Domes ist im neugotischen Dekor bis in die gußeisernen Helme der Westtürme zu spüren. An das Quadrat der Vierung mit ihren reichen Bündelpfeilern sind querrechteckig die Arme des Kreuzes angesetzt. Im Westen betont die zweitürmige Fassade, die Schinkels neugotischem Entwurf für die Werdersche Kirche folgt, die Längsachse. Dem antwortet der fensterlose Chor mit seinen achteckigen Flankentürmen und den begleitenden Kapellen. Die Beleuchtung des Raumes erfolgt nur im Westen und im Süden durch großflächige Maßwerkfenster. Die achtstrahligen Rosetten, die die übrigen Wände schmücken, sind nur zum Teil als Fenster genutzt.

Im Sommer 1843 konnte mit der Ausmalung begonnen werden, die mit der farbigen Fassung der Architekturglieder erst 1853 abgeschlossen wurde. 1857 feierte man die festliche Weihe der Kirche, und das Haupt des Heiligen Apollinaris wurde aus der Pfarrkirche wieder hierher übertragen. In der neuromanisch gehaltenen Krypta, die den Geländeabfall ausgleicht, hat man den gotischen Sarkophag wieder genutzt, den der Bildhauer Christoph Stephan mit einer Plastik des Heiligen schloß. Von ihm stammen auch die Skulpturen der sechs Missionsbischöfe am Chor und die beiden Holzreliefs des Hauptportals mit Szenen der Apollinarislegende wie auch die meisten Schnitzarbeiten in der Kirche. Vom Bildhauer Karl Hoffmann wurden die Heiligen Franziskus und Paula, die Namenspatrone des Stifterpaares, seitlich des Hauptportals geschaffen. Unter Zwirners Leitung entsteht ein neugotisches Gesamtkunstwerk, ein Schrein, geschmückt mit den Fresken der zweiten Generation der Nazarener.

Ihre großen Themen waren das Leben Christi, Mariens und die Legende des Heiligen Apollinaris. Alle Wandflächen oberhalb einer drei Meter hohen Sockelzone, die die Stiftungsinschrift trug, sind bemalt. Auf den Nordwänden von Langhaus, Querhaus und Vorchor erscheinen Szenen aus dem Leben Christi, auf den Südwänden von Langhaus, Querhaus und Vorchor die Szenen aus dem Leben Mariens. Ost- und Westwände der Querhäuser tragen die Szenen aus dem Leben des Heiligen Apollinaris. Andreas Müller hat hier die Weihe des Heiligen durch Petrus in Rom zum Bischof, seine Auferweckung der Tochter des Stadthauptmanns von Ravenna, die auf seine Gebete hin erfolgte Zerstörung einer Jupiterstatue und schließlich seinen Tod geschildert. Auch die Rahmung und begleitenden Darstellungen sind von seiner Hand.

An der Nordwand des Langhauses beginnt das Leben Christi mit der Darstellung der Geburt von Ernst Deger und den begleitenden Szenen der Darbringung im Tempel und des zwölfjährigen Christus im Tempel von Franz Ittenbach. An der Nordwand des Querhauses erscheint die Kreuzigung Ernst Degers mit seinen Begleitszenen Christi am Ölberg, der Geißelung, der Dornenkrönung und der Kreuztragung. Auch die Auferstehung Christi an der Nordwand des Vorchores stammt noch von ihm, während die Begleitszenen der Erscheinung Christi als Gärtner und der Schlüsselübergabe an Petrus wieder von Franz Ittenbach sind. Arbeiten Carl Müllers beginnen mit der Geburt Mariens auf der Südwand des Langhauses mit den vorbildlichen Frauen des Alten Testamentes darunter. Die Begleitszenen von Franz Ittenbach ergänzen die Begrüßung zwischen Joachim und Anna, den Eltern Mariens, und Mariens Tempelgang. Die Südwand des Querhauses füllt Carl Müllers Verkündigung wieder mit Begleitszenen Franz Ittenbachs, der Verlobung Mariens und der Begegnung an der Goldenen Pforte. Auf der Südwand des Langhauses in gleicher Arbeitsteilung Himmelfahrt und Krönung Mariens und die Begleitszenen mit Tod und Begräbnis Mariens.

Am Triumphbogen, der die Apsis rahmt, sind alle vier Maler beteiligt. Als Altarbilder gedacht sind Ernst Degers Maria und Joseph, den Bogen darüber füllt die Erscheinung des apokalyptischen Lammes von Carl Müller, nach dessen Entwürfen Franz Ittenbach auf der Innenseite des Bogens in Grisaillemalerei die sieben Sakramente darstellt, eingebunden in ein Ornamentband von Andreas Müller. Auf der Kalotte der Apsis schließt Deger das Programm mit Christus als Richter des Jüngsten Gerichtes, fürbittend daneben Maria und Johannes der Täufer. Darunter stammen die vier Evangelisten und die Heiligen Petrus und Apollinaris wieder von Franz Ittenbach. Ein blaues Gewölbe mit goldenen Sternen, wie es das mittelalterliche Vorbild des Kölner Domes bietet, mit der Taube des Heiligen Geistes als Schlußstein der Vierung vollendet den Glanz neugotischer und nazarenischer Hoffnungen.

Verläßt man Remagen dann nach Norden, so liegt gleich oberhalb der Straße *Schloß Marienfels*, ein weiß leuchtender neugotischer Bau. Seinen Gegenüber bildet *Haus Ernisch*, gut einen Kilometer weiter, heute Residenz des französischen Botschafters. Der Hofarchitekt des Kaisers, Ernst von Ihne, errichtete den Bau 1906–08 für den Kölner Industriellen Arnold von Guilleaume. 1910 entstanden die Terrassen und Treppenanlagen, 1934 wurden die Gebäude erweitert.

Auch *Oberwinter* mit seinem Hafen und seiner Werft gehört noch zu Remagen. Hier hat der Kölner Architekt Vinzenz Statz 1865/66 an den spätgotischen Chor der katholischen *Pfarrkirche St. Laurentius* mit seinem reichen Sterngewölbe ein neugotisches Langhaus und den Turm angesetzt.

Rolandseck

Versehen mit dem Namen der etwas weiter nördlich oberhalb Rolandswerth gelegenen *Burg* erinnern ein paar wohlgepflegte Palazzi des späten 19. Jahrhunderts und ein *Bahnhof*, mit dem man großen Bahnhof machen kann und konnte, an die späte Rheinromantik. Als Endstation einer in Köln beginnenden Bahnlinie für den gutbürgerlichen Sommerfrischenverkehr wurde der langgestreckte Bau 1855/56 errichtet. Die umlaufende Hochterrasse ist zierlich in Gußeisen geformt. An die ehemaligen Schalterräume schließen sich Festsäle an, und auch die oberen Räume besitzen noch ihre originalen Stuckdecken. Im Zuge der Rationalisierung stillgelegt, wurde er für Ausstellungen, Feste, Konzerte und Empfänge restauriert. Eine kunstvolle Feste der Regierung des Landes Rheinland-Pfalz vor den Toren der ›provisorischen‹ Hauptstadt an der Grenze nach Nordrhein-Westfalen.

Das anschließende Rolandswerth ist eine immer noch bescheidene Häuserzeile, eingespannt zwischen Bahn- und Straßentrasse, Rolandsbogen und die Insel Nonnenwerth.

Der Rolandsbogen

Der sagenumwobene, von Efeu bewachsene Rolandsbogen ist eines der Herzstücke der Rheinromantik (Abb. 113). Man erreicht ihn zu Fuß von Rolandswerth aus oder auf in weitem Bogen um den Wilhelmsberg geschlungener Straße, die zwischen Rolandseck und Rolandswerth die Bahnlinie unterquert. Ein berühmter Blick auf den Rhein und das gegenüberliegende Siebengebirge und eine Gastwirtschaft belohnen der Weg.

Erzbischof Friedrich I. von Köln legte Anfang des 12. Jahrhunderts die Burg Rolandseck als südliche Grenzfeste Kurkölns an. Erst später gelangen den Erzbischöfen Erwerbungen im Ahrtal. Noch im Dreißigjährigen Krieg, in den Jahren 1632/33, ist die Burg Ziel der Zerstörungen des schweizerischen Generals Baudissin. Danach blieb sie Ruine. Auch zuvor hatte sie mehrfach Ungemach zu erleiden: im Kölnischen Krieg, in der Auseinandersetzung zwischen dem protestantisch gewordenen, verheirateten und abgesetzten Erzbischof Gebhard Truchseß von Waldburg und dem neugewählten Erzbischof Ernst von Bayern 1583/84, im Eroberungszug Karls des Kühnen 1475 oder schon Anfang des 14. Jahrhunderts, als der

Kölner Erzbischof Wikbolt von Holte König Albrecht geloben mußte, die zerstörte Burg nicht zu erneuern. Aber bereits sein Nachfolger Heinrich von Virneburg förderte den Wiederaufbau. Dabei ging man recht wüst vor. Noch zwei Jahre nach dem Wiederaufbau, 1328, erhält das Stift Maria ad Gradus in Köln Entschädigungszahlungen für seine dabei mißhandelten Weinberge – statt sauren Weins süße Einkünfte.

Zu Beginn des 19. Jahrhunderts stand von der Ruine gerade noch ein Bogen, bei den Bonner Studenten und den Romantikern als Wanderziel beliebt und besungen. Ein Wintersturm brachte ihn in der Nacht vom 28. auf den 29. Dezember 1839 zum Einsturz. Anlaß genug für Ferdinand Freiligrath, mit feuriger und erfolgreicher Dichtung zum Wiederaufbau aufzurufen. Zu ruinös durfte eine Ruine ja nun auch nicht sein. Reiche Spenden aus ganz Deutschland kamen zusammen. Nachdem man sich mit der Besitzerin, Prinzessin Marianne von Preußen, geeinigt hatte, war bereits im Sommer 1840 nach dem Entwurf des Kölner Dombaumeisters Ernst Friedrich Zwirner der Bogen wieder geschlossen.

Mit dem Bogen ist manche spät entstandene Sage verbunden. Ritter Roland, manchmal soll es sogar der liedberühmte Paladin Karls des Großen gewesen sein, schaute von hier zum Kloster auf der Insel Nonnenwerth hinüber. Sehnsüchtig versuchte er, einen Blick seiner geliebten Hildegard zu erlangen. Zwei Variationen begründen den betrübten Blick: Roland kehrte mit zu großer Verspätung vom Kreuzzug zurück, und seine Geliebte hatte sich inzwischen in die Einsamkeit der Zelle zurückgezogen. Dramatischer ist die andere Version. Beim erfolgreichen Versuch, eine Eroberung der väterlichen Burg seiner Hildegard zu verhindern, erschlägt er zuletzt im Eifer des Gefechts den zur Verteidigung seines Besitzes angetretenen Vater, und Hildegard geht aus Gram darüber ins Kloster. Traurige Geschichten, die erst das frühe 19. Jahrhundert erfunden hat. Gegenüber, auf der Insel Nonnenwerth, zog man sich damals tatsächlich ins Kloster zurück, ohne allerdings ein klösterliches Leben zu führen.

Nonnenwerth

Bis ins 19. Jahrhundert trug auch die Insel den Namen des kleinen Uferortes Rolandswerth, aber Nonnenwerth ist durchaus passender. 1122 gründete Erzbischof Friedrich, der ja auch die Burg Rolandseck errichtete, hier ein Benediktinerinnenkloster, das trotz häufiger Überschwemmungen, Brände und Plünderungen bis zur Säkularisation 1802 bestand. Zwei Jahre, 1840/41, verbrachte hier Franz Liszt mit der Gräfin Marie d'Agoult, der Mutter Cosima Wagners. Der ewig wandernde Liszt plante sogar, hier seßhaft zu werden. Erst 1851 ziehen wieder Nonnen, jetzt Franziskanerinnen, hier ein, die ein Mädcheninternat führen.

Die Klostergebäude, die Liszt und anderen als Wirtshaus und Unterkunft dienten, stammen noch aus der Zeit vor der Säkularisation. Die 1773–75 errichteten Gebäude sind um einen quadratischen Innenhof gruppiert. Der Architekt, der Koblenzer Baudirektor Nikolaus Lauxem, setzte die *Klosterkirche St. Clemens,* dem alten Patron der Schiffer geweiht, in die Nordwestecke des schlichten, klassizistischen Baus. Nur ein schlanker Dachreiter erhebt sich über der pilastergezierten Giebelfassade. Den Saalbau mit Nonnenempore schmückt ein neu (1954) erworbener Hochaltar der Mitte des 18. Jahrhunderts. Dahinter verbirgt sich ein Schatz, eine Kreuzabnahme des Meisters der Düsseldorfer Malerschule Andreas Müller, 1869 vollendet. Wandmalereien von seiner Hand haben wir bereits in der Remagener St. Apollinariskirche kennengelernt.

Bad Godesberg

Hinter dem kleinen Rolandswerth endet vor den Toren der Bundeshauptstadt Bonn mit dem 1969 eingemeindeten Stadtteil Bad Godesberg das Bundesland Rheinland-Pfalz. Nordrhein-Westfalen beginnt, und gleichzeitig betritt man den südlichsten Zipfel der Kölner Bucht. Links und rechts ziehen sich die Höhen des Rheinischen Schiefergebirges vom Rhein, der sich nun wieder ausbreiten kann, zurück.

Einen letzten Basaltkegel am Rande der Höhen besetzt die *Godesburg* (Abb. 119). Neben Godesberg ist auch die Namensform Wodansberg überliefert. Ein Hinweis auf germanische Götterverehrung auf dem Berg, der oft am selben Ort die Verehrung des Erzengels Michael folgte. Ausgrabungen haben 1959 die Vermutungen, daß bereits die Römer hier gebaut haben, bestätigt. Frühmittelalterliche Gräber, die dabei ebenfalls aufgedeckt wurden, belegen, daß eine Michaelskapelle, Vorgängerin der heutigen spätbarocken, an anderer Stelle hier bestanden haben muß.

Der im Rheinischen Landesmuseum in Bonn verwahrte Grundstein berichtet vom Baubeginn der Burg im Jahre 1210 durch Erzbischof Dietrich von Köln. Noch heute ist das dominierende Merkmal der Godesburg der 45 Meter hohe Bergfried. Er betont die Gipfellage im Gegensatz zur Hanglage der meisten Burgen des Rheintales und steht inmitten der umgebenden Bauten der Burg frei auf dem Burghof. Bis zum ersten Kranz der

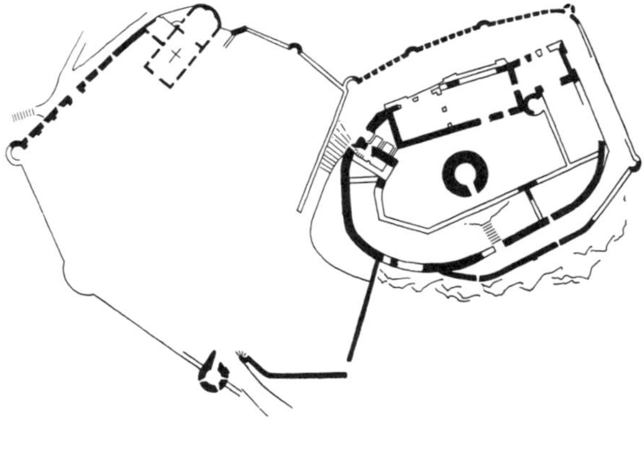

Godesburg, Grundriß

Godesburg und Siebengebirge, Mitte 19. Jh. Stahlstich von C. Frommel

Kragsteine, die einst einen hölzernen Wehrgang trugen, ist er unter Erzbischof Konrad von Hochstaden errichtet worden, der die Burg 1244 vollendete. Unter Erzbischof Walram von Jülich (1332–49) wird der Bergfried dann auf seine heutige Höhe aufgestockt, später wurde er noch mit schiefergedecktem Dach mit einem aufgesetzten Auslug versehen.

Aus Walrams Zeit stammen die letzten drei der acht Geschosse des Turmes. Das unterste Geschoß besaß nur einen Zugang durch den Boden des ersten Geschosses. Durch dieses ›Angstloch‹ konnte man Gefangene und Geiseln, Akten und Schätze in sicheren Verwahr bringen. Der Eingang im ersten Geschoß, heute halb vermauert, war damit außer Reichweite von Feinden, die in den Burghof eingedrungen waren. Walram von Jülich hatte auch die Vorburg angelegt. Dabei war die von Dietrich verlegte Michaelskapelle mit ihrer Apsis in die neuen Maueranlagen einbezogen worden.

Bis ins 16. Jahrhundert war die Godesburg eine der wichtigsten Festungen und eine der Residenzen der Kölner Erzbischöfe. Auch in den Auseinandersetzungen um den Kölner Thron zwischen Gebhard Truchseß von Waldburg und Ernst von Bayern fiel sie erst nach wochenlanger Belagerung am 17. Dezember 1583. Der Beschießung hatte sie widerstanden, aber dann lassen die Belagerer einen Minengang unter die Ostseite der Burg treiben. Eine gewaltige Bresche wurde gesprengt. Die Verteidiger ziehen sich noch in den Bergfried zurück, aber auch hier müssen sie aufgeben und werden bis auf zwei Mann niedergemacht. Die Ruine wurde dem Verfall preisgegeben.

Die Lustschloßpläne des Kurfürsten Joseph Clemens zu Beginn des 18. Jahrhunderts nach Entwürfen von Robert de Cotte erfüllten sich ebensowenig wie Überlegungen der Kaiserin Augusta, für ihren Sohn, den Kronprinzen Friedrich, der 1850–52 in Bonn studierte, hier die angemessene Residenz einzurichten. Erst 1896, nachdem die Burg in den Besitz der Gemeinde Godesberg übergegangen war, wurde ein ›altdeutscher‹ Restaurantbetrieb eingebaut. Da sie unschön und unpraktisch waren, mußten diese Bauten 1960 den Plänen Gottfried Böhms weichen. Er griff die alte Zweckbestimmung der Räume wieder auf. Der große Saal entstand neu als Rittersaal, der alte Schenkraum wurde Anrichte, der Treppenturm wurde wieder als Zugang zur Sylvesterstube, der ehemaligen Burgkapelle St. Sylvester, genutzt. Aus der Wohnung des Burgherrn wurden Weinstube, Gastraum und Terrasse. Und bequemer als im Mittelalter die Burgmannschaft lebt der Gast heute im Hoteltrakt. In Sichtbeton und Glas ist dabei eine denkmalpflegende Nutzung der alten Bauteile entstanden.

Unterhalb, im Bereich der noch teilweise erhaltenen Ringmauer, steht die *Michaelskapelle*. Ihr hat man bei der Belagerung des Jahres 1583 übel mitgespielt. Das Dach wurde abgehoben, der Bau mit Erde gefüllt und als Aufstellplatz für Geschütze genutzt. Erst 1697–99 ließ Erzbischof Joseph Clemens den Bau freilegen und erneuern. Chorturm und Schiff zeigen im teils alten Mauerwerk die Formen des späten Barock. Die Ausstattung mit Altären und Stukkaturen spiegelt die Bestimmung der Kapelle als Oratorium für den von Joseph Clemens gestifteten Michaelsorden. Der Hauptaltar schildert die Erscheinung des Erzengels im Jahre 495 in einer Höhle des süditalienischen Monte Gargano, während die Seitenaltäre den Erzengeln Raphael und Gabriel geweiht sind.

Am Fuße des Godesberges hat man 1976 das beliebte und vielbesungene Studentenlokal ›Zur Lindenwirtin‹ wiederaufgebaut, das an seinem ursprünglichen Platz dem Verkehr weichen mußte (Abb. 121). Einen großen Teil seines Ruhmes verdankte das Lokal seiner schönen Wirtin Ännchen Schumacher (1860–1935).

Im Ort, der wegen seiner Mineralquellen schon unter den letzten Kurfürsten Bad geworden war, hat der allerletzte Kölner Kurfürst, Maria Theresias Sohn Max Franz, mit seinen Bauten diese Entwicklung vorangetrieben. Das Prunkstück darunter ist die *Redoute* (Abb. 120), gerne für Empfänge genutzt, für die die über fünfzig hier ansässigen Botschaften reichlich Gäste stellen können. Der klassizistische Bau wurde am Ende des 18. Jahrhunderts von Martin Leydel begonnen und erst um 1820 von seinem Sohn Adam Franz Friedrich Leydel, seit 1817 Aachener Stadtbaumeister, vollendet. In reizvollem Kontrast zum klassizistischen Äußeren steht der teils noch vom Rokoko beeinflußte Stuckdekor des Inneren. Der große Saal im Mitteltrakt, er wird nach einer angeblichen Begegnung Beethovens mit Haydn im Jahre 1792 auch Beethovensaal genannt, ist das Zentrum der 1924/25 zur Gartenseite hin erweiterten Räume.

Das benachbarte 1790–92 errichtete *Hoftheater* war durch einen gedeckten Gang mit der Redoute verbunden. Die Logierhäuser des Badezentrums mit ihren klassizistischen Fassaden des späten 18. und frühen 19. Jahrhunderts hat man in ein Rathaus verwandelt.

Seit der Entwicklung Godesbergs im 19. Jahrhundert zum beliebten Pensionärsplatz und zur Sommerresidenz reicher Familien genügte die Michaelskapelle auf dem Godesberg nicht mehr den Bedürfnissen der Bewohner. Der Kölner Architekt Vincenz Statz entwarf mit *St. Marien* eine schlichte dreischiffige neugotische Hallenkirche mit Westturm, die 1863 geweiht werden konnte. 1894 wurde sie von seinem Sohn Franz mit einem zentralbauartigen Chor erweitert. Die evangelische Gemeinde hatte schon mit dem Bau der romanisierenden Rigalschen Kapelle 1856–58 einen Raum erhalten.

Auf dem Weg nach Bonn hinein fährt man dann am meist vom dichten Verkehr verdeckten *Hochkreuz*, inmitten der B 9 aufgestellt, vorüber. Die Kölner Dombauhütte hat das von Erzbischof Walram von Jülich Mitte des 14. Jahrhunderts gestiftete Wegekreuz errichtet. Elf Meter hoch ragt die dreigeschossige Trachytfiale auf, die die Skulpturen Christi, zweier Engel und der vier Evangelisten trägt. Seit der Restaurierung unter Ernst Friedrich Zwirner 1859 und erneut 1958 schließt wieder eine Kreuzblume die Architektur ab, die einst an der alten Kölner Landstraße nahe Godesberg stand.

Bonn

Bonn ist eine Stadt mit vielen Gesichtern: Sitz der Bundesregierung und des Parlamentes, provisorisch zwar nur, aber davon ist immer weniger die Rede; Universitätsstadt von hoher Bürgerlichkeit; barocker Fürstensitz mit Schlössern und Kirchen; erzbischöfliche Landstadt; Kaufleute-Siedlung und Sitz eines der mächtigsten rheinischen Stifte; christliche Märtyrergrabstätte und römisches Legionslager. Diesen sich immer wieder wandelnden Bestimmungen der Stadt begegnet man bei jedem Gang durch ihre Straßen. Sie berichten zugleich von den Epochen ihrer Geschichte.

Ein erstes Lager legten hier römische Truppen zur Zeit des Kaisers Augustus an. Dabei übernahmen sie den Namen einer kleinen Siedlung. Er geht sogar auf vorkeltisches Sprachgut zurück, gehört zur ältesten Sprachschicht des Rheinlandes. Zur Zeit des Kaisers Claudius (41–54 n. Chr.) wurde das Bonner Legionslager errichtet. Nördlich der Altstadt zeichnet die Römerstraße den Zug der via principalis nach, die Linie der wichtigen Rheintalstraße. Die hochwasserfreie Anhöhe des Lagers wird in etwa durch die Straßen Augustusring und Rosental, Am Schänzchen und Graurheindorfer Straße abgegrenzt. Südlich davor entwickelte sich die zivile Lagervorstadt. Wieder südlich der Lagervorstadt lagen die Gräberfelder.

Hier entstand in der zweiten Hälfte des 3. oder in der ersten Hälfte des 4. Jahrhunderts eine Totenmemorie. Dabei wurde über einer Grabstätte, die bei den Grabungen 1928–30 aus statischen Gründen nicht untersucht werden konnte, ein kleiner Raum abgegrenzt und überdacht. Gemauerte Bänke umgaben zwei gemauerte und verputzte Speisetische. Der eine davon trägt noch eine eingesetzte Terra-sigillata-Schale und einen Standring für ein Gefäß. In solchen Räumen wurde das Gedächtnismahl für den Toten gefeiert. Diese Cella memoriae wurde bald durch eine Aufschüttung überdeckt, aber nicht vergessen. Um 400 wurde über derselben Stelle eine kleine Saalkirche von fast neun mal vierzehn Metern errichtet.

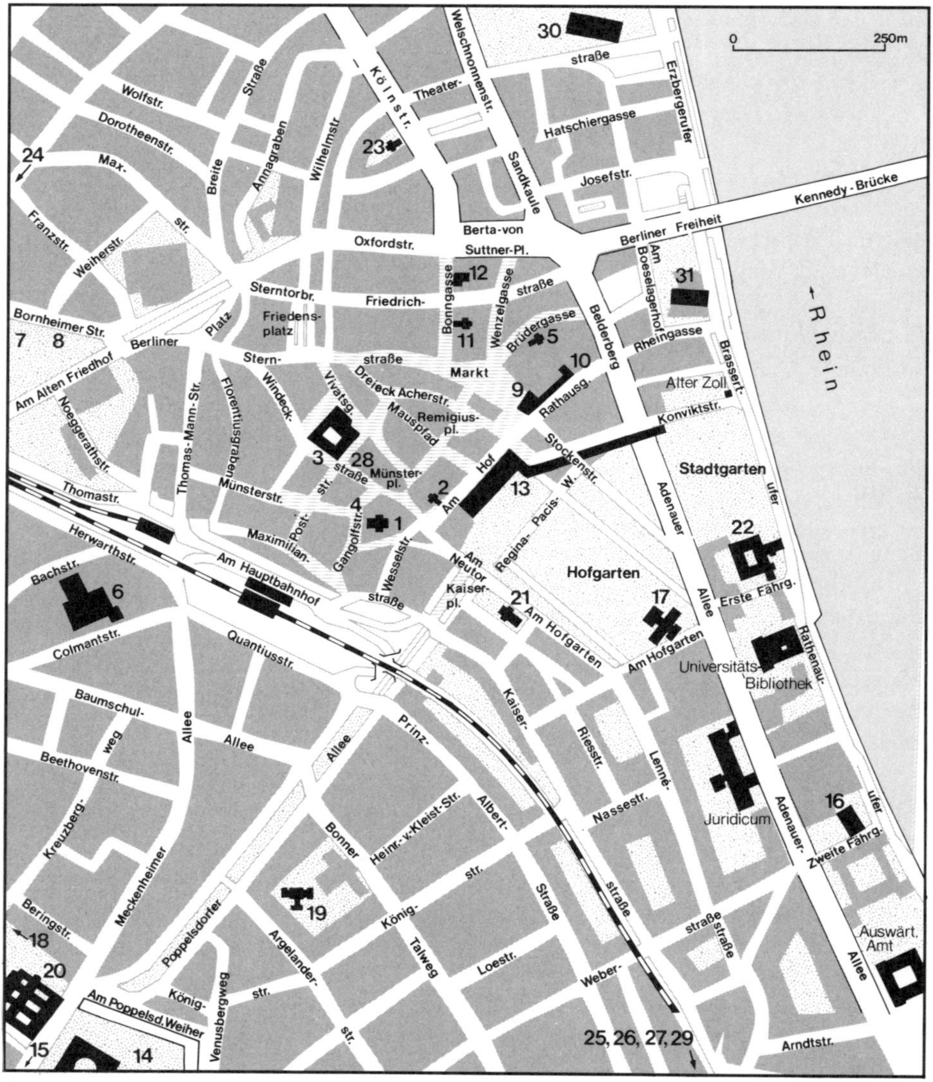

Bonn 1 Münster 2 Helenakapelle 3 Post (Rademacher-Haus) 4 Marktsäule 5 St. Remigius 6 Rheinisches Landesmuseum 7 Alter Friedhof 8 Ramersdorfer Kapelle 9 Rathaus 10 Städtische Kunstsammlung 11 Namen-Jesu-Kirche 12 Beethoven-Haus 13 Residenz (Universität) 14 Schloß Clemensruhe 15 Wallfahrtskirche auf dem Kreuzberg 16 Arndt-Haus 17 Alte Anatomie (Akademisches Kunstmuseum) 18 Neue Anatomie 19 Sternwarte 20 Altes Chemisches Institut 21 Kreuzkirche 22 Kollegium Albertinum 23 Stiftskirche 24 St. Maria 25 St. Elisabeth 26 Villa Hammerschmidt 27 Palais Schaumburg 28 Beethoven-Denkmal 29 Museum König 30 Beethoven-Halle 31 Stadttheater

Damit war der Grundstein für das Zentrum des heutigen Bonn, für das Bonner *Münster*, die jetzige *Pfarrkirche St. Martin*, gelegt (Farbt. 31). Zwar wuchs in der Südwestecke des römischen Lagers auch die Dietkirche, die Volkskirche, heran, aber auf Dauer wurde die Kirche der Märtyrer zum politischen und wirtschaftlichen Zentrum des wachsenden Ortes.

In den dunklen Jahrhunderten des frühen Mittelalters hatte man offensichtlich vergessen, welche Märtyrer man hier verehrte. Ähnliches geschah auch in Xanten oder in Köln. Hier half die Legende der thebäischen Legion, den Heiligen wieder eine Geschichte zu geben. Aus der ägyptischen Thebäis stammend, erlitten die Angehörigen der Legion das Martyrium, weil sie sich weigerten, Christen zu verfolgen. Hauptort ihrer Verehrung ist St. Maurice d'Agaune in der französischen Schweiz. Manche Detachements der Legion waren schon vorausgezogen, und so finden wir von Oberitalien bis nach Xanten Märtyrer, die in dieser Legende ihre verlorene Vergangenheit wiederfinden.

In Bonn sind es Cassius und Florentius, die man hier seit dem 7. Jahrhundert nennt. Seit 1166 kommen noch der Heilige Mallusius und einige Begleiter zur Verstärkung hinzu. Von der Bevölkerung wurden sie verehrt und besucht. An der Stätte der Verehrung wuchs und bildete sich dabei eine Gemeinschaft von Geistlichen, die die Seelsorge weiter Bezirke übernahm. Ein Stift entstand, das im Kölner Erzbistum nach dem Domstift als das vornehmste galt, vor den beiden anderen Thebäerstiften St. Gereon in Köln und St. Victor in Xanten. Um 780 errichtet man in Bonn einen großzügigen Neubau. Bald bildet sich zum Rhein hin eine Kaufleutesiedlung. Daneben besteht immer noch die Marktsiedlung im Geviert der römischen Mauer um die Dietkirche. Aber schon um 800 werden die Pfarrkirchen St. Martin und St. Remigius beim Stift gegründet, und mit den Plünderungen der Normannenstürme 881 und 892 geht das Hauptgewicht der Siedlung endgültig auf die Stiftsstadt über.

Früh, bereits Mitte des 11. Jahrhunderts, entschließt man sich, die Kirche erneut zu bauen. Jetzt wird auch völlig neu geplant. Die bisherigen Bauten waren nach Nordosten gerichtet. Nun orientiert man genauer, richtet den prächtigen Neubau nach Osten aus. Alles Ältere wird eingeebnet, nur die Sarkophage, die schon in der kleinen Saalkirche gestanden hatten, bleiben. Sie werden als Gruft mit einer Längstonne überdeckt. Noch heute ist dieser kleine Raum von der Krypta aus, allerdings nur selten, zugänglich. Eine weitere Krypta, wie in Köln dem Apostel Petrus geweiht, liegt im Westen des Baus. Im 13. Jahrhundert verfüllt, hat man sie 1947 ausgegraben und benutzt seit 1961 den westlichen Teil wieder. Der langgestreckte Bau der salischen Zeit, Mitte des 11. Jahrhunderts, war also eine Doppelchoranlage, wie wir sie aus Mainz kennen und im frühen Mittelalter oft finden. Der westliche Eingang entstand erst neuromanisch 1880 und erhielt seine bescheidene Form nach dem letzten Krieg. So ist im Westen unter völlig erneuerter Steinhaut noch Grundbestand des 11. Jahrhunderts erhalten, ebenso teils im Osten und im Kreuzgang.

Das heutige Erscheinungsbild ist aber durch den Neubau des 12. und 13. Jahrhunderts bestimmt. Propst Gerhard von Are (1126–1169), der gern Erzbischof von Köln geworden wäre, beginnt damit. Seinen Ruhm verkünden zwei Inschriften von seinem Grabe über den Türen zu den Turmaufgängen im Westeingang. Er erweitert und verlängert den Chor um das

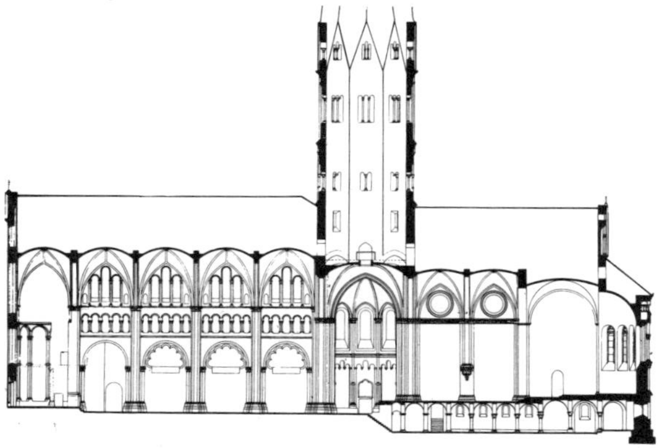

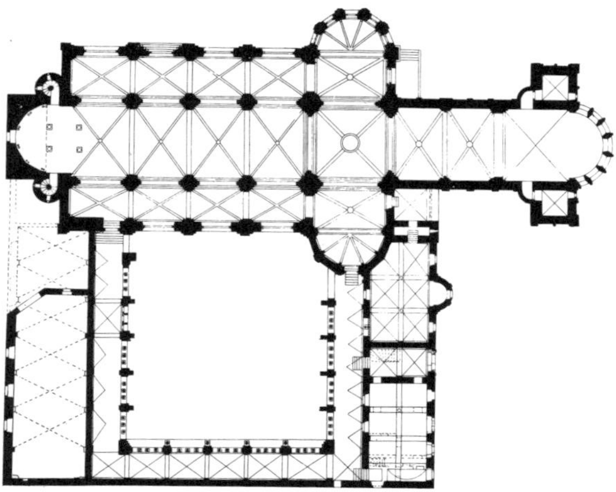

Bonn, Münster, Schnitt und Grundriß

letzte kreuzgratgewölbte Chorjoch, die Apsis und die beiden Flankentürme. Diese reich gegliederte Ostfassade bestimmt immer noch den ersten großen Eindruck des Baus (Farbt. 31). Sie bezeichnet den Beginn der Serie staufischer Etagenchöre des Rheinlands. 1153 wurde sie geweiht.

Über dem mit Fenstern versehenen Sockelgeschoß der Krypta trägt das Untergeschoß Halbsäulen vor einer vor die Wand gelegten Arkadengalerie. Das Fenstergeschoß darüber besaß zuerst nur drei Fenster, mit Arkaden abgewechselt, durch Säulen getrennt. Um 1300 hat man die Arkaden geöffnet, die Fenster vergrößert und alle mit Maßwerk versehen. Darüber das hohe Band der Zwerggalerie. Die Gliederungen dieser vier Geschosse werden von den Wänden der Chorflankentürme aufgegriffen.

Der salische Teil des Chores war bei diesen Arbeiten flach gedeckt geblieben, um 1200 stockte man nun auf und wölbte mit Kreuzrippengewölben ein. Diese Änderungen sind auf der Nordseite des Chores noch gut zu sehen. Die Bauarbeiten gehen mit nur kleinen Unterbrechungen weiter. Das Querschiff wird verbreitert, mit polygonalen Apsiden geschlossen, ein hoher Vierungsturm wird aufgesetzt. Noch vor 1220 wird dann das Schiff (Abb. 123) errichtet mit breiteren Seitenschiffen, als sie das salische Schiff besaß, und höher als die gerade vollendete Vierung.

Damit ist die nötige Höhe gewonnen, um eine ausgewogene dreiteilige Wandgliederung zu ermöglichen. Vorbilder mögen Formen der burgundischen Frühgotik wie in Lausanne oder Genf gewesen sein. Die querrechteckigen Joche werden durch weite Arkaden zu den längsrechteckigen Jochen der Seitenschiffe geöffnet. Darüber die begehbare Schattenzone des Triforiums, um den Dächern der Seitenschiffe Ansatzfläche zu geben, und darüber ein weiterer Laufgang hinter einer Staffel von drei Bögen. Den fünf Arkaden des Triforiums entsprechen die gestaffelten fünf Fenster des Obergadens. Außen werden sie von einer Arkadengalerie überfangen und von den frühen schlanken und jochweise gesetzten Strebebögen gegliedert. Gotische Systematik wird mit rheinischem, sogar mehr niederrheinischem Formengut verbunden. Der Dachfirst war durch die höheren Gewölbe höher als auf dem Chor, höher als das erste Gesims des Vierungsturmes gewachsen. So werden zum Schluß die fünf Türme aufgestockt. Die westlichen Treppentürmchen erhalten ein zierliches polygonales Geschoß. Der Vierungsturm erhält ebenfalls ein zusätzliches Geschoß und darüber kleine Giebel für einen Faltenhelm. Der heutige Spitzhelm, mit 84 Metern Höhe ein Wahrzeichen der Stadt, entstand nach dem Brand durch den Beschuß im Jahre 1689 und wurde 1717 vollendet. Auch die Chorflankentürme werden mit einem gestreckten Geschoß erhöht. Sie haben, wie die Westtürme, gotisierende Knickhelme.

Der romanische Bau besitzt nur noch geringe Reste seiner zeitgenössischen Ausstattung. Die prunkvollen Gesimsbänder der Vierung und des Chores schreibt man dem Samsonmeister und seiner Werkstatt zu. Seinen Namen erhielt er von einer in Maria Laach bewahrten kleinen Skulptur. Sie zeigt Samson, den Löwen zerreißend, Hinweis auf Christus, der das Böse besiegt. An den Seiten des Choraufganges des Bonner Münsters stehen noch zwei hervorragende Skulpturen von seiner Hand: Ein Engel und ein Teufel notieren sorgsam die Taten und Gedanken der Chorherren. Ursprünglich gehörten sie zu den Wangen eines untergegangenen Chorgestühls.

Der größte Teil der mittelalterlichen Ausstattung ging Ende des 16. Jahrhunderts unter. Erhalten blieb die Grabplatte Engelberts II. von Falkenberg († 1275) vom Ende des 14. Jahrhunderts unter der Orgelempore. In den Truchsessischen Wirren wurde 1583 das Münster geplündert und 1587 systematisch verwüstet. So leben Vierung und Chor heute von ihrer barocken Ausstattung mit Altären, Freitreppen und Balustraden des 17. und 18. Jahrhunderts. Prunkstücke sind das Sakramentshaus von 1619 im Chor, das noch den Umriß der turmartigen spätgotischen Sakramentshäuser aufgreift, und die Bronzeskulptur der Heiligen Helena im Westen des Schiffs. Als Stiftung des Propstes wurde sie um 1630 am Grabe des Erzbischofs Siegfried von Westerburg aufgestellt. Das Gußmodell lieferte der aus Augsburg stammende, in Köln tätige Bildhauer Jeremias Geißelbrunn. Helena wurde als Gründerin des Stiftes verehrt. Ähnlich stellte man sich auch in Xanten und in Köln

St. Gereon die Entstehung des Stiftes vor. In fließender Bewegung niederkniend hält Helena das Kreuz. Der Legende nach hat sie in Jerusalem das wahre Kreuz Christi wiederentdeckt. Man spürt ihre tiefe Ergriffenheit.

Die Wandmalereien sind nur in Bruchteilen aus mittelalterlicher Zeit. Die frühe Himmelfahrt Mariens der ersten Hälfte des 13. Jahrhunderts an der Stirnseite des Chorbogens gehört dazu, andere kleinere Reste sind in die historisierende Ausmalung von August Martin 1891–94 einbezogen worden. Nach dem letzten Krieg hat man begonnen, die Farbfassung der Architektur nach vorgefundenen Spuren und teils nach anderen Vorbildern zu erneuern. Die moderne Verglasung der Fenster ist dabei nicht immer geglückt.

Man sollte das Münster nicht verlassen, ohne den Kreuzgang gesehen zu haben. Zweigeschossig angelegt ist er der vollständigste, den das Rheinland zu bieten hat. Von den vier Flügeln, die unter Gerhard von Are seit etwa 1140 errichtet wurden, sind drei erhalten. Der Südflügel mußte der Erweiterung des Seitenschiffes Anfang des 13. Jahrhunderts weichen. Der heute so ruhige Raum war einst das Verwaltungszentrum des Stiftes mit Kapitelsaal und der Cyriakuskapelle für das Grab Gerhards von Are. Spätere Umbauten haben dabei manches verändert.

Aus der Zeit Gerhards von Are, vielleicht sogar für ihn selbst errichtet, stammt die *St. Helenakapelle.* Sie liegt im Obergeschoß eines zweigeschossigen Tuffsteinbaus, Am Hof 32/34, seit 1960 mit einem eigenen Zugang versehen. Dieser kleine Bau ist eines der wenigen erhaltenen Beispiele für Hauskapellen, wie sie für das Haus eines Kanonikers üblich waren und auch in größeren bürgerlichen Bauten zu finden gewesen sind. Die kleine, halbrunde Apsis ragt erkerartig aus dem Haus hervor. Dem kreuzgratgewölbten Raum geben zwei Fenster auf der Nordseite Licht. Durch die Schäden des letzten Krieges kamen Spuren einer Ausmalung des frühen 15. Jahrhunderts zum Vorschein.

Sonst ist außer dem Kreuzgang von den Stiftsgebäuden um den Münsterplatz nur noch das Haus des Stiftsdechanten Rademacher erhalten geblieben. Der 1751–53 errichtete Bau dient heute als *Postgebäude.*

Verändert hat sich auch die Umgebung des Münsters. Der interessante Rundbau der Pfarrkirche St. Martin südöstlich des Chores ist nur noch in der Pflasterung nachgezeichnet. Nach der Säkularisation wurde sie abgerissen, als die Pfarre die Stiftskirche übernahm, die nun St. Martin geweiht ist.

Vor der Nordwestecke des Münsters steht noch die *Marktsäule.* Der hohe Schaft aus rotem Sandstein trägt eine Trachytkugel und diente als Pranger. Das eigentliche Hoheitszeichen war das sogenannte Wölfchen auf dem Münsterplatz, ein Kalksteinlöwe, Teil eines antiken Grabmonumentes oder ungefüge mittelalterliche Kopie. Heute befindet sich das Stück im Rathaus. Die Säule, auf der er thronte, steht jetzt an der Vivatsgasse hinter der Post. Hier hat man 1900 einen Torbogen des mittelalterlichen Sterntores und ein Mauerstück wieder aufgestellt, den einzigen, spärlichen Rest der mittelalterlichen Befestigung. Diese Stadtbefestigung ging auf eine Urkunde des Erzbischofs Konrad von Hochstaden vom 18. März 1244 zurück. Er genehmigte den Bürgern den Bau. Die engere Umgebung des Stiftes, die Pfarrkirchen St. Martin und St. Remigius einschließend, war schon lange mit Wall und

Graben, seit etwa 1000 auch mit Mauer und Türmen befestigt. Rheinwärts vorgelagert hatte sich um den Markt eine zivile Vorstadt entwickelt. Sie wurde nun in weitem Bogen, auf Zuwachs bedacht, zum Rhein hinunter und nach Norden ausgreifend mit Mauer, Toren und Graben versehen. Das ist noch heute im Straßenbild ganz gut abzulesen.

Den Bürgern wurde gleichzeitig ein weiter Spielraum an Selbstverwaltung eingeräumt, aber der Kölner Erzbischof blieb Herr der Stadt. Bonn wurde sein Reservesitz als Ersatz für das immer widerspenstigere Köln, das 1288 den Erzbischof aus der Stadtherrschaft verdrängte. Hier in Bonn wurden nun auch die Münzen des Erzbischofs geprägt, hier krönte er, als Aachen die Tore nicht öffnete, 1314 Friedrich den Schönen und 1349 Karl IV. im Münster zu deutschen Königen.

Von all dem Glanz des Mittelalters sind nur geringe Spuren geblieben. So wie St. Martin vor dem Chor des Münsters sind auch St. Gangolph westlich des Münsters und St. Remigius mit der Säkularisation untergegangen. Die Pfarre *St. Remigius* übernahm die Kirche des Minoritenklosters. Die Franziskaner kamen 1274 aus Köln, und noch im gleichen Jahr begann man mit dem Bau der Kirche, die nur in geringer Entfernung vom Remigiusplatz, dem Ort der alten Remigiuskirche, an der Brüderstraße liegt. Auf dem Weg dorthin überquert man die Trennung zwischen Stiftsstadt und Erweiterung sowie den Markt, das alte Herz der Siedlung. Die Minoriten hatten den gewünschten Platz im Herzen der Stadt, die etwa die für uns bescheidene Zahl von 5000 Einwohnern hatte. Man baute nach dem fast kanonischen Modell der Bettelordenskirchen, für das Köln, das die Minoriten gerade verlassen hatten, ein gutes Beispiel bot: Dreischiffig ohne Querhaus mit langgestrecktem Chor, eine schlicht gehaltene Pfeilerbasilika. Bis etwa 1317/18 scheint der östliche Bauabschnitt vollendet gewesen zu sein. Das Maßwerk der hohen Fenster und der Nische auf der Südseite des Chores verweist auf das andere Kölner Vorbild dieser Zeit, auf den Chor des Domes. Erst Ende des 14. Jahrhunderts wird der Bau in Bonn vollendet gewesen sein. Man sieht, wie die Basen der Pfeiler nach Westen zunehmend verschliffen werden, die Seitenschiffdienste fallen fort. Und während die Fenster des Obergadens die vom Chor vorgegebenen Maßwerkformen beibehalten, schreitet die Entwicklung bei den Seitenschiffenstern modisch fort. Das Westfenster des südlichen Seitenschiffes zeigt im Couronnement bereits das Fischblasenmotiv. Sonst verzichtet man auf Dekoration. Die Profile der Arkaden gehen ohne Kapitellzone in die Pfeiler über. Glatt gespannte Wände bleiben frei über den Arkaden bis zum Gesims der Obergadenfenster stehen. Ein ruhiger, stiller Raumeindruck herrscht vor, heute noch betont durch die 1957/59 angelegte Farbfassung. Damals entfernte man bis auf den Unterbau des Altars im südlichen Seitenschiff die reiche neugotische Ausstattung. Die vier Altäre der späten Nazarener Karl und Franz Müller und Franz Ittenbach befinden sich jetzt als Leihgaben im Rheinischen Landesmuseum.

Am nördlichen Seitenschiff fügte Erzbischof Ferdinand von Bayern 1620 in romanisierenden Formen eine kleine Ostapsis an. Im Westen wird dagegen das nördliche Seitenschiff durch die Straße zurückgedrängt.

Die schlichte Westfassade ist als Querschnitt durch das Schiff gehalten. Ein Profil umgreift Portal und Westfenster nach dem Vorbild der Duisburger Minoritenkirche. Zwei

Strebepfeiler sind vorgesetzt, während bei den Seitenschiffen die Strebepfeiler nischenartig nach innen gezogen sind. Statt dreier kleiner Fenster hat man bei der Erneuerung des Westgiebels 1889/90 eine kleine Rosette zur Beleuchtung des Dachraums eingefügt. Nach Bettelordenssitte thront darüber, über dem Ansatz des Chores, auch nur ein kleiner Dachreiter.

Die Reste älterer Ausstattung stammen aus dem 17. und 18. Jahrhundert. Beim Umzug in die neue Pfarrkirche hatte die Gemeinde den barocken Hauptaltar der alten St. Remigiuskirche mitgenommen. Er war 1651 von Erzbischof Maximilian von Bayern zum Andenken an seine Bischofsweihe gestiftet worden. 1898 abgebrochen, gingen seine Reste in und nach dem letzten Krieg bei Zerstörung und Wiederaufbau der Benediktinerabtei in Siegburg unter, eines der Hauptwerke des in Köln tätigen Bildhauers Jeremias Geisselbrunn. Der einzige Überrest scheint die Madonna auf der Wolkenbank zu sein, die in einer Nische am Ostende des südlichen Seitenschiffes thront. Ähnlich wie in Mariae Himmelfahrt in Köln, deren restaurierten Hauptaltar ein Abguß ziert, bekrönte sie wohl ursprünglich die höchste Stelle des Altaraufbaues. Ihre ruhigere Gestaltung, ruhiger als sonst bei Werken Geißelbrunns, mag aus dieser Position zu erklären sein. Erhalten blieb auch die barocke Kanzel des frühen 18. Jahrhunderts, ein Prunkstück ihrer Gattung. Etwas jünger sind die Beichtstühle. Aus der Mitte des 18. Jahrhunderts stammt der virtuos geschmiedete Wandleuchter mit seinem Rocaille-Dekor. Der nach 1730 entstandene Taufstein mit seinem Holzdeckel wird ebenfalls 1806 aus der Pfarrkirche hierher übertragen worden sein, eine elegante Rokokoarbeit. Auch die neugotische Ausstattung der Kirche ist ja inzwischen wieder verschwunden. Neben der Altarmensa im südlichen Seitenschiff erinnert nur noch das Epitaph des Initiators der Ausstattung, des Pfarrers Wilhelm Reinkens († 1889), daran, wie leicht Moden sich ändern und wie leichtfertig mit ihren Zeugnissen umgegangen wird.

Nur wenige Zeugnisse des Mittelalters sind sonst noch außerhalb des Rheinischen Landesmuseums zu sehen. Dort sind im Neubau hinter dem Bahnhof seit der Mitte des 19. Jahrhunderts rheinische Schätze aus Ausgrabungen, Ankäufen und Schenkungen gesammelt und ausgestellt.

Von der gegenüberliegenden Rheinseite, aus Ramersdorf, stammt die Ramersdorfer Kapelle auf dem Alten Friedhof. Die Grabdenkmäler des 1715 unter Kurfürst Josef Clemens von Bayern angelegten *Alten Friedhofs* sind ein Zeugnis des geistigen Lebens im Bonn des 19. Jahrhunderts. Hier haben zahlreiche deutsche Größen des 19. Jahrhunderts ihre letzte Ruhe gefunden: Clara und Robert Schumann (Abb. 127), Karl Simrock, Bernhard Thiersch, der Dichter des Preußenliedes, Mathilde Wesendonck, Wagners große Liebe und Ziel seiner Liebesdichtung, August Wilhelm von Schlegel, Ernst aus'm Weerth oder Beethovens Mutter und Schillers Frau Charlotte und sein Sohn Ernst. Manche ruhen unter Denkmälern aus Marmor, andere unter einst hochmodernem neugotischem Gußeisen. Romantisch mit einer Eiche auf dem Grab liegt Ernst Moritz Arndt, klassizistisch nach einem Entwurf Schinkels Barthold Georg Niebuhr, porträtiert in einem Relief von Christian Rauch.

Inmitten dieser Grabdenkmäler steht seit 1847 die *Ramersdorfer Kapelle,* ein Kleinod der rheinischen Spätromanik. 1842 war in Ramersdorf das Dach der Kapelle in Brand geraten,

Bonn, Ramersdorfer Kapelle auf dem Alten Friedhof, Mitte 19. Jh. Lithographie

und der Abbruch schien bevorzustehen. Öffentlicher Protest, Sammlung von Geldern und eine Stiftung König Friedrich Wilhelms IV. ermöglichten die Versetzung auf den Alten Friedhof unter der Leitung des Architekten und preußischen Bauinspektors Johann Claudius von Lassaulx. Beim Abbau gingen allerdings die Gewölbe- und Wandmalereien der kleinen Hallenkirche verloren. Vier Säulen mit Schaftringen und Knospenkapitellen tragen die gebusten Gewölbe. An das Rechteck der drei Schiffe sind gestaffelt drei Apsiden als Chöre angesetzt. Die Außenwand ist glatt gehalten. Lisenen und ein Kleeblattbogenfries rahmen die Flächen. Die Fenster der seitlichen Apsiden und die Vierpaßfenster der Seitenwände wurden bei der Übertragung rekonstruiert, der Eingang von der Südseite achsbetonend nach Westen verlegt. Auch der Turm an der Südostseite des Baus wurde nicht übertragen. Der um 1230 entstandene Bau wirkt zurückhaltend im Dekor, bereits geprägt von der Kenntnis gotischen Bauens, dem man sich aber noch nicht anschließen will.

Modisch hat man 1847 bei der Übertragung des Baus die Kapelle mit gußeisernem Altargerät und einer Pforte aus dem gleichen Material ausgestattet. So verbinden sich seit der Zeit der Romantik und den Anfängen der Denkmalpflege Wahrung des Überkommenen und modische Anpassung, was allerdings den Zeitgenossen meist weniger auffällt als den Nachkommen. Nach Südwesten ausgerichtet, in die Blickachse des Friedhofes gesetzt, bleibt die Kapelle einer der schönsten Bauten Bonns.

Sie muß manches vertreten, was der Stadt im 16. und 17. Jahrhundert verloren gegangen ist. Die beiden nicht erfolgreichen Versuche, im Erzbistum Köln im 16. Jahrhundert die Reformation einzuführen, haben Bonn als Sitz des Erzbischofs manche Not ausstehen

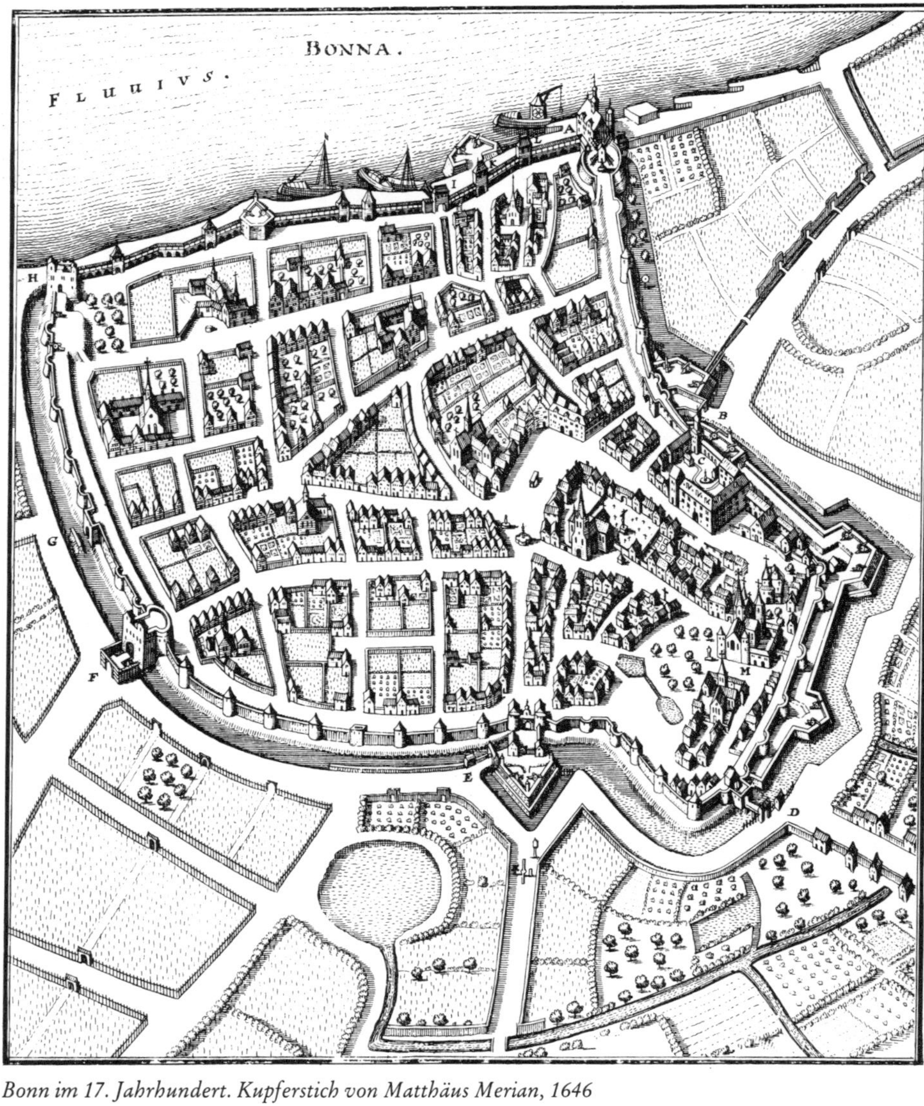

Bonn im 17. Jahrhundert. Kupferstich von Matthäus Merian, 1646

lassen. Höhepunkt war die überfallartige Besetzung der Stadt 1587 durch Martin Schenk von Nideggen, der hier einen protestantischen Stützpunkt schaffen wollte. Schon die Plünderungen seiner Soldateska ruinierten Bonn, die verbliebenen armseligen Reste des einstigen Wohlstandes preßten dann die zurückkehrenden Räte des Erzbischofs Ernst von Bayern aus. Bonn war die entscheidende Festung für die Beherrschung des Südteils des Erzbistums geworden. Schritt für Schritt wurden nun weit über den Dreißigjährigen Krieg hinaus die Festungsanlagen beiderseits des Rheins weiter ausgebaut. Ein Bild, das man sich bei unseren heute so offenen Städten gar nicht mehr vorstellen kann.

Nach dem Tode von Erzbischof Max Heinrich von Bayern im Jahre 1688 ergaben sich neue Streitigkeiten um die Herrschaft im Erzbistum. Frankreich unterstützte die Kandidatur von Wilhelm von Fürstenberg, sein Gegenkandidat war Joseph Clemens von Bayern. Bonn wurde von französischen Truppen, die Fürstenberg unterstützen sollten, besetzt und weiter ausgebaut. Am Sonntag, dem 24. Juli 1689 begann die Beschießung der Stadt durch die Reichstruppen, die sich bis zur Kapitulation am 12. Oktober hinzieht. Die Beschießung war innerhalb der Stadt sehr ›erfolgreich‹. Sarkastisch meldet ein österreichischer Beobachter nach Wien, daß die Stadt für die Deutschen ruiniert und die Festungsanlagen für die Franzosen erhalten worden seien. Die französische Besatzung zog mit allen Ehren ab und hinterließ einen Trümmerhaufen. Selbst das Siegel der Stadt war untergegangen.

Es sollte nicht die letzte Belagerung sein. Im Kielwasser seines Bruders Max Emanuel von Bayern, Habsburg übel gesonnen, geriet auch Joseph Clemens wieder in französische Bündnisse hinein und Bonn erneut unter französische Besatzung. Am 12. Mai 1703 begann die erneute Beschießung, diesmal aber der Befestigungsanlagen. Schon am 14. Mai folgte darauf die Kapitulation mit dem bereits gewohnten ehrenvollen Abzug der Franzosen. Josef Clemens war nach Namur ins Exil gegangen.

Schon bei den Kapitulationsverhandlungen war das Domkapitel als Vertreter des Erzbischofs gezwungen worden, den verbündeten Holländern die zukünftige Entfestigung Bonns zuzugestehen. Diese Verhandlungen zogen sich über lange Jahre hin und waren noch nicht beendet, als Joseph Clemens 1715 in vollem Prunk aus dem Exil nach Bonn zurückkehrte. Eine Reisebeschreibung aus dieser Zeit bezeichnet Bonn als ›klein und unflätig‹. Das sollte sich nun schnell ändern, der Glanz einer Residenzstadt, die durch die Entfestigung weiten Raum gewonnen hatte, begann sich zu entfalten.

Bereits vor seinem etwas unrühmlichen Exil hatte Erzbischof Joseph Clemens 1697 mit dem Neubau des Schlosses angefangen, nach seiner Rückkehr begann er mit dem im Exil geplanten Bau des Poppelsdorfer Schlosses Clemensruhe. Unter seinem Nachfolger Clemens August geht der Ausbau weiter. Der Kreuzberg erhält mit seinen Erneuerungen der Kirche und der Heiligen Stiege seine heutige Gestalt, der Bau des Poppelsdorfer Schlosses und der Residenz wird fortgeführt.

Ein großzügiges Bezugssystem, die Poppelsdorfer Allee, noch heute eine der Achsen der Stadt, verbindet Residenz und Poppelsdorfer Schloß. Von dort reicht der Blick bis zum neuausgebauten Kreuzberg.

Neben zahlreichen inzwischen zerstörten Bürgerhäusern entsteht 1737/38 nach Plänen Michael Leveillys das *Rathaus* am Marktplatz, zu dem Clemens August den Grundstein legte und das dem Brühler Schloß manche Anregung gab (Abb. 126). Die Bauarbeiten ziehen sich bis ins Ende des 18. Jahrhunderts hin. Es wundert nicht, daß die Bürger über diesen Segen an Investitionen begeistert sind und 1777 Erzbischof Max Friedrich zu Ehren einen Brunnenobelisken auf dem Marktplatz errichten.

Noch kurz vor der Zerstörung Bonns in der Beschießung des Jahres 1689 hatten die Jesuiten 1686 mit dem Bau der *Namen-Jesu-Kirche* begonnen, die Fassade zeigt das Datum 1692, aber erst 1717 konnte der Bau in der Bonngasse geweiht werden. Die Fassade mit ihren kräftigen Türmen, eine der gelungensten des Rheinlandes, ist in die Flucht der Häuser eingestellt. Die Pläne von Jakob de Candrea verarbeiten dabei, wie auch bei anderen Jesuitenkirchen dieser Zeit im Rheinland zu beobachten, sowohl romanische wie gotische Stilelemente, ein propagandistischer Rückgriff auf die Zeit der Einheit der Kirche. Die dreischiffig angelegte, gestufte Halle mit schlanken achtseitigen Pfeilern hat 1953 beim Wiederaufbau die alte Farbigkeit zurückerhalten: Rot und Gold, Schwarz und ein kühles Blau. Auch die Ausstattung ist nach dem Kriege ergänzt und restauriert worden. Die Kanzel von 1698 und Teile des Gestühls stammen noch aus der Bauzeit. Die in die Wände eingelassenen Beichtstühle entstanden Mitte des 18. Jahrhunderts, aus der ehemaligen Kapuzinerkirche übernommen sind die Altäre. Von Hofkünstlern des Erzbischofs Clemens August gefertigt, entstanden sie von 1754 bis 1764. Der Hochaltar im zweijochigen Hauptchor stammt von Bartholomäus Dierix und die Seitenaltäre vor den flach gerundeten Abschlüssen der Seitenschiffe von Melchior Jouanny.

Wenige Schritte weiter liegt in der Bonngasse 20 das *Geburtshaus Ludwig van Beethovens*. Bis 1774 lebte hier die Familie Beethoven im Hinterhaus, wo 1770 Ludwig geboren wurde (Abb. 122). Seit 1889 ist der Bau des späten 17. Jahrhunderts Schritt für Schritt in ein bedeutendes Museum verwandelt worden. Unter den zahlreichen Stiftungen und Schenkungen steht die 1956 als Vermächtnis ins Haus gekommene Bodmersche Sammlung mit ihren Schätzen an Handschriften an erster Stelle. Eine Marmorbüste und ein von Zeit zu Zeit erneuerter Lorbeerkranz sind der einzige Schmuck des Geburtszimmers in der zweiten Etage. Das Archiv und die Bibliothek sowie die Herausgabe wissenschaftlicher Schriften ergänzen die Tätigkeit des Museums. Im Sohn des Hoftenoristen Beethoven erbte das Zeitalter der Revolution vom Glanz und von der Förderung der Kunst im Absolutismus.

Ein anderer Erbe ist die *Universität*, die seit ihrer Gründung 1818 durch König Friedrich Wilhelm III. von Preußen die Residenz und das Poppelsdorfer Schloß besitzt und benutzt.

In der Stiftsstadt stand, an die südliche Mauer angelehnt, seit dem 13. Jahrhundert die erzbischöfliche Burg, die im Laufe der Jahrhunderte manche Veränderung erfuhr. Den Brand des Jahres 1689 überstand wenig davon. Nur der West- und Nordtrakt von 1633/34 konnten in die Planung eines Neubaus nach den Plänen des Bayerischen Hofbaumeisters Enrico Zucalli einbezogen werden. Mit dem Bau des Südflügels begann man eine geschlossene Vierflügelanlage zu errichten. Im Namurer Exil geriet Joseph Clemens auch in der Architektur unter französischen Einfluß. Aus der Südseite wurde nach den Plänen des leitenden Architekten des französischen Hofes, Robert de Cotte, eine Dreiflügelanlage entwickelt. Vorgelagert entstand vor dieser offenen Rokokoanlage im Gegensatz zum geschlossenen Kastell eine Terrasse, ein wohlgeregelter Park und am Ende (des heutigen Hofgartens) die große Wasserkunst. Ihren Platz nimmt jetzt das Akademische Kunstmuseum ein.

Nach Westen schloß man das Buonretiro an, um das Schloß in die Achse der Poppelsdorfer Allee zu rücken, mit Blick bis auf den Kreuzberg. Hauptfassade wurde so die der Stadt abgewandte Hofgartenseite. Ohne betonenden Mittelbau erhielt sie ihr Gewicht durch die stolze Figur der Regina Pacis, einen vergoldeten Bleiguß von Willem und Hendrik Rottermondt, der 1755 nach einem älteren Vorbild entstand.

Die Skulptur stammt schon aus der Zeit von Erzbischof Clemens August, der den Bau mit Eifer weiterführt. Aber nur eine der beiden Galerien, die das Rheinufer fassen sollen, entsteht, die südliche, die der Linie der alten Stadtmauer über das Stockentor folgt und als Hauptbau das Koblenzer Tor aufnimmt. Stadtseitig schlicht gehalten, leuchtet es außen als Triumphpforte für den einziehenden Fürsten. Auf der Balustrade umgeben die vier Tugenden des Michaelsordens, der hier Sitz und Archiv hatte, die vergoldete Figur des Erzengels selbst. Wieder ein vergoldeter Bleiguß von Willem und Hendrik Rottermondt, 1750 nach einem älteren Vorbild entstanden.

Der Glanz war nicht von Dauer. Am 15. Januar 1777 verheerte ein Brand das Schloß. Das Hauptgebäude brannte bis auf das Erdgeschoß nieder. Nur der Hofgartenflügel wurde, ungeschickt vereinfacht, wieder aufgebaut. Statt der zerstörten Schloßkapelle an der Stelle der heutigen Aula entstand eine Kirche im Osttrakt: Ein steiler Saalraum in strengem Dekor Louis XVI., weiß auf hellgelbem Grund, wurde nach dem Entwurf Johann Heinrich Roths eingerichtet.

Erst 1926–30 wurden die stadtseitigen Flügel nach den alten Plänen neu gebaut, nur um im Kriege wieder bis auf die Außenmauern vernichtet zu werden. Erst 1967 waren die Wiederaufbauarbeiten mit den Laternen auf den eingeschwungenen Helmen der Universität abgeschlossen (Abb. 125). Manches Neue entstand dabei wie das Treppenhaus Bernhard Gelderbloms von 1951 oder die neue Aula von Helmut Hentrich und Hubert Petschnigg 1956.

Auch das Gegenstück, das *Poppelsdorfer Schloß Clemensruhe,* hatte schweren Schaden erlitten. Schon im Exil hatte Joseph Clemens 1713 mit den Planungen begonnen. 1715 wurde

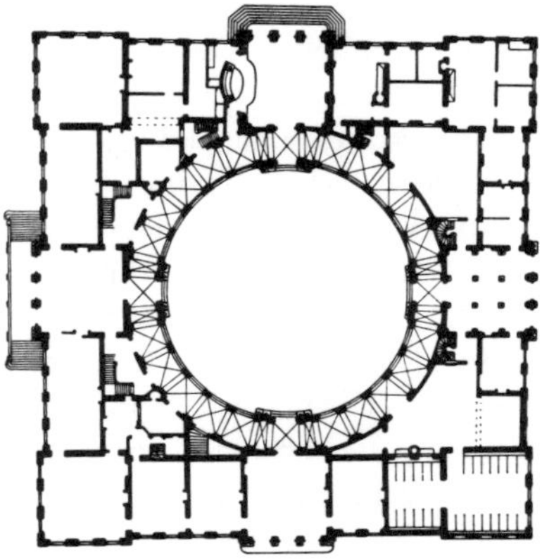

Bonn, Schloß Clemensruhe in Poppelsdorf, Grundriß

dann nach den Plänen von Robert de Cotte zu bauen begonnen, manche Abänderungen entwarf sein örtlicher Bauleiter, Guillaume Hauberat, der auch den Bau des Schlosses leitete. Mit dem Tode des Erzbischofs 1723 lag die Baustelle still. Erst 1744–56 wurde der Ausbau unter Erzbischof Clemens August, geleitet von Balthasar Neumann, vollendet.

Clemensruhe ist nach dem Entwurf Robert de Cottes eine Verbindung der geläufigen Vierflügelanlage mit dem aus Italien stammenden Gedanken eines zentralen Rundhofes (Farbt. 30). Die Gliederung der Anlage wird durch Eck- und Mittelpavillons erreicht. Die Zerstörungen des letzten Krieges haben viele Details vernichtet, nur noch der Appartementsaal zeigt Stuckierungen der Zeit um 1720 aus der ersten Bauphase. Seit 1818 sind hier naturwissenschaftliche Institute der Universität untergebracht.

Von Clemensruhe zieht der Blick leicht weiter auf den *Kreuzberg,* wo Clemens August den Anlagen ihre heutige Gestalt gab. Hier wurde schon seit dem späten Mittelalter volkstümlich die Verehrung des Kreuzes Christi gepflegt. Die *Wallfahrtskirche,* bis 1802 von Mönchen des Servitenordens betreut, ließ 1627/28 Erzbischof Ferdinand von Bayern errichten. Damals kam auch die hervorragende Pieta aus dem Holz der wundertätigen Eiche von Foy-Notre-Dame hierher, vielleicht vom Münchner Hofbildhauer Hans Krumpper geschnitzt. Ähnlich ist auch die Kopie des Verkündigungsbildes aus der Kirche St. Annunziata zu Florenz an der Nordwand der Kirche zu verstehen. Ferdinand von Bayern hatte die Kopie des Freskos der Hauptkirche des Servitenordens fertigen lassen, das als wundertätig verehrt wurde.

Die Kirche ist ein schlichter kreuzgratgewölbter Saal, entworfen von Christoph Wamser, dem Architekten der Molsheimer und Kölner Jesuitenkirche. Der Westturm, vorgesetzt und von den Resten der Konventsgebäude umschlossen, wird mit einer Galerie ins Achteck überführt und mit einer spitzen Haube des frühen 19. Jahrhunderts geschlossen. Die Ausstattung stammt im wesentlichen aus der Zeit des Erzbischofs Clemens August, der auch die an den Chor anschließende Heilige Stiege errichten ließ. Die Gewölbemalereien stammen von Johann Adam Schöpf 1751/52, Hochaltar und Kanzel sind 1747–50 von Clemens August gestiftet worden. Statt eines Gemäldes öffnet sich im Zentrum des Altaraufbaus ein Fenster. Hier hatten die Gläubigen Einblick in das Oratorium des Fürsten selbst, sahen ihn als Vertreter Christi, wenn er anwesend war. Vor dem Fenster kniet die Heilige Helena, wie wir sie bereits aus dem Münster kennen, 1756 wieder von Willem und Hendrik Rottermondt als vergoldeter Bleiguß geschaffen, das ältere Vorbild wiederholend. So schildert auch das zentrale Bild des Gewölbes die Erprobung des von ihr aufgefundenen Kreuzes Christi durch die Heilige Helena. Unter Clemens August hatte man zusätzlich zur neuen Ausstattung die Verehrung des Kreuzes Christi durch eine Reliquie, einen großen Partikel des Kreuzes, neu belebt.

Das Hauptwerk aus der Zeit Erzbischofs Clemens August, 1751 nach Plänen Balthasar Neumanns erbaut, ist die Heilige Stiege. Die Scala Sancta, ursprünglich eine Außentreppe des alten Lateranpalastes, heute vor der Kapelle des Papstes Sancta Sanctorum eingebaut, galt seit dem späten Mittelalter den Rompilgern als Treppe des Pilatuspalastes. Auf den Stufen kniend vollzieht man hier wie auf den Nachbildungen Szenen des Leidens Christi nach. Nur die Seitentreppen sind zum Begehen freigegeben. Zu dieser Nachbildung der Scala Sancta in Rom wurden das Fürstenoratorium, das sogenannte Haus Nazareth, das Heilige Grab und die Geburtsgrotte gefügt, eine barocke Zusammenfassung des Lebens und Leidens Christi. Eine Bühne zum Durchwandern mit einer Szene in Skulpturen ist als Fassade gesetzt. Hier erscheint Christus mit Pilatus und einem Soldaten, als Türke gekleidet in Erinnerung an die Türkengefahr, auf dem Balkon seines Hauses, der Augenblick der Passion, in dem über die Kreuzigung entschieden wird (Farbt. 28). Weitere Figuren in den Fenstern links und rechts fehlen.

Dem fürstlichen Schauspiel des 18. Jahrhunderts folgt unter preußischer Herrschaft die Blütezeit des bürgerlichen Bonn, ausgelöst durch die Gründung der Universität im Jahre 1818. Einer ihrer ersten Professoren war Ernst Moritz Arndt, 1818 auf den Lehrstuhl für Geschichte berufen, 1820 als Dichter deutscher Freiheit und Einheit bereits wieder seines Amtes enthoben. Im gleichen Jahr 1820 vollendete ihm an der Koblenzer Straße, an der Rheinpromenade mit Blick auf das Siebengebirge, der Universitätsarchitekt Friedrich Waesemann ein *Haus.* Der gelungene klassizistische Bau dient heute der Erinnerung an Ernst Moritz Arndt, der seit 1840 sein Amt wieder ausüben durfte und hier 1860 starb. Die Räume sind mit Rheinansichten der Romantik und ihren Folgen sowie Ansichten Bonns geschmückt.

Kurz darauf entwarf Friedrich Waesemann einen Plan für ein *Anatomisches Institut.* Die bestehenden Räumlichkeiten in Residenz und Poppelsdorfer Schloß waren für diese Art des Anschauungsunterrichtes nicht geeignet. In Berlin zur Genehmigung vorgelegt, wurde der Entwurf von Schinkel gründlich überarbeitet. Die stufenförmig ansteigenden Sitzreihen des runden Saales wurden vom durchfensterten Tambour beleuchtet. Zwei Bautrakte links und rechts daneben binden den Mittelsaal in den quadratischen Grundriß ein. Zwischen den Freitreppen, die vor das gequaderte Sockelgeschoß gesetzt sind, steht das schlichte Bonner Ehrenmal ›Den Opfern der Kriege und der Gewaltherrschaft‹. Es entstand 1963 nach dem Entwurf Kurt Schwipperts.

Für die Zwecke des Anatomischen Institutes wurde der Bau trotz erster Anbauten bald zu klein. Auch hatte die Bonner Spaziergänger immer gestört, daß gerade die etwas anrüchige Anatomie den Platz der ehemaligen Wasserkunst des Hofgartens einnahm, auch wenn der Bau ein schlichter, klassizistisch ausgewogener Kontrapunkt zum Glanz der Residenz geworden war. So entstand 1868–72 in frühen Neorenaissanceformen die *Neue Anatomie* an der Nußallee in Poppelsdorf. Der Entwurf wurde noch vom Universitätsbaumeister August Dieckhoff geliefert, unter der Bauleitung seines Nachfolgers Jacob Neumann mögen Änderungen eingeflossen sein. Dem klassizistischen Baugedanken gemäß wurde die Alte Anatomie daraufhin 1874 Antikenmuseum, Museum der Altertümer, die sich für Studienzwecke angesammelt hatten und eine große Gipsabgußsammlung zur Gesellschaft haben. Anbauten folgten 1883/84 und 1907/08 für das Archäologische Institut.

Noch mehr als in der Begeisterung für die Anatomie verkörpert sich der positivistische Elan des 19. Jahrhunderts in der Begeisterung für Astronomie und Chemie. Daraus entstanden die *Sternwarte* an der Poppelsdorfer Allee und das Alte Chemische Institut an

Bonn, Sternwarte. Stahlstich nach C. Hohe

der Meckenheimer Allee. Die Berufung des berühmten Astronomen Friedrich Argelander führte zu einem Entwurf des Universitäts-Bauinspektors Peter Josef Leydel, den Karl Friedrich Schinkel wieder korrigierte. Er befreite ihn von allem historisierenden Dekor und arbeitete die einzelnen Baukörper klarer heraus. Symmetrisch gegliedert steht der Hauptbeobachtungsturm im Zentrum, vier weitere an den Flügeln. Von der Produktivität des fabrikmäßigen Baus zeugt die heute noch berühmte ›Bonner Durchmusterung‹ des Sternenhimmels, die Argelander durchführte.

Die Berufung des Chemikers August Hofmann führte zum Entwurf des grandiosen *Alten Chemischen Institutes,* ein Palast für einen Fürsten der Wissenschaft, inklusive einer standesgemäßen Wohnung. 1864–67 entstand das damals größte Chemische Institut der Welt. Eröffnen konnte es allerdings erst der würdige Nachfolger August Kekulé von Stradonitz. Vor dem Institut steht er auf seinem Denkmalsockel. Es ist kaum vorzustellen, daß eine der Sphingen links und rechts von ihm wagen würde, ihm ein Rätsel vorzulegen.

Greifen die Universitätsgebäude auf Klassizismus bis zur Nüchternheit zurück oder kleiden sich in die Formen der neuzeitlichen Renaissance, so versuchen die Kirchenbauten dieses Jahrhunderts wieder an mittelalterliche Frömmigkeit anzuschließen. August Dieckhoffs zierliche evangelische *Kreuzkirche* nahe der Universität am Hofgarten ist zwar vor dem letzten Krieg durch einen schlichteren Backsteinbau in reduzierter Gotik ersetzt worden, aber andere Kirchen blieben erhalten und finden wieder Beachtung.

Die Rheinfassade der Stadt (Abb. 124) gestaltet mit seiner Kapelle das *Kollegium Albertinum,* der Theologenkonvikt. 1889 von Joseph Richter geplant, später erweitert, ist er ein Zeichen des beendeten Kulturkampfes.

Im Norden der Altstadt liegt die *Stiftskirche.* Sie ersetzt neugotisch nach Plänen des Kölner Architekten Heinrich Wiethase einen kleineren Barockbau. Auch dieser war nur Ersatz für die Kirche des Stiftes Dietkirchen. Sie lag in der südwestlichen Ecke des römischen Lagers. Zuerst Pfarrkirche, kam seit dem frühen 11. Jahrhundert ein Benediktinerinnenkloster hinzu, als sich das Siedlungsgewicht zum Münster verlagerte. Das Kloster wurde im 15. Jahrhundert in ein Damenstift umgewandelt. Beim Ausbau der Befestigungen des 17. Jahrhunderts mußte das Stift weichen, freies Schußfeld war wichtiger. Erst 1729 erhielten die Damen einen kleinen Neubau, an dessen Stelle 1881–84 die neugotische dreischiffige Basilika mit ihrer Doppelturmfassade errichtet wurde. Um im Lauf der Kölnstraße wirken zu können, liegt wie schon beim Vorgängerbau die Doppelturmfassade im Osten. Reiche Ausstattung aus der Erbauungszeit ist noch erhalten, die Fenster sind nach den Zerstörungen des letzten Krieges 1972–76 nach Entwürfen Hubert Berkes ersetzt worden; eine der interessantesten Lösungen moderner Glasfenster. Der Mittelpunkt der Bewunderung bleibt aber die Dietkirchen-Madonna. Um 1320 noch für das Stift am alten Ort entstanden, in Köln gefertigt, mit der alten, wenn auch verblaßten Fassung, ist sie eine der liebreizendsten gotischen Damen des Rheinlandes.

Hinter dem ebenso formlosen wie maßlosen Stadthaus liegt, 1889–92 in gelbem Backstein errichtet, *St. Maria.* Den Plan entwarf der streitbare Vertreter der Neugotik Joseph Prill, der in zahllosen Artikeln für seine schon etwas überholten Träume eintrat.

Dagegen zeigt Ludwig Beckers neuromanische Kirche *St. Elisabeth* mit ihrer reichen Ausstattung, an der Schumannstraße im Süden der Stadt, schon modernere Züge. Die unromanische Weite des Baus erinnert an seine Herz-Jesu-Kirche in Koblenz. Möglichst allen Mitgliedern der Gemeinde soll das Geschehen am Altar sichtbar werden.

In denselben Jahrzehnten, in denen diese Bauten wachsen, beginnt die Stadt sich auszudehnen und mit Häusern historisierenden und gründerzeitlichen Geschmacks zu füllen. In Bonn hat mehr davon den letzten Krieg überstanden als in vielen anderen Städten, das gibt einer Fahrt, einem Gang durch die Straßen immer noch einen Abglanz einer Reise ins vergangene Jahrhundert.

Begehrtestes Baugebiet war dabei das Rheinufer mit seinem nach wie vor bezaubernden Blick auf das Siebengebirge. Hier reihte sich und reiht sich teils noch heute von nördlich Bonn bis über Bad Godesberg hinaus mit Unterbrechungen immer wieder Villa an Villa. Zwei davon haben internationalen Ruhm durch neue Nutzung erhalten, wie fast alle dieser Bauten inzwischen mehr oder weniger offiziellen und repräsentativen Zwecken dienlich geworden sind. Eine schöne Ausnahme ist die Villa der Kölner Bankiersfamilie Deichmann in Bad Godesberg, trotz immer noch sichtbarer Kriegsschäden. Als Sitz des Bundespräsidenten ist die 1863–65 errichtete, 1878 umgebaute *Villa Hammerschmidt* bekannt geworden. Im *Palais Schaumburg,* einem ausgewogenen spätklassizistischen Bau, 1858–60 errichtet und 1895 umgebaut, war lange Jahre das Bundeskanzleramt untergebracht.

Gesellschaftliche und kulturelle Höhepunkte des 19. Jahrhunderts waren immer wieder Beethovenfeiern. An das große Fest von 1845 erinnert noch das *Beethoven-Denkmal* von Ernst Hähnel auf dem Münsterplatz (Farbt. 29). Die wegen ihrer Akustik berühmte Beethovenhalle von 1870 ging wie viele andere Bauten im letzten Krieg unter.

Bonn nahm 1948 seine Chance wahr. Man erklärte sich bereit, den Parlamentarischen Rat, der das Grundgesetz ausarbeiten sollte, aufzunehmen. Der Prunkbau des *Museums König* wurde dafür hergerichtet. Bei der Entscheidung über die zukünftige provisorische Hauptstadt fiel dann im Parlamentarischen Rat ebenso wie am 3. November 1949 die Entscheidung gegen Frankfurt und für Bonn.

Die Folgen für die Stadt, insbesondere die Kosten, waren nicht immer leicht zu tragen. Die neue Funktion hat die Stadt verwandelt, ohne daß man gewagt hatte, das Provisorium zu planen und zu gestalten. Erst seit einigen Jahren wird ausgiebig nachgedacht. Jetzt hat man Zeit dazu, denn es fehlt an Geld zum Bauen. Die Anfänge waren bescheiden. An den 1930–33 entstandenen Bau der *Pädagogischen Akademie*, schlicht in seiner Bauhaustradition, fügte Hans Schwippert zwei Flügel an, damit er als *Bundeshaus* dienen konnte.

Die, wenn auch immer noch provisorisch gedachte, Funktion als Bundeshauptstadt wurde dann beim Bau der *Beethovenhalle* berücksichtigt. Siegfried Wolskes Entwurf, 1959 der Öffentlichkeit übergeben, als Konzert- und Kongreßhalle nutzbar, ist eine zarte Mischung bauhäuslerischer Nüchternheit und zurückhaltenden Nierenstils: Asymmetrisch, aber klar geschnitten der Unterbau, darüber die ungleichmäßig angeschnittene gewölbte Dachfläche über Großem Saal und Studio.

Jenseits der Brücke setzt das jüngere Stadttheater einen moderneren Akzent, während Egon Eiermanns Bürohochhaus für die Abgeordneten des Bundestages, der ›Lange Eugen‹, nach dem damaligen Bundestagspräsidenten Eugen Gerstenmeier genannt, erstmals wagte, höhenmäßig Herrschaft zu beanspruchen. Inzwischen eifern die Hochhäuser mancher Ministerien hier eifrig mit und nach. Das Bundeskanzleramt dagegen, die Zentrale der aktuellen Entscheidungen, dokumentiert mehr als englisches Understatement. 1976 vollendet, fühlte sich der Hausherr Helmut Schmidt, als sei er ›Direktor einer Landessparkasse‹.

Bis Bonn sich an die Rolle einer Hauptstadt gewöhnt hat, bis diese auch in der Architektur sichtbar wird, wird noch Zeit vergehen. Die Universität hat auch nach dem Krieg mit mühseligem Wiederaufbau und Neubauten ihr altes Gewicht im Stadtbild behalten. Neben zahlreichen Instituten seien nur das *Juridicum* an der Adenauerallee und schräg gegenüber die *Universitätsbibliothek* erwähnt. Das Juridicum, Lehrgebäude der Staats- und Rechtswissenschaftlichen Fakultät, schmückt mit optischer Irritation ein Wandmosaik von Victor Vasarely. Vor der Universitätsbibliothek der Architekten Fritz Bornemann und Pierre Vágó, 1957–60 in Bauhausnachfolge errichtet, schwebt die ›Wolkenschale‹ Hans Arps, 1961 entstanden. Vielleicht ein gutes Zeichen für Bonn, daß sich von Zeit zu Zeit doch Schlösser in den Wolken verwirklichen lassen.

Auf dem Weg nach Köln: Brühl und Rodenkirchen

Auf der Fahrt von Bonn nach Köln liegt es nahe, die älteste der deutschen Autobahnstrecken zu nutzen. Das Rheinufer wird von Industrieanlagen begleitet. Aber ein Name, Brühl, verlockt zu einem Abstecher, und am Rande der Großstadt kann man in Rodenkirchen einen geruhsamen Abschied vom Rhein nehmen.

Das durch die nicht seltenen Staatsempfänge zu Tagesschauberühmtheit gelangte *Schloß Augustusburg* (Abb. 129) ist eine Schöpfung des Kölner Kurfürsten und Erzbischofs Clemens August (1723–61). Brühl war die Bezeichnung für sumpfiges Wiesen- und Waldgelände, auch für ein Wildgehege, wie es die Kölner Erzbischöfe wohl schon im 13. Jahrhundert hier unterhielten. Seit dem wachsenden Widerstand und Freiheitsdurst der Kölner empfand es Erzbischof Siegfried von Westerburg 1284 als notwendig, hier eine Wasserburg als sicheren Stützpunkt zu errichten. Zur Abrundung und als Gutschein für eine blühende Zukunft erhielt der Ort dazu 1285 die Stadtrechte.

Der beliebte Aufenthaltsort der seit 1288 aus Köln vertriebenen Erzbischöfe wurde von Walram von Jülich Mitte des 14. Jahrhunderts erneuert und schließlich 1689 von den französischen Truppen gesprengt. Schon Erzbischof Joseph Clemens hat dann von Robert de Cotte einen Ausbau nach dem Muster von Versailles planen lassen. Aber sein Nachfolger Clemens August zog den Entwurf des Architekten Johann Conrad Schlaun vor. Nach der Grundsteinlegung 1725 stand bereits 1728 der Rohbau, der teils bis ins zweite Geschoß noch mittelalterliche Bauteile der Wasserburg nutzt. Und eine Wasserburg sollte es mit Türmen an den Westecken des hufeisenförmigen Baus auch wieder werden.

Als Clemens August nun den bayerischen Hofarchitekten, für ihn als Wittelsbacher eine verständliche Wahl, François Cuvilliés für die Innenausstattung hinzuzog, änderte sich auch die äußere Konzeption. Nur die beiden Ostfassaden der Flügel stammen noch aus Schlauns Zeit. Die Türme verschwinden. Die Südseite wird nun betont und mit der großen Terrasse samt den Gartenanlagen, die an die Stelle der Wassergräben treten, verbunden. Seit 1735 werden an der Westseite zwei lange Galerietrakte angesetzt. So kann die Franziskanerkirche in eine Schloßkirche verwandelt werden, die über den Orangerietrakt mit dem zweigeschossigen Oratorium des Kurfürsten am Chor der umgestalteten Kirche St. Maria zu den Engeln verbunden wird. Das Prunkstück wird hier seit 1745 Balthasar Neumanns Hochaltar mit dem Skulpturenschmuck des Würzburger Hofbildhauers Johann Wolfgang von der Auwera.

Auch im Schloß liefert Balthasar Neumanns Treppenhaus den Höhepunkt der Umgestaltung. In die Nordwestecke des Schlosses eingebaut, ermöglicht es die Verbindung zu den Wohnräumen des Fürsten im Nordtrakt und den zeremoniellen Zugang zu den Repräsentationsräumen des Westflügels mit Gartensaal, Speisesaal und Musiksaal, auf dessen Galerie Musikanten und Zuschauer der Hoffeste Platz fanden. Durch diese Räume gelangt man dann, gebührend beeindruckt, in die Staatsappartements des Fürsten.

Schon das Treppenhaus des Rokoko (1743–48) mit seinen beiden kühnen rückläufigen Treppenzügen und den seitlichen Gängen verherrlicht den Bauherrn. Den ersten Mittel-

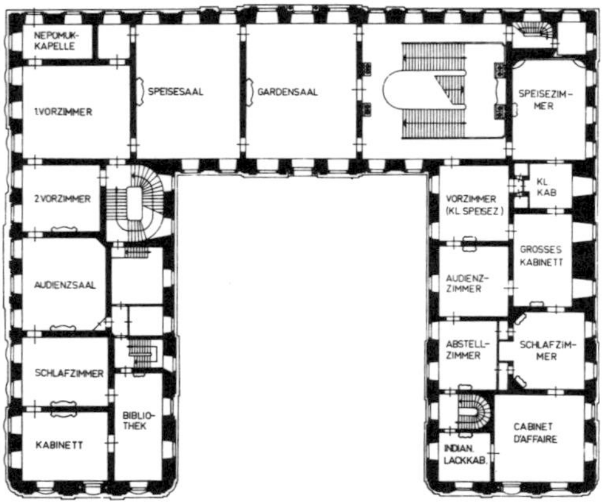

Brühl, Schloß Augustusburg, Grundriß

punkt bildet seine vergoldete Büste mit großem Trophäenaufbau. Die vorzüglichen Stuckarbeiten und die Gemälde Carlo Carlones, die eine Kuppel vortäuschen, feiern auf der galerieumzogenen Decke die Huldigung der Künste vor dem Bauherrn, der durch einen Obelisken mit dem auch sonst häufigen Monogramm ›CA‹ vertreten ist, und preisen den Sturz seiner Gegner. Im Gartensaal werden entsprechend die Regierungsleistungen des Hauses Wittelsbach gefeiert, aber den Höhepunkt bringt der Musiksaal, der große Festsaal. Hier huldigen Sol (Apollo) und die neun Musen dem durch Wappen und Kurhut vertretenen Bauherrn. Eine Apotheose, die durch die Symbole der Tages- und Jahreszeiten, der Elemente, der Schönen Künste und der Herrschertugenden in das Ganze der Welt ausgeweitet wird, deren Gesetze sich in der Harmonie der Musik spiegeln. Der Fürst repräsentiert und krönt die Weltordnung.

Die Ordnung, die der Mensch in die Natur bringt, demonstrieren die auf die Südachse bezogenen Gartenanlagen von Dominique Girard, einem Schüler des großen Le Nôtre. Peter Josef Lenné hatte die Anlagen im 19. Jahrhundert in einen Landschaftsgarten nach englischem Vorbild verwandelt, aber seit 1933 hat man nach dem Plan von 1750 begonnen, die Ordnung des Rokoko wiederherzustellen. Die Gartenhäuser fehlen zwar, aber einen glänzenden Ersatz dafür bietet das nicht weit entfernte *Jagdschloß Falkenlust,* das 1729–40 nach Plänen von François Cuvilliés für Clemens August entstand.

Nach dem Glanz des Absolutismus bietet vor dem Trubel der Großstadt das längst eingemeindete *Rodenkirchen* am südlichen Rheinufer Kölns bürgerliche Ruhe und einen ersten Blick auf das Panorama Kölns. Hier hat sich rings um die kleine *Maternuskapelle* ein buntes Bild aus Bootshäusern, Restaurants, Schiffanlegestellen, alten Villen und Uferpromenade entwickelt (Abb. 130). Die romanische, einschiffige Kapelle hat man im 15. Jahrhundert zur Zweischiffigkeit erweitert, den Chor erneuert und im 17. Jahrhundert den Westtrakt mit seiner Küsterwohnung angefügt.

79 KOBLENZ Kurfürstliches Schloß

◁ 78 KOBLENZ St. Kastor, Westfassade

80 KOBLENZ Herz-Jesu-Kirche, Vierung

81 KOBLENZ-EHRENBREITSTEIN Dikasterialgebäude, Mittelrisalit

82 Blick auf EHRENBREITSTEIN

83 KOBLENZ-EHRENBREITSTEIN Oberer Schloßplatz ▷

84 BENDORF St. Medardus, Apsis

85 BENDORF-SAYN Abteikirche

86 WEISSENTHURM Denkmal für General Hoche

87 NEUWIED Schloß

88 ENGERS Schloß, Festsaal, Fresken von Januarius Zick

89 ANDERNACH Michaelskapelle

90 ANDERNACH Hospitalkapelle

93 ANDERNACH Liebfrauenkirche, Westfassade ▷

91 ANDERNACH Minoritenkirche

92 ANDERNACH Liebfrauenkirche

94 ANDERNACH Runder Turm

95 ANDERNACH Von der Leyenscher Hof

96, 97 ANDERNACH Rheinkran, innen und außen

98 MARIA LAACH Abteikirche

99 NAMEDY St. Bartholomäus

100 HAMMERSTEIN St. Georg

101 OBERBREISIG St. Viktor

102 BAD BREISIG Alter Zollhof

103 Schloß ARENFELS

104 LEUBSDORF Spätgotisches Burghaus

105 LINZ Burgplatz

106 LINZ Pfarrkirche, Flügelaltar, Mitteltafel

107 REMAGEN Pfarrhoftor, Pforte

108 SINZIG Barbarossa-Denkmal

109 SINZIG St. Peter

110 ERPEL Rathaus

111 ERPEL St. Severin

112 UNKEL St. Pantaleon, Nothelferkapelle

113 Rolandsbogen

Köln

Name und Plan der Stadt Köln legen mit seltener Deutlichkeit noch heute Zeugnis von der römischen und mittelalterlichen Bedeutung des Ortes ab. Köln ist aus der lateinischen Bezeichnung ›Colonia‹ erwachsen, die vollständig ›Colonia Claudia Ara Agrippinensium‹ hieß. Der Verlauf der Stadtmauer, die für die 50 n. Chr. gegründete Kolonie errichtet wurde, ist im Straßennetz ebensogut zu verfolgen wie der von Erweiterungen des frühen Mittelalters und der großen halbkreisförmigen Mauer, mit deren Bau die Kölner im Jahre 1180 beginnen. Ihrem Verlauf folgen die ›Ringe‹. Über dieses Maß greift erst seit dem späten 19. Jahrhundert die Entwicklung unaufhaltsam hinaus. Statt über einen Quadratkilometer in römischer Zeit, vier bis ins 19. Jahrhundert, erstreckt sich Köln heute über mehr als vierhundert Quadratkilometer.

Der lange Titel Colonia Claudia Ara Agrippinensium berichtete den Zeitgenossen die Entstehungsgeschichte des Ortes. Am 6. November des Jahres 15. n. Chr. wurde hier Agrippina d. J., zukünftige Gemahlin ihres Onkels, des Kaisers Claudius, als Tochter des Feldherrn Germanicus geboren. Sie sorgte dafür, daß durch zusätzliche Ansiedlung von Veteranen aus dem Oppidum Ubiorum, ihrem Geburtsort, eine Kolonie wurde. Das bedeutete neben dem Recht der Selbstverwaltung nach dem Vorbild Roms auch bessere Rechte für die Bewohner des Ortes im Rest des Reiches. Die Colonia trägt die Ehrenbezeichnung Claudia nach dem Gemahl Agrippinas, dem Kaiser Claudius, den sie wenig später ermordet, um ihren Sohn Nero an die Macht zu bringen. Agrippina zu Ehren bezeichnen sich die Kölner als Agrippinenser.

Der vorletzte Bestandteil des Namens, Ara, erinnert an das Oppidum der Ubier. Das Oppidum der mit den Römern verbündeten Ubier war von Marcus Vipsanius Agrippa, der rechten Hand des Kaisers Augustus, in den Jahrzehnten vor Christi Geburt auf einem immer noch gut erkennbaren Plateau, hochwasserfrei und gut zu verteidigen, am Rhein angelegt worden. Mehrfach waren dabei auch Truppen, zeitweise zwei Legionen, also zwölftausend Mann, in der Nähe stationiert worden. Hier hatte man auch die Ara Ubiorum, den Altar der Ubier, eingerichtet, an dem ähnlich wie in Lyon und anderen Provinzhauptorten der Kaiser Augustus und die Göttin Roma verehrt wurden. Der Hinweis auf diesen Altar, Ara, ergab also diesen Namensbestandteil der Siedlung. Allerdings sollten sich die damaligen Hoffnungen der Römer, hier den Mittelpunkt einer Provinz zu etablieren, die bis zur Elbe reichen sollte, dann nicht erfüllen.

Die Kolonie wurde Sitz des Gouverneurs und Hauptstadt der Provinz Niedergermanien, wie Mainz für Obergermanien. Nach dem Tode des Kaisers Nero im Jahre 68 n. Ch. wird Vitellius von Soldaten des niedergermanischen Heeres zum Kaiser erhoben. Aber nicht er, sondern Vespasian tritt die Nachfolge Neros an, während am Niederrhein der Bataveraufstand losbricht und im Jahre 70 n. Chr. die junge Kolonie ernstlich bedroht.

Die nächsten zwei Jahrhunderte waren für Köln vom Frieden an der Rheingrenze und von wachsendem Wohlstand geprägt. Die Zahl der Einwohner wächst auf etwa 20000, eine Zahl, die erst im hohen Mittelalter mit 40000 übertroffen wird. Über Jahrhunderte bleibt dann die

Einwohnerzahl, von kleinen Schwankungen abgesehen, gleich. Noch zu Beginn des 19. Jahrhunderts zählte man nicht mehr. Heute rechnet man mit etwa einer Million.

Zurück in die römische Vergangenheit Kölns. In der großen Krise des römischen Reiches in der zweiten Hälfte des 3. Jahrhunderts kommt die Stadt zu den Ehren einer Kaiserresidenz. Im Jahre 260 usurpiert der Feldherr Postumus den Kaisertitel, ermordet den Sohn des Kaisers Gallienus, den er beschützen sollte, und läßt vom Bogen des römischen Nordtores die Namen des Gallienus und dessen Vaters Valerian tilgen. Diese Löschungsspuren und die Inschrift ›CCAA‹, die Abkürzung des Namens der Stadt, sind an diesem Bogen, der im Römisch-Germanischen Museum neben dem Dom steht, heute noch zu sehen. Ein Rest der Fußgängerpforte desselben Nordtores, einst so groß wie die mittelalterlichen Stadttore, steht noch fast am alten Ort vor der Westfassade des Domes. Und darunter, in der Tiefgarage, sind noch Reste der zugehörigen römischen Stadtmauer zu sehen.

Dem Reich des Postumus, das sich von Spanien über Gallien bis nach Britannien erstreckte, war keine lange Dauer beschieden. 274 n. Chr. war die Zentralgewalt wieder erstarkt, und das Sonderreich hatte seine historische Aufgabe erfüllt, die Ostgrenze des Reiches gegen die Germanen zu sichern. Oft mögen in diesen Jahren Postumus und seine Nachfolger an Gastmählern in der Villa mit dem Dionysosmosaik teilgenommen haben.

Das *Dionysosmosaik* lag als Boden des Festsaals im Westen der großzügig erbauten Villa genau an der Stelle, an der es heute zu sehen ist. 1941 bei Ausschachtungsarbeiten für einen Luftschutzbunker entdeckt, hat man es als Anlaß genommen, hier neben dem Dom das *Römisch-Germanische Museum* zu errichten. In den Jahren um 230–240 entstanden, zeigt das Mosaik einer Zeit, die vom Wunsch nach Erlösung und ewigem Leben erfüllt war, den Anbruch eines goldenen Zeitalters mit dem Einzug des Gottes Dionysos. Er selbst erscheint in der Mitte des Bodens, umgeben von Satyrn, Silenen und Mänaden, umringt von Symbolen der Mysterien des Gottes. Mit Maßen von sieben mal gut zehn Metern (man vergleiche sie mit denen einer modernen Mietwohnung!) ist es mit mehr als einer Million Mosaiksteinen eines der größten und schönsten seiner Art nördlich der Alpen.

Köln 1 Römisch-Germanisches Museum 2 Römerturm 3 Prätorium 4 Erzbischöfliches Diözesanmuseum 5 Dom 6 St. Pantaleon 7 St. Maria im Kapitol 8 St. Georg 9 Overstolzenhaus (Kunstgewerbemuseum) 10 Hahnentor 11 Severinstor 12 Eigelsteintor 13 Ulrepforte 14 Bayenturm 15 Weckschnapp 16 St. Cäcilien (Schnütgen-Museum) 17 St. Gereon 18 St. Ursula 19 St. Severin 20 Groß St. Martin 21 St. Aposteln 22 St. Andreas 23 St. Maria Lyskirchen 24 St. Kunibert 25 Minoritenkirche 26 Rathaus 27 Gürzenich 28 St. Alban 29 St. Peter 30 St. Kolumba 31 Richmodishaus 32 Antoniterkirche 33 Zeughaus (Kölnisches Stadtmuseum) 34 St. Mariae Himmelfahrt 35 St. Maria in der Kupfergasse 36 Fronleichnamskirche 37 Elendskirche St. Gregor 38 Haus Mülhens 39 Hauptpost 40 Reichsbankgebäude 41 Reichardhaus (z. Z. im Wiederaufbau) 42 Ehem. Stadtarchiv 43 Westdeutscher Rundfunk 44 St. Agnes 45 Herz Jesu 46 Neu St. Heribert 47 Alt St. Heribert 48 Synagoge 49 St. Paul 50 Hansahochhaus 51 St. Engelbert 52 Bastei 53 Messeanlagen 54 Opernhaus und Schauspielhaus 55 ABC-Bank 56 Wallraf-Richartz-Museum/Museum Ludwig 57 Rautenstrauch-Joest-Museum 58 Ostasiatisches Museum 59 Kunsthalle und Kölnischer Kunstverein

0
500m
Güterbahnhof
Gereon
Gladbacher Str.
Maybachstr.
Hansaring
Hansa-
50
51
52
15
44
Ebert-
platz
Theodor-
Heuss-
Ring
ring
12
Thürmchens-
wall
Ufer
Weideng.
wall
Dagobert-
Eigelstein
Süd-
Fahrt
Unt.
Krahnenbäumen
Unt.
Kahlenhsn.
str.
24
Kunibertsg.
Adenauer-
Rhein-
park
Nord-
36
Machabäer-
str.
Gereons-
Gereonswall
Kyoto-
str.
pütz
Victoria-
str.
18
Ursulapl.
Maximinenstr.
Breslauer Pl.
Hauptbahnhof
Dom-
str.
Johannis-
str.
Konrad-
Kaiser-Wilhelm-Ring
Christophstr.
Klingel-
Eintracht-
Stolkg.
39
Marzellenstr.
34
55
Bahnhof-
str.
53
42
Gereons-
hof
17
Gereons-
driesch
Gereonstr.
Unt.
Sachsen-
hsn.
Ad.
Dominik.
40
Messeplatz
Hohenzollernbrücke
ring
Im Klapper-
hof
wall
Norbertstr.
33
Komödienstr.
22
5
Friesen-
platz
Zeughausstr.
Burgmauer
Appell-
hofpl.
41
43
Domkl.
1
Friesen-
Magnusstr.
str.
2
Albertusstr.
A.d.Berlich
Schwal-
beng.
35
43
56
25
Am
Hof
4
Am Domhof
Frankenwerft
Kennedy-
ufer
Constantinstr.
Hohenzollern-
Palmstr.
Breite-
Minoriten-
str.
Hohe
str.
Gr.
Budeng.
Kl.
3
Alter
Markt
20
Str.
Mindener
Friesen-
Ehrenstr.
Apostein-
str.
38
str.
Glockeng.
Tunis-
30
Marsporteng.
26
Lintg.
Salzg.
47
Richmodis-
str.
Krebsgasse
54
Offenb.
pl.
Herzogstr.
28
Heu-
58
Rudolf-
platz
10
Mittelstr.
21
31
Neumarkt
Schilder-
gasse
32
27
Gürzenichstr.
markt
Deutzer Brücke
Deutzer
Freiheit
46
Habsburger
Ring
Hahnenstr.
Am
Cäcilien-
str.
Nord-
Hohe
Str.
Pipinstr.
Am Leystapel
Deutzer
Werft
Siegburger
Str.
Hohenstaufenring
Schaafen-
str.
Rinkenpfuhl
Mauritius-
Thiebolds-
gasse
59
Peterstr.
16
29
Süd-
Fahrt
Pforte
7
Marien-
platz
Rheing.
9
Filzengrab.
23
Mauritiuswall
Bobstr.
Agrippa-
str.
Mühlenbach
48
Beet-
hovenstr.
Jahnstr.
steinweg
Poststr.
Blaubach
Georgstr.
Waid-
markt
8
Gr.
Witschg.
Holz-
45
Zülpicher
Platz
Weyerstr.
Neue Weyerstr.
Rothgerberbach
Perlengraben
Severin-
Im
Severinsbrücke
Barbarossa-
platz
Am
Weidenbach
6
Pantaleonswall
Waisenhausgasse
Martins-
feld
straße
37
Sionstal
markt
Rheinauhafen
RHEIN
Mosel-
ger Str
Salierring
Vd. Sieben-
burgen
Schnurgasse
Im Dau
Josephstr.
Rosen-
str.
Bayenstraße
Luxemburger
str.
Pfälzer
Str.
Burgunder Str.
str.
Kartäuser-
Ulrichgasse
Kartäuserg.
Biber-
str.
Annostr.
Sachsen-
Lothringer
13
wall
Severinstr.
Drei-
königenstr.
19
Eifel-
platz
Volksgarten
Kleingedank-
str.
49
ring
Str.
Severins-
Am Bayenturm
57
14
wall
ring
Eifel-
Vondelstr.
Karolinger-
ring
11
Ubier-
Volksgarten
str.

Jenseits des weiten Sichtraumes über dem Mosaik, der Blicke auf das Werk erlaubt, die die Römer nicht kannten, erinnert das *Grabmal des Poblicius* an die Zeit vor der Gründung der Kolonie (Abb. 132). Um 40 n. Chr. errichtete sich der Veteran der 5. Legion, der ins Oppidum Ubiorum gezogen war, dieses Grabdenkmal, dem auf deutschem Boden nur die Igeler Säule in der Nähe von Trier, zwei Jahrhunderte jünger, vergleichbar ist. Seine Höhe von 14,60 Metern, der kostbare lothringische Kalkstein, die saubere Steinmetzarbeit sind Zeichen des Reichtums, der sich hier an der Grenze des Reiches offenbar gewinnen ließ. Ursprünglich bunt, farbig gefaßt, muß das Grabmal mit ähnlichen und auch kleineren Denkmälern ein auffälliger Blickfang an der Straße von Köln nach Bonn gewesen sein, an der seine erhaltenen Teile in der Nähe des heutigen Chlodwigplatzes gefunden wurden.

Einen ebenso prächtigen Anblick bot in der römischen Zeit die *Stadtmauer* mit ihrer Länge von knapp vier Kilometern, mit neunzehn Türmen und neun Toren. Schon ohne den Wehrgang mit seinen Zinnen erreichte sie eine Höhe von 7,80 Metern, überragt von den Türmen und Toren. Diese Demonstration der Macht wurde ergänzt durch den dekorativen Schmuck des Mauerwerks. Er ist am ›*Römerturm*‹, dem besterhaltenen Stück der Befestigung, an der Nordwestecke der römischen Stadt, heute noch gut zu beobachten (Abb. 131). Rautenformen, Halbkreise, ein fischgrätartiges Muster im unteren Teil sind mit dem Bau der Mauer wohl nach der Gründung der Kolonie entstanden, der obere Streifen mit Kreisen und den reizvollen Tempelfronten kann bei einer Erneuerung der Mauer im 3./4. Jahrhundert ergänzt worden sein.

Lange Strecken der römischen Stadtmauer kann man bei einem Gang durch die Stadt verfolgen: sei es der ›Sarg der Agrippina‹, das kleine Mauerstück auf dem südlichen Bürgersteig der Komödienstraße, oder der konservierte Turmrest an der Kreuzung derselben Straße mit der Tunisstraße, der ›Lysolphturm‹, das Aufgreifen des Mauerzuges im Römerbrunnen wenige Schritte weiter, die Benutzung in der Südmauer des Zeughauses, des Kölnischen Stadtmuseums, weiterlaufend zum ›Römerturm‹. Ihn haben die Klarissen, deren Kloster ihn als Latrine nutzte, vor dem steinhungrigen Wachstum der Stadt im Mittelalter bewahrt. Wenige Schritte weiter steht bereits der ›Helenenturm‹ in einer kleinen Anlage.

Noch heute folgt eine der großen Verkehrsadern der Stadt, die Strecke ›Über die Bäche‹, der Südlinie der Stadtmauer. Hier ist sie wieder an vielen Stellen sichtbar, in sanft geschwungenem Verlauf, bestimmt durch die ältere Linie des Duffesbaches, der so der Verteidigung nutzbar wurde.

Lange Jahre war neben den Spuren der Stadtmauer die aufregendste Begegnung mit Kölns römischer Vergangenheit die Reise ›Mit dem Fahrstuhl in die Römerzeit‹. Meist steigt man allerdings die Treppe im ›Spanischen Bau‹ des Rathauses (s. S. 283) hinunter zum *Prätorium*, dem Sitz des römischen Gouverneurs, zeitweise Residenz römischer Kaiser, dem Zentrum der Macht. Anhand der Pläne lassen sich im zugänglichen Ausgrabungsbereich die vier Bauphasen gut verfolgen. Schon vor der Gründung der Kolonie war hier an der Kante der Terrasse zum Hafen der repräsentativste Bauplatz Kölns besetzt worden. Die letzte Bauphase der zweiten Hälfte des 4. Jahrhunderts ist verständlicherweise am besten zu erkennen. Ein kleines Modell der Rekonstruktion gibt einen Überblick. Er zeigt, daß hier nur gut die Hälfte des palastartigen Baus zu sehen ist, dessen zentraler Raum, das Oktogon, außen achteckig und innen rund, wohl für heidnische kultische Zwecke gedacht war. Zur gleichen Zeit stehen längst Bischöfe wie der Theologe Maternus an der Spitze der Kölner Christen, die es seit dem späten 2. Jahrhundert in der Stadt gibt.

Im Jahre 355 hatte ein Überfall der Franken die Stadt als Trümmerhaufen hinterlassen. Der letzte Neubau des Prätoriums legt noch Zeugnis ab von der Eile des Wiederaufbaus. Ein Riß im Fundament ist gut erkennbar, und Reste älterer Bauten wanderten in die Grundmauern. Anfang des 5. Jahrhunderts wird dann auch in Köln die römische Herrschaft durch einen fränkischen König abgelöst. Manche mögen noch im Prätorium oder in der riesigen Aula regia, deren Apsisbogen vor dem Rathaus sichtbar gelassen ist, residiert haben. So wie die fränkischen Könige die staatlichen Großbauten ›verbrauchen‹, verfallen auch die übrigen Großbauten des römischen Köln: die Thermenanlagen, das Forum, das Theater und die Tempel. Einer der letzten Tempel wird noch Anfang des 6. Jahrhunderts vom Heiligen Gallus in Brand gesteckt. Die Einwohnerzahl der Stadt schrumpft auf wenige Hundert, die sich im Gebiet östlich der Hohe Straße konzentrieren. Zwischen den Ruinen grasen Schafe und weiden Ziegen.

Die Kölner Bischofsliste besteht im 5. und 6. Jahrhundert praktisch nur aus Lücken. Mitte des 6. Jahrhunderts werden in zwei gut ausgestatteten Gräbern eine Frau und ein Knabe in einer Kapelle mitten im verfallenen Bereich der spätantiken Bischofskirche, einem Vorgängerbau des Doms, bestattet. Die prächtigen Funde sind im *Erzbischöflichen Diözesanmuseum,* neben dem Dom, zu sehen.

Schon wenige Jahre nach dem Bau der Grabkapelle beginnt eine neue Bischofskirche zu wachsen. Die Kapelle wird eingeebnet, ein großer, langgestreckter Bau mit Chor im Osten entsteht an der Stelle, an der jetzt Chor und Querhaus des gotischen *Domes* stehen. Die 1946 begonnenen und noch nicht abgeschlossenen Ausgrabungen unter dem Dom haben schon manche aufschlußreiche und aufregende Kenntnis zur Geschichte des Domes von der Spätantike bis zur Grundsteinlegung des gotischen Baues 1248 gebracht. Leider sind die Ausgrabungen nicht öffentlich zugänglich.

In der neuen Bischofskirche des späten 6. Jahrhunderts, die nun zwei Chöre besitzt, einen Marienchor im Osten, einen Peterschor im Westen, amtet im 7. Jahrhundert der Heilige Kunibert, hier wird der höchste Geistliche Karls des Großen, Hildebold, Ende des 8. Jahrhunderts der erste Erzbischof Kölns. Bis zur Eroberung und gewaltsamen Befriedung und Missionierung Sachsens unter Karl dem Großen war Köln Grenzstadt des fränkischen Reiches wie zuvor Grenzstadt des römischen Reiches. Jetzt wird Köln Mittelpunkt eines weiten Gebietes. Handel und Verkehr blühen auf, und auch der vor dem Tode Hildebolds 818 begonnene Neubau des Domes ist Zeichen der neuen Bedeutung des Ortes. Sie spiegelt sich in der Bezeichnung ›Mutter der Kirchen Germaniens‹ für den Bau des Alten Domes. Auch die Plünderung der Stadt durch die Normannen im Jahre 881, trotz der erhaltenen römischen Mauern, vermag das Wachstum des Kirchenbaus nicht zu hindern.

Der erst 870 geweihte Alte Dom wird wohl unter Erzbischof Bruno (953–65), dem Bruder Ottos des Großen, um zwei Seitenschiffe erweitert und ist damit fünfschiffig wie Alt St.

Peter in Rom, wie schon die Westkrypta an Rom erinnerte. Bruno brachte aus dem gleichen Anspruch der Imitatio Roms den Petrusstab, einen spätantiken Holzstab mit Elfenbeinknauf, aus Metz mit, noch heute eine der großen Kostbarkeiten des Domschatzes.

Außerhalb der römischen Mauern gründete Bruno die Benediktinerabtei *St. Pantaleon,* deren Kirche noch heute Zeichen des neuen Anfangs von Architektur im Rheinland ist, der zum Reichtum romanischen Bauens in Köln führte (Farbt. 32). Bruno fand hier nur einen kleinen karolingischen Bau vor, neben dem zuerst die notwendigen Klostergebäude errichtet wurden. Vom Kreuzgang ist im Innenhof des Altersheimes ein kleiner Rest bewahrt, die ältesten erhaltenen Spuren eines Kreuzganges auf deutschem Boden.

Nach Brunos Tode sollte aus seinem reichen testamentarischen Vermächtnis die karolingische Kirche erweitert werden. Dabei stürzt sie ein, und ein großzügiger Neubau wird begonnen. Nach dem Vorbild der konstantinischen Trierer Basilika und der Regia Karls des Großen in Aachen entsteht ein einschiffiger Saalbau. Mit kaiserlicher Großzügigkeit umziehen doppelt gestufte Lisenen außen die Fenster des Obergadens, einfach gestuft werden sie innen unter den Fenstern bereits geschlossen. Innen sind sie über den in der Mitte des 12. Jahrhunderts gebrochenen Arkaden sichtbar gemacht. Ein erstes Westwerk im Nordwesten des Baus, der auf den römischen Straßenverlauf ausgerichtet und nicht exakt orientiert ist, wird schon kurz nach der Weihe der Kirche durch Erzbischof Warin 980 durch einen aufwendigeren Bau ersetzt. Kaiserin Theophanu, Gemahlin Ottos II., Verehrerin des Heiligen Pantaleon, hatte sich der Gründung ihres angeheirateten Onkels angenommen.

Die Restaurierung des späten 19. Jahrhunderts hat das Westwerk weitgehend so wiederhergestellt, wie es vor den Schäden der Barockzeit die Zeichnungen des 17. Jahrhunderts noch zeigten. Nur der Westarm war ursprünglich doppelt so tief, eine Halle, die vielleicht für Gerichtssitzungen genutzt wurde. Gegenüber seinem bescheideneren Vorgänger war das Westwerk durch eine Verlängerung des Schiffes erheblich weiter nach Nordwesten gerückt. Deshalb scheint das kleine Oktogon, das man vielleicht als Grabkapelle für Bruno davor begonnen hatte, nicht vollendet worden zu sein. Seine Grundmauern hat man in der Pflasterung nachgezogen.

Das kreuzförmig angelegte Westwerk steigert sich zu einer Dreiturmgruppe, der oft wiederholten romanischen Vorstellung des Himmlischen Jerusalem, stadtähnlich und burgartig, wie es ebenso auf Siegeln, Münzen oder in der Buchmalerei erscheint. Die begleitenden Treppentürme werden über das Achteck in einen runden Abschluß geführt. Die Gliederung der Wände mit Lisenen und den ersten Rundbogenfriesen im Rheinland wird durch Bauteile in Sandstein und Ziegel belebt.

Innen öffnet sich das Westwerk zweigeschossig mit Emporen und Kapellen zum Saalraum des Schiffes. Hier hat die Restaurierung nach dem letzten Krieg die Raumwirkung wiederherstellen können. Das Deckenbild Gerhard Kadows verdeutlicht die Bedeutung des Baus. Gleichzeitig hat man damals, statt das Netzgewölbe Christoph Wamsers aus dem frühen 17. Jahrhundert zu erneuern, eine moderne Kassettendecke eingezogen, etwas höher als ursprünglich über den vergrößerten Fenstern des 17. Jahrhunderts, so wird es doch möglich, sich den ottonischen Raum vorzustellen.

Der Chorraum wird vom spätgotischen Lettner mit seinem reichen Maßwerk und Skulpturenschmuck abgeschlossen, den Abt Lünink Anfang des 16. Jahrhunderts errichten ließ. Den Raum darüber schließt der Orgelprospekt von 1652. Der Chorraum und die abgetrennte Vierung davor zeigen noch die Umgestaltung durch Christoph Wamser vom Anfang des 17. Jahrhunderts und mit dem Hochaltar des 18. Jahrhunderts einen der seltenen erhaltenen Zeugen der barocken Ausstattung der Kölner Kirchen.

Die beiden Querhäuser haben erst durch die Anfügung der Seitenschiffe Mitte des 12. Jahrhunderts offenen Anschluß an das Schiff erhalten. Das südliche Querhaus mit dem modernen Marmorsarkophag der Kaiserin Theophanu († 991) von Sepp Hürten ist Anfang des 13. Jahrhunderts spätromanisch umgestaltet worden. Hier stehen auch die beschädigten Grabdenkmäler des Grafen Friedrich IV. von Moers und seines Sohnes Vinzenz, Ende des 15. Jahrhunderts in der Werkstatt des Kölner Bildhauers Tilman van der Burch für ein Hochgrab geschaffen, und gegenüber ein Kreuzigungstriptychon (Köln, 16. Jh.). Das gegenüberliegende Querhaus hat weitgehend seine ottonische Gestalt behalten. Nur die Verstärkung und damit Verengung des Apsisbogens und das hölzerne Gewölbe sind später eingefügt. Das vorzügliche Portaltympanon aus der Zeit um 1160 befindet sich im Schnütgenmuseum. In der mehrfach veränderten Krypta haben die Gebeine des Heiligen Bruno ihren Platz gefunden.

Prunkstücke der Ausstattung, deren moderne Teile selten harmonisch eingefügt sind, bilden der Lettneraltar in zartfarbigem Marmor von Elmar Hillebrand, darüber ein Astkruzifix des späten 14. Jahrhunderts und die farbige Gestaltung der abschließenden Rückwand durch Clemens Fischer. In der südlichen Kapelle des Westwerks steht ein Vesperbild des 15. Jahrhunderts, und im nördlichen Seitenschiff hängt eine Kreuzigungstafel des frühen 16. Jahrhunderts. Die reichen Reste des mittelalterlichen Schatzes, mit den beraubten Schreinen der Heiligen Albinus und Maurinus aus dem späten 12. Jahrhundert, sind im ehemaligen Kapitelsaal des frühen 13. Jahrhunderts an der Nordseite der Kirche über einem Rest des Kreuzganges der gleichen Zeit untergebracht.

Als im Jahre 1002 der Leichnam Kaiser Ottos III. auf dem Wege von Rom nach Aachen in St. Pantaleon aufgebahrt wurde, war der von seiner Mutter in kaiserlicher Manier geförderte Bau wohl vollendet, die Dynastie der Ottonen hatte sich ein Denkmal gesetzt. Ihnen folgen die Salier, deren große Schöpfung der Dom zu Speyer ist, aber in Köln ist der ottonische Stolz noch nicht vergessen. Die Enkelin Theophanus und Kaiser Ottos II., Äbtissin Ida, Tochter des Pfalzgrafen Ezzo, beginnt mit dem Neubau der Stifskirche *St. Maria im Kapitol* ein Architekturvorhaben von kaiserlichem Anspruch. An Speyer erinnert die ausgedehnte Krypta, nur an Größe Speyers Krypta nachstehend. Auch der Aufbau der Seitenschiffe mit vorgelegten Halbsäulen zitiert das Speyrer Schema in bescheidenem Ausmaß. Weit darüber hinaus greift als Raumeindruck und Baugedanke mit folgenreicher Nachwirkung der Trikonchos, der im Grundriß kleeblattförmige Chor. Das Vorbild ist die Geburtskirche der Zeit Kaiser Justinians in Bethlehem, der Ort der Menschwerdung Christi. Hier feiern jahrhundertelang die Kölner Erzbischöfe die erste der Christmetten. Mit dem architektonischen Zitat wird so die Bedeutung zugleich übernommen. Der Trikonchos, der nach den

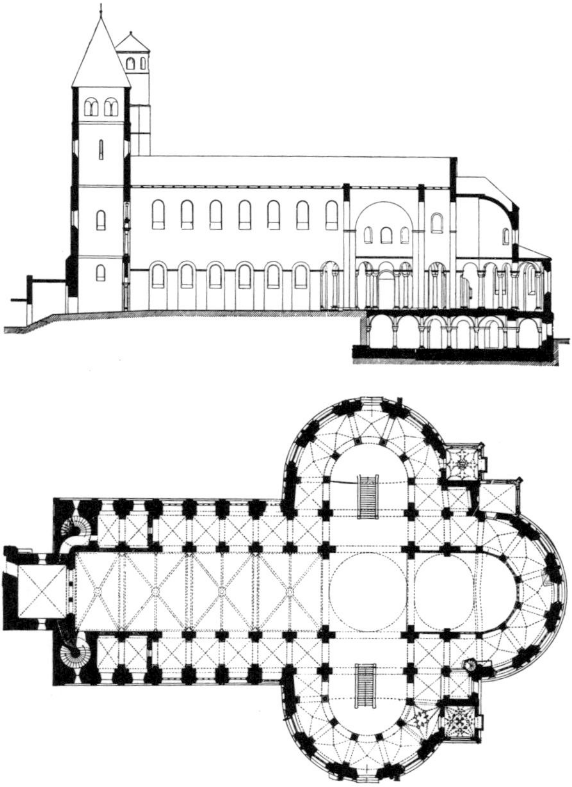

Köln, St. Maria im Kapitol, Schnitt und Grundriß

Zerstörungen des Krieges wieder seiner Vollendung entgegengeht, hat in der hohen Blüte der rheinischen Romanik begeisterte Nachfolge in den Chören von Groß St. Martin und St. Aposteln in Köln, St. Quirin in Neuss und der Liebfrauenkirche in Roermond gefunden. Reduzierend verzichtet man dort auf die Fortführung der Seitenschiffe als von Säulen begleiteter Umgang.

Der heute zu bescheidene Westbau bietet ein weiteres Zitat. Wie ihre Schwester Theophanu zur gleichen Zeit im Neubau des Essener Münsters wiederholt auch Ida im Westen den inneren Wandaufbau der Pfalzkapelle Karls des Großen in Aachen. Das kaiserliche Vorbild, zu dem Cousin Otto III. ins Grab hinabstieg, wird jedem, der Architektur als Ausdruck politischer Vorstellungen erkennt, sichtbar gemacht.

Während der Bauzeit, im Jahre 1049, weilte Papst Leo IX. mit Kaiser Heinrich III. zur Weihe des Kreuzaltars in Köln. Die abschließende Weihe des Baus, nach dem Tode der Äbtissin Ida († 1060), kann erst Erzbischof Anno im Jahre 1065 feiern. Ein geplanter Vierungsturm wurde nie vollendet. Bald danach werden Veränderungen vorgenommen.

Heute werden die Wände des Trikonchos so wiederhergestellt, wie sie etwa um 1200 aussahen, vor den spätstaufischen Veränderungen, unter Einschluß aber des Neubaus des Obergadens in der Mitte des 12. Jahrhunderts – moderner Eklektizismus. Der Westbau verbleibt in seiner reduzierten Gestalt, ohne Mittelturm der Dreiturmgruppe und mit zu niedrigen Flankentürmen. Im Innern ist in das Hauptschiff nach der Kriegszerstörung der Gewölbe des 13. Jahrhunderts eine sanft geschwungene Holzdecke eingezogen worden, eines der raren Beispiele des Nierenstils in Kölner Kirchen.

In den Winkeln zwischen den Apsiden des Trikonchos sind 1466 und 1493 als Stiftungen reicher Kölner Familien die Hardenrath- und die Hirtzkapelle spätgotisch eingefügt worden. Sie heben im Kontrast der Formen den herben Reiz der frühromanischen Gliederung des Trikonchos.

Über alle Zerstörungen hinweg hat sich ein erstaunlicher Reichtum an Ausstattung erhalten. Der feine Kalksteinsarkophag im südlichen Seitenschiff wird der Gründerin des Stiftes, Plektrudis, gehört haben. Sie, die Witwe des Hausmeiers Pipin, Stiefmutter Karl Martells, gründete hier über den Grundmauern des römischen Capitoltempels die erste geistliche Niederlassung. So feiern sie ihre Grabplatten um 1180 im Westbau und Ende des 13. Jahrhunderts am Westende des südlichen Seitenschiffs, zwei der schönsten Skulpturen Kölns, als Heilige.

Aus der Zeit der Äbtissin Ida, Mitte des 11. Jahrhunderts, stammen die einzigartigen hölzernen Türflügel, die im südlichen Seitenschiff aufgestellt sind. Ursprünglich öffneten sie den Zugang zur stadtseitigen Nordkonche, von einer Vorhalle geschützt. Sie schildern, Spuren der Beschriftung und der farbigen Fassung sind noch zu erkennen, links die Kindheit und Jugend Christi bis zur Taufe im Jordan, rechts die Passion vom Einzug in Jerusalem bis zur Ausgießung des Heiligen Geistes zu Pfingsten. Die untersten vier Szenen, nur rudimentär erhalten, scheinen die Versuchungen Christi in der Wüste dargestellt zu haben. Mit einer Höhe von fast fünf Metern und einer Breite von über zwei Metern stehen diese hölzernen Türen mit der hohen Dichte ihrer Aussagekraft ebenbürtig neben den vergleichbaren Bronzetüren des Mittelalters.

Nahebei hängen an der Westwand des südlichen Seitenschiffes Walknochen, St. Mergens Ripp, St. Mariens Rippen genannt, Kuriositäten, die hier das erste und älteste Kölner Museum bilden.

Eine feierliche stehende Muttergottes (um 1180), dem byzantinischen Vorbild der Eleusa folgend, diente als Vorlage für eine thronende Muttergottes (um 1220), die einst in einer Nische der Ostapsis untergebracht war. Ihr Kind übernimmt, wenig für eine sitzende Darstellung passend, die anschmiegende Haltung des Vorbildes. Erschreckend ist der Leidensrealismus des Gabelkruzifixes von 1304, Vorbild für zahlreiche Bilder des Schmerzes der gleichen Art im Rheinland und in Westfalen. Aus Limburg an der Haardt stammt die Skulptur einer bezaubernden Muttergottes des frühen 14. Jahrhunderts. Aus der Werkstatt von Hans Baldung Grien kommt das doppelseitige Tafelbild mit dem Tod Mariens und dem Abschied der Apostel. Die beiden Figuren Christi als Salvator mundi und der fürbittenden Maria gehören zur Ausstattung der Hardenrathkapelle. Der prunkende Renaissancelettner mit seinem Kontrast schwarzen und weißen Marmors, gestiftet von der Kölner Familie Hackeney, nach Entwürfen Jan van Roomes in Mecheln gefertigt, wird wieder an seiner alten Stelle zwischen Chor und Langhaus aufgestellt, die er erstmals 1525 einnahm.

Erzbischof Anno, der 1065 die Weihe von St. Maria im Kapitol feiern konnte, war selbst auch ein eifriger Gründer und Stifter von Kirchen. Schon 1057 gründete er vor dem Chor des Alten Domes das Stift St. Maria ad Gradus, damit die Romnachahmung seiner Vorgänger fortsetzend. Ähnlich war es auch in Mainz geschehen, wo man mit dem Liebfrauenstift vor dem Chor des Domes ebenso St. Maria ad Gradus vor Alt St. Peter in Rom wiederholte. Beide Kirchen sind der Säkularisation zum Opfer gefallen. Erhalten blieb trotz mancher Veränderungen die Kirche des um 1059 von Anno gegründeten Stiftes *St. Georg* vor den Mauern der römischen Stadt, an der nach Süden führenden Straße gelegen, wo sich zuvor schon ein Kirchenbau aus merowingischer Zeit befunden hatte. Dieser wiederum hatte die Grundmauern einer römischen Straßenpolizeistation genutzt.

Um 1067 konnte Erzbischof Anno die Kirche St. Georg weihen. Nach einer gründlichen Wiederherstellung 1928–30 und der Beseitigung der Kriegsschäden ist die annonische Säulenbasilika trotz der späteren Veränderungen gut zu erkennen. Dreischiffig, flach gedeckt, werden die Seitenschiffe über die Vierung hinausgeführt und mit Apsiden geschlossen. Die fortgesetzten Seitenschiffe bleiben als getrennte Kapellen vom Chor abgeschlossen. Darunter liegt die fünfschiffige Krypta. Die Querhäuser sind mit dreiseitigem Schluß über die Mauern des Schiffes hinausgezogen. Der strenge Zuschnitt des Baus erhielt durch die Verwendung römischer Sandsteinsäulen und sparsame Gliederung des Mauerwerks Leichtigkeit.

Den ersten Blick bestimmt heute die Mitte des 12. Jahrhunderts durchgeführte Einwölbung. Um das Schiff in zwei Joche aufteilen zu können, ist ein Pfeiler mitten zwischen die Säulen gesetzt worden, an den auch im Alten Dom nachgewiesenen niedersächsischen Stützenwechsel erinnernd.

Außen wird der Eindruck zuerst durch den 1188 erwähnten Block des Westchors bestimmt, der massiv seinen annonischen Vorgänger ersetzt und, heute unvorstellbar, die mittelalterliche Hauptverkehrsstraße zu einer ausweichenden Kurve zwang. Über dem reich gestuften Sockel ist nur je ein Fenster auf jeder Seite in die glatte Wand geschnitten. Da die oberen Geschosse mit Zwerggalerie und begleitenden Flankentürmen fehlen und die barocke Haube durch die Pyramide eines Notdachs ersetzt ist, wird der bunkerhafte Charakter noch betont. Um so überraschender wirkt die reiche Gliederung des Inneren, das einst für den Pfarrgottesdienst des Stiftes bestimmt war. Den von einer Kuppel überwölbten Zentralraum öffnet ein reichgetreppter Rundbogen zum Mittelschiff. Tiefe Nischen sind in die gut vier Meter starken Mauern eingetragen, sie gliedern das untere Geschoß. Ein Laufgang zerlegt die Wand im oberen Geschoß in zwei Schalen. Von zwei Doppelarkaden begleitet umfängt jeweils eine große Arkade eines der Fenster von Jan Thorn-Prikker von 1930. Sie zeigen die Heiligen Anno, Georg und Jakob.

Dem Heiligen Jakob war die benachbarte, 1825 abgerissene Pfarrkirche geweiht. Etwa an ihrem Platz steht heute der *Hermann-Josef-Brunnen* Wilhelm Albermanns von 1894.

Die zentrale westliche Nische des Westbaus trägt ein Gabelkruzifix des 14. Jahrhunderts, ähnlich dem in St. Maria im Kapitol. Ihm gegenüber hängt im Chor eine Nachbildung des strengen Kruzifixus, der um 1067 für die Kirche entstanden war. Das Original befindet sich im Schnütgen-Museum. Das Altarbild von Barthel Bruyn dem Jüngeren wurde 1558 von Johann von Mansfeld, Propst des Stiftes, der Kirche geschenkt. Zwei Jahre zuvor war in zurückhaltenden Renaissanceformen das Tabernakel mit Szenen des Abendmahls und der Auferstehung Christi darüber entstanden.

Neben den beiden Kölner Gründungen Annos – St. Maria ad Gradus und St. Georg – stehen außerhalb Kölns die Klostergründungen Grafschaft in Westfalen, Saalfeld in Thüringen und Siegburg. Seine damit verbundene Reformfreude stieß in den Klöstern nicht immer auf Gegenliebe. Oft hingen die Mönche, so z. B. in St. Pantaleon, an ihren alten Gewohnheiten, den consuetudines, und wollten der neuen Mode nicht folgen. Die Widerspenstigen wurden aus dem Kloster vertrieben.

Als Politiker hatte sich Anno auch bei Heinrich IV. nicht beliebt gemacht. Seine Vormundschaft über den noch unmündigen Herrscher endete damit, daß ihn Heinrich, mündig geworden, fast erschlagen hätte. Es wundert daher nicht, daß der erste Aufstand der Kölner Bürger, der erste Versuch selbständig zu werden, sich gegen Anno richtet. Der Aufstand im Jahre 1074 scheitert zwar, und erst nach hartem Gericht verzeiht Anno den Kölnern wieder, aber die Vorstellung gemeinschaftlichen Handelns der Bürger hat Fuß gefaßt. Anfang des 12. Jahrhunderts hört man von einer ›Verschwörung für die Freiheit‹, und als Symbol entsteht ein Stadtsiegel, das erste Siegel einer Stadt überhaupt. Immer noch getreu der alten Romvorstellung folgend lautet die Umschrift: Sancta Colonia Dei gratia fidelis filia romanae ecclesiae – Heiliges Köln, aus Gottes Gnade getreue Tochter der römischen Kirche.

Diese politischen Entwicklungen sind ein Zeichen des ständig wachsenden Reichtums der Stadt. Handel und Handwerk blühen, die Spezialisierung wächst. Die höheren Erträge der Güter und Besitzungen der Stifte und Klöster in der gleichen Zeit spiegeln sich im nun folgenden großen Jahrhundert romanischer Baukunst in Köln. Weit mehr als die erhaltenen großen Kirchen wurde gebaut. Die kleineren Bauten, Pfarrkirchen, Kapellen, Stiftsgebäude, Kreuzgänge und die zahlreichen Wohnhäuser geistlicher und weltlicher Besitzer sind längst, meist im 19. Jahrhundert, untergegangen.

Eines der Wohnhäuser blieb, wenn auch verändert und als Ausstellungsgebäude des Kunstgewerbemuseums genutzt, erhalten: das *Overstolzenhaus* in der Rheingasse. Es hält so zugleich die Erinnerung an eine der ersten Patrizierfamilien Kölns fest.

Diese Patrizier, immer noch mit dem Erzbischof um die Herrschaft in der Stadt ringend, beginnen 1180 das größte und teuerste Bauunternehmen Kölns in romanischer Zeit. Man legt, mehr als großzügig planend, einen Mauerring von fast acht Kilometer Länge um die Stadt mit mehr als einem Dutzend Toren und Torburgen. Mitte des 13. Jahrhunderts ist das Unterfangen im wesentlichen abgeschlossen. Aber noch 1288, nach der Schlacht bei Worringen, die das Ende der Herrschaft des Erzbischofs über die Stadt bedeutet, sichert man sich die Steine der zerstörten Worringer Burg für den eigenen Mauerbau.

Erst dem Wachstum der Stadt im 19. Jahrhundert wird die Mauer zum einengenden Hindernis. 1881 beginnt man mit dem Abbruch, und 1885 stehen nur noch vier Torburgen: *Hahnentor, Severinstor* (Abb. 34), *Eigelsteintor,* der Rest der *Ulrepforte.* Dazu vier kurze Mauerstücke an der Bottmühle, am Severinstor, am Hansaring und am Sachsenring sowie der *Bayenturm.* Am Sachsenring blieb zugleich das älteste profane Denkmal Deutschlands, an die Schlacht an der Ulrepforte 1268 erinnernd, in restaurierter Form erhalten.

Am Konrad-Adenauer-Ufer, am Nordende der rheinseitigen Stadtmauer, hat sich ein Architekt einen Turm, die ›*Weckschnapp*‹, zum Wohnhaus ausgebaut. Von einem modernen Bürohaus fast umarmt, vom Verkehr umbrandet, ist er ein gutes Beispiel dafür, daß Architekten selten in dem leben, was sie für andere bauen.

Einer der fast noch bescheidenen Anfänge der romanischen Baublüte ist *St. Cäcilien,* seit 1956 Heimat des *Schnütgen-Museums.* Das Ende des 9. Jahrhunderts gegründete Damenstift wurde 1475 an die Augustinerinnen des im Burgundischen Krieg vor den Toren Kölns zerstörten Klosters Weiher übergeben. Die Äbtissin Elisabeth von Reichenstein, Stifterin von Stefan Lochners ›Madonna mit dem Veilchen‹ (heute im Diözesanmuseum), protestierte zwar, aber da sie das Stift fast allein bewohnt hatte, ohne Erfolg. Von Bauten des 10. Jahrhunderts stammt noch der hohe Bogen an der Nordseite des Langhauses, der mit seinem Wechsel von Ziegelsteinen und Tuff an St. Pantaleon erinnert.

Beim Wiederaufbau nach dem letzten Krieg sind mit den spätgotischen Gewölben des Mittelschiffs auch die entscheidenden baulichen Veränderungen beim Einzug der Augustinerinnen wieder verschwunden. Sonst erinnert nur noch die Sakristei, der die kleine Apsis des nördlichen Seitenschiffes weichen mußte, an ihr Wirken. Aus der Stiftszeit stammt noch die weite Empore im Westen, die man heute zuerst betritt. Darunter ist die ausgedehnte Westkrypta wieder freigelegt und als Schatzkammer des Museums genutzt. Die Westfront ist, in früher Neuromantik, 1848/49 entstanden. So blieb insgesamt die dreischiffige Pfeilerbasilika, ohne Querschiffe, mit Apsiden an den Seitenschiffen und erhöhtem Chorjoch und Apsis, erhalten.

Die Raumwirkung ist bei der Einrichtung des Museums gewahrt. Kaum gegliedert, waren die Wände von Schiff und Chor mit reichen Wandmalereien bedeckt, von denen noch Reste zu sehen sind. Die bescheidene Gliederung der Außenwände mit Lisenen und Rundbogenfries am Obergaden steigert sich ein wenig an der Apsis. Zweigeschossig angelegt, ist unten die Wand glatt gespannt, nur ein kleines Rundfenster ist eingeschnitten. Über dem kräftig profilierten Gesims umfangen sieben Rundbögen, auf Säulen gestellt, die drei Fenster. Darüber fängt wieder ein Rundbogenfries das Dachgesims auf. Die zurückhaltende architektonische Gliederung von St. Cäcilien wirkt noch bescheidener, vergleicht man sie mit der fast gleichzeitigen Erweiterung des Chores von St. Gereon. Die schlichte Fassung trägt aber ein Juwel, das Tympanon des Nordportals. Dort ist heute eine Kopie eingefügt, das Original der Zeit um 1160 steht in der Kirche, im Museum. Die Heilige Cäcilie, der ein Engel die Märtyrerkrone reicht, wird von ihrem Bräutigam Valerian und seinem Bruder Tiburtius begleitet, die ebenfalls das Martyrium erlitten.

Damit ist auch das Stichwort gefallen, mit dem neben dem wachsenden Reichtum der Stadt, ihrer Bürger, der Stifte und Klöster der Bauboom des romanischen Kölns zu erklären ist. Der bis heute benutzte Titel des Heiligen Köln, ›Sancta Colonia‹, ist seit dem Ende des 8. Jahrhunderts, seit der Zeit Hildebolds, gebräuchlich. Vom 10. bis ins 13. Jahrhundert verbreiteten ihn zahllose Münzen, die silbernen Kölner Denare, als Inschrift der Rückseite über ganz Europa.

Der Kölner Boden barg zahlreiche Märtyrer, von denen die Legenden, mit einem manchmal sehr kleinen wahren Kern, berichten. So erscheint der Heilige Gereon im Glanz von mehreren hundert Gefährten, die Heilige Ursula, britische Prinzessin, wird von 11 000 Jungfrauen und weiteren vornehmen Begleitern geleitet. Alle finden in Kölner Boden ihr Grab, viele davon werden von den geistlichen Archäologen des Mittelalters gesucht und gefunden. Reicher Reliquienbesitz, dessen Aufzählung Bücher füllt, ergänzt das Bild, und auch die Heiligen Drei Könige, die den Höhepunkt bilden, gelangen 1164 in Begleitung von weiteren Heiligen, Felix, Nabor und Gregor, von Spoleto nach Köln und später in ihren kostbaren Schrein, den größten des Mittelalters (Farbt. 36). Aus der Verehrung der Heiligen, der eigentlichen Besitzer, blühen die Stifte und Klöster und ihre Kirchen auf.

St. Gereon wird mit seinen Gefährten der Thebäischen Legion zugerechnet, die weitere Angehörige in Bonn und Xanten für das Rheinland verzeichnet. Kaiser Konstantins Mutter Helena soll über dem Brunnen, in den man Gereons und seiner Gefährten Körper warf, den römischen Kernbau der Kirche *St. Gereon,* das Dekagon errichtet haben. Den besagten Brunnen haben die jüngsten Ausgrabungen nicht feststellen können, und sehr fraglich ist, ob der eines Kaisers würdige römische Bau bereits so früh entstanden sein kann. Ausgrabungen der Nachkriegszeit haben einen Isis-Altar im Fundament entdeckt, heute in der Sakristei aufgestellt, dessen Opferasche eine Münze des Kaisers Konstans enthielt. Sie ist bald nach 345 in Trier geprägt worden. Das wäre der früheste Bautermin. Aber erst unter Kaiser Theodosius ist 391 das Christentum zur alleinigen Staatsreligion erklärt worden, und die heidnischen Altäre wurden zerstört. Man neigt also mehr dazu, die Errichtung des Baus ans Ende des 4. Jahrhunderts zu setzen.

Als Grablege fränkischer Könige genutzt, auch von Erzbischof Hildebold als Grabstätte gewählt († 818), fordern die Heiligen bereits im 11. Jahrhundert einen Ausbau der Kirche. Zwar ist es nicht Gereon, aber der Heilige Gregor Maurus, der ebenfalls mit seinen Gefährten hier ruht, der Erzbischof Anno im Traum erscheint. So gemahnt, verlängert Erzbischof Anno das spätrömische Dekagon, das wegen seines reichen Mosaikschmucks bei Gregor von Tours als ›ad aureos sanctos‹ – zu den goldenen Heiligen, erscheint, um einen Langchor für die Stiftskanoniker mit Krypta darunter. Dieser wird noch einmal unter Erzbischof Arnold von Wied, dem Bauherrn von Schwarzrheindorf, verlängert. Die heutige reiche Apsis mit ihren beiden Chorflankentürmen entsteht, vor 1156 ist sie vollendet. Damit hatte man die Konkurrenz zu Bonn, die auch schon zu Annos Zeit entstand, wieder aufgenommen. Dort war der etwas schlichtere Chor wohl schon 1153 geweiht worden.

Wirksam in die Straße hineingesetzt, steigert sich die Gliederung der Apsis in vier Etagen. Die unteren drei werden von den Türmen übernommen und mit sich streckenden

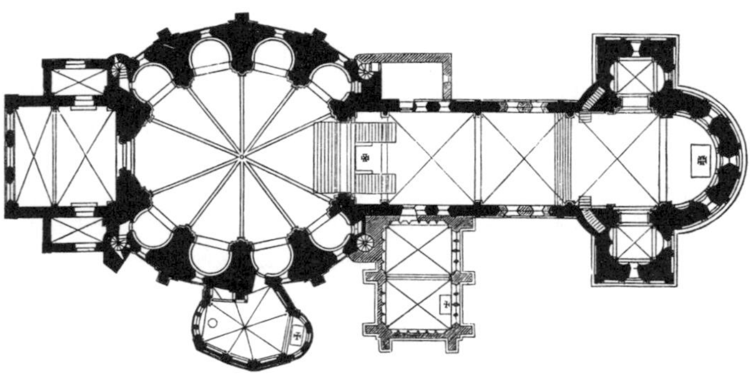

Köln, St. Gereon, Ansicht und Grundriß

Geschossen fortgeführt. Der Rang des ersten Stiftes der Kölner Erzdiözese vor Bonn auf dem nächsten Platz war architektonisch gewahrt. Ihn erhöhen noch die Bauarbeiten des frühen 13. Jahrhunderts am Dekagon. Schon 1191 hatte man die Märtyrergruft mit den drei Sarkophagen unter der Verbindungstreppe zwischen Dekagon und Langchor geweiht.

Bald danach wurde die Baufälligkeit des spätrömischen ovalen Nischenbaus bedrohlich. Die Zwickel zwischen den Nischen werden ausgefüllt, das Zehneck des Dekagons entsteht.

Nur im Nordosten sind noch Spuren römischen Mauerwerks am Dekagon zu erkennen. Damit ist genügend Mauerstärke für eine der eindrucksvollsten Architekturen des Rheinlands, des Mittelalters überhaupt, gewonnen. Die größte Kuppelwölbung seit dem Bau der Hagia Sophia im 6. Jahrhundert in Konstantinopel und vor der Kuppel des Domes in Florenz Anfang des 15. Jahrhunderts entsteht. Zugleich wird offensichtlich, daß der Architekt der Erneuerung des Zentralbaus 1219–27 die Leistungen der Gotik kennt und versucht, sie zu einer Synthese mit der rheinischen Romanik zu verbinden.

Über den beibehaltenen Nischen des römischen Baus, dessen Kernmauerwerk bis in die Höhe des zweiten Laufgangs reicht, sind Emporen eingerichtet. Über Säulen gestaffelte Rundbögen schließen zu dritt die Empore jeweils ab, darüber weitgespannte Fächerfenster. Alle drei, Nische, Empore, Fächerfenster, werden von einem mit schlanken Diensten gestützten Bogen zusammengefaßt, den auch die horizontalen Gesimse nicht durchbrechen. Zehn kräftige Dienste streben dazwischen hoch, um die Rippen des Gewölbes mit seinem hölzernen, lederbezogenen hängenden Schlußstein aufzufangen. Von den Rippen werden die Gruppenfenster des vierten Geschosses eingebunden. Sie sind als Doppellanzettfenster mit einem Dreipaß im Zwickel in die dünn gespannte Wand geschnitten. Das entspricht dem Entwicklungsstand von Chartres, die Entwicklung des Maßwerkfensters in Reims ist hier noch nicht aufgenommen.

Das Äußere ist mit Ecklisenen und von Rundbogenfriesen getragenen Gesimsen gleichmäßig gegliedert. Reichtum wird erst mit der letzten, fünften Etage gezeigt: Gesims, Plattenfries, paarweise gegliederte Zwerggalerie, Rundbogenfries und kräftiges Gesims tragen mit schwebender Leichtigkeit das zehnseitige Dach, das 48 Meter Höhe erreicht. Den Schub des Gewölbes fangen, gut plaziert, etwas kurz geratene Strebebögen auf. Sie gehören mit denen des Bonner Münsters, der gewohnten Konkurrenz, zu den frühesten des Rheinlandes.

Nach Abschluß dieser Arbeiten wird als kleines Juwel mit seinen erhaltenen Wandmalereien noch die Taufkapelle an der Südseite angefügt. Anfang des 14. Jahrhunderts entsteht die gelungene Architektur der Sakristei nach den Plänen des Dombaumeisters Johannes. Ende des Jahrhunderts modernisiert man den Langchor mit größeren Fenstern und neuen Gewölben. Die Innenausstattung muß Ende des 18. Jahrhunderts barocken Vorstellungen weichen. Diese wieder wird, nachdem 1820 die Stiftsgebäude abgerissen wurden, durch eine historisierende Ausstattung ersetzt. Der letzte Krieg brachte ihr wiederum den Untergang, und noch dauern die Überlegungen für ihre zeitgemäße Nachfolge an. Ein erstes Ergebnis ist die rote Farbfassung der Kuppel, auf der goldene Tropfen an Pfingsten erinnern sollen. Fenster von Georg Meistermann und Wilhelm Buschulte treten ergänzend hinzu.

Spuren an Ausstattung haben sich aus fast allen Jahrhunderten der Geschichte St. Gereons erhalten. In der Nikolauskapelle neben der Krypta sind frühchristliche Grabsteine des umliegenden Gräberfeldes eingemauert. In der Krypta sind die stark restaurierten Reste des Fußbodenmosaiks des 11. Jahrhunderts, der Zeit Erzbischof Annos, zu sehen. Darauf steht eine der antiken Amphoren, die man in den Nischengewölben zur Entlastung benutzt hat. Hier steht auch der Kreuzigungsaltar, um 1540 in Kalkstein gearbeitet, ein frühes Zeugnis der Renaissance im Rheinland. Dem entspricht das Sakramentshaus des Chors darüber, allerdings des frühen 17. Jahrhunderts. Wenig später, um 1635 entstand das Altarbild Johann Hulsmanns. Über dem Panorama des Heiligen Köln, wohl von Johann Toussyn, öffnet sich der Himmel. Hier zeigen sich die zahlreichen Heiligen Kölns, gemeinsam die Trinität verehrend. Ein Prunkstück der historisierenden Ausstattung hat sich mit der Pieta von Anton Josef Reiss aus dem Ende des 19. Jahrhunderts in der Kapelle der westlichen Vorhalle erhalten.

Den zahlenmäßig bedeutendsten Anteil unter den Kölner Heiligen stellen die Heilige Ursula und ihre Gefolgschaft aus elftausend Jungfrauen und zahlreicher weiterer Begleitung. In der Legende ihres Martyriums mischen sich Erinnerungen an die Raubzüge der Hunnen mit Lesefehlern bei Zahlzeichen, die ihre Bestätigung im römischen Gräberfeld vor der römischen Stadtmauer rings um das Stift St. Ursula fanden. Ursprung und historischer Kern der gewachsenen Legende ist die Clematius-Inschrift, die heute in die südliche Wand des gotischen Chores eingemauert ist. Sie berichtet, daß der hochwohlgeborene Clematius auf seine Kosten die Kirche über den Gräbern der Jungfrauen wiederherstellte. Die Inschrift kann um 400 entstanden sein, nachdem der erste Bau an dieser Stelle bei der Zerstörung Kölns im Jahre 355 unterging. Entwicklung des Stiftes und Wachstum der Legende werden im 9. und 10. Jahrhundert wieder greifbar. Der große Aufschwung beginnt allerdings dann mit dem ersten Ausbau der Stadtmauer im Jahre 1106. Dabei werden zahlreiche Gräber erfaßt, die der Schar der Heiligen Ursula zugerechnet werden.

922 waren die vor den Ungarn aus Gerresheim bei Düsseldorf geflüchteten Kanonissen in *St. Ursula* untergekommen. Sie hatten noch den Clematiusbau, nach dem Normannensturm erneuert, in Gebrauch genommen. Nun, Anfang des 12. Jahrhunderts, beginnt man mit einem großzügigen Neubau. Die damals errichtete dreischiffige Emporenbasilika mit Querhaus und langgestrecktem Chor ist immer noch für den heutigen Eindruck bestimmend. Trotzdem sind verschiedene Phasen von Baumaßnahmen danach durchgeführt worden. Der Westturm hat erst Anfang des 13. Jahrhunderts seine hohe Gestalt erhalten. Der gotische Chor, von etwa der gleichen Länge wie sein romanischer Vorgänger, wird Ende des 13. Jahrhunderts eingefügt. Wie ein Schatzhaus birgt er heute den im 19. Jahrhundert erneuerten Schrein der Hl. Ursula.

Anfang des 14. Jahrhunderts wird das bisher flach gedeckte Schiff gotisch eingewölbt. Schon zuvor hatte man auf der Südseite das sogenannte Marienschiff angebaut, das Anfang des 17. Jahrhunderts nach Westen um die ›Goldene Kammer‹ verlängert wird.

Im 17. Jahrhundert werden die Emporen der Querhäuser entfernt und Gewölbe eingezogen. Nach einem Brand 1680 erhält der Westturm seine barocke Haube mit der Krone der Heiligen Ursula.

Ende des 18. Jahrhunderts wird der Chor umgestaltet. Eine runde Apsis rahmt mit Malerei den spätbarocken Hochaltar. Wenig später wird das Stift aufgehoben und der westlich vorgelagerte Kreuzgang abgerissen, der fest zweigeschossig in die Fassade eingebunden war. Sie erhält Ende des 19. Jahrhunderts eine neue romanisierende Gliederung, die man nach dem letzten Krieg durch einen zu schlichten Wandaufbau ersetzt hat. Historisierend wird auch Ende des 19. Jahrhunderts die frühgotische Apsis des Chores wiederhergestellt. Das Schiff zeigt heute nur noch die gelungenen Konsolen für die Rippen des gotischen Gewölbes. Über der romanischen Wandgliederung, über dem gotisch erhöhten Obergaden spannt sich nun eine leicht gewölbte hölzerne Kassettendecke, kein Gewinn an Harmonie.

Von der Vorhalle unter der Westempore aus ist die ›Goldene Kammer‹ zugänglich, der barocke Höhepunkt mittelalterlicher Reliquienverehrung. Ein reiches, vergoldetes Holzgehäuse faßt die Reliquienbüsten, die den Wandel der Darstellung von der Gotik bis zum Barock vorführen. Darüber ist die Wand bis zum Gewölbe mit Gebeinen bedeckt. Man naht sich nicht nur den Heiligen, man steht mitten unter ihnen. Hier wird auch der Aetheriusschrein aufgestellt, eines der Kölner Prunkstücke romanischer Goldschmiedearbeit des späten 12. Jahrhunderts. Weitere Reliquienbüsten finden sich in der Schatzkammer, in der Sakristei, auf den Emporen, Erinnerungen an einen der begehrtesten Exportartikel Kölns.

Ein beachtlicher Reichtum an Ausstattungsstücken hat sich seit der Romanik erhalten: so der Viventia-Sarkophag am nordwestlichen Langhauspfeiler oder die bemalten Schieferplatten mit den Darstellungen von Aposteln, die vielleicht zur romanischen Chorschranke gehörten, eine Muttergottes und ein Hl. Nikolaus des frühen 14. Jahrhunderts, ein Kruzifixus des späten 14. Jahrhunderts, eine Pieta des beginnenden 15. Jahrhunderts, ein ganzer Gemäldezyklus der Mitte des 15. Jahrhunderts mit Szenen aus der Legende der Hl. Ursula und ein Schmerzensmann vom Ende desselben Jahrhunderts. Damals entstanden auch Christus als Salvator und Maria in der Nachfolge der Figuren, die in St. Maria im Kapitol stehen, und die Schutzmantelursula des Kölner Bildhauers Tilman van der Burch. Das Steinrelief einer Kreuztragung des frühen 16. Jahrhunderts über dem Sarkophag der Viventia ist gerade restauriert worden. Mitte des 17. Jahrhunderts hat die spätgotische Tumba der Hl. Ursula, die durch die Öffnungen noch sichtbar ist, einen glanzvollen Überbau in weißem und schwarzem Marmor erhalten. Den wiederentdeckten gotischen Hochaltar schmücken elf zierliche Jungfrauen des späten 19. Jahrhunderts von der Hand Alexander Ivens, und aus unserem Jahrhundert stammt der strahlende Silbertabernakel des Bildhauers Hanns Rheindorf. Ein aufmerksamer Rundgang zeigt noch manches mehr.

Auf einem römischen Gräberfeld wie St. Gereon und St. Ursula steht im Süden der mittelalterlichen Stadt an der großen Durchgangsstraße auch die Kirche des ehemaligen Stiftes *St. Severin.* In den zugänglich gemachten Grabungen lassen sich die ersten Anfänge seit dem 4. Jahrhundert verfolgen. Seinen Ruhm und Ruf sah das Stift im Grab und in den Gebeinen des Heiligen Severin begründet, der um 400 in dunkelster Zeit Bischof von Köln gewesen zu sein scheint.

Lange Jahrhunderte großzügigen Bauens lassen sich an der erhaltenen und restaurierten Architektur ablesen. An der Verbindung zwischen Ausgrabungsbereich und langgestreckter Krypta steht mit der Konfessio des 10. Jahrhunderts der älteste noch genutzte Bauteil der Kirche. Solange hier die Reliquien Severins verehrt wurden, hatte man durch kleine Schächte, fenestellae, einen Zugang im Bereich des Hauptaltars. Man konnte kleine Stoffstücke herablassen, die so zu Berührungsreliquien wurden.

Im 11. Jahrhundert entstand der anschließende niedrige Teil der Krypta. Aus dieser Zeit stammt auch das Grundgerüst der Querhäuser. Am Ende der romanischen Blüte wurde der Chor nach dem Vorbild der Konkurrenten St. Gereon und St. Cassius und Florentius in Bonn verlängert, und der prächtigen Apsis wurden dabei zwei Chorflankentürme zur Seite gestellt. 1237 wurde der Chor geweiht, hinter dessen Hauptaltar seitdem der Schrein des Heiligen Severin aufgestellt ist. Der kostbare romanische Schrein ist bis auf die prachtvolle Severinusscheibe, Zellenschmelz nach byzantinischem Vorbild auf hauchdünnem Goldblech, heute im Diözesanmuseum, untergegangen. Sein Nachfolger von 1819, 1937 wieder umgearbeitet, steht heute an der gewohnten Stelle. Dahinter umfängt das köstliche Aegidiuschörlein eines der Sechspaßfenster der polygonalen Apsis. Zwischen den Reihen des Chorgestühls, frühe Gotik des späten 13. Jahrhunderts, liegen noch Reste des romanischen Fußbodenmosaiks. An den Wänden wurden Schalltöpfe, Keramikgefäße zur Verbesserung der Akustik, in die Wände eingesetzt, passend in zwei Szenen des Lebens Mariens, die Ende des 19. Jahrhunderts über mittelalterlichen Resten entstanden.

Die Bauarbeiten gingen weiter. Es folgte ein frühgotisches Langhaus, das aber bis auf wenige Spuren in den Jahrzehnten um 1500 durch das heutige spätgotische ersetzt wurde. Zuvor hatte man Ende des 14. Jahrhunderts die Chorflankentürme umgestaltet und von 1393–1411 den majestätischen Westturm errichtet, der seitdem die Stadtansichten Kölns mitgestaltet. Zweigeschossig angelegt, trennt das glatt gehaltene untere Geschoß, das sich mit einer hohen Arkade zum Schiff öffnet und mit der zweiten im Westen das Portal umfaßt, ein mehr als kräftiges, ausladendes Gesims vom reich gegliederten Obergeschoß. Als Blindfenster überziehen lange, zarte Maßwerkbahnen die Mauerflächen. Eine Wiederholung des ersten Gesimses trägt den achtseitigen Knickhelm, der nach seinem spätgotischen Vorgänger erneuert wurde.

Aus St. Severin stammt das Gemälde der Hl. Veronika mit dem Schweißtuch, das heute in München in der Alten Pinakothek hängt und dem Meister der Hl. Veronika den Namen gab. Auch der erhaltene Bestand an Altartafeln und sonstiger Ausstattung ist noch reich. Erwähnt sei die Madonna am südöstlichen Langhauspfeiler des späten 13. Jahrhunderts oder das Gabelkruzifix des frühen 14. Jahrhunderts, ähnlich denen von St. Maria im Kapitol und St. Georg.

Nach dem Gang über die römischen Gräberfelder, fruchtbarer Boden für das Wachstum der Stifte, zurück in die Innenstadt zu den Höhepunkten romanischer Architektur mit Groß St. Martin und St. Aposteln. Beide greifen das Vorbild des Dreikonchenchores von St. Maria im Kapitol auf. Groß St. Martin prägt noch heute mit dem darüber aufragenden Turm das Stadtpanorama (Farbt. 34), und St. Aposteln wirkt mit seiner Lage am Verkehrsmittelpunkt Neumarkt heute noch mehr als in vergangenen Jahrhunderten in das Leben der Stadt hinein.

Über dem zugewachsenen und zugeschütteten Rheinarm vor der römischen Stadtmauer, den die Römer als Hafen genutzt hatten, war im Laufe des 9. und frühen 10. Jahrhunderts das wichtigste Markt- und Handelszentrum der mittelalterlichen Stadt entstanden. Erzbischof Bruno bezog das Gebiet mit in die Stadtbefestigung ein und gründete ein Kanonikerstift an der Kirche *St. Martin,* die noch heute das Adjektiv ›Groß‹ trägt, da wenige hundert Meter südlich noch heute der Turm der Pfarrkirche Klein St. Martin zu sehen ist.

Die Grabungen in und um die Kirche haben die Mauern römischer Großbauten aufgedeckt. Riesige Speicheranlagen auf der ehemaligen Rheininsel, deren südöstlicher Flügel, schon bevor Erzbischof Bruno hier ein Kanonikerstift einrichtete, wohl als Kirchenraum genutzt und umgebaut worden war. Auch das Patrozinium des Heiligen Martin, das auch Bruno nicht durch die Übertragung der Reliquien des heiligen Eliphius aus Toul verdrängen konnte, spricht für ein höheres Alter. Die Grabungen werden unterirdisch zugänglich gemacht.

Der Kirchenbau darüber, das einzige, was von den ausgedehnten Anlagen des Klosters erhalten blieb, entstand nach dem Brand, der 1150 in diesem Bereich der Stadt wütete. Schon Ende des 10. Jahrhunderts war das Stift in ein Kloster umgewandelt worden. Jetzt war der Anlaß gegeben, einen Neubau zu errichten. Man griff das Vorbild des Dreikonchenchores von St. Maria im Kapitol wieder auf, verzichtete aber auf den umlaufenden Umgang als Fortsetzung der Seitenschiffe. So wirken die Raumschalen noch eindringlicher. Zwischen Vierung und Konchen, auch am Ansatz des Langhauses, ist jeweils ein Zwischenjoch eingefügt, tonnengewölbt. Dieser Dreikonchenchor, noch mit einem achtseitigen Vierungsturm versehen, wurde 1172 geweiht und bereits 1185 wieder von einem Brand in Mitleidenschaft gezogen. Jetzt entsteht der von Ecktürmen begleitete hohe Vierungsturm, der auch nach der Zerstörung im letzten Krieg, unentbehrlich für das Panorama der Stadt, wiederaufgebaut wurde. Die einzige Veränderung ist der spätgotische Knickhelm, der um 1450/60 den romanischen Rautenhelm über vier Giebeln ersetzte. Innen ist die Zweischaligkeit der Wand des Etagenchores durchgesetzt, unten durch Nischen, denen Säulen vorgeblendet sind, angedeutet, oben durch einen Laufgang hinter den grazilen Säulen, die die rhythmisch die Fenster rahmenden Bögen tragen, verwirklicht.

Außen wird die Wirkung noch durch die Steigerung von Plattenfries und Zwerggalerie und von kräftigem Gesims auf Konsolen gesteigert. Die Gliederung bezieht dabei auch die

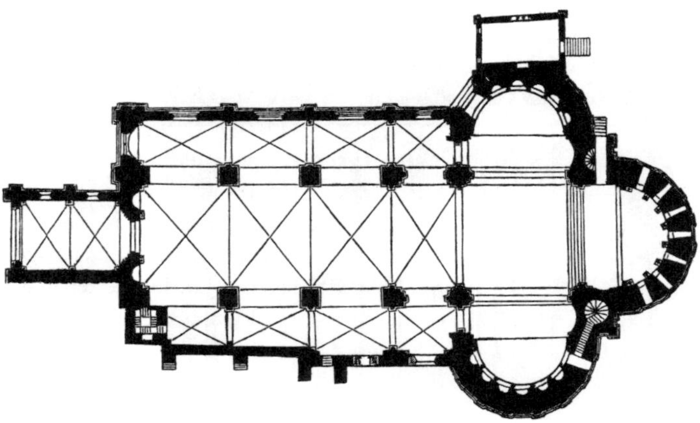

Köln, Groß St. Martin, Grundriß

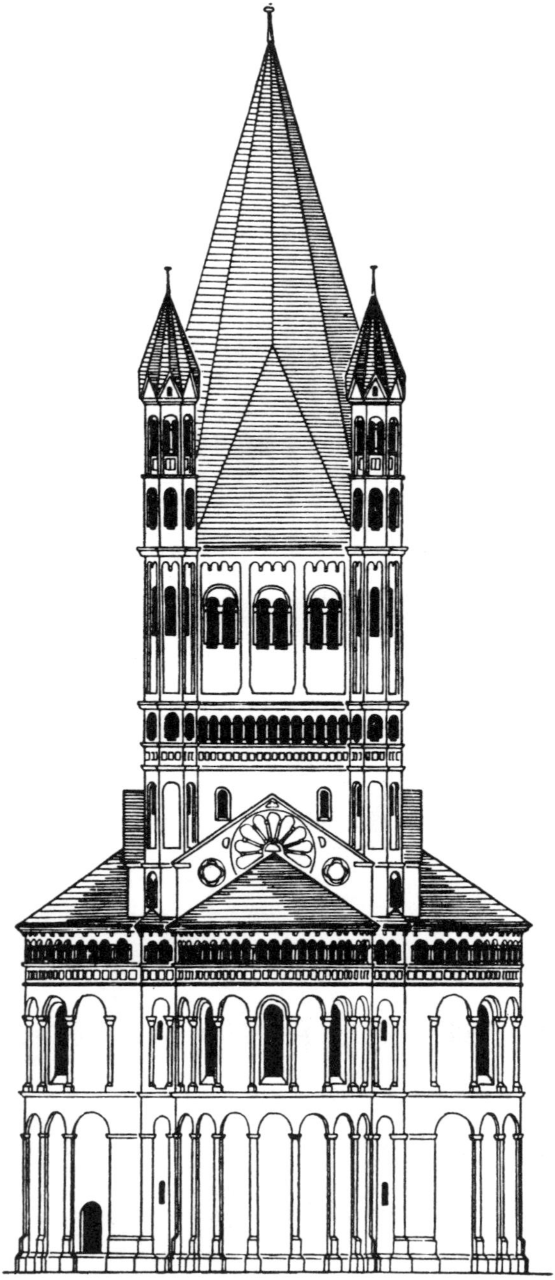

Köln, Groß St. Martin, Choransicht

Untergeschosse der hier noch viereckigen Flankentürme mit ein. Giebel mit Vierpässen und vorgeblendeten Radfenstern, deren Zentrum die Spitze des Kegeldaches aufnimmt, leiten zum Vierungsturm über. Hier scheint das Vorbild normannischer Vierungstürme nachzuwirken, wie sie die Kölner im Englandhandel kennenlernten. Ein Band aus Plattenfries und zierlicher Arkadengalerie faßt die Architektur noch einmal zusammen. Auch das nächste Geschoß ist gleichmäßig durch Lisenen und Rundbogenfries gefaßt. Erst die letzten beiden Geschosse der längst achteckigen Flankentürme sind freigestellt und mit zierlichem Faltdach gekrönt. Welchen Glanz muß dieser Bau erst mit farbiger Fassung und Betonung der Gliederung geboten haben.

Das Langhaus, dessen Südseite noch Unregelmäßigkeiten von der ehemals hier angebauten Pfarrkirche St. Brigiden her zeigt, wird bis 1250 vollendet. Hochgeschobene und kräftig gebuste Gewölbe werden von Dienstbündeln getragen, die erst am Gesims über den von Pfeilern der Arkaden ansetzen. Dazwischen liegt, schon gotisch leicht, ein begehbares Triforium. Links und rechts der Obergadenfenster wird darüber die Wand mit Nischen in Bewegung gebracht. Noch lebendiger, leichter ist die Innenlösung der Westwand, der letzte fast schon ganz gotische Bauabschnitt. Außen bietet die Westfassade nur einen Querschnitt durch den basilikalen Aufbau des Schiffes. Der aufsehenerregende Prunk ist im Osten konzentriert, sichtbar für die Stadt und ihre Besucher, nicht hier, wo schon immer Häuser und Klosterbauten dicht die Kirche umgaben, allerdings nicht so unbescheiden hoch, wie die gelungene Bebauung nach den Plänen von Joachim Schürmann zeigt.

Das grandiose Gegenstück als Dreikonchenchor, die ehemalige Stiftskirche *St. Aposteln,* wurde im 9. Jahrhundert knapp außerhalb der römischen Stadtmauer neben der seit römischer Zeit nach Westen aus der Stadt in Richtung Aachen führenden Straße gegründet. Schon 965 ausgezeichnet durch die Aufbahrung des Erzbischofs Bruno für eine Nacht, mit dem seltenen Apostelpatrozinium Rom und Konstantinopel imitierend, richtet Erzbischof Pilgrim (1021–36) hier ein Stift ein und läßt sich im Westchor der neuen Kirche beisetzen.

Während vom Kirchlein des 9. Jahrhunderts bisher keine Spuren nachzuweisen waren, sind Westquerhaus und Langschiff des Baus des 11. Jahrhunderts erhalten, aber hinter der späteren Verblendung nicht auf den ersten Blick zu entdecken. Aber selbst der Grundriß des kleinen östlichen Rechteckchors ist heute wieder durch die rechteckige Begrenzung des höheren Bodens der Ostkonche angegeben.

Brände, über die nur unklare Nachrichten überliefert sind, scheinen der Baulust im 12. Jahrhundert die Bahn freigegeben zu haben. Mitte des 12. Jahrhunderts entsteht zuerst der neue Westturm, mit 67 Metern Höhe ein Zeichen des neuen Bauwillens in der Stadt. Er ist der höchste romanische Turm Kölns geblieben. Die Krypta wird erneuert. An das Westquerhaus wird ein Zwischenjoch angefügt, bevor man auf massivem Mauerquadrat mit dem fünfgeschossigen Turm beginnt. Halbrund hervortretend sind die Treppen bis ins dritte Geschoß außen sichtbar gemacht und als Stützmauern benutzt. Kräftige Gesimse trennen die Geschosse voneinander. Rundbogen und Lisenen gliedern die Wandflächen. Erst das letzte Geschoß öffnet sich mit Schallarkaden und trägt mit einem Rundbogenfries das Dachgesims. Die Giebeldreiecke, mit je zwei Doppelarkaden und einem kreisförmig

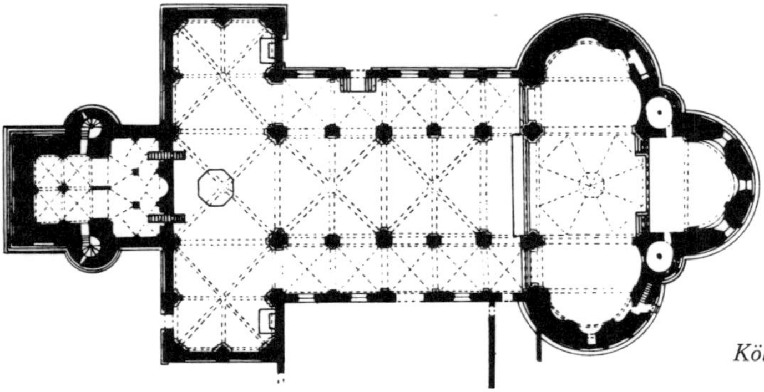

Köln, St. Aposteln, Grundriß

gerahmten Sechspaß, tragen das wohl älteste Rautendach. Bei der barocken Umgestaltung des 17. Jahrhunderts, die Skulpturen der Apostel Petrus und Paulus vom Hochaltar sind die letzten Zeugen, zerschlug man die Krypta, die erst nach dem letzten Krieg wiederhergestellt wurde. Hier hängt auch der hinreißende ›Hl. Michael‹ Friedrich Overbecks aus dem Jahre 1850, das Gegenstück zu seiner ›Himmelfahrt Mariens‹ im Dom.

Seit 1193 begann man mit dem Bau des Trikonchos im Osten, um 1200 war er vollendet. Noch nach Jahrhunderten beherrscht er zentralbauartig den Neumarkt. Statt des hochaufragenden Vierungsturmes von Groß St. Martin betont hier ein niedriges Achteck mit Arkadengalerie und einer bewegten, plastischen Laterne die Zentralbautendenz des Trikonchos. In die Winkel der Konchen sind im Osten kleine Treppentürme eingestellt, die höher als die Laterne enden. Eine gemeinsame Gliederung umzieht den ganzen Bauteil. Hohe Lisenen, durch Rundbögen verbunden, gliedern das untere Geschoß. Sparsam sind drei Fenster in die östliche Konche gesetzt.

Eine Nische genau im Osten schützt eine modern erneuerte Muttergottes. Im benachbarten Feld ist noch der Rahmen einer Tür zu erkennen, die wohl einst auf die hier vorbeilaufende römische Stadtmauer führte. Auf Säulen gestellte Arkaden fassen die Fenster der nächsten Etage ein. Darüber betonen Plattenfries und Zwerggalerie noch einmal das in sich ruhende, schwingende Kreisen der Dreikonchenanlage, die dann über dem von Konsolen getragenen Dachgesims in reicher Vielfalt auseinanderstrebt (Abb. 133).

Innen sind die Konchen durch tonnengewölbte Zwischenjoche wie in Groß St. Martin von der offenen Kuppel des Vierungsturmes getrennt. Tiefe Nischen lösen unten die Wand auf, oben zerschneidet ein Laufgang die Mauer in zwei Schalen. Eine verdoppelte Arkadengliederung schmückt in dieser Höhe die Mauern der Zwischenjoche. Die ersten Ansätze der modernen Ausstattung, die farbige Fassung der Kuppel nach den Entwürfen von Willy Weyres und Manfred Ott und der Zelebrationsaltar mit seinem Bronzebaldachin mit eucharistischer Taube von Sepp Hürten, haben eine lebhafte Diskussion ausgelöst. Die zierlichen Figuren der Zwölf Apostel, in der Nachfolge der Skulpturen des Domchores um 1330 entstanden, gehören zum Retabel des mittelalterlichen Hauptaltars.

Um 1220 wird dann die Einwölbung des Langhauses vollendet. Einfache Kreuzgratgewölbe, durch Gurtbögen geschieden und von Halbsäulen getragen, werden in den Seitenschiffen vor die alten Mauern gesetzt. Im Mittelschiff wird einen Stein tief eine neue Wand vorgeblendet. Die höheren Arkaden lassen den alten Zustand deutlich erkennen. Vor Wandvorlagen gesetzte Halbsäulen fangen die Gurtbögen des sechsteiligen Gewölbes auf. Ein Gesims über Rundbogenfries trägt die schlichte Gliederung der Wand darüber mit Scheintriforium und je einer Säule für die Rippen. Anschließend erhält das Westquerhaus als letzter Bauteil seine spätromanische Ausstattung mit reicher Durchfensterung und siebenteiligem Gewölbe in den Querhäusern. Hier ist auch noch ein Rest der Mosaikausstattung des späten 19. Jahrhunderts erhalten geblieben, ein kleines Zeugnis des im Kriege untergegangenen Reichtums.

In den ersten Jahrzehnten des 13. Jahrhunderts setzt sich der Baubetrieb in Köln mit St. Andreas und St. Maria Lyskirchen fort. Das kleine Stift *St. Andreas* war Mitte des 10. Jahrhunderts von Erzbischof Bruno anstelle einer älteren Kirche begründet worden. Erst unter Erzbischof Gero konnte 974 die Kirche geweiht werden, der im 11. Jahrhundert ein langgestreckter Chor angefügt wurde. Seine Krypta ist nach dem letzten Krieg wieder freigelegt worden. Nach Karl Bands Entwurf wurde sie wiederhergestellt, und im Westen an die Krypta angeschlossen entstand ein Raum unter der Vierung für den Sarkophag des Heiligen Albertus Magnus. 1280 mehr als achtzigjährig in Köln gestorben, hat er in seinem langen Leben mehrfach entscheidend als Schiedsmann in die Streitigkeiten zwischen der Stadt und ihrem Erzbischof eingegriffen.

Der Chor des 11. Jahrhunderts blieb stehen, als man um 1200 mit dem Neubau von Vierung, Querschiffen und Langhaus mit Westbau begann. Man nimmt an, daß diese Bauarbeiten weitgehend abgeschlossen waren, als 1221 der Blitz in den Vierungsturm schlägt. Er ist jüngst geschlämmt und die architektonische Gliederung dabei farbig unterschiedlich getönt worden. Ein erster vorsichtiger Versuch, mit der für das ganze Mittelalter üblichen, nur kräftigeren Fassung zugleich das empfindliche Mauerwerk zu schützen.

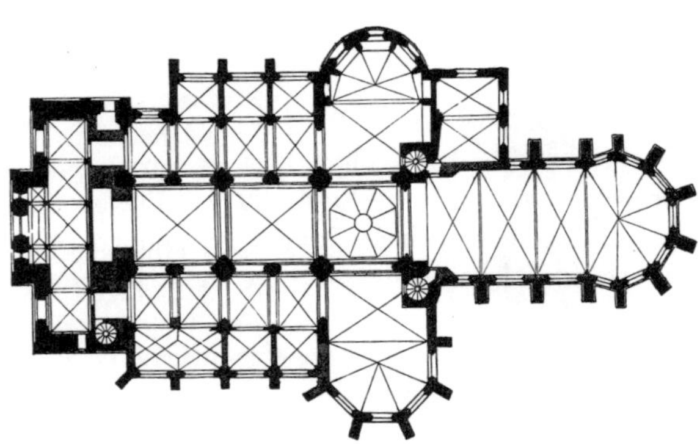

Köln, St. Andreas, Grundriß

Durch den Anschluß an den Chor des 11. Jahrhunderts ist die Vierung mit ihrem achtseitigen Klostergewölbe über Trompen niedriger gehalten als das Schiff. Die beiden begleitenden Treppentürme, die sich außen nicht bemerkbar machen, stören ihre raumzentrierende Wirkung. Das Schiff besteht nur aus zwei reich gegliederten Jochen. Massive, eine Vielzahl von Diensten bündelnde Pfeiler bestimmen den Charakter (Abb. 135). Ein Gesims von kaum gebändigter Formenvielfalt trägt das Nischentriforium und bezieht die Kapitellzone der Vierungspfeiler mit ein. Man spürt den Umkreis des Samsonmeisters. In der Höhe gestaffelt öffnen sich darüber drei Fenster jedes Obergadens. Emporenartig ist die weite Halle im Westen zum Schiff geöffnet, heute in der Raumwirkung durch die Orgel gestört. Die Vorhalle darunter war ursprünglich Ostteil des vorgelagerten Kreuzgangs. Ungewöhnlich der plastische Rundbogenfries der Gurtbögen. Die Durchgänge zum Nord- und Südflügel des Kreuzganges sind heute als Portale genutzt. Die architektonische Gliederung der Fassade wird noch durch den vorgezogenen Mittelteil betont.

Seit dem späten 13. bis ins frühe 14. Jahrhundert beginnt man die Mauern der Seitenschiffe für Kapellen zu durchbrechen. Als letzte entsteht Anfang des 16. Jahrhunderts mit doppelter Länge die südwestliche Kapelle. Hier ist der Flügelaltar der ersten Rosenkranzbruderschaft aufgestellt, die 1474 in Köln gegründet wurde. In der Werkstatt des Meisters von St. Severin damals entstanden, bergen sich im Mantel Mariens zahlreiche Kölner Bürger, Papst Sixtus IV., Kaiser Friedrich III. und sein Sohn Maximilian, der letzte Ritter.

Erst um 1420 ersetzt man den Chor des 11. Jahrhunderts durch einen spätgotischen gläsernen Schrein. Man spürt bis in den schlüssellochförmigen Grundriß das Aachener Vorbild. Leider ist die schöne historisierende Verglasung des frühen 20. Jahrhunderts in den Apsisfenstern ebenso zu dunkel geraten wie die Fenster der Nachkriegszeit. Im Westen des Chores setzen die Dienste oberhalb der für das Chorgestühl der gleichen Zeit glatt gehaltenen Wand auf prachtvoll skulptierten Konsolen an. Im Osten steigen sie vom Boden auf, um sich dann übergangslos in die Rippen des Gewölbes zu zerteilen. Das kräftige Fischblasenmaßwerk der Fenster wird auf halber Höhe von einem Schmuckband versteift. Außen fassen reich gegliederte Strebepfeiler den Chor, der fast die gleiche Länge hat wie das Schiff und der Westbau zusammen. Leuchtender Mittelpunkt des Chores ist das Triptychon Barthel Bruyns des Jüngeren aus der Mitte des 16. Jahrhunderts mit der Kreuzigung im Zentrum, links Papst Urban und der Hl. Ulrich, rechts das Martyrium des Apostels Andreas.

Bald darauf führt man die Bauarbeiten mit einem gut erkennbaren Umbau der nördlichen Konche des Querhauses fort und errichtet Ende des 15. Jahrhunderts das südliche Gegenstück völlig neu, eine strahlend helle Ergänzung des Chores. Hier ist der Makkabäerschrein aufgestellt. Anfang des 16. Jahrhunderts entsteht noch einmal in spätgotischen Formen ein Reliquienschrein für die Gebeine der Makkabäer, jüdischer Märtyrer, die die Reliefs als Vorbilder des Leidens Christi deuten.

Einer der seltenen Reste von Wandmalerei ist an der Ostwand der ersten Kapelle der Nordseite zu sehen. Im zweiten Viertel des 1. Jahrhunderts als Altargemälde entstanden, schildert es Szenen aus dem Leben Mariens. Direkt benachbart wird eine Pieta des späten

14. Jahrhunderts verehrt, und in der Vierung erscheint eine Maria des 15. Jahrhunderts und vom Ende des gleichen Jahrhunderts die glänzende Rittergestalt eines Erzengels Michael aus der Werkstatt Tilman van der Burchs. Nahe dem Eingang erinnert eine überlebensgroße Christophorusfigur daran, daß man nach mittelalterlicher Überzeugung nicht unversehen stirbt, wenn man täglich den Heiligen um Fürbitte angeht. In der Vorhalle gilt ein spätgotischer Taufstein, aus der Makkabäerkirche übernommen, als ›Blutbrunnen der Hl. Ursula‹.

Die einzige Kirche im Kranz der romanischen Kirchen Kölns, die bereits im Mittelalter Pfarrkirche war, ist *St. Maria Lyskirchen.* Im 10. Jahrhundert wird sie, als Eigenkirche eines Lysolfus entstanden, erstmals als Kirche des kleinen Schiffer- und Fischervorortes Noithusen erwähnt. Im allgemeinen Baufieber beginnt man auch hier in den ersten Jahrzehnten des 13. Jahrhunderts einen Neubau, eine Emporenbasilika mit zwei Chorflankentürmen, von denen der südliche wohl nie vollendet wurde.

Gut erkennbar sind die Veränderungen des 17. Jahrhunderts. Schon an der rheinseitigen Apsis spürt man, daß die gotisierenden Fenster die gewohnte Gestalt des romanischen Etagenchores mit seinem Abschluß in Plattenfries und Zwerggalerie ersetzen. Auf die gleiche Art und Weise hat man auch die übrigen Fenster des Baus vergrößert und mit gotisierendem Fischblasenmaßwerk versehen. Zusätzlich hat man die Emporenöffnungen ausgebrochen, so daß sie jetzt von weiten Korbbogenöffnungen überspannt werden. Die schlichte Fassade folgt mit ihrer gebrochenen Grundrißlinie den zur Verfügung stehenden Grundstücksausmaßen. Statt des reichen Westportals wird heute ein Eingang auf der Nordseite benutzt, der allerdings meist nur sonntags geöffnet ist.

Alle Änderungen und auch die Zerstörung der Dächer im letzten Krieg haben den kostbarsten Schatz, die Wandmalereien des 13. Jahrhunderts, kaum in Mitleidenschaft gezogen. Ende des 19. Jahrhunderts aufgedeckt, von den damaligen Übermalungen 1934 befreit, inzwischen mehrfach gesichert und restauriert, bieten sie die beste Grundlage dafür, wie man sich den farbigen Glanz einer Kirche im 13. Jahrhundert vorzustellen hat. Außen hat man 1962 ebenfalls Putz und farbige Betonung der Gliederung wiederhergestellt.

Der Gang durch die kölnische Malerschule des 13. Jahrhunderts beginnt mit der Muttergottes über dem Westportal und den Heiligen Drei Königen, die sich anbetend nähern. Weich und fließend in der Darstellung der Gewänder und Gestalten gehören sie in die Zeit um 1220/30. Der Zyklus der Gewölbe ist nicht mehr vollständig. Auf der Südseite erscheinen die Szenen des Neuen Testamentes, denen, typologisch vorausdeutend, die entsprechenden Szenen des Alten Testamentes auf der Nordseite gegenübergestellt werden. Es fehlen Kreuzigung und Auferstehung, wohl im Gewölbe des Chorjoches, und auf der Kalotte der Apsis die Majestasdarstellung der Rückkehr Christi im Jüngsten Gericht. Nach diesen Malereien der Mitte des 13. Jahrhunderts entstand um 1260 am Gewölbe unter dem Südturm ein Zyklus von Szenen der Legende des Heiligen Nikolaus, der in der Erhaltung wie in der Lebendigkeit der Darstellung das Bisherige übertrifft. Um 1270, mit deutlichem expressiv bewegtem Zackenstil, werden die schlecht erhaltenen und stark ergänzten Szenen aus der Katharinenlegende auf der Nordseite gemalt. Bei allem Glanz und aller Farbigkeit der Malereien sollte man nicht vergessen, daß durch die Entfernung der barocken Übertünchung die oberste Farbschicht mit den letzten feinen Details und Farbaufträgen verlorengegangen ist.

Die Erinnerung an die einst hier ansässigen Schiffer und Fischer hält noch die sogenannte ›Schiffermadonna‹ aufrecht. Mehr als lebensgroß in weit ausgespanntem Mantel zeigt sie den gleichen weichen Stil der Zeit um 1420, ›der Spätgotik‹, der auch die Arbeiten des Zeitgenossen Stefan Lochner prägt. Über Hochaltar und elfenbeinernem Tabernakel von Elmar Hillebrand schwebt in moderner Mandorla eine Kölner Madonna der Mitte des 14. Jahrhunderts.

Während die Malereien in St. Maria Lyskirchen entstehen, wird die letzte der romanischen Kirchen Kölns, *St. Kunibert,* geweiht und sind auch schon die ersten gotischen Bauten, die Minoritenkirche und der Dom begonnen.

Bischof Kunibert, von etwa 626 bis nach 648 Bischof von Köln, treuer Diener der fränkischen Könige Dagobert I. und dessen Nachfolger Sigibert III., ließ sich in der kleinen Kirche St. Clemens nördlich vor der römischen Mauer Kölns begraben. Ähnlich wie St. Maria Lyskirchen wird St. Clemens, Patron der Schiffer, hier der Patron einer kleinen Schiffer- und Fischerkirche vor der Stadt gewesen sein. Sein Grab und die Verehrung, die man dem Heiligen entgegenbringt, ändern die Lage. Aus der kleinen Kirche wird ein Stift. Im Jahre 1168 werden seine Gebeine zur Ehre des Altares erhoben, und statt Clemens tritt Kunibert die Vorherrschaft als Kirchenpatron an. Etwa 1215 kann der Trierer Erzbischof Dietrich von Wied, der zuvor Propst des Stiftes St. Kunibert gewesen war, den Grundstein für einen großzügigen Neubau legen. Schon 1226 kann er die beiden Altäre im östlichen Querhaus, 1227 zwei weitere im Osten der Seitenschiffe weihen. Aber erst 1247, ein Jahr vor der Grundsteinlegung des gotischen Domes, kann Erzbischof Konrad von Hochstaden die Kirche weihen, an der immer noch im Westen gebaut wird. Und entgegen den ursprünglichen Planungen, ohne Rücksicht auf die zu schwachen Fundamente, wird Ende des 14. Jahrhunderts der Turm über dem Westquerhaus erhöht. Mehrfache Einstürze sind die Folge. Inzwischen haben die Bauarbeiten für den auch im letzten Krieg wieder zerstörten Bauteil begonnen, allerdings unter Berücksichtigung der notwendigen Verstärkungen an Mauerwerk und Fundamenten.

Der erste rasche Schritt der Bauarbeiten endet 1222 mit der Nachricht, daß die Apsis des Chores mit Blei eingedeckt sei. Damit war die kleine Krypta vollendet, die als Substruktion den Hang zum Rhein ausgleicht und auf der Westseite die Nutzung des Kunibertspütz, eines Brunnens, ermöglicht. Die Legende berichtet, daß das Wasser die Fruchtbarkeit fördere. Vollendet war auch die Apsis des Chores in nun perfekter Zweischaligkeit. Zwar werden die schlanken Säulen der unteren Etage noch von Pfeilern hinterfangen, aber ein geräumiger Durchgang bleibt frei. Zu dritt gebündelte Säulen ermöglichen das gleiche oben.

Die äußere Form der Apsis als der gewohnte Etagenchor, unter Verzicht auf einen Plattenfries, mit wuchtig geratenen Chorflankentürmen, ist innen als östliches Querhaus genutzt (Abb. 136). Die so gewonnene Helligkeit wird heute noch gesteigert durch die selten so umfangreich erhaltene Ausstattung mit Fenstern der Zeit um 1230. Zugunsten des barocken Hochaltares und seiner Lichtbedürfnisse mußte zwar ein Teil des einmal vorhandenen Fensterzyklus weichen, aber im Schutz des Altars erhielt sich viel. Die drei zentralen Fenster der Apsis zeigen in der Mitte, teppichartig, eine Wurzel Jesse, den Stammbaum Christi, verknüpft mit Szenen von der Verkündigung bis zu Christi Rückkehr im Jüngsten Gericht. Links davon wird die Legende des ersten Patrons der Kirche, des Heiligen Papst Clemens, erzählt, rechts die legendäre Beschreibung des Lebens des heiligen Kölner Bischofs Kunibert, des zweiten und heutigen Patrons der Kirche, links und rechts dann mit Heiligendarstellungen bis ins östliche Querhaus ergänzt. Auch erkennt man, Fürbitte erflehend, die stiftenden Kölner Bürger, deren Reichtum die Stadt für ein Jahrhundert in eine Baustelle verwandelt hatte.

Mittelschiff und westliches Querhaus sind gleich groß, beide umfassen drei quadratische Joche, denen beim Mittelschiff nach gebundenem System je zwei Joche der Seitenschiffe zugeordnet sind. Die Außenwände der Seitenschiffe sind dabei nischenartig in Schwingung versetzt. Im Hauptschiff ist bereits knapp über dem Scheitel der von Pfeilern getragenen Arkaden das Gesims angesetzt. Über dem Blendtriforium fassen die sechsteiligen Gewölbe vier Fenster je Joch ein. Auch hier herrscht der Eindruck lichter Weite vor. Trotz konsequenten Gebrauchs des romanischen Architektursystems und romanischer Formen sind bereits Anklänge an gotische Raumvorstellungen spürbar.

Außer den romanischen Glasfenstern ist die hinreißende Verkündigungsgruppe an den westlichen Vierungspfeilern der kostbarste Schatz der Kirche. Einer der Kanoniker des Stiftes, Hermanus de Arka, hat sie 1439 wohl bei Konrad Kuyn, dem Dombaumeister, in Auftrag gegeben. Auf prächtigen Konsolen, unter Gabriel reines Maßwerk, unter Maria um ein Engelskonzert ergänzt, spannen die beiden zartfarbigen Steinskulpturen die Botschaft der Menschwerdung Christi in den Raum, in dem sich täglich das Opfer Christi wiederholt. Erzengel Gabriel ist mit knisterndem Gewand und bewegter Lockenpracht noch vom Rauschen seiner Ankunft umgeben. Erstaunt wendet sich ihm Maria zu, ehrfürchtig geht sie in die Knie. Zu ihren Füßen erscheint der Stifter, Fürbitte heischend.

Älter, aus dem späten 13. Jahrhundert, sind die Wandmalereien einer kleinen Kapelle an der Südwand des Querhauses, die heute als Taufkapelle genutzt wird. Prunkstücke der Ausstattung sind außerdem der fünfarmige Bronzeleuchter des späten 15. Jahrhunderts, der sich als Lebensbaum mit der Gestalt des Gekreuzigten erweist, die beiden im späten 19. Jahrhundert erneuerten Schreine des Heiligen Kunibert und der beiden Heiligen Ewalde, der Hängekruzifixus von Hanns Rheindorf und die Kreuzwegstationen von Elmar Hillebrand aus der Nachkriegszeit.

Noch vor der Weihe von St. Kunibert im Jahre 1247 war bereits die erste gotische Kirche Kölns im Bau. 1229 hatten sich die Franziskaner zuerst in der Nähe des Stiftes St. Severin niedergelassen, bevor sie in die belebte Stadtmitte zogen und hier um 1245 mit dem Bau der *Minoritenkirche* beginnen. Erst Mitte des 14. Jahrhunderts wird der schlichte Bau vollendet. Als einzige der zahlreichen Kölner Bettelordenskirchen blieb sie erhalten. An der Filialkirche des Domes ist jetzt der jeweilige Generalpräses des Kolpingwerks hier als Rektor tätig, wo Adolf Kolping (1813–65), der Gesellenvater, sein Grab gefunden hat.

Die Franziskaner führen den Kölnern, noch bevor Domkapitel und Erzbischof die Summe der Kathedralgotik ziehen, modernste und elegante gotische Zurückhaltung vor. Der steil in die Straße gestellte Chor ist von mehrfach gestuften Strebepfeilern umgeben. Türbogen führen in Gesimshöhe hindurch, damit das Gesims als Laufgang genutzt werden kann, wie man es an St. Ursula wiederfindet und wofür die unter franziskanischer Leitung entstehende Elisabethkirche in Marburg Vorbild gewesen sein mag. Ähnlich wie dort hat man vielleicht auch in Köln zuerst eine Hallenkirche geplant oder an ein Querhaus gedacht. Spuren über den Gewölben und die hochgezogenen Rundpfeiler am Chorabschluß weisen darauf hin. Gebaut wird eine querschifflose Basilika, die sich nur mit einem zierlichen Dachreiter und einem reichen Maßwerkfenster im Westen und den eleganten Linien der Strebebögen ein wenig schmückt. Der große Reiz des Baus liegt in der Klarheit der Gestaltung. Das Rund der Apsis ist durch ein Zwischenjoch von Haupt- und Seitenschiffen getrennt. Hier hat man dann auf die Auflösung der Wand über den Arkaden zu den Seitenschiffen verzichtet. Im Wechsel von sich kreuzenden Rippen der Gewölbe zu blättergeschmückten Schlußsteinen, in der fortschreitend reicheren Profilierung der Arkaden spürt man den langsamen Baufortschritt. Die Kirche war noch nicht vollendet, als hier 1308 Johannes Duns Scotus, der große Marientheologe der Franziskaner und doctor subtilis der Spätscholastik, sein Grab fand.

Mitten im Trubel der Baustelle Köln hatten Domkapitel und Erzbischof von Köln schon seit Jahrzehnten gespürt, daß bei aller Ehrwürdigkeit der Alte Dom an Glanz und Größe zurückstand. Die wachsenden Pilgerströme zu den Heiligen Drei Königen verlangten ebenfalls mehr Raum. Erste Gedanken zu einem Neubau hatten bereits Engelbert von Berg, 1225 ermordet, kurz vor seinem Tod zu erheblichen finanziellen Zusagen veranlaßt. Der nächste Politiker von ähnlichem Rang auf dem Kölner erzbischöflichen Thron, Konrad von Hochstaden, kann, sicher nach einigen Verhandlungen diffiziler Art mit dem Domkapitel, am 15. August 1248 den Grundstein für die vollkommenste ›französische‹ Kathedrale legen, die im Lauf der gotischen Architektur entstanden ist.

Der erste Architekt des Kölner Domes, Meister Gerhard, vollendet in seinem Entwurf das Streben nach Vollkommenheit und Gleichmaß, das bereits in den Bauten der Jahrzehnte zuvor in Reims oder besonders in Amiens zu spüren ist. Die Fünfschiffigkeit der Chorjoche, die die ausstrahlenden Kapellen des Chorrunds einfängt, wird über die Vierung mit erstmals dreischiffigem Querhaus im fünfschiffigen Langhaus fortgesetzt. Diese Gleichmäßigkeit des Grundrisses, vom Vierungsquadrat ausgehend, wird im Aufbau noch stärker wirksam. Alle Pfeiler werden als Bündelpfeiler nicht mehr plastisch, sondern linear wirksam, hier läuft das gesamte Maßwerkgerüst der Gewölberippen, der Fenster des Obergadens, des durchlichteten Triforiums, der reich profilierten Arkaden zusammen. So erfährt in geradezu moderner Normierung der Einzelteile der Wandaufbau seine Vollendung.

Entsprechend perfekt ist die äußere Durchgestaltung des Baus. Die Wände bleiben, bis zum Traufgesims in Fenster aufgelöst, sonst schlicht, da sie hinter der Umbauung verborgen blieben. Darüber, reicher auf der stadtseitigen Südseite als auf der abgewandten Nordseite, werden die Strebepfeiler, turmhaft massiv, reich gegliedert und mit Maßwerk überzogen. Zwei Strebebögen übereinander nimmt jeder Strebepfeiler auf. Das mahnende Beispiel manchen Einsturzes wirkt hier wie in den bis zu 17 Meter tief reichenden Fundamenten nach.

1261 konnte bereits Erzbischof Konrad von Hochstaden in der Achskapelle seine Grabstätte finden, unter einem Grabdenkmal, das zu den schönsten Bronzegüssen des 13. Jahrhunderts gehört. 1322 ist der Chor bis zum Ansatz der Vierung vollendet, schon vor 1304 hatte man ihn mit einer hohen Westwand abgeschlossen. Hier wurde noch der Westteil des Alten Domes genutzt, vor dessen Chor bereits der Südturm der Fassade begonnen worden war.

Das Zentrum des Chores ist heute der *Schrein der Heiligen Drei Könige*, der etwa zwanzig Jahre, nachdem die Reliquien unter Reinald von Dassel 1164 im Triumphzug nach Köln gelangt waren, von Nikolaus von Verdun, dem bedeutendsten Goldschmied seiner Zeit, begonnen wurde. Am Anfang stehen die geradezu klassischen Figuren der Propheten des Alten Testamentes. Die »auf ihren Schultern stehenden« Apostel des Neuen Testamentes der Langseiten stammen aus einer etwas späteren Kölner Werkstatt. Den Holzkern umkleiden die vergoldeten Silbertreibarbeiten des um 1230 von anderen Meistern vollendeten Schreins, geschmückt mit zahlreichen Emails, Edelsteinen und antiken Gemmen. Nur die Vorderfront mit der Darstellung der Anbetung der Heiligen Drei Könige ist aus reinem Gold (Farbt. 36). Als Stifter des Goldes aus der Beute des vierten Kreuzzuges, auf dem 1204 Konstantinopel erobert wurde, tritt König Otto IV. als vierter in die Reihe der huldigenden Könige ein. Zugleich mit ihnen empfängt er die Bestätigung seiner Herrschaft durch Christus.

Damit ist ein weiteres Motiv für den Bau des gotischen Domes zu erkennen. In der 1248 vollendeten Sainte-Chapelle seines Palastes zu Paris bewahrte der französische König Ludwig der Heilige die Dornenkrone Christi auf, zugleich Unterpfand seiner eigenen Herrschaft. In der Vierung des geplanten Domes stehend sollten der Schrein und die Gebeine der Heiligen Drei Könige in Köln für das Deutsche Reich die gleiche Rolle spielen.

Untrennbar verbunden diesen politischen Vorstellungen ist die theologische Durchgestaltung des Chores. Die allgemeine Bedeutung der Architektur, die die Vorstellung des Himmlischen Jerusalem der Zeitgenossen wiedergibt, wird von der Ausstattung im Detail erläutert. Im Chorgestühl mit 104 Plätzen, die beiden östlichen dem Kaiser und dem Papst reserviert, nehmen die 48 Geistlichen des Domes am Gottesdienst teil. Ihnen entsprechen in den großzügig entworfenen Fenstern des Obergadens, zur gleichen Zeit – 1311 – vollendet wie das Gestühl, die 48 Könige, 24 Könige Judas und die 24 Ältesten der Offenbarung, die sich um die Anbetung der Heiligen Drei Könige im Achsfenster gruppieren. Menschwerdung und Jüngstes Gericht werden in ein Bild genommen. Dazwischen schieben sich die Ebenen der Chorschrankenmalereien (um 1340) mit Zyklen der Päpste und Kaiser, dazu der Heiligen, die dem Dom besondere Bedeutung verleihen, der Chorpfeilerfiguren (um 1280) der Zwölf Apostel mit Christus und Maria, Symbol der Kirche und in der Gesamtheit der Skulpturen der historische Moment der Begegnung Gottes mit den Menschen. Darüber, in

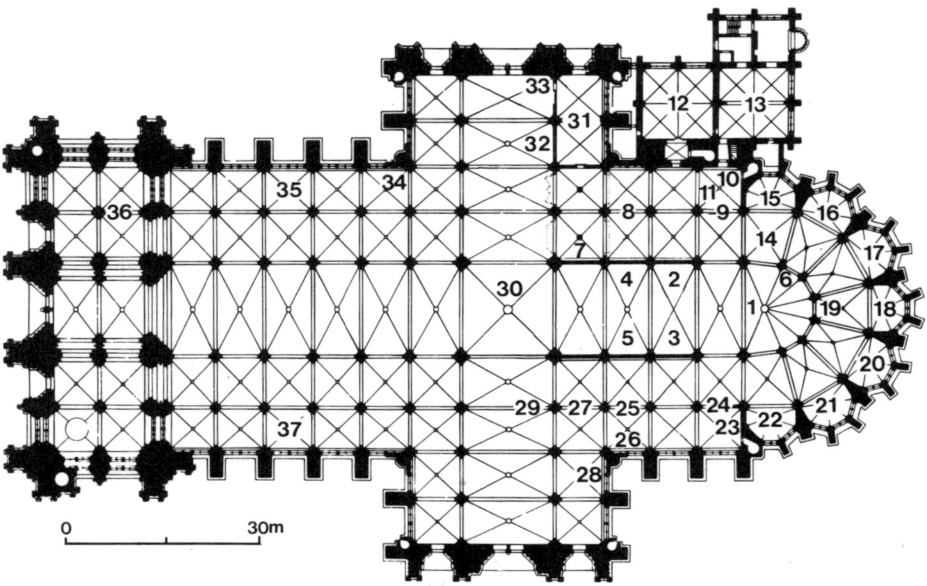

Köln, Dom, Grundriß

1 *Dreikönigenschrein (Farbt. 36)*
2 *Chorschrankenmalereien, um 1332–40*
3 *Chorgestühl, 1308–1311*
4 *Zwickelmalereien über den Arkaden. Eduard v. Steinle, 1843–45*
5 *Chorpfeilerfiguren, um 1280*
6 *Obergadenfenster, um 1310*
7 *Eingang zur Krypta*
8 *Hochgrab für Erzbischof Engelbert III. von der Mark (†1368)*
9 *Hochgrab von Erzbischof Wilhelm von Gennep (†1362)*
10 *Kreuzaltar (1683) mit Gerokreuz, um 970*
11 *Denkmal für Engelbert I. von Berg (†1225). Heribert Neuß, 1665*
12 *Sakramentskapelle mit Mailänder Madonna, um 1280. Sakramentshäuschen von Dombaumeister Konrad Kuyn, um 1460; Glasfenster um 1460/70 aus dem Kreuzgang von St. Cäcilien*
13 *Sakristei*
14 *Fußbodenmosaik, entworfen von August Essenwein, ausgeführt und verändert von Fritz Geiges, 1892–99*
15 *Engelbertuskapelle mit Georgsaltar, Antwerpen um 1520, und Wandepitaph für Erzbischof Anton von Schauenburg (†1558)*
16 *Maternuskapelle mit Hochgrab für Erzbischof Philipp von Heinsberg (†1191). Die Miniaturausgabe der Stadtmauer erinnert bei dem am Ende des 14. Jahrhunderts entstandenen Grab an den Beginn des Mauerbaus im Jahre 1180 während der Regierungszeit des Erzbischofs*
17 *Johanneskapelle mit Fenstern um 1320 und Hochgrab für Erzbischof Konrad von Hochstaden (†1261) mit Bronzegrabplatte des 13. Jahrhunderts*
18 *Dreikönigskapelle mit dem älteren Bibelfenster in der Mitte um 1260, links Dreikönigenfenster um 1320, rechts Petrus- und Maternusfenster. Farbige Fassung der Wände 1892 erneuert. Dreikönigenaltar von Wilhelm Mengelberg 1908 mit der Füssenicher Madonna, Köln, Ende 13. Jh.; Wandepitaph für Erzbischof Ernst von Bayern (1612)*
19 *Grabmal für Erzbischof Dietrich von Moers (†1463), über der Inschrift eine Madonna,*

rechts die Heiligen Drei Könige, links Dietrich mit dem Apostel Petrus, von Dombaumeister Konrad Kuyn

20 *Agneskapelle mit Fenstern und Wandmalerei, um 1320; Sarkophag der Hl. Irmgardis, um 1280*

21 *Michaelskapelle mit Hochgrab für Erzbischof Walram von Jülich († 1349) und Flügelaltar von Barthel Bruyn d. Ä., 1548*

22 *Stephanuskapelle mit dem Jüngeren Bibelfenster (links), um 1280 aus der Dominikanerkirche; Hochgrab für Erzbischof Gero († 976) mit Deckplatte aus dem Fußbodenmosaik des Alten Domes und Wandepitaph für Erzbischof Adolf von Schauenburg († 1558)*

23 *›Dombild‹ von Stephan Lochner, um 1445*

24 *Hochgrab für Erzbischof Friedrich von Saarwerden († 1414) mit Bronzefigur*

25 *Hochgrab für Graf Konrad von Arnsberg († 1372) mit eisernem Gitter, laut Legende, um die Skulptur vor der Wut seiner Verwandten zu schützen, da Köln die Grafschaft erbte*

26 *Hochgrab für Erzbischof Rainald von Dassel († 1167), Kalksteinskulptur von A. Iven, 1905*

27 *St. Christophorus, Höhe 3,73 m, um 1470 von Tilman van der Burch*

28 *Agilolfusaltar, Antwerpen 1521*

29 *Madonna, um 1400*

30 *Vierung mit der Renaissancekanzel von 1544, Bischofsthron von Willy Weyres 1952 und moderner Ausstattung von Elmar Hillebrand*

31 *Schatzkammer*

32 *Dreikönigenaltar mit Gnadenbild*

33 *›Himmelfahrt Mariens‹ von Friedrich Overbeck, 1847–54*

34 *Klarenaltar, um 1350*

35 *Renaissancefenster von 1507–09*

36 *Bunker für den Domschatz, 1940*

37 *Bayernfenster, 1842 von König Ludwig I. von Bayern gestiftet, 1848 eingesetzt*

den Zwickeln über den Arkaden, bezeichnet der von Eduard von Steinle erneuerte Kranz der Engel die Öffnung des Himmels in den Fenstern des Obergadens.

Neben dem gerade vollendeten Schrein wurde als verehrungswürdige Kostbarkeit auch das *Gerokreuz* in den Chor des Domes übertragen. Dendrochronologische Untersuchungen haben die Überlieferung bestätigt, daß die beeindruckende ottonische Großplastik unter Erzbischof Gero (969–76) in Köln entstand. Sie ist die älteste überlebensgroße Plastik des Abendlandes, die erhalten blieb. Vor der Goldfolie des breiten Kreuzes hängt Christus in der Schwere des gerade eingetretenen Todes. Der zur Seite gesunkene Kopf zeigt noch die durchlittenen Schmerzen des vollbrachten Opfers. Auf karolingische Vorbilder zurückgreifend wurde das Gerokreuz Vorbild für zahlreiche weitere Kruzifixe. Ende des 17. Jahrhunderts entstand die barocke Rahmung mit Architektur und goldenem Strahlenkranz, Zeichen der andauernden Wertschätzung der Darstellung der vollendeten Erlösung.

Inzwischen war bei der Vollendung des Chores der dritte Meister mit der Leitung des Werkes betraut, Johannes, zugleich Sohn seines Vorgänger Arnold. Johannes hat um 1300 den riesigen Fassadenplan entworfen. Gut vier Meter hoch, halb so breit, wird eine Zweiturmfassade von erschreckender Mächtigkeit erdacht. Die reich mit Skulpturen versehene Anlage der Portale wird vom Boden aus in Fensterflächen eingebunden, deren spitzgiebelige Wimperge im Maßwerk der Turmhelme, hier zuerst geplant, zusammengefaßt werden. Nie wieder wird im Mittelalter Architektur solchen Ausmaßes geplant und begonnen. Noch im Moment der Vollendung 1880 ist der Dom mit 157 Metern das höchste Bauwerk der Welt. Damit ist schon gesagt, daß der Dom nicht im Mittelalter vollendet wurde. Noch zu Meister Johannes' Zeit hatte man mit dem Südturm begonnen, daher kann das südliche Petersportal seine hervorragenden Skulpturen der Parlerzeit des späten 14. Jahrhunderts aufweisen. Auf halber Höhe des dritten Geschosses richtet man Mitte des 15. Jahrhunderts in 59 Meter Höhe den Domkran ein, der bis ins 19. Jahrhundert eines der Markenzeichen des Kölner Stadtpanoramas bleiben wird.

1560 wird die Baustelle stillgelegt. Bis dahin aber waren die Fundamente gelegt, die Pfeiler in Langhaus und Querhaus bis auf 14 Meter Höhe, bis über die Kapitellzone hochgezogen und das nördliche, äußere Seitenschiff in den westlichen Jochen sogar eingewölbt. Hier wurden 1508/9 die fünf grandiosen Renaissancefenster eingesetzt, die bereits den Wandel des Zeitgeschmacks dokumentieren, der zusammen mit den schwierigen Zeiten der Reformation und Gegenreformation zum Baustopp führen wird. Ihr Gegenstück auf der Südseite sind die prunkvollen historisierenden Fenster, die 1848 als Stiftung König Ludwigs I. von Bayern eingesetzt wurden. Über den Pfeilern werden im Laufe des 14. und 15. Jahrhunderts Dächer errichtet, die fast die gesamte Fläche des Domes nutzbar machen. Zuletzt baut man am Nordturm, denn die Fassade mußte nun weitergeführt werden, um den zukünftigen Gewölben des Langhauses als Widerlager zu dienen.

Der Wunsch des Weiterbauens blieb durch die nächsten Jahrhunderte in Köln lebendig, aber erst 1842 konnte Friedrich Wilhelm IV., König von Preußen, den Grundstein für die Vollendung legen. Bis zur schnellen Fertigstellung im Jahre 1880 trugen der König und sein Staat etwa ein Drittel der Baukosten, den größeren Teil erbrachten die weltweit gegründeten Dombauvereine mit dem Kölner Zentralen Dombauverein an der Spitze und Gewinne aus den erfolgreichen Dombaulotterien. Romantische Begeisterung für mittelalterliche Architektur und politische Hoffnungen, die im unvollendeten Dom ein Symbol der zu vollendenden Einheit des Deutschen Reiches sahen, vereinten sich in dem gewaltigen Unterfangen. Zeitweise beschäftigte die Dombauhütte mehr als fünfhundert Mann.

Bei der Fortsetzung der Bauarbeiten kann man fast überall dem mittelalterlichen Vorbild folgen oder auf den zu Beginn des 19. Jahrhunderts wiedergefundenen Fassadenplan zurückgreifen, auch wenn es bei dessen Verwirklichung zu Schwierigkeiten kommt. So sind z. B. die spätmittelalterlichen Arbeiten am Südturm nicht dem Fassadenplan gefolgt, da wie bei jedem mittelalterlichen Bau, der sich über Jahrhunderte zieht, jede Generation ihr eigenes Stilempfinden und teils eigenes Fortschreiben der Pläne einbringt. Diese Vollendung ist zugleich Erfüllung eines Traums, der nie Wirklichkeit geworden wäre, wenn nicht 1560 die Bauarbeiten unterbrochen worden wären.

Die eigenen Vorstellungen von gotischer Architektur konnte Ernst Friedrich Zwirner, bis 1861 Dombaumeister, beim Entwurf der Querhausfassaden neugotisch verwirklichen (Farbt. 33). Für sie lagen keine mittelalterlichen Entwürfe vor. Zugleich war ein ungeheures Programm an Skulpturen zu realisieren, deren Charme man inzwischen zu entdecken beginnt. Glanzstücke des Bronzegusses sind die Portale, nur an der südlichen Querhausfassade sind sie nach dem letzten Krieg durch moderne Arbeiten von Ewald Mataré ersetzt worden. Durch Zerstörungen notwendig gewordener Ersatz ist auch die Gestaltung des kleinen dachreitenden Vierungsturmes, ein mutiges Beispiel des Nierenstils der Nachkriegs-

Köln, Dom, Ansicht vor 1842, von W. V. Abbema

zeit. Aus der gleichen Epoche stammt der Bischofsthron in der Vierung, und noch jünger sind Vierungsaltar und Tabernakel, beides Arbeiten von Elmar Hillebrand. Das große Westfenster Vinzenz Piepers von 1963 ersetzt leider das noch erhaltene neugotische Westfenster.

Zwei kostbare Ausstattungsstücke sind noch zu erwähnen, die erst im 19. Jahrhundert nach der Säkularisation in den Dom gelangten. In der *Marienkapelle* auf der Südseite des Chorumgangs steht der Altar der Kölner Stadtpatrone, das ›Dombild‹ Stefan Lochners, das Hauptwerk des großen Meisters der Kölner Malerschule. Es entstand um 1445 für die Ratskapelle gegenüber dem Rathaus, von dort kam es 1809 in den Dom. Realistisch in den Details gemalt, eingebettet in die Architektur und den goldenen Hintergrund des Himmlischen Jerusalem, erscheinen die Patrone Kölns: Maria, zur gleichen Zeit geboren als Köln gegründet wurde, die Heiligen Drei Könige, die Heilige Ursula mit ihren Jungfrauen und der ritterliche Gereon mit seinen Gefährten. Die geschlossene Form zeigt in zurückhaltenden Farben die Verkündigung, sichtbar in der Passionszeit und in den beiden letzten Adventswochen.

An der Ostwand der Marienkapelle hing im 19. Jahrhundert seit der Vollendung 1855 Friedrich Overbecks Himmelfahrt Mariens als Teil einer vollständigen neugotischen Kapelleneinrichtung. Das riesige Altarbild, 4,67 Meter hoch, hängt heute an der Innenseite der nördlichen Querhausfassade.

Im Sommer 1982 kehrt das zweite, in jeder Hinsicht große Kunstwerk in den Dom zurück, das erst nach der Säkularisation hier erstmals aufgestellt wurde. Der mehr als aufwendig gearbeitete *Klarenaltar* stammt aus dem Klarissenkloster, das bereits vom Römerturm her bekannt ist. Lange Zeit als Altarbild des Hauptaltars im Chor genutzt, mit umstrittener Restaurierungsgeschichte, ist er jetzt als kapellenartiger Abschluß am Ostende des äußeren nördlichen Seitenschiffes aufgestellt. Um 1350 ist der Altar gleichzeitig als Reliquienschrein für eine Stiftung von Reliquien aus dem Umkreis der Heiligen Ursula entstanden; um 1400 ist er übermalt worden. Die frühe Malerei des Meisters der Hl. Veronika ist besonders auf den Innenseiten der äußeren Leinwandflügel an ihrer goldschmiedehaften Präzision und klaren Linienführung zu erkennen. Die Übermalung hält sich, das haben Röntgenaufnahmen gezeigt, jeweils an die ältere Vorlage in der Komposition. Jetzt aber werden, das ist gut an den Außenseiten der Innenflügel zu erkennen, Realismus der Darstellung, Reichtum an Details, Ausschmückung mit Blumen und Gräsern in den Vordergrund gestellt.

Ganz geschlossen, in Alltagsstellung, erschien ursprünglich in der Mitte eine Kreuzigung und darüber eine Darstellung Christi als Schmerzensmann, links und rechts von je sechs Heiligen begleitet. In Feiertagsstellung geöffnet, nun bei einer Höhe von 2,80 Meter 6,10 Meter breit, werden unter Szenen von der Verkündigung bis zum Gespräch des zwölfjährigen Jesus mit den Schriftgelehrten im Tempel und darüber die Passion bis zur Himmelfahrt dargestellt. Zeugnis für diese Botschaft legt die Hochfeiertagsöffnung ab. Statt zweidimensionaler Malerei erscheinen nun plastisch die Zwölf Apostel als Verkünder der frohen Botschaft und zwölf Reliquienbüsten, von denen drei wie auch sechs der Apostel und die

Figur Christi als Salvator in der Mitte bereits bei einer Restaurierung Mitte des 19. Jahrhunderts ergänzt worden sind.

Die Märtyrer treten als Blutzeugen des Evangeliums auf, dessen Wirklichkeit im unteren Mittelteil, dem ältesten bekannten Altartabernakel, belegt wird, bestätigt durch das legendäre Geschehen der Martinsmesse auf der verschließbaren Tür, betont durch die im verschlossenen Alltagszustand davorliegende Kreuzigung.

Bei der Aufstellung als Altarbild des Hochaltars im Chor des Domes störte die rohe Holzrückwand des Schreins. Hierfür schuf Wilhelm Mengelberg das 1905 vollendete Gemälde der Allerheiligsten Dreifaltigkeit, umgeben von Engeln und den vier Evangelisten in Gold und zarten Farben gehalten, ein hinreißendes Beispiel der strengen Kölner Schule der Neugotik.

Mit der Schilderung der Vollendung des Domes haben wir unseren zeitlichen Ablauf durchbrochen. Noch während der Bauarbeiten am Chor des Domes erlitt der Kölner Erzbischof Siegfried von Westerburg in der Schlacht bei Worringen im Jahre 1288 eine empfindliche Niederlage. Die Kölner Bürger hatten auf der siegreichen Seite an der Schlacht um die Vorherrschaft am Niederrhein teilgenommen und gewannen nun so die Freiheit der Stadt von der Herrschaft des Erzbischofs. Bis in die Zeit des Barock macht sich das durch das Fehlen erzbischöflicher Bauten in Köln bemerkbar. So treten die Bürger nun mit ihren Bauten an die Stelle des Erzbischofs.

Das *Rathaus* ist zwar schon Mitte des 12. Jahrhunderts als erstes deutsches Rathaus erwähnt worden, aber sein ältester erhaltener Bauteil, der Saalbau, ist um 1330 entstanden. Im Brand des Judenviertels 1349, Teil der Welle von Pogromen, die mit der Pest durch Europa ziehen, wird auch der Saalbau in Mitleidenschaft gezogen. Jetzt entstehen die kostbaren Wandmalereien, deren Reste im Wallraf-Richartz-Museum bewahrt werden, und die prunkvolle Südwand des Hansa-Saals mit den ›Neun Guten Helden‹ in ihrer Baldachinarchitektur ebenso wie das faszinierende Maßwerk der Nordwand, in dessen Bahnen neuerdings die Prophetenfiguren der Prophetenkammer eingestellt sind. Sie entstanden um 1410 mit der Vollendung des Rathausturmes.

Die ›Neun Guten Helden‹ sind ritterliche Idealfiguren des Adels, die bald von den Bürgern übernommen wurden. In den Nischen über den Baldachinen thront Kaiser Karl IV., der der Stadt 1349 das Stapelrecht und 1355 das Befestigungsrecht bestätigte. Sie treten als allegorische Figuren neben den Kaiser.

Die lange Spitztonne des Saals war einst mit großen schwarzen Reichsadlern geschmückt, und auch Maßwerk, Baldachine und Skulpturen waren ebenso wie die Fenster farbig gehalten.

Der nach Norden anschließende *Rathausturm* wurde 1407–1414 nach dem Sieg der Zünfte über die Patrizier errichtet. Er folgt dem Beispiel der Belfriede flandrischer Städte und ist von der Architektur des Südturms des Domes beeinflußt (s. Farbt. 34, links). Mit dem Sieg der Revolution im Jahre 1396 war für fast vierhundert Jahre das Herrschaftssystem der Stadt festgelegt. Zwei Bürgermeister standen für jeweils ein Jahr an der Spitze, gewählt vom Rat.

Köln, Ausschnitt aus dem Stadtpanorama, Holzschnitt von A. Woensam, 1531

TEPLV MARTINI MAGNI
TEMPLV S. PETRI ET S. TRIVM REGVM
AD MINORES
S. BRIGIDA
S. CLARA
S. GEREON

Dieser wieder wurde von den zweiundzwanzig Gaffeln gewählt, in denen die Zünfte und Kaufleute organisiert waren. Trotz dieses demokratischen Grundprinzips blieben es doch auf Dauer die reichsten der Bürger, die die erfolgreiche Politik der Stadt bestimmten. Für fast vier Jahrhunderte bleibt Köln von Eroberung und Blutvergießen verschont.

Am Rathaus ist in den folgenden Jahrhunderten, entsprechend dem regelmäßigen Wachstum von Verwaltungen, weitergebaut worden. Rings um den Rathausplatz und nach Osten zum Altermarkt breitete sich ein ganzes Verwaltungsviertel aus. Im letzten Krieg zerstört, ist es wieder von Verwaltungsneubauten geprägt. Schließlich kann die Verwaltung, denkt man an das Prätorium im Untergrund, hier auf zwei Jahrtausende Tradition zurückblicken.

Die *Rathausvorhalle*, der Ort, von dem aus die Beschlüsse des Rates als Morgensprachen der Bevölkerung verkündet wurden, ist, so zierlich sie gebaut ist, der einzige Bauteil, der fast unbeschädigt den letzten Krieg überstand (Abb. 137). Nach Entwürfen des Niederländers Wilhelm Vernukken wurde sie, dem Geschmack der Renaissance entsprechend, als Ersatz für ältere Treppenläufe vor die Fassade des Rathauses gesetzt. Ihr schräg gegenüber liegt der Zugang zur *Mikwe,* dem jüdischen Kultbad, das, seit der endgültigen Vertreibung der Juden 1424 nicht mehr genutzt, bei den Grabungen des Prätoriums entdeckt wurde.

Der Baueifer der freien Stadt zeigt sich zugleich in diesen Jahren mit dem Bau des *Gürzenichs* nach den Plänen des Stadtbaumeisters Johann von Büren. Von 1437–44 entsteht auf Grundstücken, wo unter anderen das Rittergeschlecht der Gürzenich saß, ›der Herren Tanzhaus‹, das Festhaus des Rates. Hier wurden prunkvoll Friedrich III. im Jahre 1474, Maximilian I. 1486 und zum Reichstag 1505 sowie Karl V. im Jahre 1520 empfangen. Der zweigeschossige, langrechteckige Bau mit Festsaal im Obergeschoß wurde, bürgerlich nützlich gedacht, auch bald als Kaufhaus zur Kontrolle der Handelsgüter in der Stadt genutzt. Er greift die spätgotischen Formen der gleichzeitigen Bürgerhäuser mit strengen rechteckigen Sprossenfenstern und spielerischen Ecktürmchen auf, die sich auch beim wieder aufgebauten Haus Saaleck noch finden. Über dem Eingang stehen die erneuerten Gestalten des Stadtgründers Marcus Vipsanius Agrippa und des legendären Stadthelden Marsilius.

Im letzten Krieg bis auf die Außenmauern zerstört, wurde der Bau beim Wiederaufbau um Foyer und Treppenhaus erweitert, das schönste Kölns, das die Sicht auf die zerstörte Kirche *St. Alban* freigibt. Hier erinnern die ›Trauernden Eltern‹ von Käthe Kollwitz in einer Kopie von Ewald Mataré an die Zerstörungen und Toten des letzten Krieges. Von Mataré stammen auch die Türen des neuen Gürzenicheingangs mit den Namen der alten Kölner Patriziergeschlechter, von denen die Overstolz in blauem Dunst bekannt geworden sind.

Bürgerlich ist auch der Neubau der *Pfarrkirche St. Peter* neben St. Caecilien. Aus Vermächtnissen und Stiftungen entstand unter Pfarrer Peter von Nassau etwa von 1515 bis 1530 die spätgotische Emporenbasilika mit dem einbezogenen romanischen Westturm. Hinreißend sind die Fenster der Bauzeit, ernüchternd das Fehlen des Netzgewölbes im Mittelschiff, berühmt ist die Kreuzigung Petri, die Peter Paul Rubens als eines seiner letzten Bilder im Auftrag des Kölner Sammlers Everhard Jabach 1637 begann.

Köln, Richmodis-Sage. Kupferstich, 1667

Eine bürgerliche Pfarrkirche war auch *St. Kolumba,* nahe der Minoritenkirche, deren frühmittelalterliche Anfänge Ausgrabungen in den letzten Jahren erwiesen haben. Im letzten Kriege zerstört, entstand um die spätgotische Madonna (um 1470), die wundergleich den Bomben entging, die zehneckige Kapelle Gottfried Böhms von 1950. Die Engel der Glasfenster sind von Ludwig Gies 1954 und der Tabernakelaltar in der anschließenden Sakramentskapelle von Elisabeth Treskow geschaffen.

Von den großen Patrizierhäusern des späten Mittelalters und der Zeit danach ist wenig erhalten. Ein amüsanter Zeuge ist der erneuerte Treppenturm des *Hackeneyschen Hofes* am Neumarkt, meist als *Richmodishaus* bezeichnet. Als Wappen der Familie Hackeney sind dort in der Höhe zwei Pferdeköpfe angebracht. Hier sei der Sage nach während einer Pest die edle Frau Richmodis scheintot aus dem Hause zum nahen Kirchhof von St. Aposteln getragen und begraben worden. Nachts versucht der Totengräber, den Schmuck der Toten zu rauben, und flieht entsetzt, als sich die Scheintote erhebt und nach Hause eilt. Als sie dort an die Tür klopft und Einlaß begehrt, glaubt der Ehemann an Gespenster und meint, eher liefen seine beiden besten Pferde den Treppenturm hinauf, als daß seine Frau zurückkehre. Zu seiner Freude – oder zu seinem Schrecken (das berichtet die Überlieferung nicht) – hört er darauf Pferdegetrappel auf der Treppe und öffnet nunmehr überzeugt seiner Frau die Tür.

Neben den großen Baumaßnahmen der Spätgotik an St. Severin wird eine Kirche noch im 14. Jahrhundert errichtet. Die Antoniter beginnen 1350 an der Schildergasse, heute zusammen mit der Hohe Straße eine der Hauptgeschäftsstraßen der Stadt, den Bau einer kleinen querschifflosen Basilika, die Ende des Jahrhunderts vollendet ist. Diese *Kirche* wird nach der Säkularisation 1802 den Protestanten übergeben, die erste, über die sie in Köln verfügen können, das bis dahin streng katholisch geblieben war. Beim Umbau für protestantischen Gottesdienst wird jedes zweite Pfeilerpaar herausgebrochen, weite Korbbögen entstehen dabei.

Hier hängt im nördlichen Nebenchor der ›Totenengel‹ Ernst Barlachs, ein Zweitguß seiner für den Dom zu Güstrow geschaffenen Plastik, die über den Schlachtfeldern schwebende Totenklage mit den Gesichtszügen von Käthe Kollwitz. Selten wird man wie bei ihrem Anblick so urplötzlich und immer wieder von stiller Trauer ergriffen.

Für die städtischen Kriegsrüstungen, über Jahrhunderte von friedenswahrendem Erfolg, entstand 1594–1606 ein langgestreckter Ziegelbau, ursprünglich verputzt, mit hohen abgetreppten Giebeln und zierlichem Treppenturm, heute als *Kölnisches Stadtmuseum* genutzt und durch einen Zwischentrakt mit der *Alten Wache* verbunden, die 1840/41 als Wachgebäude gegenüber der Regierung, von der nur ein Seitenflügel erhalten blieb, errichtet wurde. Als Blickfang der Straße zugeordnet, schmückt das reiche Portal mit dem Wappen der Stadt nach dem Entwurf von Pieter Cronenborch das sonst fast schmucklose Zeughaus, das die römische Tradition der Stadt durch die römische Stadtmauer auf der Südseite des Baus fest einbezogen hat.

Nach dem Ende der Wirren von Reformation und Gegenreformation, die das Rheinland immer wieder in kriegerische Unruhe gestürzt hatten, errichteten die Jesuiten, die schon seit 1544 in Köln sind, ab 1618 die Kirche *St. Mariae Himmelfahrt.* Seit 1629 schon benutzt, wird sie erst 1678 konsekriert und 1689 mit der Fertigstellung des nordwestlichen Flankenturms vollendet. Die Pläne entwarf Christoph Wamser, der gerade 1614–17 die Jesuitenkirche in Molsheim im Elsaß beendet hatte. Seine hier erfolgreiche Grundkonzeption einer dreischiffigen Emporenbasilika konnte er in Köln noch prächtiger verwirklichen. In bewußtem Rückgriff auf die glorreichen Zeiten der Kirche erscheinen romanische und gotische Formen. Aber selbst das eindrucksvolle Netzgewölbe überspannt keinen gotischen Raum, seine barocke Weite wird vom Figuren-, Farben- und Formenreichtum der von Jeremias Geisselbrunn entworfenen Ausstattung erfüllt. Sein Hauptwerk davon ist die Kanzel von 1634 (Abb. 141).

Über dem Portal der barocken Fassade ist das Wappen des Kurfürsten Maximilian von Bayern ausgebreitet, des Gönners der Kirche und des Ordens, der seinen Bruder auf dem Kölner Thron, Ferdinand, auch den Architekten vorgeschlagen und empfohlen hatte.

Erst Anfang des 18. Jahrhunderts rührt sich wieder Bautätigkeit im ermatteten Köln, bereits berühmt für seine Bettlerscharen. Kein Wunder, wenn ein Drittel der Bevölkerung ohne Arbeit ist und auf öffentliche, meist kirchliche Fürsorge angewiesen ist. Ein Zustand, den politische Mißwirtschaft, gegen die mehrfach Revolten erfolglos ausbrachen, und wirtschaftliche Rückständigkeit, der der frische Wind protestantischen Unternehmertums ebenso fehlte wie staatliche absolutistische Wirtschaftspolitik, verursachten.

Die Unbeschuhten Karmelitessen bauten ihre Klosteranlage schon seit 1660 auf dem Gelände des Neuenahrer Hofes. Hier, an der Neven DuMont-Straße (vormals Langgasse), entstand zum Abschluß der Arbeiten 1705–11 der eigentlich einschiffige Saalbau *St. Maria in der Kupfergasse.* Niederländischen Vorbildern mit Ziegelsteinmauerwerk und Werksteingliederung folgend, wird der alte Treppenturm des Neuenahrer Hofes als Glockenturm in den barocken Bau einbezogen. Glanzvolles Schmuckstück des Inneren ist der Makkabäeraltar aus der abgerissenen gleichnamigen Kirche, in Eichenholz 1717 von Johann Franz van Helmont und Johann van Damm geschaffen, der hier seine neue Heimat gefunden hat.

Der Orden der Ursulinen baut 1709–12 nach dem Entwurf Matteo Albertis die *Fronleichnamskirche,* deren Fassade mit erneuerter Farbigkeit festlichen Glanz in die Machabäerstraße bringt. Dahinter verbirgt sich ein fast schlichter Saalbau mit erneuertem Tonnengewölbe, bescheidener Klassizismus.

Als letzter Kirchenbau in der freien Reichsstadt Köln entstand 1765–71 die *Elendskirche St. Gregor,* eine Stiftung der Familie von Groote, die manchen bedeutenden Mann für Köln gestellt hat und noch heute Besitzer des Baus ist. Nach dem Entwurf von Balthasar Spaeth wurde sie vom Kölner Baumeister Johann Nikolaus Krakamp errichtet. Das bescheidene Beispiel des späten rheinischen Rokoko ist reich mit Symbolen des Todes geschmückt, verständlich für den Friedhof der ›Elenden‹, der Fremden und Armen; aber ein solcher Triumph des Todes spricht doch mehr für den sentimentalischen Charakter des späten 18. Jahrhunderts als für die Hoffnung auf Auferstehung. Dem kleinen Saalbau mit Chor ist eine etwas undurchschaubare Skandalgeschichte verbunden, die auf Casanovas Besuch in Köln zurückgeht.

Mit dem Einmarsch der Franzosen 1794, der Aufhebung der Klöster und Stifte, der Zerstörung zahlreicher Bauten, Kapellen, Kreuzgänge, Pfarrkirchen, die gegen Stifts- und Klosterkirchen eingetauscht werden, und der Zerstreuung der Kirchenschätze wandelt sich das Bild der Stadt in kaum vorstellbarem Ausmaß. Eigentlich erst jetzt endet das Mittelalter in Köln. 1815 wird Köln Teil des Königreichs Preußen. Ohne große Begeisterung von seiten der Kölner beginnt langsam das Wachstum zur modernen Großstadt unter preußischer Herrschaft. Die bis heute zentrale Lage bringt Handel und Wirtschaft zur Blüte. Die Begeisterung für den Dombau macht die Stadt zu einem Zentrum der neugotischen Bewegung, aber von den zahlreichen Bauten, die zu dieser Zeit in Köln entstehen, sind wenig genug erhalten geblieben.

So ist Johann Jacob Claasens *Haus Mülhens* (4711), 1852–54, einer der frühen neugotischen Bauten Kölns, neben dem Opernhaus nach dem letzten Krieg nur in veränderter Form wiedererstanden. Das gleiche Schicksal, meist als reduzierte Erneuerung, erfuhren die *Hauptpost* (1888–93) der Architekten Karl Doflein und August Kind, der man ihre prunkvolle neugotische Vergangenheit kaum noch ansieht, oder Max Hasaks *Reichsbankgebäude* (1894–97) gegenüber. Das *Reichardhaus* Friedrich von Schmidts 1903/04, dem

Friedrich Carl Heimann 1907 die Nordfassade ergänzt, wird im Laufe der nächsten Jahre gegenüber dem Dom am alten Ort im Rahmen der Baumaßnahmen des Westdeutschen Rundfunks wieder erstehen.

Nach Heimanns Plänen wurde auch 1893–97 das *Stadtarchiv* errichtet. Die beiden letztgenannten Bauten haben nur nach eindringlichem Protest überlebt. Das Reichardhaus sollte den Ausdehnungsbestrebungen des *WDR* zum Opfer fallen, dessen Gebäude sich bereits als Riegel durch die Innenstadt ziehen, über die Nord-Süd-Fahrt hinweggespannt. Der Pfahl im Fleische der Stadt schmückt sich mit Reliefs nach den Entwürfen Hans Hartungs an seiner Wand gegenüber dem Wallraf-Richartz-Museum. Das alte Stadtarchiv wäre ebenso fast im Verwaltungswachstum des Gerling-Konzerns untergegangen. Gerettet ist es zu einem Schmuckstück in der sonst von Imponiergehabe gestalteten Konzernarchitektur geworden.

Die von Vinzenz Statz entworfene *Mariensäule*, mit der Marienfigur von Gottfried Renn und den Prophetenfiguren von Peter Fuchs nach den Entwürfen Eduard von Steinles 1858 geweiht, ist dagegen mit ihrem versteckten Standort vor St. Gereon um ihre öffentliche Wirkung gebracht worden.

Ähnlich unfreundlich ist das Schicksal mit den meisten Kirchen des 19. und frühen 20. Jahrhunderts in Köln umgesprungen. Selten, daß eine von ihnen noch weitgehend ihre originale Ausstattung wie Heinrich Nagelschmidts *St. Clemens* in Porz-Langel erhalten konnte (1890/1). Oft haben sie den Krieg nur mit zerstörten Gewölben überstanden und, ihrer Ausstattung beraubt, einen modernen Raumabschluß erhalten.

Das war z. B. das Schicksal von *St. Agnes* am Neusser Platz, von den Architekten Carl Rüdell und Richard Odenthal als Stiftung Peter Joseph Roeckeraths 1896–1902 errichtet. Das große Westfenster erhielt ein neugestaltetes Maßwerk, eine holzverzierte Betondecke schloß den Raum. Vielleicht erhält die zweitgrößte Kirche Kölns, nur der Dom ist größer, nach dem Brand des Dachstuhls nun ihre ursprüngliche Gestalt zurück.

Ähnlichen durchgreifenden Veränderungen wurden auch *Herz Jesu*, 1893–1900 am Zülpicher Platz nach Plänen Friedrich von Schmidts errichtet, oder Caspar Clemens Pickels neuromanische Kirche *Neu St. Heribert* in Deutz (1891–96) oder die nach dem Kriege erneuerte neuromanische *Synagoge* der Architekten Emil Schreiterer und Bernhard Below unterworfen. Auch der *Hohenzollernbrücke* fehlen die für die Stadtsilhouette wichtigen Torburgen mit den Reiterdenkmälern der vier letzten Hohenzollern, 1911 vollendet. Nur die Reiter blieben erhalten.

Eine Ausnahme bietet Stephan Mattars Kirche *St. Paul*, mit weitgespanntem Schiff 1906/08 errichtet. Hier hat man nach dem Kriege zwar nicht die originale Ausstattung gerettet, aber das neugotische Netzgewölbe erneuert.

Nach dem Fall der romanischen Stadtmauer seit 1881 war mondsichelförmig rings um die Altstadt, außen vom Ring der Eisenbahn begrenzt, innen durch die ›Ringe‹ an die Altstadt angeschlossen, die Kölner Neustadt entstanden. Hier wurden die reichsten der neuromanischen und neugotischen Kirchen und eine fast wuchernde Fülle historisierender bis wilhelminischer Häuser gebaut. Wenige haben Krieg und Nachkriegszeit überstanden.

Neuen Aufschwung nahm Köln bald nach dem Ende des Ersten Weltkrieges unter Konrad Adenauer (1876–1967). Das freie Schußfeld der Festungen wurde in Grünanlagen verwandelt, und die schon vor dem Krieg spürbaren Ansätze moderner Architektur wurden Wirklichkeit. Erwähnt seien das *Hansahochhaus* am Hansaring, 1924/25 erbaut als damals mit 65 Metern Höhe höchstes Hochhaus Europas, *St. Engelbert* am Riehler Gürtel, 1931 als Zentralbau in Beton von Dominikus Böhm errichtet, die *›Bastei‹*, 1924–27 von Wilhelm Riphahn als nobles Aussichtsrestaurant auf den Mauern einer Befestigungsanlage des 19. Jahrhunderts verwirklicht, gegenüber auf dem anderen Ufer die *Messeanlagen,* 1922–24 errichtet, 1927/28 mit Backstein verkleidet. Die mehr größenwahnsinnigen als großzügigen Pläne des Dritten Reiches sind bis auf einige Straßendurchbrüche nicht Wirklichkeit geworden.

Nach dem Zweiten Weltkrieg waren 85% der Gebäude der Stadt zerstört; ein Substanzverlust, der das Gesicht der Stadt bis heute prägt. Aus den bescheidenen Bauten der Nachkriegszeit ragt nur wenig hervor, auch wenn das Bauvolumen immer neue Größen erreicht. Einen Akzent setzte für die Entwicklung der Stadtgestalt Wilhelm Riphahns *Opernhaus* 1954–57, dem sich bescheiden das *Schauspielhaus* angliedert (1960–62).

Manche Lösungen bleiben bis heute umstritten, so die Anlage der Domplattform oder der Bau der *ABC-Bank* als dräuend schwarzer Obsidianblock neben St. Mariae Himmelfahrt. Der fast noch zurückhaltende Bau des *Römisch-Germanischen-Museums* wird mit der Neugestaltung der Rheinfront eine ungestalte Ergänzung mit dem Neubau für das Wallraf-Richartz-Museum und Museum Ludwig erhalten, keine ›Kathedrale der Ästhetik‹, sondern ein formloses Beispiel des hypertrophen städtischen Bauwillens.

Aber mit inzwischen rund einer Million Einwohner statt der 40000 noch zu Beginn des 19. Jahrhunderts, nun allerdings auf über 400 Quadratkilometer verteilt, ist Köln eine liebenswerte Stadt geblieben. Reich, überreich an Schätzen einer großen Vergangenheit und voll lebendiger Gegenwart (davon legen auch die zahllosen Galerien ein Zeugnis ab), die hoffentlich nicht nur den Autor zu inzwischen zwanzig Jahren des Verweilens lockt, sondern auch den Reisenden als Abschluß einer Rheinreise festhält.

Köln-*Deutz* s. S. 420, ›Rechts des Rheins‹

Rechts des Rheins

Wiesbaden

Die hessische Landeshauptstadt liegt eigentlich nicht am Rhein. Erst nach den Eingemeindungen von Biebrich, Schierstein und Mainz-Kastel in unserem Jahrhundert reicht ihr Stadtgebiet bis an den Rhein.

Erstmals wohl zur Zeit des Kaiser Claudius (41–54) sind Hilfstruppen in einem Auxiliarlager an den ›Aquae Mattiacae‹, den heißen Quellen des Bades der Mattiaker, stationiert worden. Schon damals wurden die Schützenhofquellen, die Adlerquelle und der Kochbrunnen, der 1971 eine neue Brunnenschale in rötlichem Granit vom Bildhauer E. Heydoch erhalten hat, genutzt. Die Adlerquelle ist mit dem 1910–13 errichteten *Kaiser-Friedrich-Bad* an der Langgasse zu einem grandiosen Zitat der römischen Tradition geworden. Jugendstil und Historismus sind zu einem opernhaften Glanz verbunden. Die wachsende zivile Siedlung wird zum Hauptort der ›Civitas Mattiacorum‹. Spuren der Thermenanlagen hat man am Kranzplatz gefunden, Inschriften weisen einen Tempel des Jupiters Dolichenus und einen der Sirona nach. Die Kaufleute besaßen ein eigenes Versammlungshaus. Aber als 259/60 der Limes aufgegeben wird, und der Rhein wieder als Grenze gilt, geht die Einwohnerzahl doch stark zurück. Ganz hat man die Hoffnungen aber nicht aufgegeben. Noch unter Kaiser Valentinian (364–75) hat man mit dem Bau einer Befestigung begonnen. An der Coulinstraße, in deren Nähe man ein Mithrasheiligtum gefunden hat, ist als Rest dieser römischen Vergangenheit die *Heidenmauer* zu sehen, zinnenbekrönt mit Wehrgang und Dach erneuert.

Ende des 4. Jahrhunderts geht das immer noch gern genutzte Bad endgültig den Römern verloren. Aber das Badeleben geht weiter. Einhard erwähnt den Ort 829 erstmals als ›castrum quod moderno tempore Wisibada vocatur‹. Das Bad in den Wiesen bleibt erst einmal königlicher, dann kaiserlicher Besitz. Durch Schenkungen und Verleihungen geht er im hohen Mittelalter nach und nach verloren. Besonders die Grafen von Nassau, an die im Norden der Stadt auch noch die Ruine der *Sonnenburg* erinnert, wissen Burg, Kirche und Fronhof in Wiesbaden in ihren Besitz zu bringen. Aber auch die Grafen von Eppstein zeigen Interesse. Und einer von ihnen war als Siegfried III. Erzbischof von Mainz. Er zerstörte die Reichsstadt 1242 in den Streitigkeiten, die sich durch den Kampf zwischen Papst und Kaiser Friedrich II. im Reich entwickelt hatten. Noch 1236 hatte der Kaiser hier das Pfingstfest gefeiert, 1239 hatte Erzbischof Siegfried III. Kaiser Balduin von Byzanz feierlich empfangen, und bereits 1233/34 wurde wieder einmal das blühende Badeleben erwähnt.

Nach der Zerstörung sinkt Wiesbaden zur nassauischen Landstadt herab. Nochmals 1281 zerstört, wird sie zur gut befestigten Nebenresidenz der Nassauer Grafen. Im 14. Jahrhundert werden nun auch Badehäuser erwähnt, und in einem großen Becken, das Wasser der Quellen sammelte, vergnügten sich Männer, Frauen und Kinder. Aber immer neue Kämpfe und Zerstörungen lösen sich ab. Die Mainzer Stiftsfehde wütet hier ebenso Ende des 15. Jahrhunderts wie die Bürger unter den Folgen ihres vergeblichen Aufruhrs im mittelrheinischen Bauernkrieg 1525 zu leiden haben. Mit dem Dreißigjährigen Krieg, mit der Plünderung durch französische Revolutionstruppen wird das fortgesetzt.

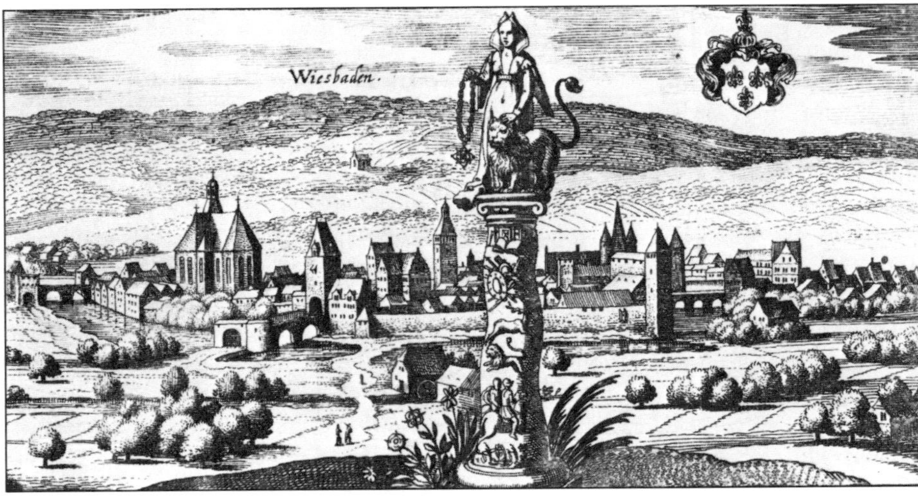

Wiesbaden. Kupferstich aus: D. Meißner, ›Thesaurus philopoliticus‹, 1624

Aber das Badeleben findet immer wieder an die gewohnten Stellen zurück, und als 1810 das Kurhaus errichtet wird, beginnt der Aufstieg Wiesbadens zur Weltkurstadt. Dieser Glanz des 19. Jahrhunderts, der seit 1866 preußischen und dann kaiserlichen Zeit bis zum Ersten Weltkrieg prägt trotz aller Zerstörungen noch heute die Atmosphäre der Stadt.

Nur das barocke *Jagdschloß Fasanerie,* Mitte des 18. Jahrhunderts für Fürst Karl von Nassau-Usingen errichtet und heute als Restaurant mit Tiergarten genutzt, das *Alte Rathaus* (1608–10), das 1825 das heutige Obergeschoß statt des ursprünglichen Fachwerkbaus erhielt, und das Schloß Biebrich legen noch Zeugnis ab von älterem Glanz. Das *Schloß Biebrich* (Abb. 17) liegt direkt an der B 42, am Rheinufer, ein wenig unterhalb von Mainz mit hinreißendem Blick auf den Rhein, auf die gegenüberliegende Insel Rettbergsau und den Südrand des Rheinischen Schiefergebirges. Aus der Säkularisation des Klosters Klarenthal waren Güter, die die Grafen von Nassau einst zur Ausstattung des Klosters gestiftet hatten, wieder an die Grafen zurückgefallen. Durch Käufe wurde Ende des 17. Jahrhunderts der Besitz abgerundet und, nachdem wohl schon zuvor hier ein Lusthaus stand, 1700/01 der heutige Westpavillon des Schlosses errichtet. Die so einheitlich und geschlossen wirkende Anlage ist im Gegensatz zu anderen Barockschlössern erst langsam und mit immer größeren Entwürfen zu ihrer heutigen, inzwischen schon wieder verminderten Gestalt gekommen. Eine Grundkonzeption muß allerdings schon früh vorgelegen haben. Nach weiteren kostspieligen Grundstückskäufen wurde 1703 als Gegenstück der Ostpavillon geplant und 1706–08 errichtet. Seit 1707 leitet Maximilian von Welsch die neuen Planungen für Schloß und Garten. Er verbindet die beiden Pavillons, da bisher ein Saal fehlt, durch niedrige Verbindungstrakte, die zu einem runden beherrschenden Mittelbau führen. Mit seiner skulpturengekrönten Attika ist er heute der Blickfang des Schloßbaues. 1710 wird mit den Bauarbeiten begonnen. Zum Rhein hin erscheint, durch den ausgenutzten Geländeabfall, je ein Geschoß mehr als auf der Gartenseite. 1713 sind die Galerien vollendet, 1718 der Saal, und anschließend werden die Galerien noch um ein Geschoß, die Silhouette verändernd, aufgestockt.

Immer mehr wird nun Biebrich zur Residenz. Mit dem Erbteilungsvertrag des Jahres 1735 werden die rechtsrheinischen nassauischen Herrschaften zum Fürstentum Nassau-Usingen. Schon 1734 hatte man unter Friedrich Joachim Stengel mit dem Bau eines östlichen Querflügels als Marstall und mit Kavalierswohnungen begonnen. 1737 vollendet, im letzten Krieg zerstört, beabsichtigt man den Wiederaufbau. Denn nur so erhält das Schloß seinen Charakter als hufeisenförmige Anlage wieder. Das Gegenstück, der westliche erhaltene Querbau, entstand 1740–44 als ›Winterbau‹, da der Rest des Schlosses als Sommerresidenz sich nur mangelhaft heizen ließ.

Prunkvoll ist die Ausstattung des zentralen Rundbaus. Das Erdgeschoß ist seit 1718 als evangelische Schloßkapelle eingerichtet. Der Festsaal darüber mit seiner großen belichteten Kuppel auf acht Marmorsäulen zeigt als Fresko die Versammlung der Götter auf dem Olymp, 1719 von Luca Antonio Colomba gemalt. Bei der Umgestaltung des Schlosses 1826 hatte man es übermalt, damals entstand auch die doppelläufige Freitreppe der Rheinfront. Seit 1964 arbeitet man an der Wiederherstellung des Schlosses, bei der man 1966 auch das

Wiesbaden, Schloß und Altes Rathaus. Stahlstich Mitte 19. Jh.

Fresko freilegte. Zur Zeit hat daher, verständlicherweise, der Landeskonservator Unterkunft gefunden, auch das Amt des Landesarchäologen und der Hessische Minister für Bundesangelegenheiten.

In Richtung der Innenstadt, seit 1744 ist Wiesbaden Residenzstadt, ziehen sich die Anlagen des Schloßparks. Zuerst von Maximilian von Welsch barock angelegt, 1811 nach englischem Geschmack umgeformt, hat ihn 1846 Carl Friedrich Thelemann neu bepflanzt. Seine romantische Zier ist die im letzten Krieg zerstörte *Moosburg*. Auf den Trümmern einer mittelalterlichen Burg wohl der Grafen von Nassau wurde hier von Carl Florian Goetz 1804/05 eine kostbar ausgestattete künstliche Ruine errichtet, ein Vorläufer der bald folgenden rheinischen Burgenromantik. Auch bei dieser Anlage wirkt das englische Vorbild der Ruinenromantik.

Am *Nassauischen Landesdenkmal für Herzog Adolf* von 1905 vorüber, am *wilhelminischen Prunkbahnhof* in rotem Sandstein vorbei, 1904–06 nach dem Entwurf von Fritz Klingholz in fast zurückhaltendem Neobarock errichtet, vorbei trifft man im Herzen der Stadt auf die *Marktstraße* und den *Schloßplatz*. Die Gebäude, die um ihn gruppiert sind, zeigen beispielhaft die Entwicklung Wiesbadens im 19. Jahrhundert nach der Errichtung des Alten Kurhauses. Das *Schloß*, heute Sitz des *Hessischen Landtages*, entstand. Seinen gewinnenden Klassizismus verdankt es den Plänen Georg Mollers von 1835, die Richard Goerz 1837–41 ausführte. Die Straßenecke des Baus ist mit Säulen ins Rund als Eingang gesetzt. Ein prunkendes Konsolgesims schließt den Bau ab. Ein Attikageschoß verdeckt das Dach darüber. Die Ausstattung, an sitzungsfreien Tagen zum Teil zu besichtigen, stammt noch aus der Bauzeit: das Treppenhaus mit den Skulpturen Ludwig Schwanthalers, die Malereien von Ludwig und Friedrich Wilhelm Pose. Möbel der Zeit und ungewöhnlich schönes Parkett runden das Bild ab.

Neben dem Schloß steht das schon 1826 als Geschäftshaus erbaute *Kavaliershaus*, das 1841 zum Schloß hinzu erworben wurde; nach dem Krieg um ein Geschoß erhöht, dient der langgestreckte Bau heute der Verwaltung des Hessischen Landtages. Ein sehr schlichter geschäftsmäßiger Klassizismus hat hier Gestalt angenommen.

Zum Ensemble gehört gegenüber Schloß und Altem Rathaus das *Neue Rathaus*, das, 1888 vollendet, nach den Plänen des Münchner Architekten Georg von Hauberrisser in bewegter deutscher Renaissance entstand.

Neben Schloß und Rathaus steht frei der rote, leuchtende, steil geschnittene Backsteinbau der *evangelischen Marktkirche* (Abb. 20). Nach dem Brand der bis ins 8. Jahrhundert zurückreichenden Mauritiuskirche wurde hier 1850 neben dem Schloß (und lange auch als Schloßkirche bezeichnet) nach dem Vorbild der norddeutschen Backsteingotik in übersteigerter Schlankheit und mit klassizistischen Proportionen von Carl Boos 1852–62 die neue evangelische Hauptkirche Wiesbadens errichtet. Reicher plastischer Schmuck in gebranntem Ton außen wird innen durch die Skulpturen des Chors ergänzt. Bei Christus und den Evangelisten hat sich Emil Alexander Hopfgarten, der uns in der griechischen Kapelle (s. S. 300) wieder begegnet und einst auch eine 10 Meter hohe ›Loreley‹ als Denkmal entworfen hat, an das Vorbild Bertel Thorvaldsen angelehnt.

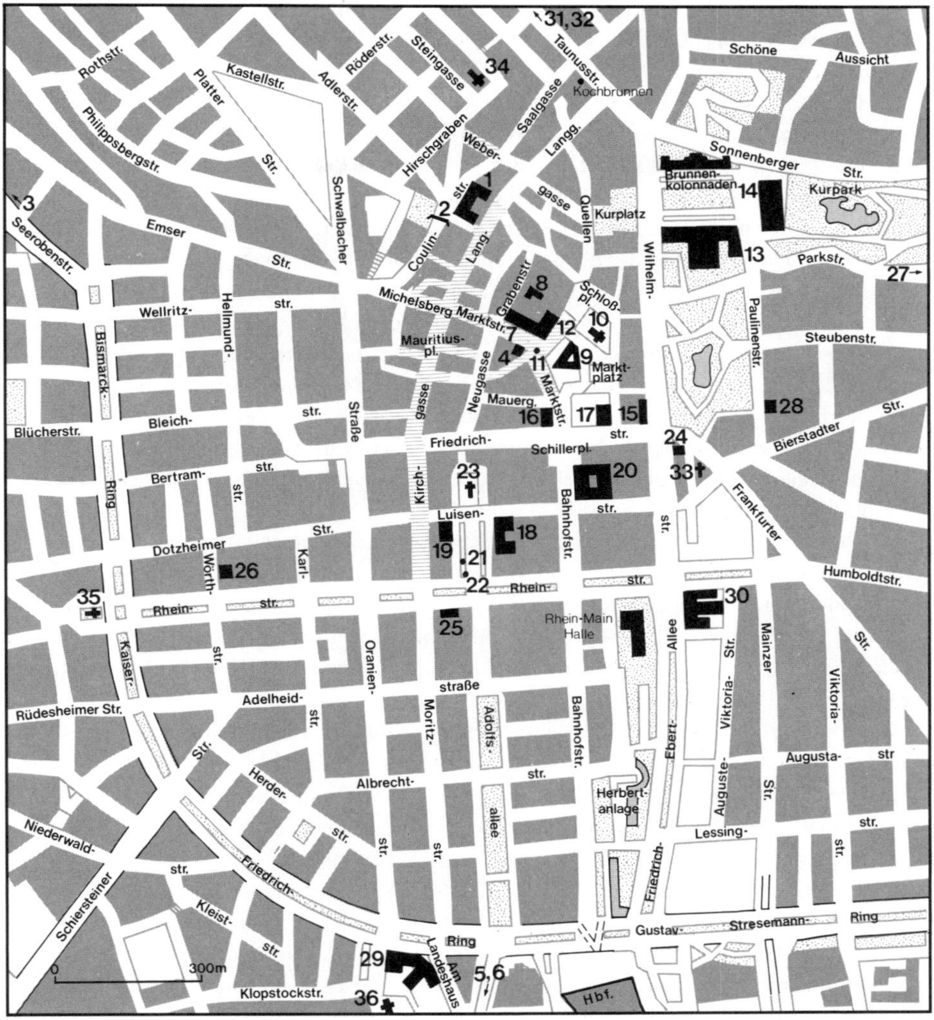

Wiesbaden 1 Kaiser-Friedrich-Bad 2 Heidenmauer 3 Jagdschloß Fasanerie 4 Altes Rathaus 5 Schloß Biebrich 6 Nassauisches Landesdenkmal Herzog Adolf 7 Schloß (Hessischer Landtag) 8 Kavaliershaus 9 Neues Rathaus 10 Marktkirche 11 Marktbrunnen 12 Wilhelms Heilanstalt 13 Hessisches Staatstheater 14 Kurhaus 15 Erbprinzenpalais 16 Schenksches Haus 17 Casino-Gesellschaft 18 Alte Münze 19 Pädagogium 20 Staatsministerium für Justiz 21 Waterloo-Denkmal 22 Pferde-Denkmal 23 St. Bonifatius 24 Villa Clementine 25 Nassauische Sparkasse 26 Keramische Werkstätten Höppli 27 Weißes Haus 28 Söhnlein-Villa 29 Landeshaus (Ministerium für Wirtschaft und Technik) 30 Museum Wiesbaden 31 Griechische Kapelle 32 Nerobergtempel 33 Englische Kirche 34 Evang. Kirche (Bergkirche) 35 Ringkirche 36 Lutherkirche

Vor der Marktkirche mit ihrer Höhe von 90 Metern steht das Denkmal für den großen Mann der Nassauer Grafen, Prinz Wilhelm von Oranien, 1906 von Walter Schott geschaffen.

Das Gesamtbild ergänzen der achteckige *Marktbrunnen* von 1753, dessen Brunnenstock den wappenhaltenden nassauischen Löwen trägt, und das vom Land Hessen erworbene Gebäude von *Wilhelms Heilanstalt,* 1868–71 im Auftrag Kaiser Wilhelms I. in ruhigen Formen der Frührenaissance von Philipp Hoffmann errichtet.

Auf der Ostseite dieses Komplexes schließen sich jenseits der Wilhelmstraße die Gärten am Warmen Damm als Teil des *Kurparks* an. Man kommt zum *Hessischen Staatstheater,* das 1892–94 von den Wiener Architekten F. Fellner und H. Helmer errichtet wurde. Der in den letzten Jahren renovierte prunkvolle Bau, um moderne Räume für Werkstätten erweitert, zeugt von ihrer tonangebenden Rolle im damaligen Theaterbau. Nach dem Vorbild Gottfried Sempers wurde außen der Glanz italienischer Renaissance zitiert, innen verwendet man festliches Rokoko, und Felix Genzmers 1901/02 angefügter Foyerbau fügt das chronologisch noch fehlende barocke Zwischenglied ein. Vor der Bühnenseite in den Gartenanlagen am Warmen Damm steht vor der mächtigen Portikusanlage das Schillerdenkmal des Bildhauers J. Uphues von 1905 (Abb. 19).

Die eigentliche Eingangseite nimmt sich dagegen geradezu bescheiden aus. Hier hatten die Architekten den Auftrag, die Wandelhalle der *Neuen Kolonnade* von 1839 möglichst unverändert in ihren Bau zu integrieren. Damit war die symmetrische Gestalt der Anlage des heutigen J. F. Kennedy-Platzes gesichert. So zeugt die gegenüberliegende *Alte Kolonnade,* 1826/27 von Heinrich Jacob Zengerle errichtet, noch heute von der Griechenlandverehrung des frühen 19. Jahrhunderts.

Das *Alte Kurhaus,* das bis zum Beginn unseres Jahrhunderts den Platz abschloß, hatte sich nach einem Jahrhundert als inzwischen zu klein erwiesen. Friedrich von Thiersch erhielt 1904 den Auftrag für einen größeren Neubau, nur der alte Alleesaal wurde als kleiner Konzertsaal, heute Großes Spiel, in den Neubau übernommen. Noch einmal greift man klassizistisches Gedankengut auf. Manche Details lassen schon die Einflüsse des Jugendstils spüren. Die festliche Einweihung erfolgt 1907 in Gegenwart Kaiser Wilhelms II. Seit der Eingliederung Nassaus in Preußen 1866 war Wiesbaden eine gern besuchte und geförderte Residenz der Hohenzollern geworden. So sammelte sich in kaiserlichem Glanz internationale Prominenz. Nach den Zerstörungen des letzten Krieges hat heute die Spielbank hier ihren Sitz, und die Säle werden für Konzerte, Tagungen und andere Veranstaltungen genutzt.

Aber auch ringsum in der Stadt prägen Bauten des 19. Jahrhunderts das Erscheinungsbild. Eines der ersten und ältesten, das *Erbprinzenpalais,* Ecke Wilhelmstraße und Friedrichstraße, wurde 1813 als Residenz für den Erbprinzen in Auftrag gegeben. Der Entwurf von Christian Zais verband klassizistische Formen mit barocker Großzügigkeit. Erst 1857 wurde durch Philipp Hoffmann die große Durchfahrt unter der zitierten Tempelfront mit ihren ionischen Säulen geschlossen und in ein Treppenhaus verwandelt (heute Industrie- und Handelskammer).

An der Friedrichstraße liegen auch das *Schenk'sche Haus,* das ebenfalls Christian Zais 1817 errichtete, und das *Gebäude der Casino-Gesellschaft,* für das der Wiesbadener Architekt Wilhelm Bogler 1872 den Auftrag erhielt. Der Bau, den heute die Bayerische Vereinsbank benutzt, ist trotz seiner Renaissancezitate schlicht gehalten.

Zwischen Friedrichstraße und der großen Achse der Rheinstraße liegt der *Luisenplatz.* Hier sollte nach dem Generalbauplan für Wiesbaden von Christian Zais die Straßenachse von Biebrich aus ihren Zielpunkt finden. Ein Beispiel für die vorgesehene Gestaltung ist die *Alte Münze* von 1830, die heute als Hessisches Verwaltungsgericht dient. Im gleichen schlichten Klassizismus und im gleichen Jahr entstand auch das *Pädagogium,* einst Gymnasium, heute Sitz des Hessischen Kultusministeriums.

An der Ecke zur Bahnhofstraße entstand nach Abbruch des alten Schlosses das *Staatsministerium,* von Carl Boos 1838–42 im Palazzostil der italienischen Frührenaissance erbaut. Den Platzraum selbst schmückte man mit zwei Denkmälern. Vor der Bonifatiuskirche steht das *Waterloo-Denkmal.* Zur Erinnerung an den Sieg über Napoleon 1865 vom Architekten Philipp Hoffmann und vom Bildhauer Hermann Schiess errichtet. Den Auftrag gab, kurz bevor Nassau 1866 preußisch wurde, Herzog Adolph zu Ehren des 1. Nassauischen Infanterie-Regiments Nr. 87. Aber auch Wilhelm I., König von Preußen, tritt mit seinem Monogramm W als vierter in die Reihe der herrscherlichen Befehlshaber des Regiments. An der Rheinstraße erinnert Paul Scheurichs sich aufbäumendes *Pferd* von 1934 an die Gefallenen des 1. Nassauischen Feld-Artillerie-Regiments Nr. 27 im Ersten Weltkrieg.

Ein erster Versuch, auf dem Luisenplatz im Auftrag Herzog Wilhelms eine neue katholische Kirche in klassizistischen Formen zu bauen, endete kurz vor der Vollendung 1831 mit dem Einsturz des Baus. Der nächste Bau der *Bonifatiuskirche* wurde 1844 nach den Plänen Ph. Hoffmanns, nun gefördert von Herzog Adolph, in neugotischen Formen, die damit erstmals in Wiesbaden erschienen, begonnen. 1849 konnte das Schiff, dreischiffig mit dreischiffigem Querhaus, in Gebrauch genommen werden. Erst 1865/66 wurde die Fassade mit ihren schlanken Türmen vollendet. In Zuschnitt und Raumgefühl noch klassizistisch geprägt, ist St. Bonifatius ein reizvolles Beispiel früher Neugotik. Die Kreuzungsgruppe des Hochaltares in der Vierung stammt von Karl Hoffmann, die Altartafel des linken Seitenaltars mit dem Patron, dem Heiligen Bonifatius, stammt von Alfred Rethel, und den rechten Seitenaltar ziert eine Mariendarstellung von Eduard von Steinle.

Weitere Prunkstücke des 19. Jahrhunderts sind die *Villa Clementine* aus dem Jahre 1882 an der Wilhelmstr./Ecke Frankfurter Straße; das spätklassizistische Gebäude der *Nassauischen Landesbank* an der Rheinstraße, 1860 von Richard Goertz erbaut; die Häuser des späten 19. Jahrhunderts an der *Adolfsallee,* der Fortsetzung des Luisenplatzes; das *Haus des Fabrikanten von Baukeramik Johann Jacob Höppli* der späten siebziger Jahre in der Wörthstraße; früher Jugendstil mit dem *Weißen Haus* von 1902 des Architekten Josef Beitscher in lichtem französischen Kalkstein in der Bingertstraße. Die *Söhnlein-Villa* dagegen in der Paulinenstraße wird 1907 neoklassizistisch vollendet; das *Landeshaus* am Kaiser-Friedrich-Ring bietet wilhelminischen Barock von 1907 in rotem Sandstein, für das *Städtische Museum* wird 1915 der palastartige Museumsbau an der Fr.-Ebert-Allee vollendet.

In bewußtem Kontrast und meist frei dazwischengestellt zeigen die Kirchen durch Rückgriffe auf andere Stilformen ihre besondere Aufgabenstellung: denn neben Marktkirche und Bonifatiuskirche, den beiden frühen Bauten, die dieses Prinzip am Markt und auf dem Luisenplatz demonstrieren, treten weitere wichtige Bauten.

1845 war Herzog Adolphs erste Gemahlin Elisabeth, Tochter eines russischen Großfürsten, im Alter von neunzehn Jahren im Kindbett gestorben. Um die geplante Grabkapelle, die *Griechische Kapelle* auf dem Neroberg, heute beliebtes Ausflugsziel, angemessen gestalten zu können, wird der Architekt Philipp Hoffmann erst einmal nach Rußland geschickt. 1849 kann mit dem Bau begonnen werden, der 1855 abgeschlossen ist (Abb. 22). Der quadratische Zentralbau trägt über seinen neun Gewölben, ausgewogen verteilt, eine zentrale und vier begleitende Kuppeln. In ihrem goldenen Glanz und in der auf Byzantinisches zurückgreifenden Architekturphantasie besitzt sie den Charme russischer Emigranten oder Kurgäste; unter ihnen war auch Dostojewski, der hier in Wiesbaden seinen Roman ›Der Spieler‹ schrieb. Die Fresken der Hauptkuppel stammen von August Hopfgarten, und der Sarkophag mit den Zwölf Aposteln und den Figuren von ›Glaube‹, ›Liebe‹, ›Hoffnung‹ und ›Unsterblichkeit‹ schuf sein Bruder Emil Alexander Hopfgarten. Er hatte damals sein Atelier in der Moosburg im Biebricher Schloßpark. An Festtagen feiert hier die russisch-orthodoxe Gemeinde ihren Gottesdienst, und auf dem russischen Friedhof daneben liegt u. a. der Maler Alexej Jawlensky (1867–1941). Er lebte bis zu seinem Tode in Wiesbaden. Das Städtische Museum besitzt eine vorzügliche Sammlung seiner Arbeiten.

Das *Nerobergtempelchen,* dessen überkuppeltes Säulenrund die sentimentalische Ergänzung zur Kapelle ist, entwarf ebenfalls Philipp Hoffmann. 1851 vollendet, ist der zierliche Monopteros aus der Nachfolge ähnlicher Bauten an beliebten Aussichtspunkten im 18. Jahrhundert zu verstehen.

In der kleinen englischen Kolonie und unter den nicht seltenen englischen Kurgästen hatte man schon vor der Mitte des 19. Jahrhunderts mit Überlegungen für eine eigene *Kirche* begonnen. Erst 1863 konnte mit Hilfe der Stadt und Herzog Adolphs mit dem Bau der 1865 vollendeten Kirche angefangen werden. Der von Florian Goertz in den Formen schlichter Backsteingotik entworfene Bau an der Frankfurter Straße dient auch nach dem Wiederaufbau nach dem letzten Krieg wieder dem gleichen Zweck.

Nach dem Brand der Mauritiuskirche 1850 und dem Neubau der Marktkirche wurde 1877 mit dem Bau einer zweiten *evangelischen Kirche* begonnen. Johannes Otzen, der den ausgeschriebenen Wettbewerb gewonnen hatte, griff mit einem zentralisierenden Raumprogramm, das eine enge Verbindung zwischen Kanzel, Altar und Gemeinde herstellt, auf frühgotische Formen zurück. Ein achteckiger Vierungsturm krönt den Bau.

Damit waren bereits Grundgedanken für den evangelischen Kirchenbau entwickelt, die Dekan Veesenmeyer in dem ›Wiesbadener Programm‹ formulierte. Seine Verkörperung sollte die *Ringkirche* werden, die gegenüber der Einmündung der Rheinstraße in den Ring liegt – die typische Bausituation des Straßenblickpunkts am Ring, wie sie sich in vielen Stadterweiterungen des späten 19. Jahrhunderts, z. B. in Köln oder Mainz, ebenso ergibt. So ist auch der Zentralbau, den man nach dem ›Wiesbadener Programm‹ erwarten würde, durch eine enge Zweitraumfront axial betont. Den Plan entwarf wieder Johannes Otzen, und nach zwei Jahren Bauzeit war das architektonische Meisterstück in hellem Sandstein und spätromanischen Formen vollendet.

Erst vor dem Zweiten Weltkrieg ist der größte Teil der Bebauung neben dem Hauptbahnhof um die Mosbacher Straße entstanden. Die *Lutherkirche* des Darmstädter Architekten Friedrich Pützer, 1908–11 errichtet, zeigt mit ihren ruhigen Formen im Schmuck ihrer Schieferdächer die beginnende Abkehr von historisierenden Stilen. Eine neue Zeit kündigt sich an.

Niederwalluf

Vielleicht mit einem Blick auf die schlichte spätbarocke *Christophorus-Kirche* in Schierstein, Mitte des 18. Jahrhunderts von Johann Scheffer errichtet, verläßt man Wiesbaden auf der B 42 und erreicht mit Niederwalluf den östlichen Eingang des Rheingaus mit seinem Weinreichtum.

Das 770 erstmals erwähnte Niederwalluf hat seine Siedlungsanfänge auf der anderen Seite des Baches Walluf gehabt. Dort, auf dem linken Wallufufer, steht noch die Ruine der ehemaligen Johanniskirche und der niedrige Stumpf eines fast quadratischen Turmes, eines frühromanischen Herrensitzes, der wohl 1198 zerstört worden ist. Die Spuren einer Niederungsburg sind mit Graben und Zwinger und den Ansätzen eines Wohngebäudes erkennbar.

Die katholische Pfarrkirche *St. Johannes der Täufer* besteht aus der kleinen alten gotischen Kirche mit Erweiterungen der Mitte des 19. und 20. Jahrhunderts. Das Pfarrhaus, einige Adelshöfe und auch eine sehenswerte Anzahl von Wohnhäusern stammen aus dem 18. Jahrhundert.

Eine Kostbarkeit, schlicht, aber von hohem historischen Reiz, verwahrt seit 1803 die neugotische katholische Pfarrkirche *St. Martin* in Oberwalluf: das Gewand der Heiligen Elisabeth, eng und lang herabfallend aus dunklem, grobem Wollstoff gearbeitet.

Auch der Weg weiter hinauf nach *Martinsthal* und *Rauenthal* lohnt sich, sei es, um von der Bubenhäuser Höhe die Aussicht zu genießen oder den berühmten Rauenthaler Weinen seine Reverenz zu erweisen.

Eltville

Noch bevor man den Ort selbst erreicht, liegt rechter Hand der Steinheimer Hof, letzter Zeuge eines untergegangenen Dorfes, wo seit dem Ende des 12. Jahrhunderts Kloster Eberbach eine Grangie, einen Wirtschaftshof besaß. Auch die gegenüberliegende Rheininsel Eltviller Aue war jahrhundertelang Besitz des Klosters.

Eltville. Stahlstich, nach Dielmann, Mitte 19. Jh.

Die Bezeichnung Alta villa, hochgelegene Siedlung, auf den Schuttfächern des Kiedricher und Sülz-Baches erhöht gelegen, wirkt römisch. Unter der Sektkellerei Matthaeus Müller hat man auch Spuren eines römischen Gutshofes gefunden. Der dann fränkische Königshof geht noch im 10. Jahrhundert in den Besitz der Mainzer Erzbischöfe über. Neben der lateinischen Ortsbezeichnung erscheint seit dieser Zeit auch mundartlich ähnliches: Eledevile, Eltivile und Eltvil. Seit dem 15. Jahrhundert wird auch Ellfeld geläufig, aber 1812 wird Eltville, ein Name mit einem Hauch französischen Parfums, amtlich festgelegt.

Fast einzigartig ist heute die Lage des Ortes am Rhein. Die B 42 wird mitten durch den Ort auf der alten Durchgangsstraße geführt. Weder Eisenbahnlinie noch Schnellstraße schneiden den Ort vom Ufer ab. Mit der Kirche St. Peter und Paul, der Kurfürstlichen Burg der Mainzer Erzbischöfe und zahlreichen Häusern und Höfen des 16. bis 18. Jahrhunderts besitzt die Stadt noch einen reichen Bestand an Denkmälern ihrer weinduftenden Vergangenheit.

Der auffälligste Bau im Stadtteil ist der *Wohnturm der Kurfürstlichen Burg*. Viergeschossig erhebt er sich über dem Verließ, mit Zinnenkranz, Zeltdach und Ecktürmchen geschmückt, von denen der nordöstliche als Treppenturm durchgezogen ist.

Gut renoviert ist er zusammen mit dem erhaltenen anschließenden Ostflügel und den Resten des Mauerbestandes repräsentativer Besitz der Stadt. In der Südostecke der Stadt wird wohl schon der fränkische Königshof gelegen haben, immer wieder zerstört und neu befestigt; hier beginnt Erzbischof Balduin von Trier um 1330 als Verweser des Mainzer Erzstiftes eine neue Befestigung zu bauen. Sein Konkurrent um die Herrschaft auf dem Mainzer Thron, Erzbischof Heinrich von Virneburg, läßt unter Änderung des Bauplans den Wohnturm errichten. Dieser und die anschließenden Gebäude der Burg werden bis zum Ende des 15. Jahrhunderts die bevorzugte Residenz der Mainzer Erzbischöfe. Denn erst 1461 werden sie wieder Herren der bis dahin freien Reichsstadt Mainz und siedeln dann Ende des Jahrhunderts in die dort errichtete Martinsburg über (s. S. 72).

Wohl im Grafensaal, dem ersten Obergeschoß des Wohnturmes, mag Johannes Gutenberg, der durch den verlorenen Prozeß gegen Fust mittellose Erfinder des Buchdrucks, seine Ernennung zum Hofmann durch Erzbischof Adolf II. von Nassau erhalten haben. Mit den Einkünften aus dieser Stellung waren seine letzten drei Lebensjahre gesichert. Vielleicht hat seine Anwesenheit mit dazu beigetragen, daß sich von 1467–76 auf dem erhaltenen *Hof Bechtermünz* die Druckerei der Mainzer Gebrüder Bechtermünz befand. So ist das zweite Stockwerk des Turmes als Gutenberggedenkstätte eingerichtet und auch das dritte Geschoß zeigt noch kostbare Stücke zur Druckgeschichte in Eltville.

An ihn erinnert auch der Hof der Gensfleisch von Gutenberg, ein Fachwerkbau, 1681 datiert, an der Stelle, wo sein Bruder Friele von 1434–47 lebte.

Bis auf den Wohnturm wurde die Burg 1635 im Dreißigjährigen Krieg von den Schweden zerstört, nur der Ostflügel wurde Ende des 17. Jahrhunderts wieder aufgebaut.

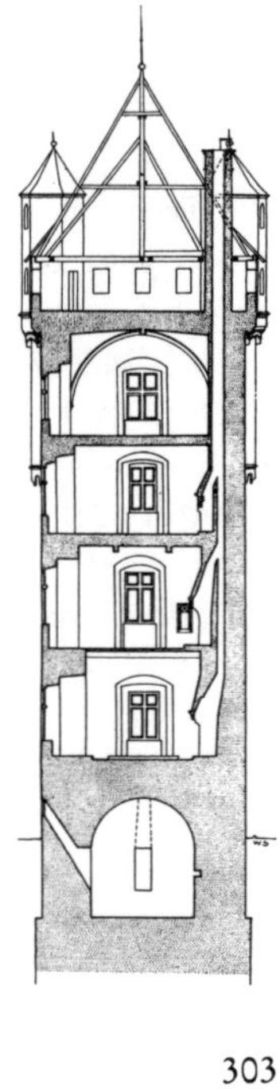

Eltville, Wohnturm der Kurfürstlichen Burg, Schnitt

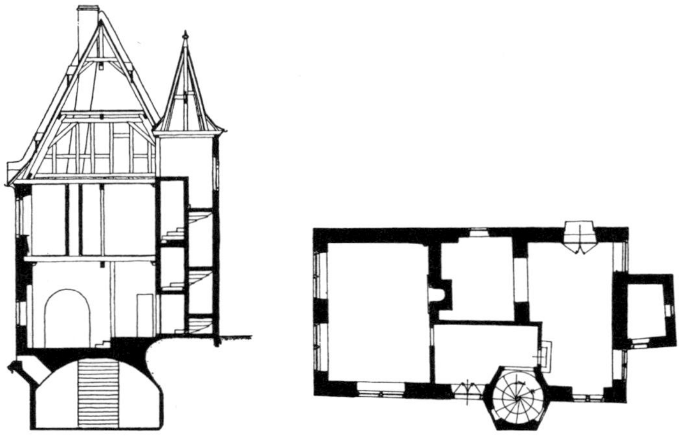

Eltville, Stockheimer Hof, Schnitt und Grundriß des Erdgeschosses

Nur wenige Meter rheinaufwärts steht die reizvolle kleine Anlage der *Burg Craß*, der ehemalige Hof der Freiherren von Dehrn. Burghaus, Turm und Anbau sind im Kern noch romanisch, dann aber spätgotisch umgebaut und schließlich um 1840 im Stil der rheinischen Burgenromantik herausgeputzt worden.

Zwischen Burghofgasse und der Rheingauer Straße in der Stadtmitte liegt das langsam gewachsene Gebiet des Hofes Langwert von Simmern. Ebenso wie der Hof Eltz haben die wechselnden Besitzer neue Bauten errichtet und oft angrenzende Grundstücke hinzuerworben. Im Park des Hofes liegt als ältester Bestandteil der *Stockheimer Hof* (Abb. 23), ähnlich dem von derselben Familie in Geisenheim erbauten Hof (Abb. 32). Auf der Nordseite wird der Treppenturm durch einen spitzen Helm betont, und über dem separaten Zugang zum Keller sitzt ein dekorativer Fachwerkerker. Eine ganze Reihe von Bauten des 16. bis 19. Jahrhundert schließen den Raum ringsum. Ein Ziehbrunnen in rotem Sandstein aus dem Jahre 1726 gibt dem Komplex seinen betonten Mittelpunkt.

Der *Eltzer Hof* in der Mitte der Stadt mit seinen beiden zum Rhein geöffneten Flügeln schließt neben den Höfen des Mainzer Viktorstiftes und des Mainzer Petersstiftes seit der Mitte des 18. Jahrhunderts auch den Martinsturm der rheinseitigen Stadtmauer mit ein. Zur Stadtmauer, deren Anfänge bereits vorhanden waren, bevor Balduin bei Ludwig von Bayern 1332 das Stadtrecht erwirkte, gehört neben kleineren Resten auch der stattliche Rundturm in der Südwestecke der ehemaligen Befestigung. Er trägt noch eine Holzskulptur des Heiligen Sebastian, der nach einer Pestepidemie zum Stadtpatron wurde.

Vom Stolz der Residenzstadt, bis ins 19. Jahrhundert der einzigen Stadt des Rheingaus, zeugt der Turm der Pfarrkirche *St. Peter und Paul* in der Mitte der Stadt. Er ist das jüngste Bauteil der zweischiffigen Hallenkirche.

Ein erster Bau südöstlich vor und unter dem jetzigen wird wohl schon im 9. Jahrhundert vorhanden gewesen sein. Bei Bauarbeiten und Grabungen 1933/34 ist man auf Spuren davon gestoßen. Ende des 12. Jahrhunderts folgte ein romanischer Bau an der Stelle der heutigen Kirche, der aber im 14. Jahrhundert den Ansprüchen einer erzbischöflichen Residenz nicht genügte. Das Patronat und damit der Zehnt im Pfarrbereich stand dem Mainzer Petersstift zu. Anhand der Wappen der Schlußsteine der Gewölbe ist gut zu verfolgen, daß neben dem Stift auch das Domstift und die Erzbischöfe sowie die in Eltville ansässigen Adligen Geld für den Bau gestiftet haben. Den Turm scheint die Stadt, von deren Baufreude noch heute drei Rathäuser aus dem 16. bis 18. Jahrhundert zeugen, finanziert zu haben.

1353 wird ein Ablaß für den Bau der Kirche verliehen. Damit konnten Kirchenstrafen nach der Beichte durch Geldspenden für den Bau ersetzt werden. 1359 konnte der Chor bereits benutzt werden. Die Bauarbeiten scheinen dann ohne große Unterbrechung fortgeführt worden zu sein. Die schlichten gotischen Formen werden nur im Schiff bei den Konsolen der Gewölbe nun reicher ausgestaltet, und auf der Südseite, im etwas schmaleren Seitenschiff, erscheinen zwei breitere dreibahnige Maßwerkfenster. Aus dem Ende des 14. Jahrhunderts stammt auch das Kreuzigungsrelief mit Maria, Johannes und Maria Magdalena im Tympanon des Nordportals mit seiner reich profilierten Rahmung. Noch reicher ist das innere Westportal, über dem zu Beginn des 15. Jahrhunderts ein Fresko des Jüngsten Gerichtes entstand. Als man Ende des Jahrhunderts das Sterngewölbe als zusätzlichen Schmuck einzog, wurde das Fresko abgedeckt und erst 1961 freigelegt. So ist es in seiner frischen Farbigkeit und lebendigen Darstellung mit dem thronenden Richter Christus, Maria und Johannes als Fürbitter, den Seligen und einem Rest der Verdammten eine Kostbarkeit spätgotischer Malerei. Aus der gleichen Zeit stammt der Wappenreigen am Chorbogen. Zu Beginn des 16. Jahrhunderts wird die Kirche ausgemalt. Ranken lockern die Strenge der Architektur auf und Verkündigung, Petrus, St. Vitus und der Heilige Onuphrius erscheinen auf der Stirnwand der Empore im Westen des Schiffes. Aus den gleichen Jahren des frühen 16. Jahrhunderts stammt auch der Taufstein, 1517 datiert, aus der Werkstatt Hans Backoffens in Mainz, der über den Symbolen der vier Evangelisten auf seinem achtseitigen Becken die Zwölf Apostel paarweise, Christus wieder als Richter des Jüngsten Gerichtes und den Heiligen Nikolaus zeigt. Selten wird so hinreißend der Übergang zwischen Spätgotik und Renaissance vorgeführt.

Zur gleichen Zeit entstanden auch die beiden Madonnen auf der Mondsichel und der große Triumphbogenkruzifixus. Eine Reihe anderer Heiligenfiguren gehört zur Ausstattung des 18. Jahrhunderts.

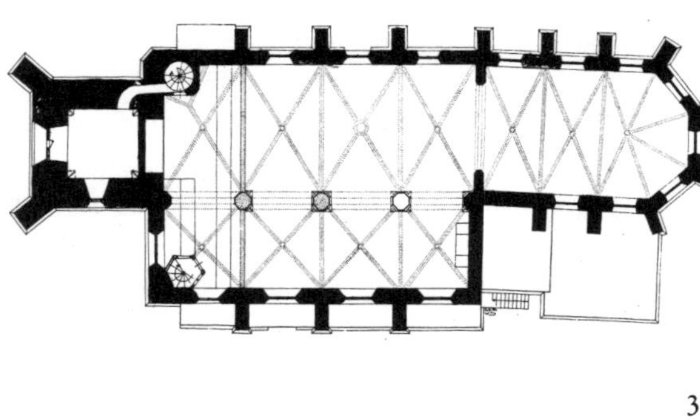

Eltville, St. Peter und Paul, Grundriß

Von der romanischen Kirche des späten 12. Jahrhunderts war der Stumpf eines Turmes im östlichen Joch des Seitenschiffes störend erhalten geblieben. Mühsam gewährte er Durchgang zur Sakristei. Diese Reste hat man 1933/34 beseitigt, allerdings damals auch die Außenmauer durchbrochen, um Beichtstühle einzurichten, die nun zwischen den Strebepfeilern sitzen. Eine neue Sakristei wurde gebaut und die alte in eine Marienkapelle verwandelt. Hier erscheinen wieder die Evangelistensymbole, jetzt als Fresko am Gewölbe, und eingemauert eine interessante Inschrift. Der sogenannte ›Willegisstein‹ in rotem Sandstein berichtet mit seiner erzbischöflichen Genehmigung von der Ausstattung eines Altars mit ausreichendem Vermögen, um dort täglich Messe lesen und an Festtagen Almosen verteilen zu lassen. Die Jahreszahl 1095 am Rande ist erst in spätgotischer Zeit hinzugefügt worden. Willegis saß von 975–1011 auf dem Mainzer Thron.

Aber zurück zum Turm: Seine Gestaltung mit zwei seitlichen Durchgängen machte ihn für die Prozessionen und Wallfahrten nutzbar, bei denen seit 1402 hier eine wundertätige Hostie verehrt wurde. So konnte den Wallfahrern vom Altan über dem Westportal aus die Reliquie vorgewiesen werden, und sie konnten durch die seitlichen Eingänge wie unter einem Schrein hindurchziehen.

Das Westportal hat man erst um 1320/30 eingefügt. Wie der Aufbau des Turmes ab dem zweiten Geschoß ist es ein Zeichen des Einflusses von Meister Madern Gerthener, dem Baumeister des Frankfurter Domturmes. Das Portal mit dem Wappen des Mainzer Erzbischofs Konrad von Dhaun (1419–34) erinnert an das Memorienportal Madern Gertheners im Mainzer Dom um 1425, an das Südportal des Frankfurter Domturmes oder das Westportal der Kiedricher Pfarrkirche. Zur Ausführung der geplanten Skulpturen scheint es nicht mehr gekommen zu sein. Die Wandgliederung in Maßwerk und die Auflösung der Strebepfeiler in Baldachine und Fialen finden sich in reicherer Form dort vorgegeben. Die Maßwerkgalerie ist neugotisch 1892/94 entstanden, und statt eines steilen gotischen Helmes steht dahinter seit 1686 ein achtseitiger Aufbau mit barocker Haube, die 1783 nach einem Brand erneuert worden ist.

Neben der reichen Sammlung an Grabdenkmälern innen ist außen neben dem Nordeingang in einem kleinen Anbau eine Ölberggruppe (um 1520) zu sehen, eine eindringliche Arbeit aus dem Umkreis Hans Backoffens.

Kiedrich

Von Eltville aus ist der Abstecher vom Rheinufer weg nach Kiedrich und nach Kloster Eberbach unumgänglich. Eine kleine Straße führt am nördlichen Ortsrand von Eltville entlang dem Kiedricher Bach hoch nach Kiedrich. Oberhalb des Ortes, jenseits des Baches, ist noch der Bergfried der *Ruine Scharfenstein* zu erkennen. Der runde restaurierte Turm zeigt vier Geschosse. Die Burg hatte der Mainzer Erzbischof um 1215 zum Schutz der Straße von Eltville in den Taunus hinein anlegen lassen. Durch sie und durch die wachsende

Bedeutung der Wallfahrten zum Heiligen Valentinus gewann der Ort etwas mehr an Bedeutung. Im 13. Jahrhundert residierte hier sogar zeitweise der Erzbischof. Aber seit dem späten 16. Jahrhundert ist die Burg schon Ruine, nur auf dem Bergfried hält noch einige Jahrzehnte lang ein Türmer Ausschau. Bis dahin spielt der Turm auch noch die entscheidende Rolle im Siegel des Ortes, dann tritt das Doppelrad des Mainzer Erzbischofs in den Vordergrund.

Der auf drei Seiten von Weinbergen umgebene Ort wird an manchen Stellen im Erscheinungsbild noch immer von den großen Höfen geprägt, Bauten des 16. bis 19. Jahrhunderts, darunter auch einer des Klosters Eberbach. Das *Rathaus,* 1585/86 errichtet, ist ein gutes Beispiel dafür, daß es sich unter dem Krummstab des Erzbischofs auch recht gut leben ließ. Es ist das prächtigste Renaissance-Rathaus im Rheingau, ganz in Stein errichtet, und zeigt neben dem Wappen des Ortes das Wappen des Mainzer Erzbischofs der Bauzeit, Wolfgang von Dalberg (1582–1601). Das hervorragende Baudenkmal ist jedoch der *Hof der Freiherren Ritter von Groenesteyn,* Suttonstraße 22. Der Bau mit seiner 1911 erneuerten Fassade ist vom ehemaligen Besitzer, dem Mainzer Oberbaudirektor Anselm Franz Ritter zu Groenesteyn, um 1730 als Landsitz errichtet worden. Die herrlichen Stuckdecken Georg Hennickes, das beste an Mainzer Barockstuck, was nach den Zerstörungen des letzten Krieges noch erhalten ist, ist als Privatwohnung verständlicherweise nicht zugänglich. Zu den Höfen treten im alten Dorfkern noch manche ältere und meist jüngere Fachwerkhäuser des 18. und 19. Jahrhunderts.

Der stimmungsvollste Teil des Ortes verbirgt sich hinter der hohen Mauer des ehemaligen Friedhofs. Angelockt vom hohen Turm der *Pfarrkirche St. Dionysius und Valentinus* und vom zierlichen Helm der *Michaelskapelle* betritt man den stillen Bereich des Kirchhofs. Zahlreiche Grabsteine in rotem Sandstein, das Pfarrhaus, das Haus des Küsters und das des Chorregenten bilden mit Kapelle und Kirche ein Einsemble, wie man es am Mittelrhein nicht wieder findet. Diese Entdeckung, damals noch im Schatten barocker Bereinigungen und von Notverkäufen mittelalterlicher Glasmalereien, machte 1857 der englische Baronat John Sutton. Begeistert kehrte er wieder, baute sich ein stattliches Haus und ließ sich bis zu seinem Tode 1873 oft für längere Zeit hier nieder. Mit Kennerschaft und großem finanziellem Engagement versuchte er in diesen Jahrzehnten den spätgotischen Zustand der Kirche und Umgebung wieder herzustellen, eines der erfreulichsten Ergebnisse der Rheinromantik.

Zum Heiligen Valentin nach Kiedrich hatte sich im späten Mittelalter eine blühende Wallfahrt entwickelt. Er galt als zuständig für die fallende Sucht der Epilepsie und für Gichtleiden, das Podagra, das besonders die Reichen traf, die üppig Fleisch essen konnten. Schon 1417 werden ein Spital und eine Herberge für die Pilger gestiftet. Das St. Valentinus-Stift führt diese Tradition noch heute fort. Zur Betreuung der Pilger bildet sich 1445 eine Elendenbruderschaft, die ›Elenden‹ sind nach mittelalterlichem Sprachgebrauch die Fremden. Die ersten Reliquien, die diese Wallfahrt auslösten, soll ein Abt des nahen Klosters Eberbach gestiftet haben, um die Unruhe des Pilgerbetriebs von seinem Kloster fernzuhalten. Tatsächlich hat Kloster Eberbach ein Kopfreliquiar nach Kiedrich geschenkt. 1454 kamen als Geschenk des Wormser Domdekans Rudolf von Rüdesheim weitere Partikel der Gebeine in einer Reliquienmonstranz nach Kiedrich. Dabei ist der Heilige Valentin, der bereits am Mittelpfeiler des Westportal begegnet, nach der Legende als Wanderbischof in Rätien nicht für Epilepsie und Gicht zuständig. Ein Namensvetter, der Heilige Bischof Valentin von Terni, hatte einst einen Krüppel geheilt. Aber auch unser Valentin, dessen Kult sich von Passau aus verbreitet, muß erfolgreich gewesen sein. Seine Kirche legt reiches Zeugnis davon ab, denn ohne die Spenden und Stiftungen der Pilger kann der Bau kaum finanziert worden sein.

Etwa um 1380 begann man unter Erhaltung des Altarraumes des alten Baus mit der Errichtung eines neuen Schiffes. Bis zum Ende des 15. Jahrhunderts, mehr als ein Jahrhundert lang, blieb die Kirche nun Baustelle. Das Hallenlanghaus, das jetzt entstand, bildet noch den unteren Teil des heutigen Langhauses. Um die Gewölbe abzustützen, mußten auch die unteren Geschosse des Turmes aufgeführt werden. Fast ganz ins Schiff einbezogen, ragt nur seine Westwand mit dem kleinen begleitenden Treppenlauf aus der Fassade hervor. Auf der Empore des Turms, wo seit dem späten 15. Jahrhundert die Orgel untergebracht ist, wird 1427 ein Michaelsaltar erwähnt. Das wunderschöne Westportal, das an das Südportal des Frankfurter Domturmes und das der Eltviller Kirche erinnert, wird um 1420 entstanden sein. Lieblich in der Erscheinung, sanft bewegt in den Figuren ist das Tympanon eine der schönsten Bildhauerarbeiten des Mittelrheins spätgotischer Zeit. Gottvater erscheint, von musizierenden Engeln begleitet; darunter links die Verkündigung Mariens, der der von Gottvater ausgehende Strahl mit der Taube des Heiligen Geistes fehlt; rechts die Vollendung des Lebens Mariens in der Marienkrönung. Davor, wie schon erwähnt, der so zahlreich besuchte und mit Stiftungen bedachte Heilige Valentin am Mittelpfeiler des Portals. Die aufstrebenden begleitenden Fialen des Portals fassen das große Westfenster mit ein. Mitte des 15. Jahrhunderts wird der Turm vollendet, dessen heutiger neugotischer Abschluß 1873/74 vom Frankfurter Dombaumeister Franz Joseph von Denzinger als Ersatz für eine barocke Haube entworfen wurde. Er hatte auch schon 1866 den Entwurf für den zierlichen Dachreiter geliefert.

Mit dem Abschluß dieser Arbeiten und der Stiftung neuer Valentinsreliquien durch den Wormser Domdekan 1454 war genug Anlaß gegeben, nun an das Schiff des späten

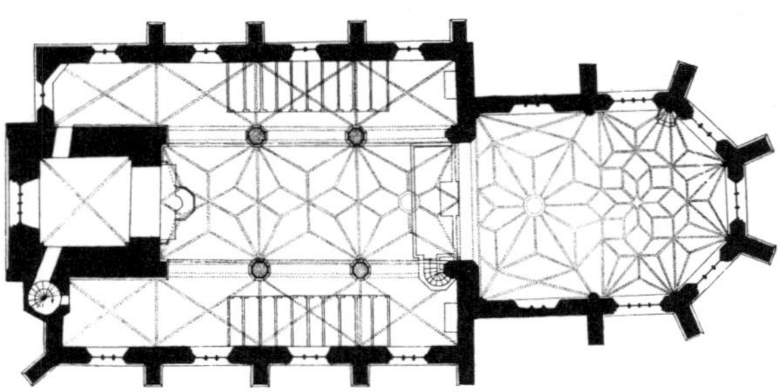

Kiedrich, St. Dionysius und Valentinus, Grundriß

14. Jahrhunderts einen Chor anzubauen. Die ersten Pläne lieferte Meister Wilhelm aus der Frankfurter Schule Madern Gertheners. Hier sind mit seinen Entwürfen für die Chöre der Frankfurter Kirche St. Leonhard und der Katharinenkirche in Oppenheim die Vergleichsbeispiele zu finden. Von raffiniertem Prunk sind die Maßwerkgestaltungen der hohen Fenster, schwingend gezogene Fischblasen, mit teils überschnittenen Ansätzen, sind das häufigste Motiv. Unter Meister Wilhelms Leitung arbeitete Hans Flücke aus Ingelheim, der später Werkmeister am Frankfurter Dom wurde. Das Dach war wohl schon aufgesetzt, die Gewölbe aber noch nicht gezogen, als um 1470 eine Bauunterbrechung eintritt. Um 1480 tritt nach dem Tode Meister Wilhelms vor 1476 ein Meister aus Bayern, aus der Schule Hans Stethaimers, an seine Stelle und verfolgt eigene Pläne. Sein zweifaches Sterngewölbe, im Osten reicher und vielfältiger als im Westen, ist niedriger angesetzt als es Meister Wilhelm vorgesehen hatte. An den westlichen Pfeilern ist die fehlende Perfektion im Ansatz der Rippen gut zu erkennen. Durch eine nischenartige Rahmung der Fenster ist der tiefere Ansatz des Gewölbes kaschiert. Vieleicht waren ihm Meister Wilhelms Pläne statisch zu kühn. Im Kranz der sekundären Schlußsteine des Gewölbes findet sich die Jahreszahl 1481 mit dem Meisterzeichen des Bayern.

Die Konsequenz des überhohen Chores war die nun notwendig folgende Aufstockung des Schiffes. Die Mittelschiffgewölbe wurden eingeschlagen und über den Seitenschiffen Emporen eingezogen, während die Pfeiler aufgestockt wurden, um nun ein, im Vergleich zum Chor, schlichtes Sterngewölbe aufzunehmen. Der Schlußstein des westlichen Joches trägt wieder die Meistermarke und die Jahreszahl 1490. Das westliche Joch der Nordempore zeigt das gleiche mit der Jahreszahl 1493. Die Emporenhalle, die vielleicht auf das Vorbild der Stiftskirche in St. Goar zurückgreift, ist vollendet gestaltet.

Der Reichtum der spätgotischen Architektur, erweitert noch durch die beiden Sakristeien, die den Chor abstützen, wird übertroffen und überhöht vom Charme der Ausstattung. Die Rankenmalereien der Gewölbe sind von ihrer Übermalung des 19. Jahrhunderts befreit und ergänzt worden. Die Wanddekoration stammt noch aus dieser Zeit. Sie hat der Schüler Edward von Steinles, Franz August Martin, ausgeführt, für den John Sutton in der nahen Marktstraße 13 ein eigenes neugotisches Haus mit Ateliergebäude errichtet hatte. Denn Maler Martin wurde reichlich beschäftigt. Die Orgel des späten 15. Jahrhunderts, eine der ältesten noch spielbaren oder wieder spielbaren, wurde von ihm nach ihrer durchgreifenden Reparatur wieder farbig gefaßt und mit bemalten Flügeln versehen. Auch der Maßwerkbalkon für den Spieltisch stammt aus diesen Jahren nach 1857. Hier an der Orgel hatte sich John Suttons Interesse entzündet, und die von ihm geförderte Choralschule pflegt noch heute die Eigenarten des Mainzer Choralgesanges bis in den Gebrauch der alten Hufnagelnoten, die so nach ihrem Erscheinungsbild benannt sind.

Hier war noch Originales zu retten gewesen. Schlimmer sah es bei den Fenstern aus. Die besten waren verkauft, nur noch wenige Bruchstücke des späten 14. Jahrhunderts sind im nördlichen Seitenschiff in die neuen Fenster von Jean de Bethune aus Gent um 1870 eingesetzt worden. Von seinem Schüler Josef Osterrath wurden 1878 die Fenster des Chores geliefert, eine gelungene Lösung.

Der Lettner war im Barock abgerissen worden, aber aus geretteten Bruchstücken wurde er rekonstruiert, und neue Skulpturen schuf der Kölner Bildhauer Nikolaus Elscheidt, berühmt für sein Einfühlungsvermögen in mittelalterliche Skulptur. Nur zu restaurieren brauchte man die Kanzel des bayerischen Meisters, sie trägt sein Zeichen und die Jahreszahl 1493 auf der obersten Stufe. Die Skulpturen der vier Evangelisten sind ergänzt. Den ganzen Raum füllt ein entzückender Schatz, das Gestühl. Die Rückwand der südlichen Bankreihe trägt die stolze Inschrift Meister Erhart Falkeners: »Diß werck hat gemacht Erhart Falkener von Abensperck uß beirn wohnhaft zu gau Odernheim da man zalt nach der geburt cristi unsers lieben hern duset funfhundert und zehn Iar. got wil sein gnad an uns nit sparn wan mir unser leben recht bewaren und halten die zehen gebot...« Man spürt hier und im Rest der geschnitzten Inschriften die brennende Sorge um die Seligkeit, den Boden der nahen Reformation. 1869 entstand die farbige Fassung, und zwanzig Kopien wurden für die Emporen gefertigt. Das ebenfalls restaurierte Chorgestühl der Zeit um 1500, das Sakramentshaus vom Ende des 15. Jahrhunderts, der Dreisitz der Mitte des 16. Jahrhunderts, schon Renaissance, die Trageorgel von 1630, die Beichtstühle des späten 17. Jahrhunderts oder der prachtvolle Leuchtertisch um 1500, zu dem man ein Gegenstück in Rauenthal sehen kann, runden das Bild ab.

Hinzu kommt der reiche Bestand an Altären und Skulpturen. Neben dem Lorcher Hochaltar ist der Johannesaltar im nördlichen Seitenschiff des späten 15. Jahrhunderts der einzige, der sich einigermaßen vollständig am angestammten Ort befindet. Im Gehäuse gotischer Architektur rahmen Johannes der Evangelist und Johannes der Täufer die Heilige Anna selbdritt, mit Tochter Maria und Christus als Kind, das in spielerischer Bewegung zum optischen Mittelpunkt des Altars wird. Das bekrönende Gespreng ist 1862 ergänzt, und die Flügel sind von Franz August Martin gemalt worden. Einen neuen Schrein erhielten die Skulpturen des Margarethenaltars auf der Nordempore, und der Marienaltar der Südempore ist eine Neuerwerbung aus dem Kunsthandel. Den Hochaltar stiftete vor 1619 Kaspar von Eltz als sein Grabdenkmal, ein einst geläufigeres Bild. Unten ist die Nische, die ihn kniend zeigte, leer. Heilige, darunter wieder Valentin und Szenen zum Opfer Christi, von den alttestamentarischen Vorbildern bis zu seinem Tod am Kreuz, deuten das Geschehen am Altar für die Gläubigen. 1620 ließ die Tochter Kaspars, Juliane von Schwalbach, ein ähnliches Altarkunststück, den Katharinenaltar im südlichen Seitenschiff, für sich, ihren Mann und ihre Schwiegereltern errichten. Als kleine Figuren erscheinen sie in kniender Anbetung unter dem vollen Glanz aller Adelswappen der Vorfahren. Im reichen Bestand an Skulpturen und Grabdenkmälern verdienen die Kreuzigungsgruppe am Triumphbogen über dem Lettner (um1520) und die zierliche Madonna der Zeit um 1330 hinter dem Lettner besondere Beachtung. Die Muttergottes und ihr bezaubernder Sohn sind von französischen Vorbildern geprägt.

Der elegante Kontrapunkt zur Pfarrkirche ist die *Michaelskapelle* (Abb. 24). Ein Meister, wieder aus dem Umkreis von Madern Gerthener, errichtete dieses schönste erhaltene Beispiel einer Kapelle mit Beinhaus um 1440. 1444 wurde hierher der Michaelsaltar der Empore des Kirchturms übertragen. Auch hier ist vieles erneuert, die Fenster sind wieder von Jean de Bethune um 1860 gefertigt worden. Der Treppenturm mit seinem Maßwerkhelm, das zierliche Chörlein der Ostseite und die reiche Außenkanzel, die raffinierte Stufung der Strebepfeiler und die gekonnte Raumgestaltung machen die zweigeschossige Kapelle zu einem Kleinod spätgotischer Architektur.

Das schönste Stück der Ausstattung ist hier die doppelseitige Leuchtermadonna, um 1520 in der Nachfolge Hans Backoffens entstanden (Abb. 25). Aus diesem Umkreis stammt auch die große Kreuzigungsgruppe auf dem Kirchhof. Sie zeigt einmal neben Christus auch die zwei mit ihm gekreuzigten Schächer, in fast wilder Bewegung zur Ruhe Christi in Kontrast gestellt. Ungern verläßt man dann den Ort spätmittelalterlichen Reichtums, um zur etwas nüchterneren Blüte des hohen Mittelalters nach Eberbach zu kommen.

Kloster Eberbach

Am Waldesrand entlang sieht man schon jenseits des Kisselbaches die Weinberge des Steinbergs liegen, den die Eberbacher Mönche rodeten und zu hohem Ruhm führten.

Im Kisselbachtal hatte hier um 1116 Erzbischof Adalbert I. von Mainz, aus dem Hause der Grafen von Saarbrücken, vielleicht an der Stelle eines alten Hofes ein Augustiner-Chorherrenstift gegründet. Es florierte ebensowenig wie der 1131 begonnene Versuch, hier Benediktiner aus Johannisberg anzusiedeln. 1135 ließen sich nun Zisterzienser nieder und hatten Erfolg. Neben Himmerod ist Eberbach das einzige Tochterkloster von Clairvaux in Deutschland, selbst wieder mehrfach Mutterkloster. Die Popularität der Zisterzienser, man

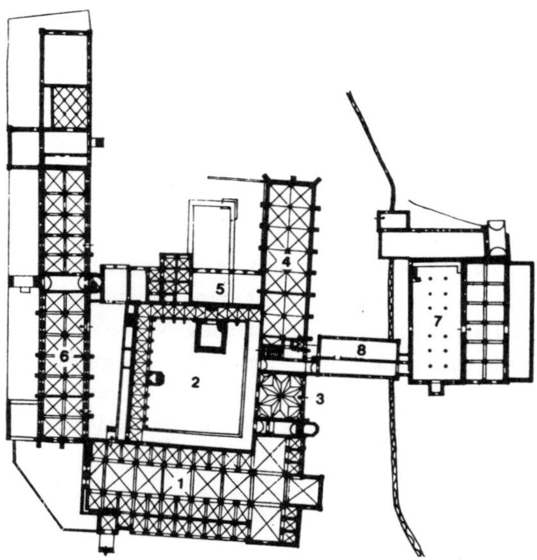

Eberbach, Grundriß

1 Kirche
2 Kreuzgang
3 Kapitelsaal
4 Fraternei
5 Barockes Refektorium
6 Laienrefektorium
7 Ehem. Hospital
8 Neues Krankenhaus

denke nur an Bernhard von Clairvaux, der für fast eine Generation versuchte, die Politik des Abendlandes zu formen, und ihr wirtschaftlicher Fleiß machten die Mönche von Eberbach zum Ziel zahlreicher Schenkungen und zu Besitzern wohlverwalteten Reichtums. An über zweihundert Orten im Mittelrheingebiet waren sie begütert. Die ›Eberbacher Höfe‹, die so oft begegnen, waren die jeweiligen Verwaltungszentren. Reichardshausen war das Zentrum der Verschiffung ihres Rheingauer Weines, den sie seit dem Ende des 12. Jahrhunderts zollfrei an allen Rheinanliegern vorüber transportieren konnten, mit eigenen Schiffen und großen Lagerkellern z. B. in Köln – ein beispielhaft erfolgreiches Unternehmen. Das weckte Begehrlichkeit. Im mittelrheinischen Bauernkrieg wurde das Kloster seiner Vorräte beraubt, und das berühmte große Faß, das etwa 740 hl faßte, geleert.

Auch der Dreißigjährige Krieg ging nicht spurlos vorüber. 1632–35 mußten die Mönche das Kloster verlassen, und Gustav Adolfs Kanzler Axel Ochsenstierna wurde der stolze Eigentümer. Die Bibliothek war schon 1631 geplündert worden, ein Teil gelangte in die Bodleian Library nach Oxford. Aber Ende des 17. Jahrhunderts hat sich das Kloster wieder erholt. Bautätigkeit des 18. Jahrhunderts ist noch an vielen Stellen zu erkennen. Nach dem Reichsdeputationshauptschluß wurde das Kloster 1803 dem Hause Nassau zugesprochen. Wieder wurde die Bibliothek verstreut, die Ausstattung verschleudert und verteilt. Die Domänenverwaltung des Hauses Nassau betrieb in einem Teil der Gebäude den Weinbau weiter, und er ist noch heute als hessische staatliche Domänenverwaltung der Ruhm des Klosters mit jährlichen Weinversteigerungen. Einen vergleichbaren Genuß bieten die Konzerte, die im Sommer hier stattfinden. Ein Rundgang lohnt sich immer.

Der Haupteingang neben dem von einer Gaststätte traditionsgerecht genutzten Pfortenbau öffnet den Blick in die von einer teils über fünf Meter hohen und mehr als einen Kilometer langen Mauer umfaßten Klosteranlage. Die lebhafte Südseite der Kirche mit der Perlenschnur gotischer Kapellen fällt zuerst ins Auge. Dahinter verbirgt sich auf der Nordseite der Kirche der Kreuzgang mit den Räumen der Klausur. Jenseits der Westfassade setzt der lange Bautrakt von Konversenbau und Brau- und Backhaus an. Östlich der Klausurgebäude ragt das Krankenhaus heraus, und jenseits des unterirdisch fließenden Kisselbaches liegt das neue Hospital mit Kelterhaus und anderen Wirtschaftsräumen. Weitere Wirtschafts- und Gartenbauten runden das Bild eines wohlhabenden Klosters ab, wie es mit so reichem Baubestand selten geboten wird.

Die Schäden der Nutzung im 19. Jahrhundert, die vom Schafstall über Irrenhaus bis zum Gefängnis reichte, sind weitgehend beseitigt. Durch den Südeingang betritt man die ehemals Maria und Johannes dem Täufer geweihte *Kirche*. Mit ihrem Bau hatte man um 1145 noch nach mitgebrachten romanisch-burgundischen Vorstellungen begonnen. Der gerade geschlossene Chorraum, die Querhäuser mit ihren je drei östlichen Kapellen, notwendig bei der Vielzahl von etwa sechzig täglich Messe lesenden Patres der Frühzeit, die Vierung und

114 DRACHENFELS Bergfried ▷
115 SIEBENGEBIRGE mit Drachenburg, Drachenfels und Großem Ölberg ▷▷

117 KÖNIGSWINTER Pfarrkirche St. Remigius

118 NIEDERDOLLENDORF
Pfarrkirche St. Michael

116 HEISTERBACH Chorruine

119 BONN-BAD GODESBERG Godesburg

120 BONN - BAD GODESBERG Redoute

121 BONN - BAD GODESBERG
›Zur Lindenwirtin‹

123 BONN Münster

122 BONN Beethovenhaus, Innenhof

125 BONN Ehem. Kurfürstliche Residenz, heute Universität

124 BONN Panorama mit Uferpromenade

126 BONN Rathaus

127 BONN Alter Friedhof, Schumann-Grabmal

129 BRÜHL Schloß Augustusburg
128 BONN-BEUEL-SCHWARZRHEINDORF St. Klemens
130 KÖLN-RODENKIRCHEN St. Maternus

131 KÖLN Römerturm

132 KÖLN Römisch-Germanisches-Museum, Poblicius-Denkmal

133 KÖLN St. Aposteln

134 KÖLN Severinstor

135 KÖLN St. Andreas

136 KÖLN St. Kunibert

137 KÖLN Rathauslaube

138 KÖLN In der Altstadt

139 KÖLN Dom nach Osten

140 KÖLN Dom, Westfassade ▷

141 KÖLN St. Mariae Himmelfahrt, Kanzel

die Anfänge des Schiffes hatten schon eine Höhe von einigen Metern in sauberem Quaderwerk erreicht, als eine Bauunterbrechung eintrat. In den Streitigkeiten Friedrich Barbarossas mit dem Papst, der Erhebung von Gegenpäpsten, mußte der Abt die Flucht ergreifen.

Nach einer Unterbrechung von einem Jahrzehnt werden die Bauarbeiten um 1170 wieder aufgenommen. Jetzt machen sich neue, einheimische Bauvorstellungen bemerkbar. Das Langhaus wird im gebundenen System aufgeteilt und höher als zuerst geplant mit Kreuzgratgewölben geschlossen. Im gebundenen System werden einem quadratischen Joch des Mittelschiffes je zwei wieder quadratische Joche der Seitenschiffe zugeordnet. Das ging bei der vorgesehenen Länge des Schiffes nicht auf. Ein Halbjoch im Westen zeugt davon, und das etwas mißliche Höhenverhältnis der Ostkapellen des Querhauses zur Gesamthöhe erinnert ebenso an die ursprüngliche Planung.

Der mit erneuerten Tonfliesen belegte Boden und die Geschlossenheit des Raumeindrucks läßt nichts mehr davon ahnen, daß noch vor einer Generation eine Straße für Wirtschaftszwecke quer durch die Kirche geführt war. Den Zerstörungen war bis auf geringe Reste in den Kapellen der Südseite auch die barocke Ausstattung zum Opfer gefallen. Nach den überlieferten Berichten muß sie von großer Pracht gewesen sein. Völlig schmucklos wirkt heute die hochmittelalterliche Raumkonzeption in zisterziensischer Strenge, zugleich so stolz wie die Herren von Adel, die hier als Mönche herrschten. Über knappen Sockeln erheben sich die glatt geschnittenen Pfeiler. Die fast mehr angedeutete Kämpferplatte bindet bei jedem zweiten Pfeiler gleichzeitig die abgestufte Konsole für den Pilaster des Gurtbogens ein. Glatte Wandflächen dazwischen werden nur hoch oben mit Fensterpaaren geöffnet, Gurtbogen rahmen die Kreuzgratgewölbe von straffer Flächigkeit (Abb. 28).

1178 sind bereits die ersten Altarweihen für die Ostkapellen des Querhauses überliefert, und 1186 vollzieht Erzbischof Konrad von Mainz die Weihe der Kirche. Um 1200 wird der Südeingang um das Paradies verlängert, und seit 1313 werden daneben die Kapellen gotisch als zweites südliches Seitenschiff angeschlossen und ursprünglich drei große Fenster in die Wände des Chores eingebrochen und mit Maßwerk geziert. Sonst wird nur noch wenig verändert. Der Dachreiter erhält seine Form im späten 17. Jahrhundert, und Anfang des 18. Jahrhunderts entstanden unter den Händen kunstfertiger Mainzer Meister die erhaltenen Stuckarbeiten. Sechs Skulpturen der Zeit, vielleicht von Burkhard Zamels, sind im Konversenbau zu sehen.

So liegt der Reichtum an Schmuck heute nur noch in den Grabdenkmälern. Das erstaunlichste ist das Grab der Erzbischöfe von Mainz, Gerlach und Adolf von Nassau. Ursprünglich war das Wandgrab über der darunter erhaltenen Gruft nur für den 1371 verstorbenen Gerlach bestimmt. Bei Bauarbeiten im Chor 1707 wurde es auf den heutigen Sockel gesetzt, da man den Boden erhöhte. Teils war es in die Wand eingetieft, teils ragte es weiter in den Raum hinein. Damals stellte man den Deckel der Tumba aufrecht an die Wand, wo wir Gerlach rechts als schmale, elegante Gestalt finden. Links neben ihm stellte man die Grabplatte des 1475 verstorbenen Adolf II., dessen Tumbengrab man damals beseitigte.

Der rahmende Aufbau gehört trotz aller Veränderungen – man hat auch die Pfeiler auf höhere Sockel gesetzt – zu den schönsten Bildhauerarbeiten des späten 14. Jahrhunderts. Er wird dem Erfurter Severi-Meister zugeschrieben. Er schildert zwischen den Löwen auf der Tumba die Auferstehung Christi und sein Erscheinen als Gärtner vor Maria und Maria Magdalena. Die Reliefs werden von der stützenden Figur eines Mannes getrennt. In den Wimpergen des doppelten Baldachins erscheint als Verheißung Christi links David und rechts der Prophet Jesaja, über Drache und Löwe schreitend. Unter den zarten Baldachinen der Fialen stehen Petrus, Maria und Paulus.

Im südlichen Querhausarm, der dafür auch einen besonderen Zugang erhielt, befand sich die Familiengrablege der reichen Grafen von Katzenellenbogen. Zehn ihrer Grabplatten sind erhaltengeblieben. Darunter der ehemalige Tumbendeckel des Grabes Eberhards I., das zweimal das Wappen der Katzenellenbogen mit dem steigenden Löwen zeigt (Abb. 29), und der hochelegante Tumbendeckel des Grabes Johanns II. von 1357, der zum Topfhelm seiner Rüstung noch den prunkvollen Turnierhelm vorweist (Abb. 30). Im Fußboden und an den Wänden findet man weiter noch fast ein halbes Hundert an Grabdenkmälern vom 14. bis ins 18. Jahrhundert von adligen Familien und Äbten; teils glanzvolle Arbeiten aus der Werkstatt Hans Backoffens, wie der Epitaph des Wigand von Hynsperg von 1511 in der westlichen Kapelle der Südseite, teils weniger gelungene Stücke, insgesamt aber ein Überblick von Grabdenkmälern aus vier Jahrhunderten.

Eine kleine Pforte am Ostende der Nordwand des Schiffes führt in den angrenzenden Kreuzgang. Schon ein erster Blick zeugt für seine wechselvolle Baugeschichte vom 12. bis ins 18. Jahrhundert und die Veränderungen des 19. und 20. Jahrhunderts. Ost- und Südflügel sind bis auf die Gewölbeansätze zerstört. Vom flachgedeckten romanischen Kreuzgang ist nur die Mitte der Nordseite erhalten. Hier öffnet sich der große Rundbogen zum abgebrochenen quadratischen Brunnenhaus, wo man den schönen spätromanischen Lavabo, den Mönchsbrunnen, mit seinen beiden Schalen wieder aufgestellt hat. Ihre heutige gotische Gestalt haben West- und Nordflügel von der Mitte des 13. bis zum Beginn des 14. Jahrhunderts erhalten. Dahinter und im zweiten Geschoß darüber schließen sich die Räume der Klausur an, die einst nur über das Portal an der Westseite, an der Klostergasse zwischen Kreuzgang und Konversenbau zu erreichen war. Zuerst begegnet man an der Wand des nördlichen Querhauses dem offenen Grab der ersten drei Äbte des Klosters, als Bogennischengrab Ende des 12. Jahrhunderts angelegt. Der langgestreckte Ostflügel der Klausur reiht die schmale Sakristei, dann den quadratischen Kapitelsaal, der um 1354 sein einzigartiges Sterngewölbe über achtseitigem Mittelpfeiler erhalten hat, einen schmalen Durchgang ehemals zu den Latrinen am Kisselbach, dann den heutigen Kabinettskeller, ehemals Fraternei, Aufenthaltsraum der Mönche, um 1260 in die heutige gewölbte Form gebracht, aneinander. Über die ganze Länge von 73 Metern erstreckt sich darüber der gewaltige Raum des Dormitoriums, des Schlafsaals der Mönche (Abb. 27).

Der Nordflügel enthält das barocke Mönchsrefektorium und die Küche, darüber die Wärmestube. Das Obergeschoß des Westflügels entstand zur Unterbringung der Bibliothek. Durch die Klostergasse davon getrennt, liegt dazu parallel der Konversenbau für die

Laienbrüder mit dem Laienrefektorium, in dem jetzt alte Weinkeltern ausgestellt werden, und dem langgestreckten Laiendormitorium im Obergeschoß. Auch andere Bauteile haben mehrfach ihre Nutzung gewechselt, aber der faszinierende Gesamteindruck der Anlage eines reichen Klosters, geistiges Zentrum und florierender Wirtschaftsbetrieb, ist erhalten geblieben.

Erbach und Hattenheim

Der Weg an den Rhein zurück führt nach **Erbach,** an der Mündung des Eberbachs gelegen, der dem Ort seinen seit dem 14. Jahrhundert so verkürzten Namen gegeben hat. Das Erscheinungsbild des Ortes prägen neben einigen barocken Höfen des 17. und 18. Jahrhunderts und Bürgerhäusern der gleichen Zeit, darunter der Hof Drais am Osteingang des Ortes, der ehemalige Eberbacher Hof, das Schloß Reinhartshausen und die beiden Kirchen.

Schloß Reinhartshausen, das erst 1857 seinen Namen nach dem damaligen Verwalter des Anwesens erhielt, wird heute im Besitz eines Hohenzollernprinzen als Hotel genutzt. In mehreren Bauphasen ist das Gebäude seit dem Beginn des 19. Jahrhunderts entstanden.

Die katholische *Pfarrkirche St. Markus* ist ursprünglich um 1500 als dreischiffige Hallenkirche mit Westturm, drei Jochen im Schiff und Chor entstanden. 1721–23 hat man den Chor abgebrochen, das Mittelschiff sechs Meter erhöht und um zwei Joche verlängert und bis 1728 einen neuen Chor angeschlossen. In den Formen hat man sich ›denkmalpflegerisch‹ an die gotischen Vorbilder gehalten, die Ausstattung ist aber im barocken Geschmack der Zeit gehalten. Auf dem Kirchhof ragt eine Kreuzigungsgruppe auf. Sie gehört zur reichen Zahl der gleichen Darstellungen, die Anfang des 16. Jahrhunderts in der Werkstatt Hans Backoffens entstanden.

Die *evangelische Kirche* ist erst 1865 von Prinzessin Marianne von Preußen, der damaligen Besitzerin von Reinhartshausen, gestiftet worden. In ihrem Auftrag errichtete Baurat Eduard Zais den zierlichen neugotischen Bau. Die dreischiffige gewölbte Hallenkirche mit Chor und schlankem achteckigem Türmchen über der Westfassade atmet noch klassizistisches Maß mit ihren Maßwerkverzierungen und Fialen aus Terrakotta oder Stuck. Der Chor wurde zuerst nur durch ein Oberlichtfenster im Sterngewölbe beleuchtet, erst Ende des 19. Jahrhunderts hat man die dreiteiligen Fenster eingefügt.

Auf dem Weg von Erbach nach Hattenheim stößt man auf der Mitte des Weges auf den *Markobrunnen.* An der Gemarkungsgrenze zwischen Erbach und Hattenheim, daher wohl auch der Name des Brunnens, hat man um 1810, mit einer halbrunden Nische mit kannelierten Pilastern und hohem Gebälk darüber, eine Quelle in der Stützmauer des Weinbergs gefaßt. Berühmter allerdings als das Wasser, das er spendet, ist der Wein, der auf den Weinbergen ringsum nach ihm benannt ist, der ›Markobrunner‹.

Damit ist man auch schon fast in **Hattenheim** angelangt. Noch ist das alte Ortsbild mit seinen großen Adelshöfen und dem reichen Bestand an Fachwerkhäusern gut erhalten. Wie auch an anderen Orten im Rheingau zu beobachten, hat sich das Zentrum um Straße, Kirche und Burg entwickelt. Eine auf das Rheinufer bezogene Front hat sich nicht gebildet.

Innerhalb der Bruchsteinmauer des *Burgbezirkes* auf der Nordseite der Kirche ist der fast quadratische Mauerzug gut zu erkennen. Ein Turm in der Südwestecke und gegenüber der Wohnturm des 15. Jahrhunderts runden das Bild ab. Eine Talburg zur Sicherung der Straße, wie man sie entlang des Mittelrhein doch an einigen Stellen noch findet. Als sie 1118 mit den Herren von Hattenheim erstmals erwähnt wird, ist sie sicher schon ein ›Altbau‹ für heutige Verhältnisse.

Denn unter dem um 1220 erbauten Turm mit der anschließenden Sakristei der katholischen *Pfarrkirche St. Vincent* hat man die Spuren einer karolingischen Kapelle ergraben. Sie wird bereits zur Burg gehört haben. Die an den Turm anschließende *Saalkirche* ist 1739/40 erbaut worden. Den Saal schmückt auf der glatten Fläche des Spiegels der Decke die Verherrlichung des Heiligen Vincent, des Patrons der Kirche, 1740 von J. Voleanus gemalt. Auch die übrige Ausstattung stammt aus diesen Jahren. Nur die Kreuzigungsgruppe an der Südseite der Kirche ist wieder in der Werkstatt Hans Backoffens um 1510 entstanden.

Hallgarten

Benutzt man die parallel zur B 42 durch Hattenheim laufende alte Landstraße, biegt gegenüber Schloß Reichartshausen eine Straße nach Hallgarten ab. Auf einer Vorhöhe des Rheingaugebirges gelegen, steigt sie oberhalb des Ortes steil zur 580 Meter hohen *Hallgartener Zange,* mit Aussichtsturm und Gasthof ein beliebtes Ausflugsziel, und die nächste Stufe, die höchste Erhebung des Rheingaugebirges mit 619 Metern, die *Kalte Herberge,* liegt direkt dahinter.

Mittelpunkt des Winzerdorfes mit namhaften Produkten ist die katholische *Pfarrkirche St. Mariae Himmelfahrt.* Von der romanischen Kirche des 12. Jahrhunderts stehen nur noch der Turm mit seinem reizvollen späteren Helm und die Nordwand des Schiffes. Der Helm gehört, wie der Chor und die südlich anschließende Sakristei zur Bauphase des späten 15. Jahrhunderts, der Spätgotik. Mitte des 18. Jahrhunderts war dann das alte romanische Schiff zu eng geworden. Man versetzte die Südwand, und 1895 verlängerte man das Schiff mit Treppentürmen und Empore nach Westen. In der neugotischen Ausstattung sind einige Skulpturen des 17. und 18. Jahrhunderts erhalten geblieben.

Inmitten dieses Konglomerates leuchtet an der Nordwand des Schiffs in einem imitierten Rokokogehäuse die Hallgartener Madonna mit der Scherbe. Sie allein würde schon den Abstecher wert sein. Eine Tonskulptur der Zeit um 1420, die wohl aus der gleichen Form stammt wie die ›Belle Alsacienne‹ des Louvre in Paris, die aus Kloster Eberbach dorthin gelangte. Eine wahrhaft ›Schöne Madonna‹, Liebreiz und Majestät der Himmelskönigin werden mit Charme vorgetragen, eines der Juwele mittelrheinischer Plastik. Der Traube in der Hand des Kindes, Vorausdeutung des Opfers, entspricht die ergänzte Hand mit dem Gefäß, der Scherbe.

Oestrich

Nach dem Verlassen von Hattenheim stößt man inmitten von Park und Weinbergen auf **Schloß Reichardshausen.** 1152 erwarb Kloster Eberbach hier im Tausch gegen Güter in Winkel Besitz. Der Name geht wohl auf die damals an dieser Stelle bestehende kleine Siedlung zurück. Durch die günstige Lage am Rhein und die Nähe des Klosters selbst entstanden hier Hauptkellerei, Verladehafen und zweite Residenz des Abtes. Der schlicht gehaltene Schloßbau in Hufeisenform verbirgt außen, daß fast das ganze untere Geschoß als Keller dient. Auch der Innenhof ist als Keller durchgezogen, so daß man über eine doppelläufige Treppe eine Plattform darüber erreicht. Das Kloster errichtete diesen Bau noch 1742 in seiner zweiten Blütezeit. Aus nassauischem Besitz gelangte er 1817 nach der Säkularisation an Graf Erwin von Schönborn und später an eine Weinhandlung. Diesem Zweck dienen die Gebäude noch heute.

1894 entstand nördlich davon, um die Wirtschaftsgebäude romantisch zu verbrämen, eine Kunstruine. Eine Giebelwand, ein runder Turm und eine Palaswand mit Werkstücken in rotem Sandstein und Mauerwerk in Taunusquarzit machen einen theaterhaft gotisierenden Eindruck, aber wer läßt sich nicht gerne einmal etwas Theater vorspielen.

Mit seinen Höfen, seinem Reichtum an Bürgerhäusern des 17. und 18. Jahrhunderts, meist zweigeschossigen, teils verputzten und teils verschieferten Fachwerkhäusern, dem fast noch einheitlichen Marktplatz mit dem neugotischen Brunnen neben einer alten Linde, den anheimelnden Gassen ist Oestrich einer der malerischsten Orte des Rheingaus. Der alte Rheinkran an der Kaimauer, 1652 errichtet und Mitte des 18. Jahrhunderts erneuert, zeugt von der einstigen wirtschaftlichen Bedeutung, die katholische *Pfarrkirche St. Martin* vom Rang des geistlichen Zentrums.

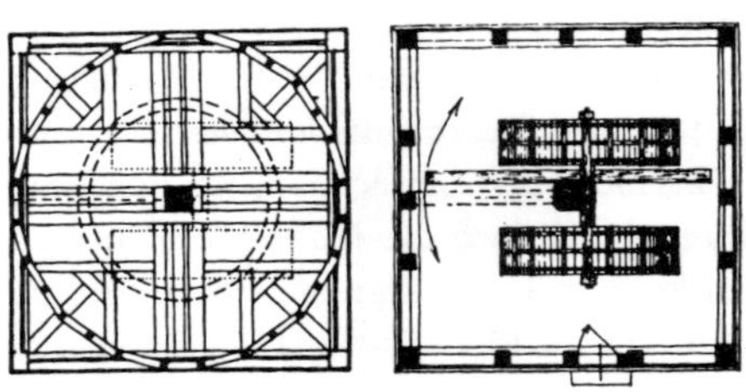

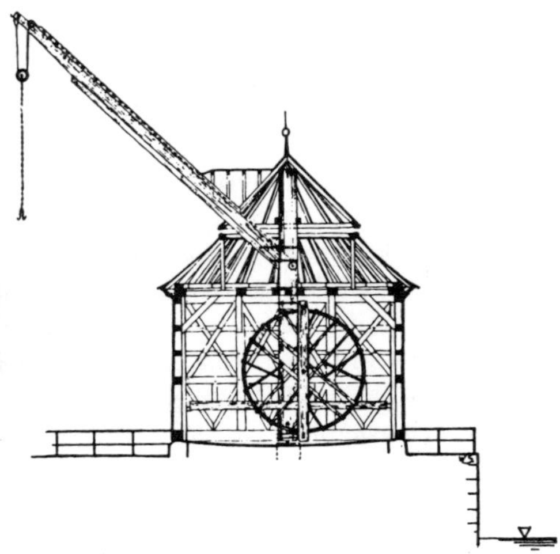

Oestrich, Alter Rheinkran, Grundrisse mit Drehkranz und Draufsicht der Aufzugräder und Schnitt

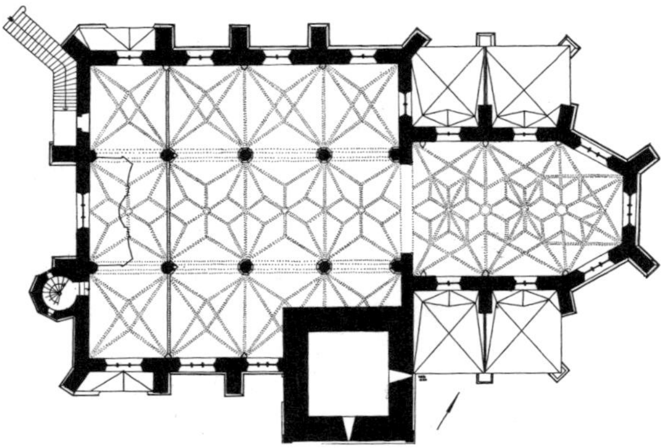

Oestrich, St. Martin, Grundriß

Hier hatten Landdekan und Landkapitel des Rheingaus ihren Sitz, von hier aus wurden die Anfänge der Seelsorge betrieben. Erzbischof Willegis (975–1011) übergab die Kirche, und damit besonders ihre ansehnlichen Einkünfte, dem Mainzer Viktorsstift. Der massige, nur zart mit Ecklisenen, Gesimsen und Rundbogenfriesen gegliederte Turm des frühen 12. Jahrhunderts legt Zeugnis vom damals schon vorhandenen Reichtum ab (Farbt. 9). 1508 wurde, den Turm einbeziehend, der heutige Bau des Schiffes errichtet. Die Schweden brannten ihn 1633 während des Dreißigjährigen Krieges nieder, und danach wurde nur ein schlichter Wiederaufbau durchgeführt. Erst mit einer einschneidenden Restaurierung 1893/94 entstand das heutige Bild. Die Sterngewölbe, besonders reich im Chor, wurden neu eingezogen. Das Bild der spätgotischen Hallenkirche mit ihren drei Schiffen wurde wieder vollständig. Die barocke Empore wurde durch eine neugotische für die Orgel ersetzt. Vor dem Westportal wurde eine Vorhalle, daneben ein achtseitiger Treppenturm aufgeführt.

Aus dieser Restaurierungsphase stammt auch der größte Teil der neugotischen Ausstattung. So der Schrein des Hochaltares für sechs Skulpturen, von denen fünf noch zur ersten gotischen Bauphase nach 1500 gehören. Auch der linke Seitenaltar, der um 1500 entstand, ist damals ergänzt und restauriert worden. Barock, frühes 18. Jahrhundert, ist dagegen der Annenaltar des rechten Seitenschiffes. Der Beichtstuhl des späten 18. Jahrhunderts kam nach der Säkularisation aus Kloster Eberbach. Das Heilige Grab an der Nordwand entstand etwa 1440. Als Spießbürger erscheinen die drei schlafenden Wächter, darüber der Leichnam Christi und an der Rückwand der Nische die Gestalten der drei Marien, die mit ihren Salbgefäßen zum Grabe eilen. Rings um die Kirche sind noch die Mauern des ehemals befestigten Wehrkirchhofes erkennbar, auch wenn sie zum Teil in Häuser einbezogen sind und der Wehrgang abgebrochen ist.

Mittelheim

Mitten zwischen Oestrich und Winkel liegt in fast durchgehender Bebauung entlang der B 42 Mittelheim, das von dieser Lage auch seinen Namen erhalten hat. Höfe und Bürgerhäuser des 16. bis 18. Jahrhunderts prägen auch hier das Erscheinungsbild. Fast am Rhein, auf dem heutigen Lindenplatz, dem einstigen Friedhof, steht der schlichte romanische Bau der katholischen *Pfarrkirche St. Ägidius* (Farbt. 5). Östlich des Chores hat man Ende des letzten Jahrhunderts die letzten Spuren einer ottonischen Turmburg des 10. Jahrhunderts in Tallage abgerissen. Damals stand an der Stelle der heutigen Kirche eine kleine Eigenkirche des Burgherrn. Der Mainzer Ministeriale Wulfrich von Winkel gründete an der Kirche ein kleines Augustinerinnenkloster, das aber, als ihm 1254 die Aufnahme von Novizinnen untersagt wurde, bald ausstarb. Die Klosterkirche wurde nun Pfarrkirche, aber ihre stolze Architektur zeugt noch von den Hoffnungen, die man in ein Kloster gesetzt hatte.

Noch vor der Mitte des 12. Jahrhunderts hatte man mit dem Bau einer dreischiffigen Pfeilerbasilika mit ausgeschiedener Vierung begonnen. Die Arme des Querhauses reichten dabei nicht über die Seitenschiffe hinaus, und die noch niedrigeren Wände des Chorjochs sollten ein Tonnengewölbe aufnehmen. Erst nach 1170, nach dem Beginn des zweiten Bauabschnitts in Eberbach, hat man auch hier das Mauerwerk des Chors aufgestockt und auf die Einwölbung verzichtet. Die Querhausarme werden verlängert, und auf der Südseite wird eine Empore, wohl für die Nonnen, eingezogen. Darunter wird der Boden tiefer gelegt. Heute nutzt man den Raum als Taufkapelle. In Verlängerung der Seitenschiffe werden östliche Seitenapsiden ans Querhaus gefügt. Noch aus der ersten Bauphase stammt der Anbau an der Südseite des Chores, im Untergeschoß als Sakristei genutzt, im Obergeschoß ein Kapellenraum von zwei fast quadratischen Jochen mit Kreuzgratgewölbe. Hinter dem Hauptaltar führt ein Schacht in eine Confessio. Hier trägt eine kräftige Säule den Altar, noch eine Erinnerung an die anspruchsvollen Pläne, die mit Bau und Klostergründung verbunden waren.

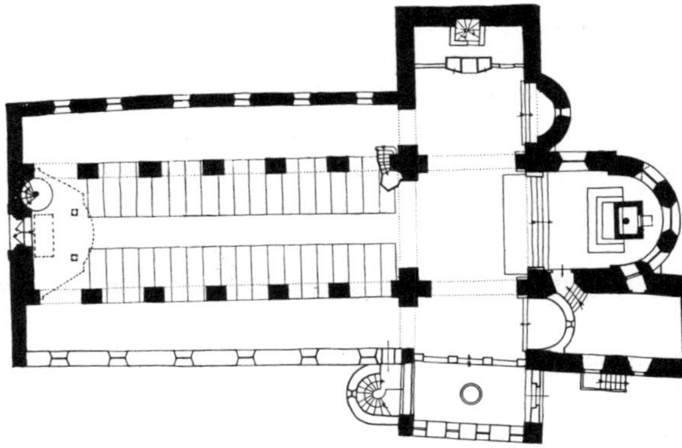

Mittelheim, St. Ägidius, Grundriß

Bei den durchgreifenden Restaurierungsarbeiten vor einer Generation hat man den romanischen Dachstuhl ersetzt, eine hölzerne Westempore eingezogen, einen Treppenturm an die Westseite des südlichen Querhauses als Verbindung zur Empore gesetzt und eine Orgelbühne im nördlichen Querhaus vorbereitet, aber auf die Orgel aus akustischen Gründen verzichtet.

Das herausragende Stück der schlichten Ausstattung ist die Kanzel, 1511 datiert, die mit der Qualität ihrer Schnitzarbeiten Erhart Falkener zugeschrieben wird, dessen Kiedricher Gestühl sie entspricht.

Winkel

Ein paar Schritte weiter befindet man sich bereits in Winkel. Die dichte Bebauung mit Höfen und Bürgerhäusern setzt sich fort. Von der alten Hauptstraße ziehen sich die Seitenstraßen zum Rhein hin, wo sie heute auf die B 42 stoßen, oder die Hänge hinauf. Eine eigentliche Rheinfassade hat sich nicht gebildet.

Wachstumsachse mit den Perlen der großen Höfe oder dem Rathaus ist die Hauptstraße. Hier liegt auch das *Brentanohaus* (Nr. 89), ehemals Treffpunkt der Romantiker. 1751 von der Familie Ackermann aus Bingen erbaut, später erweitert, erwarb es 1804 die Familie Brentano, und seit 1806 war es im Besitz von Franz und Antonia Brentano. Im Besitz der Familie ist es geblieben, und so trägt noch manches Ausstattungsstück die Erinnerungen an goldene Tage des frühen 19. Jahrhunderts weiter. An den Besuch Goethes erinnert das Goethezimmer, aber auch Wieland, Savigny oder Beethoven waren hier zu Gast. Der romantische Aufruhr der Gefühle und das Zerbrechen der alten Ordnungen hatten auch ihre dunklen Seiten. Auf dem Friedhof ist der Grabstein der Dichterin Karoline von Günderode zu finden. Das ehemalige evangelische Stiftsfräulein ging hier am 26. 7. 1806, gerade 26 Jahre alt, aus unglücklicher Liebe in den Rhein, nachdem ihre Beziehung zum verheirateten Heidelberger Professor Friedrich Creuzer zerbrochen war.

Das interessanteste der Häuser, das *Graue Haus*, liegt am südlichen Ortsrand, einst mit Verbindung zum Rheinufer, in der Graugasse (Abb. 31). Es ist wohl der berühmteste der wenigen im Rheinland erhaltenen romanischen Wohnbauten. Nach einem Brand 1964 hat man es restauriert und versucht, den ursprünglichen Zustand wiederherzustellen. Lange Zeit sorgten Bauteile des 9. bis 11. Jahrhunderts für Verwirrung in der Datierung des Baus. Diese Zierglieder aus Kalksein sind aber in einem einheitlichen Mauerverband untergebracht, der, das belegen die anderen Schmuckteile, um 1160 entstanden ist. Damals führte Friedrich Barbarossa große Umbauarbeiten an der gegenüberliegenden Ingelheimer Pfalz durch. Und an seine Bauten dieser Zeit in Schlettstadt, Wimpfen oder Ingelheim erinnert auch das ›Graue Haus‹ in manchem Detail. Ein sparsamer Bauherr hat sich damals Teile des Ingelheimer Abfalls gesichert und hier wiederverwandt. Später ist der Bau im Besitz der Herren von Winkel, genannt Greiffenclau, und heute noch ist er im Besitz der Grafen Matuschka-Greiffenclau, die im nahen Schloß Vollrads residieren.

Mitten im Ort, erhöht über einer Stützmauer, liegt im Friedhof die katholische *Pfarrkirche St. Walpurgis.* Von der erstmals 850 erwähnten Kirche, als der Mainzer Erzbischof Rhabanus Maurus hier Arme speiste, sind keine Spuren nachweisbar. An ihn, den ›Präceptor Germaniae‹, den Lehrer Deutschlands, den man gerne mit dem ›Grauen Haus‹ in Verbindung brachte, erinnert ein Denkmal gegenüber der Kirche. Von der Kirche des 12. Jahrhunderts ist nur der schlanke Turm erhalten geblieben. Damals erst, Ende des 12. Jahrhunderts, erhielt die Kirche Tauf- und Begräbnisrecht und wurde damit selbständige Pfarrkirche. Der heutige Bau wurde in spätgotischer Zeit errichtet, aber barock verändert. Die beiden Treppentürme, die die Westfassade begleiten, entstanden Anfang des 16. Jahrhunderts. 1675 erhöhte man den Turm und gab ihm seine Haube. Das reichte allerdings nicht zur Befriedigung des Modernisierungsbedürfnisses. Statt der Gewölbe zog man eine hölzerne Kassettendecke ein, im Chor entfernte man die Rippen des Sterngewölbes, und auch die Ausstattung wurde erneuert. Sie ist weitgehend erhalten.

Das Patronat der Kirche, das Recht, den Pfarrer zu bestellen, besaßen die Greiffenclau auf Schloß Vollrads. So findet sich auf der Südseite des Chores ihre Gruft und auf der Nordseite des Chores, im Raum über der Sakristei, das Herrschaftsgestühl. Mit zwei breiten Rundbogen ist der Blick zum Altar freigegeben.

So schließt sich ein Ausflug nach **Schloß Vollrads** fast selbstverständlich an. Auch wenn weite Teile des bewohnten Schlosses nicht zu besichtigen sind, so lohnt es schon den Weg, einmal von den Weinen eines der größten Weingüter des Rheingaus zu probieren. Kern der fast quadratischen Anlage ist der von einem Teich umgebene *Wohnturm* des frühen 14. Jahrhunderts. Hier werden auch die Anfänge des Adelssitzes liegen, der nach dem 1218 erwähnten Ritter Volradus seinen Namen erhalten hat. Die Herren von Vollrad beerbten Anfang des 14. Jahrhunderts, daher das Geld für den neuen Wohnturm, die Herren von Winkel, genannt Greiffenclau, und übernehmen auch den Namen. Seit die männliche Linie im 19. Jahrhundert erlosch und die Erbin einen Grafen Matuschka heiratete, residieren hier nun die Grafen Matuschka-Greiffenclau, ein Name, von der Blume manchen guten Weines geziert.

Aber zurück zum Wohnturm: Auf ganzer Höhe begleitet ihn ein achtseitiger Treppenturm. Der Erker kam 1627 hinzu, und als man Anfang unseres Jahrhunderts den Turm um ein Geschoß erhöhte, erhöhte man auch den Erker. Das Ganze krönt die barocke Haube mit vollem Stolz. Um 1700 entstanden zusätzlich das *Schloß* und der anschließende Wirtschaftshof, inzwischen durch weitere Wirtschaftsbauten ergänzt.

Geisenheim

Geisenheim wird bereits 772 erstmals und damit als erster der Orte des Rheingaus erwähnt, und die zentrale Bedeutung des Ortes, die sich damit andeutet, hat sich bis heute erhalten. Hier hat sich Industrie angesiedelt, für die katholische Pfarrkirche zur Kreuzauffindung hat sich die Bezeichnung ›Rheingauer Dom‹ eingebürgert, und hier ist seit 1872 die hohe Schule des Weinbaus untergebracht, die Staatliche Lehr- und Forschungsanstalt für Obst-, Wein- und Gartenbau.

Zentrum des Ortes ist der rechteckige Marktplatz mit dem Rheingauer Dom und einer Achse zur alten Durchgangsstraße mit dem Rathaus der Mitte des 19. Jahrhunderts und der alten Linde auf dem Lindenplatz. 1585 erstmals erwähnt, verwachsen und mit einem Gerüst gußeiserner Säulen abgestützt, ist sie eines der wenigen erhaltenen Beispiele einer Tanz- und Gerichtslinde.

Seine heutige Gestalt hat der *Rheingauer Dom* erst im 19. Jahrhundert erhalten. Seit der Mitte des 12. Jahrhunderts war die Kirche dem Mainzer Domstift inkorporiert, das nun den Pfarrer ernannte und versorgte, aber die sonstigen Einkünfte der Pfarre vereinnahmte. In diesen Jahren ist eine romanische Kirche gebaut worden, deren bereits doppeltürmige Westfassade noch bis 1829 stand. Beim Abbruch kam der noch ältere (8. Jh.?) Türsturz mit seiner schlichten Bildhauerarbeit der Kreuzigung inmitten von Schmuckformen, die mehr von Erfahrung in Holzbearbeitung als in Steinbearbeitung zeugen, in die Sammlung Nassauischer Altertümer ins Museum in Wiesbaden.

Ende des 15. Jahrhunderts hatte man statt des romanischen Schiffes eine flachgedeckte gotische Vierstützenhalle errichtet, und Anfang des 16. Jahrhunderts erbaute dazu das Domstift den neuen spätgotischen Chor und die Sakristei. So waren die Zuständigkeiten zwischen Gemeinde und Domstift sauber abgegrenzt.

Diese Uneinheitlichkeit mißfiel im 19. Jahrhundert; nach den Plänen des in Geisenheim geborenen Wiesbadener Architekten Philipp Hoffmann wurde daher 1836–38 das zentralbauartige Schiff um zwei Joche verlängert, fast verdoppelt, und eine neugotische Doppelturmfassade errichtet. Anschließend wölbte man das ganze Schiff ein und errichtete die Emporen über den Seitenschiffen. Eine Emporenhalle nach dem Vorbild von St. Goar oder Kiedrich entstand.

Die Doppelturmfassade Philipp Hoffmanns greift mit ihrer Westrose auf das Vorbild von Straßburg zurück. Die reizvolle Ungleichheit der Turmhelme entstand erst Ende des 19. Jahrhunderts, nachdem ein Blitzschlag den Helm des Südturmes beschädigt hatte. Man spürt, wie nun ein flüssiger Übergang von Turm zu Helm nach Kölner Vorbild gewählt wird.

Auch die Ausstattung hat man damals verändert. Ein gelungenes Beispiel ist der hochaufragende Hauptaltar. Aber mit Kanzel, Chorgestühl, Taufstein und zahlreichen Skulpturen ist die Ausstattung der Mitte des 18. Jahrhunderts noch zu erkennen. Im 17. Jahrhundert entstand der rechte Nebenaltar mit der sanften Muttergottes auf der Mondsichel, während der Dreikönigsaltar im südlichen Seitenschiff der Zeit um 1480 aus dem Spessart stammt. Die Grafen von Ingelheim schenkten ihn 1869 der Kirche. Das schönste Stück ist wohl eine Altartafel eines Mainzer Meisters um 1500. Er teilt die rechteckige Tafel durch zwei Pfeiler unter einem Schmuckbogen in drei fast gleiche Teile. Aber dahinter wird der Raum zu einem Kirchenschiff geschlossen, in dem sich drei Szenen gleichzeitig abspielen. Links treten die Heilige Helena, die Auffinderin des Kreuzes, und die Heilige Justina auf, in der Mitte die Heilige Anna selbdritt mit der Taube des Heiligen

Geistes und darüber ist als Vorahnung des Opfers das Schweißtuch der Heiligen Veronika abgebildet. Rechts wird die Verbindung von Kreuzigung, Kreuz und Menschwerdung geschlossen durch die Anbetung der Heiligen Drei Könige, die Erscheinung des Herrn.

Grabplatten und eine Kreuzigungsgruppe, deren Kruzifix aus dem Umkreis Hans Backoffens stammt, Marie und Johannes (18. Jh.) runden außen am Chor das Bild des alten Stadtzentrums ab.

Von der Macht des Adels, der einst hier ansässig war, berichten große Hofanlagen, und zahlreiche Bürgerhäuser vom 16. bis 18. Jahrhundert zeugen von der damaligen Bedeutung des Ortes.

Nicht immer blieb der Glanz erhalten. So hat man das einst fast schloßartige *Osteinische Palais* am Westende des Ortes 1812 schlicht und brutal in zwei Hälften geteilt. Johann Friedrich Carl von Ostein, Neffe und Erbe des Mainzer Erzbischofs und Kurfürsten, hatte das Palais 1766–71 nach Plänen Johann Valentin Thomanns als hufeisenförmige Anlage errichten lassen, die sich zum Rhein hin öffnet. Jetzt teilen Mauern den Komplex, der teils in Wohnungen aufgegliedert ist, teils als Internat der Ursulinen genutzt wird.

Am östlichen Ortsrand, an der Winkler Straße nahe dem Bahnhof liegt mit angrenzendem Weinberg der *Stockheimer Hof* (Abb. 32). Von der Familie von Stockheim, die einen sehr ähnlichen Bau auch in Eltville besaß, wurde er Mitte des 16. Jahrhunderts errichtet. Auch hier ist wieder ein Treppenturm vorgesetzt und der Keller separat zugänglich, mit einem Erker über dem Kellereingang in Fachwerk. 1645 ging die Hofanlage an die Grafen von Schönborn über und ist heute noch in ihrem Besitz.

An der Rüdesheimer Straße, am westlichen Ortsrand liegt das Gelände der *Staatlichen Lehr- und Forschungsanstalt für Wein-, Obst- und Gartenbau*, die 1872 auf Initiative des Freiherrn Eduard von Lade eröffnet werden konnte. Er stiftete dazu auch seinen eigenen angrenzenden Besitz und seine *Villa Monrepos.* Sie hatte er 1860–63 errichten und 1873 noch einmal auf das Doppelte erweitern lassen.

Einen Ausflug an den hochgelegenen Waldrand des Rheingaugebirges oberhalb Geisenheims lohnt das *Kloster Marienthal.* Hier war zu Beginn des 14. Jahrhunderts eine Wallfahrt zu einem wundertätigen Vesperbild entstanden, und bald wuchs eine kleine, vielbesuchte Kapelle. Nach Schenkungen wurde die Kapelle erweitert. Um 1400 entstand dabei das reiche Tympanon, das in zwei Zonen unten die Verkündigung, begleitet von den Heiligen Katharina und Antonius, und oben die Marienkrönung, also Beginn und Ende der Geschichte Mariens und Christi, vorführt.

Nach einer Versorgung der Wallfahrtsstätte durch Pfarrer übernahmen um 1465 die Kugelherren die Seelsorge. So nannte man die Brüder vom Gemeinsamen Leben nach ihrer Kopfbedeckung. Sie richteten von 1474–84 eine Druckerei ein. Vielleicht hat diese erste erfolgreiche Klosterdruckerei sogar schon 1468 begonnen zu arbeiten, die als sechster deutscher Druckort gerechnet wird.

Anfang des 17. Jahrhunderts übernahmen die Mainzer Jesuiten die Betreuung bis zur Aufhebung des Ordens 1773. Noch im gleichen Jahr kam das Gnadenbild in die Geisenheimer Kirche, und Marienthal wurde verlassen und verkauft. Die Gewölbe wurden eingeschlagen. Erst 1857/58 wurde die Wallfahrt wieder belebt und das Gnadenbild, eine schlichte Schnitzarbeit, wieder zurückgeführt. Philipp Hoffmann, den wir bereits von seiner Arbeit am Rheingauer Dom kennen, entwarf die Pläne für die Erneuerung der Kirche, die seit 1873 von den Franziskanern betreut wird.

Johannisberg

Johannisberg, heute Teil der Stadt Geisenheim, ist in erster Linie durch seinen Wein berühmt, und das zu Recht. Aber auch das Schloß und die Pfarrkirche und die bezaubernde Aussicht lohnen den Abstecher von der B 42 aus (Abb. 33).

Um 1106 gründete Erzbischof Ruthard von Mainz in dieser idealen Lage, auf einem Quarzitbuckel gut hundert Meter über dem Rheinufer, das gerade zwei Kilometer entfernt ist, ein Benediktinerkloster. Bald nach der Gründung wird Johannes der Täufer Patron des Klosters. Die Lage im Herzen des Rheingaus erwies sich in den folgenden Jahrhunderten als außerordentlich vorteilhaft für den Weinbau, aber nicht als günstig für ein Kloster. Die sich durch fast alle Jahrhunderte seiner Geschichte ziehenden wirtschaftlichen Schwierigkeiten führen 1563 zur Aufhebung des Klosters. Den letzten Ausschlag hatten die Bedrängnisse des Bauernkrieges 1525 und der Raubzug des Markgrafen Albrecht Alcibiades von Brandenburg 1552 gegeben. Auch die Mitgliedschaft in der reformfreudigen Bursfelder Kongregation seit 1452 hatte nicht verhindern können, daß der Mainzer Erzbischof Johannisberg nun als weltlichen Besitz verwalten ließ. Hoch verschuldet geht das Gut 1716 in den Besitz der Fürstabtei Fulda über.

Nun entsteht anstelle der Klosteranlagen ein *Schloß* nach den Entwürfen des Mainzer Architekten Andreas Gallasini, die der Mainzer Hofbaumeister Johann Kaspar Herwarthel ausführt. Um 1725, nach gut einem Jahrzehnt, ist die großzügige Barockanlage vollendet. Die Klosterkirche, schon lange nur noch als Pfarrkirche genutzt, wird gleichzeitig nach Plänen Johann Dientzenhofers barockisiert.

Auch für die Geschichte des Weins leisteten die Fuldaer Äbte bald Entscheidendes. Der Fuldaer Besitz war nicht an die Weinlesezeit der Gemeinde gebunden. Der Kellner holte die Genehmigung zum Beginn der Weinlese jedes Jahr durch einen Kurier beim Abt in Fulda ein. 1775 verspätete sich, wir wissen nicht mehr warum, die Rückkehr des Boten. Edelfäule hatte die Trauben befallen, die vollreif an ihren Stöcken hingen. Beim Befall durch den Erreger der Edelfäule, den Pilz Botritys cinerea, bilden sich Risse in der Haut der Weinbeeren. Die dadurch einsetzende Verdunstung erhöht den Traubenzuckergehalt des allerdings auch spärlicher fließenden Mostes. Hohe Öchslegrade sind das freudig gemessene Ergebnis der ›Spätlese‹, die so mehr gefunden als erfunden wurde. Zu Recht erinnert ein Denkmal rechts des Haupteinganges des Schlosses an den verspäteten Reiter.

Die Fuldaer Fürstäbte sollten sich ihrer Spätlesen und der anderen Ergebnisse ihrer sorgfältigen Weinkultur nicht lange erfreuen. Schon 1792 sieht man unter der Führung von General Custine erstmals französische Revolutionstruppen am Rhein. Eine Abteilung erscheint auf Schloß Johannisberg und führt siebzehn der besten Fässer ab. Ein guter Ruf kann auch von Nachteil sein! Weitere Besetzungen und Konfiskationen folgen.

Mit der Säkularisation geht Johannisberg erst einmal in den Besitz des Hauses Nassau-Oranien über. Bereits 1806 wird Johannisberg dann französischer Besitz, gelangt als Geschenk Napoleons in die Hände des Marschalls Kellermann. Ihm geschieht das berühmte Mißgeschick, im Sommer 1811 nach einigen durchschnittlichen Ernten die neue Ernte noch am Stock an den Kölner Weinhändler Peter Arnold Mumm für 32000 Gulden zu verkaufen. Der Jahrgang 1811 entwickelt sich zu einem Jahrhundertwein, von dem Goethe noch lange schwärmen sollte. Mumm soll den Wein für 150000 Gulden verkauft haben. Das sind die fünf Prozent, von denen ein Kaufmann leben kann!

Aber auch Marschall Kellermann kann sich seines Besitzes nicht lange erfreuen. Mit dem Untergang Napoleons gerät das begehrte Gut in die Verfügungsmasse des Wiener Kongresses. Dort gelangt es 1815 in den persönlichen Besitz des österreichischen Kaisers, der das Gut 1816 seinem Kanzler Clemens Wenzel Lothar Fürst von Metternich-Winneburg schenkt. Im Besitz dieser Familie ist Schloß Johannisberg noch heute.

Die Bauten haben allerdings noch manche Änderung erfahren. Kirche und Schloß werden zwischen 1826 und 1835 unter der Leitung von Georg Moller klassizistischen Vorstellungen angepaßt. Aber auch davon ist nur noch wenig zu sehen. Ein Fliegerangriff legte 1942 Schloß und die angrenzende Kirche in Schutt und Asche. Das Schloß wurde seit 1954 wiederaufgebaut und zeigt nur noch geringe Spuren der Vergangenheit. Die *Kirche* ist in mutigem, fast zu mutigem Zugriff ein eindrucksvoller Bau geworden (Abb. 35). Zerstörung und Brand gaben dem Architekten Rudolf Schwarz und seinem Bauleiter Rudolf Steinbach die Möglichkeit, auf die ursprüngliche Anlage des 12. Jahrhunderts zurückzugreifen. Die Pfeilerbasen wurden unter dem mehr als einem Meter hohen Bauschutt wieder freigelegt, das Mauerwerk von altem Putz befreit. Die Flachdecke und die beiden in den Grundmauern wiederentdeckten Seitenapsiden am Querhaus wurden wiederhergestellt. Wie Spuren im Schloß zeigen, war das Schiff vor dem barocken Bau des Schlosses sogar noch länger. Die ursprünglich vorhandenen Fenster in der Ostapside, die direkt an die ausgeschiedene Vierung anschließt, ließ Rudolf Schwarz zumauern. Der Altarraum erhält sein Licht von oben. Hier ergänzte der Architekt einen Vierungsturm, auf den kaum Spuren hinwiesen. Im gleichen Bruchsteinmauerwerk aus Taunusquarzit entstand eine Taufkapelle am nördlichen Seitenschiff. Manches erinnert an den längst zerstörten karolingischen Bau des Mainzer Klosters St. Alban, und die neue Gestaltung ergibt eine faszinierende Kombination altertümlicher und raffinierter moderner Schlichtheit und Monumentalität. Nur wenig alter Schmuck blieb erhalten. Dazu gehören neben dem Kleeblattbogen des Eingangs ein Lesepult in Sandstein, dem das 14. Jahrhundert die Gestalt eines Subdiakons gegeben hat, eine Madonna um 1480 und eine elegante, modisch gekleidete Hl. Elisabeth aus der Zeit um 1530. Im Innern sind die Reste einer Engelsfigur des späten 13. Jahrhunderts in die Westwand des Baus eingelassen.

Das Schloß selbst ist nicht zur Besichtigung freigegeben, aber eine Weinprobierstube mit hervorragender Aussicht steht dem Besucher offen. Noch immer erhält das Haus Habsburg den Weinzehnt der Weinernte des Besitzes, mit dem einst der Kanzler belehnt wurde. Allerdings wird er heute bar gezahlt. Ein beachtlicher Teil der Weinproduktion, der nicht dem Ruf des Johannisberges gerecht würde, wandert in die Herstellung des Sektes ›Fürst Metternich‹. Wandert man zum Schluß die großzügige Zufahrt in Richtung des Ortes zurück, kommt man an der *Villa* der Weinhändlerfamilie Mumm, einem guten klassizistischen Bau des frühen 19. Jahrhunderts, vorbei. Der Ort selbst weist einige Fachwerkbauten und am anderen Ende die *Burg Schwarzenstein* auf. Die romantische, künstliche Ruine entstand 1874 als Garten und Sommerhaus der Familie von Mumm.

Rüdesheim

Die sicher ältere Siedlung vor dem Quarzitriegel des Niederwalds, der das Rheintal einengt und gefährliche Stromschnellen schuf, wird erstmals 1090 erwähnt. Hier endet der ›Kaufmannsweg‹, von Lorch aus die Stromschnellen umgehend, und trifft auf den Verkehr des Rheintales. Befestigt und mit mehreren Burgen gerüstet, war Rüdesheim einer der wichtigsten Orte des Mainer Erzbischofs. Der Ruhm des Rüdesheimer Weines und der Reichtum an malerischen Blicken haben ihn seit dem 19. Jahrhundert zu einem der Zentren des Tourismus am Rhein gemacht. Manchmal bekommt man das zu spüren, und oft lohnt es einen zweiten Blick, um alte Bauten von Neubauten in ›rheinischem Fremdenverkehrsstil‹ zu unterscheiden.

Vier Burgen sicherten den Ort. Von der *Burg auf der Lach* hat man bei Baggerarbeiten 1959 östlich des Ortes Spuren gefunden. Sie ist schon seit der Zeit um 1300 zerstört. Ähnlich mag in ihren Anfängen die *Niederburg* oder *Brömserburg* am westlichen Ortsrand inmitten von Weinbergen ausgesehen haben. Schon im 10. Jahrhundert wird hier ein castellum

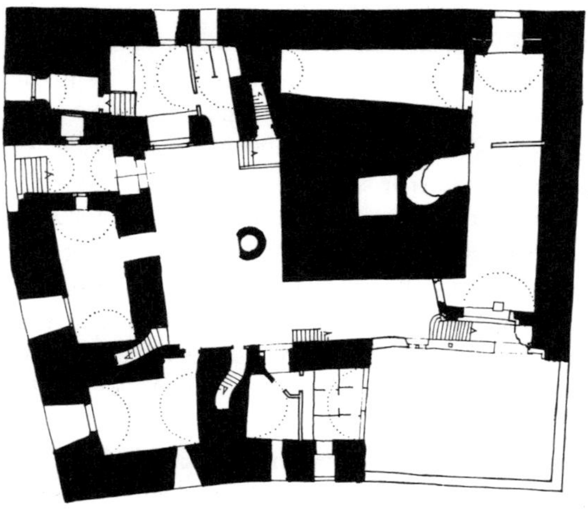

Rüdesheim, Brömserburg, Grundriß des Erdgeschosses

bestanden haben, dessen fast quadratischer Grundriß noch heute zu erkennen ist. Ringsum lag ein tiefer Graben, mit Wasser gefüllt, vielleicht sogar mit dem Rhein verbunden. Im 12. Jahrhundert erfolgt in zwei Schüben ein neuer Ausbau der Anlage. Eine hohe Mauer umzieht den Wehrbau, den einzigen Zugang im Westen schützt ein Turm in der Nordwestecke. Aber das genügt nicht. Ende des 12. Jahrhunderts verdoppelt man Stärke und Höhe der Mauer und zieht im Nordosten des Hofes einen mächtigen Bergfried hoch, der heute noch ein wenig über den Baublock hinausreicht. Der von einem Rundbogenfries getragene Zinnenkranz des Mauerrings darunter ist nur noch andeutungsweise zu erkennen. Karge Wirtschafts- und Nutzbauten füllen den Raum zwischen Mauer und Bergfried und lehnen sich rings um den Brunnen in der Mitte an die Mauern.

Mit der Erbauung der Burg Ehrenfels, nun die modernere Hangburg statt der überholten Talburg, verlor die Brömserburg an Bedeutung. Trotzdem sprengen französische Truppen 1640 die Südostecke und treiben einen Minengang vom Ostbau in den Bergfried. Zur Sprengung kam es allerdings nicht, der Gang ist noch sichtbar.

1812 erwarben die Grafen von Ingelheim die Burg, und Georg Moller leitete die Einrichtungsarbeiten. 1941 ist sie von der Stadt erworben worden, die hier ein Rheingauer und ein Weinmuseum eingerichtet hat. Neben den alten Keltern lohnt besonders die reiche Sammlung von Trinkgefäßen aller Zeiten und der Überblick über die Geschichte des Weines einen Besuch.

Benachbart, ein wenig höher, liegt bereits die nächste, die *Oberburg* oder *Boosenburg.* Den Namen erhielt sie von den Boos zu Waldeck, die den Bau seit dem frühen 15. Jahrhundert besaßen. Ein Modell des ursprünglichen Zustandes ist auf der Brömserburg zu sehen. 1830 wurde die alte Turmburganlage, die von einem neun Meter breiten Graben umgeben war, in ein Weingut umgewandelt. Bis auf den hohen Turm wurden die Reste abgerissen. Der Graben wurde in einen Weinkeller verwandelt, und Philipp Hoffmann errichtete das elegante neugotische Wohnhaus, statt Gartenanlagen legte man einen Weingarten an.

In der Mitte des Ortes, am Westrand des ältesten Ortskernes, steht nahe dem Markt nur noch ein Stumpf des Turmes, quadratisch in rohem Bruchsteinmauerwerk, als Zeuge der vierten, der *Vorderburg.*

Das Leben auf den Burgen war nie sehr bequem gewesen. Es wundert daher nicht, daß man die Burgherren und den Adel als Besitzer schmucker Höfe im Ort wiederfindet. So waren die Brömser von Rüdesheim, deren Namen die *Brömserburg* trägt, bis zu ihrem Aussterben 1668 mit dem 1646 zum Freiherrn erhobenen Heinrich Brömser die Erbauer und Besitzer des Brömserhofes in der Obergasse, fast am Ende der Drosselgasse (Abb. 37). Der nordöstliche Teil der Anlage ist im Bombenangriff des Jahres 1944 untergegangen. Schmuckstück der einst großzügigen Gebäudegruppe ist der Turm in Fachwerk mit seinem spitzen Helm und den vier Ecktürmchen. Andere Höfe, wie der schöne *Klunkhardshof* in der gleichnamigen Straße, und zahlreiche Bürgerhäuser und die am Hang ansteigende Lage ergeben manchen reizvollen Blick. Bald lernt man auch Ursprüngliches von der Touristenkulisse zu unterscheiden.

Rüdesheim, Kupferstich von Matthäus Merian, 1646

Im späten Mittelalter war Rüdesheim längst über den ersten Mauerring hinausgewachsen. Von der spätmittelalterlichen Anlage sind nur geringe Reste erhalten. Ein längerer Mauerzug am Nordrand des Ortes liegt Richtung Eibingen an der Straße ›Auf der Ringmauer‹. Und unmittelbar am Rheinufer, als Südostecke der Befestigung, prangt das Schmuckstück des *Adlerturms.* Der breitere zweigeschossige Unterbau birgt einen gedeckten Gang mit kreisrunden Schießscharten und darüber einen zweiten Wehrgang hinter den Zinnen. Drei weitere Geschosse folgen nach oben, dazu die zinnenbewehrte Plattform mit ihren grazilen Ecktürmchen. Darüber erhob sich noch ein achtseitiger spitzer Helm. In der zweiten Hälfte des 15. Jahrhunderts errichtet, ist er mit seinem Kontrast roten Sandsteins in den Werkstükken und weißen Verputzes über dem Bruchsteinmauerwerk ein eleganter Blickfang.

So wie die Vorderburg den Südwesten des alten Ortskerns schützte, erfüllte die Kirchenfestung der katholischen *Pfarrkirche St. Jakobus* im Nordosten den gleichen Zweck. Nach der Zerstörung im letzten Krieg hat man sich hier entschlossen, nicht zu restaurieren, sondern mit einer weiten Saalkirche in schlichten Formen Raum für die gewachsene Bevölkerung zu schaffen. Da aber die Westfassade mit ihren achteckigen Ecktürmchen und das nördliche Seitenschiff mit dem Turm des 12. Jahrhunderts und seiner barocken Haube erhalten geblieben waren, ähnelt der erste Eindruck dem alten Zustand.

Um 1400 hatte der Vizedom Johann Brömser, der Stellvertreter des Mainzer Erzbischofs im Rheingau, eine neue Kirche gestiftet. Ihr Blickfang ist das Tympanon des Portals mit dem von Engeln getragenen Schweißtuch der Heiligen Veronika im oberen Abschnitt und unter der Anbetung der Heiligen Drei Könige. In Geburt und Opfer wird das Werk Christi zusammengefaßt. Eine künstlerisch schlichtes Werk, das an Arbeiten am Kloster Nothgottes oder am Kloster Marienthal erinnert.

In der Kapelle im untersten Geschoß des Turmes ist in einer kleinen Nische zwischen zwei Säulen des 11. Jahrhunderts das Gnadenbild des Klosters Nothgottes untergebracht. Nur einmal im Jahr kehrt es an die wiederbelebte Wallfahrtsstätte zurück.

Die kleine, erst 1950 vergoldete Figur eines am Ölberg betenden Christus, der Nothgottes, war seit dem 14. Jahrhundert Anlaß einer beliebten Wallfahrt zur kleinen Kapelle und dem späteren Kapuzinerkloster im Wald oberhalb von Bingen. Heute werden die restaurierten Klostergebäude dort als Müttererholungsheim verwandt, und auch die reizvolle spätgotische Kapelle ist erneuert worden. Zur jährlichen Wallfahrt der Eifelgemeinde Kruft im September kehrt das Bildwerk an seinen alten Ort zurück.

Die nach Osten anschließende ehemalige Sakristei hat man in eine Marienkapelle umgewandelt. Das Thema schlägt zuerst eine zierliche stehende Madonna mit Kind der Zeit um 1330 an und wird dann durch den Marienaltar aufgenommen. Den frühbarocken Altaraufbau stifteten Hans Richard Brömser und Anna Margareta von Kronberg zur Erinnerung an ihre Hochzeit im Jahre 1587. Das Hauptbild des Reliefs in der Mitte zeigt die Rückkehr der Heiligen Familie aus Ägypten nach Jerusalem. In den Nischen links und rechts treten die Heiligen Urban und Rochus, darüber Sebastian und Agnes hinzu. Der Heilige Urban, wie es sich gehört mit Weintraube als Weinheiliger, ist hier in Zweitverwendung aufgestellt. Er war bereits um 1500 entstanden.

Links und rechts des Chores stehen der Erzengel Michael und sein Amtskollege Raphael mit seinem Schützling Tobias, lebendige Gestalten, 1731 wohl aus der Werkstatt Burkhard Zamels. Grabmäler und weitere Skulpturen ergänzen den Eindruck von der alten Ausstattung der Kirche, die mit neuen Arbeiten ergänzt, im schlichten Saalbau eine angenehme Atmosphäre schafft.

Die etwas weiter östlich am Ende der Kirchgasse liegende *evangelische Kirche* ist die erste evangelische Kirche des Rheingaus. Ludwig Hoffmann erbaute sie 1855 in sehr einfachen romanischen Formen als Kreuz mit angesetztem Westturm. Das Innere ist nach den Zerstörungen des Krieges erneuert worden.

Von Rüdesheim aus, das noch manches mehr zu bieten hat, z. B. die sehenswerte Sammlung und Ausstellung von Siegfrieds Mechanischem Musikkabinett, gilt es zwei Ausflüge zu machen. Fast selbstverständlich führt der Weg, falls gewünscht per Seilbahn, zum Niederwald. Weniger selbstverständlich ist der Weg zur *Abtei St. Hildegardis* in *Eibingen* direkt oberhalb des Ortes. Die heutige Pfarrkirche von Eibingen am Westrand des Ortsteils steht auf den Mauern der alten Klosterkirche. Schon 1165 hatte die Heilige Hildegard das Kloster Eibingen mit Benediktinerinnen aus ihrem Kloster Rupertsberg auf der gegenüberliegenden Rheinseite belegt, aber ihre Heimstatt wurde das Kloster erst 1641, als die Nonnen des 1632 von den Schweden zerstörten Klosters Rupertsberg mit ihren Reliquien hierher übersiedelten. Noch heute wird hier der Schrein mit den Gebeinen der Heiligen Hildegard verwahrt.

Noch weiter oberhalb, inmitten herrlicher Weinberge, liegt das 1904 neugegründete *Kloster St. Hildegardis.* Die romanisierenden Klosterbauten sind ein weithin sichtbarer Blickfang geworden. Nach den Plänen des Paters Ludger Rincklake aus der Abtei Maria Laach entstanden 1900–04 die vom Fürsten Karl zu Löwenstein gestifteten Bauten, und 1907–13 schuf Pater Paulus Krebs aus der Erzabtei Beuron die farbenprächtige Ausstattung der Kirche. Damit ist auch das Stichwort Beuroner Kunst gegeben. Das Kloster St. Hildegardis ist heute das bedeutendste Zeugnis dieser einflußreichen Kunstrichtung des späten 19. Jahrhunderts, die bis in die Mitte unseres Jahrhunderts nachwirkte. In strenger hierarchischer Stilisierung versuchte Pater Desiderius Lenz, als Stifter der Richtung, eine neue sakrale Kunst zu schaffen – es entstand ein beeindruckender Seitenzweig des Historismus.

Auch von hier aus führt ein Weg durch die Weinberge zum *Niederwald.* Seinen ersten Ruhm verdankte das hoch über den Stromschnellen des Rheins gelegene Waldgebiet dem Grafen Karl Maximilian von Ostein, der sich hier 1764 ein *Jagdschloß* bauen ließ. Der eigentlich schlichte Bau ist nach dem Kriege größer als Hotel erneuert worden. Ringsum hatte sich der Graf einen verspielten Waldpark anlegen lassen. Die Reste geben noch eine Ahnung davon, wie künstlich man sich natürlich in der Natur geben konnte, wenn man Jean Jacques Rousseau gelesen hatte. Von einem kleinen Monopteros, einem Rundtempel, ist nur noch die Plattform erhalten, auch der gotisierende Rittersaal ist nicht mehr vorhanden. Nur noch ein Aussichtspunkt an der nördlichsten Ecke des Parkgeländes trägt Namen und Erinnerung. Nahebei ist die *Rossel,* ein schönes Beispiel einer künstlichen Ruine erhalten geblieben. Rechteckbau und Rundturm stehen über den Stromschnellen, ein Steilabfall von 265 Metern bis zum Spiegel des Rheines.

Der Höhepunkt des Rundganges ist die *Zauberhöhle.* Ein aufgemauerter Gang führt auf geschwungenem Pfad durch Spiegelglas und Kieselauskleidung in einen Rundbau. Das Kuppelgewölbe gibt bewölkten Himmel wieder, und drei Fenster ermöglichen den Ausblick auf Burg Rheinstein, die Clemenskapelle bei Trechtingshausen und das Schweizerhaus, eine gelungene Überraschung, inszenierte Landschaft.

Von hier aus ist es ein in jeder Hinsicht leichter Abstieg zum *Niederwalddenkmal.* Die Einigung des Reiches, die Erneuerung des Kaisertums 1871 und der nationale Rausch des vorhergegangenen Krieges verlangten in dieser denkmalfreudigen Zeit nach angemessener Darstellung. Vermessen, maßlos und unmäßig erscheint uns heute das Ergebnis eines Wettbewerbs, das der Dresdner Bildhauer Johann Schilling gewann. Germania, 10,5 Meter hoch und mit 640 Zentnern etwas übergewichtig, krönt den Aufbau (Abb. 34). Unterhalb der Sammlung von Daten und Wappen erscheint die herrschende Elite als Relief zwischen den Gestalten von Krieg und Frieden, während zuunterst Vater Rhein sein Wachhorn der Wacht am Rhein, das er nun als innerdeutscher Fluß nicht mehr nötig hatte, an die leichtgeschürzte Mosel weitergibt. Man staunt, wie sich die Welt doch in einem Jahrhundert verändern kann, andererseits auch wieder nicht. An Grundsteinlegung und Einweihung nahm der Kaiser selbst teil, und so nutzte man die Gelegenheit zu einem Attentat. Die

Anarchisten scheiterten, da ihnen die Zündschnüre naß geworden waren, aber der folgende Prozeß war spektakulär genug. Germania steht immer noch da mit der Kaiserkrone auf dem Kopf, auf die niemand mehr Wert legt, und schaut sich etwas ratlos in der Gegend um.

Burg Ehrenfels

Unterhalb Rüdesheim, am Eintritt des Rheins ins Rheinische Schiefergebirge, liegt inmitten von Weinbergen auf einem Felsenvorsprung am Hang die Ruine der Burg Ehrenfels (Abb. 41). Wie die Marksburg über Braubach der Inbegriff einer unversehrten Burg ist, so ist seit langem die Ruine Ehrenfels die Idealvorstellung einer Burgruine am Mittelrhein, erfüllt sie doch alle romantischen Erwartungen von Wein, Türmen und Trümmern.

Gebaut worden war sie zu einem anderen Zweck, als Zollburg. Um 1211 hatte Philipp von Bolanden im Dienst des Mainzer Erzbischofs mit dem Bau begonnen. Nach seinem Tode um 1218 mußte durch einen Prozeß geklärt werden, wem die Burg nun gehörte. Philipps Witwe Beatrix war der Meinung, daß hier privates Vermögen investiert worden sei. Das Urteil gab ihr Recht, aber auch dem klagenden Erzbischof, der so als Herr der Burg bestätigt wurde. Über einem fast quadratischen Grundriß steht an der bedrohten Bergseite die Schildmauer, fast fünf Meter stark. Ihr Unterbau stammt wohl noch aus der ersten Bauphase des

Burg Ehrenfels mit Mäuseturm und Bingen. Kupferstich von Matthäus Merian, 1646

13. Jahrhunderts, der Oberbau mit seinem zweistöckigen Wehrgang und den Schießscharten ist in dieser Form erst Mitte des 14. Jahrhunderts entstanden. Die Schildmauer endet in zwei Ecktürmen, der östliche davon ist im Aufbau rund gehalten, der westliche achteckig. Beide tragen achteckige Wehrgeschosse über Maßwerkfriesen. Rheinseitig sind die Reste der Mauern des Palas zu sehen. Seine auf alten Stichen noch erkennbaren Stufengiebel und Fensterkreuze gehörten zum Ausbau der Burg Mitte des 14. Jahrhunderts als kurfürstliches Hoflager des Mainzer Erzbischofs. Dabei schoben sich weitere Bauten bis zum Ufer hinunter, darunter Zollhaus und Lagerhaus. Ein Stück der alten Uferbefestigung ist noch zu erkennen und auch der *Mäuseturm* (s. S. 89) Mitte des 19. Jahrhunderts erneuert und vor wenigen Jahren wieder farbig gefaßt, gehörte zu diesem System der Finanzplanung des Erzbischofs. 1689 wurde die Burg im Pfälzischen Erbfolgekrieg von französischen Truppen gesprengt und blieb seitdem dem Verfall überlassen.

Assmannshausen

Die erste Erwähnung des Ortes in einer Urkunde Erzbischof Ruthards von Mainz vom 2. Mai 1108 bezieht sich auf die beste Lage des Assmannshäuser Rotweins, den Höllenberg im tiefeingeschnittenen Höllental. Und der Rote von Assmannshausen gilt als der beste deutsche Rotwein, aber da über Geschmack nicht zu disputieren ist, muß das jeder selbst erforschen.

Assmannshausen mit Burg Rheinstein noch als Ruine. Stahlstich um 1830

Gelegenheiten dazu hat der seit dem frühen 19. Jahrhundert gepflegte Tourismus, teils im Übermaß gefördert, genug im Ort geschaffen. Die beiden berühmtesten sind das Hotel ›Krone‹ (Abb. 38) durch Bismarks Besuche und der ›Anker‹. Die ›Krone‹ ist in etappenweisem Wachstum zum heutigen Großhotel geworden. Aber die Erinnerung an die Rheinromantik des letzten Jahrhunderts prägt die Erscheinung, und mit einem Freiligrathzimmer wird die Erinnerung an den Dichter gepflegt, der hier 1844 die Zeitgedichte seines ›Glaubensbekenntnisses‹ vollendete.

Dicht gedrängt umgeben die Häuser die katholische *Pfarrkirche zur Kreuzerhöhung.* Ende des 15. Jahrhunderts erbaut, hat man sie Ende des 19. Jahrhunderts um ein Westjoch verlängert und dabei auch die Empore mit vergrößert. Der einschiffige Raum trägt den Turm über dem Vorjoch des Chores mit seinem noch einfachen Sterngewölbe. Inmitten der Reste der barocken und neugotischen Ausstattung ist eine Altartafel, die im vorigen Jahrhundert als Geschenk hierher gelangte, eine Entdeckung. 1480 in Nürnberg oder Franken gemalt, zeigt sie den Tod Mariens umgeben von einer reichen Sammlung von Charakterstudien bei den Köpfen der Apostel.

Lorch und Burg Nollig

Erst nach einigen Kilometern, an Weinbergen entlang, erreicht man Lorch an der Mündung der Wisper an den Rhein (Umschlagrückseite). Hier war für die Blüte einer Siedlung im Mittelalter eine doppelt günstige Lage gegeben. Das Wispertal, hier mündet der einzige größere Zufluß zwischen Lahn und Nahe, bietet den Raum für eine Ortschaft im engen Rheintal und zugleich den Anlaufpunkt der Rheinschiffahrt, die hier den Stromschnellen des Binger Loches auswich. Entweder lud man hier auf kleinere Schiffe um, Ende des 14. Jahrhunderts sind dafür sogar zwei Kräne bezeugt, oder man erreichte von Lorch aus über den ›Kaufmannsweg‹ Rüdesheim oder Geisenheim. Holzhandel, Weinhandel und Tuchproduktion ergänzten das Bild des reichen Ortes. Herr des Ortes war der Mainzer Erzbischof. Die Reste der Befestigung und der einst zahlreich hier ansässige Adel sind ein Hinweis auf die Bedeutung dieses Eckpfeilers des kurmainzischen Territoriums.

Wichtig war die Sicherung des Übergangs über die Wisper. Die heutige, 1556 erbaute Brücke mit ihrem Doppelbogen im Wechsel von rotem und lichtem Sandstein ersetzt einen älteren Vorgänger. Mauern laufen auf beiden Seiten zur Mündung abwärts. Hier treffen sie auf den ›Strunk‹, einen 1567 erbauten Gefängnisturm, und am Ende der besser erhaltenen Mauer auf der rechten Seite der Wisper ebenfalls auf einen Rundturm. Sein Helm ist zerstört, und er ist unter das Dach des ehemaligen Leprosenhauses mit einbezogen.

Als nordwestlicher Eckpfeiler der Stadtbefestigung entstand um 1300 als Fachwerkturm die *Burg Nollig.* 125 Meter hoch über dem Rhein gelegen, sperrte er den Weg in die Kurpfalz nach Weisel. Den Wachtturm hat man bald in eine Festung verwandelt. Das innen noch erkennbare Fachwerk wurde mit schweren Schieferbruchsteinen verkleidet und auf der

Lorch. Stahlstich von L. Lange. Mitte 19. Jh.

Nordseite eine Schildmauer angesetzt, die an den Ecken durch kräftige Rundtürme verstärkt ist. Der Wehrgang fehlt. 1939 wurde der Turm zu Wohnzwecken ausgebaut, so sind Fenster und Türöffnungen verändert.

Vom Kristallisationspunkt des Ortes, dem fränkischen *Salhof*, der längst vor der ersten Erwähnung 1085 bestanden haben muß, sind hinter dem Haus Markt 1 noch interessante Reste erhalten. Auf diese vielleicht römischen Reste mit karolingischer Nutzung und Erneuerung bezieht sich wohl auch die Erwähnung eines ›castellum‹ im Jahre 1110. Damit haben wir auch nur noch wenige Schritte bis zum Rathaus und zur Kirche St. Martin.

Das *Rathaus*, erstmals 1235 erwähnt, steht hier im schlichten Neubau des frühen 19. Jahrhunderts, und der Hauptanziehungspunkt ist die Städtische Sammlung im Ratssaal. Die Schenkung des Pfarrers Pfaff besteht neben Zinngefäßen, Steinzeug und Irdenware, einem Schrank und einem Bild aus einer reichen Skulpturensammlung. Das eleganteste Stück ist der Kopf Johannes des Täufers, graphisch in Linien gedacht, symmetrisch gestaltet. Aber auch andere Skulpturen einer Traubenmadonna aus Rüdesheim des späten 14. Jahrhunderts und zweier barocker weiblicher Heiligen mit Charme, Arbeiten des Hauptmeisters der Hadamarer Schule der Mitte des 18. Jahrhunderts, lohnen den Weg.

Inmitten des alten Friedhofs liegt die katholische *Pfarrkirche St. Martin* mit dem Schatz ihres Hochaltars. Wie am Salhof läßt auch hier altes Mauerwerk, das im romanischen Turm an der Südwestseite benutzt wurde, auf ältere, vielleicht römische Reste schließen, die für einen römischen Burgus zeugen könnten. Von der spätromanischen Basilika an derselben Stelle sind Reste der Westfassade in der heutigen Westfront zu erkennen, die man in eine Vorhalle für den typischen zweischiffigen gotischen Bau verwandelt hat. Ende des 13. Jahrhunderts errichtete man den Chor. Eine Stiftung 1304 ermöglichte den Bau des Schiffes, eine weitere Stiftung Ende des Jahrhunderts, 1398, den Bau des nördlichen Seitenschiffes. Ende des 15. Jahrhunderts verwandelte man die romanischen Westteile in eine innere und äußere Vorhalle mit einer Empore im Westen des Schiffes. Die Zerstörungen des strategisch wichtigen Ortes haben auch mehrfach die Kirche betroffen. Ihnen folgten die Restaurierungen vom 18. Jahrhundert bis in das unsrige, das 1912 noch die Maßwerkgalerie am Turm hinzufügte.

Den hohen eindrucksvollen Raum des Hauptschiffes ergänzt das auch schmalere Seitenschiff als bescheidener Vergleich. Die rautenförmige Sakristei ist raffiniert in den Winkel zwischen den beiden Chören eingefügt.

Bei der Restaurierung zu Beginn des 19. Jahrhunderts mußte manches kostbare Stück der mittelalterlichen Ausstattung weichen. Die ›Lorcher Kreuztragung‹, eine der schönen mittelrheinischen Tonplastiken des frühen 15. Jahrhunderts, befindet sich in Berlin, und die Lorcher Pieta, um 1420 in Alabaster gearbeitet, gelangte ins Museum nach Wiesbaden.

Aber der erhaltene Bestand ist reich genug. An der Trennwand des Chorjoches hängt mit erneuerter Krone, Kreuz und farbiger Fassung ein Kruzifixus des späten 13. Jahrhunderts, ein stolzes Beispiel der sonst selten am Mittelrhein erhaltenen romanischen Skulptur. Prunkstück der Ausstattung und Blickfang des Chores ist der Hauptaltar, den zwei wohl vom Oberrhein aus dem Kreis um Nikolaus Gerhard stammende Meister schufen. Altar und die Tonreliefs des Antependiums an seiner Vorderseite stammen aus dem späten 19. Jahrhundert. Die Datierung des Altaraufsatzes liefern die Meister selbst als frühe Selbstdarstellungen, aber mit fast berechtigtem Stolz erscheinen sie in den Nischen links und rechts zu den Füßen Mariens über den Häuptern der Apostel Petrus und Paulus. Der eine hält ein erneuertes Schriftband, der andere zeigt auf seinem die alte Jahreszahl 1483. Links und rechts von Maria stehen innen die Heiligen Barbara und Margareta mit Turm und Drachen, außen Katharina und Elisabeth. Darüber teilt der Patron der Kirche, der Heilige Martin, seinen Mantel, begleitet innen links und rechts von Simon und Johannes dem Täufer, außen von Wendelin und Antonius. Im reichgeschnitzten Gespreng sieht man eine Kreuzigung und links und rechts die ritterlichen Heiligen Georg und Quirinus. Die Altarflügel, mit reichem Laubwerk überzogen, sind wohl in barocker Zeit schlecht restauriert worden. Sie zeigen außen die vier Geheimnisse des schmerzhaften Rosenkranzes und innen kaum erkennbar Auferstehung, Himmelfahrt Christi, Pfingsten und Himmelfahrt Mariens.

Die immer wieder erscheinenden Wappenschilder sollten die Stifter verewigen. An einigen Stellen sind sie noch erkennbar. Diesen Stiftern haben wir für den seltenen Genuß eines am Mittelrhein an alter Stelle erhaltenen Altaraufsatzes zu danken.

Zwischen den prächtigen Grabdenkmälern begegnet man auch dem Wappenschild des 1548 verstorbenen, breitspurigen und breitbärtigen Feldmarschalls Johann Hilchen, der dem Kaiser gegen die Türken und Frankreich gedient hat. Er hat sich noch kurz vor seinem Tode 1546–48 das *Hilchenhaus* (Abb. 45) in der Rheinstraße am Bahndamm errichtet, benachbart dem Zehnthof mit seinen Bauteilen des späten 15. Jahrhunderts, das prächtigste und repräsentativste Adelshaus im weiten Umkreis. Neben das verputzte Bruchsteinmauerwerk treten die reichen Sandsteinbauteile, besonders der von kräftigen Säulen getragene Balkon und der Erker darüber. Seit 1926 im Besitz der Grafen von Kanitz, die das nach den Zerstörungen des letzten Krieges erneuerte Haus als Ausschank ihres Weingutes nutzen.

Lorchhausen

An der Grenze nach Rheinland-Pfalz ist Lorchhausen der nördlichste Ort des Rheingaukreises im Land Hessen. Über der Mündung des Betzbaches, die dem kleinen Ort nur wenig Raum bietet, erhebt sich die neugotische katholische *Pfarrkirche St. Bonifatius*. Der große Bau, eine dreischiffige Anlage mit Chor und Westturm, liegt repräsentativ oderhalb des Ortes. Der 1878/79 errichtete Bau übernahm einen Altar aus der alten Kirche. Der linke Seitenaltar zeigt die Heilige Anna, Maria das Lesen lehrend, eine Arbeit des 16. Jahrhunderts.

Oberhalb der Kirche stehen noch einige Reste der alten Befestigung des Ortes. Einen kräftigen Stumpf eines quadratischen Turmes am Ende der Mauern hält man für den Rest der kleinen Burg Saareck.

Die *alte Bonifatiuskirche* liegt gegenüber, auf der anderen Seite des Betzbaches. Um 1600 erbaut, wird sie nach ihrer Verwüstung durch einen Brand 1872 in veränderter Form für Wohnungen genutzt.

Über dem Ort ist am Ende eines Kreuzweges mit Stationen des späten 19. Jahrhunderts 1908 eine *Clemenskapelle* errichtet worden.

Kaub, der Pfalzgrafenstein und Burg Gutenfels

Schnittig wie ein schnelles Schiff, mit scharfem Bug stromaufwärts gerichtet, liegt der Pfalzgrafenstein, die kurpfälzische Zollfeste, auf der Felsenklippe Falkenau im Rhein vor Kaub (Umschlaginnenklappe vorn, Abb. 51). Mit dem kleinen Ort selbst und den massiven Kuben der Burg Gutenfels (Farbt. 11) darüber ist das einer der berühmtesten und immer noch reizvollsten Anblicke des Rheintals, gesteigert durch die erst seit einigen Jahren erneuerte farbige Fassung des Pfalzgrafensteins, der Pfalz bei Kaub.

983 ist die erste Erwähnung noch bescheiden, als nämlich die ›cuba villula‹ als Geschenk in den Besitz des Mainzer Erzbischofs übergeht. Er vermag den Besitz nicht zu halten. 1275 geht der Ort, schon befestigt und mit der Burg Kaub darüber, die erst seit dem 16. Jahrhundert als Gutenfels gerühmt wird, per Verkauf aus dem Besitz des Herrn Philipp II. von Falkenstein-Münzenberg in den Besitz des Pfalzgrafen Ludwig II. über. 1257 wird der

einträgliche Rheinzoll erstmals erwähnt. Weinanbau und seit dem frühen 14. Jahrhundert beurkundeter bergmännischer Abbau von Dachschiefer ließen den Ort zu einer wichtigen, wohl gehüteten Position werden.

Der älteste Kern des Ortes, zwischen Kirche und Mainzer Torturm, das ›Städteviertel‹ im Bereich der Metzgergasse, birgt auch noch die Reste der Stadtmauer. Ihr Wehrgang dient heute überbaut als Hochwasser-Notsteg ›Auf der Mauer‹. Um 1300 wurde der Bereich der kurpfälzischen Amtskellerei und der kurpfälzischen Zollschreiberei in der Zollstraße einbezogen. Der *Zollschreiberturm* im Hof der heute privat genutzten Zollschreiberei erinnert noch daran, sonst sind die reizvollen Bauten erst im 16. Jahrhundert und danach entstanden.

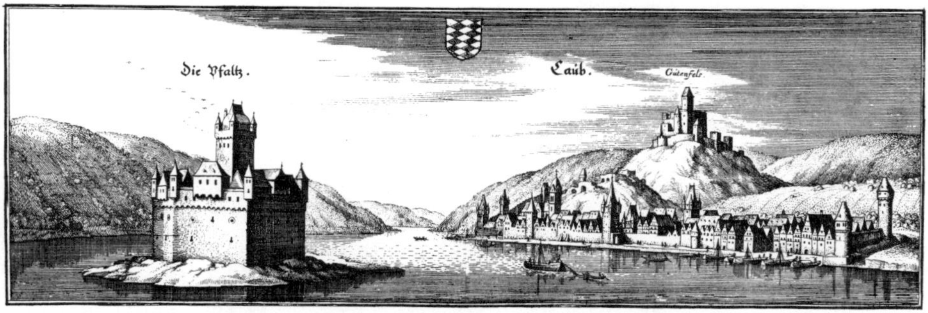

Kaub mit Burg Gutenfels und der Pfalz. Kupferstich von Matthäus Merian, 1646

Im 14. Jahrhundert, als 1324 Kaub unter König Ludwig dem Bayern Stadtrechte erhielt, wurde das vor der alten Stadtmauer entstandene Markt- und Bäckerviertel befestigt. Nun zog sich die Stadtmauer vom *Weseler Turm* mit seinen Ecktürmchen ins Blüchertal hinein bis zur sogenannten Philippinenburg. Weiter nach Süden, rheinaufwärts, wuchs im Laufe des 15. Jahrhunderts das Zöllerviertel, das nun 1485–87 befestigt wurde. Die Anlagen setzen am Zollschreiberturm erkennbar an, folgen der Linie der Fassaden an der Zollstraße, in denen die Mauer zum Teil noch steckt, und endet mit dem markanten *Dicken Turm* mit seinem zwölfseitigen Wehrgang, der heute zum Schieferbergwerk ›Erbstollen‹ gehört. Von dort zog die Mauer bergwärts in Richtung der Burg, die der Kern der Befestigungen blieb. Erst im 19. Jahrhundert wuchs die typische Hakensiedlung mit Rheinarm und Talarm auch nach Norden, den Rhein abwärts weiter.

Der romanische *Kirchturm* am Markt mit seinem Marktbrunnen von 1828 war bollwerkartig in die Nordwestecke der ältesten Stadtbefestigung hineingebaut. Von dieser nach Südost orientierten einschiffigen Wehrkirche sind nur noch der Turm erhalten und Teile des Außenmauerwerks. Das ist beim Vergleich von Fenster- und Portalformen während eines Ganges rund um den Bau gut zu erkennen. An der Metzgerstraße spürt man in den Spitzbogenblenden um die Fenster die Änderungen aus der Mitte des 14. Jahrhunderts, und am Kirchplatz entdeckt man die Maßwerkfenster und Portalformen der Erweiterung des 15. Jahrhunderts. Dabei drehte man den Chor nach Nordosten.

Mitte des 16. Jahrhunderts wurde in der Pfalz und damit auch in Kaub die Reformation eingeführt. Als 1685 das katholische Haus Pfalz-Neuburg die Herrschaft antrat und dabei der Pfälzische Erbfolgekrieg ausgelöst wurde, bildet sich eine neue katholische Gemeinde. 1707 wurde die spätgotische Kirche zur Simultankirche. Die katholische Gemeinde nutzte den durch eine Mauer abgetrennten Chor. 1770 wurde er abgebrochen, nur der vermauerte Bogen ist noch erkennbar. Bis 1772 wurde ein fast quadratischer Saal, den man 1953/54 noch einmal verlängerte, errichtet. Das Ganze krönt ein Dachreiter mit barocker Haube. Die Innenausstattung ist ein in Weiß und Gold leuchtendes Beispiel des Übergangs vom Rokoko zum Klassizismus.

Das Innere der evangelischen *Pfarrkirche St. Trinitatis* hat man mit Emporen und Flachdecken ebenfalls umgestaltet. Mittelalterlich ist noch der schöne Eisenbeschlag der Türen.

Große Brände haben wie auch in anderen Orten am Rhein 1846, 1848 und noch 1910 vieles an älterem Baubestand vernichtet. Das *alte Rathaus*, heute Privatbesitz, mit seinem Treppenturm von 1511 und späterer barocker Haube liegt Marktstraße 4. Direkt an die Stadtmauer angebaut, wurde es 1655–63 mit einem Obergeschoß in Fachwerk erneuert. Dieses alte Rathaus ersetzte man 1866–68 durch den von Eduard Zais entworfenen Bau in der Schulstraße. Das spätklassizistische Gebäude dient inzwischen als Schule.

Der mit der Zollabfertigung verbundene Aufenthalt von Schiffern und Passagieren führte zu einem blühenden Gaststättengewerbe, Vorläufer des heutigen. Das berühmteste darunter ist das Gasthaus ›Zur Stadt Mannheim‹ in der Metzgergasse 6. Wahrscheinlich war es der Mannheimer Hofbaumeister des pfälzischen Kurfürsten, Franz Anton Rabaliatti, nach dessen Entwürfen der Bau 1780 errichtet und 1792 noch erweitert wurde. In der Silvesternacht 1813/14 leitete Generalfeldmarschall Blücher mit dem Hauptquartier im Gasthaus ›Zur Stadt Mannheim‹ den Rheinübergang der preußischen und russischen Truppen. Erst nutzte man die Kähne der Kauber Schiffer, dann war die Schiffbrücke am Pflazgrafenstein vorüber die entscheidende Hilfe. Im ehemaligen Gasthaus erinnern im Obergeschoß des repräsentativen Barockbaus aus dieser Zeit das Blüchersälchen mit seinen Darstellungen aus der Geschichte Jakobs und Josefs, in Öl auf Leinwand, und die Papiertapeten des nächsten Raums an diesen entscheidenden Schlag. 1913 hat man die Räume als Blüchermuseum eingerichtet und Kriegserinnerungen und Möbel der Zeit gesammelt. Das Denkmal des Berliner Bildhauers Friedrich Schaper in den Rheinanlagen entstand erst 1894 (Abb. 49).

Fast ebenso berühmt wie Blüchers Rheinübergang ist die rührende Geschichte des Elsleins von Kaub. Die schöne Tochter des Geschützgießermeisters hatte sich in einen Gesellen ihres Vaters verliebt. Empört verwies er die Tochter des Hauses, und wenig später versuchte der Geselle ihren Spuren zu folgen. Ins belagerte Kaub kehrte er ohne Erfolg zurück und half die Stadt zu verteidigen. Aber erst die zum Einsatz herbeieilenden Truppen brachten die Rettung. Sie führte ein junger Soldat auf den richtigen Weg – unser Elslein. Und so wählt man zum Winzerfest jährlich ein neues Elslein von Kaub.

Burg Gutenfels, Rekonstruktion

Die dominierende Sicherung des Ortes ist seit der Zeit um 1200 die *Burg Gutenfels* gewesen (Umschlaginnenklappe vorn, Farbt. 11). Diesen Namen führt sie allerdings erst, seit Landgraf Wilhelm von Hessen im bayerisch-pfälzischen Erbfolgekrieg 1504 während 39 Tagen erfolglos Stadt und Burg Kaub, wie sie damals hieß, belagert hatte. Die Bauherren des kantigen staufischen Baus waren um 1200 die Herren von Falkenstein-Münzenberg, wohl noch im Auftrag des Reiches. Bald aber fühlten sie sich als die eigentlichen Besitzer. Ein Gefühl, das man gerne teilen möchte, wenn man die streng und stolz geschnittene Anlage betrachtet. Auf dem Sporn zwischen Blüchertal und Rhein ist der quadratische Bergfried Kern der Anlage. An ihn schließt sich zum Rhein hin der Palas mit zwei lichten großen Sälen hinter den reich profilierten Fenstern an. Der untere Saal, von dessen beiden Kaminen einer noch spätromanisch ist und der andere 1890 kopiert wurde, wird als Königssaal bezeichnet. Hier soll Graf Adolf von Nassau als Burggraf die Nachricht erhalten haben, daß er zum König (1292–98) gewählt worden war.

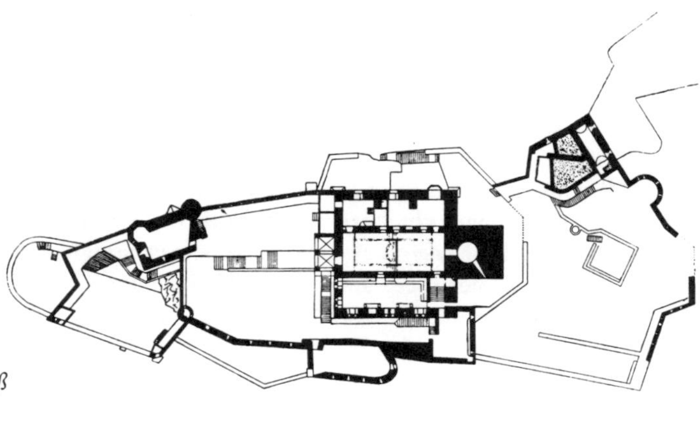

Burg Gutenfels, Grundriß

Ein schmaler Innenhof wahrt den Abstand zum Rüstbau, der als Wohn- und Wirtschaftsbau diente. Zusammen ergibt sich wieder fast ein Quadrat aus den drei Bauteilen Palas, Hof und Rüstbau. Die bewußte Systematisierung des Burgenbaus in staufischer Zeit wird deutlich. Der Burghof war erheblich niedriger, die Keller von Palas und Rüstbau waren vom Hof aus zugänglich. Die umlaufenden Holzgalerien sind modern, ursprünglich führte eine Freitreppe zum Palas. 1890 hat man auch das einst wohl in Fachwerk aufgeführte dritte Geschoß des Rüstbaus hochgemauert.

Die Außenwand des Rüstbaus wird als Mantelmauer nach Westen fortgesetzt, und hier schließt sich der Kapellenbau an, ein gotischer Erweiterungsbau, Mitte des 14. Jahrhunderts als Vorwerk errichtet und später im Untergeschoß als Pulverkammer und im Obergeschoß als Kapelle genutzt wie heute der untere Raum. Vorgelagert der sogenannte spanische Friedhof, wohl 1508/09 als Zwingeranlage angefügt, und davor eine unterkellerte halbkreisförmige Bastion aus der Zeit des Dreißigjährigen Krieges.

Auf der Nordostseite, gegenüber dem Bergfried, liegt der durch einen Halsgraben gesicherte Torbau. Im 14. Jahrhundert mit seiner tonnengewölbten Durchfahrt erbaut, Anfang des 16. Jahrhundert erneuert, im 17. Jahrhundert erweitert, trägt er nun die Wohnung des Burgverwalters. Burg Gutenfels dient heute als ›Europäische Jugendburg‹. Anfang des 19. Jahrhunderts wäre sie beinahe abgerissen worden.

Nach der erfolgreichen Abwehr der hessischen Belagerung hatte man die Schäden beseitigt und die Anlagen vergrößert. Solche Leistungen wiederholten sich nicht. Im Dreißigjährigen Krieg wechselte sie mehrfach die Besitzer. 1620–31 von den Spaniern besetzt, richtete man den oben erwähnten spanischen Friedhof ein, ihnen folgten die Schweden, Hessen-Darmstädter, Franzosen und Hessen-Kasseler. Umfangreiche Erneuerungsarbeiten waren danach die Folge. Später war meist nur eine Invalidenkompanie, ähnlich wie auf der Marksburg, hier stationiert. Nach dem Übergang an Nassau-Usingen wurde 1805 das Inventar versteigert, 1807 das Holzwerk des Baus und 1813 das Mauerwerk des nun ruinösen Baus. 1833 kaufte Friedrich Habel, der auch die Burgen Reichenberg, Maus, Eppstein und Miltenberg gerettet hat, die Reste. Damit war sie vor dem Abbruch geschützt. 1888 ging sie in den Besitz des Kölner Architekten Gustav Walter über, der nun im Sinne des Historismus erneuerte und ausstattete. Die auffälligsten Zutaten hat man 1952–54 wieder beseitigt. Heute würde man das wohl schon wieder unterlassen. Aber zu allen Zeiten hat man durch das Einziehen von Flachdächern statt der einstigen Steildächer das Ruinenerscheinungsbild gewahrt.

Der *Pfalzgrafenstein* inmitten des Rheins auf der Felsenklippe Falkenau ist eine der schönsten Verbindungen von Natur und Architektur, die im Rheinland zu finden ist (Farbt. 11, Abb. 51). Aber außer der Bewunderung aus gebührender Entfernung, um die Gesamtwirkung zu genießen, lohnt sich auch die kurze Überfahrt und eine detaillierte Betrachtung aus der Nähe. 1326/27 ließ König Ludwig der Bayer hier zuerst in seiner Eigenschaft als Pfalzgraf einen Zollturm errichten, der mit seiner Spitze, fünfseitig, gegen den Strom gerichtet ist. Er sollte eine ähnliche Rolle spielen, wie wir sie bereits vom Binger

Mäuseturm als Hilfestellung für die Zolleintreibung an Burg Ehrenfels kennen. Mit Erfolg, denn in den Streitigkeiten zwischen Papst Johannes XXII. und König Ludwig dem Bayern kommt auch der Turmbau zur Sprache. Der Papst klagt, daß »er einen überaus festen Turm auf einer Rheininsel bei jener Burg zu erbauen begonnen hat, um die verfluchten Steuern und Zölle in Zukunft noch härter eintreiben und verteidigen zu können«. 1339 fällt erstmals der Name Pfalzgrafenstein. Damals hatte König Ludwig wohl gerade damit beginnen lassen, die sechsseitige, gut zwölf Meter hohe Ringmauer um den Turm errichten zu lassen. Auf ihr verläuft über einem Rundbogenfries ein Wehrgang, gemauert und überdacht. An den Ecken der Mauer sind zusätzlich kleine Rundtürmchen hochgezogen, und an der Südseite ragt noch ein zierlicher, intakter Aborterker heraus. Der Burgeingang ist mit Fallgatter verschließbar, und darüber ist eine kleine Wohnung für den Kommandanten eingerichtet. Die Legende machte daraus den Prinzessinnenbau, in dem, chronologisch nicht gut möglich, die Hohenstaufentochter Agnes, heimlich mit Heinrich, dem Sohn des Welfen

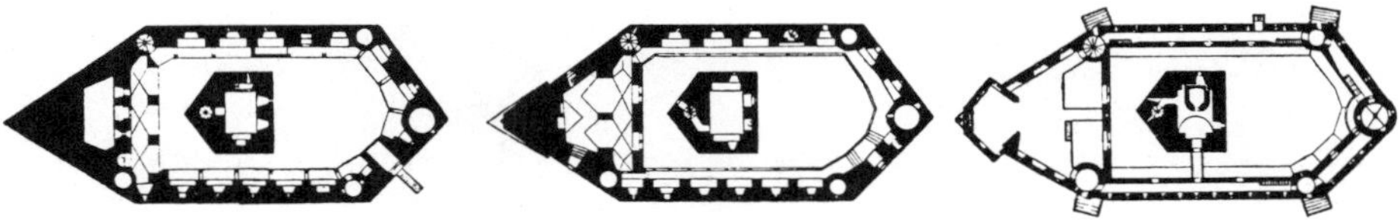

Pfalzgrafenstein, Grundrisse von Erdgeschoß, erstem und zweitem Stock

Heinrich dem Löwen vermählt, ihre Niederkunft erwartet haben soll, und seitdem seien hier die pfälzischen Stammhalter geboren worden. Eine etwas ungemütliche Vorstellung für werdende junge Mütter und überdies ohne historischen Halt.

Die erfolgreiche Zollfeste hat ihre heutige Form im 17. und 18. Jahrhundert erhalten. 1607 ließ Kurfürst Friedrich IV. von der Pfalz den ›Bug‹, der immer wieder durch Eisgang beschädigt wurde, verstärken und eine geräumige Batterie mit Pulverkammern darunter einrichten, die weit über die alten Mauern vorkragt und mit einem barocken Dach geschlossen ist. Auch die vier Auslugerker und der innere hölzerne Wehrgang stammen aus dieser Zeit (Abb. 50). Statt der von Stichen her bekannten gotischen Fachwerkbekrönung erhielt der Turm Mitte des 18. Jahrhunderts seine heutige barocke Haube, und die Restaurierung vor wenigen Jahren gab ihm seine lebendigen gotischen Farben, deren Spuren man fand, wieder.

Die Loreley

Aus Kaub herausfahrend passiert man das auf der anderen Rheinseite schön gelegene Oberwesel. Entlang steiler, weinbestandener Hänge tritt nach zwei kräftigen Richtungswechseln des Stromes der steile Felsen der Loreley ins Bild. Der Strom wird auf ein Drittel seiner gewohnten Breite zusammengedrängt, nur noch 130 Meter breit ragt der Felsen

Loreley. Stahlstich von C. Hohe, Mitte 19. Jh.

darüber 132 Meter hoch auf. Die erneute Biegung des Rheins setzt ihn so recht in Szene (Farbt. 18). Eine reiche Warnbeschilderung für die Schiffahrt zeigt, daß die vielbesungene Stelle noch heute ein gefährlicher Engpaß der Schiffahrt ist.

Mittelalterliche Dichtung berichtet von den ersten Sagen, die sich um den Felsen an bedrohlicher Stelle bilden. Sein noch im 19. Jahrhundert bis zum Eisenbahnbau berühmtes Echo führt die Sage darauf zurück, daß Zwerge den hohlen Felsen bewohnen. Auch der Nibelungenschatz liege darin verborgen. Die Hanselmänner, die Zwerge, hatten als Zugang zu ihrer Höhle das Hanselmannsloch, das zusammen mit dem Echo dem Eisenbahnbau und dem Tunnel zum Opfer gefallen ist. Den Schatz hatte man dabei nicht gefunden, aber längst hatten die Romantiker mit der Loreley einen ›sagenhaften‹ Erfolg, der bis heute Echo, Zwerge und Schatz ersetzt.

Ley für Felsen begegnet im Bereich des Rheinischen Schiefergebirges häufiger, und der erste Namensbestandteil wird als Bezeichnung für Rufen und Schreien gedeutet. Das Echo hat also im Namen des Felsen seine Spur hinterlassen.

Erst Clemens Brentano, der oft genug in seiner Jugend an der Loreley vorübergekommen ist, hat die Loreley als Zauberin Lore Lei, mit Wohnsitz in Bacharach, personifiziert. So tritt sie auf in einer Ballade seines Erstlingsroman ›Godwi oder das steinerne Bild der Mutter‹ (er nannte ihn selbst »einen verwilderten Roman«), der 1802 erschien. Begeistert wird die Erfindung aufgegriffen, nachgedichtet und nacherzählt. Heinrich Heine gibt ihr 1824 mit seiner Ballade die weltberühmte Form, und die Vertonung Friedrich Silchers macht sie 1838 zum Volkslied. Japaner zitieren es beim Anblick der Loreley ebenso geläufig wie Amerikaner und Deutsche:

Lore-Lei

Ich weiß nicht, was soll es bedeuten,
Daß ich so traurig bin;
Ein Märchen aus alten Zeiten,
Das kommt mir nicht aus dem Sinn.

Die Luft ist kühl, und es dunkelt,
Und ruhig fließt der Rhein;
Der Gipfel des Berges funkelt
Im Abendsonnenschein.

Die schönste Jungfrau sitzet
Dort oben wunderbar,
Ihr goldenes Geschmeide blitzet,
Sie kämmt ihr goldenes Haar.

Sie kämmt es mit goldenem Kamme
Und singt ein Lied dabei,
Das hat eine wundersame,
Gewaltige Melodei.

Den Schiffer im kleinen Schiffe
Ergreift es mit wildem Weh;
Er schaut nicht die Felsenriffe,
Er schaut nur hinauf in die Höh.

Ich glaube, die Wellen verschlingen
Am Ende Schiffer und Kahn;
Und das hat mit ihrem Singen
Die Lore-Lei getan.

Stiche, Gemälde und Postkarten halten den Anblick der Loreley fest, und die dichterische Vorstellung der männermordenden Blondine verlangte bald – und bis heute immer wieder diskutiert – ihre Gestaltung als Denkmal. Noch können wir unserer Phantasie freies Spiel lassen, statt der Loreley entstand die Germania auf dem Niederwald. Aber 1934 wurde die Höhe des Felsens als Thingplatz gewählt. Ein anderer, gefährlicher Lockruf sollte ertönen; eine Freilichtbühne entstand. Heute wird sie für Konzerte genutzt, und ein Hotelbau hat die Spuren früher Befestigung, Wall und Graben, die das Plateau burgähnlich sicherten, ersetzt. Vergebens halten zahllose Touristen hier nach verflossener Romantik Ausschau. In mancher Form der Sage stürzt sich die schöne Loreley zum Schluß des Geschehens in den Rhein. Ich habe angesichts der heutigen Situation Verständnis dafür.

St. Goarshausen und Burg Katz

Schon der Name des Ortes erinnert daran, daß die kleine Anzahl von Häusern von Schiffern, Fischern, die den Salm fingen, und Winzern nur ein Echo der Siedlung St. Goar auf der anderen Rheinseite war. ›Guereshusen‹ oder ›Husum apud sanctum Goarem‹ werden die wenigen Häuser genannt, als sie im 13. Jahrhundert erstmals erwähnt werden. Die dünne Kette der Häuser zieht sich entlang des schmalen Rheinufers (dahinter hat gerade noch der Eisenbahndamm Platz) und teils bis in die Täler des Forstbaches und Hasenbaches hinein (Farbt. 18).

Wie St. Goar war auch das Gebiet von St. Goarshausen der Abtei Prüm untertan, die auch hier zuerst die Grafen von Arnstein als Vögte einsetzte, denen dann zuerst die Isenburger folgten. Das blieb ein kurzes Zwischenspiel, denn die Grafen von Katzenellenbogen, die reichsten des Mittelrheins, erheirateten sich Ende des 13. Jahrhunderts auch St. Goarshausen. Damit war die Verbindung zwischen ihren rechtsrheinischen Stammesgebieten und St. Goar und Burg Rheinfels geschlossen. 1319 begannen sie mit dem Bau der nahegelegenen Burg Reichenberg (s. S. 362). 1324 ließen sie sich von König Ludwig dem Bayern für St. Goarshausen und Burg Reichenberg die Stadtrechte verleihen. Aber die damit ausgedrückten Hoffnungen erfüllten sich nicht. Der Ort bleib klein und bescheiden. Aber eine Stadtmauer entstand. Rheinabwärts steht noch der *Runde Turm,* rheinaufwärts der höhere *Viereckige Turm* mit seinem kleinen Ecktürmchen als Auslug und dem Ansatz eines Stadttores. Entlang der alten Hauptstraße des Ortes sind noch zahlreiche alte Häuser erhalten, in der Mitte das *Rathaus,* das auf einer kleinen Steinplatte die Jahreszahl 1523 in spätgotischen, griechischen und hebräischen Zahlzeichen trägt. Humanistische Bildung wird demonstriert.

Die alte evangelische, ehemals katholische *Kirche* mußte nach 1857 dem Bau der Eisenbahn weichen. Der Neubau (1860–63) nach den Plänen des nassauischen Baurates Eduard Zais ist eine Variation eines Musterentwurfes der Berliner Oberbaudeputation. Rheinische Romanik wird auf charmante Art mit dem Saalbau und einem Turm verbunden, wie er seit dem Barock gebräuchlich ist. Fassade und Turm hat man nach den Zerstörungen des letzten Krieges ›bereinigt‹; auch die Fialen, die an Turm und Ecken des Saales die Silhouette belebten, sind verschwunden.

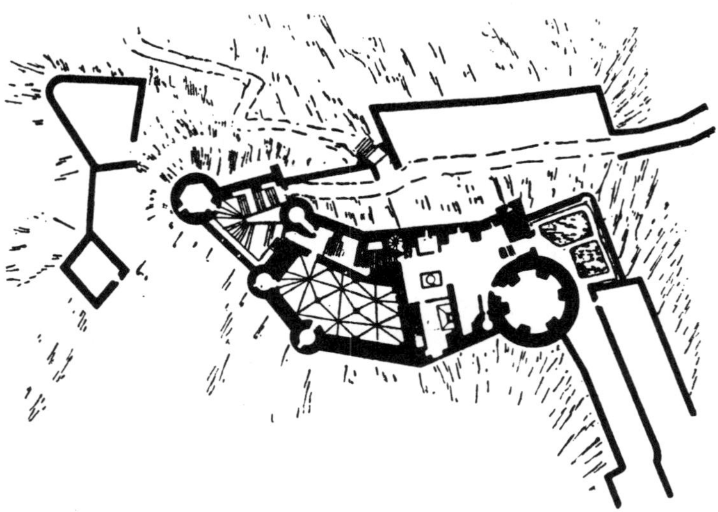

Burg Katz, Grundriß

St. Goarshausen mit Burg Katz. Kupferstich von Matthäus Merian, 1646

Die katholische *Pfarrkirche* ist das neobarock ausgestattete Gegenstück, 1923 nach Plänen der Architekten Hans und Christoph Rummel errichtet. Der kostbarste Besitz ist ein damals erst erworbenes Gemälde, eine Gnadenstuhldarstellung, die Trinität, aus dem Umkreis Lucas Cranachs des Älteren.

Als die Trierer Erzbischöfe Mitte des 14. Jahrhunderts etwas rheinabwärts beginnen, die Burg Maus, damals Peterseck, zu errichten, entschließt sich 1371 Graf Johann III. von Katzenellenbogen, oberhalb des Ortes eine *Burg Neu-Katzenellenbogen*, kurz *die Katz*, zu bauen, die letzte der Burgen dieses Grafengeschlechtes: am Hang mit Graben und hohem Bergfried gesichert, zum Rhein hin der Palas mit zwei Ecktürmen, wie sie auch die abschließende Ringmauer aufweist (Farbt. 12). Selten erscheint trotz der spätgotischen Bauzeit, wie auch sonst bei den Burgen der Katzenellenbogen, ein Spitzbogen. Nach dem Aussterben der Grafen von Katzenellenbogen von den Landgrafen von Hessen ererbt, wechselte sie mehrfach zwischen den Linien Hessen-Kassel und Hessen-Darmstadt. Im Siebenjährigen Krieg wurde sie von den Franzosen erobert, 1763 zurückgegeben, um schließlich 1806 unter Napoleon gesprengt zu werden. Der Geheime Regierungs- und Landrat Ferdinand Berg ließ sie 1896–98 nach der Bauaufnahme Wilhelm Schäfers gen. Dilich wieder aufbauen. Nur der Bergfried blieb Ruine. Ihm fehlt die achteckige Fortsetzung und seine hohe Haube. Heute dient die Burg als Erholungsheim des Sozialwerks der Bundesfinanzverwaltung.

Burg Reichenberg

Hier lohnt noch einmal ein Abweichen vom geraden Pfade der B 42. Kurz hinter St. Goarshausen zweigt die B 274 ab und berührt nach gut zwei Kilometern den kleinen Ort *Reichenberg,* überragt von einer der bedeutendsten Burganlagen des Rheinlandes. Bauherren der immer noch bewundernswerten Anlage am Hasenbachtal waren die Grafen von Katzenellenbogen. Sie begegnen uns als eines der reichsten und mächtigsten Grafengeschlechter des deutschen Mittelalters auch auf der anderen Rheinseite mit Burg Rheinfels (s. S. 127) oder wenig stromabwärts mit der nach 1352 begonnenen Burg Katz und mit der Marksburg bei Braubach (s. S. 371).

Durch Heirat mit einer Isenburgerin hatte Graf Wilhelm I. aus der älteren Linie derer von Katzenellenbogen die Grundherrschaft rings um St. Goarshausen erworben. Um diese Herrschaft mit ihrer wichtigen Verbindung zu den Stammlanden im Taunus zu sichern, erhielt er am 10. August 1319 vom Trierer Erzbischof Balduin von Luxemburg die Erlaubnis, auf dem Reichenberg eine Burg zu errichten. Auch König Ludwig der Bayer nimmt 1324 die Burg unter seinen Schutz. Aber sie war noch unvollendet, als Wilhelm I. 1331 starb.

Kern der Anlage Wilhelms ist die Schildmauer, breit und massiv genug, um eine Kapelle über dem Eingang und Wohnräume aufzunehmen. An beiden Enden ist sie zur Sicherheit mit ursprünglich etwa 40 m hoch aufragenden Türmen besetzt. Mit ihren begleitenden Tourellen und dem Stachelkranz der Schiefersteine, die den hölzernen Wehrgang trugen, war das einer der faszinierendsten Anblicke deutscher Burgen. Der nördliche Turm stürzte bereits 1813 ein, und 1971 stürzte auch der südliche ein.

Erst 1371 wird für die Kapelle in der Schildmauer ein Geistlicher angestellt. Wahrscheinlich war sie zu dieser Zeit erst vollendet. Wilhelms Plan hatte vorgesehen, die Ringmauer, die bereits östlich die Schildmauer umfängt, um ein westliches Gegenstück zu ergänzen. Nach einem brüderlichen Teilungsvertrag der beiden Söhne Wilhelms I. wäre dieser Bauteil dann Besitz Eberhards gewesen. Das mißfiel seinem Bruder Wilhelm II. Und so baute er an seine

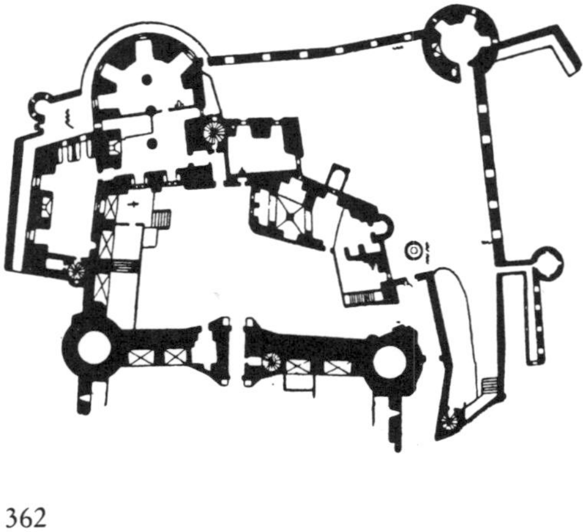

Burg Reichenberg, Grundriß

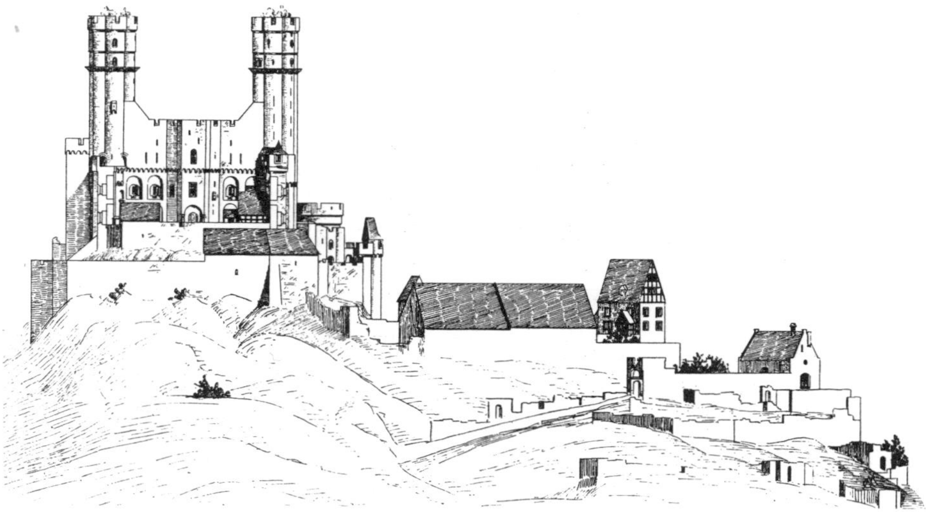

Burg Reichenberg, Rekonstruktion

halbe Burg mit dem mutig vorgewölbten Saalbau auf den Kasematten auf seiner Ostseite weiter an. Eine gelungene, pittoreske Lösung, auch wenn sie nicht gerade von Bruderliebe zeugt.

Erhalten und als evangelische Kirche genutzt ist auch noch die 1380 geweihte Burgkapelle mit ihrer schlichten Ausstattung des 18. Jahrhunderts.

Wellmich und Burg Maus

Wellmich, einst Fischer- und Schifferstädtchen am Rhein, wird vom Eisenbahndamm brutal zerschnitten und von der B 42 vom Rhein geschieden. Heute gehört der Ort verwaltungsmäßig zu St. Goarshausen. Aber die katholische Pfarrkirche ist einen Aufenthalt und die nicht zugängliche Burg Maus einen Blick wert.

Wellmich, dessen Martinspatrozinium für eine fränkische Gründung zeugt, wird erstmals 1042 als Wallmichi erwähnt, als sich Kaplan Adelger von seinem Herrn, Kaiser Heinrich III., hier ein Gut schenken läßt. Der Wein wird wohl bei Hofe anerkannte Qualität gehabt haben. Seit der Mitte des 14. Jahrhunderts versuchen die Erzbischöfe von Trier, die am Anfang des Jahrhunderts gerade das ›Bopparder Reich‹ am gegenüberliegenden Ufer erworben hatten (s. S. 133), nun auch am rechten Rheinufer Fuß zu fassen. Sie erwarben die Gerichtsrechte. Erzbischof Boemund II. von Saarbrücken (1354–62) erhielt von Kaiser Karl IV., der Boemunds Vorgänger – seinen Onkel Balduin – schon eifrig unterstützt hatte, die Erlaubnis, den kleinen Ort zu befestigen und zwei Burgen, *Peterseck* und *Petersberg*, zu errichten. Petersberg, auf der linken Rheinseite geplant, wurde nicht gebaut, aus Peterseck, später Deuernberg oder Thurnberg, wurde, in spöttischem Gegensatz zur Burg Katz weiter oberhalb am Rhein, Burg Maus.

1357 folgte die Verleihung der Stadtrechte. Mit Bau von Kirche, Burg und Stadtbefestigung und häufigen Aufenthalten der Nachfolger Boemunds, Kuno von Falkenstein bis 1388 und Werner von Königstein bis 1418, die beide in ihrer Residenz, der Burg, starben, blühte der Ort auf. Doch diese Blüte erwies sich schnell als nur vorübergehend. Die Trierer Erzbischöfe sahen bald keine Chance mehr, ihren rechtsrheinischen Besitz gegen die Grafen von Katzenellenbogen und deren Nachfolger, die Landgrafen von Hessen, auszudehnen. Sie konzentrierten sich wieder auf das Moselgebiet, und Wellmich fiel in die gewohnte Bedeutungslosigkeit zurück.

Die schönste Spur der kurzen Glanzzeit ist die katholische *Pfarrkirche St. Martin.* Sie liegt am Fuße des Burgberges dicht am Hang, so daß die Nordseite keine Fenster erhalten hat. Um 1360, zu Beginn der Blütezeit des Ortes, hat man den südlichen Seitenchor, der dann bis Ende des 19. Jahrhunderts als Sakristei genutzt wurde, mit breiterem Schiff, neuem Chor und vorgesetztem Westturm, der mit Schießscharten und Sitznischen im zweiten Obergeschoß als Wehrturm ausgestattet ist, vergrößert. Die wohl flache gotische Decke ist Anfang des 18. Jahrhunderts, nachdem man den südlichen Seitenchor hochgemauert und einen einheitlichen Dachstuhl aufgebracht hatte, mit einer hölzernen Tonne geschlossen worden. Anfang des 19. Jahrhunderts, 1840, hat man den Turm aufgestockt, und den heutigen Helm aufgeführt. Er ersetzt einen steilen Spitzhelm, den vier Ecktürmchen begleiteten. Ende des 19. Jahrhunderts wurde die Sakristei angebaut und 1914/15 das Schiff nach Westen verlängert.

1906 hatte man die gotischen Wandmalereien an der Nordwand des Schiffes entdeckt, die aber endgültig erst nach dem letzten Krieg freigelegt, gesichert und ergänzt worden sind. Auf 10 Meter Länge und je etwa 2 Meter Höhe werden in zwei Streifen übereinander oben die Kreuzigung und die Martyrien der Apostel und unten das Jüngste Gericht geschildert (Abb. 57). Das Opfer Christi, das Werk der Erlösung und die Warnung vor dem Gericht, in dem jeder Rechenschaft darüber abzulegen hat, ob er wie die Apostel die Nachfolge Christi angetreten hat. Selten findet man diese dem Mittelalter geläufige Mahnung so ausgebreitet wie hier in Wellmich. Die Wandmalereien sind bald nach dem Abschluß der Bauarbeiten, Ende des 14. Jh. entstanden. Einige Skulpturen und Grabdenkmäler runden das Bild ab.

Oberhalb des Ortes, als Kernpunkt der im 14. Jahrhundert angelegten Stadtmauer, von der noch einige Teile erhalten sind, liegt *Burg Maus.* Sie muß recht bald nach der kaiserlichen Bauerlaubnis von 1356 vollendet gewesen sein. Ende des 14. Jahrhunderts wird der Wohnraum durch den zweiten nördlichen Wohnturm noch erweitert. Als Spornburg in Hanglage errichtet, ragt der hohe Bergfried, der Anfang unseres Jahrhunderts noch einen Aufsatz erhielt, hangseitig an der gefährdetsten Stelle heraus. Davor ist ein Halsgraben eingetieft, und dahinter schließt sich die fast quadratische Ringmauer an. Sie ist noch einmal von einer niedrigeren Zwingeranlage umzogen.

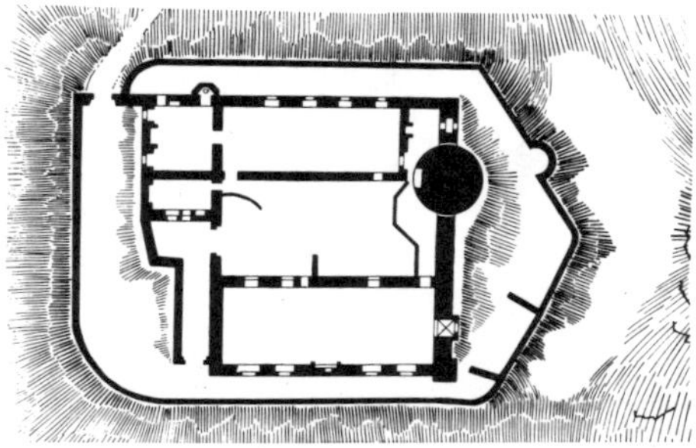

Burg Maus, Grundriß

Die schon im 18. Jahrhundert kaum gepflegte Burg wurde 1806 auf Abbruch verkauft. Ende des 19. Jahrhunderts kam sie in den Besitz des Kölner Architekten Gärtner, der sie teils wieder ausbaute. So fehlen der östlichen Schildmauer mit dem Bergfried nur Teile des Wehrganges. Ausgebaut wurden der Palas auf der Südseite und die beiden Wohntürme auf der Westseite, während der Nordbau Ruine blieb. Die zahlreichen Räume sind zu Beginn unseres Jahrhunderts noch im Burgengeschmack ausgestattet worden, so daß das, was außen als Ruine erscheint, durchaus bewohnbar und bewohnt ist.

Kamp-Bornhofen und die ›Feindlichen Brüder‹

Auf dem Weg zum vielbesuchten Wallfahrtsort kommt man entlang der B 42 durch *Ehrental,* das noch zu Wellmich gehört, und durch den kleinen Ort *Kestert.* Ehrenthal war einst Weingut der Abtei Gronau bei Grebenroth im Taunus. Als das Kloster 1542 aufgehoben wurde, zogen Abt und Mönche nach Ehrental. Aber auch hier wurde das Kloster 1803 aufgelöst, die Klosterkirche wird nun als Kapelle genutzt und das unmittelbar anschließende Klostergebäude als ›Klosterschenke‹. Aber die Verbindungstür, die man lange noch vom Gasthaus zur Kirche nutzen konnte, ist inzwischen geschlossen.

Noch vor Kamp-Bornhofen liegen hoch am Hang die Burgen Sterrenberg und Liebenstein. Man erreicht sie, ihre Parkplätze und Gaststätten über eine kleine Straße von Bornhofen aus.

Am Ende des Sporns gelegen, ist *Sterrenberg* (Abb. 61), die ältere der beiden, vielleicht schon im 11. Jahrhundert als Reichsburg errichtet, von der aus später die Herren von Bolanden einen Zoll erhoben. Sie erbauten noch den kräftigen quadratischen Bergfried, der, wie in Liebeneck und anderen Burgen auch, einen Rest des sonst planierten Felsplateaus als Sockel nutzt. Danach ging die Burg in den Besitz der Grafen von Sponheim über. Auch die erste der beiden Schildmauern wird noch aus der Zeit um 1200 stammen. Die äußere ist erst im 14. Jahrhundert als zusätzliche Sicherung gegen Liebenstein erbaut worden. Beide sind durch Halsgräben gesichert. An der Nordostseite des Burgbereichs steht das 1970 wieder bewohnbar gemachte Frauenhaus, palasartig mit rundem Treppenturm. Gegenüber an der

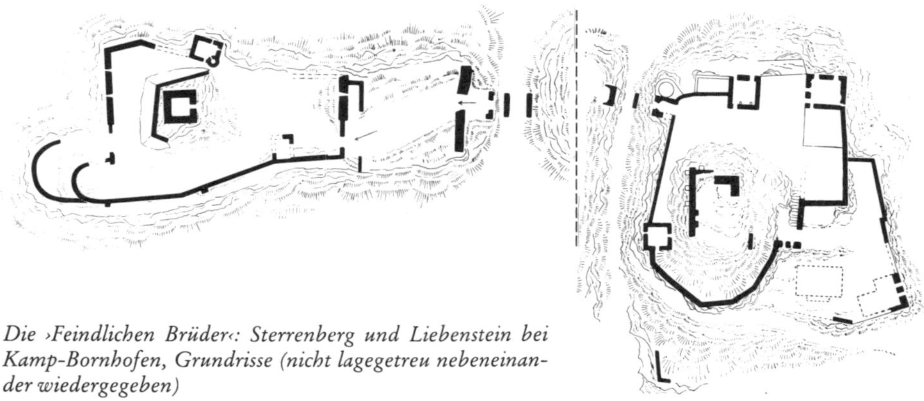

Die ›Feindlichen Brüder‹: Sterrenberg und Liebenstein bei Kamp-Bornhofen, Grundrisse (nicht lagegetreu nebeneinander wiedergegeben)

Nordwestecke sind noch Reste eines Wohnbaus erkennbar. Die Ausbruchsspuren von Kaminen, Balken und die Spuren von Nischen an der äußeren Schildwand berichten auch hier von einst angebauten Räumen.

Der Nachbar, *Burg Liebenstein,* ist wohl ursprünglich als Vorburg zur Sicherung gegen bergseitige Angriffe angelegt worden. Erst als Sterrenberg 1315/20 an Kurtrier überging, und der ehemalige Besitzer der ganzen Anlage, Graf Heinrich von Sponheim-Dannenfels, sich nun ganz zurückzog, verfeindeten sich die Brüder. Denn Liebenstein hatte er zuvor an die Herren von Sterrenberg, die sich nun Liebenstein nennen, verkauft.

Sterrenberg war lange Sitz eines kurtrierischen Amtes, ist aber 1568 bereits verfallen, als 1567 Liebenstein noch bewohnt war. Liebenstein kam 1793 als nassauisches Lehen an die Freiherren von Preuschen, die immer noch Herren der Burg sind. Auch hier steht der Rest eines Bergfriedes auf einem geschickt genutzten Felssockel und an der Westecke ein hoher Wohnturm des 14. Jahrhunderts, dessen Erdgeschoß wieder modern und nun gastfreundlich genutzt ist.

Die Sage sieht die Burganlage, die sich aus handfesten kaufmännischen, militärischen und politischen Interessen entwickelt hat, sehr viel dramatischer. Als einst der reiche Ritter und Herr auf Sterrenberg starb, teilten sich seine beiden Söhne die Burg und mit ihrer blinden Schwester den reichen Schatz an gemünztem Gold. Mit Scheffeln wurde abgemessen, wobei man der blinden Schwester jeweils nur die Unterseite des Scheffels mit Münzen belegt zum Fühlen reichte. Sie gründete damit das Kloster zu Bornhofen. Die Brüder, sich Reichtum und Vergnügen neidend, errichteten die ›Streitmauer‹ zwischen den Burgen. Erst spät, verarmt und nun neidlos, versöhnte man sich wieder. Zur Jagd verabredet, sollte der, der zuerst erwachte, am Morgen einen Pfeil gegen den Fensterladen des anderen schießen. Das geschah auch, nur daß in diesem Augenblick der andere das Fenster öffnete und durch den Pfeil starb. Der gramerfüllte Überlebende pilgerte zum Grabe Christi nach Jerusalem und starb dort. Die Burgen verfielen. »Ja so warn's, die alten Rittersleut« – in der Sage; in der rauheren Wirklichkeit waren sie meist geschäftstüchtige Verwalter, Zolleintreiber und Offiziere.

1224 wird für ›Burnhofen‹ eine vom Priester Rembold betreute Kapelle erwähnt. Seit dem 13. Jahrhundert ist eine Wallfahrt bekannt, auch wenn das heutige Gnadenbild, eine Pieta, erst aus der zweiten Hälfte des 15. Jahrhunderts stammt. Die Anfänge der heutigen *Wallfahrtskirche* sind zu Beginn des 15. Jahrhunderts aus Stiftungen reicher Adelsfamilien der Umgebung finanziert worden. Der Ruhm der Stiftung der spätgotischen zweischiffigen Halle und des daraus hervorragenden Westturms ist mit dem Namen des Johannes Brömser verbunden, der 1408 zum kurtrierischen Amtmann auf Sterrenberg ernannt wurde. Bei einer Wallfahrt nach Jerusalem sei er in türkische Gefangenschaft geraten und habe für seine Befreiung reiche Stiftungen gelobt. Als er zurückkehrte, seien so die Rüdesheimer Pfarrkirche, das Kloster Nothgottes nahebei und Bornhofen Nutznießer seines Gelübdes geworden. Es muß eine beeindruckende Persönlichkeit gewesen sein, die so bis heute lebendig geblieben ist.

Ende des 17. Jahrhunderts hat man um 1690 nach den Entwürfen des kurtrierischen Hofbaumeisters Johann Christoph Sebastiani an der Nordseite des Langhauses die Gnadenkapelle angebaut, und etwas später, wohl auch nach seinem Plan, eine offene Bogenhalle im Westen vor die Kirche gesetzt. Diese Arbeiten gingen auf den großen Förderer der Wallfahrt, den Trierer Erzbischof Johann Hugo von Orsbeck zurück, der 1679 zur Betreuung der Wallfahrer Kapuziner nach Bornhofen gerufen hatte. Aus seiner Zeit stammt auch die Ausstattung der Kirche mit dunklem Lahnmarmor, und gegenüber der Gnadenkapelle wurde damals auch das große Grabdenkmal für den 1693 verstorbenen Landgrafen von Hessen-Rheinfels errichtet. 1813 wurde das Kloster aufgehoben, und vorübergehend gelangte das Gnadenbild in die Kamper Pfarrkirche. Aber die Wallfahrt geriet nicht in Vergessenheit. 1850 wurde sie wieder belebt, zuerst von Redemptoristen und seit 1890 von Franziskanern, die die angrenzenden Klostergebäude nutzen.

Mit dem benachbarten *Kamp,* das zum Bopparder Reich gehörte, erwarb Trier Anfang des 14. Jahrhunderts seinen ersten hoffnungsvollen Stützpunkt hier auf dem rechten Rheinufer, dessen Schutz und Erweiterung Sterrenberg dann dienen sollte. Hier ist nach einem Brand 1954 der frühgotische Teil der ehemaligen *katholischen Kirche,* Schiff und Chor, rücksichtslos abgerissen worden, nur der erst 1870 errichtete Westturm steht noch. Schon 1902–04 hatte man eine neue katholische *Pfarrkirche St. Nikolaus* errichtet. In neuromanischen Formen und Ausstattung entstand sie nach den Plänen des Wiesbadener Architekten Dormann. Aus der alten Kirche übernahm man die frühgotische Altarmensa und das schöne spätgotische Sakramentshaus. Eine Kanzel stellte man aus dem Doppelgrabdenkmal für Franz von Liebenstein († 1558) und seine Frau Margarete von Enschringen († 1551) und aus einem Türsturz und einer Füllungsplatte etwa der gleichen Zeit zusammen: aus alt mach neu.

Den Schmuck des Ortes bilden die Adelshöfe des späten Mittelalters östlich der Kirche am Rheinufer, zum Teil massiv in Stein errichtet, mit Fachwerkobergeschossen und dekorativen Ecktürmchen. Im Ort liegt auch der *Von der Leyensche Hof,* teils in Stein, teils in

Fachwerk, mit sechseckigem Treppenturm und geschwungenem Giebel, ein behäbiger Renaissancebau des späten 16. Jahrhunderts, als Gastwirtschaft und im Obergeschoß als Heimatmuseum genutzt.

Osterspai und Schloß Liebeneck

An der Filsener Ley mit ihrem steilen Hang vorüber führt die B 42 nach *Filsen* mit der eleganten neugotischen Pfarrkirche St. Gallus und Margareta und dem Alten Rathaus von 1611, das mit steinerner Freitreppe zwei Fachwerkgeschosse über einem Tor der Mauer zeigt. Fachwerkhäuser finden sich hier noch mehr, und in Osterspai, scharf nun der Schlinge des Rheins folgend, prägen sie das Ortsbild der Hauptstraße und der Seitenstraßen zum Rhein, zur B 42.

Osterspai, südwestlich von Spay auf der anderen Rheinseite (s. S. 141), erhielt 1326 das Bopparder Stadtrecht. Die Herren des Ortes waren und blieben aber die Herren der Burg Liebenstein, die ihren Besitz und die Einkünfte durch eine (damalige) *Wasserburg* im Nordwesten des Ortes nahe dem Rheinufer sicherten. Erhalten ist der viergeschossige Wohnturm; Ansätze von Ecktürmchen sind noch zu erkennen. Das Fachwerkwohnhaus ist erst 1910 angebaut worden. Mit dem Besitz von Liebenstein ist auch diese Anlage wie auch Schloß Liebeneck 1793 in den Besitz der Freiherrn von Preuschen übergegangen. An der Uferseite des weiten rechteckigen Mauerrings steht die kleine Kapelle St. Petrus, im 13. Jahrhundert soll sie dem Kloster Eberbach geschenkt worden sein. Der romanische doppelgeschossige Bau ist rechteckig angelegt. Nur im Obergeschoß ragt eine kleine Apside heraus. Das Fenster ist vermauert. Die reifen Formen erinnern wie die Spuren von Bemalung an den Limburger Dom.

Hoch über dem Rheintal, mit herrlicher Aussicht, liegt *Schloß Liebeneck.* Um 1700 wurde es als Jagd- und Sommerschlößchen errichtet. Der zweigeschossige Bau mit seinem Rundturm und steilem Walmdach verrät noch die ursprünglichen frühen Barockformen. 1873 hat man historisierende Umbauten vorgenommen, um es dem Rittergeschmack der Zeit anzupassen.

Braubach

Auf der B 42 weiter nach Norden fahrend begleitet uns linker Hand im Rhein langgestreckt die Insel ›Auf der Schotter‹. Der schmale Rheinarm führt den passenden Namen ›Das enge Thürchen‹. In der Ferne lockt nun zwar schon die vielgerühmte Marksburg, aber zuerst sei ein Blick auf Braubach selbst erlaubt. Davor sei noch ein Abstecher ins Dinkholdertal, rechts kurz hinter dem Ende der Insel empfohlen. Unterhalb des Dinkholder Berges (282 m hoch), steht am Dinkholderbach die *Dinkholder Mühle:* ein barocker Fachwerkbau, 1675 von Albert Metz errichtet, mit einem grazilen Eckerker, den eine Haube krönt. Schnitzereien bereichern das hübsche Bild.

Braubach mit der Marksburg. Stahlstich von Rouargue, Mitte 19. Jh.

Am südlichen Rande über der Stadt liegt *St. Martin,* heute als Friedhofskapelle genutzt. Oberhalb schließt sich ein Bereich mit der Flurbezeichnung ›Auf der alten Burg‹ an. Das alte Martinspatrozinium und dieser Hinweis auf eine frühe Talburg deuten auf die Anfänge des Ortes. 691/92 wird er erstmals erwähnt. Neben den jeweiligen Landesherren teilten sich im Laufe des Mittelalters zahlreiche adlige Besitzer, geistlichen und weltlichen Standes, in die begehrten Weinberge. Dazu gehörten das Marienstift in Wetzlar, die Stifte St. Florin und Kastor in Koblenz ebenso wie die Abteien Siegburg, Arnstein und Eberbach, aber auch Adlige der Umgebung.

Das Schiff von St. Martin ist noch romanisch, eine Mittelstütze des 16. Jahrhunderts trägt die flache Holzdecke. Der Chor ist im 13. Jahrhundert gotisch erneuert worden. Dann hat man im 16. Jahrhundert den Bau noch einmal durchgreifend renoviert. Er wurde auf der Südseite erweitert, die westliche Apsis beseitigt. Nur noch ein vermauerter Rundbogen zeugt davon. Auch die Innenausstattung wurde erneuert. Die Kanzel mit ihren Einlegearbeiten stammt aus dem Jahre 1581, die ältesten Teile der Emporen sind 1589 datiert. Aber der schönste Schmuck sind der Wappenfries unter den Fenstern des Chores und die Gewölbemalereien: Kreismuster, Engel und Christus als Richter des Jüngsten Gerichtes, Maria und Johannes der Täufer, Gnade erbittend.

Am Südende des Ortes stößt man dann am Ufer auf die Reste der *Philippsburg.* Landgraf Philipp II. von Hessen-Rheinfels läßt hier 1567–71 einen Witwensitz für seine Gemahlin errichten. Die hochgelegenen Burgen entsprachen kaum noch den Bedürfnissen der Zeit. Ursprünglich war es eine langgestreckte, dreiflügelige Anlage. Sie hat durch Veränderungen und Abrisse, besonders 1861 beim Bau der Eisenbahn, viel verloren. Erhalten blieben die Torbauten mit ihren Fachwerkobergeschossen und der Ostflügel mit seinen hübschen Giebeln. Der Marstall dient jetzt als Wirtshaus, die Keller nutzt die Braubacher Winzergenossenschaft.

Den ältesten wirtschaftlichen Reichtum verdankt Braubach nicht dem Wein. Auf den ersten Blick stören die drei Schornsteine auf der Berghöhe hinter der Marksburg, aber sie sind ein Wahrzeichen der Stadt von gleichem Rang. Sie gehören zu einer Bleihütte, die am Ende einer in vorchristlicher Zeit beginnenden Bergbautätigkeit in Braubach steht. Neben vorgeschichtlichen Funden ist das wichtigste Zeugnis eine Urkunde König Albrechts. Er verlieh 1301 den Grafen von Katzenellenbogen das Recht, im Umkreis einer Meile um seinen Besitz Braubach Bergwerke anzulegen. Die Dienste, die Graf Eberhard dem König und dessen Vater König Rudolf erwiesen hatte, machten sich bezahlt. Eine der Quellen des großen Reichtums der Grafen von Katzenellenbogen öffnete sich. Noch heute ist die Bleihütte ein wichtiger Wirtschaftsfaktor, allerdings wegen seiner Gefahren für die Umwelt nicht immer beliebt. Die Winzer fürchten, daß ihre Weine durch Bleigehalt zu ›schwer‹ werden!

Der Ortskern von Braubach hat noch eine Reihe Fachwerkhäuser des 16. bis 18. Jahrhunderts bewahrt. Manche reizvolle Gaststätte ist darunter (Abb. 66). An der Stelle, wo der Ort in einem Haken in das Mühlbachtal abbiegt, liegt die *Barbarakirche*. Noch bis in die Mitte des 13. Jahrhunderts war St. Martin die Pfarrkirche. Mit der Verleihung der Stadtrechte 1276 begann man einen Neubau, zusammen mit dem Bau einer Stadtmauer. Dabei benutzte man den Nordwesteckturm der Stadtmauer zugleich als Glockenturm für St. Barbara. Seit dem 16. Jahrhundert evangelisch, ist sie mit der gelungenen Restaurierung 1969 in ein Gemeindehaus umgewandelt worden. Chor und Turm stammen noch aus der ersten, frühgotischen Bauphase. Das Schiff, flachgedeckt, entstand im 14. Jahrhundert, das Maßwerk der Fenster im 15. Jahrhundert. 1581 werden hier von dem Meister, der auch in St. Martin arbeitet, Emporen eingebaut. Bei der Restaurierung sind neben einigen kleineren Resten an Wandmalereien auch die Klugen und Törichten Jungfrauen des 14. Jahrhunderts am Chorbogen wieder zum Vorschein gekommen und ergänzt worden; eine etwas weniger direkte Erinnerung an das Kommen des Herrn im Jüngsten Gericht.

Das eindruckvollste Bild bietet aber die vielgliedrige Schieferhaube des Kirchturms der *Markuskirche* aus dem 17. Jahrhundert. Schon seit Beginn des 19. Jahrhunderts hatte man sich um einen neuen Kirchenbau bemüht. 1899 konnte am Rande der Altstadt der Grundstein dazu gelegt werden. Fast fertiggestellt, stürzte am 21. Juni 1899 der Turm ein. Mit einem Gnadengeschenk des Berliner Ministeriums konnte der Turm etwas niedriger wieder aufgebaut werden, und 1901 wurde die nach den Plänen Ludwig Hofmanns aus Herborn erbaute Kirche eingeweiht. Aus ihrer ersten Ausstattung bewahrt die Markuskirche noch die Glasfenster mit Geburt, Kreuzigung und Auferstehung Christi.

Von der Stadtbefestigung sind neben dem Turm der Barbarakirche noch beträchtliche Teile erhalten geblieben: nahebei schon der *Pankgrafenturm* und am Ostende des Ortes im Mühlbachtal das *Obertor*. Andere Reste ziehen sich durch den heutigen Ort. Gedacht war die ganze Anlage als vorgelagerte Befestigung der Marksburg.

Die Marksburg

Die Marksburg auf ihrem steilen Schieferfelsen über Braubach (Abb. 67) trägt ihren Namen erst seit dem 16. Jahrhundert, seit der Errichtung der Philippsburg im Ort. Man besann sich damals auf den Patron der Burgkapelle im Kapellenturm, den Apostel Markus. Bis dahin war sie einfach Burg Braubach gewesen.

Der erste Sitz der Edelfreien von Braubach, die zwischen 1117 und 1171 erwähnt werden, wird die alte Burg nahe der Martinskapelle, eine Talburg, gewesen sein. Es ist ungewiß, wann sie die erste Burg auf der Höhe anlegten, sicher aber Jahrzehnte vor der ersten Erwähnung im Jahre 1231. Die Sage möchte aus fernen Zeiten wissen, daß Kaiser Heinrich 1105 im Winter auf der Flucht vor seinem Sohn hier Schutz gefunden habe. Zeitweise hat deshalb der Kapellenturm den Namen Kaiser-Heinrich-Turm getragen. Aber damals war wohl noch die alte Burg im Tal Sitz der Herren von Braubach.

Der sichtbar älteste Teil der heutigen Burg ist der Unterbau des Bergfriedes, auf die höchste Stelle des Felsens gesetzt. Innen liegt dabei der gewachsene Untergrund höher als außen, wo die Mauern den Felsenkern ummanteln. Mit einem Grundriß von 6 × 6 Metern ist er auch schlanker als die jüngeren Bergfriede anderer rheinischer Burgen. Erst im 13. Jahrhundert erhält die Kernburg ihren heute erhaltenen dreieckigen Grundriß. Anfang des 13. Jahrhunderts wechselte der Besitzer. Seit 1219 wird Gerhard von Eppstein als Herr von Braubach genannt. Seine mächtige Verwandtschaft mag bei dem Besitzwechsel die Hände im Spiel gehabt haben. Ein Onkel war der Erzbischof von Mainz, Siegfried II. von Eppstein, ein anderer Erzbischof von Trier, Dietrich von Wied. Gerhard, nun von Braubach, errichtet an der Stelle des heutigen Nordbaues den spätromanischen Palas, der 1708 und 1934 stark erneuert wurde. In die Spitze des Dreiecks wird auf der Südseite der Kapellenturm gestellt, fünfeckig angelegt, mit einer Burgkapelle im dritten Geschoß. Das zehnteilige Gratgewölbe mit seinen Konsolsteinen des 13. Jahrhunderts ist wohl um 1500 erneuert worden. Die Gewölbemalereien mit der Darstellung des Hl. Markus entstanden erst 1903, nachdem die Deutsche Burgenvereinigung 1899 die Marksburg übernommen hatte.

Das übrige Burggelände war mit Mauer abgeschlossen. Einige kleinere Holzbauten werden darin Platz gefunden haben. Die große gotische Bauphase der Marksburg ist den Grafen von Katzenellenbogen zu danken. Die Erbtochter Gerhards heiratete den Grafen Eberhardt von Katzenellenbogen. Unter seinen Nachfolgern wurde im dritten Viertel des 14. Jahrhunderts der gotische Palas errichtet. Die alte Ostmauer wird abgebrochen, und weit über diese Linie hinaus entsteht ein Saalbau mit massiver Ostmauer, die mit spitzer Ecke

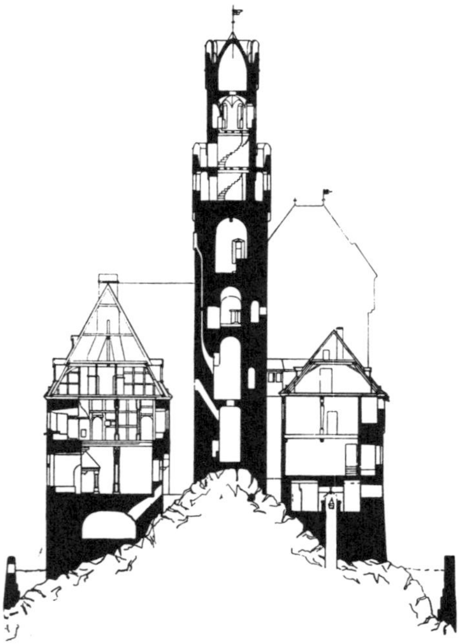

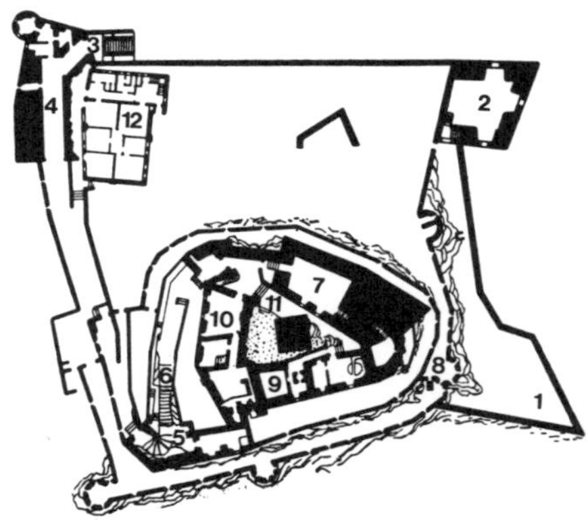

Marksburg, Schnitt und Grundriß

1 Scharfes Eck 2 Pulvereck 3 Zugbrückentor 4 Tunnelgang der Vorburg 5 Durchgang unter der Großen Batterie 7 Gotischer Saalbau (Palas) 8 Kapellenturm 9 Rheinbau 10 Nordturm 11 Bergfried 12 Neue Burgschenke

nach Süden, neben dem Kapellenturm, vorspringt. Der gewölbte Keller wurde als Wein- und Vorratskeller genutzt und zeigt heute eine Sammlung Winzergerätschaften. Erst 1974 konnte man die Burgküche im Erdgeschoß in ihren vollen Ausmaßen wiederherstellen, ein Raum zur Vorbereitung fürstlicher Gastmähler (Abb. 68).

Ins Obergeschoß des Saalbaus führt eine steile Steintreppe direkt vom Hofe aus. Ein Vorraum diente als Anrichte mit Spülstein und kleiner Feuerstelle. Daneben liegt ein kleines Gemach mit erneuerter Holztäfelung und neu zusammengetragener Ausstattung. Anschließend kommt man in den großen Saal mit hölzerner Mittelstütze mit einer Ausmalung von 1903, mit altem Kamin und einem Aborterker in der Schildmauer zwischen den Fenstern.

Typisch für die Burganlagen der Grafen von Katzenellenbogen ist auch die Gestalt, die der Bergfried mit rund 39 Metern Höhe nun erhält. Auf seine erneuerte schlanke quadratische Grundlage wird ein zusätzlicher runder ›Butterfaßaufsatz‹ gesetzt. Ein Bild, das einmal auch französische Burgen als Vorbild geboten haben, das aber auch den Grafen von Katzenellenbogen auf ihren Italienreisen z. B. in Florenz mit dem Turm des Palazzo Vecchio begegnet sein muß. Auch die rheinseitige Mauer wird ebenso wie der Kapellenturm erhöht. Als Gegengewicht zum Kapellenturm wird am anderen Ende des leicht ansteigenden Wehrganges der Rheinseite ein weiterer kleiner Rundturm errichtet. Abschließend wird auf der Nordseite die Eiserne Pforte als Eingang gebaut. So ist der innerste Befestigungsring geschlossen.

Sofort geht es mit dem Bau weiter: Zwingermauern werden der Burg im Osten vorgelegt, rheinseitig sogar mit Türmen versehen. Ein Zugbrückentor, durch das man heute die Burg betritt, wird angelegt. Nun herrscht für einige Zeit Bauruhe. Danach wird über dem Aufgang zur Burg eine große Batterie, später noch einmal erweitert, angelegt – acht Geschützpforten sind hier zum Rhein hin geöffnet. Heute sind sie z. T. mit Kanonen späterer Zeit bestückt, die man mit Mühe aus dem Berliner Zeughaus zurückerhalten hat. Auf der Südwestseite wird eine erste Bastion, das ›Scharfe Eck‹, vorgelegt. Eine zweite, das ›Pulvereck‹, noch mächtiger geplant, folgt bald, und hinter dem Zugbrückentor wird ein Tunnelgang angelegt. Hier hätte man aus Deckenöffnungen einem Eindringling Schwierigkeiten bereiten können. Schließlich wird 1706 der heutige Rheinbau anstelle kleinerer älterer Bauten errichtet.

In all diesen Jahren hatte die Marksburg nie einen ernsthaften Angriff abzuwehren. Ohne erobert worden zu sein, fiel sie 1479 an die Landgrafen von Hessen, 1802 an Nassau und 1866 an Preußen. So ist sie bis 1945 ohne Kriegsschäden durch die Jahrhunderte gekommen.

Aber mißachtet und als Miniaturgarnison und Staatsgefängnis mißbraucht verkam die Marksburg allmählich. Die Inneneinrichtung ging unter, Umbauarbeiten zerstörten die alten großen Räume. Erst als die Deutsche Burgenvereinigung 1899 unter dem Architekten Bodo Ebhardt die Marksburg übernahm, gewann sie Schritt für Schritt ihren alten Glanz zurück. Die Deutsche Burgenvereinigung hat hier ihren Verwaltungssitz und eine umfangreiche Bibliothek untergebracht. Bodo Ebhardt starb 1945. Wenige Wochen nach seinem Tode beschoß amerikanische Artillerie die Burg. Der Aufsatz des Bergfriedes wurde zerstört, und schwere Schäden auch an anderen Gebäuden der Burg angerichtet, aber immer noch blieb sie die besterhaltene Rheinburg, heute eines der Hauptziele jeder Rheinfahrt.

Besucher werden inzwischen freundlicher empfangen, sogar in einer Burgschänke versorgt. Als die ersten französischen Touristen 1761 hier anklopften, verweigerte ihnen der Kommandant Pfnorr den Zutritt. Der Geograph und Geometer des französischen Königs, de Lancy, wollte mit seinem Begleiter nämlich einen Plan der Festung aufnehmen, da Ihre Majestät gerne genaue Kenntnis der Gegenden rechts des Rheines haben wollte. Die Reaktion des Kommandanten diesen ersten Touristen gegenüber ist daher vielleicht verständlich.

Lahnstein

Erst 1969 sind Oberlahnstein, südlich der Lahn, und Niederlahnstein, nördlich der Lahn, zu einer Stadt verbunden worden. Aber schon bevor man nach Oberlahnstein hineingelangt, macht sich der Einfluß der nahen Großstadt Koblenz bemerkbar, der Verkehr wächst, und die Zersiedlung der Landschaft nimmt zu.

Oberlahnstein war bis 1803 der nördlichste Besitz des Mainzer Erzbistums. Zwar besaßen die Erzbischöfe schon im 10. Jahrhundert hier einen Hof, aber erst mit der Einrichtung des Zolls wuchs Oberlahnstein zu einem wichtigen Stützpunkt heran. Mit königlicher Erlaubnis

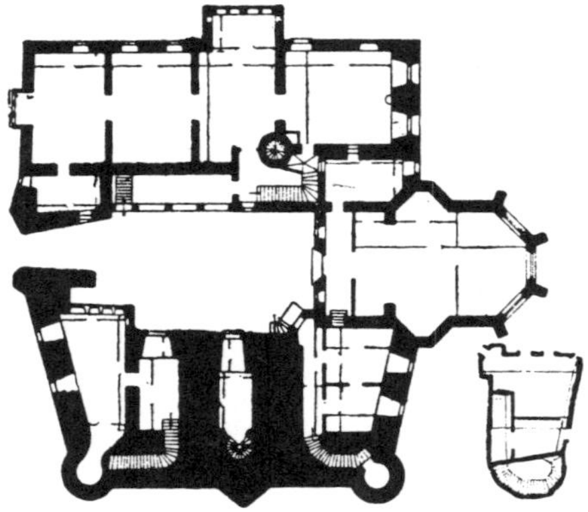

Oberlahnstein, Burg Lahneck, Grundriß

wurde der seit 1292 erzbischöfliche Zoll von Boppard um 1300 hierher verlegt. Diesem wirtschaftlichen Aufschwung folgte 1324 die Verleihung der Stadtrechte.

Der Entschluß der Mainzer Erzbischöfe, sich hier festzusetzen, scheint langsam im Laufe des 13. Jahrhunderts gereift zu sein. In der Mitte dieses Jahrhunderts werden die Martinsburg und die Burg Lahneck erstmals angelegt, während die Stadtmauern, von der noch vier Türme und lange Mauerzüge erhalten sind, erst nach der Stadterhebung den Abschluß dieser Entwicklungen dokumentiert.

1220 wurde der Mainzer Erzbischof Siegfried II. von Eppstein von Kaiser Friedrich II. mit dem einträglichen Silberbergwerk Tiefenthal, wohl dem späteren Friedrichssegen, belehnt. Um diese natürliche Geldquelle und den reichen Grundbesitz ringsum zu sichern, wird seit etwa 1240 die *Burg Lahneck* auf dem letzten Absatz des Sporns hoch über dem Lahntal errichtet. Bereits 1244 wird ein Burggraf erwähnt und 1245 war der Bau im wesentlichen vollendet.

Damals entstand der innere Kern der Anlage, der hohe fünfseitige Bergfried, mit dem Bug zur Bergseite gerichtet. Er steht in der Mitte des Schildmauer mit ihren Ecktürmchen, vor der der alte Halsgraben als innerer Graben noch sichtbar ist. Zur Lahn hin ist eine reizvolle Kapelle auf steilem Unterbau aus dem fast rechteckigen Mauerring herausgeschoben. Hier scheinen sich die Raumbedürfnisse der Geistlichkeit bemerkbar zu machen. Die Kapelle ist erst Ende des 14. Jahrhunderts in diesen Formen erneuert worden. Die Balkendecke des 19. Jahrhunderts ersetzt das einstige Sterngewölbe des späten Mittelalters. Neben anderen Ausstattungsstücken, die erst später hinzukamen, zeigt man noch eine Ablaßurkunde für die Besucher der dem Heiligen Ulrich geweihten Kapelle, die, reich mit Miniaturen geschmückt, am 15. Oktober 1322 in Avignon ausgestellt worden ist.

Während der Mainzer Stiftsfehde Mitte des 15. Jahrhunderts war Burg Lahneck ohne Gegenwehr besetzt worden. Erzbischof Diether II. von Isenburg setzte nun seinen Bruder Johann als Burggrafen ein und ließ einen zweiten Mauerring um die Burg legen, dem noch ein äußerer Zwinger vorgeordnet wurde. Daher trägt das äußerste Burgtor auch das

Isenburger Wappen. Wenn man diese Anlage durchschritten hat, erreicht man die Burg mit ihrer reichen Einrichtung und einer Burgschenke.

Sie wurde im Dreißigjährigen Krieg von den Schweden und von den Kaiserlichen besetzt und verwüstet, schließlich schossen 1688 französische Truppen die letzten Dächer in Brand. Die wüste Ruine begeisterte Goethe zum ersten rheinromantischen Gedicht. 1774 fuhr er mit Lavater und Basedow von Bad Ems die Lahn hinunter und reimte im Vorüberfahren:

Hoch auf dem alten Turme steht
Des Helden edler Geist,
Der, wie das Schiff vorübergeht,
Es wohl zu fahren heißt.

Sieh, diese Sehne war so stark,
Dies Herz so fest und wild,
Die Knochen voller Rittermark,
Der Becher angefüllt;

Mein halbes Leben stürmt' ich fort
Verdehnt die Hälft' in Ruh',
Und du, du Menschenschifflein dort,
Fahr immer, immer zu.

Damit sind, eine Generation, bevor die eigentliche Rheinromantik ausbricht, eigentlich bereits alle möglichen Motive dichterischen Rheinverklärung angedeutet.

Die Treppe, die des ›Helden edlen Geist‹ noch zu tragen vermochte, war 1851 gefährlich morsch, als die rheinromantische junge Engländerin Idilia Dubb sie benutzte. Hinter ihr brach sie zusammen. Niemand hörte ihr Rufen, sie starb auf dem Turm. Wilhelm Schäfer hat ihr in seiner Novelle ›Das fremde Fräulein‹ ein Denkmal gesetzt.

Ein Jahr später beginnt der neue Eigentümer Morarty, die Ruine neugotisch zu erneuern. Wechselnde Besitzer setzen das Werk fort. Abschließend wurden noch 1937 bei einer durchgreifenden Restaurierung statt der Zinnenkränze hohe Schieferdächer aufgerichtet. Im Laufe dieses Jahrhunderts des Wiederaufbaus ist manches alte Stück an Gemälden, Waffen und Möbeln zusammengetragen worden, ein Kollektion, die heute zum Reiz der Besichtigung beiträgt.

Als Gegenüber im Tal, als Wasserburg mit Graben umgeben, entstand an der Südwestecke der Stadt die *Martinsburg*. Ihre heutige äußere Gestalt – innen ist sie völlig verbaut, um als Hauptzollamt traditionsgerecht nutzbar zu bleiben – entstand im 14. und 18. Jahrhundert. Der markanteste Teil ist der 28 Meter hohe unverputzte sechsseitige Hauptturm mit begleitendem Treppenturm und barocker Haube. Ebenfalls aus dem 14. Jahrhundert stammt der benachbarte Wohnturm mit seinen zwei Ecktürmen, der Anfang des 18. Jahrhunderts von Erzbischof Lothar Franz von Schönborn durch einen hohen Bautrakt, entsprechend dem Westflügel, mit dem Turm verbunden wurde.

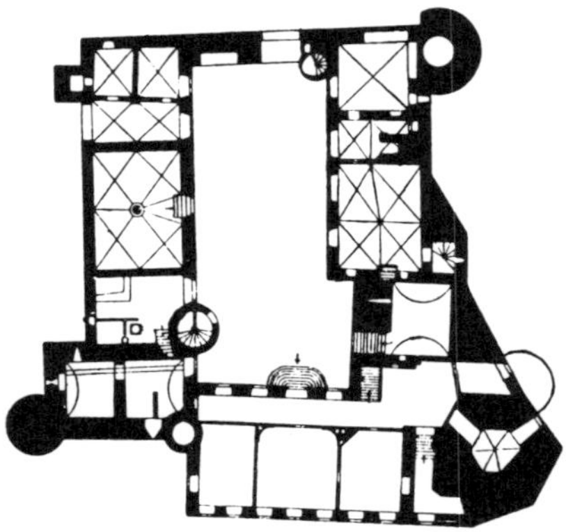

Oberlahnstein, Martinsburg, Grundriß

Im Ortskern sind die strengen, steilen Formen des *Rathauses* (um 1500 errichtet) mit seinem Laubengang im Untergeschoß, ähnlich dem Rathaus von Rhens, und dem straffen Fachwerk des Oberteils ein Genuß (Abb. 71). Die nahegelegene *Hospitalkirche St. Jakob,* mehr von Kapellengröße, Anfang des 14. Jahrhunderts gebaut, wurde als Lagerraum genutzt. Inzwischen ist eine Restaurierung vorgesehen.

Die *Liebfrauenkapelle* dagegen mußte dem Rangierbahnhof weichen und wurde, allerdings nur ihr flachgedeckter Chor, 1905 oberhalb der Stadt wieder aufgebaut. An ihrem alten Standort sollen die vier rheinischen Kurfürsten im Jahre 1400 die Absetzung König Wenzels beschlossen haben. So wird sie auch als Wenzelskapelle bezeichnet.

Das Patrozinium der Pfarrkirche, *St. Martin,* deutet zwar auf ein hohes, spätestens karolingisches Alter, aber ihre ältesten Bauteile sind die beiden Chorflankentürme, deren Dekor auf oberrheinische Vorbilder der späten Romanik zurückgeht. Hier macht sich wohl der Mainzer Erzbischof als Stadtherr und Vermittler der Einflüsse bemerkbar. Der an diese Türme geschobene Chor und die Sakristei entstanden Mitte des 14. Jahrhunderts, während das Mittelschiff Ende des 18. Jahrhunderts als Saalbau nach den Plänen Thomas Neurohrs erbaut wurde. Erst 1895/99 wurden die Wände mit weiten Arkaden geöffnet und die Seitenschiffe angesetzt. Trotz dieser Bauarbeiten in historisierender Zeit sind noch große Teile der Rokokoausstattung erhalten.

Das romanische Tympanon der Kirche hat man wohl während der gotischen Bauarbeiten gegenüber der Kirche eingemauert. Heute befindet es sich an der Stadtmauer am Marktplatz. Christus, mehr ist bei der schlechten Erhaltung kaum zu erkennen, thront zwischen vier stehenden Figuren, klein und demütig knien links und rechts die Stifter.

Hier residiert auf der Hochstraße auch die Stadtverwaltung über offenen Arkaden und benutzt dabei Teile eines romanischen Gebäudes, vielleicht einst der Salhof der Mainzer Erzbischöfe, wahrscheinlicher Stadtsitz eines ihrer Ministerialen. Zwischen den Fenstern des barocken Umbaus Ende des 17. Jahrhunderts hat man drei der romanischen Fenster sichtbar gemacht.

Das auf der anderen Seite der Lahn gelegene *Niederlahnstein*, als römischer Burgus zur Sicherung der Rheingrenze unter Kaiser Valentinian Ende des 4. Jahrhunderts gegründet, gelangte Anfang des 11. Jahrhunderts unter Erzbischof Poppo (1016–47) in Trierer Besitz. Aber erst 1256 gelingt es dem Trierer Erzbischof, auch die Vogtei zu erwerben und so alle Herrschaftsrechte in seiner Hand zu sammeln. So folgen auch hier, fast zur gleichen Zeit in Oberlahnstein, die Stadtrechte 1332, und zur Befestigung ein Graben und vier Tore. Eine Stadtmauer spart man allerdings ein.

Unübersehbar, direkt am Rheinufer, steht als stolzester Bau des Ortes die ehemalige *Pfarrkirche St. Johannes der Täufer* (Abb. 70), seit 1906 Klosterkirche. Das Mitte des 12. Jahrhunderts, zu Beginn der großen romanischen Baublüte, entstandene Gebäude brannte 1794 nieder, erst 1856/57 erfolgte der Wiederaufbau. An der Nordostseite des Langhauses ist auf alten Ansichten noch ein Turm der Zeit um 1200 erkennbar. Er stürzte 1844 ein und wurde nicht wieder hergestellt. Manche unbegründeten Veränderungen hat man bei der letzten Restaurierung beseitigt und mit der farbigen Fassung des Turmes auch außen die mittelalterliche Leuchtkraft erneuert.

St. Johannes der Täufer ist eine der frühen Emporenbasiliken, wie sie uns am Rhein in Boppard, mit Liebfrauen in Koblenz oder mit St. Ursula in Köln begegnen. Im Westen ragt der massive Turm auf, im Osten ist der niedrigere Chor innen rund, außen gerade geschlossen. Unter ihm hat man einen alten Durchgang, keine Krypta, wieder geöffnet. Innen flach gedeckt, mit dem ruhigen Schreiten der Pfeiler, dem lichten, abgesetzten Chorraum, bietet sich die Kirche als einer der gelungensten Kirchenräume des Mittelrheins dar.

Aus etwa der gleichen Zeit stammt das *Heimbachsche Haus* an der Lahn in der Heimbachgasse 2, das ehemalige Hofhaus des Bonner Stiftes Dietkirchen; es ist zwar Anfang des 18. Jahrhunderts verändert worden, aber die Ansätze der Fenster sind noch erkennbar und die Schlitzfenster unten, aus einem Stück Tuffstein gearbeitet, sind noch heute eine gute Sicherung.

Hier an der Lahn steht dann auch erwartungsgemäß das vielgerühmte *Wirtshaus an der Lahn.* Ein gepflegter, pittoresker Fachwerkbau von 1697, den schon Goethe 1774, erschöpft vom Dichten und Treiben (auf dem Fluß), besucht haben soll.

Oberhalb des Ortes leuchtet die im späten 17. Jahrhundert gestiftete *Wallfahrtskirche auf dem Allerheiligenberg.*

Koblenz-Ehrenbreitstein

Oberhalb des kleinen Ortsteiles mit seinen Häusern des 18. und 19. Jahrhunderts und den Zeugen barocker Pracht mit Pagerie und Dikasterialgebäude liegt die grandiose Verteidigungsanlage als ›Grabdenkmal abendländischer Festungsbaukunst‹ (Abb. 82).

Eine einladendere Lage für eine Festung ist am Rhein auch kaum vorstellbar. Man kontrollierte von hier aus die Mündung der Mosel, ihren Verkehr und Koblenz, dazu den

Verkehr am und auf dem Rhein und einen wichtigen Rheinübergang mit dem Zugang zum fruchtbaren Neuwieder Becken dazu. Ende des 10. Jahrhunderts errichtete Ehrenbert oder Ehrenbrecht, wohl ein Mitglied des salisch-konradinischen Hauses, das bald eine ganze Reihe Könige stellen sollte, hier die erste uns bekannte Festung. Schon 1020 ist sie im Besitz des neuen Herrn von Koblenz, des Trierer Erzbischofs Poppo.

Schritt für Schritt, Jahrhundert für Jahrhundert wird die Anlage verstärkt. Erzbischof Hillin läßt den hohen fünfseitigen Bergfried erbauen, der auch zu Merians Zeiten noch die Dominante der Anlage ist (s. S. 148). Zu seiner Zeit, in der Mitte des 12. Jahrhunderts, wird auch das niedrigere vorgelagerte Plateau des *Helfensteins* mit einer Burg besetzt. Eine Zisterne garantiert die Wasserversorgung, und ein tiefer Graben an der gefährdeten Nordseite sichert das Plateau ab. Weiterer Ausbau im 15. und 16. Jahrhundert wandelt die Anlage etwas mehr in eine Residenz um, und die aufkommenden Pulvergeschütze verlangen neue Bauarbeiten und neue Ausrüstung. Darunter war die damals größte Kanone Europas, der 10 Tonnen wiegende ›Vogel Greif‹, die Kugeln von anderthalb Zentner Gewicht verschoß. Heute befindet sie sich im Pariser Heeresmuseum.

Unterhalb der Festung wird Anfang des 17. Jahrhunderts die bei Merian erkennbare *Philippsburg* unter Erzbischof Johann Christoph von Sötern erbaut. Er verbündet sich mit

Koblenz, Festung Ehrenbreitstein 1 Landbastion 2 Rheinbastion 3 Terrassenbatterien 4 Hohe Ostfront 5 Kath. Kirche 6 Große Traverse 7 Niedere Ostfront 8 Fort Helfenstein 9 Pagerie 10 Dikasterialgebäude 11 Krummstall 12 Marstall

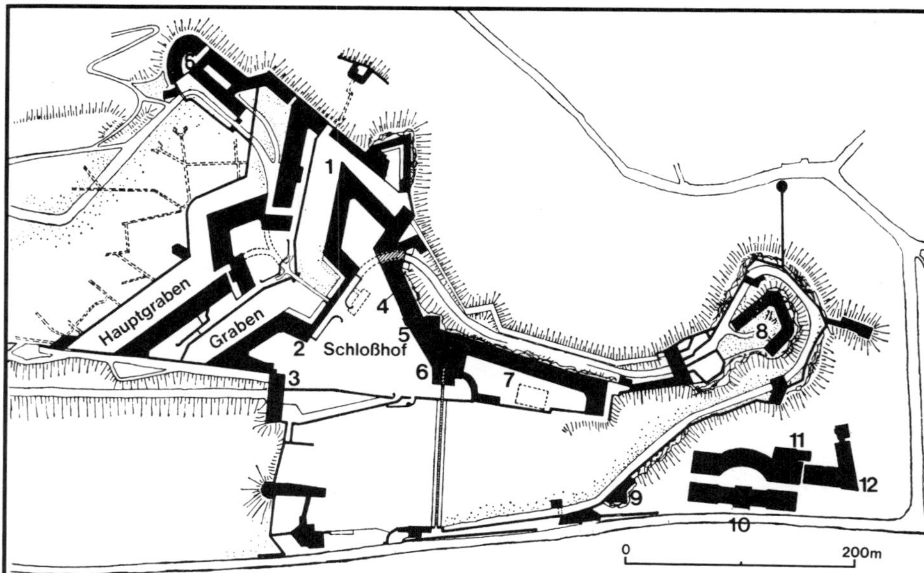

den Franzosen, aber deren Besatzung des Ehrenbreitsteins muß nach mehr als einjähriger Belagerung durch den General Jan van Werth 1637 kapitulieren. Der Hunger erwies sich als stärker. Nun sichert eine kaiserliche Besatzung die Stelle, und nach dem Westfälischen Frieden von 1648 wird bis ins 18. Jahrhundert, bevor die Planungen für das Koblenzer Schloß einsetzen, der Ehrenbreitstein als Residenz genutzt und ausgebaut. Hier wird lange Zeit der große Trierer Schatz des Rockes Christi aufbewahrt.

Durch diese Ausbauten gilt die Festung als uneinnehmbar. Drei Wochen lang belagern französische Truppen 1688 im Pfälzischen Erbfolgekrieg die Festung, auch vier weitere Versuche zwischen 1794 und 1799 bleiben erfolglos. So wundert es nicht, daß die französiche Verwaltung 1801, nachdem man 1799 nur durch Aushungern der Festung Herr geworden war, unter Investition von 30000 Pfund Pulver die Anlagen sprengt.

Kaum daß das Gebiet preußisch geworden war, befiehlt König Friedrich Wilhelm III. 1815 den Wiederaufbau der Festung. Die Durchführung gestaltet den heutigen, klassizistischen Anblick der Anlage, die nur noch von Gibraltar übertroffen wurde. Bis ins späte 19. Jahrhundert wurde weiter an der Festung und an verschiedenen Forts, die sie in weitem Umkreis unterstützen sollten, gebaut. Dazu gehören auch linksrheinische Anlagen wie das Fort Konstantin oberhalb des Hauptbahnhofs und das Fort Alexander auf der Karthause. Kasernenanlagen ergänzen das Bild, das Moltke zu dem Ausspruch begeisterte, Koblenz sei die schönste preußische Garnison.

In den Kriegen 1866, 1870/71 und 1914–18 wurde die Festung jeweils mit Waffen ausgerüstet, aber nicht aktiv. Festungen hatten (eigentlich schon seit Napoleons Zeiten, der gezeigt hatte, daß man sie einfach umgehen konnte) ihre wichtige Rolle in der Architekturgeschichte des Abendlandes ausgespielt.

Für die Besucher mit dem Auto führt der Weg zur Festung heute erst einmal tief ins rückwärtige Tal, bevor man sich der Festung auf der rheinabgewandten Seite nähert. So muß man zuerst die Doppelreihe der hohen Außenwerke und Gräben durchwandern, bevor man mitten durch die dreifache Bogenreihe der Kurtine auf den *oberen Schloßplatz* tritt (Abb. 83). Seine weitgedehnte Fläche wird links und rechts der Kurtine von Rheinbastion und Landbastion begrenzt. Die Landbastion wird von der Hohen Ostfront mit ihrem dreibogigen, kühl klassizistischen Wachtportikus und daneben von der von außen nicht erkennbaren katholischen Festungskirche fortgesetzt. Den Abschluß des Bautraktes bildet die Große Traverse.

Die Festungsanlage setzt sich noch weit nach Süden bis zum *Helfenstein* fort. Aber den Besucher reizt meist mehr der weite Ausblick auf Koblenz mit Deutschem Eck und dem Zusammenfluß von Rhein und Mosel, den man hier an der unbebauten Rheinseite genießen kann (Abb. 75). An die Rheinbastion schließt sich nur der zierliche Terrassenbau an.

Die Hohe Ostfront wird vom *Landesmuseum Koblenz, Staatliche Sammlung technischer Kulturdenkmäler,* das die Wirtschaftsgeschichte vom Weinbau bis zum Bergbau dokumentiert, und vom *Rhein-Museum* genutzt. Ein Rundgang, der sich lohnt, bevor man sich im benachbarten Café in der Großen Traverse niederläßt.

Ehrenbreitstein selbst, unterhalb der Festung gelegen, sollte man über der schreckenerregenden Größe der Festung darüber nicht vergessen. Das Rheinufer bietet einen schönen Blick auf die Stadtfassade vom Koblenzer Schloß bis zum Deutschen Eck. Der kleine Ort besitzt noch große Bauten mit dem *Dikasterialgebäude,* das Johannes Seiz 1739 nach Plänen des berühmten Balthasar Neumann errichtet, ein leuchtendes Zeichen der baufreudigen Schönborns, hier vom Trierer Erzbischof Franz Georg von Schönborn erbaut, und dem *Krummstall* dahinter, der 1744–47 ebenfalls nach Plänen Neumanns entstand. An seine Nutzung erinnert noch die Sandsteinplastik des sich aufbäumenden Pferdes mit einem Knecht, 1762/63 von Joseph Feill geschaffen. Dagegen ist die große Anlage der *Philippsburg,* nachdem sie als Stall mißbraucht worden war, Anfang des 19. Jahrhunderts abgebrochen worden. Nur noch die *Pagerie,* die Pagenunterkunft, der ehemalige Zugangsbau der Festung, ist noch erhalten.

An die Glanzzeit Ehrenbreitsteins als Residenz der Trierer Erzbischöfe erinnern noch die Wohnhäuser des Ortes, die meist nach der Zerstörung durch die Franzosen 1688 neu errichtet wurden. Zu den Berühmtheiten des Ortes gehört Sophie La Roche, Frau eines kurtrierischen Geheimrates und erste deutsche Unterhaltungsschriftstellerin, die als Mutter von Maximiliane Brentano die Großmutter von Clemens und Bettina Brentano wurde. Man spürt die noch höfische Atmosphäre, die mit zur Quelle der elitären bürgerlichen Romantik wird. Das *Haus der Mutter Beethovens,* die hier in Ehrenbreitstein geboren wurde, hat man als Gedächtnisstätte in der einst zentralen Wambachstraße Nr. 204 eingerichtet.

Vallendar und Niederwerth

Über *Urbar* mit seinem hübschen Blick entlang des Rheinlaufs geht es weiter nach **Vallendar.** Die als Kneippkurort beliebte Stadt mit reizvollen Fachwerkhäusern am Rathausplatz und einem schon von Alexander von Humboldt gepriesenen Blick von den und auf die angrenzenden Höhen besitzt einen architektonischen Schatz mit der katholischen *Pfarrkirche St. Petrus und Marcellinus.* Aber so wie der Blick auf die Höhen durch den maßlosen Bau des Hauses Humboldthöhe gelitten hat (hier scheint das Gewerbesteuerdenken mit den Stadtvätern durchgegangen zu sein), so hat auch die Pfarrkirche noch vor kurzem eine barbarische Verwüstung hinnehmen müssen.

Die alte romanische Pfarrkirche, eine flachgedeckte romanische Emporenbasilika mit einem spätgotischen Westturm des ausgehenden 15. Jahrhunderts, war baufällig geworden, als Johann Claudius von Lassaulx 1821 den Auftrag erhielt, einen Neubau zu planen. Aber der Grundstein wurde erst am 4. Mai 1837 gelegt. Die Berliner Oberbaudeputation hatte erst den vierten, erstaunlich großzügigen Plan genehmigt. Der spätgotische Turm, noch solide genug, blieb erhalten. Anschließend daran entstand die größte Hallenkirche des Mittelrheins, dreischiffig mit Chorumgang und Querhaus in romanisierenden Formen. Eine Sakristei wurde am Chor angefügt. Trotz der modernen Farblosigkeit des Innern ist der Raum beeindruckend. Durch die achteckigen hohen Pfeiler mit reich ornamentierten

Würfelkapitellen erhält er eine straffe Festlichkeit. Die Querhäuser sind dabei als zusätzliche Seitenschiffe gleichgeschaltet. Über den Pfeilern sind mehr oder wenige beschnittene Kuppeln als Gewölbe gesetzt.

Der derzeitige Zustand des Baus ist das Ergebnis einer durchgreifenden Restaurierung unter dem Architekten Hansjoachim Neckenig 1962–66. Die originale Ausstattung wurde als ›Grundreinigung‹ entfernt. Es verschwanden der Stufenhochaltar, die Glasfenster, die Orgel mit Empore und frei schwebender Treppe, die gußeiserne Kanzel mit den Figuren Christi und der Apostel und die Wandmalereien der Gewölbe. Zierde des Hauptaltars sind heute drei Tafeln eines spätgotischen Flügelaltars aus dem Kloster Himmerod. Um 1480 entstanden, werden sie dem Meister der Heiligen Sippe der Kölner Malerschule zugeschrieben. Sie schildern Menschwerdung und Opfertod Christi mit der Anbetung der Hirten und der Könige mit der Kreuzigung in der Mitte. Im südlichen Querschiff ist, vielleicht aus der Krypta des Vorgängerbaus und zuvor in der Mainzer Karthause beheimatet, ein Rokokoaltar aufgestellt. Er zeigt den Heiligen Konrad.

Die Taufkapelle im spätgotischen Turm, durch einen Zwischenbau zugänglich, hütet noch den Taufstein von 1840 mit den Kirchenpatronen Petrus und Marcellinus. Berühmt, gut gesichert und selten sichtbar sind die spätmittelalterlichen Goldschmiedearbeiten des Kirchenschatzes: sparsam im Metallverbrauch, aber eine wertvolle Sammlung rheinischer Goldschmiedekunst.

Sie zeugen vom alten Reichtum des Ortes, der als Zentrum von Gerberei und Lederverarbeitung, als Verschiffungsort für Westerwälder Keramik Wohlstand erwarb. Im 9. Jahrhundert erstmals erwähnt, blühte die Siedlung am Rande des römischen Limes zuerst als Besitz des Goslarer Domstiftes, dann der Grafen von Sayn und schließlich Kurtriers auf. An der Stelle der alten *Vallendarer Burg* der Grafen von Sayn errichtete der Lederfabrikant Quirin Joseph d'Ester 1773 ein prächtiges *Haus,* das bereits im Jahr darauf den jungen Goethe als Gast sah. Um 1900 wurde eine neugotische Kapelle angebaut und das Ganze in eine fromme Stiftung umgewandelt. Eine Kostbarkeit der von Bruder Notker im Sinne der Beuroner Schule ausgemalten Kapelle ist ein mit großflächigen Emails gezierter Altar des Kölner Goldschmieds Gabriel Hermeling.

Am Ostrand Vallendars liegt das *Kloster Schönstatt,* das 1901 von den Pallotinern erworben wurde, zugleich Ausgangspunkt der Schönstattbewegung. 1143 vom Trierer Erzbischof Albero von Montreuil gegründet, konnte die romanische Kirche um 1220 geweiht werden. Von der doppeltürmigen Fassade der Kirche blieb nur der nördliche Turm erhalten. Schon Ende des 16. Jahrhunderts war das Kloster vom Trierer Erzbischof aufgehoben worden. Vermietet, verpachtet und verkauft, schließlich industriell genutzt, stürzte noch 1932 der andere Turm ein. Ringsum sind moderne Klostergebäude entstanden, und die neue Klosterkirche wurde 1965–68 nach den Plänen des Münchner Architekten Alexander Freiherr von Branca gebaut.

Im Rhein vor Vallendar liegen die Insel *Graswerth* (ein Naturschutzgebiet) und die bewohnte Insel *Niederwerth,* der durch eine Brücke mit dem Festland verbundene Obst-

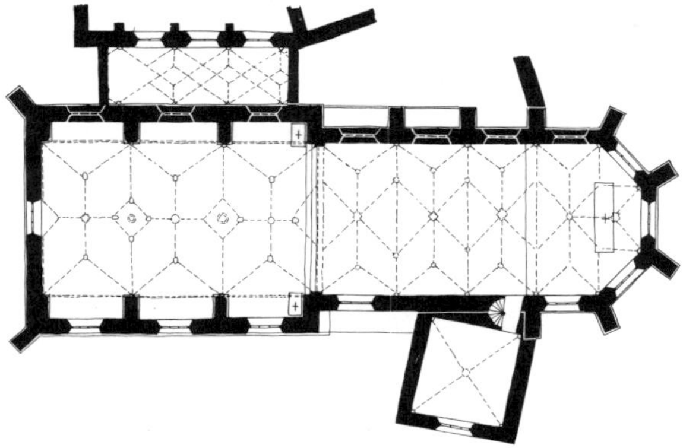

Niederwerth, Stiftskirche, Grundriß

und Gemüsegarten des Neuwieder Beckens. Seit merowingischer Zeit besiedelt, fruchtbarer Besitz des Trierer Erzbischofs, war die Insel – gleichsam neutraler Boden – vielleicht der Treffpunkt für die geheimen Gespräche Ludwigs des Deutschen, Karls des Kahlen und Lothars II. im Jahre 859.

Der Trierer Erzbischof besaß neben anderem hier den *Hasenkammerhof*, um von dort Jagd und Fischfang zu betreiben, wenn er einmal statt den Schreibtisch zu leeren den Eßtisch füllen wollte. Hier ließ er auch 1338 König Eduard III. von England anläßlich des Koblenzer Fürstentages übernachten. Neben seinem Hof hatten sich bereits Beginen angesiedelt, die aber nach Besselich bei Urbar gingen, als Erzbischof Otto von Ziegenhain 1429 seinen Hof mit Kapelle und Ländereien einigen aus Zwolle vertriebenen Augustinerchorherren überließ. Sie gründen nun hier ihr neues *Kloster*, das Maria geweiht wurde. Nach einigen anfänglichen Schwierigkeiten gedieh das Kloster, und bereits 1474 konnte ihre *Stiftskirche* geweiht werden. Der zügig errichtete einschiffige Bau bietet dennoch dem durch spätgotische Bauten verwöhnten Auge Abwechslung. Der Kreuzgang war auf Nord-, West- und Südseite um die Kirche gelegt, aber nur auf der Nordseite sind drei Joche davon erhalten.

Außen ist erkennbar, daß das Laienschiff und der Chor der Augustinerchorherren gegeneinander abgesetzt sind. Im Chorteil sind die Strebepfeiler außen angesetzt, im Laienschiff nach innen vezogen. Dabei hat der Architekt, das zeigt ein Blick auf den Grundriß, raffiniert die Außenkante des Laienschiffs auch als Außenkante der Strebepfeiler am Chor genommen und umgekehrt die Innenkante der inneren Strebepfeiler des Laienschiffes als Grenze des Chormauerwerks gezogen. Um den Gesamtbetrag einer Mauerstärke ist dabei das Laienschiff weiter als der Chor. Den Unterschied der Räume betont zusätzlich ein leichter Musterwechsel im Netz der Gewölberippen.

Nach der Restaurierung 1970–72, die nach einem Brand 1973 wiederholt werden mußte, strahlt der Bau mit seiner gepflegten Ausstattung in festlichem Glanz. Erst bei den Restaurierungen entdeckte man die Wand- und Gewölbemalereien, die zu den schönsten und besterhaltenen am Mittelrhein gehören. Zur farbigen Fassung der Architektur traten zu

Beginn des 16. Jahrhunderts im Langhaus noch neben den Ranken um die Schlußsteine figürliche Darstellungen: im Westen die vier Evangelisten, in der Mitte vier Sibyllen mit sibyllinischen Sprüchen auf den Spruchbändern und im östlichen Joch vier Engel mit den Arma Christi, den Werkzeugen seiner Passion.

Aus dem reichen Bestand der Ausstattung sind die spätgotische Madonna mit dem Kind mit Trauben (Ende des 15. Jahrhunderts vom Kölner Bildhauer Tilman van der Burch gefertigt) und der Hochaltar die herausragenden Stücke. Die farbig gefaßten Holzreliefs der Zeit um 1520 aus dem Umkreis Hans Backoffens sind erst im Barock zu einer Altartafel zusammengefaßt worden. Die unteren Szenen mit Ausschnitten aus der Jugend Christi von der Verkündigung bis zur Flucht nach Ägypten sind in der Reihenfolge verwechselt und gewaltsam mit den Bruchstücken aus der Passionsgeschichte in einen Rahmen gezwungen, der seit dem 19. Jahrhundert durch einen eleganten neugotischen Aufbau ersetzt ist. Aus dieser Zeit stammen auch die neugotischen Fenster. Nur über dem südlichen Seitenaltar ist spätgotische Grisaillemalerei erhalten, ein Baldachin mit der schlanken Gestalt des Heiligen Bernhard, dessen Mütze aus dem Jahre 1152 aus Familienbestiz als Reliquie 1580 hierher gelangte, als in diesem Jahr nach dem Niedergang der Chorherrengemeinschaft Zisterzienserinnen aus Koblenz das Kloster übernahmen. Die Mütze ruht in einem Kästchen in der Sakramentsnische. Eine angenehme Arbeit ist die neugotische Kanzel und ein Glanzstück an Darstellungskraft der Grabstein des Mainzer Domvikars und Gönners des Klosters Hermann Hellingk († 1519), wohl eine Arbeit aus der Werkstatt Hans Backoffens.

Bendorf-Sayn

In Bendorf, dessen Anfänge in der Zeit um Christi Geburt und im ersten Jahrhundert danach durch drei bei Grabungen gefundene Erdkastelle, eine römische Badeanlage und eine römische Eisenschmelze belegt sind, hat aus den folgenden Jahrhunderten als Hof der Abtei Maria Laach und unter der Herrschaft der Grafen von Sayn, an deren Hof Anfang des 13. Jahrhunderts Reinmar von Zweter als Dichter lebte, nur wenig Bestand gehabt.

Neben bürgerlichen Bauten des 18. Jahrhunderts ist der reizvollste Anblick das engverbundene Nebeneinander der *evangelischen Pfarrkirche* und der *katholischen Pfarrkirche St. Medardus* mit dem *Reichardmünster.* Große Teile der einst um 1200 als dreischiffige gewölbte Pfeilerbasilika mit Chorflankentürmen errichteten Kirche sind im letzten Krieg zerstört worden. Um 1230 hatte man an der Südseite eine Doppelkapelle als Marienkapelle angebaut, die man – es ist ungeklärt warum – nun als Reichardmünster bezeichnet. Mit der Einführung der Reformation 1561/62 wurde die Kirche evangelisch, die Marienkapelle mit ihren Laufgängen und Räumen im Obergeschoß blieb dagegen katholisch genutzt.

An der katholischen Seite hatte man 1790 einen Saalbau angebaut, der 1864–67 durch eine neugotische Basilika nach den Plänen des Architekten Ferdinand Nebel aus Koblenz ersetzt wurde. Von hier aus ist das Reichardmünster, von dem außen nur die Westwand erkennbar ist, auch zugänglich, ein eigenwillig erdachter Raum.

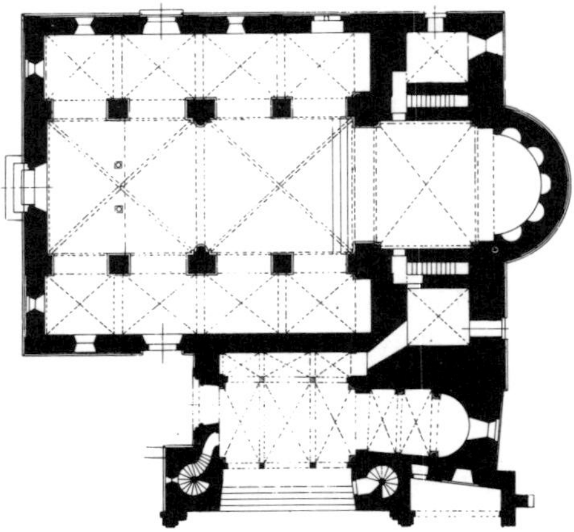

Bendorf, St. Medardus, Grundriß

Die evangelische Kirche ist im letzten Krieg schwer beschädigt worden. Unter dem Architekten Wolfgang Mentzel hat man nach dem Kriege weitgehend neu gebaut. Nur Chorjoch, Apsis und Chorflankenturm und einige Mauerteile der südlichen Langhauswand wurden übernommen. Dazu hat man den zierlichen Chor mit der zweigeschossigen Apsis, deren Rundbogenfries über dem Plattenfries wie eine Andeutung einer Zwerggalerie wirkt, noch durch die Aufstockung mit zusätzlichen quadratischen Feldern darüber verändert. Ein Anblick, der zuerst irritiert (Abb. 84).

Oberhalb von Bendorf, auf dem Sporn zwischen Synbachtal und Brexbachtal, finden sich Spuren von drei Burgen. Eine erste *Burg der Grafen von Sayn* auf der Höhe wurde 1152 in gemeinsamer Anstrengung vom Kölner Erzbischof Arnold von Wied und vom Trierer Erzbischof Hillin erobert. Danach wurde neu gebaut, der vierschrötige Bergfried entstand, und im 14. und 15. Jahrhundert wurde die Anlage noch ausgebaut, bis sie 1633 von den Schweden zerstört wurde. Etwas unterhalb liegt die Ruine eines zweigeschossigen spätgotischen *Burghauses der Herren von Reiffenberg* und zuunterst der *Burgmannensitz der Herren von und zum Stein.* Darunter liegen am Fuß des Berges die Ruinen eines neugotischen *Schloßbaus* neben dem restaurierten *Torturm* der Sayner Ortsbefestigung. Hier hatte 1848 Fürst Ludwig zu Sayn-Wittgenstein-Berleburg einen barocken Herrschaftssitz erworben und vom Pariser Architekten Girard neugotisch erweitern lassen. Danach nannte sich die Familie nun Sayn-Wittgenstein-Sayn. 1945 brannte das Schloß aus, und nur die Schloßkapelle, die 1861–63 der Koblenzer Baumeister Nepgen errichtete, ist noch intakt.

Ein wenig weiter ins Brexbachtal hinein liegt die seit 1926 nicht mehr tätige *Sayner Hütte,* die im frühen 19. Jahrhundert für die Qualität ihres Eisenkunstgusses berühmt war. 1815 hatte Preußen den schon traditionsreichen Betrieb übernommen und für den Neubau der Befestigungen in Ehrenbreitstein und Koblenz nutzbar gemacht. Hier wurde der Sitz des neuen Aufsehers für die rechtsrheinischen Berg- und Hüttenwerke angesiedelt, den der junge Karl Ludwig Althans übernahm. Zugleich sollte er einen neuen Hochofen und eine neue Gießhalle für große Teile einrichten. Sein Bau (1828–30) ist als frühes Beispiel gelungener Industriearchitektur unter Benutzung von Gußeisen und Glas berühmt geworden. Seine aufs Praktische gerichteten Überlegungen ergaben eine Baugestalt, die einer Kirche überraschend ähnlich sieht. Chor und Altar, Turm zugleich ist im Osten der Hochofen, von den Türmen der Schornsteine und Querhäusern begleitet. Die nach Westen anschließende Halle ist wie eine Basilika gebaut. Ein heller Obergaden wird von den runden gußeisernen Pfeilern getragen. An ihnen können Kräne die schweren Gußstücke weiter und in die Seitenschiffe zur Bearbeitung reichen. Nach Westen schließt eine gläserne Wand, die den Raum erhellt, das Bild. Das ›Maßwerk‹ besteht aus Gußeisen, und neugotische Anklänge darin sind nicht zufällig. Wie in den Hütten von Berlin und Gleiwitz treten neben Kanonen und technischem Bedarf bald kunstgewerbliche Produkte von hoher Zierlichkeit im Angebot der Hütte auf. Feinster Schmuck und Blumenschalen, Treppenstufen und Gitter, ganze Brunnen und die Maßwerkhelme für die Apollinariskirche in Remagen (s. S. 205) entstanden hier. Der Betrieb ist so erfolgreich, daß die Halle 1844 noch um vier Joche verlängert wird. 1865 ging die Hütte in den Besitz der Firma Krupp über, seit 1926 war sie in städtischer Hand. Inzwischen privat genutzt, wird Schritt für Schritt der ursprüngliche Zustand des Industriedenkmals wiederhergestellt.

Zahlreiche Grabkreuze aus der Sayner Produktion rahmen den Bau der nahegelegenen *Abtei Sayn*. Prämonstratenser aus Kloster Steinfeld in der Eifel besiedelten die 1202 von Graf Heinrich III. von Sayn begründete Abtei. Das Vorbild der Mutterabtei beeinflußte auch die Architektur der Maria und dem Evangelisten Johannes geweihten *Kirche*, allerdings in bescheiden reduzierter Form (Abb. 85). Um 1220 waren Chor, Vierungsturm und Querhaus und wohl das erste Joch des einschiffigen Langhauses erbaut. Erst Mitte des 13. Jahrhunderts folgen die drei letzten Joche des Langhauses. Dabei wird auf der Nordseite

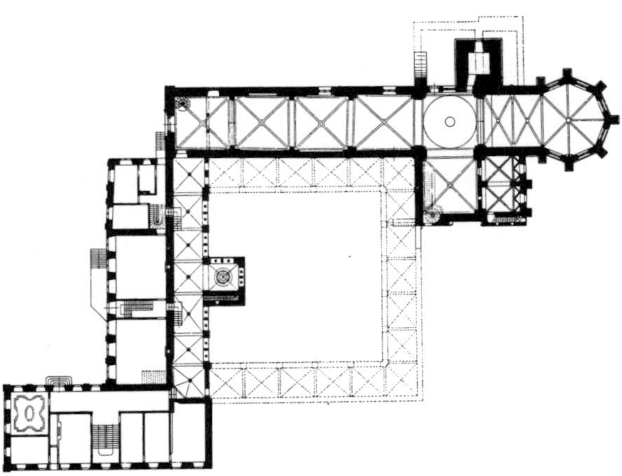

Sayn, Abtei, Grundriß

eine heute abgerissene Nikolauskapelle als Seitenschiff angeschlossen, die als Pfarrkirche diente. Mitte des 15. Jahrhunderts wird der neue Chorabschluß, sechs Abschnitte eines Achtecks, erbaut und im Chorjoch auch ein neues Gewölbe eingezogen. 1605 reißt man die Nikolauskapelle ab, das nördliche Querhaus folgt, und auch der Vierungsturm ist in Mitleidenschaft gezogen. Ihn ersetzt man durch den bescheidenen Glockenturm auf der Nordseite, der nur die romanischen Schallarkaden des alten Vierungsturmes nutzt.

Ruhm des Baues sind außen die restaurierten Reste der farbigen Fassung des Obergadens an den Jochen der Mitte des 13. Jahrhunderts. Die Dreiergruppe der Lanzettfenster der Joche wird von einer schlanken Arkadengalerie überfangen. Die Wandfelder sind in wechselnden Mustern teppich- und fliesenähnlich dekoriert.

Raffiniert ist innen die Gewölbeführung auf der Ostseite des allein erhaltenen südlichen Querhauses. Man spürt, daß hier im Vorbild der Steinfelder Mutterkirche noch eigene Kapellen eingerichtet waren. Vom Kreuzgang ist nur noch der Westflügel mit dem Brunnenhaus erhalten. Hier hat man 1859 den romanischen Brunnen mit seinen beiden Schalen wieder aufgestellt.

Zwar ist das schönste der Grabdenkmäler der Kirche, die Holzbildhauerarbeit des Stiftergrabes für Graf Heinrich III. von Sayn († 1247), heute im Germanischen Nationalmuseum in Nürnberg, aber auch das schlichte Grabdenkmal für den ersten Abt Hermann von Stein († 1220), das Grabdenkmal für Friedrich von Stein und seine Frau aus dem frühen 15. Jahrhundert und das barocke Wandgrab für Johann Philipp von Reiffenberg und seine Frau von 1722 sind hervorragende Arbeiten.

Selten erlebt man wie hier die Freude, daß die kostbarsten Stücke des Kirchenschatzes zugänglich gemacht sind. Eine Reliquie des Heiligen Simon wird in einem spätromanischen Schrein mit Bergkristallfenstern aus der Zeit um 1220 sichtbar gemacht, und aus den Jahren um 1240 stammt das Armreliquiar mit einem Arm der Heiligen Elisabeth, das ursprünglich für das Kloster Altenberg bei Wetzlar gedacht war.

Neuwied

Wenn man nicht noch einen Ausflug zur *Abtei Rommersdorf,* ebenfalls seit 1135 von Prämonstratensern besiedelt, in der Mitte des Neuwieder Beckens machen will, führt der Weg an den Rhein zurück nach **Neuwied-Engers.**

Das alte Zentrum des Engersgaues ist im frühen 14. Jahrhundert Besitz des Grafen von Wied, der 1357 sogar von Kaiser Karl IV. die Stadtrechte dafür erhält. Wenige Jahre später, 1371, plündert der Graf hier in Zusammenarbeit mit dem Grafen von Isenburg holländische Kaufleute aus. Deswegen kam es zu einer Fehde mit dem Trierer Erzbischof Kuno von Falkenstein, der, siegreich, nun Herr von Engers wird. Kuno legt eine Befestigung an, und sein Nachfolger verlegt 1412 den Rheinzoll von Kapellen, unterhalb von Schloß Stolzenfels, hierher. Nun werden die Kaufleute ganz legal geplündert.

Erst Mitte des 18. Jahrhunderts entsteht an der Stelle von Kunos alter Burg der heutige Ruhm des Ortes, das ehemalige kurfürstliche *Schloß*, als Jagd- und Lustschloß gedacht. Johann Philipp von Walderdorf, Kurfürst und Erzbischof von Trier, beauftragte mit der Planung den Hofbaumeister Johannes Seiz. Der breit gelagerte Bau am Rheinufer wird zur Landseite hin von einem weiten, mit schmiedeeisernen Gittern geschlossenen Ehrenhof gerahmt. Das Treppenhaus und der zweigeschossige Festsaal dienen manchmal für Konzerte, während der Bau als Krankenhaus genutzt wird. Den Festsaal schmücken Stukkaturen von Michael Eytel und Malereien von Januarius Zick (Abb. 88). Das Deckengemälde ist das letzte von seiner Hand, das sich nach den Zerstörungen des letzten Krieges noch erhalten hat. Diana als Göttin der Jagd tritt zwischen Venus, Amor und Bacchus, die für die andere Zweckbestimmung des Jagd- und Lustschlosses zuständig sind.

Am Rheinufer, durch eine Terrassenmauer mit dem Schloß verbunden, steht das ehemalige *von Speesche Haus* mit gemalter Fassadengliederung, das um 1770 für einen Grafen von Spee erbaut worden ist.

Zeigt ein Bummel durch Engers neben dem Alten Rathaus von 1642 noch den gewohnten Anblick rheinischer Fachwerkhäuser, so weist das erst Mitte des 17. Jahrhunderts neuangelegte **Neuwied** einen strengeren Charakter auf. Der alte Stadtkern am Rhein zeigt das regelmäßige Schachbrettmuster einer Planungsstadt. Nahebei, in Neuwied-Heddersdorf, lag seit dem Ende des 1. bis zum Ende des 2. Jahrhunderts nach Christi Geburt eine römische Kohorte. Auch fränkische Siedlungsspuren sind nachzuweisen. Das Dorf Langendorf an dieser Stelle wurde im Dreißigjährigen Krieg zur Wüstung, eine der zahlreichen von Menschen entleerten Ödnisse dieser Zeit im Deutschen Reich.

1648 begann Graf Friedrich von Wied, dessen Familie bisher auf *Burg Altwied* wenige Kilometer weiter nördlich residiert hatte, den Bau eines *Schlosses Neuwied.* Diesen Bau steckten 1694 die Franzosen in Brand, und Julius Ludwig Rothweil erhielt den Auftrag für einen Neubau, der aber erst Mitte des 18. Jahrhunderts vollendet wurde. Die Hufeisenanlage nach dem Vorbild von Versailles ist angedeutet, aber nicht vollendet. Den Blick auf die 1869–73 kräftig restaurierte Anlage von Schloß und Park in gelungener Symmetrie kann man durch das Portal bewundern, aber nicht besichtigen (Abb. 87).

Mit dem Bau eines Schlosses hatte man nun zwar eine Residenz, aber in der menschenarmen Zeit nach dem Dreißigjährigen Krieg noch keine Residenzstadt. 1653 ließ sich Graf Friedrich von Wied die schon 1357 für die Vorgängersiedlung Langendorf gewährten Stadtrechte auf die Neugründung übertragen und erweiterte sie um religiöse Toleranz. Neben Reformierten, Lutheranern und Katholiken durften sich seit 1680 auch Mennoniten ansiedeln, und Bauplätze erhielt jeder unter der Bedingung, sich an den Stadtplan zu halten. Seit 1750 zog auch die Herrnhuter Brudergemeinde zu. Mit ihr kamen die Kunstschreiner Abraham Roentgen und sein Sohn David, deren Möbel bald Weltruhm erlangten. Zeitweise sollen bis zu hundert Tischler und zahlreiche Bronzearbeiter, Schlosser und Mechaniker beschäftigt gewesen sein. Produkte von höchster Präzision in kostbarem Holz entstanden für die Höfe, den Adel und die Reichen Europas. Nach dem Tode seines Vaters 1772 erbaute sich David Roentgen 1774 ein neues Haus außerhalb des Bereichs der Gemeinde, die ihm Geldgier vorwarf und die Produktion von Luxuswaren nicht mit Begeisterung sah. So steht sein Haus in der Pfarrstraße 30, zugleich auch als Geschäftshaus gedacht. Einige wenige Möbel aus dieser Zeit sind im Kreismuseum zu sehen, das von der Vorzeit an die Geschichte Neuwieds und des Neuwieder Beckens zu dokumentieren versucht.

Vor dem Kreismuseum steht das Denkmal für Friedrich Wilhelm Raiffeisen (1818–88), den die Notzeiten der Jahre 1846/47 vor der Revolution von 1848 zu Überlegungen für ein modernes Genossenschaftswesen führten. Brotvereine und Wohltätigkeitsvereine entwikkelten sich zum Darlehensverein, der gemeinschaftlichen Selbsthilfe des Genossenschaftswesens.

Wieder auf der B 42 geht es dann schon nahe am Rand des Neuwieder Beckens mit seinen Industrieanlagen, seiner reichen Landwirtschaft und den zahlreichen Betrieben, die vom Abbau der abgelagerten Tuffe leben, über die Wied nach **Irlich.** Hier steht die katholische *Pfarrkirche St. Peter und Paul,* die 1831–35 nach Plänen von Johann Heinrich Hartmann errichtet wurde – ein guter spätklassizistischer Saalbau.

Die *evangelische Pfarrkirche* im benachbarten **Feldkirchen,** ebenfalls noch Ortsteil von Neuwied, war ursprünglich eine romanische Pfeilerbasilika mit Emporen und ohne Querschiff. In spätgotischer Zeit hat man sie in eine Emporenhalle umgewandelt. Nördlich der Kirche ist noch eine Gerichtslinde, mit Tisch als Gerichtsstätte ausgestattet, zu sehen. Man gerät unwillkürlich in Versuchung, solch einen Ort mit den heutigen Justizpalästen zu vergleichen.

Das etwas höher gelegene **Gönnersdorf** ist erst seit wenigen Jahren berühmt geworden, als hier 1968 eine steinzeitliche ›Künstlerkolonie‹ entdeckt wurde. Hoch über dem Rheinufer hat hier etwa von 14–13000 v. Chr. bis etwa 12–11000 v. Chr. eine kleine Siedlung von Jägern bestanden, ähnlich der bereits am Ende des vorigen Jahrhunderts auf dem Martinsberg bei Andernach auf dem gegenüberliegenden Rheinufer entdeckten Siedlung. Beide waren schon von angewehtem Löß bedeckt, als sie um 9500 v. Chr. vom Bims aus dem Ausbruch des Laacher Vulkans, der etwa 12 Kilometer entfernt liegt, überlagert wurden. Neben Schnitzereien und Gravierungen auf Mammutelfenbein und Knochen (z. B. kleine weibliche Figuren) erregten die zahlreichen Schieferplatten mit sich teils überdeckenden Zeichnungen Aufmerksamkeit. Sie bilden auch Tiere ab, aber in der Hauptsache Frauen, von denen nur der Oberkörper mit betonter Brust, schlanker Taille und gerundetem Gesäß dargestellt sind. Kopf und Beine erscheinen in der Zeichnung nicht.

Leutesdorf

Nach der Weite des Neuwieder Beckens treten die Abhänge des Rheintals nun wieder enger zusammen. Die Bundesstraße 42 und die Eisenbahntrasse führen mitten durch den Ort, aber so lohnt sich ein Weg ans Rheinufer hinunter.

Bereits im Jahre 775 wird Leutesdorf erwähnt, als Karl der Große hier dem Kloster Hersfeld einen Hof schenkt. Ludwig der Deutsche überträgt 868 den Fronhof dem Kloster St. Marien zu Herford, das ihn 1543 an die Abtei Marienstatt verkaufte. Auch die Marienburg war im Besitz des Herforder Klosters. Heute ist der stattliche Barockbau mit den Skulpturen vom ›Urteil des Paris‹ im Garten ein Altersheim. Auch der 1618 errichtete Bau des kurtrierischen Zehnthofes hat sicher Vorgänger gehabt.

Spätestens seit 1101 ist die Herrschaft über Leutesdorf in Trierer Besitz. 1332 wird das Stadtrecht verliehen und von der 1501 genehmigten Stadtmauer sind Reste und der Zollturm am Zollgebäude erhalten. Nachdem schon einmal 1305–14 hier ein Zoll erhoben worden war, verlegte man 1672 den Hammersteiner Zoll hierher und erhob ihn vom Zollgebäude am Rhein aus. Geht man diese Reihe der alten Bauten ab, so ist es heute für uns kaum noch vorstellbar, daß manche dieser Höfe und Güter über Jahrhunderte, manchmal mehr als ein Jahrtausend in der Hand derselben Familie waren.

Die katholische *Pfarrkirche St. Laurentius* mitten im Ort ist ein schlichter Saalbau des frühen 18. Jahrhunderts. Bruder Paul Kurz aus dem Kloster Prüm errichtete ihn 1728–30. Dabei blieb der massige romanische Turm an der Südseite erhalten, der vielleicht einmal als Chorflankenturm, ähnlich wie im gegenüberliegenden Andernach, um 1200 erbaut worden war. Neben ihm, als Taufkapelle vom Schiff aus zugänglich, steht ein kleiner spätgotischer Kapellenanbau. Neben der Ausstattung des 18. Jahrhunderts ist an der vom Turm gebildeten Chorwand noch eine Darstellung der Arma Christi, der Leidenswerkzeuge, zu sehen. Und der Taufstein, wie ein sechsseitiges Kapitell um 1230 gearbeitet, ist eines der schönsten romanischen Beispiele seiner Art.

Fast schon am nördlichen Ortsende steht die *Kreuzkapelle,* die die eifrigen Wallfahrer aus Leutesdorf und Umgebung vom Weg nach Melsdorf im Neuwieder Becken abhalten sollte.

Leutesdorf, Kreuzkapelle, Grundriß und Aufriß

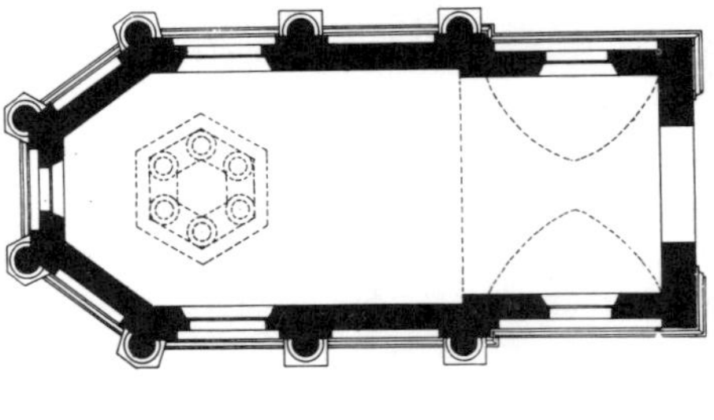

1646 beginnt man mit dem groß angelegten Bau, dessen Altäre, der Hauptaltar mit seinem reichen Knorpelwerk und einer Pieta und der Altar im Heiligen Grab in der Krypta, 1651 geweiht werden konnten. Aber die Fassade trägt das Datum 1662, und erst 1680 sind die Bauarbeiten im wesentlichen abgeschlossen. Trotz des barocken Raumklangs und der barocken Ausstattung hat man auf gotische Architekturmotive zurückgegriffen. Fenster mit Maßwerk und Strebepfeiler sind ein Beispiel der gegenreformatorischen Renaissance gotischer Formen im Rheinland. Die bemalte hölzerne Tonne des Schiffes ist ein prächtiger Abschluß dazu. Aber die eigentliche Überraschung bietet ein Gang in die Krypta. Hier steht man plötzlich vor einem Gebäude im Gebäude: eine barocke Wiedergabe des Heiligen Grabes in Jerusalem, mit Tonfiguren der Beteiligten, die Tod und das Wunder der Auferstehung Christi theaterhaft in Szene setzen. Ein sehr spätes Beispiel der alten Tradition christlicher Baukunst, als Kirche oder als Miniaturbauwerk in der Kirche diesen zentralen Ort des Glaubens, den triumphalen Abschluß der Passion zu vergegenwärtigen.

Hammerstein

Auf steiler Felskuppe an den Rhein herangeschoben, waren die Ruinen der Burg einer der beliebtesten schauervollen Blicke der Romantik (s. S. 12). Dazu verband sich mit ihr ein historisch verbürgter Bericht von ritterlicher Liebe und Treue, von Belagerung und geistlichen Ränken, wie ihn das Mittelalter selten zu bieten hat.

Die günstige Lage war früh erkannt worden. Schon im 10. Jahrhundert ist hier eine der ersten Spornburgen im Rheinland hoch über dem Tal errichtet worden. Zu Beginn unseres Jahrtausends hatte sich Graf Otto von Hammerstein mit Irmgard verehelicht. Sie war aber nach den damaligen kirchlichen Vorschriften zu nah mit ihm verwandt. Nicht ungewöhnlich in diesen Zeiten, aber ungewöhnlich ist die Härte, mit der Kaiser Heinrich II. nun dagegen vorgeht, und ungewöhnlich ist auch der Widerstand des Ehepaares. Hier erhielten Machtkämpfe ein rechtliches Mäntelchen.

1018 wird die Exkommunikation ausgesprochen und Otto unterwirft sich. Die Ehe wird für ungültig erklärt. Nur wenig später aber leben beide wieder zusammen. Otto versucht, sich mit einem Überfall auf Erzbischof Erkenbald von Mainz, den Betreiber der Angelegenheit, zu rächen. Aber Kaiser Heinrich II., der hier wohl die Chance sah, die Macht der aufsteigenden Konradiner, zu denen Otto gehörte, zu schwächen, belagert nun die Burg Hammerstein, in die sich das liebende Paar zurückzog. Drei Monate lagerte das Heer Heinrichs davor, bis am 26. Dezember der Hunger die Übergabe erzwang. Freier Abzug wurde gewährt, aber Acht und Bann blieben in Kraft. Noch einmal wird unter Aribo, Erkenbalds Nachfolger in Mainz, 1023 das Urteil bestätigt, und wieder unterwirft sich Otto. Aber Irmgard zieht nach Rom und appelliert mit Erfolg an den Papst, und Kaiser Konrad verhindert den Versuch Aribos, das Thema wieder aufzugreifen. Otto stirbt 1036, sein Sohn wahrscheinlich schon 1034 und 1043 wohl auch Irmgard.

Hammerstein, Rekonstruktion

Hammerstein bleibt im Besitz des Herrschers, bleibt vorerst Ruine. Erst 1071 läßt Kaiser Heinrich IV. sie wieder erneuern, jetzt zum Schutz und zur Sicherung eines Rheinzolles, der hier erhoben wird. Den Schutz der Burg nutzt er 1105 auf der Flucht vor seinem Sohn, der etwas schneller Kaiser Heinrich V. werden wollte, als dem Vater lieb war, und sucht hier mit den Reichsinsignien Zuflucht. Auch Heinrich V. bringt hier 1125 die Reichsinsignien wieder unter, so sicher, wie man auch edle Gefangene hier festsetzt, wie 1110 den Herzog von Böhmen oder 1112 die Söhne des Landgrafen von Thüringen. Bis 1374 bleibt Hammerstein Reichsburg. Erst Karl IV. überträgt den kostbaren Besitz dem Erzbischof von Trier. Um 1400 wurde, etwas tiefer als das sonstige Burgareal, ein Rundturm vollendet. Er ist der heute noch am besten sichtbare Rest. Die große, mehr als zwei Meter starke Ringmauer ist weitgehend zerstört, und die Bauten der Burg sind kaum noch erkennbar. Im Dreißigjährigen Krieg war sie erst spanisch, dann schwedisch, hessisch und lothringisch. Erst 1654 räumten die letzten Besatzer vor Trierer Truppen das Feld, und der Trierer Erzbischof ließ die Anlage schleifen, damit sich keine Truppen mehr hier festsetzen konnten.

Unterhalb der Burg liegt die *Claurenburg*, ehemals Besitz des gleichnamigen Adelsgeschlechtes, seit 1714 Zehnthof der Abtei Rommersdorf. Der Bau des 16. Jahrhunderts ist später noch verändert worden. Einen eigenen Charme besitzt die katholische *Pfarrkirche St. Georg* (Abb. 100). Der ursprüngliche einschiffige romanische Bau der Zeit um 1200 ist am Chor gut zu erkennen. Die quadratische Choranlage geht in einen achtseitigen Turmaufbau mit spitzem Helm über. 1686 hat man die Seitenschiffe angefügt, während das hölzerne Netzgewölbe vielleicht schon zu Beginn des 17. Jahrhunderts entstand, wieder ein Beispiel für die gegenreformatorische Wiederbelebung gotischer Formen. Aus dem 17. und 18. Jahrhundert stammt auch weitgehend die heutige Ausstattung, zu deren Kostbarkeiten das Altargemälde mit der Darstellung der Dreifaltigkeit von Januarius Zick und der stämmige Heilige Georg darunter zählen.

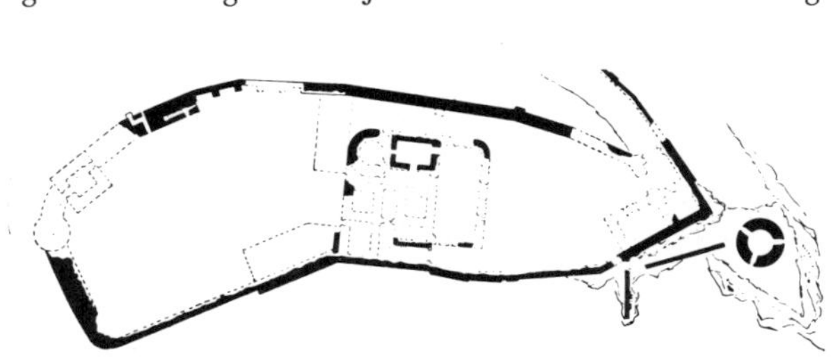

Hammerstein, Grundriß

Rheinbrohl

Nur wenig außerhalb des Ortes nach Norden steht nahe der B 42 die Rekonstruktion eines Limeswachtturmes als Denkmal für die hier ansetzende römische Grenze. Man hat auch Spuren einer spätrömischen Befestigung, unter dem heutigen Eisenbahndamm begraben, gefunden. Früh wird auch fränkischer Besitz erkennbar. Wohl schon die Gründerin, die Heilige Gertrud, Tochter Pippins I., schenkte den Ort ihrem Stift in Nivelles. Der Gertrudenhof mit seiner Kapelle, deren Schiff im 17. Jahrhundert entstand, die aber noch einen romanischen Chorturm der Zeit um 1200 besitzt, erinnert noch an den ursprünglichen Herrn des Ortes. Als Rechtsvertreter und Schützer des Stiftes gelangten dann die Grafen von Sayn zur Herrschaft und schließlich seit 1606 der Trierer Erzbischof.

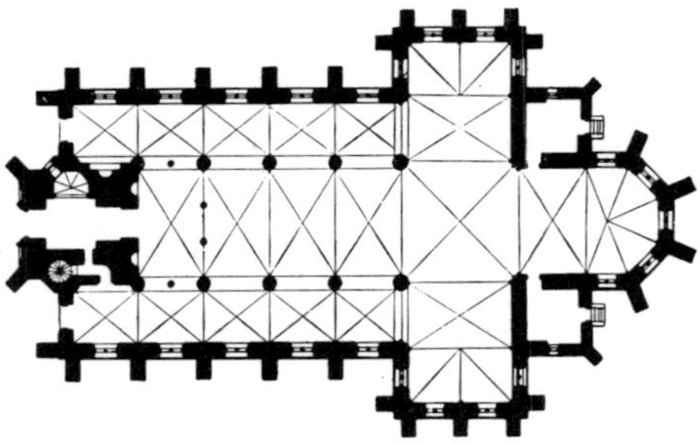

Rheinbrohl, Pfarrkirche, Grundriß

Reich bedacht am Orte war auch das Stift des Heiligen Suitbert in Kaiserswerth. Die Kirche, einen Hof und den Zehnt hatte Pippin II. Anfang des 8. Jahrhunderts dorthin gegeben. Der Heilige Suitbert ist heute noch Patron der *Pfarrkirche*. So hatte sie bereits eine lange Geschichte hinter sich, als seit 1856 nach den Plänen von Vincenz Statz der heutige neugotische Bau errichtet wurde. Verschiedene Bauten waren einander gefolgt, und zeitweise, unter den Grafen von Sayn, hatte die Kirche dem protestantischen Gottesdienst gedient. Mit steilem Helm des Westturms und ausgewogenen Formen ist das frühe Werk des Architekten Vincenz Statz aus der Schule des Kölner Dombaus schon damals bewundert worden. König Friedrich Wilhelm IV., den der Berliner Baudirektor Stüler zum Besuch veranlaßte, fand, daß er noch keinen Neubau gesehen habe, der so den Charakter des Mittelalters getroffen habe. Niemand würde das Urteil heute bestätigen, aber der kühle Reiz der wohlkomponierten Anlage bleibt auch nach den Zerstörungen des letzten Krieges wirksam. Er erhöht sich noch, wenn man im linken Seitenaltar Eduard von Steinles ›Madonna mit Kind‹ vor leuchtendem Goldgrund entdeckt, im neugotischen Altaraufbau mit den Heiligen Barbara und Katharina des späten 15. Jahrhunderts verbunden. Auf der rechten Seite tritt der Heilige Suitbert in seine Rechte als Pfarrpatron. Manche Teile der sonstigen Ausstattung sind aus der zerstörten Ehrenbreitsteiner Philippsburg (s. S. 380) der Trierer Erzbischöfe übernommen, dort gehörten sie zur Schloßkapelle. Die thronende Madonna (Mitte 15. Jh.) dagegen stand ursprünglich in einem Heiligenhäuschen des Ortes.

Bad Hönningen

Jenseits des Limes liegt Bad Hönningen mit seinem Thermalbad, überragt von *Schloß Arenfels* (Abb. 103). In der katholischen Pfarrkirche St. Peter und Paul, die im 18. Jahrhundert erbaut und um 1920 erweitert wurde, befindet sich ein interessantes Kreuzigungsbild des 15. Jahrhunderts, das aus Kloster Corvey stammen soll.

Mitte des 13. Jahrhunderts, vor 1259 errichtete sich Gerlach von Isenburg oberhalb Hönningens, das ihm sein Vater als Vogtei zugewiesen hatte, eine Burg. Schon im 16. Jahrhundert, als die Kriegstechnik die Burg als militärische Anlage sinnlos gemacht hatte, begann man mit dem Umbau zu einem offenen Schloß. Der Halsgraben wurde zugeschüttet, und der Bergfried verschwand in einem Flügel des Schlosses. 1633 von den Schweden eingenommen, später reich ausgestattet, gerät es im frühen 19. Jahrhundert in Verfall. 1849 kaufte es Graf Friedrich Ludolf von Westerholt-Gysenberg, dessen Familie es noch heute besitzt, und ließ Umbaupläne vom Kölner Dombaumeister Ernst Friedrich Zwirner entwerfen. Eigentlich sollte nur der Südostflügel umgebaut werden, aber mit der Berufung eines nun berühmten Baumeisters kam eine Lawine ins Rollen. Nur eine vollständige Umgestaltung würde seinem Ruf gerecht, Mängel eines Baues würden ja doch immer dem Architekten angelastet. Sicher hatte und hat Zwirner recht, aber für den Grafen wurde der konsequente Idealismus teuer. Der gesamte Bau wird hochgezogen, die Giebel werden in gotische Stufengiebel verwandelt, Ecktürmchen und Zinnen antworten dem erneuerten Bergfried, der – wie könnte es beim Kölner Dombaumeister anders ein – eine Fiale als Abschluß erhält. Eine neugotische Theaterarchitektur von hohem Reiz, wie sie im Mittelalter nicht denkbar gewesen wäre, aber mit einem schönen Blick von der Restaurantterrasse in das Rheintal hinein, den man ohne die Mühen einer Führung durch das Schloß genießen kann – denn es ist nicht zu besichtigen.

Leubsdorf

Nun wieder dicht ans Rheinufer geschmiegt führt die B 42 durch *Ariendorf*. Hier stieß man jüngst auf den ältesten Grundriß einer Behausung, der bisher für Mitteleuropa bekannt ist. Die steinzeitlichen Jäger hatten das Dach ihrer Hütte vor der letzten Eiszeit vor etwa 8000 Jahren aus Mammutrippen konstruiert. Die Ariendorfer Burg, einst als Hof im Besitz des Stiftes St. Gertrud in Nivelles, ist erst neugotisch zur Burg geworden.

Das spätgotische *Burghaus* von Leubsdorf, zu dem Ariendorf als Ortsteil gehört, macht da schon einen wehrhafteren Eindruck. Repräsentativ sollte es sicher auch sein, als es Mitte des 16. Jahrhunderts als hoher rechteckiger Steinbau mit Fachwerkaufbau, den vier zierliche Erker schmücken, errichtet wurde. Als der Bau Anfang des 18. Jahrhunderts von der Abtei Heisterbach erworben wurde, geschah das sicher mit dem Ziel, wie schon mancher andere geistliche Besitz im Orte bezeugte, sich hier den guten Wein zu sichern.

Die katholische *Pfarrkirche St. Walburga* ist ursprünglich in der zweiten Hälfte des 13. Jahrhunderts als bescheidener einschiffiger Bau mit Turm im Westen entstanden. Erst 1905/06 wurde nach den Plänen des Neuwieder Architekten Theo Hermann die heutige neuspätgotische Kirche daraus. Nur der Scheitel der Chorapsis blieb am südlichen Seitenschiff erhalten, und der Westturm wurde übernommen. Neben einer schönen Kreuzigungsgruppe des frühen 16. Jahrhunderts begegnet man wieder einer der zahlreichen thronenden Kölner Madonnen des frühen 14. Jahrhunderts, mittelalterliche Massenware, die auch in der Wiederholung nicht ihren Liebreiz verliert.

Ein kurzer Abstecher nach *Dattenberg*, etwas abseits und höher zwischen Leubsdorf und Linz gelegeen, bietet die Reste einer Burg, die Mitte des 13. Jahrhunderts von den Rittern von Dadenberg, vielleicht von Werner von Dadenberg, der 1242 erwähnt wird, erbaut wurde. Die kleine runde Burganlage, die mit ihrem Bergfried auf einem Ausläufer eines Hügels liegt, wird Anfang des 14. Jahrhunderts an den Kölner Erzbischof Heinrich II. von Virneburg verkauft. Die 1880 im Bereich der ehemaligen Wirtschafts- und Wohngebäude der Burg errichtete Villa dient heute als Schullandheim. Von der spätromanischen Kapelle aus der Mitte des 13. Jahrhunderts ist nur der Chor als offene Friedhofskapelle erhalten. Die Kölner Architekten Carl Rüdell und Richard Odenthal erbauten 1890–92 die neue, neuromanische Pfarrkirche St. Marien.

Linz

Bereits der Ortsteil *Wallen*, auf den man zuerst am südlichen Ortsrand der Stadt Linz stößt, erinnert mit seinem Namen an ehemalige geistliche Besitzer im Ort. Das Stift der Hl. Gertrud, der Tochter Pipins, in Nivelles hat hier bis ins 18. Jahrhundert einen Hof besessen. Aus der Mitte des ersten Jahrtausends vor Christi Geburt stammen die vom Basaltabbau angeschnittenen Reste einer Ringwallanlage auf dem östlich des Ortes gelegenen *Hummelsberg*, der mit seinen 389 m Höhe die Umgebung beherrscht.

Der für uns wichtigste Besitzer an Gütern und auch des Zehnts war seit dem Ende des 9. Jahrhunderts das Damenstift Gerresheim bei Düsseldorf. Dort hatte Ritter Gerrich das Stift gegründet, und seine Tochter bestätigt 874 die Schenkungen im Auftrag ihres Vaters. Die Güter und der Zehnt in Linz werden dabei ausdrücklich für die Versorgung der Stiftsinsassen mit Wein bestimmt, der hier heute nicht mehr so reichlich angebaut wird.

Entlang der dem Talboden folgenden Straße hat sich der Ort tief ins Tal hinein ausgedehnt. Hoch über dem alten Ortskern liegt die Pfarrkirche *St. Martin*, die dem Stift Gerresheim inkorporiert war. Das hieß, daß das Stift die Einkünfte der Pfarrei bezog, aber auch für das Auskommen des Pfarrers und den Bau der Kirche sorgen mußte. Schon der Pfarrpatron St. Martin weist darauf hin, daß eine erste Kirche oder Kapelle hier bereits in fränkischer Zeit bestanden haben wird. Die Bauarbeiten für die heutige Kirche begannen erst nach den Auseinandersetzungen zwischen Philipp von Schwaben, dem Hohenstaufen, und seinem welfischen Gegenspieler Otto IV., in denen 1198 Dorf und Kirche verwüstet worden

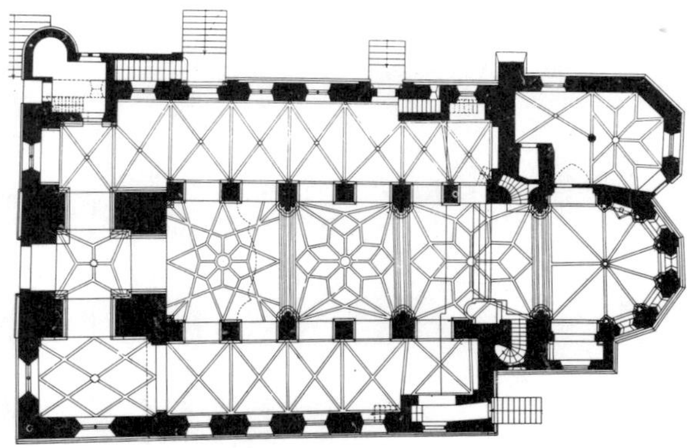

Linz, Pfarrkirche St. Martin, Grundriß

sind. Die Daten von 1206 für die Grundsteinlegung und von 1214 für die Weihe des Baues sind nicht sehr überzeugend überliefert. So soll die Weihe der schon 1212 verstorbene Erzbischof Johann von Trier vorgenommen haben. Vielleicht hat man damals mit dem Bau des Schiffes begonnen. Dabei hält man sich nicht an die Maße des schmaleren Westturms, sondern legt das Schiff etwas breiter an. Von den drei Jochen des Schiffes versuchen die beiden westlichen, sich an das gebundene System zu halten. Das dritte ist durch die ungeschickte Einfügung der unvollendeten Chorflankentürme verlängert; schon die drei Emporenarkaden zeigen das. Die gliedernden Dienste sind den Wänden nachträglich vorgelegt. Ein romanisches Steingewölbe darüber hat es nie gegeben. Reste über den spätgotischen Sterngewölben des 16. Jahrhunderts zeigen, daß man nur eine hölzerne Tonne anlegte, mit farbigen Zickzackbändern darunter geschmückt.

Dem Stift Gerresheim war das Geld ausgegangen, denn dort baute man an der neuen Stiftskirche, die man 1236 weihen konnte. So reichte es in Linz nur für einen allerdings beeindruckenden Chor, der um 1240 vollendet war. Der fünfseitig polygonal geschlossene Chor ist nur noch zweigeschossig angelegt. Der Plattenfries, der sonst Ansatz der Zwerggalerie war, wurde zum Abschluß der Wand. Die Ecken werden durch Lisenen betont, mit Zwillingsrundbögen verbunden. Sie rahmen unten Vierpaßfenster, oben hohe Lanzettfenster. Ein kräftiger Wulst begleitet und betont sie (Farbt. 22).

Innen sind die dreifach gesetzten Dienste durch Schaftringe gebunden und frei vor die Wand gesetzt. Diese wird unten in Nischen aufgelöst, oben in Fenster verwandelt, darüber laufen die schlanken untergelegten Rippen in einem hängenden Schlußstein zusammen.

Berühmter Schmuck der Kirche sind die unterhalb der Emporen erhaltenen Fresken. Um 1230 entstanden, wohl im Barock übertüncht, 1861 wieder aufgedeckt, wurden sie mehrfach restauriert. Über jedem Mittelpfeiler eines Joches steht eine Heiligenfigur in gemalter Architektur. Auf der Südseite krönt St. Jakobus die ersten der Pilger aus der bunt bewegten Schar, die ihn umgibt. Diese Sitte der Pilger aus dem deutschen Reich beschreibt in ähnlicher Form noch 1499 Ritter Arnold von Harff. So kam man, wenn auch auf übertragenem Weg, mit der verehrten Reliquie in Berührung, indem man die Krone trug, die sonst die Skulptur

Linz, Pfarrkirche St. Martin, Wandmalerei: Der Hl. Jakobus Major mit den Pilgern

des Heiligen über dem Hauptaltar mit den Reliquien schmückte. Über den nächsten Pfeilern folgen die Heiligen Petrus und Martin. Auf der Nordseite stehen die Damen: die Hl. Ursula mit ihren 11000 Jungfrauen, dazu die Hl. Margareta und die Hl. Katharina. Auf den Emporen sind noch Wandmalereien, um 1300 entstanden, zu sehen: ein Hl. Nikolaus und Simson, die Säulen umwerfend. Erst spät, 1512/13 sind die Szenen aus dem Marienleben an der Westwand entstanden. Damals wurden auch die Gewölbe eingefügt, zahlreiche Fenster vergrößert und verändert und die Ausstattung um ein spätgotisches Sakramentshaus bereichert.

Als Altarbild wird heute ein Bild benutzt, das der darauf abgebildete Stifter, Tilman Joel, vielleicht als sein Epitaph gedacht hatte. Tilman Joel wurde in Linz geboren, 1410 begann er in Köln zu studieren, wurde 1424 Kanzler des Trierer Erzbischofs, 1432 Propst des Stiftes St. Florian in Koblenz, nahm am Konzil zu Basel teil, lehrte dann an der Kölner Universität, wurde Rat des Kölner Erzbischofs und Stiftsherr an St. Andreas. Bevor er 1461 starb, hat er seine Heimatstadt mehrfach reich beschenkt. Er stiftete die Ratskapelle, an die vor dem Rathaus nur noch eine neugotische Mariensäule erinnert, dazu einen großartigen Flügelaltar und dieses Bild. Es zeigt Gottvater, der seinen toten Sohn vorweist, dazu die Heiligen Johannes der Täufer, Andreas, Papst Clemens und Florian. Zumindest den Heiligen Andreas und Florian war Tilman Joel ja durch seine erfolgreiche Laufbahn verbunden.

Der große Flügelaltar, der ebenso wie das Tafelbild vom Kölner Meister der Lyversberg-Passion stammt, war nach der Zerstörung der Ratskapelle 1817 lange in St. Martin aufbewahrt worden. Seit der Vollendung der neuen Marienkirche des Kölner Architekten Kuhlhavy unterhalb St. Martin im Jahre 1968 ist er dort aufgestellt. Der weite, schlichte Raum widerspricht der intimen Betrachtung und Besinnung, zu der der Altar auffordert. Vor dem Tode des Stifters Tilman Joel 1461 begonnen, ist er erst 1463 vollendet worden.

Linz, Pfarrkirche St. Martin, Wandmalerei: Die Hl. Katharina mit dem Rad und eine Heilige mit Buch und Palmwedel

Dieses Datum zeigt sich auf dem Außenflügel mit der zweiten Verkündigungsszene. Innen sind Szenen aus dem Leben Mariens zusammengestellt. Auf den Flügeln ist innen die Verkündigung an Maria der Ausgießung des Heiligen Geistes, darüber eine Marienkrönung, gegenübergestellt, Beginn des Neuen Bundes und Beginn der Kirche. Das Mittelbild erzählt in seinen vier Szenen von der Geburt Christi, Anbetung der Heiligen Drei Könige, Darbringung im Tempel und Maria mit dem Auferstandenen auf dem Thron (Abb. 106). Die zweite Verkündigung außen wird der Kreuzigung gegenübergestellt, Menschwerdung und Opfer Christi. Die Verdoppelung des einen Themas ist also aus dem theologischen Programm heraus notwendig geworden. In einigen Details hat sich der Maler von Rogier van der Weydens Flügelaltar für St. Kolumba in Köln anregen lassen, der gerade 1458/59 nach Köln gelangt war. Es mischen sich durchaus noch andere niederländische Anregungen in das Werk des Kölner Malers, der neben der niederländisch beeinflußten statuarischen Fassung des Augenblicks und der genauen Beobachtung der Details auch die zarte Empfindsamkeit der Kölner Schule zum Ausdruck bringt. Auch wenn durch die verschiedenen Restaurierungen die Farben etwas zu matt und dunkel geworden sind, kann man sich dem stillen Zauber nicht lange entziehen. Wenig genug von solchen Werken ist erhalten geblieben.

Nachdem der Bau der Kirche St. Martin um 1240 abgeschlossen war, sollte Linz bald den weltlichen Herren wechseln. 1247 war Graf Heinrich III. von Sayn gestorben. Er fand sein Grab im Kloster Sayn, sein Grabdenkmal befindet sich im Germanischen Nationalmuseum in Nürnberg. Seine Ehe war ohne Nachkommen geblieben. So schloß 1250 seine Witwe Mechthildis, Nichte des Kölner Erzbischofs Konrad von Hochstaden, mit ihrem Onkel einen Vertrag, der Linz, Leubsdorf und eine Reihe weiterer Orte und Burgen der Kölner Kirche übertrug; für den Kölner Erzbischof eine mehr als erfreuliche Erwerbung. Linz wurde damit zu einem wichtigen rechtsrheinischen Vorposten im Süden des Kölner

Erzbistums. Schon um 1300 erhielt Linz daher Stadtrechte, und bald wurde auch mit dem Bau einer Stadtmauer begonnen. Zwar hat man 1861 bis 1879 den größten Teil der Mauern und zwei der vier Tore abgebrochen, aber ein Mauerstück ist auf der Nordseite der Stadt erhalten geblieben. Landeinwärts steht noch hochaufragend das Neutor. Ein Spitzbogenfries trägt das oberste Geschoß. Und neben der Burg steht noch das Rheintor mit seinen spätgotischen Ecktürmchen (Abb. 105). Den Bau der Burg werden die inzwischen stolzen Linzer Bürger nicht mit der gleichen Freude gesehen haben wie den Bau der Stadtmauer, die sie ja schützen sollte.

Mitte des 14. Jahrhunderts schloß Linz mit anderen Orten des Erzbistums ein Bündnis, das die Macht des Erzbischofs beschränken sollte. Privilegien und Rechte sollten gesichert werden, und ungefragte Verpfändungen sollten verhindert werden. Das mißfiel Erzbischof Engelbrecht von der Mark, und 1365 wird eine Burg in der Südwestecke der Stadt errichtet. Auch dürfen die Linzer ab sofort ihren Rat nicht mehr selbst wählen, der Erzbischof ernennt ihn nun, und Bündnisse dürfen sie fortan auch nicht mehr schließen. Die Burg wird zeitweise Sitz des kurkölnischen Amtmannes für das Oberstift, der meist in Burg Altenwied sitzt. Von 1375 bis 1411 wird von hier aus der sonst in Andernach erhobene Rheinzoll verwaltet, eine der wichtigsten Einnahmequellen des Erzbistums.

Der zweispältige Wert von Burg und Stadtbefestigung wurde den Linzern im Jahre 1475 deutlich gemacht. Karl der Kühne hatte in die Auseinandersetzungen zwischen Ruprecht von der Pfalz und Hermann von Hessen um den Thron des Kölner Erzbischofs zugunsten Ruprechts eingegriffen. Während der Herzog von Burgund immer noch versuchte, das widerspenstige Neuss zu erobern, mußte das kaiserliche Heer Anfang 1475 zwei Monate lang Linz belagern, bevor man Neuss zu Hilfe kommen konnte. Seit dieser Zeit trägt der Kaiserberg südlich der Stadt seinen Namen. Trotz der Kapitulation der Stadt wurde sie geplündert und die Burg in Brand gesteckt. Ungeachtet eines 1535 geschlossenen Bündnisses mit anderen Orten des Erzbistums am Rhein, der ›Linzer Eintracht‹, sich bei Gefahr gegenseitig beizustehen, hat Linz noch manches Mal gelitten, sei es im Truchsessischen Krieg Ende des 16. Jahrhunderts, unter den durchziehenden Truppen des Dreißigjährigen Krieges oder den französischen Besetzungen im 17. und 18. Jahrhundert.

Trotzdem ist in diesen Zeiten der Ort zu seinem bunten Reichtum an Fachwerkbauten gekommen. Sie bilden am Marktplatz die Folie für das Rathaus des 14. Jahrhunderts, dessen massiver Steinbau vom Stolz der frischgekürten Städter spricht. Ursprünglich war das Erdgeschoß als Halle für Warenkontrolle und Verkauf offen. Drei der alten Holzpfeiler, die den Boden des Obergeschosses tragen, stehen noch. Eine Außentreppe führte bis ins 19. Jahrhundert dort hoch, und das barocke Mansarddach ersetzt seit 1707 das steilere gotische mit seinen Ecktürmchen. So erinnert auf den ersten Blick nur der Spitzbogenfries unter dem Dachansatz an die spätgotische Bauzeit.

Bei einem Bummel durch die Altstadt entdeckt man Fachwerkhäuser von der Zeit um 1500 bis ins 20. Jahrhundert. Man bemüht sich auch bei Neubauten, das Bild der ›Bunten Stadt Linz‹ nicht zu stören, sondern zu bereichern. Der größte Teil der Fachwerkbauten stammt aus der zweiten Hälfte des 17. Jahrhunderts, aus der Erholungsphase nach dem

Dreißigjährigen Krieg. Gegen Ende des Dreißigjährigen Krieges hatte Graf Ernst von Isenburg, der die Herrschaft über Linz als Pfand für Schulden des Erzbischofs besaß, die Kapuziner nach Linz gerufen. 1633, nach dem Durchzug der plündernden schwedischen Truppen, konnten sie mit dem Bau einer Klosterkirche beginnen. Der mit einem Tonnengewölbe versehene Saalbau – der Chor ist nur durch einen eingezogenen Triumphbogen abgetrennt – war 1645 vollendet. Der prächtigste Schmuck der *Kirche Mariae Verkündigung* ist die Madonna der Erbauungszeit über dem Hauptportal in erneuerter farbiger Fassung.

Den Gang durch Linz und seine Geschichte kann man mit einer Weinprobe abschließen, auch wenn im Gebiet von Linz nicht mehr viel Wein angebaut wird, oder mit einem Ausflug zu *Burg* und *Schloß Rennenberg,* nordöstlich der Stadt in den Westerwald hinein. Sie sind noch im Besitz der Freiherren von Rennenberg, die spätestens 1217 hier nachweisbar sind. Im 16. Jahrhundert wurde die Burg zerstört, im 19. Jahrhundert gesichert. Über den Mauerresten ragt noch der runde Bergfried auf. Das Schloß wurde erst 1846 in schlichten spätklassizistischen Formen als Sommersitz erbaut.

Den Rhein entlang führt ein weiterer Abstecher, wenn man sich nicht direkt wieder der B 42 anvertrauen will, nach *Ockenfels,* wo die Ende des 15. Jahrhunderts zerstörte Burg 1925–27 wiederaufgebaut wurde – sicher schlichter als ursprünglich – und heute als Hotel genutzt wird.

Erpel

Über *Kasbach,* wo die 1905/06 vom Düsseldorfer Architekten Kaufhold erbaute katholische Kapelle St. Michael eines der bewegenden rheinischen Vesperbilder, Maria in Trauer um den toten Sohn auf ihrem Schoß, besitzt, führt die B 42 auf die *Erpeler Ley* zu. Man spürt, wie der Strom hier zum Ausweichen gezwungen worden ist. Der Schlot eines Vulkans mit zu Säulen erstarrtem Basalt ist erst, bevor sich der Rhein tiefer einschnitt, einplaniert worden. Davon legt das aussichtsreiche Plateau Zeugnis ab. Beim Einschneiden hat der Schlot dann kräftigen Widerstand geleistet und den Rhein nach Westen abgedrängt. Dabei angeschnitten, ist eine hohe Steilwand mit ihrem Ornament von Basaltsäulen freigelegt worden. Dahinter hat sich eine weite freie Fläche gebildet, die Raum für Erpel und Unkel bietet.

Erpel ist alter kölnischer Besitz. Ursprünglich in der Hand des Kölner Erzbischofs, kommt die Siedlung Anfang des 12. Jahrhunderts unter die Herrschaft des Domkapitels.

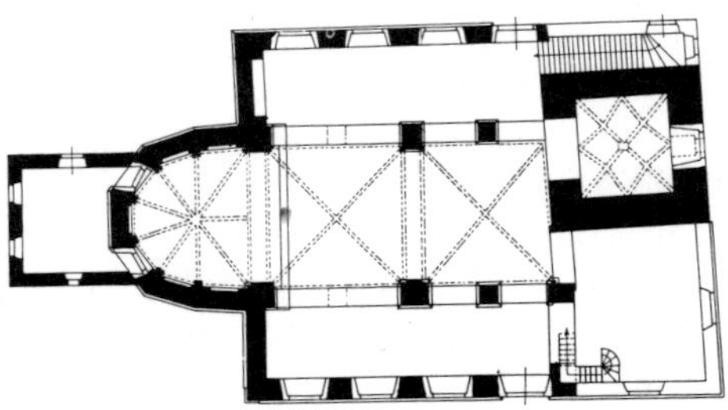

Erpel, Pfarrkirche, Grundriß

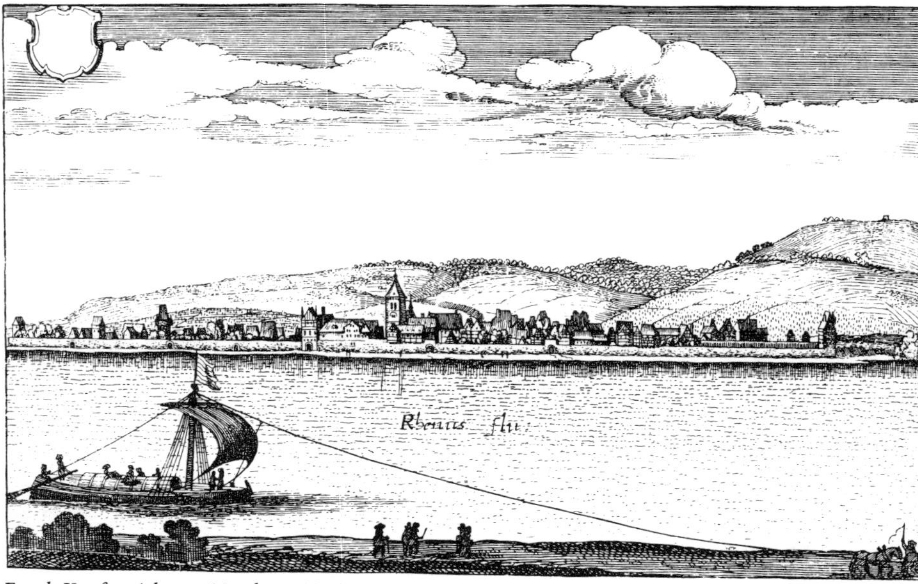

Erpel. Kupferstich von Matthäus Merian, 1646

Zeuge der Kölner Einflüsse ist der Heilige Severin, Patron der katholischen *Pfarrkirche* und einst, vielleicht Ende des 4. Jahrhunderts, Kölner Bischof. Die drei Kronen im Wappen des Ortes erinnern daran, daß nach dem Bericht der Legende die Reliquien der Heiligen Drei Könige, als sie 1164 von Rainald von Dassel, Erzbischof von Köln, nach Köln geleitet wurden, hier übernachteten. Dessen rühmt sich ja auch noch eine ganze Reihe anderer Orte entlang des Rheines. Aus dieser Zeit stammen höchstens noch die Untergeschosse des Westturmes, die ja nicht in der Symmetrieachse des Baues sitzen. Anfang des 13. Jahrhunderts hat man den Turm dann auf seine heutige Höhe gebracht. Dann erst begann man eine neue Kirche zu errichten. Sie ist im 15. und 18. Jahrhundert verändert worden, aber diese Verunstaltungen sind bei der letzten Restaurierung 1966 wieder beseitigt worden (Abb. 111). Auch die farbige Fassung des Baues hat man nach dabei gefundenen Spuren wiederhergestellt. So leuchtet nun hier wieder eine kleine Emporenbasilika ohne Querschiff mit ihrem Chor, der noch einmal gotische Freude am Licht mit spätromanischen Formen verbindet. Neben der Ausstattung des 18. Jahrhunderts vom Hochaltar bis zur Orgel erinnert ein Gemälde des frühen 16. Jahrhunderts an den Erpeler Aufenthalt der Heiligen Drei Könige. Spätgotisch, vom Ende des 15. Jahrhunderts, sind der Heilige Michael und der Heilige Joseph.

Das Bild des Ortes prägen immer noch die Häuser des 17. und 18. Jahrhunderts. Dazu gehört der ehemalige *Fronhof* des Kölner Domkapitels mit seiner Durchfahrt an der Rheinuferstraße, deren Bogen noch romanisch ist, ebenso wie das elegante *Rathaus* von

1780 (Abb. 110). Entlang des Rheinufers sind auch noch Mauerreste der Stadtbefestigung des frühen 15. Jahrhundert zu entdecken. Im Norden des Ortes ist das *Neutor,* das 1589 nach den Truchsessischen Wirren wieder instand gesetzt werden mußte, ein malerischer Zeuge der ›Herrlichkeit Erpel‹.

Unkel

Am Fuß der Höhen liegt, von den Spuren ihres ehemaligen Wassergrabens umgeben, die *Burg Vilszelt,* die zum Unkeler Ortsteil *Heister* gerechnet wird. Die erstmals 1070 erwähnte Wasserburg war Sitz der Herren von Ütgenbach. Der heutige Bruchsteinbau ist 1713–16 von Matys Groenlant, einem niederländischen Architekten, erneuert worden. Als kölnisches Lehen dann jahrhundertelang im Besitz der Herren von Nesselrode, ist die Burg, heute mehr ein Haus, ein gutes Beispiel für das Überleben der frühen, im Tal gelegenen Wasserburgen auch im Rheintal.

Unkel selbst wird, wie man nur dankbar vermerken kann, von der B 42 links liegengelassen. Das Städtchen hat seine Ruhe und seine von Bäumen beschattete Rheinpromenade autofrei behalten. Erstmals wird Unkel 886 in einem Güterverzeichnis der Abtei Prüm in der Eifel erwähnt. Aber in der Nachfolge des sächsischen Kaiserhauses, an dessen Herrschaft wohl noch der Patron Pantaleon der katholischen Pfarrkirche erinnert, ist dann die Pfalzgrafentochter Richeza Mitte des 11. Jahrhunderts Herrin des Ortes. Sie schenkt 1055 den Zehnthof an der Kirche dem Domkustos, der bis zur Säkularisation über mehr als sieben Jahrhunderte auch Besitzer bleibt. Und 1057 schenkt sie ihre restlichen Besitzungen in Unkel dem von Erzbischof Anno neu gegründeten Stift Maria ad Gradus, das vor dem Chor des Kölner Domes lag. Das Stift erbaute am Nordrand des Ortes am Rheinufer den Fronhof,

Unkel. Kupferstich von Matthäus Merian, 1646

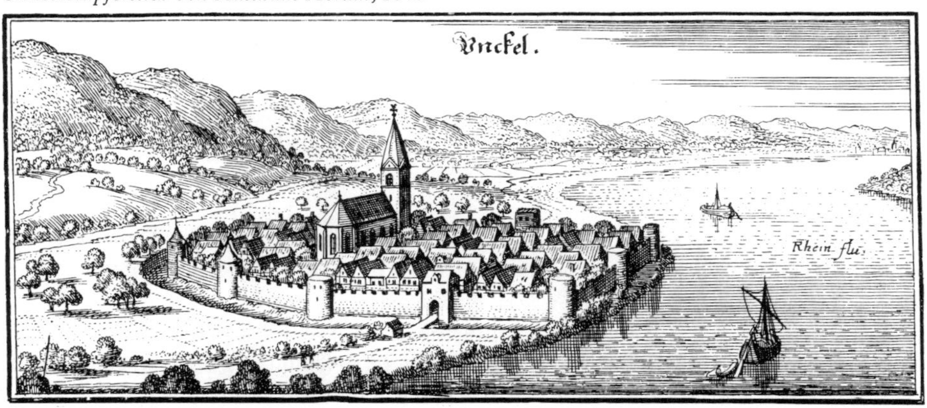

dessen Bau heute den Nordturm der späteren Stadtbefestigung einbezieht, jetzt mit einem neugotischen Zinnenkranz versehen. Dem Stift gelang es, die Grundherrschaft über Unkel zu erwerben, das Hofgericht zu verwalten. Schließlich verkauften 1265 die Grafen von Sayn ihre Unkeler Güter an den Kölner Erzbischof, der so 1265 seine Landesherrschaft absichern konnte. Unkel wurde kurkölnische Landstadt und erhielt wohl Mitte des 16. Jahrhunderts seine Stadtmauer, von der große Teile noch südlich der Pfarrkirche bis zum Gefängnisturm mit seiner barocken Haube erhalten sind.

Mitten in diesem fast idyllischen Stadtpanorama steht der Westturm von *St. Pantaleon*, dessen gotisierende Glockenstube erst aus dem 17. Jahrhundert stammt, in massivem romanischem Mauerwerk, umarmt von den späteren gotischen Seitenschiffen. Damals, im frühen 13. Jahrhundert, war eine schmalere dreischiffige Kirche ohne Querhaus erbaut worden. Nur im letzten Joch des Mittelschiffes und im Vorjoch des Chores sind davon noch Mauerreste erhalten. Die kräftigen Säulen sind noch im Kern des östlichen Pfeilerpaares erkennbar. Um 1300 erneuerte man den Chorabschluß frühgotisch und wölbte das Mittelschiff ein. Ende des 15. Jahrhunderts wurde der Chor nach Osten verlängert. Dabei verwandte man sparsam die alten Fenster mit ihrem teuren Maßwerk wieder. Nur an der Nordwestecke erscheint modernes spätgotisches Maßwerk. Und außen, an den vier östlichen Strebepfeilern, gab man das eingesparte Geld wieder aus. Elegante Abschlüsse und kleine Skulpturen Christi, des Teufels, Hirsche, Hunde, Drachen und Einhorn erscheinen. Die Jahreszahl 1502 über dem spitzbogigen Seitenportal der Nordseite dürfte auch den Anhaltspunkt für die Veränderungen des Schiffes zur Hallenkirche geben. Die Seitenschiffe wurden verbreitert, und Chor, Mittelschiff und südliches Seitenschiff erhielten auf gleicher Höhe neue Gewölbe. Die Netzgewölbe sind allerdings nicht durchgehend. Auf den westlichen Kreuzgewölben ist das Netz nur aufgemalt. Die angepaßten Netz- und Kreuzgewölbe der Nordseite wurden erst 1903 eingezogen. Die südliche Sakristei entstand wohl anschließend zu Beginn des 16. Jahrhunderts, die nördliche erst 1903.

Überraschend ist der Reichtum der Ausstattung. Aus der romanischen Bauzeit stammt noch der Taufstein. Die größte Kostbarkeit ist aber wohl der kleine hausförmige Reliquienschrein. Er steht hinter einem Gitter im Westen des nördlichen Seitenschiffes und zeigt auf Holz, gerahmt von vergoldetem Maßwerk, auf den Langseiten Szenen aus der Legende des Heiligen Pantaleon, der auch auf einer Stirnseite erscheint. Die großen Medaillons der Dachflächen schildern Verkündigung, Heimsuchung, Geburt Christi, Anbetung der Könige, Flucht nach Ägypten und Darstellung im Tempel. Erst 1956 hatte man damit begonnen, diese Schöpfungen der Kölner Malerschule aus der Mitte des 15. Jahrhunderts mit ihren zarten Farben wieder freizulegen.

In der gleichen Kapelle erscheinen die Szenen der Legende des Heiligen Pantaleon noch einmal auf den Resten des alten Hochaltares der Zeit um 1400. Zehn Szenen rahmen Maria, die von Maria Magdalena und einer weiteren Heiligen begleitet wird.

Den ersten Eindruck der Kapelle prägen allerdings meist weder der zarte Schrein noch die Schnitzereien des alten Hochaltars, sondern die bewegten Skulpturen der vierzehn Nothelfer, die in barockem Schwung die Mauern zu sprengen scheinen (Abb. 112).

Pfarrer Godfrid Eschenbrender hat sie 1728/29 bei verschiedenen Bildhauern in Auftrag gegeben, nachdem er schon 1698 eine Bruderschaft zur Verehrung der Nothelfer in Unkel gegründet hatte. Auch die meisten Teile der sonstigen barocken Ausstattung stammen aus seiner Zeit. Das Wappen der in Unkel ansässigen Familie mit den drei Kleeblättern erscheint häufig genug. So hat sein Bruder, der Kölner Domkapitular Andreas Eschenbrender, wohl aus seiner Studienzeit in Rom das große Bild des Heiligen Pantaleon mitgebracht, das von dem von ihm gestifteten Hochaltar gerahmt wird. Die Blindenheilung des Heiligen Pantaleon ist eine Wiederholung des Bildes von Mattia Preti in St. Pantaleon in Rom. Die Kirchenbänke, die Kanzel, die Kommunionbank und das Chorgestühl entstanden zu Eschenbrenders Zeit. Älter ist der Seitenaltar der Nordseite, der um 1625 als Votivaltar von der Kölner Bürgermeisterfamilie Herrestorff gestiftet wurde. Der dreiflügelige Bau ihres Hauses des 17. und 18. Jahrhunderts neben der Kirche, der die Rheinfront gliedert, ist ein Beispiel für die Zahl der großen Kölner Familien, die, teils bis heute, hier eine Sommerresidenz besitzen.

Neben weiteren Gemälden und Skulpturen reihen sich die Grablegung Christi des frühen 16. Jahrhunderts, wie man sie häufig am Mittelrhein findet, und der große schmiedeeiserne Leuchter von 1527 mit seinen hölzernen Leuchterengeln unter die Kostbarkeiten der Kirche ein.

Grabsteine vom 16. Jahrhundert an stehen auf dem ruhigen Friedhof rings um die Kirche, und ein Gang durch die Straßen des Ortes mit ihren Fachwerkhäusern rundet das Bild. Man kann verstehen, daß Ferdinand Freiligrath, als er sich um 1840 für einige Jahre hier niederließ, mit keinem Fürsten tauschen wollte. Allerdings wohnte er auch standesgemäß im *Freiligrath-Haus*, etwa 1760 errichtet, an der Rheinfront, der besten Seite Unkels, in seinem ›Strolchenfels‹.

Jenseits der B 42 liegt der kleine Ortsteil *Scheuren* mit seiner *Josefskapelle* aus der Zeit um 1500, die erst 1910 statt einer Flachdecke neugotische Gewölbe erhielt. Neben der barocken Ausstattung ist das schönste Stück eine Passionstafel mit zwölf Szenen der Passion Christi vom Gebet am Ölberg bis zur Erscheinung des Auferstandenen. Das Gemälde aus der Mitte des 15. Jahrhunderts ist eine Stiftung des Kölner Bürgermeisters Goswin von Strailen.

Den Abstecher östlich der B 42 kann man mit *Rheinbreitbach* fortsetzen. Hier bietet die katholische *Pfarrkirche* eine Anschauung von der Bauentwicklung in spät- und spätestgotischen Formen vom Chor des 15. Jahrhunderts bis zum Schiff des späten 16. Jahrhunderts und der Erweiterung der Nachkriegszeit. Die einst oberhalb des Ortes gelegene *Virneburg*, zur Sicherung der Silber-, Kupfer- und Bleibergwerke angelegt, ist untergegangen. Ebenso hat die *Untere Burg* im Ort nach den Schäden des letzten Krieges einem Parkplatz weichen müssen. Nur die *Obere Burg*, einst ein Lehen des Kölner Stiftes Maria ad Gradus, die zu Anfang unseres Jahrhunderts der Schriftsteller Rudolf Herzog bewohnte und erweitern ließ, ist noch erhalten. Mit ihrem vierschrötigen Turm erinnert sie an den westeuropäischen Typ des Donjons.

Bad Honnef

Mit Bad Honnef, das Alexander von Humboldt als rheinisches Nizza gepriesen hat, verlassen wir Rheinland-Pfalz und gelangen nach Nordrhein-Westfalen. Die klimatisch begünstigte Lage in der windgeschützten Bucht hat schon im frühen 19. Jahrhundert zahlreiche und zahlungskräftige Ansiedler aus rauheren Gegenden hierher gelockt. Und die Erbohrung der Mineralquelle auf der vorgelagerten Insel Grafenwerth im Jahre 1936 brachte 1938 die ersehnte Bezeichnung Bad ein. Die wachsende Beliebtheit des Ortes führt aber zugleich bis in unsere Zeit zu einer immer dichteren Bebauung, die die einstige parkähnliche Ebene, in der sich kleine Siedlungen zerstreuten, in eine durchgehende Wohnlandschaft verwandelte.

Die verstreut liegenden Ortsteile Selhof, Beuel, Mülheim, Rommersdorf, Bondorf und Rhöndorf und das im 14. Jahrhundert untergegangene Reitersdorf waren wohl schon seit dem 10. Jahrhundert um den Mittelpunkt Mülheim mit dem Namen Honnef zusammengefaßt. Hier entstand die Pfarrkirche, von hier aus wurde der Wein verschifft, dessen Qualität man im nahen Köln zu schätzen wußte. So übertrug sich der Gesamtname bald auf das Zentrum, das, seit 1862 eigenständige Stadt, auch heute alle gewohnten Ortsteile umfaßt.

Herrschaftsmittelpunkt des Löwenburger Ländchens war die *Löwenburg* auf dem nahen 455 Meter hohen Berg des Siebengebirges gleichen Namens. Von der großen Anlage des 13. Jahrhunderts sind nur geringe Spuren erhalten geblieben. Seit das Gebiet 1484 an die Grafen von Jülich und Berg fiel, wurde die Burg vernachlässigt und im 16. Jahrhundert zerstört. Heute findet man noch die Zwingeranlage, die Zisterne im Burghof und Spuren des Bergfrieds.

Neben kleinen Kapellen, die in den Ortsteilen, den Honschaften, entstanden, war die katholische *Pfarrkirche St. Johann Baptist* das Zentrum religiösen Lebens. Heute ist der älteste Bauteil der romanische Westtum der Zeit um 1200, der 1859/60 nach dem Entwurf des Kölner Dombaumeisters Ernst Friedrich Zwirner ein neues viertes Geschoß mit steilen Giebeldreiecken und einen hohen achtseitigen Helm darüber erhielt. Das Langhaus, eine dreischiffige spätgotische Halle, wurde in den Jahren um 1500 errichtet. Erst 1912 wurden dann an Stelle des alten Chors nach den Plänen des Kölner Architekten Eduard Endler ein Querhaus und ein Ostabschluß mit drei Apsiden angebaut. Nach der letzten Restaurierung, die das Mauerwerk der mittelalterlichen Teile mit farbiger Fassung sicherte, ist die gelungene Erweiterung schon am Bruchsteinmauerwerk zu erkennen. Die schönsten Teile der Ausstattung stammen aus der spätmittelalterlichen Bauperiode. Eine stehende Madonna aus Köln mit sanftem Lächeln und eleganter Gewandung unter den barocken Kronen für Mutter und Kind ist etwas jünger als das Heilige Grab, das 1514 in der gleichen Werkstatt entstand wie das Remagener Gegenstück. Aus der gleichen Zeit, aber aus einer der inzwischen abgebrochenen Kapellen stammt das Sakramentshaus in der nordöstlichen Apside. In der üblichen spätgotischen Turmform mit reichem Fialenaufbau ist es dazu mit zierlichen Skulpturen geschmückt.

Neben der Kirche hat man das alte Küsterhaus, einen prächtigen Fachwerkbau, restauriert. Weitere Fachwerkhäuser am Marktplatz ergänzen das Bild, zu dem auch das *Alte Gemeindehaus,* als ehemaliges Zentrum der Verwaltung, gehört. Weitere Fachwerkhäuser finden sich in den Zentren der alten Ortsteile, besonders schöne rings um die *Rhöndorfer Marienkapelle.* Den Barockaltar dort stiftete zu Beginn des 18. Jahrhunderts der damalige Landesherr Kurfürst Johann Wilhelm ›Jan Wellem‹ von Pfalz-Neuburg.

Die Wachstumsphase des 19. und frühen 20. Jahrhunderts hat zahlreiche Bauten teils in den Formen des Historismus, teils schon vom Jugendstil beeinflußt in der Stadt entstehen lassen. Die Villa Schaafhausen in *Rommersdorf,* Schaafhausenstraße 5, heute als Kinderheim genutzt, ist Schritt für Schritt im Laufe der zweiten Hälfte des 19. Jahrhunderts zu einer burgähnlichen Anlage gewachsen. Das ›Feuerschlößchen‹ an der Rommersdorfer Straße war 1904/06 vom Architekten Wilhelm Freiherr von Tettau als Villa für den Essener Kommerzienrat Wilhelm Girardet errichtet worden. Mit burgenhaftem Mauerwerk entstand ein Bau, der an englische Landhäuser erinnert. Heute nutzt ihn das städtische Gymnasium, dessen Bauten den Park der Villa okkupiert haben. Im ›Haus im Turm‹ in *Rhöndorf* dagegen saßen vielleicht schon im 13. Jahrhundert an der Drachenfelsstraße die Ritter von Roendorp. Lange ist es danach der Sitz der Richter des Amtes Löwenburg gewesen. Um 1830 hat es dann seine heutige klassizistische Gestalt erhalten, der hohe Mittelbau enthält wohl noch immer Mauerwerk des mittelalterlichen Turmes. Heute ist allerdings das berühmteste Haus Rhöndorfs das ehemalige *Wohnhaus Konrad Adenauers,* das als Stiftung Bundeskanzler-Adenauer-Haus mit einem Ausstellungsbau des Kölner Architekten Karl Band zu einer Gedenkstätte geworden ist.

Königswinter und das Siebengebirge

Im Hintergrund von Bad Honnef und seinem Ortsteil Rhöndorf erhebt sich bereits das vielbesungene Siebengebirge und engt mit dem von dürftigen Ruinenresten gekrönten Drachenfels ein letztes Mal das Rheintal ein, bevor es sich nun zur Kölner Bucht weitet und die Straßen fast übergangslos durch ein geschlossenes Siedlungsband von meist Ein- und Zweifamilienhäusern bis nach Köln, ja bis nach Düsseldorf führen.

Königswinter ist der meistgenutzte Startpunkt für den Besuch des Drachenfels und für eine erste Erkundung im Siebengebirge. Trotzdem ist (und bekommt) der Drachenfels ein Kapitel für sich. Und Königswinter ist auch mehr als ein Sammelpunkt von Touristenströmen, die den Drachenfels mit gut einer Million Besucher im Jahr zu einem der meistbesuchten Berge Europas und der Welt machen.

Im Jahre 883 erstmals als ›winitorio‹ erwähnt, ist aber schon der Patron der Pfarrkirche, der fränkische Heilige Remigius, ein Hinweis auf den älteren Ursprung des Ortes. Die Hofkapelle des königlichen Gutes muß ihm spätestens im 8. Jahrhundert geweiht gewesen sein. Im Gegensatz zu Oberwinter (s. S. 208) auf der anderen Rheinseite, ein wenig weiter südlich, nannte man den Ort Urwinter oder Nidderwinter. Erst seit dem 14. Jahrhundert setzt sich Königswinter durch. Winter bedeutet, das besagt die lateinische Bezeichnung vinitorium, Winzerort, und in kleinem Umfang wird hier auch heute noch Wein angebaut. Mit dem Ortsteil Niederdollendorf ist dann zur Zeit die Nordgrenze des Weinbaus am Rhein erreicht.

Als die Namensform Königswinter auftritt, war der König schon lange nicht mehr Herr des Ortes. Den Pfalzgrafen folgte der Kölner Erzbischof bereits im 11. Jahrhundert, und die großen Grundbesitzer im Ort waren die Regimentsherren, fünf an der Zahl, die jeweils für ein Jahr durch ihren Vertreter die Herrschaft im Ort innehatten: der Propst des Stiftes St. Cassius in Bonn, das Kapitel von St. Aposteln in Köln, die Fürstäbtissin von Essen, das Haus Wylich-Bernsau und die Burggrafen vom Drachenfels, die auch die niedere Gerichtsbarkeit ausübten. So erlangte Königswinter trotz einer Stadtmauer keine Stadtrechte. Neben Fischfang, Schiffahrt und Weinbau war seit dem hohen Mittelalter wie schon zu Römerzeiten die Arbeit in den Steinbrüchen, besonders des Drachenfels', eine wichtige Einnahmequelle.

Die ehemalige *Hofkapelle St. Remigius* gelangte in den Besitz des Stiftes Vilich und wurde um 1300 Pfarrkirche, deren Patronat weiterhin das Stift Vilich ausübte. Bis zum Ende des 18. Jahrhunderts stand noch ein romanischer Bau. Dann ermöglichte eine großzügige Stiftung des Statthalters Philipp Heinrich de Claer, dessen Grabstein mit seinem Wappen neben dem Hauptportal an ihn erinnert, einen Neubau. Die Pläne gehen auf den Gründer einer ganzen Architektendynastie, H. G. Leydel zurück. Die dreischiffige Halle, in Bruchsteinen 1779/80 hochgeführt und verputzt, schließt einen Turm im Osten an den eingezogenen Chor an. Hier steht auch das von der Junggesellenbruderschaft und Pfarrer Amendt 1659 gestiftete Kreuz mit seinem prächtigen Aufbau. Der im schmucklosen Klassizismus der Zeit Louis XVI. gehaltene Bau betont die Westfassade durch den leicht vorgezogenen Mittelrisalit mit seinem Segmentgiebel (Abb. 117). Die Ausstattung ist im wesentlichen neobarock, nur der Hochaltar, dessen verlorenes Altarbild eine Madonna des frühen 18. Jahrhunderts ersetzt, ist noch aus der Bauzeit, wie auch die Kirchenbank der Familie de Claer am Aufgang zur Kanzel. Teile der Kanzel und der Orgelprospekt sollen aus Kloster Heisterbach stammen.

Die evangelische Gemeinde erhielt erst 1869 mit der einschiffigen neugotischen *Christuskirche* in der Grabenstraße ein Gotteshaus.

Nach dem Brand der Stadt 1689, das gewohnte Ereignis im Verlaufe des Pfälzischen Erbfolgekrieges, sind zahlreiche Häuser und Höfe neu errichtet worden. Manches davon ist entlang der Hauptstraße zu sehen, wie der Fachwerkbau der Kölner Jesuiten oder in den Querstraßen zum Rhein oder an der Rheinfront wie der Hof der Abtei Heisterbach. Zur Rheinfassade des Ortes gehören auch reizvolle Bauten der Jahrhundertwende, der Zeit des großen Aufschwungs des Fremdenverkehrs. Am südlichen Ende der Rheinallee erinnert ein Denkmal an Wolfgang Müller von Königswinter, Sohn der Stadt, der sich im 19. Jahrhundert mit seiner Rheindichtung einen Namen gemacht hatte. Zwischen Kellerstraße und Klotzstraße erstreckt sich das Grundstück des *Siebengebirgsmuseums,* dessen Schätze in einem stolzen Barockhaus, das sich der Steinmetzmeister J. P. Meurer 1732 errichtete und standesgemäß mit Wolkenburger Andesit verkleidete, untergebracht sind. Hier ist gesammelt, was die Geschichte des Siebengebirges illustriert: Beispiele von der Geologie des Siebengebirges bis zu Steinmetzarbeiten aus seinen Gesteinen, Erinnerungen an die Schiffahrt, das Kloster Heisterbach oder den ebenfalls in Königswinter geborenen Nazarener Franz Ittenbach.

Folgen wir der Überlieferung des Märchens, hätte man die Reize des Siebengebirges der Hochwassernot der Honnefer zu verdanken. Sie riefen sieben Riesen zur Hilfe, die mit ihren Spaten das Hindernis für den Rhein beseitigten und nach getaner Arbeit ihre Spaten abklopften. Daraus entstanden die sieben Berge. Es sind zwar mehr, und vielleicht meint ›sieben‹ hier auch nur viele, aber zu den Sieben zählt man den Drachenfels mit 321 m, die Wolkenburg mit 324 m, die Löwenburg mit 455 m, den Lohrberg mit 435 m, den Großen Ölberg mit 460 m, den Nonnenstromberg mit 336 m und den Petersberg mit 331 m Höhe. Die etymologische Deutung der ›Sieben‹ greift auf ›Siefen‹, den regional gebräuchlichen Ausdruck für ein steiles, scharf eingeschnittenes Tal zurück, wie sie im Siebengebirge ja nicht selten sind.

Die heutige Gestalt des Siebengebirges hat ihre Ursprünge im mittleren Tertiär, vor gerade erst 20 Millionen Jahren. Mit explosionsartigen Ausbrüchen begannen hier am strapazierten Rande des schon fast abgetragenen Variskischen Gebirges Vulkane zu arbeiten. Sie durchbrachen die Deckschicht und lagerten ringsum hohe Schichten von Tuffen ab. Noch heute sind die Reste dieser Ablagerungen teils bis zu 200 Meter stark, ursprünglich dürften es mehrere hundert Meter mehr gewesen sein. Innerhalb und außerhalb dieser Tuffdecke drangen als Stau- und als Quellkuppen weitere Schmelzen empor, nicht mehr explosionsartig, sondern zu festen Körpern, Bergen, Schlotfüllungen erstarrend. Schritt für Schritt werden nach Erlöschen der Vulkantätigkeit die aufgelagerten Schichten auch wieder abgetragen. Die Deckschicht verschwindet, der harte Kern der erstarrten Schmelzen bleibt zurück. Im Siebengebirge erscheinen sie als Basalte, z. B. am Nonnenstromberg, Ölberg und Petersberg, als Latite am Breiberg, Stenzelberg und Wolkenburg, als Trachyte mit den großen Einsprengseln der Sanidinkristalle am Lohrberg und Drachenfels. Sie bilden die Erhebungen, während in den Tälern teils ältere Schichten bis ins Devon erhalten sind. Die entscheidende Gestaltung erfolgt erst in den letzten gut 400 000 Jahren – unsere Vorfahren von der Altsteinzeit bis heute waren Zeuge –, als sich das Schiefergebirge um etwa 200 Meter hebt und der Rhein sich einschneidet, erhalten auch Kuppen und Täler des Siebengebirges ihre neue Gestalt.

Der letzte Gestalter ist der Mensch mit gerade im Siebengebirge besonders durchgreifendem Zugriff. Seit römischen Zeiten wird das gut zu bearbeitende Steinmaterial abgebaut. Ein Diorama im Rheinischen Landesmuseum in Bonn rekonstruiert die römische Steingewinnung am Drachenfels, die im Mittelalter und bis ins 19. Jahrhundert fortgesetzt wird. So ist die Wolkenburg heute nur noch 324 Meter hoch, soll aber ihren Namen erhalten haben, weil sie als höchster Berg des Siebengebirges am häufigsten Wolkenberührung hatte. Schon der Kölner Erzbischof Friedrich I. ließ hier 1118 die namengebende *Wolkenburg* errichten. Auf dieser groß angelegten Burg, seiner südlichen Grenzfeste gegen die Grafen von Sayn, ist er auch 1131 gestorben. Noch einmal von Konrad von Hochstaden im frühen 13. Jahrhundert verstärkt, verlor sie im 15. Jahrhundert an Bedeutung. Der Drachenfels gewann größeres Gewicht, und wohl im Truchseß'schen Krieg Ende des 16. Jahrhunderts wurde sie zerstört. Schon im 18. Jahrhundert verschwanden die Reste der Ruine mit den vordringenden Steinbrüchen. Der Andesit der Wolkenburg aus der Gruppe der Latite war besonders für die feinen Bildhauerarbeiten des Barock begehrt, wie sie am Haus des Siebengebirgsmuseums, in Brühl, am Poppelsdorfer Schloß Clemensruhe oder am Bonner Rathaus zu finden sind. Erst als das Siebengebirge zum Naturschutzgebiet erklärt wurde, mußten die Steinbrüche stillgelegt werden. Auch auf dem mittelalterlichen Lewenberg, der *Löwenburg*, stehen nur noch die Grundmauern der Befestigungen, die die Grafen von Sayn gegen die Burgen der Kölner Erzbischöfe auf Wolkenburg und Drachenfels errichteten.

Auf dem *Petersberg* dominiert heute das große, 1914 vollendete Kurhotel, das, nachdem hier 1946 bis 1951 die Hochkommissare der Alliierten USA, Großbritannien und Frankreich residierten, denen Konrad Adenauer wenn nicht auf die Zehen, so doch auf den Teppich trat, nun zu einem Gästehaus für Staatsgäste ausgebaut werden soll. Reste eines Ringwalls der Spätlatènezeit erinnern an vorgeschichtliche Nutzung, die Peterskapelle der Jahre 1763/64 an die christliche Vergangenheit, die dem ehemaligen Stromberg seit dem 12. Jahrhundert den Namen Petersburg eintrug. Hier hatte sich zuerst im 12. Jahrhundert eine Gemeinschaft gebildet, die nach der Regel der Augustinerchorherren lebte. Nach ihrer Auflösung übernahmen Zisterziensermönche des Klosters Himmerod 1189 die Anlagen, zogen aber schon 1192 in die ihrer Ordensregel gemäßere Lage des Heisterbacher Tals. Bei Grabungen sind jetzt die Grundmauern der Kirche des 12. Jahrhunderts freigelegt worden. Erkennbar sind ein Chor mit fünf ausstrahlenden Kapellen und ein Schiff mit nachträglich angefügten Seitenschiffen. Petrus wurde auch nach der Verlegung des Klosters weiter hier verehrt. Wallfahrtswege führen auf den Berg. Hier baute der Heisterbacher Abt Kneusgen die Kapelle, in der nun die ältere barocke Ausstattung des 17. und 18. Jahrhunderts, die 1936 restauriert und ergänzt wurde, den schlichten Saalbau schmückt.

Im Heisterbacher Tal entstand, nachdem die Mönche die lebensnotwendigsten Bauten errichtet hatten, ab 1202 ein großzügiger Neubau, der zu einer faszinierenden Verbindung niederrheinischer Romanik und zisterziensischer Raum- und Formvorstellungen wurde. Nach der Säkularisation wurde die Klosterkirche 1809 auf Abbruch verkauft. Ihre Steine fanden teils für den nie vollendeten Rhein-Maas-Kanal Verwendung. Die letzten Reste von Schiff und Querhaus verschwanden um 1820, und nur die Apsis des Chores blieb erhalten. In der Waldeinsamkeit des Tales, das in seinen neuen Klostergebäuden nun Cellitinnen beherbergt, spürt man selbst in unseren Tagen noch einen Hauch der Ruinenromantik, der unsere Voreltern hinriß.

Das architektonische Juwel der Apsis der etwa 1237 vollendeten *Abteikirche* folgt dem zisterziensischen Typ des Umgangschors mit Kapellenkranz, wie er sich seit der Mitte des 12. Jahrhunderts entwickelt hat. Die gewohnte Zweischaligkeit der Apsis erfährt durch den Chorumgang eine einzigartige Verwandlung. Eine Mauer schrankt das Innere des Chores ab, außen fangen Doppelsäulen die zweite Mauerschale des Obergadens mit seinem

Laufgang vor den Fenstern auf – ein selten reizvolles Bild (Abb. 116). Die sieben Kapellen des Chorumgangs werden außen von einer glatten Wand umfangen. Über dem Pultdach öffnen sich zwerggalerieähnlich je drei Fenster in den Chorumgang, dessen Gewölbe ebenso wie die Muschel des Hochchores auf Rippen verzichten. Statt Strebebögen stützen einfache Strebemauern die Wand, am Ansatz der Apsis reich gestuft, wie es sich fast gleichzeitig am Westbau von St. Georg in Köln findet. Auch der Formenreichtum von Kapitellen und Basen, Fensterformen des untergegangenen Schiffes hat seine Entsprechung in rheinischen Bauten, eingebunden in die Klarheit zisterziensischen Raums.

Nach diesem architektonischen Höhepunkt bringt die Fahrt über Ober- und Niederdollendorf und durch Oberkassel in Richtung Beuel einen ganz anderen Gewinn. Die *Pfarrkirche St. Laurentius* in *Oberdollendorf* bringt ebenso wie die *Pfarrkirche St. Michael* in *Niederdollendorf* (Abb. 118) mit ihrem neugotischen Anbau und wie die *Pfarrkirche St. Cäcilia* in *Oberkassel* das Beispiel eines romanischen Chorturms. Dabei wird bei der ursprünglich meist einschiffigen Kirche der Turm über dem Chorjoch mit anschließender schlichter Apsis errichtet. Ähnliches aus der gleichen Zeit um 1200 und Anfang des 13. Jahrhunderts steht in der Nähe noch mit der *Andreaskapelle* in *Godesberg-Rüngsdorf*, mit der *Pfarrkirche St. Gallus* in *Beuel-Küdinghoven* oder der *Pfarrkirche St. Laurentius* in *Lessenich*. Das schönste Beispiel ist sicher die reizvolle und farbige Baugruppe in Niederdollendorf, die wie Oberdollendorf, Oberkassel und Küdinghoven aus Kapellen zu Pfarrkirchen des Stiftes zu Vilich wurden. Es wurden dabei, das zeigt ein Vergleich, zwar keine ›Fertighäuser‹ Gottes errichtet, aber man behielt doch nachdrücklich die gleiche Bauidee bei.

Der Drachenfels

Vor gut zwanzig Millionen Jahren quoll unter der Tuffdecke früherer Vulkanausbrüche trachytisches Magma hoch und erstarrte. Im Laufe der Jahrmillionen freigelegt, stieß vor rund vierhunderttausend Jahren der Rhein auf dieses Hemmnis in seiner Laufrichtung. Mit der Hebung des Rheinischen Schiefergebirges legte er auf 260 Meter Höhe den Trachytkern frei, bei einer Höhe über dem Meeresspiegel von 321 Metern. Durch Gesteinsuntersuchungen, die die Linien der Kristallagen verfolgen, welche der Rundung des Quellens folgen, konnte man feststellen, daß die Kuppe des Drachenfels' ursprünglich etwa 80 Meter höher gewesen sein muß, bevor Erzbischof Arnold I. von Köln Mitte des 12. Jahrhunderts seine Burg errichtete.

Zu dieser Zeit erscheint auch der Name ›mons draconis‹ erstmals in Urkunden, den die Sagen gerne aufgriffen und wohl sogar aufgebracht haben. Die geläufigste ist die Historie von der christlichen Jungfrau, die die Heiden hier dem Drachen opfern wollten, der das Drachenloch auf der Südseite des Drachenfelsens bewohnte. Als das Ungeheuer nahte, um sein rechtmäßiges Mahl zu genießen, wies die Jungfrau ihm das kleine Kreuz, das sie am Halse trug. Unter fürchterlichem Gebrüll stürzte sich der Drache daraufhin in den nächsten

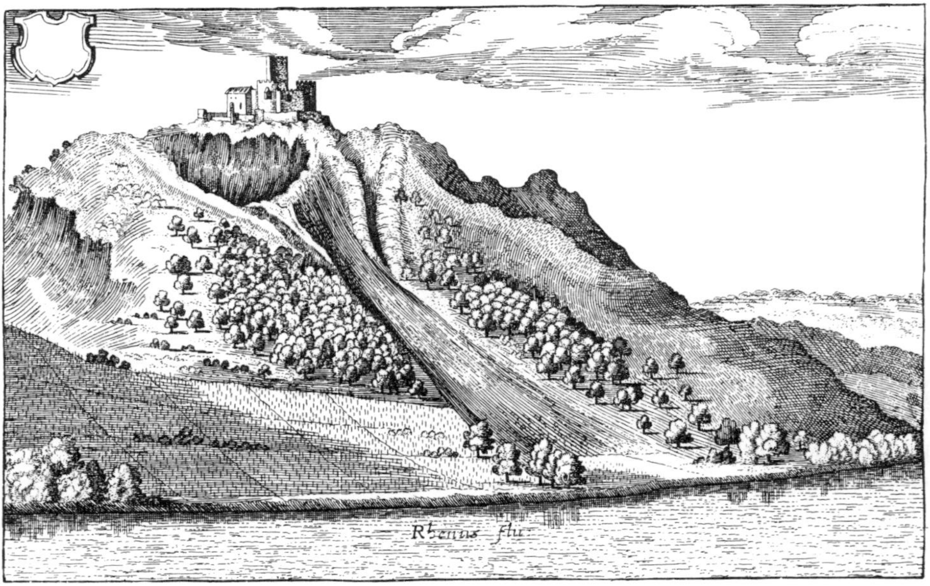

Drachenfels. Kupferstich von Matthäus Merian, 1646

Abgrund und ward nicht mehr gesehen. Die so eindrucksvoll belehrten Heiden wurden daraufhin Christen.

Dieser Drache verführte auch dazu, Siegfrieds folgenschwere Tat hierher zu verlegen. Am Aufstieg zum Drachenfels legen davon die *Drachenhöhle* und der benachbarte *Reptilienzoo* kinderfreundlich Zeugnis ab. Aber glorios wird die Wagner-Erinnerung erst mit der *Nibelungenhalle* aus dem Anfang unseres Jahrhunderts. Die opernhafte Jugendstilarchitektur der Kuppelhalle ist mit Gemälden von Hermann Hendrichs erfüllt, der in brennenden Farben Szenen aus Wagners Opern zur Vision werden läßt.

Nach jüngerem, neuzeitlichem Sagenbericht soll der Drache erst der Erfindung des Pulvers zum Opfer gefallen sein. Lange schon hatte er nicht nur die Passanten am Ufer, sondern auch die Schiffe mit seinem feurigen Hauch belästigt. Bis eines Tages ein mit Pulver beladenes Schiff unter seinem Flammenwerfen explodierte und ihn mit in den Tod riß – ein Opfer der modernen Technik.

Fast wäre auch der Drachenfels selbst ein Opfer der fortgeschrittenen Technik geworden. Seit dem Anfang des 11. Jahrhunderts sind die Steinbrüche am Drachenfels wieder im Betrieb. Die Säulen der Krypta von St. Maria im Kapitol in Köln gehören zu ihren frühesten Erzeugnissen. Seit der Grundsteinlegung für den gotischen Kölner Dom werden noch größere Ansprüche gestellt, und der Abbau wird intensiviert. Auch als der Dombau 1560 vorläufig eingestellt wird, geht der Abbau weiter, und sei es auch nur, um aus dem Gestein Kugeln für Wurf- und Pulvergeschütze zu fertigen.

Die Burg war noch unvollendet 1149 vom Erzbischof an Propst Gerhard von Are und das Stift St. Cassius in Bonn übertragen worden. Er vollendete den Bau mit Drachenfelstrachyt, wie dieser auch zu seiner Zeit beim Bau des Bonner Münsters verwendet wurde. Die Burg wurde Godart von Drachenvels zur Verwaltung gegeben, dessen Nachkommen sie als Lehen zu ihrem Stammsitz erhoben. Seit der Erwerbung der Wasserburg Gudenau auf der linken Rheinseite im Jahre 1402 rundet sich der Besitz der Drachenfelser Herren so ab, daß man bis heute dort vom ›Drachenfelser Ländchen‹ spricht. Die Burg auf dem Drachenfels fiel dem Dreißigjährigen Krieg zum Opfer. 1632 besetzen die Schweden die Feste und werden bald darauf von den Spaniern vertrieben. Kurfürst und Erzbischof von Köln Ferdinand von Bayern scheint dann selbst die Unbrauchbarmachung der Anlage befohlen zu haben.

Die dem Rhein zugewandten westlichen Erweiterungsbauten des 15. Jahrhunderts fallen Schritt für Schritt den Steinbrucharbeiten zum Opfer. Auf der Ostseite des Berges sind die Zwingermauern fast in ganzer Länge mit einem kleinen runden Turm neben dem Eingangstor erhalten geblieben. Davor liegen noch die Reste der Vormauern mit den Spuren eines rechteckigen Halbturmes. Das Prunkstück der Ruine, weithin sichtbares Zeichen des Drachenfelsens (Farbt. 24, Abb. 115), ist die Ruine des staufischen Bergfriedes mit seinen sauber gearbeiteten Bossenquadern der Mitte des 12. Jahrhunderts. Dreigeschossig errichtet, liegt der Eingang wie gewohnt erst im zweiten Geschoß. Ein sicherer Zufluchtsort, mit seinem Fundament in den Fels eingetieft.

Auch diese Reste auf dem Gipfel des Drachenfelsens, dessen Ausblick man zu schätzen begann, waren zu Beginn des 19. Jahrhunderts bedroht. Die Steinbrüche wurden neu eröffnet, und weitere Teile der Ruine fielen. Aber schon 1807 werden die Steinbrucharbeiten untersagt, um die Anwohner nicht zu gefährden. Später werden die Arbeiten wieder aufgenommen, und da sich besonders der Kronprinz und zukünftige König Friedrich Wilhelm IV. für die Erhaltung einsetzt, kommt es 1831 zur Enteignung und Verstaatlichung. 1836 wird dann nach langem Streit ein Kaufpreis von 10000 Talern gezahlt. Der Bergkegel ist gerettet.

Bereits 1834 wurde erstmals ein Gasthaus unterhalb des Turmes eröffnet, 1883 die älteste Zahnradbahn Deutschlands von Königswinter aus hochgeführt. Trotz der Rettung vor den Steinbrüchen erwies sich der Bergkegel als gefährdet. Risse zeigten sich, Verwitterung setzte ihm zu, Frost und tiefgreifende Baumwurzeln drohten Felsstürze auszulösen. 1971–73 wurde nach jahrelangen Untersuchungen der Bergkegel gürtelartig mit Betonbändern gefaßt (Abb. 114). In den Betongürteln sitzen Stahlanker, teils einbetoniert, teils ganz durch den Felsen gezogen und auf beiden Seiten verspannt, die nun den Felsen vor weiterem Zerfall schützen. In den Jahren danach entstand dann auch das neue Restaurant. Das Denkmal für den Landsturm der Befreiungskriege 1813–15 gegen Napoleon, 1857 nach dem Vorbild des Godesberger Hochkreuzes von Ernst Friedrich Zwirner neugotisch ersetzt, wird nach seinen Beschädigungen seit der letzten Erneuerung 1876 wieder gesichert. Der Drachenfels ist seinen Millionen von Besuchern wieder gewachsen.

Die Drachenburg

Auf halbem Wege zum Drachenfels, zu Fuß, per Esel oder über eine Zwischenstation der Zahnradbahn zu erreichen, liegt die Drachenburg (Abb. 115, links). Nachdem sie lange Jahre nicht zugänglich war, hat sie der neue Besitzer gegen großzügiges Eintrittsgeld wieder eröffnet. Schon der Schloßführer allein ist das Geld wert, wieviel mehr die Drachenburg selbst und ihre Restaurierung, die dem Besucher einen bei heißem Wetter angenehmen kalten Schauer über den Rücken laufen läßt. Aber nur dieser Privatinitiative ist es zu verdanken, daß die Drachenburg erhalten blieb.

Dieses Prunkstück historisierenden Bauens wurde von einem echten Baron in Auftrag gegeben. Stephan Sarter (1833–1902) stammte aus einer kinderreichen Bonner Gastwirtsfamilie und schlug mit internationalem Erfolg die Bankiers- und Börsenmaklerlaufbahn ein. Die Freundschaft mit Ferdinand von Lesseps und die Vollendung des Suez-Kanals brachten ihm Ruhm und Vermögen. Herzog Georg von Sachsen-Meiningen erhob Sarter in den Freiherrenstand. 1882 wurde der Grundstein für die Drachenburg gelegt, 1884 war sie vollendet. Aber inzwischen traten bei Sarter finanzielle Schwierigkeiten auf, Streitigkeiten und persönliche Enttäuschungen führen zur Abwendung von Deutschland, und 1902 stirbt Baron Stephan von Sarter, ohne jemals die Drachenburg bewohnt zu haben.

Die Drachenburg war also als Sitz eines echten kapitalistischen Glücks- und Raubritters gedacht. Hier konnte er seiner Heimat zeigen, was aus ihm geworden war, ein Mann des Adels, der Liebe zu Kunst und Kultur. Allgemein nahm man den Bau mit Bewunderung und Begeisterung auf, und mit Erfolg konnte die Drachenburg 1903 vom Neffen Sarters zur Besichtigung freigegeben werden.

Sarter hatte die Architekten Bernhard Tüshaus und Leo von Abbema mit den ersten Entwürfen beauftragt, dann aber in Paris den in Köln ausgebildeten Wilhelm Hoffmann hinzugezogen. Er hat die Pläne zumindest gründlich überarbeitet. Der asymmetrische Aufbau der Silhouette und die kräftige plastische Durchgestaltung der Baumassen sind auf Fernwirkung angelegt. Die Dekoration des aus Ziegelsteinen errichteten Baues mit seiner Natursteinverkleidung greift voll in alle Glanzzeiten deutscher Vergangenheit hinein: vom staufischen Bossenquader über die frühe Gotik bis zu den Ecktürmchen des Nordturmes aus dem spätmittelalterlichen Köln.

Innen überrascht zuerst ein großzügiges Treppenhaus, ausgestattet mit Szenen aus der Geschichte des Rheinlandes. Die Südfassade des Baues schmücken drei Kaiserskulpturen. Der Empfangssaal war zu Sarters Zeit reich mit Gemälden ausgestattet. In den folgenden Räumen gehören die aufgeleimten Gemälde zur Raumdekoration. Ein Speisesaal zeigt Jagdszenen am Rhein, im Nibelungenzimmer dräut düster das Schicksal der Nibelungen, dessen Darstellung einst auch die Fenster füllte. Von dort führt ein schmaler Durchgang zur Kunsthalle, die den größten Teil der Rheinfront einnimmt. Ihre einst krönende Mittelkuppel fehlt. Die Glasfenster, die die Größe der deutschen Kunst walhallartig feierten, sind längst verschwunden. Unpassende Einbauten einer Flachdecke und einer gußeisernen Treppe haben den Raum zerstört, der, mit Spitztonne gewölbt, die auf den gußeisernen

Säulen ruhte, den Ruhm des Baus bestimmte, der nicht für die Ausstellung von Kunst gedacht war, sondern die deutsche Kunst feierte.

Am Nordende öffnet sich der Zugang zum Kneipzimmer, das dionysische Freizügigkeit illustriert und die antike Bildung des Hausherrn im rechten Licht erscheinen lassen soll. Die Wandmalereien sind alle restauriert, teils flächendeckend übermalt, teils entstanden sogar Neuschöpfungen wie an der Decke der Kunsthalle. Überwältigender Kitsch, wie sich auch die gesamte Ausstattung nur als Sammelsurium präsentiert, die auch einen ›ächten‹ Michelangelo aufweisen kann. Das erhöht die Freude einer Besichtigung und mindert nicht die Dankbarkeit für die Erhaltung der Architektur.

Vilich und Schwarzrheindorf

Über *Ramersdorf,* wo die *Deutschordenskommende* mit dem Schloßbau des Architekten Wilhelm Hoffmann von 1885, der auch die Drachenburg entwarf, eine romantisch historisierende Nachfolge gefunden hat, führt der Weg nach Vilich und Schwarzrheindorf. Aber das leichte Erschrecken, das den Reisenden erfaßt, wenn er sieht, wie die Deutschordenskommende vom Autobahnkreuz wie von einer Riesenschlange erdrückt wird, wird die Verantwortlichen nicht in ihrer Ruhe stören. Diese Art von Vergangenheitsbewältigung ist beispiellos.

Vilich ist wie Ramersdorf und Schwarzrheindorf durch die Eingemeindung von Beuel heute ein Stadtteil Bonns. Vor gut einem Jahrtausend gründeten hier die Adligen Megingoz und seine Frau Gerberga eine geistliche Frauengemeinschaft. Die Gründung wurde in den nahen Orten am Rhein reich ausgestattet; der Sohn, dem die Güter hätten zufallen sollen, war zuvor in einem Kriegszug gefallen. Die Leitung der Stiftung übernahm die Tochter Adelheid, die bis dahin im Stift St. Ursula in Köln gelebt hatte. So wurde auch die neue Gründung zuerst Stift. Den Mitgliedern der Gemeinschaft waren die Rückkehr ins weltliche Leben und Heirat möglich. Auch Verpflegung, Kleidung und Freizügigkeit in Form von Besuchen im Elternhaus waren angenehmer als sonst üblich, ebenso war eigener Besitz erlaubt. Aber nach wenigen Jahren wuchs der Eifer, und man übernahm die Regel des Heiligen Benedikt. Allerdings nicht für alle Zeiten, denn 1488 wird die Gemeinschaft vom Papst wieder als Stift anerkannt, was sie de facto wohl schon seit langem wieder war. Adelheid ist schon bald nach ihrem Tode als Heilige verehrt worden. Man wallfahrtete zu ihren Gebeinen in der Stiftskirche *St. Peter* in Vilich, außerdem wurde der wunderkräftige Brunnen im nahegelegenen *Pützchen* (von puteus = Brunnen) ein beliebter Anziehungspunkt. Hier hatte sich nach dem Bericht der Legende in bedrohlicher Dürre bei tiefem Gebet ein Quell unter der Spitze ihres Äbtissinnenstabes geöffnet. Besonders für Augenleiden war er bei den Wallfahrern beliebt.

Durch Grabungen hat man hier nach dem letzten Krieg die faszinierende Baugeschichte von der ersten kleinen fränkischen Kapelle bis zum heutigen Bau rekonstruieren können.

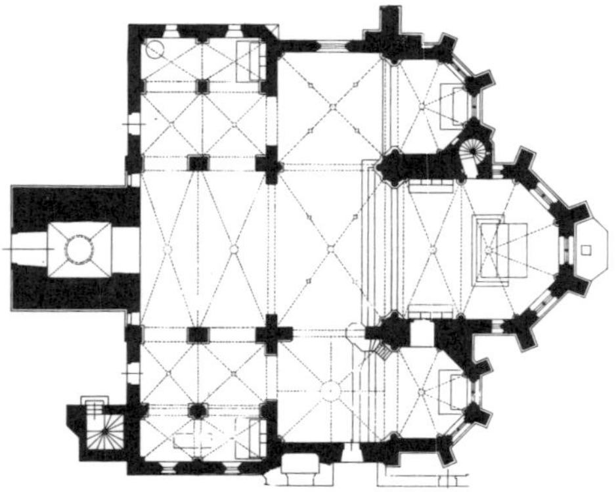

Vilich, Klosterkirche, Grundriß

Der heutige kurze und gedrungene Bau ist das Ergebnis einer Enttäuschung: 1640 öffnete man den Sarkophag der Heiligen, der heute noch im Adelheidis-Chörchen auf der Südseite des Schiffes steht, und stellte fest, daß er leer war. Einige Teile der Gebeine werden zwar in kostbaren Reliquiaren bis heute verwahrt, aber der Pilgerstrom verlagerte sich nun ganz nach Pützchen. Und der ›Pützchens Markt‹, eine der größten Jahrmarktsveranstaltungen des Rheinlandes, läßt heute noch Begeisterte von weither anreisen.

In Vilich hatte man die erste Stiftskirche vom Ende des 10. Jahrhunderts, die noch den Heiligen Cornelius und Cyprian geweiht war, schon zu Beginn des 11. Jahrhunderts, als die Verehrung der Heiligen Adelheid größere Räume verlangte, durch einen Neubau ersetzt. Dabei wechselte man die Patrone. Nun war Petrus Kirchenpatron, er ist es bis heute geblieben. Auch sonst scheint man von Wechseln gelebt zu haben. Die erwähnte und weitere Bautätigkeiten führten wohl zu so großen Schulden, daß die Pfründenzahl im Jahre 1216 auf dreißig und um 1300 noch einmal auf fünfzehn beschränkt wurde. Die letzte Einschränkung der Zahl der adligen Damen, die hier noch standesgemäß versorgt werden konnten, ist wohl auf den Neubau des gotischen Ostteiles zurückzuführen. Der Bau des Kölner Domes machte Mode. Auch in Siegburg hatte man an der Pfarrkirche St. Servatius mit einem neuen Chor begonnen, und das Projekt in Vilich scheint vom selben Architekten entworfen zu sein. Er war mit dem Bau des Kölner Domes wohlvertraut, und sicher haben auch seine Werkleute zum Teil dort gelernt und gearbeitet. Die Datierungen des eleganten, heute in rosa Fassung leuchtenden Baus schwanken zwischen ca. 1270 und 1300. Die gesamte Breite des Querhauses wird durch drei Apsiden aufgenommen und nach Osten geöffnet. Ganz modern hat man über der Sockelzone nur ein Geschoß hoher schlanker Fenster eingerichtet. Außen beeindruckt der straffe Zug der Strebepfeiler, die ungestuft das Dachgesims durchbrechen und kleine Giebel bilden. Eine neue Schlichtheit, reduzierte Gotik im Vergleich zum Formenprunk des Domes, macht sich auch im Maßwerk bemerkbar.

Einst muß der Kontrast zum romanischen Schiff zum Staunen gereizt haben. Seine ursprüngliche Länge ist weit westlich des heutigen Westturms noch erkennbar. Die westlich vor der Kirche angrenzende Gartenmauer zeigt noch die vermauerten Fenster der einstigen

Westkrypta. Gerade hatte man die Zerstörungen des Truchseßschen Krieges von 1583 beseitigt, folgte die nächste 1632 im Dreißigjährigen Krieg. Die Entdeckung des leeren Sarkophages der Heiligen im Jahre 1640 scheint dann den letzten Ausschlag für einen reduzierten Wiederaufbau gegeben zu haben. Nur zwei Joche des Schiffes wurden repariert. Neben ihnen schließt sich auf der Südseite seit dem frühen 13. Jahrhundert das Adelheidis-Chörchen an. Um 1700 beschloß man die Wiederaufbaumaßnahmen mit dem hohen Westturm, der in seinen romanisierenden Formen an die Türme der Jesuitenkirchen in Bonn und Köln erinnert. Von der einst reichen barocken Ausstattung sind ebenso wie von der umfangreichen neugotischen Ausstattung und Ausmalung nur noch bescheidene Reste vorhanden. Älter sind das Becken des frühgotischen Taufsteines aus der untergegangenen Pfarrkirche St. Paulus, ein schöner romanischer Grabstein mit der Darstellung des Lebensbaumes, der in einem Vierpaß mit einem Kreuz darin endet, und die ›Schöne Madonna‹ des späten 14. Jahrhunderts. Im Adelheidis-Chörchen steht noch immer der Sarkophag der Heiligen aus dem 11. Jahrhundert, geschmückt mit ihrer barocken Liegefigur.

An Vilich vorüber, entlang der Sieg, führte ein früher mittelalterlicher Handelsweg zur Fähre über den Rhein, bei **Schwarzrheindorf,** die erst im hohen Mittelalter stromaufwärts in Richtung Bonn verlegt wurde. Den einst königlichen Hof an dieser Stelle, ein wichtiger Verkehrskontrollpunkt, hatten seit dem späten 11. Jahrhundert die Grafen von Wied in ihren Besitz gebracht. Die burgähnliche Anlage hat Graf Arnold von Wied noch zu seiner Zeit als Kölner Dompropst und Kanzler König Konrads III. um eine *Doppelkapelle St. Klemens* (Abb. 128) erweitert. Schon Otto von Freising, der große Chronist seiner Zeit, rühmt sie als aufwendig. Er hat zusammen mit dem König und den Geistlichen seiner Hofkapelle und seinem Gefolge am 24. April 1151 an der Weihe des kühnen Bauwerks teilgenommen. In diesem Augenblick war Arnold schon zum Erzbischof von Köln gewählt, und auch wenn er sich, wie es sich zu seiner Zeit ziemte, dagegen sträubte (auch die zerrütteten Finanzen des Erzbistums legten dies nahe), ist er bis zu seinem Tode 1156 ein treuer Freund von Papst und Kaiser Friedrich Barbarossa, der 1152 die Nachfolge Konrads angetreten hatte, gewesen.

Schwarzrheindorf, St. Klemens, Grundrisse der Unter- und Oberkirche

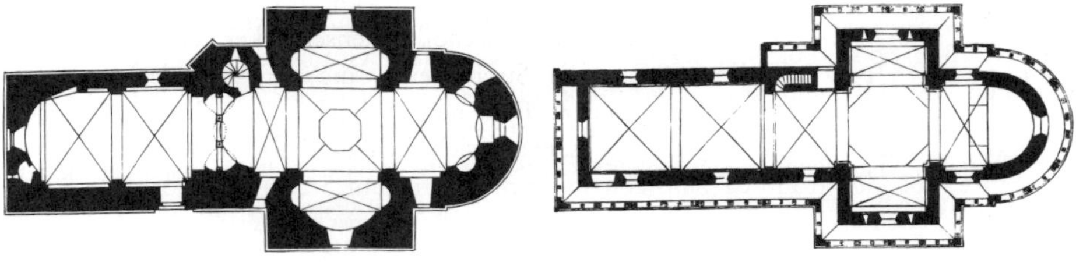

In seiner Kapelle fand er sein Grab, und seine Schwester Hadwig, Äbtissin in Essen, die das Familiengut übernahm, gründete hier nun ein Benediktinerinnenkloster mit ihren Schwestern Sophia und Siburgis als Leiterinnen. Ähnlich wie Vilich verwandelte sich diese Gründung aber auch hier später in ein Stift, dessen freiere Lebensformen den adeligen Fräuleins angenehmer waren. Um für die Damen genügend Raum zu haben, wurde um 1170 der westliche Arm des Zentralbaus verlängert. Noch heute spürt man die Grenze der Dreierarkade, die auch die Schranke zu den Fresken des älteren Bauteils darstellt.

Eine Doppelkapelle nach dem Vorbild der Pfalzkapellen der deutschen Könige, die mit ihrer achteckigen Öffnung, die beide Etagen verbindet, auch noch auf den Ursprung mit der Pfalzkapelle Karls des Großen in Aachen zurückgreift, ist eine stolze Leistung. Dazu werden hier früh in der Entwicklung der romanischen Baukunst am Niederrhein die wesentlichen Elemente von der um den Bau geführten Zwerggalerie über die Gliederung der Wände bis zu den Konchen des Untergeschosses zusammengefaßt und durch die Fresken und die variationsreiche Skulptierung der Kapitelle zu einem Juwel früher romanischer Kunst zusammengefaßt. Den Stolz der Familie zeigt auch die umfangreiche Gründungsinschrift, die hinter dem Altar im Untergeschoß eingelassen ist.

Hierher, auf den Hauptaltar in der Ostkonche des Untergeschosses, richtete sich der Blick von einer erhöhten Tribüne, die im Westteil des Obergeschosses vor der Erweiterung vorzustellen ist. Eine vermauerte Tür an der Nordseite des oberen Westarms ist ein deutlich erkennbarer Hinweis. In der Mitte des Untergeschosses hatte bis 1673, als man hier eine Äbtissinnengruft einrichtete, das Grab des Gründers seinen zentralen Platz, den der im 18. Jahrhundert gotisch steil erneuerte Turmhelm noch heute betont. Nach der Säkularisation des Klosters 1803 sind die Klostergebäude abgebrochen worden. Die Kirche blieb als Stall und Scheune erhalten. Erst 1832 wurde das Obergeschoß wieder für den Gottesdienst genutzt und 1865 auch das untere. Seit 1868 ist St. Klemens katholische Pfarrkirche.

Schon 1846 hatte man die Fresken der Unterkirche entdeckt, 1854 hat man sie dann ganz freigelegt, und der Maler Christian Hohe hat mit den besten Absichten seiner Zeit versucht zu restaurieren und zu ergänzen. Nur die Vorzeichnung ist als echtes Fresko mit dem Putz verbunden. Die farbige Gestaltung in Blau, Grün, Rot und Gelb, die wohl zur Weihe 1151 schon vollendet war, ist zu einem großen Teil wie auch die letzte Detaillierung der Malerei durch das Ablösen des barocken Anstrichs verlorengegangen.

In die Verbannung geführt, zeigte der Prophet Ezechiel dem Volk Israel in seinen Visionen und Berichten im babylonischen Exil zugleich die selbstverschuldeten Ursachen seines Schicksals und die Hoffnung eines Neuen Jerusalem. Bilder und Hoffnungen, die Ezechiel gestaltet hat, sind besonders in der Apokalypse lebendig geblieben und aufgenommen worden. So sind die vier Wesen, die die Erscheinung Gottes begleiten (Ez. 1, 10), die gleichen wie bei Johannes in der Apokalypse (4, 7), die wir meist nur als die Symbole der vier Evangelisten kennen. Zugleich findet die mittelalterliche Theologie in diesen Wesen die wesentlichen Geschehnisse des Lebens Christi wiedergegeben. Die Menschwerdung im menschengesichtigen Wesen, das Opfer im Stier, die Auferstehung im Löwen und die Himmelfahrt im Adler. In ähnlichen komplexen Bezügen, die gar nicht alle zu entschlüsseln sind, da die erklärenden Beischriften meist vergangen sind, ist auch das Programm der Wandmalereien aufgebaut, für das der Dompropst und zukünftige Erzbischof sicher die Entscheidungen getroffen hat. Er mußte damit ja vor der hochgebildeten Geistlichkeit des Hofes bestehen können.

Im Zentrum, rings um die achtseitige Öffnung, die Ober- und Untergeschoß der Kirche miteinander verbindet, steht Ezechiels Vision des Neuen Jerusalem, des Neuen Tempels, die Hoffnung, die ähnlich auch Johannes in der Apokalypse vor uns ausbreitet und die auch der Bau selbst sichtbar machen will. Auf der Südseite der vier getrennten Gewölbeflächen tritt der Baumeister auf, der dem Propheten den Tempel zeigt (Farbt. 27), der auf der Westseite vermessen wird. Auf der Nordseite wird der Altar entsühnt. Hier lassen sich weitere Bezüge greifen. Das Kreuzgratgewölbe der Nordkonche zeigt den Vollzug des Strafgerichtes über die Bevölkerung von Jerusalem (Ez. 9, 1 ff.). Strafe, Entsühnung werden vom Neuen Testament mit dem Opfer Jesu am Kreuze, das auf der Nordapsis erscheint, aufgegriffen.

Auch nach Osten läßt sich ein ähnliches Schema durchziehen. Hier erscheint auf der Ostseite des Zentrums die Herrlichkeit des Gottes Israels, um im Tempel seinen Thron zu besteigen (Ez. 43, 1 ff.). Dem entspricht die Rückkunft Christi, begleitet von den vier Wesen in der Apsis der Ostkonche, die Christian Hohe fast völlig neu gestaltet hat. Das Kreuzgratgewölbe davor schildert (zwei der Bilder fehlen) die Berufungsvision Ezechiels und die Belagerung Jerusalems. Bilder, die sich wieder in das Geschehen am Altar, auf den Priester und seinen Dienst beziehen lassen.

Auf der West- und Südseite wird ebenso je eine Szenengruppe aus Ezechiel mit dem Neuen Testament konfrontiert. Auf der Südseite erscheint im Gewölbe Ezechiels Verkündigung des Strafgerichtes über Jerusalem, die götzendienende Stadt. Mit einem Schwert schert er sich das Haar, wiegt es, verbrennt einen Teil, zerstückelt einen anderen mit dem Schwert

Schwarzrheindorf, St. Klemens, Wandmalerei in der Unterkirche: Die Verklärung Christi

und streut einen weiteren Teil in den Wind. So wird es Jerusalem ergehen. Dem ist in der Apsis der Konche die Verklärung Christi auf dem Berg Tabor zugeordnet.

Auf der Westseite schaut im Kreuzgratgewölbe Ezechiel in einer Vision, die ihn inmitten der Ältesten trifft, Jerusalem mit seinem Götzen- und Tierkult. Dem entspricht in der durch die Erweiterung gestörten Konche die Vertreibung der Händler aus dem Tempel und der Kampf der Tugenden mit dem Laster. Dazu tritt ein Rundbild eines Engels. Andere Teile der Ausmalung bleiben heute undeutbar. Der östliche Gurtbogen ist nicht wie die anderen mit kräftigen Ornamenten geschmückt, sondern trägt fünf Medaillons mit Brustbildern. Die Nischen der Nord- und Südkonche zeigen vier thronende Könige. Manches andere in den Gewänden der Fenster ist ganz untergegangen.

Auch im Obergeschoß hat man, wohl bei der Umgestaltung für die Benediktinerinnen, den Ostarm um 1170 ausgemalt. Die Malereien sind 1868 aufgedeckt und 1875 erstmals restauriert worden. In der Apsis erscheint wieder Christus in der Mandorla als Richter des Jüngsten Gerichtes, begleitet von den vier Wesen, den Symbolen der vier Evangelisten. Zu seinen Füßen liegen die Stifter, der Erzbischof und seine Schwester, die Äbtissin. Daneben stehen links Johannes der Täufer und Stephanus und rechts Petrus und Laurentius. Darunter treten weitere zehn Heilige auf, meist durch Beschriftung benannt: Kosmas und Damian, Eustachius, Gereon (?), Quirin (?), Mauritius, Cassius, Florentius, Mallusius und Hippolytus. Im Gewölbe des Chores steht das apokalyptische Lamm inmitten der Chöre der Seligen. An der südlichen Seitenwand wird die Darstellung Christi im Tempel geschildert, allerdings mit einem Knaben statt eines vierzig Tage alten Kindes, wohl in Erinnerung an die benediktinische Regel, die erlaubte, Kinder bereits mit zehn Jahren ins Kloster zu geben. Das mag mancher der Nonnen widerfahren sein. Gegenüber ist Johannes auf Patmos (?) zu sehen, begleitet vom ›Portarius‹, dem Klosterpförtner, wie die Beischrift deutet. Er ist wohl als Beispiel für die Fruchtbarkeit des Lebens in der klösterlichen Abgeschiedenheit gedacht und interpretiert. Ein Leben, das dann auch die Teilnahme an den Chören der Seligen darüber verheißt, das dem Jüngsten Gericht folgt.

Die leuchtende farbige Fassung des Äußeren ist erst vor wenigen Jahren erneuert worden. Die Fenster Anton Wendlings sind in ihrer Strenge und Zurückhaltung eine Bereicherung des Raums. Die anmutige Muttergottes des Obergeschosses aus dem Einflußbereich des Kölner Bildhauers Jeremias Geisselbrunn war ursprünglich Teil einer im Chor der Bonner Minoritenkirche aufgehängten Doppelmadonna, einer Stiftung des kurkölnischen Kammerrats Arnold Heuft zu Beginn des 17. Jahrhunderts.

Auf dem Weg nach Köln

Ähnlich wie auf der anderen Rheinseite auch ist der Rest der Strecke nach Köln im wesentlichen eine ausgedehnte Zweifamilienhaussiedlung. Die alten Dorfkerne mit Kirchtürmen und viele kleinen Kapellen sind von Neubauten überwuchert und so Schlafstädte in einheitlichem Rauhputz mit Ortskernparkplätzen geworden. Aber abseits der Durchgangsstraße entschädigt mancher hübsche Blick auf die schon niederrheinische Weite des Stroms und der Ebene und manche reizvolle Entdeckung für den Verzicht auf die Autobahn.

Diese Entscheidung muß kurz hinter Schwarzrheindorf fallen. Vor der Mündung der Sieg, die der Rhein in weitem Bogen mit sich gezogen hat, führt der Weg entweder auf die Autobahn oder über die Sieg auf der Landstraße in Richtung Köln. Auf diesem Weg läßt sich neben anderem eine kleine Studienfahrt durch den Kirchenbau des 19. Jahrhunderts durchführen. Sie beginnt direkt jenseits der Sieg in **Bergheim,** einem Stadtteil Troisdorfs, mit der katholischen *Pfarrkirche St. Lambertus.* Hier steht in der Bergstraße die zentralbauartig konzipierte Kirche des Bonner Architekten August Dieckhoff, deren Längsachse durch den angesetzten Chor und den vorgebauten Westturm betont wird. 1869–74 errichtet, ist St. Lambertus ein spätes Beispiel einer noch klassizistisch beeinflußten eigenwilligen Gestaltung von Neugotik. Besonders reizvoll sind die Giebelzitate, die an ostdeutsche Backsteingotik erinnern. Die Wirkung des Innenraumes ist dadurch gestört, daß man noch 1945 nach den Kriegsschäden die drei Ostfenster vermauern ließ. Aber die betonte Schlichtheit der Gestaltung kommt auch heute noch zur Wirkung.

Die katholische *Pfarrkirche St. Dionysius* mitten im benachbarten **Niederkassel-Rheidt** zeigt bei genauem Hinsehen noch den Kernbau der Jahre 1833–35, eine klassizistische, im Rundbogenstil errichtete dreischiffige Halle mit einem erst 1856 erbauten romanisierenden Westturm. In **Niederkassel** selbst liegt die katholische *Pfarrkirche St. Matthäus* direkt am Rheinufer. Hier ist der romanische Westturm (Mitte 12. Jh.) beim 1894 geweihten neuromanischen Neubau des Architekten Franz Langenberg aus Bonn erhalten worden.

Wenn man dann das ausgedehnte Industriegelände am Rheinufer umgeht, stößt man in **Lülsdorf** auf die katholische *Pfarrkirche St. Jakobus.* Sie ist ein gutes Beispiel für den Endzustand der Neugotik. Erst nach langen Querelen, die sich seit 1850 hinzogen, konnte der Kölner Architekt Heinricht Wiethase 1874 planen, und 1878–80 wurde nach seinen Plänen der dreischiffige Bau mit hohem Westturm und geräumigem Chor errichtet. Direkt am Rheinufer, am Industriegelände liegt die *Burg Lülsdorf.* Mit Palas und Rundturm Mitte des 13. Jahrhunderts erbaut, 1702 zerstört, ist sie erst 1949 wiedererstanden.

Mit **Langel** erreicht man dann bereits das weit ausgedehnte Stadtgebiet Kölns. Direkt an der Lülsdorfer Straße liegt die katholische *Pfarrkirche St. Clemens.* Die neugotische Hallenkirche wurde nach den Plänen des Kölner Architekten Heinrich Nagelschmidt 1890–91 errichtet. Der Backsteinbau mit seinem Westturm bietet mit der wohlrestaurierten ornamentalen Ausmalung und der weitgehend erhaltenen Ausstattung ein selten gut erhaltenes Ensemble später, allerdings doktrinärer und phantasiearmer Neugotik. Zum vollen Klang fehlen allerdings die farbigen Fenster.

Die Straße führt weiter nach **Zündorf.** Hier hat sich rings um den Zündorfer *Turmhof* an der Oberen und Unteren Groov, den Resten eines alten Rheinarmes, ein Erholungsgelände gebildet, das man zu einem ersten Blick in Richtung Köln nutzen kann. Den Wehrturm, der als kleines Heimatmuseum Zweigstelle des Kölnischen Stadtmuseums ist, wurde im 13. Jahrhundert von den Rittern von Zündorf erbaut. Sie werden schon seit dem 12. Jahrhundert als Ministerialen des Kölner Erzbischofs erwähnt. Erst Ende des 18. Jahrhunderts, 1771 ist das Wappen datiert, errichteten die Freiherren von Metternich das ehemalige Wohnhaus, den Rest der einst geschlossenen Hofanlage.

Zu den ehemaligen *Pfarrkirchen St. Michael* und *St. Martin* von **Nieder-** und **Oberzündorf** hat man nach der Zusammenlegung der Pfarreien 1895–97 nach den Plänen von Franz Langenberg die katholische *Pfarrkirche St. Mariae Geburt* als neugotische Hallenkirche erstellt. Die ehemaligen Pfarrkirchen mit Bauteilen des 11. und 12. Jh. blieben erhalten. St. Michael zeigt neben dem Südportal sogar ein merowingisches Rankenrelief (7. Jh.).

Den chronologischen Abschluß der Studienreise durch den Kirchenbau des 19. Jahrhunderts bilden die evangelische Lukaskirche und danach die katholische Pfarrkirche St. Joseph entlang der Hauptstraße in **Porz.** Die evangelische *Lukaskirche* ist 1914 nach den Plänen von Max Benirschke als Saalbau mit einem Turm als Fassade errichtet worden, der den berühmten Hochzeitsturm Joseph Maria Olbrichs in Darmstadt mit seinen fünf Fingern als Abschluß in Erinnerung ruft. Die dazu passende expressionistische Ausstattung von 1927 hat man restauriert. Damit hat eine neue Zeit im Kirchenbau begonnen. Dieser Umbruch wird ebenso deutlich in der *Pfarrkirche St. Joseph* vorgeführt. Hier hatte Eduard Endler die Pläne für die 1910/11 erbaute neuspätgotische Halle entworfen. Dazu steht kontrastierend der 1928 errichtete Seitenturm mit seinen expressionistischen Formen, die aber auf gotisches Vokabular zurückgreifen.

Vom Porzer Ufer bietet sich einer der schönsten Blicke auf das Panorama der Stadt Köln mit der 1959 vollendeten *Severinsbrücke* Gerd Lohmers im Vordergrund. **Deutz** selbst, Messe- und Industriezentrum wird vom Verwaltungsgebäude der Lufthansa überragt, eine mehr hochfliegenden als beflügelten Plänen folgende Antwort auf das Stadtpanorama gegenüber. Daneben blühen im Verborgenen die Mauerreste des römischen Brückenkastells des 4. Jahrhunderts und, 1002 vom Kölner Erzbischof Heribert im Schutz der Kastellmauern gegründet, die 1659–63 erneuerte Abteikirche *Alt St. Heribert.* Heriberts 1020 geweihter Zentralbau ist nach oft wiederholten Zerstörungen und Wiederaufbauten nur noch im Grundriß an den gebrochenen Seitenwänden zu erkennen, ein bescheidenes Beispiel der Gotik des Barockzeitalters. Die benachbarten ehemaligen Abteigebäude dienen heute als Altersheim. Vor dem neoklassizistischen *Bahnhof* des Architekten Hugo Röttcher mit seiner imponierenden Kuppel neben der Zufahrt zum Messegelände (s. S. 291) steht als Denkmal einer der ersten Motoren Nikolaus August Ottos auf seinem Sockel, einer der Ahnen unserer heutigen Verkehrssituation.

An der alten Hauptstraße der bis 1888 eigenständigen Stadt Deutz, der Deutzer Freiheit, steht gegenüber der Geschäftsstelle des Rheinischen Vereins für Denkmalpflege und Landschaftsschutz die katholische *Pfarrkirche Neu St. Heribert.* Nach den Plänen des Architekten Caspar Clemens Pickel entstand in den Jahren 1891–96 die schlanke und straffe neuromanische Kirche, die manche Motive der Kölner Romanik aufgreift. Auch sie bietet nach den Zerstörungen des letzten Krieges nur noch einen Schatten ihres einstigen Glanzes. Die Kirche bewahrt den Heribertschrein, eines der schönsten Zeugnisse der Kölner Goldschmiedekunst, der um 1160–70 hier entstand. Leider wird er von seinem modernen Gehäuse, wie manches in Köln, mehr verborgen als gebührend vorgewiesen.

Ausgewählte Literatur

Zu Kunst, Landschaft und Geschichte am Mittelrhein gibt es reichlich Literatur. Aus diesem reichen Bestand soll hier nur eine kleine persönliche Auswahl gegeben werden, um weiteres Stöbern zum Thema anzuregen.

Das wichtigste und verdienstvollste Unterfangen sind die zahlreichen Bände der *Kunstdenkmäler*, die seit dem Ende des vergangenen Jahrhunderts Kreis- und Stadtgebiete in ihrem Bestand an Kunstdenkmälern ausführlich erfassen. Die größeren Bibliotheken verfügen meist über die Bände dieses immer noch fortzuführenden Bemühens um Vollständigkeit.

Hilfreich, gut bebildert und meist qualifiziert bearbeitet sind die kleinen Hefte der *Rheinischen Kunststätten,* die bereits einen großen Teil der Orte am Mittelrhein behandeln. Oft werden in größeren Orten auch bedeutende Bauwerke einzeln behandelt. Die Hefte werden vom *Rheinischen Verein für Denkmalpflege und Landschaftsschutz* herausgegeben. Die Geschäftsstelle (5 Köln 21, Deutzer Freiheit 49) verschickt gern eine Liste der vorrätigen Titel. (Bei Mitgliedschaft kann man nicht nur die Hefte billiger erwerben, sondern auch die Arbeit des Vereins unterstützen).

Ein zuverlässiger Begleiter auch links und rechts des Rheintals ist der *›Dehio‹*. Die kleinen Dünndruckbände, die einst Georg Dehio begann, sind für das *Rheinland* als Teil von Nordrhein-Westfalen von Ruth Schmitz-Ehmke (1967), für *Rheinland-Pfalz* und das *Saarland* gleich mit dabei von Hans Caspary, Wolfgang Götz und Ekkart Klinge (1972) und für *Hessen* von Magnus Backes bearbeitet worden.

Ambrosi, H. und Breuer, B.: *Der Mittelrhein* (Vinothek der deutschen Weinberglagen), Stuttgart 1979

Andres, St.: *Main Nahe zu Rhein-Ahrisches Saarpfalzmosel-Lahnisches Weinpilgerbuch,* Neuwied 1951

Arens, F.: *Das Goldene Mainz. Bauten und Bilder aus 2000 Jahren,* Schwäbisch Hall ²1969

Arens, F.: *Der Dom zu Mainz,* Darmstadt 1981

Avenarius, W.: *Mittelrhein,* Nürnberg 1974

Bach, A.: *Aus Goethes rheinischem Lebensraum,* Neuss 1968

Backes, M.: *Die Marksburg.* Burgen und Schlösser, 15 (1974) 68–86

Backes, M.: *Koblenz,* München 1973

Bauchhenß, G. und Noelke, P.: *Die Jupitersäulen in den germanischen Provinzen,* Köln 1981

Bauer, S. Ch.: *Die ›Krone‹ von Assmannshausen,* Mainz (1981)

Bellinghausen, H.: *2000 Jahre Koblenz,* Boppard 1973

Blum, H.: *Kunstwerke des Rheingebietes im Spiegel der Reisebeschreibungen,* Köln 1947

Borger, H.: *Der Dom zu Köln,* Köln 1980

Bringmann, M.: *Studien zur neuromanischen Architektur in Deutschland,* Heidelberg 1968

Bruchhäuser, K.: *Heimatbuch der Stadt Sinzig, Sinzig 1953*

Brües, E.: Schinkel – Die Rheinlande, München 1968

Custodis, P.-G.: *Der Stadtbaumeister Eduard Kreyssig und die Bauentwicklung der Stadt Mainz in der 2. Hälfte des 19. Jhdts.,* Mainz 1979

Darius, V. u. a.: *Bad Honnef. Stadtentwicklung und Stadtstruktur,* Köln 1979

Dehio, L.: *Friedrich Wilhelm IV. von Preußen. Ein Baukünstler der Romantik,* Berlin 1961

Diederich, T.: *Die Baugeschichte der Sinziger Pfarrkirche im Lichte eines neuen Siegelfundes.* Rheinische Vierteljahresblätter, 45 (1981) 35–43

Van der Dollen, B.: *Die Koblenzer Neustadt. Planung und Ausführung einer Stadterweiterung des 18. Jhdts.,* Köln 1979

Ebhardt, B.: *Der Wehrbau Europas im Mittelalter. Bd. 1,* Berlin 1939

Einsingbach, W.: *Das ehemalige Zisterzienserkloster Eberbach im Rheingau,* Wiesbaden 1971

Ewig, E.: *Die geschichtlichen Grundlagen des Landes Rheinland-Pfalz,* Mainz 1954

Fischer, F. W.: *Die spätgotische Kirchenbaukunst am Mittelrhein (1410–1520),* Heidelberg 1962

Frechen, J.: *Führer zu vulkanologisch-petrographischen Exkursionen im Siebengebirge am*

Rhein, Laacher Vulkangebiet und Maargebiet der Westeifel, Stuttgart 1962

Gerlich, A.: *Ministerialitäten im Mittelrheinraum,* Wiesbaden 1978

Gesetz über Wein, Likörwein, Schaumwein, weinhaltige Getränke und Branntwein aus Wein (Weingesetz) vom 14. Juli 1978 BGBl. I S. 893, dazu Änderung vom 2. März 1974 BGBl. I S. 469

Gurlitt, D.: *Das Mittelrheintal, Formen und Gestalt,* Stuttgart 1949

Häuser, H.: *Ansichten vom Rhein.* Stahlstichbücher des 19. Jhdts. Köln 1963

Herchenröder, M.: *Der Rheingaukreis,* München/Berlin 1965

Heyen, F. J.: *Reichsgut im Rheinland. Die Geschichte des königlichen Fiskus in Boppard,* Bonn 1956

Hochrain, H.: *Die deutschen Weinlande,* Braunschweig 1979

Hotz, W.: *Burgen am Rhein und an der Mosel,* Berlin/München 1956

Huiskes, M.: *Andernach im Mittelalter. Von den Anfängen bis zum Ende des 14. Jahrhunderts,* Bonn 1980

Jung, H.: *Traubenmadonnen und Weinheilige,* Duisburg 1964

Jung, W.: *Mittelrhein,* Berlin 1961

Kaelble, B.: *Untersuchungen zur großfigurigen Plastik des Samsonmeisters,* Köln 1981

Kalnein, W.: *Das kurfürstliche Schloß Clemensruhe in Poppelsdorf,* Düsseldorf 1956

Kniffer, G.: *Die Grabdenkmäler der Mainzer Erzbischöfe vom 13. bis zum frühen 16. Jahrhundert,* Köln/Wien 1978

Koeppen, H.: *Die Nibelungenhalle am Rhein. Ein Gedächtnistempel errichtet zum 100. Geburtstag R. Wagners,* München 1913

Krogmann, W.: *Loreley. Geburt einer Sage.* Rheinisch-Westfälische Zeitschrift für Volkskunde 3 (1956) 170–195

Kubach, H. E. und Verbeeck, A.: *Romanische Baukunst an Rhein und Maas.* 3 Bde., Berlin 1976

Leyendecker, A.: *Schloß Drachenburg,* Köln 1979

Lützeler, H.: *Die Stiftskirche in Bonn,* Bonn 1978

Mainzer, U.: *Stadttore im Rheinland,* Neuss 1976

Martin, D. K.: *Zum Wiederaufleben des Weinbaus am Fuße des Drachenfelses.* Rheinische Heimatpflege, 17 (1980) 12–15

Meckel, M.: *Die neue St. Rochus-Kapelle bei Bingen am Rhein.* Zeitschrift für christliche Kunst, 4 (1891) 171–190

Michaelis, C.: *Rheinische Burgen nach Handzeichnungen Dilichs (1607),* Berlin (1905)

Michel, F.: *Übersicht über die Geschichte von St. Goar und Burg Rheinfels,* St. Goar 1956

Nauth, W. F.: *Die organisierte Weinkriminalität,* Mainz 1977

Petri, F. und Droege, G.: *Rheinische Geschichte. 3 Bde.,* Düsseldorf 1976 ff.

Rathke, U.: *Preußische Burgenromantik am Rhein,* München 1979

Sommerlad, Th.: *Die Rheinzölle im Mittelalter,* Halle 1894

Stollenwerk, A.: *Boppard am Rhein. Ein Heimatbuch,* Boppard 1977

Struck, W. H.: *Johannisberg im Rheingau,* Frankfurt 1977

Schmidt, H. M.: *Der Meister des Marienlebens und sein Kreis,* Düsseldorf 1978

Schön, W. und Ludwig, K.-L.: *Weinrechtliches Handbuch für die Praxis,* Freiburg 1977

Schreiber, G.: *Der Weinbau in Geschichte, Volksleben und Sachkultur,* Köln 1979

Schulten, W.: *Die Heilige Stiege auf dem Kreuzberg zu Bonn,* Düsseldorf 1964

Schwieger, F.: *Johann Claudius von Lassaulx, 1781–1848, Architekt und Denkmalpfleger in Koblenz,* Neuss 1968

Tittel. L.: *Das Niederwalddenkmal 1871–1883,* Hildesheim 1979

Trier, E. und Weyres, W.: *Kunst des 19. Jahrhunderts im Rheinland. 5 Bde.,* Düsseldorf 1979–81

Tümmers, H.-J.: *Rheinromantik,* Köln 1968

Vogts, H.: *Vincenz Statz (1819–1898),* Mönchengladbach 1960

Wiedenau, A.: *Romanischer Wohnbau im Rheinland,* Köln 1979

Wolff, A.: *Der Kölner Dom,* Stuttgart ^{2}1977

Zaunert, P.: *Rheinlandsagen,* Düsseldorf 1969

Zimmermann, W.: *Kunstgeographische Grenzen im Mittelrheingebiet.* Rheinische Vierteljahresblätter, 17 (1952) 89–119

Abbildungsnachweis

Farbtafeln und Schwarzweiß-Abbildungen

ars liturgica Kunstverlag Maria Laach © 1981, Copyright by A.D.A.G.P., Paris & COSMO-PRESS, Genf Farbt. 4
Fridmar Damm, Köln Farbt. 32, 34, 36; Abb. 137
Foto Marburg Abb. 2, 3, 48
Wolfgang Fritz, Köln Farbt. 14; Abb. 125
Rainer Gaertner, Bergisch Gladbach Farbt. 2, 33; Abb. 116, 123, 131–135, 139–141
Friedrich Gier, Bonn Farbt. 29
Michael Jeiter, Aachen Farbt. 3, 7, 8, 16, 19, 20, 31; Abb. 1, 6–24, 31, 32, 38–40, 42–44, 46, 47, 49–52, 53, 55, 58, 61–63, 65–71, 74, 78, 80–82, 84–102, 104, 105, 108–111, 113–115, 117–121, 126, 129
Joachim Kinkelin, Worms (T. Schneiders, M. Mehlig) Umschlagklappe vorn, Farbt. 5
Kölnisches Stadtmuseum, Köln Farbt. 26
Luftbild Klammet und Aberl, Germering (G 43/274 und G 42/1256, Freigabe durch die Reg. von Oberbayern) Farbt. 10, 18
Landesbildstelle Rheinland-Pfalz, Koblenz-Ehrenbreitstein Abb. 56, 57, 73, 76, 77
Wulf Ligges, Flaurling Farbt. 27, 28, 30; Abb. 122, 124, 127
Manfred Mehlig, Lauf Umschlagvorderseite, Farbt. 1, 6
Werner Neumeister, München Abb. 4, 128
Photo Prenzel, Gröbenzell Farbt. 15; Abb. 36
Rheinisches Bildarchiv, Köln Abb. 106, 112, 136
Rheinisches Landesmuseum, Bonn Farbt. 23, 25, 35
Werner Schäfke, Köln Farbt. 17, 21, 22; Abb. 103
Helga Schmidt-Glassner, Stuttgart Abb. 5, 26, 35, 41, 54, 59, 60, 64, 107
Toni Schneiders, Lindau Umschlagrückseite, Farbt. 9, 11, 12
Staatliche Landesbildstelle Hessen, Frankfurt/M. Abb. 25, 27–30, 45
Klaus Thiele, Warburg Abb. 37
Verkehrsamt der Stadt Köln (Rudolf Barten) Abb. 130
Manfred Vollmer, Essen Farbt. 13; Abb. 72, 75, 79, 83, 138
Wallraf-Richartz-Museum, Köln Farbt. 24
Bernharda Wilhelmy, Geisenheim Abb. 33
Heinrich Wolf, Koblenz Abb. 34

Zeichnungen und Pläne im Text

(Die Zahlen bezeichnen die Seiten im Buch)

Bock, Fr.: *Rheinlands Baudenkmale des Mittelalters. Ein Führer zu den merkwürdigsten mittelalterlichen Bauwerken am Rheine und seinen Nebenflüssen,* Köln und Neuss, o. J. 114, 153, 157, 190, 196, 197, 201, 256, 262, 267, 271, 415
Ebhardt, B.: *Der Wehrbau Europas im Mittelalter, Bd. 1,* Berlin 1939 92, 129, 188, 210, 355, 356, 357, 360, 362, 365, 366, 372, 374, 376, 391
Heyen, F.-J. (Hrsg.): *Zwischen Rhein und Mosel. Der Kreis St. Goar,* Boppard 1966 91, 96, 114 re, 115, 120, 121, 125, 133, 136
Koepf, H.: *Baukunst in fünf Jahrzehnten,* Stuttgart 1954 195, 225, 268
Kölnisches Stadtmuseum, Köln 9, 50, 51, 69, 75, 79, 88, 121, 206, 228, 281, 284, 285, 287, 348, 358
Krome, H.: *Am Rhein beim Wein. 45 ausgewählte deutsche Rheinlieder für Klavier mit vollständigen Texten,* Berlin/München/Wien, o. J. 56, 292

Rheinisches Amt für Denkmalpflege, Bonn 216, 256, 270, 276, 382, 414, 417

Landesamt für Denkmalpflege, Mainz 62, 76, 389, 395, 396, 397, 399

Landesamt für Denkmalpflege, Wiesbaden-Biebrich 303, 304, 306, 308, 333, 334, 335, 342

Matthäus Merian, Topographia Germaniae Hessen 1655. Neue Ausgabe, Kassel 1966 58/59, 344, 347

Mainz, Tier, Köln. Topographia Archiepiscopatum Moguntinensis, Trevirensis et Coloniensis. Neue Ausgabe, Kassel 1965 Frontispiz S. 2, 118/19, 124, 135, 148/49, 187, 222, 353, 361, 400, 401, 410

Meckel, M.: *Die neue St. Rochus-Kapelle bei Bingen am Rhein.* Zeitschrift für christliche Kunst, 4 (1981)

Meißner, D.: *Thesaurus philopoliticus,* 1624 51

Michaelis, C.: *Rheinische Burgen nach Handzeichnungen Dilichs (1607),* Berlin o. J. (1905) 128, 363

Reclams Kunstführer, Deutschland III: Rheinland und Westfalen, Stuttgart 1975 122

Stollenwerk, A. (Hrsg.): *Boppard am Rhein,* Boppard 1977 134

Vogts, H.: *Vincenz Statz (1819–1898),* Mönchengladbach 1960 392

Woschek, H.-G.: *Der Wein. Geschichte und Geschichten über Jahrtausende – Bilder und Dokumente,* München 1971 22, 23, 26, 55

Praktische Reisehinweise

Eine praktischere Reiselandschaft als den Rhein von Mainz bis Köln wird man so schnell nicht finden. Hier hat Reisen eine jahrhundertealte Tradition.

Das **Klima** ist mild zu jeder Jahreszeit, meist einige Grade wärmer als in den Landstrichen ringsum. Selten bleibt im Winter der Schnee einmal mehr als ein paar Tage liegen, und die Bonner Parlamentarier wissen ein Lied von der manches Mal drückenden sommerlichen Schwüle zu singen. So ist neben der gewohnten Schwemme des sommerlichen Tourismus der frühe Herbst die beliebteste **Reisezeit.** Wälder und Weinlaub färben sich bunt zu werbewirksamen Bildern, die Weinfeste und das große Schauspiel des Rheins in Flammen locken Tausende von Besuchern. Der neben dem Weinbau gepflegte Obstbau entfaltet seine Reize im Frühjahr zur Zeit der Blüte der Obstbäume, auch ist es dann dort noch nicht so übervölkert wie wenige Wochen später. Und eine Reisezeit sei noch empfohlen für den, der den großen Trubel meiden möchte: Ende Oktober bis in die Anfänge des Novembers hinein, die Saison ist zu Ende, manches schon geschlossen, spannen sich ruhige Tage mit oft noch leuchtender Sonne und frischer Luft. Sie reizt zum Wandern, ermöglicht von den Höhen einen weiten Blick, und für regnerische Momente gibt es Unterschlupf genug.

Jeder Ort und fast jede Sehenswürdigkeit ist mit dem **Auto** zu erreichen. Nur in den größeren Orten sollte man sich frühzeitig nach einer Parkmöglichkeit umsehen. Zu **Fuß** kommt man oft schneller voran und sieht mehr. Das letztere gilt auch für die Landschaft außerhalb der Orte. Der **linksrheinische** und der **rechtsrheinische Höhenweg** gehören zu den schönsten und angenehmsten deutschen Wanderstrecken. Hermann-Josef Hucke hat sie in Verbindung mit einer vorzüglichen Karte detailliert beschrieben.

Wer weder zu Fuß noch mit dem Auto noch mit der beidseitig des Rheins geführten **Eisenbahn** reisen will, dem bleiben das **Fahrrad** und das Schiff. Radwege sind für große Teile der Mittelrheinstrecke ausgebaut. Teils schließen sie an die jeweilige Bundesstraße an, teils hat man die alten Leinpfade, die aus der Zeit stammen, als man die Schiffe noch zu Berg ziehen mußte, als Radwege ausgebaut.

Das traditionelle Reisevehikel ist natürlich das **Schiff.** Auf jedem Werbeprospekt erscheinen die Traumschiffe der Weißen Flotte. Es gibt sie in fast allen Größen, teils mit festem Fahrplan, teils zu mieten. Kleinere Rundfahrten kann man von fast allen etwas größeren Orten am Rhein aus machen, oft kann man die Schiffchen auch als Fähre nutzen.

Aber auch die ganze Strecke und noch mehr läßt sich per Schiff zurücklegen. Das betreibt seit über anderthalb Jahrhunderten die *Köln-Düsseldorfer Deutsche Rheinschiffahrt AG*, Frankenwerft 15, 5000 Köln 1, ✆ 0221/211864.

Die lange Tradition des Tourismus am Rhein bringt es auch mit sich, daß es keine Schwierigkeiten gibt, sich mit dem Lebensnotwendigen an Essen, Trinken und Schlafen zu versorgen. Nur sollte man in der Hauptsaison sich rechtzeitig um einen Tisch bemühen, wenn man Platz finden will, und in den gleichen Monaten von Juni bis in den Oktober sich auch rechtzeitig durch Vorbestellung ein Bett sichern. Sonst muß man einige Kilometer abseits des Stromes erneut sein Glück versuchen.

In dieser traditionsreichen Internationalität ist die **Speisekarte** meist ihres rheinischen Charakters entkleidet. In der kalten Küche haben sich regional ein paar Spezialitäten gehalten. Der Kölner ›Halve Hahn‹, ein Roggenbrötchen mit mittelaltem Holländer-Käse und Senf, ebenso eine Delikatesse zum Kölsch, dem einheimischen obergärigen Bier, wie die ›Flönz met Musik‹, die Blutwurst mit Zwiebeln. Ein südliches Gegenstück dazu ist der Mainzer Handkäs, der, in Öl mit Zwiebeln serviert, den gleichen Zweck erfüllt.

Im Bereich der warmen Küche ist häufig noch und in unterschiedlichster Qualität der Rheinische Sauerbraten zu bekommen. Er bringt noch einen Hauch von Mittelalter mit sich. Das Fleisch vom Rind (seltener, aber gut vom Pferd) wird zuerst etwa drei Tage in einer Marinade eingelegt, die ursprünglich, als Kühlschränke noch unbekannt waren, den Zweck hatte, das Fleisch zu konservieren. Man kann den Sauerbraten wie folgt zubereiten: Das Kilo Fleisch wird mit einer Marinade aus einem halben Liter Wasser und einem viertel Liter rotem Weinessig übergossen. Sie ist vorher mit etwas Salz, Zwiebeln, ein paar Nelken, Wacholderbeeren, Pfefferkörnern, ein, zwei Lorbeerblättern, wenig Koriander und Majoran aufgekocht und abgekühlt worden. Mehrfach gewendet, wird das Fleisch nach drei Tagen herausgenommen, gut abgetrocknet und von allen Seiten im Eisentopf scharf angebraten. Dazu gehören einige kleingeschnittene Zwiebeln. Dann wird mit der Marinade gelöscht. Ein halbes Pfund Rosinen wird abgebrüht, um die mitgelieferten Beläge zu entfernen, und kocht dann mit. Die Soße, die man zum Schluß etwas andicken kann, wird mit Salz und Pfeffer abgeschmeckt und ausreichend mit etwas Zucker gesüßt. Dazu gehören Kartoffelklöße und Apfelmus.

Gerne ißt und serviert man auch, allerdings oft nur an einem Tag in der Woche, den Reibekuchen (›Rievkoche‹). In anderen Gegenden z. B. als Kartoffelpuffer bekannt, richtet man im Rheinland die in heißem Öl gebackenen roh geriebenen Kartoffeln, reichlich mit Zwiebeln versetzt und gewürzt, auf Schwarzbrot und süßt sie mit Apfelkraut, mit Apfelsirup.

Eine Erinnerung an die alte Handelsverbundenheit mit dem Meer sind die häufig angebotenen Muscheln. Heutzutage täglich frisch von der Küste geliefert, sind sie eine beliebte Mahlzeit zum Bier.

Auch das Trinken hat am Rhein Tradition. Eine große Bierbrauerei steht etwas südlich von Koblenz an der Bundesstraße. *Wein* wird fast überall angeboten. Aber lange Tradition und Gewöhnung an Gäste, die nie zu Stammgästen werden können, hat hier manchmal zu

Abgründen an Gastfreundschaft geführt, an die der Alte Fritz gedacht haben muß, als er formulierte: »Wer einen Vorgeschmack davon haben will, wie dem zu Muthe ist, der gehangen wird, der muß Rheinwein trinken.« Hin und wieder bekommt man allerdings auch Tropfen in guter Qualität serviert, oft aber auch solche, bei denen man den Alten Fritz versteht. Besonders gern werden die Begriffe sauer und trocken verwechselt, seit der trockene, durchgegorene Wein zur neuen Vorliebe der Weinliebhaber geworden ist. Ein wenig Glück und ein Blick für die kleinen Gasthäuser abseits des größten Touristenstromes gehören dazu, um zu finden, was man sich als Rheinwein erträumt.

Glück braucht man auch bei **Besichtigungen.** Die Öffnungszeiten der *Museen* sind im folgenden Ortsverzeichnis zu finden. Die *Kirchen* aber sind inzwischen leider oft geschlossen. Diebstähle haben sich in den letzten Jahren gehäuft. Oft ist der Küster oder die Küsterin so freundlich, gegen ein Trinkgeld die Tür zu öffnen, wenn sie nicht sowieso gerade in der Kirche arbeiten. Es lohnt sich, einmal alle Türen zu probieren.

Ein beliebtes und buntes Vergnügen sind auch die zahlreichen **Weinfeste, Winzerfeste** und **Weinlesefeste,** die meist im September und Anfang Oktober gefeiert werden. An manchen Orten wie Bacharach oder Leutesdorf feiert man schon im frühen Sommer ein **Weinblütenfest.**

Noch früher liegt in den Rheinlanden die große Saison des fröhlichen Feierns. Mit dem Start am 11. November beginnt man **Karneval** in den Sälen zu feiern. Abrupt wechselt die Szenerie vom Alltäglichen zu fast rauschhaftem Frohsinn, der dann an Weiberfastnacht, am letzten Donnerstag vor Beginn der vierzigtägigen österlichen Fastenzeit, auch auf die Straßen getragen wird. Hunderttausende strömen zu den Umzügen durch die Städte – besonders in Köln und Mainz – am *Rosenmontag.* Dann spürt man, daß das ›Rosen‹ des Rosenmontags seinen Ursprung im Rasen hat. Aber auch am Sonntag zuvor und noch am Dienstag ziehen Züge, anders organisiert, an anderen Orten und mit oft noch ursprünglicherem Reiz.

Die Anfänge des Karnevals liegen im Mittelalter, vielleicht sogar in der Antike. Und so sind sich die Gelehrten bis heute nicht einig, ob das Wort Karneval vom ›carrus navalis‹, dem Schiffswagen, mit dem die alten Heiden mit ihren Götterbildern zum Winterende über Land zogen, oder vom ›carne vale‹, ›Fleisch lebe wohl‹, dem Beginn der Fastenzeit abzuleiten sei. Wie dem auch sei, der von seiten der Obrigkeit noch vor tausend Jahren mit Mißtrauen gesehene Karneval hat erst im Biedermeier seine heutige organisierte Form gefunden. Zu Beginn des 19. Jahrhunderts entstanden die heute gewohnten Umzüge, die Sitzungen, wie sie nun auch das Fernsehen überträgt, der Spaß mit den Orden, der schon wieder ernst geworden ist, die liebevolle Verspottung von Uniformen, die mit Stolz getragen werden, und das wirtschaftsfördernde allgemeine Feiern, das alle Bevölkerungsschichten ergreift.

Prospekte, Hotelverzeichnisse, Pläne etc. verschicken die örtlichen Verkehrsämter und die folgenden Landesbehörden. Mit Freundlichkeit beantworten sie auch fast jede Frage.

Fremdenverkehrsverband Rheinland-Pfalz
Hochhaus
✆ 0261/35025
5400 Koblenz

Landesverkehrsverband Hessen
Abraham-Lincoln-Straße 38–42
✆ 06121/300181
6200 Wiesbaden

Landesverkehrsverband Rheinland
Rheinallee 69
✆ 0228/362921/22
5300 Bonn-Bad Godesberg 1

5470 Andernach
Verkehrsamt
Am Stadtgraben 40, ✆ 02632/406242/73
Stadtmuseum Andernach
Im Haus von der Leyen auf der Hochstraße. Von April bis Oktober mo–do 10–12 Uhr, 14–17 Uhr, freitags nur 10–12 Uhr, sonst nach Vereinbarung, ✆ 02632/406325
Sammlungen zur Vor- und Frühgeschichte und zur Geschichte der Stadt Andernach.

6533 Bacharach
Verkehrsamt
Oberstraße 1, ✆ 06743/1297

5484 Bad Breisig
Verkehrsamt
Koblenzer Straße 11, ✆ 02633/9255

5340 Bad Honnef
Kurverwaltung
Hauptstraße 28a, ✆ 02224/71021
Stiftung Bundeskanzler-Adenauer-Haus
Konrad-Adenauer-Straße 8c (Rhöndorf), ✆ 02224/6731 und 6340
Di–so 10–16.30 Uhr, mo geschlossen.

5462 Bad Hönningen
Verkehrsamt
Hauptstraße 84, ✆ 02635/2273

5413 Bendorf
Stadtverwaltung Bendorf
✆ 02622/2010
Sayner Hütte
H. Strüder, ✆ 02622/2031
Mo–fr 9–17 Uhr, sa bis 14 Uhr und nach Vereinbarung.

6530 Bingen
Städtisches Verkehrsamt
Rheinkais 21, ✆ 06721/32355
Heimatmuseum der Stadt Bingen
In der Burg Klopp, ✆ 06721/15251
Von Mai bis Oktober di–so 9–12 Uhr, 14–17 Uhr, mo geschlossen.
Stefan-George-Gedenkstätte
Im Schulzentrum, ✆ 06721/14176

5300 Bonn-Bad Godesberg
Werbe- und Verkehrsamt
Cassius-Bastei, ✆ 0228/830548 und 8306662
Akademisches Kunstmuseum der Universität Bonn
Am Hofgarten 21 in der Alten Anatomie. Die Sammlung von Gipsabgüssen griechischer und römischer Skulpturen und originaler antiker Kleinkunst von der frühen Bronzezeit bis zur Spätantike hat folgende

Öffnungszeiten: Abgußsammlung mo–fr 10–13 Uhr; Original- und Abgußsammlung di 16–18 Uhr, do 17–19 Uhr, so 10.30–12.30 Uhr.
Beethoven-Haus
Bonngasse 20, ✆ 0228/635188
Von April bis September mo–sa 9–13 Uhr, 15–18 Uhr, von Oktober bis März mo–sa 9.30–13 Uhr, 15–17 Uhr, an Feiertagen Sonderregelungen.
Ernst-Moritz-Arndt-Haus
Adenauerallee 79, ✆ 0228/773686/87
Di–so 10–17 Uhr, mo geschlossen.
Mineralogisch-Petrologisches Museum der Universität Bonn
Im Poppelsdorfer Schloß, ✆ 0228/732761 und 732766
Mi 15–17 Uhr, so 10–12 Uhr. An Feiertagen geschlossen.
Postwertzeichen-Ausstellung
Adenauerallee 81, ✆ 0228/149167
Große Briefmarkensammlung mit wechselnden Ausstellungen.
Mi 10–15 Uhr, so 9–13 Uhr.
Rheinisches Landesmuseum
Colmantstraße 14–16, ✆ 0228/632158
Die bedeutenden Sammlungen zur regionalen Geschichte und Kunstgeschichte sind geöffnet: di, do, fr 9–17 Uhr, mi 9–21 Uhr, sa, so 10–18 Uhr.
Städtisches Kunstmuseum
Rathausgasse 7, ✆ 0228/773686 und 638413
Di–so 10–17 Uhr, do 10–21 Uhr.
Zoologisches Forschungsinstitut und Museum Alexander König
Adenauerallee 150–164,
✆ 0228/211026–28
Für Kinder und Erwachsene faszinierendes Haus. Di–fr 9–17 Uhr, sa, so 9–12.30 Uhr, an Feiertagen geschlossen.

5407 Boppard
Verkehrsamt
Karmeliterstraße 2, ✆ 06742/5081
Heimatmuseum Boppard
Von April bis Oktober di–so 10–12 Uhr, 14–16 Uhr, mo und von November bis März geschlossen.

5423 Braubach
Städtisches Verkehrsamt und Verkehrsverein
Im Rathaus, ✆ 02627/203
Burgmuseum Marksburg
✆ 02627/206, täglich 9–18 Uhr.

5040 Brühl
Verkehrsamt
Uhlstraße 2, ✆ 02232/79243
Schloß Augustusburg und Schloß Falkenlust
✆ 02232/42471, täglich 9–12 Uhr, 14–16 Uhr. Letzter Sa und So des Monats und Dezember und Januar geschlossen. Man sollte sich einmal rechtzeitig Karten für die Brühler Schloßkonzerte besorgen.

6228 Eltville
Verkehrsamt
✆ 06123/6891
Gutenberggedenkstätte
In der Kurfürstlichen Burg
Von Mai bis September di–so 9.30–19 Uhr, mo geschlossen, von Oktober bis April 10.30–17 Uhr, mo geschlossen.

5464 Erpel
Verkehrsverein ✆ 02644/3269

6222 Geisenheim
Stadtverwaltung
✆ 06722/8021 (auch für Schloß Johannisberg)

6507 Ingelheim
Verkehrsamt
Rathausplatz 5, ✆ 06132/7041
Die zoologische Sammlung des *Carlo-Freiherr-von-Erlanger-Museums* ist ebenso wie die des *Historischen Museums* z. Zt. geschlossen.

5424 Kamp-Bornhofen
Verkehrsamt
Rheinuferstraße 34, ✆ 06773/360

5425 Kaub
Stadtverwaltung
✆ 06774/222
Blüchermuseum
In der Metzgergasse.
Von April bis Oktober täglich 9–12 Uhr, 14–16 Uhr, von November bis März täglich 9–12 Uhr, di geschlossen.

6229 Kiedrich
Verkehrs- und Verschönerungsverein
Oberstraße 5, ✆ 06123/2412

5400 Koblenz
Verkehrsamt
Am Hauptbahnhof, ✆ 0261/31304
Landesmuseum Koblenz, Staatliche Sammlung technischer Kulturdenkmäler
Auf dem Ehrenbreitstein, ✆ 0261/71715
21. März bis 1. November täglich 9–17 Uhr.
Rheinmuseum
Auf dem Ehrenbreitstein ✆ 0261/71715
21. März bis 1. November täglich 9–17 Uhr
Mittelrhein-Museum
Am Florinsmarkt, ✆ 0261/129578
Di 10–13 Uhr, 14.30–20 Uhr, mi–sa 10–13 Uhr, 14.30–17 Uhr, so 10–13 Uhr. Mo geschlossen.
Schloß Stolzenfels
In Koblenz-Kapellen
April bis September 9–13 Uhr, 14–18 Uhr, Oktober bis März 9–13 Uhr, 14–17 Uhr. Geschlossen am ersten Werktag jeder Woche und von Anfang Dezember bis Mitte Januar.

5000 Köln
Verkehrsamt
Am Dom, ✆ 0221/2213345
Domschatzkammer im Dom
✆ 0221/244546
Mo–sa 9–17 Uhr, im Sommer bis 18 Uhr, so 12.30–17 Uhr, im Sommer bis 18 Uhr.
Erzbischöfliches Diözesanmuseum
Am Dom, Roncalliplatz 2, ✆ 0221/244546
Sonntags und feiertags 10–13 Uhr, do geschlossen, sonst täglich 10–17 Uhr.
KHD-Motorenmuseum
Deutz-Mülheimer Straße 111, ✆ 0221/8222918, mo–fr 9–16 Uhr.
Kölnisches Stadtmuseum
Zeughausstraße 1–3, ✆ 0221/2212352, z. Zt. geschlossen, Wiedereröffnung vorgesehen.
Kölnischer Kunstverein
Josef-Haubrich-Hof 1, ✆ 0221/2213740
Tägl. 10–17 Uhr, fr 10–20 Uhr, mo geschlossen.
Kunsthalle Köln
Josef-Haubrich-Hof 1, ✆ 0221/2212335
Sonderausstellungen.
Kunstgewerbemuseum
Im Overstolzenhaus, Rheingasse 8–12, ✆ 0221/2212333
Di–so 10–17 Uhr, mo geschlossen.
Museum für ostasiatische Kunst
Universitätsstraße 100, ✆ 0221/405038/39
Di–so 10–17 Uhr, mo geschlossen.

Rautenstrauch-Joest-Museum
Ubierring 45, ✆ 0221/311065/66.
Kunst und Kultur außereuropäischer Völker. Di–so 10–17 Uhr, mo geschlossen.
Römisch-Germanisches Museum
Neben dem Dom, Roncalliplatz 4, ✆ 0221/2212304
Di–so 10–20 Uhr, mo geschlossen.
Schnütgen-Museum
In der Cäcilienkirche, Cäcilienstraße 29, ✆ 0221/2212310. Kunst des Mittelalters.
Di–so 10–17 Uhr, mo geschlossen.
Theatermuseum
Im Schloß Wahn, ✆ 02203/64185,
Mo–fr 9–17 Uhr.
Wallraf-Richartz-Museum und Museum Ludwig
An der Rechtschule, ✆ 0221/2212372
Di–so 10–17 Uhr, mo geschlossen.
Zollmuseum
Neuköllner Straße 1, ✆ 0221/20601
Mo–fr 7.30–16 Uhr.
Führungen in den Städtischen Kölner Museen ermöglicht das *Außenreferat der Museen der Stadt Köln,* Kolumbastraße 5, ✆ 0221/221 4175.

5330 Königswinter
Verkehrsamt
Drachenfelsstraße 7, ✆ 02223/21048
Siebengebirgsmuseum
Kellerstraße, ✆ 02223/26154
Z. Zt. geschlossen, Wiedereröffnung in Vorbereitung.

5420 Lahnstein
Verkehrsamt
Am Salhofplatz 1, ✆ 02621/1033

5461 Leubsdorf
Verkehrsverein
Hauptstraße 58, ✆ 02644/3832

5451 Leutesdorf
Verkehrsverein
✆ 02631/2655 und 72227

5460 Linz
Verkehrsamt, Im Rathaus, ✆ 02644/2526

6223 Lorch
Verkehrsamt ✆ 06726/319

6500 Mainz
Verkehrsverein
Bahnhofsplatz 2, ✆ 06131/28371
Bischöfliches Dom- und Diözesanmuseum Mainz
Domstraße 3, im Domkreuzgang, ✆ 06131/913348
Mo, di, mi, fr 9–12 Uhr, 14–17 Uhr, so und feiertags geschlossen.
Gutenberg-Museum
Liebfrauenplatz 5, ✆ 06131/122640/41
Di–sa 10–13 Uhr, 15–18 Uhr, so 10–13 Uhr, mo und feiertags geschlossen. Hier sollte man sich eine der Vorführungen in der nachgebildeten Gutenbergwerkstatt, meist vormittags um 11 Uhr, ansehen.
Kupferbergsammlung der Sektkellerei C. A. Kupferberg & Cie
Kupferbergterrasse 19, ✆ 06131/105200
15. April bis 25. Oktober 9.30–11.30 Uhr, 14.30–15.30 Uhr
Mittelrheinisches Landesmuseum Mainz
Große Bleiche 49–51,
Di–so 10–17 Uhr, mo geschlossen.
Naturhistorisches Museum
Reichklarastraße 1, ✆ 06131/122646
Täglich 10–18 Uhr, mo geschlossen.
Prinz-Johann-Georg-Sammlung
Binger Straße 26, ✆ 06131/391
Antike, frühes Christentum und Ikonen. Mo–fr 10–12 Uhr, 14–16 Uhr.

Römisch-Germanisches Zentralmuseum
Ernst-Ludwigplatz 2, ✆ 06131/28744
Umfangreiche Sammlung von Kopien im Kurfürstlichen Schloß.
Di–so 10–18 Uhr, mo geschlossen.

5450 Neuwied
Verkehrsamt
Im Rathaus, ✆ 02631/802238
Kreismuseum
Am Raiffeisenplatz
Mo–fr 10–13, 14–17 Uhr, so 10.30–13 Uhr.

6532 Oberwesel
Verkehrsamt, Im Rathaus, ✆ 06744/8131

6227 Oestrich-Winkel
Verkehrsamt
Rheinweg 22, ✆ 06723/2774

5480 Remagen
Verkehrsamt
Im Rathaus, ✆ 02642/23044
Heimatmuseum
Kirchstraße 7a, ✆ 02642/21312, 23044–46.
Öffnungszeiten nach Vereinbarung

5342 Rheinbrohl
Verkehrsamt
Wilhelmstraße 4, ✆ 02635/2404

5401 Rhens
Verkehrsverein, ✆ 02628/702

6220 Rüdesheim
Verkehrsamt
Rheinstraße 16, ✆ 06722/2962
Rheingau- und Weinmuseum
In der Brömserburg, Rheinstraße 2, ✆ 06722/2348
Von Februar bis Oktober di–so 9–12 Uhr, 14–17 Uhr, von Pfingsten bis zum 15. September bis 18 Uhr, mo und von November bis Januar geschlossen.
Siegfrieds mechanisches Musikkabinett
Im Brömserhof, ✆ 06722/4217
Von April bis Oktober tägl. von 10–22 Uhr.

5401 St. Goar
Verkehrsamt
Heerstraße 15, ✆ 06741/383
Heimatkundl. Sammlung Burg Rheinfels
In der Schloßkapelle.
Von April bis Oktober täglich 9.30–12 Uhr, 13–17.30 Uhr, Nov. bis März geschl.

5422 St. Goarshausen
Verkehrsamt
Bahnhofstraße, ✆ 06771/427

5485 Sinzig
Verkehrsamt
Im Rathaus, Barbarossastraße 43, ✆ 02642/41031–33
Heimatmuseum
Im Schloß, mo 10–12 Uhr, sonst nach Anmeldung im Rathaus.

6531 Trechtingshausen
Verkehrsverein, ✆ 06721/6369

5463 Unkel
Verkehrsamt, Im Rathaus, ✆ 02224/3309

6200 Wiesbaden
Verkehrsbüro
Wilhelmstraße und am Hauptbahnhof, ✆ 06121/312845–48, 374353
Museum Wiesbaden
Friedrich-Ebert-Allee 2, ✆ 06121/368670/82
Di–so 10–16, di auch 17–21 Uhr, mo geschl.

Register

Personen

Orte

»Richtig reisen«

»Richtig reisen«: Algerische Sahara
Reise Handbuch
Von Ursula und Wolfgang Eckert. 330 Seiten mit 42 farbigen und 151 einfarbigen Abbildungen

»Richtig reisen«: Amsterdam
Von Eddy und Henriette Posthuma de Boer. 256 Seiten mit 50 farbigen und 142 einfarbigen Abbildungen

»Richtig reisen«: Bangkok
Von Stefan Loose und Renate Ramb. 326 Seiten mit 58 farbigen und 286 einfarbigen Abbildungen

»Richtig reisen«: Ferner Osten
Von Charlotte Peter und Margrit Sprecher. 302 Seiten mit 14 farbigen und 120 einfarbigen Abildungen

»Richtig reisen«: Florida
Von Manfred Ph. Obst. Fotos von Werner Lengemann. 334 Seiten mit 45 farbigen und 170 einfarbigen Abbildungen

»Richtig reisen«: Griechenland
Delphi, Athen, Peloponnes und Inseln
Von Evi Melas. 344 Seiten mit 45 farbigen und 124 einfarbigen Abbildungen

»Richtig reisen«: Griechische Inseln
Reise-Handbuch
Von Dana Facaros. 344 Seiten mit 50 farbigen und 142 einfarbigen Abbildungen

»Richtig reisen«: Großbritannien
England, Wales, Schottland
Von Ralf Breitenstein. 284 Seiten mit 58 farbigen und 140 einfarbigen Abbildungen

»Richtig reisen«: Ibiza/Formentera
Von Ursula von Kardorff und Helga Sittl. 248 Seiten mit 52 farbigen und 153 einfarbigen Abbildungen

»Richtig reisen«: Istanbul
Von Klaus und Lissi Barisch. 257 Seiten mit 28 farbigen und 173 einfarbigen Abbildungen

»Richtig reisen«: Kalifornien
Von Horst Schmidt Brümmer und Gudrun Wasmuth. Etwa 344 Seiten mit etwa 59 farbigen und etwa 200 einfarbigen Abbildungen (Erscheint im Frühjahr '82)

»Richtig reisen«: Kanada und Alaska
Von Ferdi Wenger. 325 Seiten mit 39 farbigen und 118 einfarbigen Abbildungen

»Richtig reisen«: Kopenhagen
Von Karl Richard Könnecke. 200 Seiten mit 32 farbigen und 118 einfarbigen Abbildungen

»Richtig reisen«: London
Von Klaus Barisch und Peter Sahla. 251 Seiten mit 18 farbigen und 189 einfarbigen Abbildungen

»Richtig reisen«: Los Angeles
Hollywood, Venice, Santa Monica
Von Priscilla und Matthew Breindel. 344 Seiten mit 75 farbigen und 256 einfarbigen Abbildungen

»Richtig reisen«: Malediven
Reise-Handbuch
Von Norbert Schmidt. 207 Seiten mit 43 farbigen und 64 einfarbigen Abbildungen

»Richtig reisen«: Marokko
Reise-Handbuch
Von Michael Köhler. 387 Seiten mit 38 farbigen und 170 einfarbigen Abbildungen

»Richtig reisen«: Mexiko und Zentralamerika
Von Thomas Binder. 330 Seiten mit 32 farbigen und 119 einfarbigen Abbildungen

»Richtig reisen«: Moskau
Von Wolfgang Kuballa. 268 Seiten mit 36 farbigen und 150 einfarbigen Abbildungen

»Richtig reisen«: München
Von Hannelore Schütz-Doinet und Brigitte Zander. 365 Seiten mit 63 farbigen und 272 einfarbigen Abbildungen

»Richtig reisen«: Nepal
Kathmandu: Tor zum Nepal-Trekking
Von Dieter Bedenig. 288 Seiten mit 37 farbigen und 97 einfarbigen Abildungen

»Richtig reisen«: New Mexico
Santa Fe – Rio Grande – Taos
Von Gudrun Wasmuth u. a. 320 Seiten mit 65 farbigen und 200 einfarbigen Abildungen

»Richtig reisen«: New York
Von Gabriele von Arnim und Bruni Mayor. 312 Seiten mit 61 farbigen und 178 einfarbigen Abbildungen

»Richtig reisen«: Nord-Indien
Von Henriette Rouillard. 332 Seiten mit 36 farbigen und 121 einfarbigen Abbildungen

»Richtig reisen«: Paris
Von Ursula von Kardorff und Helga Sittl. 277 Seiten mit 34 farbigen und 178 einfarbigen Abbildungen

»Richtig reisen«: Peking und Shanghai
Von Uli Franz. 334 Seiten mit 46 farbigen und 138 einfarbigen Abbildungen

»Richtig reisen«: Rom
Von Birgit Kraatz. 360 Seiten mit 70 einfarbigen und 296 einfarbigen Abbildungen (Erscheint Frühjahr '82)

»Richtig reisen«: San Francisco
Von Hartmut Gerdes. 248 Seiten mit 33 farbigen und 155 einfarbigen Abbildungen

»Richtig reisen«: Südamerika 1
Kolumbien, Ekuador, Peru, Bolivien
Von Thomas Binder. 252 Seiten mit 35 farbigen und 121 einfarbigen Abbildungen

»Richtig reisen«: Südamerika 2
Argentinien, Chile, Uruguay, Paraguay
Von Thomas Binder. 330 Seiten mit 37 farbigen und 110 einfarbigen Abbildungen

»Richtig reisen«: Südamerika 3
Brasilien, Venezuela, die Guayanas
Von Thomas Binder. 332 Seiten mit 39 farbigen und 117 einfarbigen Abbildungen

»Richtig reisen«: Tokio
Von Frank und Ceci Whitford. 270 Seiten mit 49 farbigen und 120 einfarbigen Abbildungen

»Richtig reisen«: Wien
Wachau, Wienerwald, Burgenland
Von Wolfgang Kuballa und Arno Mayer. 320 Seiten mit 66 farbigen und 172 einfarbigen Abbildungen